Ursula Sachau
DAS LETZTE GEHEIMNIS

Von Ursula Sachau sind ebenfalls
im Ehrenwirth Verlag erschienen:
Lucas der Maler. Biographischer Roman
Das Licht der Himmlischen Akademie.
Die Welt des Philipp Melanchthon. Roman

Ursula Sachau

DAS LETZTE GEHEIMNIS

Das Leben und die Zeit
der Katharina von Bora

Ehrenwirth

Die Deutsche Bibliothek – CIP-Einheitsaufnahme

SACHAU, URSULA:
Das letzte Geheimnis : das Leben und die Zeit der Katharina
von Bora / Ursula Sachau. – 2. Aufl. – München : Ehrenwirth, 1997-
ISBN 3-431-03189-7

ISBN 3-431-03189-7
© 1991 für die deutsche Ausgabe by Ehrenwirth Verlag GmbH, München
Satz: Utesch Satztechnik GmbH, Hamburg
Druck und Bindung: Wiener Verlag, Himberg
Printed in Austria 1997

Mein herzlicher Dank gilt allen, die mich bei der Arbeit unterstützt haben und ganz besonders:
Sylvia Behrens, Fam. Berndt, Ruth Cichos, Ruth Bürkner, Helma Hachenberg, Anneliese Häpp, Dr. Hilde Herricht, Eva, Inga Lisa und Jürgen Huth, Michael Kostka, Sylvia und Günter Lüttgens, Beate Muß-mann, Mario Peter, Margarete Roth-Schäfer, Malte Sachau, Meinhart Sachau, Prof. Dr. Wolfgang Schemme, Petra Schemme, Ursula Schlicht, Corien Sluijmers, Brigitte Wegner, Annemarie Winkler, Christa Zim-mermann, Prof. Dr. Rolf Chr. Zimmermann.
Bad Münstereifel, September 1991   Ursula Sachau

Für
Frau Doktor Hildegard Bühl
in Dankbarkeit

Liebe Leserin, lieber Leser!
Durch sechsjähriges Quellenstudium habe ich mich um Authentizität auch in kleinen Details bemüht. Luther spricht fast nur »Originalton«, auch andere Personen häufig – Sie werden es bemerkt haben. Wollte ich alle Quellen dazu aufführen, würden die Fußnoten genauso umfangreich wie der Text werden. Auch in der Literaturliste habe ich mit Rücksicht auf Ihre Geduld nur einige interessante Titel aufgeführt.

Ursula Sachau

Das erste Geheimnis: Die Natur

Am Wasser

Hu, ist das kalt: Die kleine Käthe zieht rasch noch einmal die Beinchen unter die warme Decke, aber nur ganz kurz, und schon hüpft sie aus dem Bett, streift ihren Kittel über, huscht aus dem Zimmer, durch die Küche und hinaus auf den Hof. Das eifrige Geschrei der Gänse verrät ihr, daß der Hütejunge zum Aufbruch treibt.

Ein Septembermorgen – Frühnebel, vom zarten Goldhauch des Herbstes durchglüht, hängen in den Weidenbüschen am Bach, aber der Himmel ist ihnen zum Trotz strahlend blau, die Sonne erwärmt schnell die köstlich frische Luft. Katharina geht mit dem Gänsejungen, trägt auch einen kleinen Stock und berührt damit spielerisch den glänzend weißen, kräftigen Flügel einer Gans, die, Protest schnatternd, ein wenig hin und her wackelt, in ihrem Gleichgewicht beeinträchtigt. Eine seltsam beredte Stille liegt über den Wiesen – die Kinder bleiben stumm. Ohne ein Wort entfernt sich Katharina, setzt sich auf einem Stein nahe am Wasser nieder, reibt die nackten Füßchen. Nun verliert sich auch das Schnattern der Gänse. Sie ist ein wenig müde und benommen, in dieser leichten Unaufmerksamkeit des Verstandes öffnet sich die Seele. Die Farben erscheinen ihr leuchtender als gewöhnlich und doch auch ein wenig verschwommen. Mit großer Klarheit nimmt sie die Gestalt der Dinge wahr. Sie weiß, der transparente, schillernde Flügel der Libelle im Schilf dort muß genau so sein, wie er ist, nicht größer, nicht kleiner, die gedrungenen Kugel der Weidenbüsche mit den lanzettförmigen, kräftigen Blättchen, sie sind vollkommen, der süßherbe Duft der dunklen Holunderbeeren verströmt Heilkraft.

Nie wird sie diese Gefühle je in Worte fassen können, sie bleiben als etwas so ausnehmend Schönes in ihrem Gedächtnis, daß sie sich später durch leichtes Bewegen der Lippen diesen Geschmack von Frische und Kühle, Wasser und Luft zurückholen wird, dieses Duftgemisch, die sprechende Stille über Wiese und Teich, Busch, Baum und Himmel, die sich wie ein weicher Mantel um sie legt, sie ganz und gar einhüllt, ihren Gliedern genauso wie ihrer Seele schmeichelt und ihr ein Gefühl vollkommener Freiheit und Geborgenheit schenkt.

Verschiedenartigste Anmutungen gehen dem Kinde durch den Sinn. Wie doch die Welt so weit und eng zugleich sei, weil sie, Katharina, einerseits den hohen, hohen Himmel über sich und die Felder und Wiesen um sich, den Kirchturm am Horizont wahrnimmt und andererseits auf eine nicht in Worte zu fassende Weise in allem lebt, ein Teil ist des Steins am Bachesrand, des klaren Wassers, aber auch der Wiese, des Gänseblümchens, des Fisches und der jubelnden Lerche. Alles um sie ist unendlich gut, das ist es, ja, nun weiß das Kind es mit einem Male – das ist ein Hauch des himmlischen Vaters, den die Menschen Gott nennen.

Barfuß, die breiten Füße versinken im Uferschlamm, so daß der schwarzgraue Brei zwischen den Zehen emporquillt, mit gerafften Röcken und atemlos kommt Lena, Katharinas Amme und Kinderfrau, auf sie zu.

»Kindchen, daß Gott erbarm, wo bist du? Ich suche dich schon überall!«

»Ach, liebe Lena, nicht schelten, bitte, ich war – nur zu Hause, weißt du, da, wo ich gar nicht allein bin.«

Die Bäuerin schüttelt den Kopf, greift nach Katharinas Hand.

»Nun, Fieber hast du nicht, du wirst doch nicht krank werden?«

»Aber nein, liebe Lena. Mir geht es sehr gut. Könnten wir nicht bitte da herum gehen?«

Ihr Finger weist auf den Wirtschaftshof. »Zu den Tieren, weißt du!«

So klein Katharina auch ist, sie kennt sich aus in der Wirtschaft, und sie weiß alles richtig zu benennen. Sie kann die Schweine, Schafe, Kühe und Pferde ihres Vaters an den Fingern herzählen, sie weiß, wo die Hühner ihre Eier verstecken und die Kätzchen ihre Jungen. Sie ist dabei, wenn gebraut, gebuttert, Käse angesetzt, Brot gebakken wird – all diese Tätigkeiten zum Wohle von Mensch und Tier gefallen ihr über die Maßen. Lena schüttelt den Kopf. »Ein adliges Fräulein soll lesen und schreiben lernen, auch singen und sticken, seine zarten Hände gehören nicht in den Backtrog.«

Aber Katharina lacht und sagt:

»Will kein feines Fräulein sein, ist langweilig!«

»Wer dich zur Frau bekommt, hat eine gute Haushalterin«, meint Lena.

»Das will ich glauben«, bestätigt das Kind altklug.

Es ist der letzte Sommer, den Katharina in freier Natur verbringen darf.

Unterwegs

Am letzten schönen Herbsttag des Jahres 1505 folgt Katharina dem Sarg ihrer Mutter. Sechs Jahre ist sie alt. Blumen, überall sind Blumen, ihr Duft ist betäubend, so anders als im Sommer, schwer, seltsam süß, ein wenig nach faulendem Obst und Staub, Katharina könnte ihn nicht beschreiben, aber er legt sich ihr auf die Brust wie eine schwere Last. Sie erlebt alles als einen dumpfen Traum: die vielen Menschen, Kerzen, Worte, Gesänge, den Weihrauch. Sie darf nicht reden, nicht weinen, nicht schreien. Ihr ahnt, sie wird es nie mehr dürfen.

Als sie am nächsten Morgen im rumpelnden Wagen sitzt, ist es November. Der Regen fällt leise, aber stetig auf den Rücken des Pferdes, den Mantel des Vaters, das knarrende, knirschende Lederzeug, auf die traurigen Weiden am Wegesrand. Nebel hängt zwischen ihren Zweigen. Grau, grau, alles ist grau. Wo sind die Blumen geblieben?

Durch Schlamm und Wasser des aufgeweichten Weges schleppt sich ein Krüppel auf einem Bein. Seine Kleider sind zerfetzt und schmutzig – flehend hält er dem Vater die hölzerne Bettelschale hin.

Aber Jan von Bora hat anderes im Kopf.

»Hüa!« ruft er unwirsch und läßt die Peitsche sausen. Die Augen des Bettlers sind weit geöffnet, sein Mund setzt zum Sprechen an – schon sind sie vorbei. Das Kind verschluckt ein Weinen. Einsam, verlassen, verstoßen fühlt Katharina sich, und könnte doch nicht erklären, warum – eine Ahnung ist in ihr, die Seele faltet sich zitternd zusammen. Der Wagen hält an.

»Komm, Käthe!« sagt der Vater.

Gehorsam steht sie auf und vergißt gleich, ihre Füße zu bewegen. Vor ihr türmt es sich wie ein böser Traum: grauschwarze, metallisch glänzende Steine, zu grob, zu schwer, um von Menschenhand bewegt worden zu sein, wie es dem Kind scheint, erheben sich fugenlos zu Mauern und Türmen. Gibt es da eine Tür? Oh, daß es keine gäbe, bittet das Kind, daß kein Mensch je hineinkönnte, hineinmüßte!

»Komm«, sagt der Vater ungeduldig, denn ihn erwartet zu Hause seine zweite Frau, »hier ist dein Kloster.«

Katharina reißt entsetzt die Augen auf, hebt abwehrend die Arme und schreit: »Nein, nein! Ich will nicht! Nach Hause, bitte, nimm mich mit nach Hause, Mutter, Mutter!«

Sie sinkt in sich zusammen, nur noch ein kleines, zuckendes Bündel, wimmernd, flehend.

Der Mann hebt sie auf und trägt sie durch eine Spitzbogenpforte hinein – es gibt einen Eingang. Katharina verliert das Bewußtsein.

Das zweite Geheimnis: Die Schrift

Buchstaben

Ein liebes, junges Gesicht unter der schwarzen Schaube beugt sich über Käthe, als sie erwacht, weiche Hände streicheln ihr die Wange, reichen ihr einen Becher mit Milch.

»Trink, mein Kleines, so, siehst du, das tut gut! Du mußt dich nicht fürchten, es ist schön bei uns, hier sind noch viele kleine Mädchen! Ich bin Mutter Maria Agatha!« Eine Stimme, die wie Silberglöckchen klingt. »Wir haben alle vor unserem Namen ›Maria‹, die Benediktinerinnen haben sich der Gottesmutter geweiht. Wir Chorfrauen werden mit Mutter oder Frau angesprochen, zu den Laienschwestern in ihrer braunen Tracht sagst du Schwester.«

»Was heißt das, Laienschwestern?« fragt Katharina. Maria Agatha lächelt.

»Siehst du, die Chorfrauen müssen lateinisch singen und beten, vor allem beten, und die Laienschwestern lernen kein Latein, aber sie helfen uns bei den schweren Arbeiten in Haus und Hof, die wir nicht allein bewältigen können – sie sprechen ihre Gebete auf deutsch.«

»Das gefällt mir, dann kann ich sie wenigstens verstehen«, sagt Käthe.

Maria Agatha bringt sie ins Schulzimmer, wo sie erst einmal zusehen darf, wie viele kleine Mädchen mit großen hölzernen Buchstaben hantieren.

Käthe ist ein wenig benommen und traumverloren in der ersten Zeit hier in Brehna, etwas wie zarter Dunst scheint über allem zu liegen: ihre Trauer um die verlorene Mutter, die sie eigentlich nur von Ferne wie eine Märchengestalt gekannt hat, ihr Heimweh nach der Schwester, den Brüdern, nach Lena und den Tieren, den Wiesen und Feldern. Was tut's, daß November ist, graue Regenschleier das Land verbergen, die Bäume kahle, schwarze Äste in den Himmel recken, es daheim im Hof so schlammig sein wird, daß man von Trittstein zu Trittstein springen muß, um nicht zu versinken – in ihrer Erinnerung scheint die Sonne, sie sehnt sich ...

Langsam gewöhnt sie sich ein wie die anderen Mädchen auch. In der Kapelle, bei diesem reinen, klaren, auf eine ungeahnte Weise süßen Gesang der Schwestern, den Blick verwoben ins Kerzenlicht, in dem das Gold und die bunten Steine der Reliquien, des Tabernakels, der Meßgeräte aufleuchten, empfindet sie Ähnliches wie damals am Teich, fühlt sich geborgen.

Ihrem wachen Geist macht es Spaß, mit den hölzernen Buchstaben zu hantieren, sie zu Worten zusammenzufügen, sie begreift schnell. Sie bekommt ein Wachstäfelchen, auf dem sie mit dem Stift sorgfältig die eingegrabene Schrift nachzieht, die Zungenspitze zwischen den Zähnen. Von sich aus bittet sie um ein leeres Täfelchen, um sich selbständig an den Buchstaben zu versuchen.

»Gloria in excelsis deo«, schreibt sie.

»Was heißt das?« fragt sie die Lehrerin.

»Ehre sei Gott in der Höhe«, wird ihr geantwortet.

»Ehre sei Gott in der Höhe«, wiederholt sie. »Schön. Darf ich nun ›Pferd‹ schreiben und ›Kuh‹ und ›Schaf‹?«

»Pst –« macht Maria Agatha. »Nicht so viel reden, mein Kind. Du mußt schön abschreiben, was auf dem Täfelchen steht und nicht so ungebärdig sein. Sieh nur, wie schief und ungenau deine Buchstaben sind! Setz dich gerade hin und übe.«

Käthe gehorcht und fragt nicht, was das heißen soll, ungebärdig sein. Zwischen die fünfte und siebte Zeile »Gloria in excelsis deo« malt sie eine Gans. Ihre Nachbarin beginnt zu kichern – aber auf ein strenges »Ehem!« vom Katheder her schweigt sie und streicht schnell das Wachs auf Käthes Tafel wieder glatt.

Die Tage im Kloster erscheinen den Kindern endlos. In tiefer Dunkelheit müssen sie aus den warmen Betten und nüchtern in die Kirche. Feuchte Kälte empfängt sie, schwarzes Schweigen, keiner darf sprechen. Eng drängen sie sich aneinander. Endlich leuchtet am Altar die erste Kerze auf. Alle Blicke konzentrieren sich auf die kleine Flamme, die ein paarmal hin und her zuckt, dann ruhig steht, gleißend weiß, von einem goldscheinenden Hof geheimnisvoller Wärme umgeben. Die Chorfrauen beginnen zu singen.

Käthe kniet schlaftrunken, ihr Bewußtsein scheint sich von diesem müden, frierenden Körper zu lösen und auf den Tönen des gregorianischen Chorals zu schweben, die so hoch und süß dahintreiben in schöner Gleichmäßigkeit, nur manchmal von auf- und niedersteigenden Schnörkeln unterbrochen. Sie verliert jedes Gefühl für

Zeit und Raum, bis plötzlich dunkelblaue Schemen über dem Altar in der Dunkelheit hängen, die heller und heller werden, sich endlich als Fenster offenbaren und das liebe Tageslicht hereinlassen: die Mädchen können zum Frühstück gehen, wo der dampfende Hirsebrei auf sie wartet. Anschließend ist Unterricht bis zur Sext.

Selbst beim Mittagstisch dürfen die Kinder nicht sprechen, sondern müssen aufmerksam den Lesungen aus dem Leben der Heiligen folgen, denn sie werden später danach gefragt. Alle sinken sofort in Schlaf, wenn die Laienschwester, die Käthe am liebsten mag, ihrer braunen Kutte wegen, die aussieht wie Erde und Brot, sie nach dem Essen zu Bett bringt. Nachmittags lernen die Kinder sticken, und ehe die kleinen Finger sich so recht an den Umgang mit Nadeln und zarten Fäden gewöhnt haben, läutet es schon zur Vesper. »Magna sunt opera Domini, scrutanda omnibus qui diligunt eis« – Groß sind die Werke des Herrn, des Sinnens wert für alle, die sie lieben, singen die Chorfrauen.

Schnell vergeht solch ein Tag und ist doch auch wieder lang, unendlich lang, wenn Hunger und Müdigkeit quälen, wenn draußen die Sonne lacht und die Vögel jubilieren, wenn man so unbedingt etwas sagen möchte und es nicht darf, wenn die jungen Glieder sich regen wollen und stillhalten müssen. Die regelmäßig genau nach Vorschrift ausgefüllten Stunden reihen sich aneinander wie Perlen auf der Schnur: es ist oft mühsam, das Loch zu finden, den Faden durchzuziehen, aber mit einem Male hat man unversehens eine lange Kette, man weiß selbst kaum, wie – so werden aus Tagen Wochen, und ehe es die Mädchen recht wahrhaben, ist schon ein Jahr vergangen.

Zur größten Freude der Kinder wird solch ein Jahr häufig aufgelockert; Kirchenfeste, die Geburts- und Todestage der Heiligen, hundert solcher Feiertage gibt es.

Gesetze

Heute kommt Käthe nach der Mittagspause schwer aus den Federn. Verschlafen schlurft sie als letzte auf den Gang. Eine gebückte Gestalt mit Tragekorb, der von Holz schier überquillt, kommt ihr entgegen. Kurz vor Käthe hebt sie das Gesicht unter dem grauen Tuch: braun, faltig, mit eingefallenem Mund, so

15

häßlich, daß Käthe verschreckt wegsehen möchte, aber sie tut es nicht, denn die Augen fesseln sie – eisblau, so klar und leuchtend, und doch auch – warm, wissend, gut.

»Wer bist du?« fragt Käthe.

»Ljuba, die Höllenheizerin«, antwortet die Frau. Käthe sieht, daß ihr die Vorderzähne fehlen, daher der seltsam verzogene Mund.

»Also du sorgst dafür, daß wir es schön warm haben?«

Ein Nicken ist die Antwort.

»Du, Ljuba, ich mag dich!« flüstert Käthe und legt ihre Hand auf den Arm der Frau, einen seltsam dünnen und harten Arm.

Ljuba läßt ihre Augen lächeln. Käthe läuft schnell den anderen nach, stolpert, fällt, schlägt sich das Knie blutig.

Am nächsten Morgen, als die Kinder vom Frühstück kommen, schrubbt Ljuba, auf den Knien liegend, die Steinfliesen im Gang.

»Warte!« flüstert sie Käthe zu und zieht ein Salbendöschen aus ihrer Rockfalte. »Zeig mit dein Bein – so wird es schneller heilen!«

Sie streicht ein wenig Fett auf die Wunde.

»Au«, schreit Käthe auf, »das brennt!«

»Scht, still, Kindchen«, raunt Ljuba, »erst brennen, dann heilen!«

In einiger Entfernung führt sie die Hand in der Luft um Käthes Bein herum und murmelt etwas leise vor sich hin – da stürzt ein weißgewandeter Dominikaner hinter einer breiten Säule hervor.

»Laß das Kind los, Hexe!« schreit er. »Haben wir dich auf frischer Tat ertappt?«

»Sie ist gut!« ruft Käthe tapfer. »Sie will mir nur helfen!«

»Führt das Mädchen hinweg!« herrscht der Pater die herbeieilende Maria Agatha an. »Übergießt sie mit Weihwasser und verbleibt bis zum Abend mit ihr in der Kirche!«

»Ganz übergießen? Aber...«, versucht die Lehrerin einen Einwand.

»Tut, was ich sage«, donnert der Pater, »oder soll das Kind verderben?«

Die Chorfrau nimmt die widerstrebende Käthe bei der Hand.

»Faßt die Hexe und führt sie zum Verhör!« hört Käthe den Dominikaner rufen. Sie sieht, wie Ljuba gepackt und fortgezerrt wird. Käthe wird in die Kirche gebracht und mit Weihwasser übergossen. Zitternd kniet sie vor dem Altar, um sie herum wird eifrig gebetet. Wild jagen sich die Gedanken in ihrem Kopf. Sie hat

16

gehört, daß es Frauen gibt, die zaubern können, das Vieh verhexen, ein Gewitter herbeiwünschen, zu Krankheit und Tod verfluchen. Was aber weiß sie von Ljuba? Sie sieht diese leuchtenden Augen vor sich. Sie ist ganz sicher: Ljuba ist gut!

Wenige Tage danach kommt der Spiritual, der Priester des Klosters, morgens ins Schulzimmer, um Domina Maria Agatha ein Gesangbuch für den Unterricht zu bringen. Die Mädchen sind mit Abschreiben beschäftigt – Käthe sitzt an der Türe, und ihre scharfen Ohren nehmen wahr, was Pastor und Lehrerin in der Mauernische miteinander sprechen.

»Ihr seht so bleich aus, Pater«, sagt die Chorfrau, »ist Euch nicht wohl?«

»Nein«, flüstert er, »mir ist ganz und gar nicht wohl, und ich fürchte, mir wird nie wieder in meinem Leben wohl sein. Ich bin Beichtiger des Gefängnisses der Inquisition! O Gott!« Er schlägt die Hände vors Gesicht.

»Was ist mit Ljuba, der armen Seele?« fragt die Nonne teilnahmsvoll, »ist sie wirklich eine Hexe?«

»Nein, sie ist keine.«

»So wird sie freigegeben?« Maria Agatha atmet erleichtert auf.

»Nein«, sagt Pater Bonifatius, »sie wird übermorgen verbrannt werden. Man hat sie gefoltert, sie hat lange widerstanden, aber endlich hat sie es nicht mehr aushalten können und alles gesagt, was man von ihr hören wollte. Nein, Mutter, sie ist keine Hexe.«

»Aber wie kann das Gericht der heiligen Inquisition irren, Pater?«

»Fragt mich nicht, schlimm genug, daß ich es gesagt habe, ich kann es Euch nicht erklären; schuldig oder nicht schuldig, wer angeklagt wird, ist auch schon verurteilt, denn die Folter ist Brauch und keiner erträgt diese Qualen! Sie wird verbrannt werden, grausam genug, doch wenigstens schnell. Aber der Jockel...« Der Priester schluchzt auf.

»Kenne ich den Jockel?« fragt die Nonne.

»Ja, seine Stimme, Mutter. Es ist der junge Bursche, der so wunderbar singen kann; er arbeitet im Klosterhof.«

»Ach ja, ich weiß. Und was ist mit ihm?«

»Sie haben ihn als Aufrüher überführt, und sie werden ihn einen weiten, weiten Weg zur Hinrichtung gehen lassen und ihn an jeder

Kreuzung mit glühenden Zangen kneifen, auf dem Richtplatz aber werden sie ihn entmannen, ihm mit einem Holzhammer den Brustkorb einschlagen und dann vierteilen.«

»Das ist ja entsetzlich!« schreit die Nonne auf. »Was sind das für Richter?«

»Das Gesetz schreibt die Strafe so vor, Mutter. In der neuen Bamberger Halsgerichtsordnung des Johannes von Schwarzenberg aus diesem unserem Jahr des Heils 1507 wird es aufgeführt und bestätigt – oh, ich kenne mich aus.«

»Ist er denn schuldig?« fragt sie.

»Schuldig – ja, er ist schuldig – überredet, verführt, vom Elend gejagt, jung und dumm! Er ist schuldig, und er muß wohl sterben, ja, ja, aber warum nicht enthauptet oder gehängt oder mit der Ljuba verbrannt? Wozu diese unmenschlichen Martern – und ich, ich als sein Beichtiger muß neben ihm hergehen und ihm Beistand leisten.«

»Kann man ihm nicht einen schmerzlindernden Trank geben?«

»Nein«, lacht der Pater bitter. »Nein, Kraftwasser werden sie ihm einflößen, damit er schön bei Bewußtsein bleibt; steht auch in der Strafordnung.«

»O mein Gott«, stammelt die Chorfrau.

»Den laßt aus dem Spiel, der hat damit ganz gewiß nichts zu schaffen. Betet für ihn, Mutter«, bittet der Priester, »für ihn und Ljuba und für mich.«

Käthes Stift rutscht quer über die Wachstafel und verdirbt alles Geschriebene, aber die Lehrerin sieht es nicht. Inbrünstig betet das Kind während der Vesper für Jockel, Ljuba und Pater Bonifaz.
Sie schläft unruhig, schreit auf im Traum, verstört sitzt sie beim Frühstück. Was der Pater vom Jockel erzählt hat, versteht sie nicht recht, aber Ljuba, die kennt sie – verbrennen, das muß arg weh tun; der Löffel entfällt ihrer unachtsamen Hand. Keiner bemerkt es. Käthe wartet, bis alle aufstehen, hebt ihn schnell auf und huscht mit ihm durch die Türe neben ihrem Platz in die Küche. Sie legt den Löffel in die Spülwanne. Die Pforte zum Garten steht offen – Käthe kann der Verlockung nicht widerstehen, sie muß hinauslaufen. Wie herrlich, Erde und Steine unter den Füßen zu spüren und die Wärme der Sonne im Gesicht. Gierig atmet sie die kalte Luft ein und läuft, läuft, weiß selbst nicht, wohin. Plötzlich steht sie am

Fischteich, aufatmend, bückt sich, um ein Eisstückchen zu angeln, und fährt mit einem lautem Aufschrei zurück – da liegt Pater Bonifaz auf dem Rücken, ganz still, ganz bleich, die kleinen Wellen weben ein Muster über sein Gesicht. Zwei Klosterknechte, die in der Nähe arbeiten, stürmen herbei, ungläubig folgen ihre Augen Käthes weisendem Finger.

Sie erwacht jäh aus ihrer Erstarrung. Sie ist fortgelaufen: schnell huscht sie zurück, erreicht das Klassenzimmer, schiebt sich auf ihren Platz.

Der Morgen ist so strahlend schön, daß Maria Agatha das Fenster öffnet. Dankbar atmen die Mädchen die klare Luft ein, schreiben eifriger, in der Hoffnung hinauszudürfen, wenn sie eher fertig sind. Käthe hebt den Kopf, atmet langsamer und prüfend – es riecht nach Feuer, nach brennendem Holz, ja, und nach etwas anderem, ein wenig süßlich, aber erschreckend, ekelerregend – der Magen hebt sich dem Kinde auf. Sie sieht die Lehrerin an. Die Nonne ist seltsam weiß geworden, durcheilt den Raum, schließt das Fenster.

»Ljuba, die Höllenheizerin«, hört Käthe sagen und sieht in diese blauen Augen, sieht sie hart und dunkel werden vor Schmerz und – verlöschen.

Über all diese Dinge spricht Käthe nicht mit ihren Freundinnen, so schwer es ihr auch fällt, die vielen Fragen, die sie dazu hat, für sich zu behalten. Sie spürt, es würde nichts besser durch heimliches Schlafsaalgeflüster, eher schlimmer, denn es scheint sich um Geschehnisse zu handeln, die unter das Urteil von Anrüchigkeit, Schande, Verbannung fallen. Von Ljuba wird nicht gesprochen, sie ist einfach nicht mehr da, das ließe sich zur Not noch begreifen, immerhin war sie nur eine niedrige Dienstmagd und wurde außerdem als Hexe verurteilt. Aber auch der hochgeehrte Pater Bonifatius verschwindet aus dem Leben des Klosters ohne ein Wort der Erklärung oder des Bedauerns. Es gibt kein Begräbnis mit Seelenamt.

Die Tage gehen ins Land – Käthe hüpft wieder munter durch den Kreuzgang zum Unterrichtsraum, die schwarzweißen Fliesen als Hinkehäuschen nutzend. »Pst!« flüstert Maria Agatha, »schön langsam, leise und gesittet gehen – Hopsen und Springen, das ziemt sich nicht für eine Braut Christi.«

»Ich bin keine«, widerspricht die kleine Käthe.

»Du willst doch eine werden, nicht wahr, mein Kind?« beharrt die Nonne.

»Das weiß ich noch gar nicht, Mutter, ich glaube eher, nein.«

»Aber ist es nicht schön hier bei uns im Kloster?«

»Nun ja, ich will Euch nicht kränken. Die Kapelle ist schön und der Garten, das Handarbeiten mit dem vielen bunten Garn gefällt mir sehr, ich mag auch gern lernen, gewiß – aber zu Hause in Lippendorf ist es tausendmal besser: da kann man Brot backen und Butter machen, Bier brauen, mit dem Wagen über Land fahren – ich möchte einen Mann haben und viele Kinder und eine große, große Wirtschaft.«

»Sicherlich, Katharina, alles schön und gut. Aber viel, viel besser ist es, hier fern der sündigen Welt in Frieden Gott zu dienen! Du brauchst nicht zu sorgen für den morgigen Tag, was du essen und trinken wirst...«

»Ich will aber«, unterbricht Käthe ungestüm, »weil es mir Spaß macht, dafür zu sorgen.«

»Das sagst du nur, weil du's nicht besser verstehst – deine Sorge wird nämlich häufig vergeblich sein, wenn bei Mißernten das Land dir nichts trägt, wenn die Tiere dir wegsterben und die Bauern aufsässig werden und ihre Abgaben nicht zahlen, dir gar das Dach über dem Kopf anzünden – solcherlei gibt es in unseren Zeitläuften! Nein, hier in Gottes Hut bist du sicher geborgen und hast nur die eine Sorge, wie du Ihm am besten dienst. So, da wären wir.«

Sie betreten das Schulzimmer.

Das dritte Geheimnis: Die Heilkunde

Ortswechsel

Ein grauer, kalter Januarmorgen im Jahre 1509. Käthe sitzt sehr nah am Fenster der Schulstube, eifrig damit beschäftigt, ein Dokument für die ehrwürdige Mutter Äbtissin abzuschreiben. Immer wieder haucht sie in die kalten Hände, die Finger sind steif und ungelenk, das Licht unzureichend – will es denn heute gar nicht hell werden? Käthes scharfe Ohren hören Schritte im Gang; sie rutscht unruhig auf ihrem Stuhl hin und her – eine Unterbrechung der Arbeit wäre ihr hochwillkommen. Tatsächlich, die Türe wird geöffnet, ihr Name gerufen, sie soll zur Äbtissin gehen.

»Katharina von Bora«, sagt die hohe Frau mit freundlicher Stimme, »dir widerfährt ein großes Glück: Du sollst Chorfrau werden im schönen Kloster Marienthron in Nimbschen. Der Wagen wartet schon auf dich. Ich wünsche dir...« Käthe will nicht hören, was die Äbtissin ihr wünscht, sie unterbricht wild: »Aber meine Freundinnen, meine Arbeit – ich muß doch wenigstens fertigschreiben, es ist für Euch, ehrwürdige Mutter!«

»Ich weiß, ich weiß, deinen Eifer in Ehren; Hildegard wird es vollenden. Es gibt keinen Abschied, mein Kind, das ist besser, für alle.«

»Aber meine Sachen, mein...«, Käthe errötet, »mein Holzpferd- chen!«

»Dein was?« fragt die Domina befremdet.

»Mein Holzpferdchen; ich brachte es mit von zu Hause, mein Bruder schenkte es mir, es liegt unter meinem Kopfkissen, ich erzähle ihm alles, wie soll ich denn einschlafen in der Fremde ohne mein Pferdchen?« bricht es aus dem Kinde heraus.

Die Äbtissin lächelt.

»Du bist jetzt ein großes Mädchen, Katharina, wirst eine Postulan- tin sein in einer berühmten Abtei, es ist keine Zeit mehr für Kinderspiele. Und bitte, vergiß es nicht: eine Braut Christi hat kein Eigentum auf dieser Erde, nicht einmal ihr Körper gehört ihr selbst.«

»Aber –«

Doch die Äbtissin läßt Käthe nicht zu Wort kommen, sie reicht ihr die Hand. »Gehe hin, mein Kind, in Frieden, und die Gnade unseres Herrn sei mit dir.«

Käthe schreitet mit zwei fremden Frauen durch den Kreuzgang, in dem so viele Erinnerungen wohnen, und hinaus auf den Platz vor dem Kloster, wo ein Wagen wartet. Man hüllt sie in warme Dekken. Wie ein Kind weint sie sich in den Schlaf. Sie kann später nicht sagen, ob sie lange unterwegs war. Gab es Übernachtungen? Sie weiß es nicht. Im Januar ist sie gerade zehn geworden!

»Du brauchst dich nicht zu fürchten«, sagt endlich eine liebe Stimme neben ihr. »Marienthron ist wunderschön und reich! Du wirst ein gutes Leben haben. Beachte die Landschaft! Das enge Flußtal der Mulde bildet hier eine ebene Aue, etwa eine Viertelstunde breit, wenn du sie durchwanderst, und eine halbe Stunde lang. Siehst du die schroffe Felswand am Ostufer? Sie ist aus Porphyrgestein, ein klingender Name, nicht wahr? Und dort im Westen steigen sanfte Hügel gen Himmel. Die Ebene ist wie ein Lindenblatt geformt, die Blattspitze haben wir gerade hinter uns gebracht, dreh dich um, siehst du, wie die Felsen dort nah zusammenrücken?«

Käthe nickt.

»Der Weg geht durch die Mitte des Blattes. Oben auf den Felsen ist die Burg, stolz und abwehrend, und dort hinten, für uns nicht sichtbar, liegt die Stadt Grimma. Hier, gleich am Fuße dieser Waldbuckel, finden wir unser Kloster. Es ist ganz abgelegen von der Welt, zwei Hügelreihen schließen es ein, man sieht nur die ruhige, stille Aue. Freilich fließt dort im Osten die Mulde tief in ihren Ufern unter der Felswand, aber du kannst das nur ahnen. Im Norden des Klosterwaldes gibt es einen großen Teich, dort werden die Fische für die Fastenspeise gefangen.«

»Darf ich hingehen?« fragt Käthe begeistert.

»Nein, das ist nicht möglich!« wird sie lächelnd belehrt. »Laß dir lieber die Gebäude erklären!«

Käthe folgt ihr eifrig.

»Das sieht ja aus wie eine kleine Stadt!« ruft sie.

»Meinst du? Nun ja, gewiß, denn nach der Regel unseres Ordens müssen wir alles, was wir brauchen, selbst herstellen. Komm, hier entlang, siehst du, um den äußeren Klosterhof ist die Propstei angeordnet, hier wohnt auch der Propst, er ist gewissermaßen halb geistlich, denn er hat ja mit weltlichen Dingen zu schaffen. Man redet ihn mit ›Euer Ehren‹ an. Dort lebt der Vogt mit seinem Schreiber, und im Predigerhaus die zwei Herren von der Pforte, unsere Beichtväter, die aus Kloster Pforta kommen. Dort sind das Brauhaus, das Schlachthaus, die Schmiede, die Mühle.«

»Ja, ja!« nickt Käthe eifrig und folgt mit glänzenden Augen dem weisenden Finger.

»Oh, da gibt's wohl viele Arbeitsleut?« fragt sie.

»Freilich! Vierzig bis fünfzig werden täglich über den Hof gespeist.«

»Buttert Ihr auch selbst und macht Käse?«

»Selbstverständlich! Wir bekommen aber auch viel angeliefert von den Klostergütern und Klosterdörfern.«

»Das alles gefällt mir sehr!« lacht Käthe. »Ich wirtschafte nämlich so gern.« Aufmerksam betrachtet die Nonne das zarte Mädchen, das eifrig die Hände hebt und so ausschaut, als wolle es sich sofort kopfüber in die Arbeit stürzen.

Lautes Schreien und Schimpfen stört die beiden auf. Über den Hof stolpert ein Junge, die Hände schützend vors Gesicht haltend, verfolgt von einem Klosterknecht, der mit der kurzen Peitsche wütend auf ihn einschlägt. Vor den Frauen bricht der Junge in die Knie.

»Halt! Genug!« gebietet die Nonne.

»Ja, ehrwürdige Domina!« stammelt der Knecht verlegen und nimmt die Kappe ab.

»Warum schlägst du ihn?«

»Es ist nicht auszuhalten mit dem Faulpelz. Schon zum fünften Male hat er verschlafen, und das Vieh brüllt vor Hunger.«

»Ist doch so dunkel draußt in der Früh...«, stottert der Knabe.

»Es ist gut, du kannst gehen!« bedeutet die Äbtissin dem Knecht.

»Und du«, beugt sie sich zu dem Knaben, »steh auf und sieh mich an. Wie heißt du?«

»Andreas.«

»Deine Hände sind zart und weiß unter all dem Schmutz, bist du kein Bauernsohn?«

»Nein, gnädige Frau, mein Vater war adelig, aber er kam nicht zurück vom Kriegszug, starb und verdarb in einem fremden Land. Mutter konnte den Zins nicht zahlen, wir wurden verkauft, meine Brüder und ich...«

»Soso. Also, merk auf, Andreas: Ich brauche einen Knaben zu meinem Dienst. Wasch dich und laß dich bei mir melden.«

Käthe steht und beobachtet, siedend heiß wird ihr plötzlich, Jan von Bora ist auch in Geldschwierigkeiten, soviel weiß sie. Ob nicht besser ist, ein Chorfräulein zu sein, als verkauft zu werden wie Andreas? Und die freundliche Begleiterin ist also die Äbtissin in Person? Käthe macht einen tiefen Knicks, besinnt sich auf ihre Erziehung.

»Verzeiht, ich bitte Euch, ehrwürdige Mutter, meine Rede, ich wußte nicht...«

»Nein, mein Kind, du wußtest nicht. Laß gut sein. Komm, wir wollen in unserer Führung fortfahren. Im Torhaus dort sitzt der Torwärter, Thalheym. Jetzt gehen wir hinüber zur Klausur, wo die Nonnen wohnen. Kirche, Refektorium, Dormitorium und Konvent sind um einen Innenhof herum erbaut. Die Abtei zwischen Klausur und Propstei ist meine Wohnung und kennzeichnend für mein Amt: ich trage die Verantwortung für beides.

Wir haben im Augenblick vierzig Konventualinnen, alles Töchter aus adeligen Häusern, und sechs Konversen, außerdem die Köchin, drei Kochmaiden, meine Frauenmaid und mit Andreas, wenn er dazu taugt, zwei Knaben zu meiner Bedienung, die, wie du dir denken kannst, im äußeren Klosterhof wohnen.« Inzwischen sind sie in der Wohnung der Äbtissin angelangt.

»So, Katharina, nun hast du einen ersten Überblick. Jetzt geh mit der Mutter Priorin.«

»Danke, ehrwürdige Mutter!« sagt Käthe aus aufrichtigem Herzen. Auf dem Gang begegnet ihr Andreas, sehr sauber ist er nun und hübsch anzusehen.

»Alles Gute!« flüstert Käthe ihm zu.

»Dir auch!« gibt er ebenso leise zurück.

»Das war eine große Ehre, daß du von der ehrwürdigen Mutter Margarete von Haubitz mitgebracht worden bist!« sagt die Preilin.

»Siehst du, da kommt Mutter Maria Magdalena, deine Muhme, sie wird dich einkleiden.«

»Käthchen!« Eine kleine, etwas füllige Nonne segelt mit ausgebreiteten Armen lachend auf Käthe zu.

»Komm her, mein Kind, laß dich ans Herz drücken. Gut siehst du aus! Wie schön, daß du zu uns kommst. Wie geht es in Lippendorf?«

»Ich komme nicht aus Lippendorf. Ich bin schon lange, lange in Brehna.«

»Dann weißt du am Ende gar nicht, daß dein Vater wieder geheiratet hat?«

»Nein, ich wußte es nicht«, sagt Käthe langsam und denkt: Vielleicht habe ich deswegen fortmüssen?

»Zieh dies hier an, das wird dir passen. Jetzt gehen wir erst einmal ins Refektorium, und du bekommst einen warmen Brei mit frischem Brot.«

Während Käthe ißt, erklärt ihr die Muhme den Tagesablauf:

»Wir Zisterzienserinnen stehen um vier Uhr morgens auf, das ist die erste Stunde nach unserer Rechnung, und gehen in die Kirche, um Opus Dei, Laudes und Benedictus zu singen. Eine halbe Stunde stummer Betrachtung schließt sich an, manchmal üben wir dann auch besondere Psalmen wie für das Weihnachtsfest oder für die heilige Osternacht. Dann folgen Terz und heilige Messe. Es gibt das Morgenmus, und schon beginnt die Arbeit. Du weißt: ›Ora et labora‹ lautet unsere Regel: Bete und arbeite.«

Käthe nickt. »Was werde ich tun?«

»Als Postulantin wirst du zunächst niedrige Arbeiten verrichten: die heiligen Geräte polieren, die Gänge rein halten, in der Küche helfen und im Garten.«

»Ach ja«, ruft Käthe begeistert, »das tue ich gern.«

Die Muhme schüttelt den Kopf.

»So etwas höre ich zum ersten Male – die Edelfräulein haben für gewöhnlich nichts im Sinn mit solchen Beschäftigungen.«

»Liebe Muhme, ich mag kein Edelfräulein sein, das ist so langweilig. Komme ich denn auch in die Propstei zu den Tieren?«

»Kind, wo denkst du hin! Wir leben in strengster Klausur! Selbst in der Kirche dürfen wir nur den eng vergitterten Chor betreten!«

»Schade«, klagt Käthe.

»Also«, fährt die Muhme fort, »um zwölf Uhr singen wir die Sext, dann gehen wir zum Mittagsmahl, und danach schläfst du eine Stunde lang. Nach der Non wird wieder gearbeitet bis zur Vesper. Beim Abendmahl ist Stillschweigen zu bewahren, vergiß es nicht! Nun folgt die gemeinsame Rekreation, es darf gesprochen werden, aber du halte dich zurück! Noch eine Lesung im Konvent, wir singen die Complet und gehen zu Bett, du wirst müde genug sein.

Die wichtigste Regel ist: Schweige und bete. Du gehst langsam mit leicht geneigtem Kopf, die Augen gesenkt, die Hände in den Ärmeln. Denke immer an deinen himmlischen Bräutigam! – Oh, ich habe mich verplaudert! Es wird höchste Zeit für die Kirche. Scht – wirst du wohl nicht laufen!«

»Aber Ihr habt doch gesagt, es sei höchste Zeit!« flüstert Käthe.

»Tu, was ich dir sage, und – schweige!«

Als Käthe an diesem ersten Abend in ihrer kleinen Zelle auf der harten Pritsche liegt, wickelt sie sich energisch zweimal in die rauhe Decke. Es ist sehr kalt – im Dormitorium gibt es keine Öfen. Aber das stört sie nicht. Sie wird schon warm werden! Sie ist erleichtert. Ihr war so bang gewesen vor der Fremde. Aber es ist ja gar nicht fremd! Da gibt es die Muhme, die ihr wohlwill und vertraut mit ihr umgeht wie keiner in Brehna, und die ehrwürdige Mutter scheint freundlich zu sein, obwohl – als Käthe heute abend als letzte an ihr vorbeiging, um den Segen zu empfangen, sah sie so streng und fern und unnahbar aus – sie muß gewiß hier im Kloster würdiger dreinschauen als in einem Wagen draußen in der Landschaft, versucht Käthe eine Erklärung.

Die Gesänge der Chorfrauen, sie muten das Kind an wie ein Stück Heimat. Vertraut die lateinischen Worte, die Regelmäßigkeit der Töne, genauso schön wie in Brehna.

»Ja«, seufzt Käthe, »hier werde ich leben können«, und ist schon eingeschlafen.

Der Traum

»Katharina, willst du das Kloster hinwegschwemmen?« ruft die Preilin erschrocken. Käthe fuchtelt eifrig mit Lappen und Seife und viel, viel Wasser: auf den Knien rutscht sie durch den Kreuzgang und schrubbt die Fliesen. Sie blickt auf: ein Mädchen, jung wie sie, geht an ihr vorbei – ein Neuzugang?

Ave von Schönfeld wird ihr eine vertraute Freundin. Gemeinsam weist man die beiden ein in das Leben einer Klosterfrau. Getreu der Regel zeigt man ihnen zunächst die Härten, damit sie wissen, wofür sie sich entscheiden. Ave und Käthe verstehen diesen Gedankengang nicht so recht, denn sie haben ja keine Alternative! Sie wurden hierher gebracht und müssen bis ans Ende ihres Lebens bleiben. Wenn Käthe sich das deutlich macht, möchte sie aufschreien. Ja, sie will ein Kind Gottes sein, sie will Ihm dienen mit all ihren Kräften, sie will, und doch sehnt sie sich so sehr nach der freien Natur dort draußen, nach Wind und Regen, nach den Tieren – nicht einmal ein Hündlein darf in die Klausur – und nach – sie weiß nicht so genau, wonach, – aber sie sehnt sich mit Schmerzen. Sind das Anfechtungen des Teufels, die sie mit noch mehr Fasten und eifrigerem Gebet bekämpfen muß?

Lang, lang sind die Tage von morgens vier bis abends acht. Der Rücken schmerzt vom Scheuern, die Beine vom Knien, es ist kalt, kalt, kalt, und oft leiden die Mädchen Hunger, weil sie fasten müssen. Käthe dreht sich der Kopf, während sie in die Kerzenflamme sieht, ihr Leben gleitet an ihrem inneren Auge vorüber – Kirche – Schrubben – Kirche – Lesung im Konvent – Spülen – Kirche – Schrubben – Kirche – Schrubben – Kirche – Lesung im Konvent – Spülen – Kirche – Schrubben – Kirche – Kirche – Kirche... Schon sieht sie Ave neben sich im weißen Habit der Novizin, sie selbst trägt es auch, schon singen sie beide mit im Chorgestühl, voller ängstlicher Aufmerksamkeit noch und mit leiser, belegter Stimme. Sicherer und sicherer beherrscht Käthe die lateinischen Worte, die Tonfolgen. Mit einem Male singt sie laut und strahlend, ohne zu suchen, ohne zu denken – es strömt aus ihr heraus und erfaßt ihr ganzes Sein, wie ein Blitz durchfährt es sie, sie glaubt zu schweben... In diesen Augenblicken ist sie glücklich.

Von einer Laienschwester hat sie erfahren, daß Andreas Knabe der Äbtissin geworden ist. Sie denkt manchmal an ihn und sieht ihn so deutlich vor sich: wie er im Hof kniet, schmutzig, die Hände vorm Gesicht, diese schmalen, langen Hände, wie er aufsteht und den Kopf mit einer stolzen Gebärde hebt, wie er ihr auf dem Gang begegnet. Es kommt sie ein Verlangen an, diese Hand zu fassen und mit dem Jungen loszulaufen, über die Aue, den Hügel hinan, zum Teich und weiter, immer weiter, nach Hause, nach Hause. Ach, Käthe hält inne, nicht einmal im Traum kann sie nach Hause laufen, sie hat ja keines! Lippendorf – undeutliche Bilder schweben in den Tiefen ihrer Erinnerung – keine Nachricht ist ihr je von dort geworden, kein Gruß, kein Brief, kein Geschenk! Die anderen Nonnen werden manchmal ins Besucherzimmer gerufen, können durch das Gitter mit Verwandten, mit Freunden sprechen. Zu Käthe kommt niemand. Sie hat kein Zuhause, nur das Kloster. Bittere Tränen tropfen in den harten Strohsack. Aber sie ist nicht geschaffen für Jammern und Klagen.

»Hilf dir selbst, dann hilft dir Gott!« hat Muhme Lene gesagt. Käthe setzt sich auf, wischt energisch die Tränen ab und schluckt. »Wenn ich denn eine Nonne werden soll, so will ich es ganz und von Herzen werden! Nichts mehr von Andreas und Laufen über die Wiesen – keinen Gedanken mehr an ein irdisches Heim, an Tiere und Wirtschaft! Beten will ich und fasten und wachen, ich will eine sehr, sehr eifrige Nonne sein, und ich will das Ziel erreichen, den Sieg erringen, ich will mit Gott sein, mit Gott glücklich sein, das schwöre ich mir selbst! So, und nun schlaf, Katharina von Bora, sonst bist du morgen früh müde und singst falsch.«

Sie legt sich zurück, wickelt sich in die Decke und schläft ein. Ihr träumt. Es ist Sommer. Wie warm die Luft ihre Glieder umschmeichelt. Sie geht auf den Sonnenuntergang zu, vor flammenden gelborange-roten Wolken die Umrisse kleiner Wagen, Pferde, hin und her laufende Gestalten; Musikfetzen erreichen ihr Ohr, Lachen. Ein Zigeunerlager! Neugierig tritt sie näher. Da hängt der Suppentopf über dem Feuer, Käthe verspürt Hunger, so gut riecht das. Braune, halbnackte Kinder spielen um sie herum. Eine Frau im bunten Gewand kommt auf Käthe zu, alterslos das Gesicht mit den glänzenden schwarzen Augen, ein Kettchen mit Münzen über der Stirn.

»Eine Himmelsbraut!« ruft sie. »Gib mir deine Hand!«
Käthe streckt ihr willenlos die Linke hin.
»Setzen wir uns!« lädt die dunkle Frau ein. Sie machen es sich im Gras bequem. »Laß sehen! Eine Auserwählte bist du, ein Gotteskind. Dein Weg führt dich von einem Geheimnis des Lebens zum anderen, bis du mit dem letzten die wahre Glückseligkeit gewinnst.«
»Dunkel ist deine Rede!« murmelt Käthe.
»Dunkel wie das Tuch, das über Vergangenheit und Zukunft liegt«, raunt die Zigeunerin. »Ich will für dich einen Zipfel anheben: Zwölf Geheimnisse werden dir geschenkt werden. Zwei sind dir schon enthüllt – das Geheimnis der Natur offenbarte sich dir, als du noch ganz klein warst, – ich sehe dich am Wasser sitzen, erinnerst du dich?«

Käthe nickt.

»Fürchte nicht, seine Kraft verloren zu haben, Gott nimmt seine Gaben nicht zurück.«

»Kannst du Gedanken lesen?« staunt Käthe

»Vielleicht – vieles kann ich lesen, ohne des zweiten Geheimnisses teilhaftig zu sein – du besitzest auch dieses schon: den Zugang zu den Schriften! Nur wenige Menschen dürfen die Weisheit der Bücher gewinnen in unseren Zeiten. Nutze deine Möglichkeiten! Das dritte Geheimnis hat mit Krankheit und Tod zu schaffen, es gibt dir den Schlüssel zu ihrer Heilung in die Hände.«

Versonnen blickt die Frau in die Flammen.

»Und weiter«, drängt Käthe, »was noch?«

»Viel hast du erhalten, und es reicht dir nicht? Mehr wirst du bekommen und immer mehr, aber du wirst dennoch weiter suchen. Was soll ich dir noch sagen, du wirst weder verstehen noch glauben.«

»Du sprachst von zwölf Geheimnissen, bitte, nenne mir auch die anderen«, beharrt Käthe. Die Frau schließt die Augen, wiegt den Oberkörper leicht in den Hüften und singt rhythmisch:

»Das vierte Geheimnis ist die Freiheit, das fünfte die Liebe, das sechste die Ehe, das siebte Kinder, Freunde sind das achte, Macht das neunte, Tod das zehnte, das elfte die Einsamkeit, das zwölfte die Glückseligkeit. Vergiß es nicht!«

Die Morgenglocke läutet. Käthe setzt sich auf. Sie ist ganz benommen. »Ich habe geträumt«, sagt sie zu sich, »so lebendig habe ich geträumt! Etwas sehr Wichtiges war es. Ich saß am Feuer, eine Zigeunerin hielt meine Hand. O Gott, bitte, hilf mir! Ich kann mich nicht erinnern!«

Mit gesenktem Kopf, die Hände in den Ärmeln verborgen, wandelt sie im Kreuzgang. Eine jubelnde Kinderstimme von draußen jenseits der Mauern schreckt sie aus ihren Gedanken auf: »Die Zigeuner! Mutter, Mutter, die Zigeuner sind da!« Und es kommt ihr wieder. »Das erste Geheimnis – die Natur.« Käthe seufzt und sieht an den Mauern hoch. »Fürchte nicht, seine Kraft verloren zu haben! Gott nimmt seine Gaben nicht zurück... Das zweite Geheimnis: Zugang zu den Schriften. Nutze es...« Und das dritte, was war nur das dritte gewesen?

Einweisung

Die Zeit der einfachen Hausarbeiten ist vorüber. Die Novizinnen sticken, fertigen Handschriften an, beten, lauschen den Lesungen und Belehrungen, wandeln im Kreuzgang, die Hände in den Ärmeln, den Kopf geneigt, die Augen gesenkt. Sie »wandeln«, und Käthe möchte springen und laufen. Sie möchte lieber putzen und fegen, in der Küche hantieren.

»Katharina, komm schnell und hilf mir!« unterbricht eine Stimme ihre Gedanken. Muhme Lene steht neben ihr, drückt ihr einen Korb in die Hand, geht schnellen Schrittes voran, aus der Klausur hinaus in Richtung Propstei. »Es ist ein Unglück geschehen. Geh doch schneller! Eine Scheune steht in Flammen, und ein brennender Balken fiel auf den Gänsejungen. Komm, komm doch schon!« Käthe riecht das Feuer, sieht die Funken fliegen im Blau der Morgendämmerung. Auf dem Wirtschaftshof herrscht wildes Chaos. Hühner laufen ihr laut gackernd zwischen die Beine. Alle Hunde bellen aus vollem Hals. Gestalten, vom flackernden Feuerschein beleuchtet, eilen mit Wassergefäßen zur Unglücksstelle, rufen, schreien. Das Vieh brüllt in den Ställen, die Flammen prasseln und zischen, krachend stürzt das Gebälk, heiß weht es Käthe ins Gesicht.

»Komm, weiter!« treibt Magdalena. Unerschrocken eilt sie auf die Brandstelle zu. Und nun sieht Käthe den Jungen und schließt entsetzt die Augen.

»Willst du wohl hinsehen«, schilt die Muhme. »Blinde sind schlechte Wundärzte!« Der Verunglückte mag vielleicht sieben Jahre zählen. Er liegt auf dem Rücken, quer über ihm der schwere, rotglühende Balken. Das Kind sieht ihnen mit weit aufgerissenen, ungläubigen Augen entgegen.

»Du und du–« Magdalena stubst zwei Klosterknechte, »hierher, nehmt den Balken weg!«

Die Männer sehen auf die Glut und auf ihre Hände.

»Einen Wassereimer!« kommandiert die Muhme, reißt sich das Skapulier vom Leibe und stopft es hinein. Krachend bricht der Dachstuhl der Scheune herunter, Käthe ist es, als ob die Erde bebe – Funken sprühen ihr ins Gesicht, ein Mann schlägt ihr auf den Rücken.

»Verzeiht, Euer Habit brannte!« ruft er.

Die Knechte werfen das nasse Kleidungsstück auf den Balken und rollen ihn blitzschnell zur Seite.

»Hochheben«, jammert Lene, »hochheben, habe ich gesagt, nicht rollen, ach, ihr Töpel, ihr walzt mir ja das Kind zu Tode!«

Sie kniet sich neben den Knaben, greift nach ihrem Korb, läßt die Hände sinken und spricht ein stummes Gebet. Mit einer unwillkürlichen Bewegung streicht Käthe dem Kinde eine schwarze Locke aus der Stirn.

»Danke«, sagt der Junge. »Danke, liebe Mutter. Ich hab es so schön warm.« Er schließt die Augen und legt das Köpfchen auf die Seite, als ob er einschlafen wolle. Käthe fährt ihm über die Haare, wieder und wieder.

»Laß gut sein, Katharina«, sagt die Muhme, »er ist heimgegangen. Scht, sei still, sag nichts, es ist das Beste für ihn. Mit den Verletzungen konnte er nicht leben, er hat wenigstens keine Schmerzen gelitten. Komm, wir haben Arbeit genug.«

»Es scheint ihm tatsächlich nicht weh getan zu haben. Wie ist das möglich?« fragt Käthe.

»Durch die Gnade Gottes, Kind. Wenn die Qualen zu groß werden, löscht er in seiner Barmherzigkeit unser Gefühl dafür über eine Zeit hinweg aus. Komm, wir müssen hier fort, es ist zu nah am Feuer. Dort unter dem Vordach der Schmiede können wir ruhig weiterarbeiten.«

Durch Rauch und Flammenschein taumelt auch schon ein Verletzter auf sie zu, der ihre weißen Kutten leuchten sah. Käthe folgt willenlos, reicht Leinen zu, wäscht Wunden aus, legt Verbände an. Der Vogt hat seine Leute gut im Griff. Er steigt auf ein Faß. Seine Stimme übertönt alles. Er läßt alle eine Kette bilden zum Brunnen, sich die Gefäße zureichen. So gelingt es, ein Übergreifen der Flammen auf andere Gebäude zu verhindern. Schwankend nähert sich ein Mann mit einer Schädelwunde, Blut läuft ihm in Strömen über das Gesicht.

»Hab noch einen Augenblick Geduld, mein Lieber«, sagt Magdalena und zu Käthe: »Lauf und hol mir eine Handvoll Schweinemist.«

»Wie bitte?« fragt Käthe.

»Eine Handvoll Schweinemist, beeil dich.«

Käthe läuft und fragt sich durch, mit abgewendetem Kopf bringt sie endlich das Verlangte.

»Gut«, nickt die Muhme, wischt sorgfältig das Blut aus den Haaren und drückt den Mist auf die Wunde. »So«, sagt sie befriedigt, »und nun mach einen festen Verband darüber. Sieh mich nicht so entsetzt an, Schweinemist stillt das Blut, merk es dir.« Käthe gehorcht und merkt es sich.

Es läutet zur Complet, als die beiden zur Klausur zurückgehen. »Oje, mein Habit.« Käthe blickt entsetzt an sich herunter, das Gewand ist schmutzig, angekohlt, zerrissen.

»Ist meines besser? Wirst ein neues bekommen«, tröstet die Muhme. »Hast dich gut gehalten. Wo hast du die Handgriffe gelernt?«

»Nirgends«, antwortet Käthe. »Ich habe noch nie bei solchen Dingen dabeisein können.«

»Das ist erstaunlich. Du kannst gut umgehen mit Verwundeten.«

»Aber Ihr erst, Muhme Lene, Ihr seid geschickt wie ein Medicus.«

»Ich war lange Zeit Siechenmeisterin, mein Kind.«

»Lehrt mich diese Kunst!« bittet Käthe.

»Gern, soweit es sich ergibt. Ich will unserer Ehrwürdigen Mutter berichten von deiner Begabung, vielleicht darfst du der Siechenmeisterin zur Hand gehen.«

Margarete von Haubitz gestattet Käthe gern, die guten Werke der Krankenpflege zu erlernen. Schon am nächsten Morgen nimmt die Siechenmeisterin sie mit in die Apotheke des Klosters. Eifrig schnuppert Käthe: es riecht nach Kräutern, nach Staub, ein wenig auch nach Essig und Alkohol. An den Wänden reihen sich auf Regalen die beschrifteten Gefäße, in einer Ecke hängen Büschel getrockneter Pflanzen, auf dem großen Tisch sieht sie Bücher, Mörser, Tiegel. Die Siechenmeisterin schaut sie prüfend an.

»So, Katharina, du interessierst dich für die Heilkunde? Eine schöne Aufgabe, Kind, aber auch verantwortungsvoll und gefährlich. Du darfst keine Fehler machen! Und selbst wenn du dich nach Kräften und bestem Willen bemühst, du kannst nicht immer erfolgreich sein, dazu reicht unser Wissen nicht aus, auch vermögen wir nichts gegen den Lauf der Natur und den Willen Gottes. Die Patienten aber lasten uns alles an! Hilfst du, hast du nur deine Pflicht und Schuldigkeit getan, wenige danken es dir; kannst du nichts ausrichten, heißt es, du seiest unfähig oder böswillig! In der Welt draußen gerät unsereins leicht in den Ruf der Zauberei.

Sei also aufmerksam und vorsichtig! Alles, was du tust, kann Menschenleben retten oder auslöschen – alles, auch ein Becher Tee, ein Schlückchen Medizin. Du wirst hier nach und nach alles kennenlernen, Katharina. Immer schön eins nach dem anderen und nichts vergessen! Hast du eine saubere Handschrift? Laß sehen! Schreib deinen Namen hier auf die Tafel.«

Katharina malt, wie in der Schule, Buchstabe für Buchstabe.

»Gut«, nickt die Nonne zufrieden. Sie zieht einen dicken Folianten heran. »In diesem Buch findest du Heilmittel und ihre Wirkungen verzeichnet. Seit Bestehen des Klosters haben die Siechenmeisterinnen hier aufgeschrieben, was sie gewußt und gelernt haben. Siehst du, die erste Notiz ist aus dem Jahre 1250, als Markgraf Heinrich der Erlauchte Marienthron von Torgau nach Grimma verpflanzte. 1291 sind die Chorfrauen nach Nimbschen gezogen. Sie hatten den Gutshof 1258 von Ritter Hartung von Rideburg gekauft und das neue Kloster daneben erbaut. Dieses Buch ist ein unersetzbarer Schatz, es enthält viele Geheimnisse. Vielleicht werde ich dir erlauben, darin zu studieren, – ich muß es mit der Ehrwürdigen Mutter besprechen.

Auf den Regalen siehst du die Gefäße mit Kräutern, Wurzeln, Essenzen, Balsamen, die Salbentiegel. Wenn du Muße hast, lies die Namen und merke dir den Standort, damit du nicht lange zu suchen brauchst. Beim Herabnehmen sieh immer zweimal hin, ob du das Richtige in den Händen hältst! Achte genau, ganz genau auf die vorgeschriebene Menge. Alle Arzneien sind Gifte. Hier siehst du einen Trank, von dem wenige Tropfen dir einen angenehmen Schlaf schenken, ein Löffel voll jedoch läßt dich nicht mehr aufwachen. Die Blüten des Fingerhuts liefern eine Medizin, die bei Erkrankungen des Herzens zuverlässig Linderung verschafft – in winzigen Mengen verabreicht, wohlgemerkt! Bei größeren Gaben stirbt der Patient.«

Käthe läßt erschrocken die Hände sinken.

»Das ist ja entsetzlich – gefährlich!« stottert sie.

»Ja«, bestätigt die Meisterin ernst. »Also befleißige dich äußerster Sorgfalt! Wenn in einem Behälter nur noch weniger als die Hälfte ist, notiere das Mittel auf dieser Tafel hier, damit der Vorrat ergänzt werde. Vieles ist nicht schnell zu beschaffen! Du siehst, hier steht eine Reihe von Waldpflanzen. Wir werden im Sommer fleißig sammeln müssen.«

»So gehen wir hinaus?«

»Ja. Wir suchen im Klosterwald, am Teich, in der Heide. Das freut dich? Ist auch wunderschön. Nirgendwo ist der Mensch Gott so nahe wie in der unberührten Natur.«

»Das ist wahr«, sagt Käthe mit einem tiefen Aufseufzen der Freude.

»Den Kräutergarten hinter der Küche haben wir auch zu besorgen«, fährt die Meisterin fort. »Aber nun nimm das Becken dort und zwei Linnentücher, wir müssen unsere Kranken besuchen.«

Käthe gehorcht. Die Nonne greift nach einem Becher. Käthe sieht, daß in der klaren Flüssigkeit seltsame Dinge schwimmen, Körner, winzige Strohstückchen.

»Was ist das?« fragt sie.

»Ein gutes Mittel gegen Husten: Pferdemist, in Wein aufgelöst.«

Käthe muß husten.

»Laß das Becken nicht fallen! Was hast du? Willst du die Medizin kosten?«

»Nein, nein, danke«, stammelt Käthe.

Kirchweih

Käthe ist eifrig und sorgfältig im Dienst bei der Siechenmeisterin. Schnell lernt sie die Namen der Arzneien, ihren Standort, ihre Wirkungen. Was sie einmal getan hat, vergißt sie nicht wieder. Ihre Hände sind flink und geschickt. Bald schon wird ihr erlaubt, das alte Buch zu studieren. Nun ist sie zufrieden mit sich und ihrem Leben. Sie hat eine sinnvolle Beschäftigung, die sie gern ausübt. Sie kann anderen Gutes tun. Und sie freut sich auf den Sommer. In dieser heiteren Stimmung lauscht sie aufgeschlossen den Lesungen aus der Ordensregel:

»Welches die Instrumente der guten Werke sind:
Vor allem Gott, den Herrn, lieben aus ganzem Herzen, aus ganzer Seele, mit aller Kraft, und den Nächsten wie sich selbst. Dann nicht töten, nicht ehebrechen, nicht stehlen, keinem sündhaften Begehren folgen, kein falsches Zeugnis geben. Alle Menschen ehren. Was man nicht selbst erleiden möchte, auch keinem anderen antun.
Sich selbst verleugnen, um so Christus nachzufolgen. Den Leib

züchtigen, sich der Sinnenlust nicht ergeben, das Fasten lieben . . .
Nicht stolz sein. Nicht der Trunksucht, der Eßlust oder Schlaflust ergeben sein. Nicht träge, kein Murrer, kein Verleumder sein . . .
Seine Hoffnung auf Gott setzen. Das Gute, das man an sich gewahrt, Gott zuschreiben, nicht sich selbst, das Böse aber stets als eigenes Werk erkennen und auf seine Rechnung schreiben . . .«

Immer früher am Morgen erfreut das Tageslicht die Nonnen, die grimmige Kälte läßt nach. Zwar kommt auch das strenge Fasten vor Ostern. Käthes gesunder, junger Körper, im Wachstum begriffen, wehrt sich mit Schwindelanfällen und durchgehender, quälender Müdigkeit.

Sie singt gern, aber ihr ist, als habe sie noch nie so gejubelt wie beim Halleluja in der Osternacht: Christ ist erstanden, der Herr lebt, es ist wahrhaftig wahr – aber auch: das Fasten ist überstanden, der Frühling kommt, ich werde nach draußen dürfen, es wird warm sein, Halleluja!

Die Kirche von Marienthron ist reich und prächtig. Auf zwölf Altären gibt es in goldenen, mit Bildwerken und Edelsteinen reich geschmückten Monstranzen, Kapseln, Schreinen und Tafeln viele kostbare Reliquien. Käthe weiß genau darüber Bescheid, hat sie doch die schöne Aufgabe, das am 4. September 1508 aufgestellte Verzeichnis ins reine zu schreiben. Und so sitzt sie denn am Fenster und überträgt:

»1 Stückchen von der Krippe
1 Stückchen vom Kreuz Christi
1 Stückchen vom Kreuz des Schächers zur Rechten
Partikel von der Dornenkrone
Partikel von der Säule, an die Jesus zur Geißelung gebunden war
1 Splitter vom Tisch des Abendmahls
1 Stück vom Schweißtuch des Herrn«

und so weiter und so weiter, dreihundertsiebenundsechzig Partikel von Heiligen waren gezählt worden.
Besucher der Kirche konnten durch Anhören von Predigten und Kniebeugen beim Aveläuten vierzig Tage Ablaß gewinnen, für

läßliche Sünden ein ganzes Jahr. Grund genug für viele Wallfahrer, Marienthron zu besuchen.

Käthe ist glücklich wie ein Kind, als die Siechenmeisterin eines schönen Morgens sagt: »Nun wollen wir uns Schürzen überziehen und in den Garten gehen, es ist höchste Zeit.«
Ihr schwindelt ein wenig in der Morgenluft, nahezu liebevoll setzt sie den Fuß auf den Weg, spürt die Steinchen – wie kräftig es duftet nach Erde, Grün und Feuchtigkeit.
»Sieh her!« ruft die Meisterin, »Merk es dir! Hier sind die Küchenkräuter: Petersill, Minze, Thymian, Majoran, Liebstöckl, Rosmarin – wir brauchen sie und müssen darauf achten, daß die Kochmaiden nicht zuviel schneiden! Auch in der freien Natur laß auf jedem Platz, wo du eine Pflanze pflückst, drei unangetastet, damit du beim nächsten Male noch welche vorfindest. Diese Ecke ist einzig den Heilkräutern vorbehalten. Nimm den Korb und sammle das Laub ab. Ja, es sieht gut aus, der Winter hat keinen Schaden getan. Die Küsterin hat mich übrigens gebeten, auch nach den Blumen zu schauen. Wir sollen uns um den Schmuck der Altäre kümmern. Laß dir Unkräuter zeigen, die du ausreißen mußt, komm her!«
Als die Sonne höher steigt, reckt Käthe den schmerzenden Rücken. Die »Kostkinder« in der Schulstube singen – deutlich klingen die hellen Stimmchen durchs offene Fenster in den Garten:

> »Herzlich tut mich erfreuen die schöne Sommerzeit,
> all mein Geblüt erneuen, der Mai viel Wollust beut...«

Käthe hört aufmerksam zu und genießt jedes Wort. Für sie beginnt eine wahrhaft fröhliche Zeit!
Weil vom Weißdorn gar so viele Blüten gesammelt werden müssen, zieht die Siechenmeisterin mit Käthe und den Schulmädchen an einem schönen Maimorgen in die Aue hinaus. Alle sind voller Freude und Übermut, sie lachen, laufen, springen und Käthe immer mit ihnen. Die Meisterin läßt sie lächelnd gewähren, ist doch ein gar so junges Blut!

Der größte Festtag des Klosters, der 23. August, »Kirchweih« oder »Ablaß« genannt, muß von langer Hand vorbereitet werden. Käthe verbringt alle Arbeitsstunden mit der Küsterin in der Kirche. Sie reinigen die Heiligenfiguren und Altaraufbauten, polieren die Schreine, Monstranzen, Kästen mit den heiligen Reliquien. Die Küsterin erzählt:

»Wie die heilige Helena das Kreuz unseres Herrn gefunden hat, weiß heutzutage jedes Kind, aber die Geschichte dieses Spans von ebendiesem heiligen Kreuz ist viel spannender!

Ein frommer Ritter entschloß sich, ins Heilige Land zu ziehen, um das Grab unseres Herrn aus den Händen der Heiden zu befreien. Er war jung und hatte ein schönes Weib, Brigitta mit Namen, die ihn sehr liebte und ihn um keinen Preis fahren lassen wollte. Sie schmeichelte und bettelte, weinte und beschwor ihn: ›Bleib bei mir, mein Herz.‹ Er aber konnte nicht. ›Holdes Lieb, ein Gelübde habe ich dem Herrn der Heerscharen geleistet, ich muß es zahlen. Sieh, ich werde dir einen Span vom Kreuze unseres Heilandes heimbringen, ich verspreche es dir.‹ So ließ sie sich endlich trösten, was blieb ihr schon anderes? Und er zog von dannen. Viele Abenteuer mußte er bestehen, ehe er sein Ziel erreichte. Eine stürmische Überfahrt, Seeräuber, Hunger und Durst endlich im heißen, unwirtlichen Land. Immer wieder wurden er und seine Gefährten überfallen; lautlos wuchsen heidnische Räuber in ihren schwarzen Gewändern aus dem Sand der Wüste, schwangen ihre scharfen Krummsäbel und erschlugen gar manchen tapferen Ritter. Unser Mann kam durch. Von einem kleinen braunen Jungen erhandelte er um teures Geld einen Span des heiligen Kreuzes, barg ihn an seinem Herzen und träumte in dieser Nacht gar süß von der holden Brigitta. Da er sich sehr wohl der vielen Überfälle erinnerte und seines kostbaren Schatzes nicht beraubt werden wollte, verbarg er den Holzspan im Griff seines Schwertes: das, so glaubte er, sollte ihm keiner rauben.

Wenige Tage später geriet er in einen Hinterhalt – ein Heide hieb ihm die rechte Hand ab – er sank bewußtlos vom Pferd und blieb wie tot liegen. Nach einiger Zeit erwachte er vom Gekrächze der Geier und fand sich auf der blutigen Walstatt inmitten von Leichen. Sein erster Gedanke galt seinem Schwert. Er fand es endlich halb versteckt unter einem Pferdekörper. Er löste den Griff aus seiner eigenen erstarrten Hand und dankte Gott mit heißen Tränen.

Es wurde ein langer, schwerer Heimweg. Bettelnd schleppte er sich durchs heilige Land, bis sich endlich ein Landsmann seiner erbarmte und ihm die Überfahrt zahlte. So kam er zurück zur schönen Brigitta und löste sein Versprechen ein.

Seine Frau aber schenkte in ihrem Glück und ihrer Dankbarkeit die Reliquie unserem Kloster.«

Käthe nickt. Die Geschichte geht ihr lange nach. Wie hatten die beiden untereinander gesprochen? »Mein Herz« und »holdes Lieb«. Ach ja.

Es ist Zeit, Johanniskraut zu sammeln. Augusthitze flirrt über den Wegen, Ginsterschoten platzen mit leisem Knall.

»Laß uns ein wenig rasten«, sagt die Siechenmeisterin. Sie gehen ein paar Schritte in die schattige Kühle des Waldes hinein. Käthe setzt den gefüllten Tragekorb ab. Genußvoll lehnt sie sich gegen einen Baumstamm. Ihr Blick folgt der Lerche, die jubilierend aufsteigt.

Klatschende Geräusche, lachend läuft ein junges Mädchen mit nackten Füßen am Schlupfwinkel der Nonnen vorbei, die langen Zöpfe fliegen mit dem Rock um die Wette. Schon klatscht es noch einmal und etwas lauter, es folgt ein Junge – er fängt das Mädchen ein, sie fallen miteinander ins Gras. »Laß mich!« ruft das Mädchen, aber selbst Käthe versteht sehr wohl, das es eigentlich meint: halt mich fest. Sie hört seltsame Laute.

»Du und du und du!« sagt der Bursch, »ich liebe dich!«

»Was macht er?« fragt Käthe.

»Was schon –« knurrt die Meisterin, »er küßt sie. Wär' besser, er würd' sie heiraten. Hernach steht sie da mit dem Kind! Kann aber auch sein, er darf nicht, weil sie zu verschiedenen Herrschaften gehören – ach ja, ist schon eine Plag' in der Welt!«

»Was meint Ihr? Ich verstehe kein Wort«, bittet Käthe.

»Das ist auch besser so«, antwortet die alte Nonne. »Vergiß es.«

Aber Käthe vergißt es nicht. »Er küßt sie.« Küssen. Manchmal küßt sie die Hand der ehrwürdigen Mutter. Maria Agatha in Brehna hat sie auf die Stirn geküßt. Und das dort im Gras? Wie es wohl sein mag, wenn man so geküßt wird? Sie legt sich zwei Finger auf die Wange. So? Oder weicher, wärmer? »Laß sein, Katharina«, sagt sie zu sich selbst. »Du wirst es nie erfahren.«

Abt Balthasar

Zwei Mönche werden der Äbtissin durch den Torwärter Thalheym gemeldet: Sie künden den Besuch des Abtes von Kloster Pforta bei Kösen an, der Marienthron zu visitieren gedenkt. Auf der Stelle beginnt das große Saubermachen, nicht nur alle Räume werden auf den Kopf gestellt, Speisepläne gemacht, Bestellungen an den Schösser Koppe in Torgau aufgegeben, die Kleider gewaschen – nein, auch die Seelen sollen strahlen und glänzen. Es wird noch eifriger gebetet, die Sangesmeisterin findet immer wieder ein falsches Tönlein und läßt weiter üben – und die Schulmädchen werden in die Badestube gescheucht.

Endlich ist es soweit, Margarete von Haubitz schickt den Wagen aus, um Abt Balthasar mit seinem Gefolge abholen zu lassen.

Die Konventualinnen sehen nichts von den guten Speisen, die am Tisch der Äbtissin in ihrer Wohnung den Gästen aufgetragen werden, – ihre Zehrung ist eher noch magerer als gewöhnlich, um den strengen Mann nur ja auf allen Gebieten zufriedenzustellen. Zur Rekreation erscheint er persönlich im Konvent und läßt sich den Ring küssen. Außerordentlich, daß ein Mann diesen Raum betritt – selbst die Beichtväter dürfen nur bei schwerer Krankheit ihren Fuß über die Schwelle der Klausur setzen. Abt Balthasar hält den zitternden Frauen eine gewaltige Rede: Mißstände seien eingerissen, Nachlässigkeiten und neumodische Reformen hätten sich eingeschlichen.

»Alle Klausur und geistlichen Leut sind erdacht, daß sie unserem Herrn und Gott dienen und für Tote und Lebende und alle Bresthaften Bitten füllen!« Er hat von Spaziergängen in freier Natur mit den Schulmädchen gehört, von Lachen und Schabernack junger Novizinnen. Ist der Schlafsaal der Kostkinder auch streng abgeteilt von den Zellen der Chorfrauen? Es ist nicht gestattet, nächtens bei den Kindern zu sein!

Der sündhafte Gesang der Nonnen aber hat sein Ohr empfindlich beleidigt, sein Ohr und sein Gewissen! Neumodische Klänge und Rhythmen!

»Fremde Gesänge sind hier aufgekommen, es wird gegen die Regel des heiligen Bernhard zu schnell und ungleich gesungen. Ihr frönt dem Unfug, unvermittelt bald wenige, bald alle Stimmen ertönen zu lassen. Ich ordne an, daß rund, eine Silbe wie die andere gesunden wird, einhellig und mit gleicher Stimme, nicht zu hoch und nicht zu tief! Ich werde das überwachen lassen!

Ferner betone ich auf das ausdrücklichste: Damit ihr euch nicht mit dem Laster des Eigentums befleckt, welches in der Religion das schlimmste und verdammlichste Netz des Teufels ist, sollt ihr bei Strafe der Exkommunikation alle Geschenke von Freunden und anderen draußen nicht als euer Recht beanspruchen, sondern der Äbtissin reichen und demütig von ihr das Nötigste begehren. Bewahrt Stillschweigen und Gehorsam! Bedenkt, daß ihr von jedem unnützen Wort Rechenschaft geben müßt, nicht nur vor Gottes Richterstrahl, sondern auch vor dem Beichtstuhl des Priesters. Darum sollt ihr außerhalb der vorgeschriebenen Gebetszeiten und Lektionen in besonderen Gebeten mit Christus reden und in Beschaulichkeit hören, was Gott in euch spricht. Es ist streng darauf zu achten, daß die Kinder und heranwachsenden Jungfrauen nicht herumlaufen und schwatzen, wie mir zu Ohren gekommen ist, sondern sich sittsam und schweigsam verhalten!«

Endlich wird der Besuch feierlich, wie er eingeholt wurde, auch wieder heimgeleitet. Das Kloster atmet auf. Margarete von Haubitz wäre gern dieser Aufsicht los und ledig.

Von der Demut

Im Konvent wird aus der Ordensregel gelesen: über die Demut, Abt Balthasar hat es angeordnet.

Der heilige Benedikt sieht diese wichtige Tugend als eine Leiter mit zwölf Stufen. Die erste ist gleich der Erfüllung der göttlichen Gebote und der Erkenntnis, daß Gott alles sieht. Auf der zweiten liebt die Nonne den Willen Gottes mehr als ihren eigenen. Die dritte bedeutet das geduldige Ausharren in jeglicher Art von Unbill. Die vierte Stufe verlangt Gehorsam und Geduld bei Kränkungen und ungerechter Behandlung und Feindesliebe. Auf der fünften Stufe werden alle schlimmen Gedanken demütig den Oberen bekannt. Die sechste Stufe bedeutet Zufriedenheit mit dem Niedrigsten und Geringsten und Einsicht in die eigene Unfähigkeit, was auf der siebten dadurch vertieft wird, daß die Nonne aus Herzensgrund spricht: »Ein Wurm bin ich und kein Mensch«: Psalm 21,7.

Auf der achten Stufe tut man nur das, wozu einen die gemeinsame Klosterregel und das Beispiel der Oberen anhalten, auf der neunten zügelt man seine Zunge, dafür darf man auf der zehnten leicht und gern zum Lachen bereit sein, die elfte verlangt bescheidene, ernste, karge Rede, und die zwölfte zeigt die Demut allen sichtbar in der Körperhaltung: geneigtes Haupt, niedergeschlagene Augen. Hat man all diese Stufen der Demut erstiegen, so gelangt man zu jener Gottesliebe, die vollkommen ist und die Furcht vertreibt. Kraft dieser Liebe wird man von jetzt an mühelos, wie von selbst, nicht aus Furcht vor der Hölle, sondern aus Liebe zu Christus Freude an der Tugend haben.

Das wird es sein, denkt Käthe, ich bin so angefüllt mit Fehlern und Sünden, mit bösen und unnützen Gedanken – ich kann ja nicht zuhören, ohne dauernd innerlich zu protestieren und meine Meinung dagegenzusetzen. Ich bin ganz und gar unwürdig und will doch so gern würdig sein und eine gute Nonne werden. Sie steigt aus dem Bett, wirft sich auf den kalten Steinboden und beginnt zu beten: »Herr mein Gott, ich will wachen und beten! Ich will nur noch die Hälfte der Fastenspeise essen und meinen Rücken geißeln, ich will alle anderen Gedanken vertreiben aus meinem Hirn und nur über dich nachsinnen Tag und Nacht, o erbarme dich meiner und schenke mir deine Gnade. Heilige Mutter Gottes, bitte für mich arme Sünderin, auf daß ich würdig werde der Verheißung Christi.«
Sie betet den lateinischen Meßtext, das Salve Regina, das Magnifikat, alle Psalmen, die sie auswendig weiß, bewegt den Oberkörper im Rhythmus vor und zurück, um nicht einzuschlafen. Oh, wenn es an ihr ist, sie will den Himmel erstürmen durch ihre Bemühungen!

Ganz besonders lieb ist ihr eine Chorfrau aus hohem Adel, die sie die schöne Agneta getauft hat. Von großer, schlanker Gestalt, schreitet sie wahrhaft königlich in ihrem Habit einher. Ihr Antlitz ist schmal und weiß mit leuchtend roten Lippen, die Augen glänzend schwarz wie süße Kirschen unter langen Wimpern und den schön gezeichneten Brauenbögen. Käthe kann sich nicht sattsehen an den feingliedrigen, weißen Händen. Die junge Maria Agneta ist wahrhaft eine Augenweide. Sie hat ihren Platz im Chorgestühl Käthe gegenüber.

In der frühen Dämmerung eines Herbstabends nimmt die Siechenmeisterin Käthe nach der Complet noch mit in den Garten, um
Wolfsmilchkraut zu schneiden, was nach Sonnenuntergang zu geschehen hat.

Das Käuzchen schreit. Eine Fledermaus fliegt knapp an Käthes
Kopf vorbei – da! Was bewegt sich dort an der Außenmauer beim
kleinen Pförtchen? Die Siechenmeisterin stürzt ins Gebäude zurück, läutet wie wild und ruft ohne Unterlaß: »Ein Mann! Ein
Mann! Zu Hilfe, ein Mann im Garten!«

Aber als die geistlichen Herren und die Knaben der Äbtissin endlich herbeistürmen, verbleibt nur noch eine Nonne in ihren Händen, bleich, zitternd, die Augen niedergeschlagen: Käthe kann es
nicht glauben, es ist Agneta. Sie wird in ihre Zelle eingeschlossen.
Käthe hört ihr verzweifeltes Weinen. Nach sechs Wochen kommt
sie abends in den Konvent – Käthe erkennt sie kaum. Das Habit
wirft Falten um ihren abgemagerten Körper, ihr Gesichtchen ist
knochig und spitz geworden, um die Augen zeichnen sich dunkle
Ringe ab.

Sie wirft sich einer jeden Nonne zu Füßen, schlägt mit der Stirn auf
den Boden, flüstert: »Verzeih mir, Schwester, ich bin eine große
Sünderin.« Vor der ehrwürdigen Mutter aber bleibt sie liegen und
fleht: »Laßt mich frei, Mutter, ich bitte Euch im Namen aller
Heiligen! Ich tauge nicht für das Klosterleben, ich kann nicht
bleiben, ich kann nicht atmen hier, ich liebe ihn, ich liebe ihn, laßt
mich frei!« Wild schlägt sie mit der Stirn auf den Boden.

»Steh auf«, sagt Margarete von Haubitz, »beruhige dich. Du hast
die ewigen Gelübde abgelegt. Du kannst nicht gehen. Ich kann
dich nicht entlassen. Es gibt nur einen Platz für dich auf der ganzen
Welt: hier bei uns. So demütige denn deinen stolzen Eigensinn. Du
wirst dich gewöhnen.«

»Nein, nein –« schreit Agneta. »Er wird mich holen.«

»Er ist tot«, spricht die Äbtissin. »Sieh mich nicht so wild an. Es
stand nicht in meiner Macht, ihn zu verurteilen oder zu retten. Er
wurde in der Nacht gleich von Klosterknechten gegriffen und dem
Gericht überantwortet. Auf Entführung einer Nonne steht die
Todesstrafe durch Erhängen. Sie ist vollstreckt.«

Agneta sinkt in sich zusammen wie ein Häuflein Lumpen. Es ist so
still im Konvent, daß man das Summen einer Fliege hört.

Die Glocke läutet zur Complet. Die Äbtissin winkt. Gehorsam

schreiten die Nonnen zur Kirche, vorbei an der wie leblos liegenden Agneta.

Käthe sieht sie nicht wieder. In derselben Nacht noch, erfährt sie später von einer Laienschwester, habe Agneta einen Weg ins Freie gefunden – am Morgen sei sie verschwunden gewesen, keiner wisse, auf welche Weise.

»eynseghung«

Was war das mit Agneta? Magdalena von Schönfeld, die Siechenmeisterin, sagt, Agneta sei ein Opfer des Teufels geworden. Außerdem habe die Äbtissin verboten, über diese Angelegenheit zu sprechen. Käthe zweifelt, aber weil sie zweifelt und Zweifel vom Teufel kommen, macht sie erhöhte Anstrengungen, eine gehorsame und gute Nonne zu sein. Und je mehr es in ihrem Hinterkopf rumort, um so mehr kasteit sie sich. Tagelang nimmt sie nur Kräutersud zu sich, sie schläft kaum noch, ihre Lippen murmeln pausenlos lateinische Gebete. In ihrem Kopf verbleibt endlich nur noch die hohle Leere der Erschöpfung. Sie denkt, fühlt – nichts mehr.

»Katharina«, sagt die Siechenmeisterin eines Morgens in der Apotheke, »setz dich auf den Hocker. Du siehst erbarmungswürdig aus! Die Kleider schlottern dir ums Gebein, deine Haut ist weißgrau, die Augenlider sind rot entzündet, deine Hände zittern. Du wachst und betest und hungerst, ich weiß! Ich bin nicht dein Beichtvater, aber ich meine es von Herzen gut mit dir. Also: Welche Sünde willst du büßen?«

»Die der Unwürdigkeit, Mutter«, bricht es aus Käthe heraus. »Ich bin bis oben angefüllt mit Sünde und Bosheit! Wenn die Worte der Regel verlesen werden, kann ich nicht lauschen, ohne immerzu im geheimen Zweifel und Widerspruch zu hegen...«

»Scht«, die alte Nonne streicht ihr liebevoll über die Hände. »Mein Kind, mein liebes Kind, deswegen bist du nicht unwürdig! Und auch nicht böse! Glaubst du, es gehe uns anders? Kein Mensch ist vollkommen – bis zu unserem Tode will der alte Adam in uns nicht schweigen! Wir alle sind immer unterwegs auf der steilen Leiter zum Himmel, manche vielleicht ein paar Sprossen höher als andere, oben angekommen sind in diesem Leben nur ganz wenige große Heilige. Was willst du – du hast ja gerade erst einen Fuß auf die Leiter gesetzt! Kein Mensch kann Gott zwingen. Du verdirbst deinen jungen, gesunden Leib aus Hoffart! Dein Stolz will alles und sofort. Neige dich in Demut, sprich dein ›O Herr, ich bin nicht würdig, daß du eingehest unter mein Dach, aber sprich nur ein Wort, so wird meine Seele gesund‹ und warte! Nimm dich selbst an in all deiner Unvollkommenheit, sieh dich genau mit all deinen Tugenden und Fehlern und bedenke: so sehr hat Gott dich, Katharina von Bora, geliebt, daß er seinen eingeborenen Sohn für dich dahingab, damit du ewiges Leben in Seiner Herrlichkeit gewännest. Willst du verwerfen, was Gott angenommen hat?

So, nun komm mit in die Küche.«

Die Meisterin weicht Weizenwecken in Milch ein, stellt sie vor Käthe auf den Tisch.

»Setz dich und iß das auf! Widersprich mir nicht. Und kein Fasten mehr. Ich habe meine Augen auf deinem Teller, sei dessen gewiß. Ich kann keine Hilfe brauchen, der die Hände zittern. Wenn du bis zum Sonntag nicht wieder ruhig und stark bist, muß ich mir eine andere suchen.«

»Nein, nein, bitte nicht!« ruft Käthe voller Entsetzen. Was wäre ihr Leben ohne die Heilkunde? Die Meisterin sieht ihr ruhig in die Augen: »Dann tu, was ich dir sage.«

Eifrig beginnt Käthe zu essen. Wie süß die Wecken schmecken. War ihr je eine Speise so gut vorgekommen? Dankbar streckt sie sich am Abend auf ihrer Pritsche aus und schließt die Augen. Welch eine herrliche Gabe ist doch der Schlaf. Sie ist so erleichtert. Sie hat geglaubt, sich kasteien zu müssen; nun wurde die Last von ihr genommen.

»So sehr hat Gott dich lieb, Katharina von Bora...«, hört sie die Siechenmeisterin sagen. Und jetzt weiß sie es auch selbst wieder, wie warmes Licht steigt es auf im Nebel ihrer Erschöpfung: Gott ist Liebe. Daß sie es nur so grausam vergessen konnte!

Obwohl Käthe wenig spricht und damit die Gebote der Regel erfüllt, ahnen die weisen Frauen um sie herum doch, was in ihrem Kopf vorgeht, und schieben die Ablegung der ewigen Gelübde immer wieder hinaus. Käthe bittet auch darum, sie ist noch nicht bereit dazu.

Im Sommer 1515 endlich ringt sie sich zu dem Entschluß durch, der ja eigentlich der ihre nicht ist. Was hilft es, die Einsegnung hinauszuzögern? Es gibt keine Möglichkeit, in die Welt zurückzukehren. Käthe weiß auch nicht, ob sie das ernsthaft wünscht. Sie ist ja ganz zufrieden mit dem Klosterleben. Was könnte besser sein? Etwas mehr Freiheit – was ist das überhaupt, Freiheit? Etwas mehr Selbstbestimmung – wer weiß, wie ein gestrenger Eheherr sie kommandieren würde! Und dieses unbestimmte Sehnen – sie kann es ja nicht einmal in Worte fassen, was ihr manchmal so schmerzhaft die Brust zusammenzieht. Ob es zu erfüllen ist? Aber sie fürchtet sich, etwas zu versprechen, was zu halten sie sich nicht imstande fühlt. Die Siechenmeisterin nennt solche Gedanken Hoffart. Nun gut. Sie wird sich ganz dem Ewigen hingeben – und er wird ihr Frieden schenken. Sie wird nach dem Herkommen von der Äbtissin der Sammlung der Nonnen angegeben und vom Konvent angenommen. In strengem Schweigen, Fasten und Beten bereitet sie sich vor. Eine ältere Schwester wacht über sie.

Am 18. Oktober 1515, Montag nach Francisci Confessionaris, ist Katharinas »eynseghung«, da soll sie »Profeß« tun, die ewig bindenden Gefühle ablegen. Sie ist sechzehn Jahre alt. Sie spendet dem Kloster alles, was sie auf dieser Welt noch besitzt, dreißig Groschen. Es ist wenig genug. Üblich ist, daß hundert, wenigstens aber vierzig Groschen geopfert werden.

Sie fühlt sich so leer und erschöpft, daß sie alles willenlos mit sich geschehen läßt und später kaum eine Erinnerung daran hat.

Unter feierlichen Zeremonien in der Kirche werden ihr die Haare abgeschnitten, die mit Weihwedel und Rauchfaß besprengten heiligen Kleider angetan: die weiße Kutte übergezogen, der weiße Weiler –»velum«, der so genannte Schleier – ums Haupt geschlungen, der weiße Rosenkranz aufgesetzt und der Heiland auf dem Kruzifix als Bräutigam in die Arme gelegt. Nun opfert die Himmelsbraut ihren Kranz und schwört ewige Reinheit.

Sie fällt der Äbtissin und der Reihe nach jeder Klosterfrau demütig zu Füßen, wird von ihnen aufgehoben und als Schwester in die Gemeinschaft aufgenommen. Käthe sehnt sich danach, die Feierlichkeiten hinter sich zu bringen und allein zu sein, allein mit ihrem himmlischen Bräutigam. Erst abends in ihrer Zelle geht ihr Wunsch in Erfüllung. Demütig kniet sie auf den Steinfliesen nieder. Sie hat so viele Gebete gehört und gesprochen an diesem Tage, ihr fallen keine mehr ein.

Sie breitet ihre Arme aus, legt den Kopf zurück und flüstert:

»Vater, lieber himmlischer Vater.« Tränen steigen ihr in die Augen, nicht des Schmerzes, sondern der Erleichterung, Wärme durchflutet ihren Körper, Wohlbefinden umhüllt sie ganz und gar.

Als die Morgenglocke sie aufweckt, findet sie sich selbst völlig erstarrt auf dem Boden – sie erinnert sich nur an ein wunderschönes Geheimnis.

Viertes Geheimnis: Die Freiheit

Neue Kunde

1516. Käthe sitzt am Fenster in der Abtei und trägt die neuen
»pueri«, die Kostkinder, ins große Buch ein:

»3 Schellenberger
2 Haubitzen (Ob es Verwandte meiner Mutter sind?)
1 Lauschkin
1 Keritzin
1 Poßtin
1 Buttichin.«

Sie sieht zwischen den schwarzen Buchstaben die kleinen Mädchen
vor sich, ihre vertrauensvoll blickenden Augen, die lustigen Zöpfchen, die noch runden, weichen Händchen, wie klein sie doch sind,
alle neun! Und sollen nicht mehr springen und lachen, wie Abt
Balthasar gesagt, und ernsthafte kleine Nönnlein werden? Ein
tiefes Erbarmen kommt sie an. Zum Glück ist Pforta weit weg!

Die Jahre ziehen ins Land. Käthe gehört nun schon zu den »älteren«
Chorfrauen. Längst ist sie nicht mehr die letzte auf der Liste. 1512
war Ave von Schönfeld gekommen, 1513 Margarete von Schönfeld, 1516 Barbara Plausig, 1517 Katharina von Kertzsch und Katharina von Scherl. So viele Katharinen und so viele klingende
Namen. Was weiß ich schon von ihren Trägerinnen wirklich,
denkt Käthe, ich kenne ihre Gesichter, ihre Hände, ihren Gesang,
jede kleinste ihrer Bewegungen, weiß, wie sie essen, den Becher
zum Mund heben, den Kopf neigen, die Augen niederschlagen.
Aber was weiß ich von ihren Gedanken – ihrer Not oder ihrem
Glück? Schweigen, Schweigen. Es steht zwischen uns wie eine
dicke Mauer aus Nebel. Man kann nicht dagegen anrennen, man
stößt ins Nichts, man kann sie nicht abbauen, denn sie besteht nicht
aus Steinen. Wir geistlichen Frauen sind selten allein, aber immer,
immer einsam.

Käthe wird Siechenmeisterin und schreibt neue Rezepte in das große alte Buch in der Apotheke. Im Sommer 1521 geht sie mit Ave von Schönfeld hinaus in die Aue zum Kräutersammeln. Vor dem Kloster begegnet ihnen Andreas. Wie groß er geworden ist – sie kennt ihn fast nicht wieder! Er zieht ehrfürchtig seine Kappe, geht ganz nahe an Käthe vorbei und steckt ihr ein Briefchen in die Hand. »Für das Fräulein Margarete von Zeschau«, flüstert er. Käthe ist so erschrocken, daß sie das Papier wortlos in ihren Ärmel schiebt. Die Übermittlung des Briefes geht erstaunlich leicht vonstatten. Als Käthe allein in der Apotheke ist und noch darüber nachdenkt, wie sie die Post am besten bestellen könnte, kommt Margarete von Zeschau mit einem Auftrag der Priorin zu ihr. Käthe überreicht ihr das Schreiben. Margarete steckt es schnell ein. »Das kann nur von meinem Onkel Wolfgang sein«, flüstert sie. »Er ist Prior des Augustinerklosters in Grimma. Ich komme heute nacht in deine Zelle und erzähle dir, was er schreibt. Vielen Dank!«

Käthe spürt, wie ihr Herz schneller zu schlagen beginnt. Ihr schwindelt ein wenig, sie muß sich setzen. Heimlichkeiten, Besuche in der Zelle! Sie müßte auf der Stelle zur Priorin gehen und Meldung erstatten.

»Und ich werde es nicht tun«, sagt sie zu sich und preßt die Lippen aufeinander. »Ich werde darüber schweigen.«

Der Vollmond scheint. Die Stille der Nacht ist voller Geräusche. Ein Ast bewegt sich im Wind und schabt an der Mauer entlang. Das Käuzchen schreit. Es knackt das Holz der Bettstelle. Das Mondlicht zeichnet den Fensterausschnitt auf die Decke. Käthe liegt regungslos und wartet. Da – klingt das nicht wie nackte Füße auf Steinfliesen? Raschelt nicht ein Gewand? Nein? Doch. Es kratzt an der Türe. Käthe hat sie nur angelehnt, sie öffnet sich lautlos, Margarete huscht herein, setzt sich auf die Bettkante.

»Katharina«, flüstert sie hastig und eifrig, »es tun sich Dinge draußen in der Welt, die du dir gar nicht ausdenken kannst! Zu Wittenberg lehrt ein Augustinermönch, Doktor der Theologie, er heißt Martinus Luther. Er hat den wahren Weg zu Gott gefunden. Er sagt, man dürfe nur glauben, was in der Bibel steht. Die Priester und sogar der Papst würden oft Falsches lehren, und der Ablaß sei Betrug, denn nicht Geld könne selig machen, sondern allein die

Gnade Gottes! Der Kaiser hat ihn auf den Reichstag nach Worms bestellt, er solle seine Lehren widerrufen, aber er hat kein Wort zurückgenommen. ›Hier stehe ich, ich kann nicht anders, Gott helfe mir!‹ soll er gesagt haben, dem Kaiser, den Kurfürsten, den päpstlichen Gesandten ins Angesicht hinein! Der Kaiser hat die Reichsacht über ihn ausgesprochen. Nun ist er verschwunden, aber seine Schriften werden überall gelesen.

Es tut sich was in der Welt, Katharina! Nun schlaf wohl – es ist besser, ich gehe jetzt, aber ich komme wieder und erzähle dir mehr, wenn ich weitere Kunde habe.«

»Danke«, flüstert Käthe.

Das Mondlicht ist weitergerückt auf der Bettdecke, sonst hat sich nichts verändert – der Zweig schabt an der Mauer, der Laden schlägt, die Nachbarin schnarcht. Käthe reibt sich die Augen. Hat sie geträumt? Ist Margarete wirklich dagewesen? Was hat sie Wirres erzählt von einem Doktor der Theologie, der gegen den Papst kämpfen will?

Käthe liegt lange Zeit wach und versucht, Ordnung in ihre Gedanken zu bringen. Den wahren Weg zu Gott soll der Mönch gefunden haben – also ist sie auf dem falschen, sind die Nonnen alle auf dem falschen?

Die Buttichin ist krank. Es fing damit an, daß sie nicht essen mochte, was gerade bei ihr ganz unerhört war! Dann fiel sie morgens in der Kirche um. Nun sitzt Käthe an ihrem Bett. Das Kind hat hohes Fieber. Die weichen Händchen klammern sich um Käthes Arm. »Durst!« stöhnt die Kleine.

Käthe stützt sie auf und flößt ihr kühles Wasser ein.

»Fürchte dich nicht, ich komme gleich zurück«, tröstet sie.

Getreu der Regel, daß Kaltes mit Heißem und Heißes mit Kaltem zu bekämpfen sei – so lehrt es der große Theophrastus Bombastus von Hohenheim, auch Paracelsus genannt –, macht sie der Kleinen kalte Wadenwickel, kocht ihr Fiebertee. Aber ihre Mittel schlagen nicht an. Das Mädchen sitzt im Bett und ringt keuchend nach Luft, die Augen treten aus dem Kopf vor Anstrengung.

»Hilf mir!« fleht es.

Und Käthe weiß nicht, was sie noch tun könnte. Sie fragt Margarete von Haubitz, die Siechenmeisterin – beide ziehen traurig die Schultern hoch und breiten hilflos die Hände aus. Sie läuft zu

Muhme Lene. Aber auch sie weiß keinen Rat. »Du hast alles getan, was wir tun können«, sagt sie. »Nun hilft nur noch Beten.«
Käthe betet. Sie kniet neben dem Bett, hält das stöhnende Kind in den Armen und betet.
Sie erneuert die kalten Wickel, die an den heißen Beinchen so schnell trocken werden, flößt dem Kinde kalten Tee ein, das bringt für kurze Zeit Erleichterung. Und immerzu betet sie.
»Hilf du, himmlischer Vater. Ich weiß nicht mehr weiter. Vergib mir meinen Hochmut, der da glaubte, etwas zu verstehen. In deiner Hand allein liegen Leben und Tod. O Herr, erbarme dich. Heilige Gottesmutter, hilf!«
»Geh nicht fort!« bittet die Buttichin. »Geh nicht fort!«
»Nein, sei ganz ruhig, ich bleibe bei dir«, sagt Käthe. Und dann kommt die Zeit, wo sie nur noch fleht: »Erlöse sie, lieber Vater, mach ihren Qualen ein Ende.« Denn es artet aus. Das Mädchen bekommt keine Luft. Die Lippen sind blau, die Augen quellen hervor, die Rippen fliegen, die Hände suchen verzweifelt Halt und Hilfe – längst ist es unmöglich, kühle Flüssigkeit zu geben, ein letzter, verzweifelter Kampf, und die Buttichin wird still in Käthes Armen. Noch ist er heiß, der weiche Kinderkörper, aber schlaff und leblos. Käthe legt ihn aufs Bett, faltet die Händchen und bricht weinend in die Knie. »O Herr, vergib mir – aber warum? Warum?«

Für ein Weilchen allein in der Apotheke, schlägt sie das große Buch zu und stellt es ins Regal zurück. So lange war die Heilkunde ihr Trost und Halt, Inhalt ihres Lebens. Nun sieht sie die Unvollkommenheit ihres Wissens in grausamer Deutlichkeit. Ihr Traum fällt ihr ein – die Zigeunerin – die zwölf Geheimnisse. Die Natur, die Schrift, die Heilkunde, die Freiheit – ja, die Freiheit war das vierte Geheimnis. Käthe schüttelt den Kopf. Freiheit? Was soll ihr das? Sie kann sich nichts darunter vorstellen.
In dieser Nacht kommt Margarete von Zeschau wieder zu Käthe.
»Mein Bruder hat mir eine Schrift gesandt von Martin Luther«, flüstert sie. »›Von der Freiheit eines Christenmenschen‹ heißt sie. Du mußt das unbedingt lesen.«
Käthe schlingt spontan ihre Arme um die Schwester. »Du kommst im rechten Augenblick. Ich denke gerade nach über die Freiheit und kann mir nichts darunter vorstellen, welch ein Zufall.«
»Es gibt keinen Zufall«, erwidert Margarete ernst. »Gott sendet

uns zu jeder Zeit genau das, was wir nötig haben, meistens merken wir es nur nicht.«

»Das ist richtig«, bestätigt Käthe langsam. »Ja, ich danke dir, meine Liebe, ich danke dir so sehr.«

Luthers Freiheit

Während der Mittagsruhe des folgenden Tages kommt Käthe endlich dazu, die Schrift von Martin Luther aufzuschlagen. Nun, wo sie zu lesen beginnen kann, hält sie noch einmal inne. Wie war das doch in meinem Traum? sinniert sie. Das zweite Geheimnis ist die Schrift, nutze es gut, hat die Zigeunerin gesagt. Sie hat ja recht! Wie selbstverständlich erscheint es mir, lesen und schreiben zu können. Und doch sind es tatsächlich ganz wenige Menschen, die sich auf diese Kunst verstehen. Ich hätte mir sehr viel merken müssen und trotzdem noch lange nicht soviel Wissen über Krankheiten – wie wenig ist es gegenüber der Wirklichkeit –, wenn ich nichts im großen Buch lesen könnte. Und auch dieses Büchlein würde mir zu nichts nutze sein . . .

»*Zum ersten. Damit wir gründlich erkennen können, was ein Christenmensch ist und wie es um die Freiheit bestellt ist, die ihm Christus erworben und gegeben hat, . . . will ich diese zwei Thesen aufstellen: Ein Christenmensch ist ein freier Herr über alle Dinge und niemandem untertan. Ein Christenmensch ist ein dienstbarer Knecht aller Dinge und jedermann untertan (vgl. 1. Kor. 9,16; Römer 13,8; Gal. 4,4).*
Zum zweiten. Um diese beiden widerständigen Reden von der Freiheit und der Dienstbarkeit zu verstehen, sollen wir eingedenk sein, daß jeder Christenmensch von zweierlei Natur ist, geistlicher und leiblicher. Nach der Seele wird er ein geistlicher, neuer, innerlicher Mensch genannt, nach dem Fleisch und Blut wird er ein leiblicher, alter und äußerlicher Mensch genannt. Und um dieses Unterschiedes willen werden von ihm in der Schrift Sätze gesagt, die stracks wideeinander sind, wie ich jetzt gesagt habe von der Freiheit und der Dienstbarkeit.«

Käthe läßt das Buch sinken. Was für eine neue Art der Rede! Er belegt tatsächlich seine Theorien mit Worten aus der Heiligen Schrift, und dabei braucht er sie, wie ich mir nie hätte träumen lassen, daß man sie brauchen kann, brauchen darf! Natürlich habe ich diese Worte schon oft gehört, auf lateinisch, und sie sind wie feierliche Gesänge an meinem Ohr vorübergerauscht, schön, geheimnisvoll – ich hätte nicht zu sagen gewußt, wie ich sie in mein eigenes kleines Leben hineinnehmen sollte und wie sie mir helfen könnten. Das tut er einfach, er erklärt es auch, und zwar so, daß selbst ich es verstehen kann.

Da gibt es also zwei Menschen in mir, ich weiß das auch, denn sie streiten oft widereinander. Aber ich will nicht vorlaut meinem eigenen Kopf folgen, sondern erst lesen, wie er es weiterführt.

»*Zum dritten. So nehmen wir uns den inwendigen, geistlichen Menschen vor, um zu sehen, was dazugehört, damit er ein frommer, freier Christenmensch ist und heißt. Es ist ja offenbar, daß kein äußerlich Ding ihn frei oder fromm machen kann, wie es auch immer genannt werden mag; denn seine Frommheit und Freiheit, wiederum seine Bosheit und sein Gefängnis sind weder leiblich noch äußerlich. Was hilft es der Seele, daß der Leib ungefangen, frisch und gesund ist, ißt, trinkt, lebt, wie er will? Wiederum, was schadet es der Seele, daß der Leib gefangen, krank und matt ist, hungert, dürstet und leidet alles, wie er es nicht gern will? Von diesen Dingen reicht keines bis an die Seele, um sie zu befreien oder zu fangen, sie fromm oder böse zu machen.*

Zum vierten. So hilft es der Seele nichts, wenn der Leib heilige Kleider anlegt, wie es die Priester und Geistlichen tun; auch nicht, wenn er leiblich betet, fastet, wallfahrtet und alle guten Werke tut, die nur immer durch den Leib und in dem Leibe geschehen können. Es muß noch alles etwas ganz anderes sein, was der Seele Frommheit und Freiheit bringt und gibt. Denn alle diese oben genannten Stücke, Werke und Weisen kann auch ein böser Mensch, ein Gleisner und Heuchler, an sich haben und ausüben. Durch solch ein Treiben wird auch kein anderes Volk als eitel Gleisner werden. Wiederum schadet es der Seele nichts, wenn der Leib unheilige Kleider trägt, an unheiligen Orten ißt, trinkt, wallfahrtet, nicht betet und all die Werke anstehen läßt, die die oben genannten Gleisner tun.

Zum fünften. Die Seele hat kein anderes Ding weder im Himmel noch auf der Erde, worin sie lebt, fromm, frei und Christ ist, als das heilige Evangelium, von Christus gepredigt. Wie er selbst sagt, Joh. 11,25: Wer da an mich glaubt, der lebt ewig. Ebenso Joh. 14,6: Ich bin der Weg, die Wahrheit und das Leben. So müssen wir nun gewiß sein, daß die Seele alle Dinge entbehren kann, ausgenommen das Wort Gottes, und ohne das Wort Gottes ist ihr mit keinem Dinge geholfen. Wenn sie aber das Wort hat, dann bedarf sie auch keines anderen Dinges mehr, sondern sie hat in dem Wort Genüge, Speise, Freude, Frieden, Licht, Kunst, Gerechtigkeit, Wahrheit, Weisheit, Freiheit und alles Gute überschwenglich. Und Christus ist um keines anderen Amtes willen gekommen, als das Wort Gottes zu predigen. Auch sind alle Apostel, Bischöfe, Priester und der ganze geistliche Stand allein um des Wortes willen berufen und eingesetzt, obwohl es nun leider anders geht.

Zum sechsten. Fragst du aber: Was ist denn das Wort, das so große Gnade gibt, und wie soll ich es gebrauchen?, dann lautet die Antwort: Es ist nichts als die von Christus geschehene Predigt, wie sie das Evangelium enthält. Die soll dazu da sein und ist dazu getan, daß du keinen Gott zu dir reden hörst, wie all dein Leben und deine Werke nichts vor Gott sind, sondern du mit allem, was in dir ist, ewig verderben müßtest. Wenn du das recht glaubst, wie du es schuldig bist, dann mußt du an dir selbst verzweifeln und bekennen, daß der Spruch Hosea, 13,9, wahr ist: ›O Israel, in dir ist nichts dein Verderben; allein aber in mir steht deine Hilfe.‹ Damit du aber aus dir und von dir, das heißt: aus deinem Verderben herauskommen möchtest, deshalb setzt er dir seinen lieben Sohn Jesus Christus vor und läßt dir durch sein lebendiges, tröstliches Wort sagen: Du sollst dich in ihn mit festem Glauben ergeben und frisch auf ihn vertrauen. Dann werden dir um dieses Glaubens willen alle deine Sünden vergeben, soll all dein Verderben überwunden sein, und du sollst gerecht, wahrhaftig, befriedet, fromm und alle Gebote sollen erfüllt sein, du sollst von allen Dingen frei sein. So sagt St. Paulus, Röm. 1,17: ›Ein gerechtfertigter Christ lebt nur von seinem Glauben.‹«

Die Glocke läutet. Käthe schrickt zusammen. Sie kommt nicht mehr los von dem Gelesenen. Wo sie geht und steht, muß sie darüber nachsinnen. Wozu quälen sie alle sich denn hier so unnatürlich, wenn doch der Glaube allein alles bewirkt, der Glaube an das Evangelium? Wiederum geht sie mit sich ins Gericht und ihren schnellen Gedanken, aber es steht doch so da, der Doktor Luther hat es gesagt, und er zeigt immer gleich, wo im Evangelium er es gefunden hat. Dann könnte man ja eigentlich getrosten Herzens in die Welt hinausgehen, solange man nur an Christum festhält und an seinem Wort, kann einem nichts geschehen, kann der Seele nichts geschehen, denkt Käthe.

Am gleichen Tag gibt es abends im Refektorium eine ernste Ansprache der ehrwürdigen Mutter: »Viel Unruhe und Geschrei geht um in der Welt: Ein Mönch hat sein Kloster verlassen...« (»So ist es gar nicht wahr!« flüstert Veronika von Zeschau Käthe ins Ohr), »seinen Bischöfen und gar dem Heiligen Vater in Rom den Gehorsam aufgekündigt und will nun die Menschen lehren, wie sie den einzig rechten Weg zu Gott finden. Unsere Oberen sagen, dieser Weg des Doktor Martin Luther führe stracks in die Hölle! Seine Schriften sind weit verbreitet in deutschen Landen, er hat schon viele Anhänger. Seine Ideen sollen selbst in Klöster Eingang gefunden haben. Besonders die Armen im Lande, die Handwerksburschen und die hörigen Bauern feiern ihn als ihren Propheten, denn er sagt, in der Heiligen Schrift stünde, daß vor Gott alle Menschen gleich seien.« (Aber das ist doch wahr! möchte Käthe rufen. Doch sie schweigt.) »Ich ermahne euch im Herrn, liebe Schwester, laßt solch ketzerische Gedanken nicht Wohnung in euren Herzen finden, und falls ihr eine dieser Schriften in die Hände bekommt, übergebt sie sofort und ungelesen mir oder der Priorin! Hütet die Reinheit der Seelen!«

Durch den dichten Schleier ihrer Wimpern späht Käthe zu Margarete von Zeschau hinüber: Ihr Gesicht bleibt unbeteiligt und ausdruckslos. Auch Veronika verzieht keine Miene.

Ketzerei, grübelt Käthe, sie beschuldigen Luther also der Ketzerei. Was ist Ketzerei? Allein diese Frage zu stellen ist schon nicht erlaubt und macht verdächtig. Der Pater Visitator bezeichnete unser Begehren, die Worte der heiligen Messe zu verstehen, als Ketzerei. Luther zeigt uns, wie wir die Worte des Evangeliums verstehen können. Ist Verstehen, Verstehenwollen Ketzerei? Ich fürchte, dann muß ich eine Ketzerin sein, wenn ich ehrlich bleiben will. Ich mag keine Heuchlerin und Gleisnerin sein.

Und sie liest, in ihre Zelle zurückgekehrt, weiter in Luthers Schrift:

»Zum siebenten. Darum soll das billig aller Christen einziges Werk
und einzige Übung sein, daß sie das Wort und Christus wohl in sich
bilden, um solchen Glauben stetig zu üben und zu stärken. Denn
kein anderes Werk kann einen Christen machen. So sagt auch
Christus, Joh. 6,28, zu den Juden, als sie ihn fragten, was für ein
Werk sie tun sollten, damit sie göttlich und christlich Werk täten:
›Das ist das einzige göttliche Werk, daß ihr an den glaubt, den Gott
gesandt hat‹, den Gott, der Vater, auch allein dazu verordnet hat.
Darum ist es ein ganz überschwenglicher Reichtum, ein rechter
Glaube an Christus; denn er bringt alle Seligkeit mit sich und nimmt
alle Unseligkeit ab.«

Käthe hält inne und läßt die Worte wirken. Ihr ist, als würde eine
schwere Last von ihren Schultern genommen: Also muß man gar
nicht fasten, sich kasteien, in der Nacht aufstehen und in die Kirche
gehen, seinen Leib und sein Leben zum Opfer bringen, um die
Seele zu retten? Es genügt allein der Glaube? Mir ist, als würden
Fesseln von mir genommen, die mich an allen Gliedern festhielten
und beschwerten, ich kann den Kopf hoch tragen und offenen
Blicks in die Welt hineingehen – ich bin frei, frei von allen Vorschriften und Vermahnungen der Menschen, einzig und allein das
Wort Gottes gilt für mich, und wie gern will ich das erfüllen!
Wie von selbst scheint es sich zu ergeben, daß sie am nächsten Tage
mit Margarete von Zeschau in den Wald geht, um Kräuter zu
sammeln. Sie haben die Klausur kaum hinter sich gelassen, als
Käthe fragt: »Was hältst du von den Schriften Martin Luthers?«
Margarete wiegt den Kopf. »Wie soll ich das so kurz und schnell
beantworten. Er wirft alles um, was uns bisher gelehrt wurde.
Eines jedoch können wir ohne Zweifel feststellen: was er mit der
Heiligen Schrift belegt, das dürfen wir wohl als wahr annehmen,
was meinst du?«
»Genauso denke ich auch. Wenn Jesus sagt: ›Ich bin der Weg, die
Wahrheit und das Leben, keiner kommt zum Vater denn durch
mich‹, so dürfen wir darauf bauen, denke ich, und brauchen nicht
Luther zu mißtrauen, wenn er bezeugt, daß allein Jesus und sein
Wort zum Vater führen.«
»So ist es«, bestätigt Margarete.

Männer

Sie gehen ein Stückchen schweigend und genießen die frische Luft, die freie Bewegung, legen wohl auch den Kopf in den Nacken, um zum Himmel aufzuschauen, reiben sich die Hände und lassen sie übermütig einfach baumeln. Endlich beginnt Käthe aufs neue: »Wenn wir alles, was Luther sagt, für uns annehmen, vertrauen wir uns ihm ja vollständig an, mit Leib und Seele und ewiger Seligkeit. Und er ist doch auch nur – ein Mann.«

»Ein Mann«, Margarete nimmt das Stichwort auf, »richtig. Was wissen wir schon von Männern?«

»Wir kennen nur ganz wenige«, sagt Käthe, »und dann auch nur vom Ansehen, zum Beispiel den Torwächter Thalheym, den Propst, den Vogt. Ein bißchen mehr wissen wir vom Pater Visitator –«

»Ich nicht!« wirft Margarete ein.

»Aber ich, und es ist, gelinde gesagt, sehr zwielichtig, wie ich ihn erlebt habe. Er verurteilte eine Hexe, die keine war. Aber den Abt Balthasar von Pforta kennst du auch!«

»Hör mir auf von ihm«, protestiert Margarete.

»Nein, nein, stell ihn dir vor Augen! Auch er ist ein Mann, und wir wollen doch herausfinden, wie Männer sind.«

»Autorität, die Verkörperung von Macht und Rechthaben!« respondiert Margarete prompt.

»Ja, das hast du gut gesagt«, pflichtet Käthe ihr bei. »Dann hätten wir noch unsere Beichtväter, die beiden Herren von der Pforte.«

»Ach, wenn es nur die gäbe, müßte man an den Männern verzweifeln«, klagt Margarete. »Sie fragen uns aus und plagen und strafen uns, damit wir nur ja in Armut, Keuschheit, Gehorsam leben und alle Regeln des Ordens befolgen, dem sie ja auch angehören! Und was ist mit ihrer Armut? Sie erhalten ein Schock, siebzehn Groschen und drei Pfennige Jahressold, haben Wohnung im vorderen Hof, freie Kost und einen Burschen zu ihrer Bedienung. Ja, ich weiß es genau, ich habe es für die ehrwürdige Mutter aufgeschrieben. Was mit ihrer Keuschheit ist – nun, ich will nicht üble Nachrede führen; jedenfalls können sie gehen, wohin sie wollen, und man hört so mancherlei. Gehorsam – gut, sie sind Abt Balthasar unterstellt, der ein gestrenger Herr ist, aber weit weg, und sie sorgen sich vor allem darum, daß wir gehorsam sind, und zwar ihnen! Sie sind Heuchler und Gleisner, Käthe! Sie versuchen, Zwietracht im Konvent zu säen und uns gegeneinander aufzuhetzen. An ihnen sehen wir, wie Männer scheinheilig und falsch sein können.«

»Mag sein. Aber selbst sie kennen wir ja nun nicht besonders gut. Wie war denn dein Vater?« fragt Käthe.

»Du bist klug«, staunt Margarete. »Das ist ein Mann, von dem ich viel weiß. Er hat gesorgt, daß unsere Familie alles hatte, des sie bedurfte, und wenn Mutter ihn um etwas bat, gab er es ohne Zögern. Er war gern lustig, spielte abends noch mit uns Kindern, wenn wir eigentlich schon zu Bett sollten, lachte viel. Er war zärtlich zu uns – ich fühle noch genau, wie sein Bart mich kratzte, wenn er mich küßte, – und zärtlich zu Mutter. Selten nur habe ich ihn zornig gesehen.«

»Und warum hat er dich ins Kloster gegeben, wenn er dich lieb hatte?« fragt Käthe.

»Eben weil er mich lieb hat«, antwortet Margarete. »Es fiel ihm schwer. Er hat es mir ausführlich erklärt. Eine Chorfrau, so sagte er, genießt hohes Ansehen bei allen Menschen. Ihr Leben ist gesichert, in einem so reichen Kloster wie Marienthron gibt es selbst bei allgemeinen Hungersnöten genug zu essen, dort wird den Nonnen alles geboten, was sie brauchen, und zwar gut. Sie sterben nicht im Kindbett. Sie sind auch nie allein und verlassen – und, was ihm sehr wichtig war, sie gewinnen ganz gewiß die ewige Seligkeit. Wie kann ich dir einen Mann suchen, der dir all das sicher ein ganzes Leben lang bietet, fragte mein Vater.«

»Männer sorgen sich also und wollen die Ihren in Sicherheit wissen«, resümiert Käthe, »und dann hört selbst unsereins ja davon, daß Männer Frauen lieben, sie ›mein Herz‹ und ›holdes Lieb‹ nennen...«

»Woher weißt du das?« staunt Margarete.

»Ach, die Küsterin hat mir eine Rittergeschichte erzählt.«

»Jaja«, lacht Margarete, »mit der Liebe der Männer muß eine Frau sehr vorsichtig sein. Sie machen schöne Worte und versprechen das Blau des Himmels, um ihr Ziel zu erreichen.«

»Was für ein Ziel?« forscht Käthe.

»Nun, sie wollen Mädchen küssen und anfassen und bei ihnen liegen.«

»Und warum?«

»Weil es sehr, sehr schön sein soll, für die Männer besonders und immer, für die Frauen – manchmal.«

»So. Und woher weißt du das?« fragt Käthe.

»Siehst du, ich habe Beeren gesucht mit unseren Dorfmädchen zu Hause, und die wußten da viel zu erzählen.«

»Ach ja – ich nicht, denn ich kam als Sechsjährige ins Kloster«, erklärt Käthe. »Aber was heißt das, sie wollen bei den Mädchen liegen?«

»Ja, nun –« Margarete errötet. »Mit ihnen schlafen eben, und dann kommen die Kinder.«

»Wie das?«

»Hast du zu Hause je zugesehen, wie der Hengst die Stute deckt?« fragt Margarete.

»Nein.« Käthe schüttelt den Kopf.

»Warst du dabei, wenn der Stier die Kuh besprang?«

»Nein.«

»Guter Himmel, Katharina, dann kann ich es dir auch nicht erklären«, sagt Margarete resigniert. »Aber wie kommen wir auf all diese Dinge, über die wir ganz gewiß nicht sprechen dürfen? Richtig, es ging um Luther, der ja auch ein Mann ist, und ob wir ihm trauen können. Und, können wir?«

»Wir sind so klug als wie zuvor«, stöhnt Käthe.

»Unsere einzige Sicherheit ist das Wort der Heiligen Schrift«, meint Margarete und weiß nicht, wie gut lutherisch sie damit denkt.

»Sieh, da kommen Männer! Sie tragen sogar eine Fahne. Schnell, ins Dickicht, duck dich, es ist besser, daß wir uns verstecken.« Blitzschnell huschen die beiden in den Wald und verbergen sich im dichten Gebüsch. Die Männer sind eifrig in ihr Gespräch vertieft und bemerken nichts von den Nonnen. Auf ihrer Fahne ist der Bundschuh abgebildet, die einfache Fußbekleidung des armen Mannes, eigentlich nur ein Stück Rindsleder, das hoch um den Fuß gebogen und mit Riemen über Kreuz gebunden wird.

»Und der Luther hat es gesagt, daß vor Gott alle Menschen gleich sind, und das steht in der Bibel!« ruft ein hochgewachsener Mensch mit langem, wehendem Haar.

»Und wenn wir gleich sind, heißt das, die Herren haben kein Recht, uns zu schinden und auszusaugen, bis wir vor Elend verrekken und keine Kraft mehr haben, Gottes Wort zu bedenken«, folgert ein kleiner, ausgemergelter Mann mit erhobenem Zeigefinger.

»So sag ihnen das doch, Heinerle!« höhnt der Lange.

»Mit schönen Worten ist da wohl nichts mehr auszurichten«, meint ein Dritter, »wir müssen ihnen schon zeigen, daß wir in der Mehrheit sind und auch hauen, schlagen, stechen, brennen können!«

»Aber das ist wider das Evangelium!« protestiert Heinerle.

»Und was die Herren mit uns machen, daß sie uns schlimmer traktieren als ihre Hunde und Rösser, ja gleich einem Dreck achten, ist das vielleicht nicht gegen das Evangelium?« schreit der Lange.

Die Antwort hören die Nönnlein nicht mehr, der Haufe ist vorbeigezogen.

»O lieber Herr Jesus«, stammelt Margarete, »das hört sich ja schlimm an! Weißt du was von den Bauern?«

»Ein bißchen«, antwortet Käthe. »Ich habe Rechnungen für die Ehrwürdige Mutter in die Chronik eingetragen und dann auch zurückgeblättert und nachgelesen. Laß sehen, was mein Kopf noch zusammenbringt:

Wie ein Kranz ziehen sich die Vorwerke, Güter und Dörfer um unser Kloster, die im Lauf der Jahrhunderte erworben, vermacht, geschenkt wurden. Die Bauern haben jährlich einen bestimmten Zins in Getreide oder Geld zu entrichten – dabei kommt es immer zu Streitigkeiten, und die Bauern klagen, sie seien überfordert und könnten den Zins nicht leisten! Wird schon was dran sein. Außerdem haben sie vielerlei Frondienste zu leisten: die Leute aus Groß- und Kleinbardau und von den Vorwerken Groß- und Kleinbothen müssen auf den Feldern des Klosters ackern und Mist streuen, mähen und schneiden, einfahren und dreschen, Hopfen pflücken, Hanf und Flachs raufen und rösten, Kraut stecken und hacken, Holz schlagen, den Mühlgraben von Schlamm und Eis freihalten, die Schafe scheren, wobei du wissen mußt, daß auf den Vorwerken Groß- und Kleinbothen allein eintausendachthundert Schafe stehen! Wenn die Leute den ganzen Tag für das Kloster arbeiten, erhalten sie zwar Essen und Trinken, und früher gab es auch einen Lohn bei der Schafschur, aber von solchen Leistungen sucht das Kloster mehr und mehr freizukommen und läßt die Bauern um Gotteslohn arbeiten. Wenn sie bei der Jagd mithelfen, werden sie gut entlohnt, so gibt es für ein Wildschwein drei oder vier Groschen, für ein Reh zwei Groschen, für einen Hasen einen Groschen. Aber trotzdem fühlen sich die Bauern durch diese Dienste sehr beschwert – die Jagd geht über ihre Felder und zerstört ihre Frucht, und sie täten ihre Zeit notwendig brauchen, denn du kannst dir vorstellen, was ihnen noch bleibt bei all der Arbeit für das Kloster!«

»Du kennst dich aber gut aus!« wundert sich Margarete.

»Ach ja, ein bißchen.« Käthe lächelt. »Weißt du, das alles interessiert mich doch gar so sehr. Schon als ganz kleines Mädchen bin ich immer mit meiner Amme durch die Wirtschaft gelaufen und habe mir gewünscht, ein großes Gut zu haben.«

»Denk an die Lektion von Abt Balthasar über das Eigentum!« droht Margarete.

»Ich wollte es ja gern zufrieden sein, wenn ich ein Mann wäre und ein Herr Propst!« Käthe lacht.

Als sie in die Klausur zurückkehren, begegnen sie eifrigen, hochbepackten Dienstmägden. Strohhalme liegen auf den Fliesen im Gang.

»Was macht ihr denn?« fragt Margarete.

»Wir wechseln Eure Strohsäcke aus, es wurde auch hohe Zeit!« ist die Antwort.

»War ihr schon bei mir?« entfährt es Käthe.

»O ja, Eure Zelle ist fertig.«

»Mir wird ganz anders«, stöhnt Käthe. In der Apotheke angekommen, sinkt sie auf den Hocker.

»Was hast du denn? Ist dir nicht gut?« Margarete faßt teilnahmsvoll nach Käthes Hand.

»Nein, überhaupt nicht«, haucht Käthe, »in meinem Strohsack hatte ich Luthers Schrift versteckt.«

»O je.« Nun wird auch Margarete bleich. »Warte«, sagt sie mutig, »ich erkundige mich, was sie mit den alten Matratzen machen.«

Nach wenigen Minuten kommt sie erleichtert zurück. »Sie haben ein großes Feuer draußen und verbrennen alles!« berichtet sie erleichtert.

Käthe atmet auf. »Also sind wir der Sorge, entdeckt zu werden, wohl ledig. Aber die Schrift über die Freiheit eines Christenmenschen ist dahin.«

Hilferufe

Immer häufiger bekommt Käthe nächtens Besuch in ihrer Zelle. Sie selbst geht auch zu Margarete und Veronika von Zeschau, zu Ave von Schönfeld. Sie sprechen über Martin Luther. Voller Freude haben sie erfahren, daß er wieder in Wittenberg ist. Die Häscher des Kaisers haben ihn nicht gefangen, er wurde auf der Wartburg verborgen gehalten. Sie staunen über seinen Mut, die Bannbulle des Papstes öffentlich zu verbrennen. Gar zu gerne hätten sie ein Exemplar seiner Übersetzung des Neuen Testamentes. Aber am 7. November 1522 hat Herzog Georg von Sachsen das Buch in seinen Landen verboten und alle vorhandenen Exemplare einziehen lassen.

Wolfgang von Zeschau, Margaretes und Veronikas Onkel, ist mit einer Anzahl gleichgesinnter Brüder aus seinem Orden ausgetreten. Er gab sein angesehenes Amt als Prior auf und wurde Spitalmeister des Johanniterhospitals zum Heiligen Kreuz in Grimma, wo er den Ärmsten der Armen dient. Es ist schwieriger für ihn geworden, den Nichten Botschaften zukommen zu lassen. Aber zu Weihnachten 1521 gelingt es ihm, mit den guten Wünschen und Geschenken einen langen Brief einzuschmuggeln, in dem er von Luthers Schrift »De votis monasticis M. Lutheri indicium« berichtet.

Veronika besucht Käthe in der Nacht des 24. Dezembers und erzählt ihr: »Dieses Büchlein sollten wir haben! Stell dir nur vor, Luther greift darin die Mönchsgelübde an und will die jungen Leute aus der Hölle des ehelosen Lebens befreien, welches höchst unrein und verdammlich ist. Hörst du, das ehelose Leben bezeichnet er als unrein und verdammlich! Er beweist mit den Worten der Heiligen Schrift, daß die Mönchsgelübde gegen das Wort Gottes sind, gegen den Glauben, gegen die evangelische Freiheit, gegen die göttlichen Gebote, vor allem gegen das Gebot der Liebe, und daß sie gegen die Vernunft sind.

Für Christenmenschen, so sagt Luther, gibt es keine Unterscheidung von Vollkommenheit als Mönch und Unvollkommenheit des normalen Lebens. Wer meint, über die Werke des Ordenslebens das Heil zu gewinnen, wer die Rechtfertigung auf anderem Weg als durch den Glauben zu erlangen sucht, der hat Christus verleugnet, die Gnade verloren und das Evangelium verlassen.«

»Halt ein, Veronika«, unterbricht Käthe, »es ist ungeheuerlich, was du da sagst! So wäre unser Leben ja falsch! So wären all unsere Mühen vergeblich und sogar – verderblich! So müßten wir besser gestern als heute das Kloster verlassen!«

»Du sagst es. Und mein Onkel hat es getan.«

»Aber –«, gibt Käthe zu bedenken, »wir haben doch ein Versprechen gegeben.«

»Auch dazu hat Luther etwas gesagt, warte – hier steht es: Er will mit seiner Schrift keineswegs zu einem allgemeinen Bruch der Gelübde auffordern, doch möchte er diejenigen, die in tägliche Gesetze, Bräuche, eigene Ängste und Skrupel verstrickt sind, heilen und von der so fröhlichen Freiheit überzeugen, die das Gewissen wider den Satan in der Stunde des Todes festigt.«

»Es ist, als habe er in meinem Herzen gelesen«, sagt Käthe. »Ängste, Skrupel, Verstrickung in Gesetze und Bräuche, all die Zweifel.«

»Natürlich versteht er uns gut, ist er doch selbst ein Mönch und wurde es freiwillig, weil er Gott suchte – nicht dazu gezwungen wie wir. Aber im Kloster konnte er trotz all seiner Mühen nicht zu Gottes Gnade finden, und jetzt, sagt er, ist sein Gewissen frei geworden. Darum bin ich schon ein Mönch und bin doch kein Mönch, eine neue Kreatur, nicht des Papstes, sondern Christi.«

»Eine Kreatur Christi, das möchte ich auch sein!« sagt Käthe sehnsüchtig.

»Wir müssen aus dem Kloster heraus«, konstatiert Veronika energisch. »Wenn ich nur wüßte, wie. Allein können wir es nicht schaffen, soviel steht fest.«

»Wir könnten uns im Wald verstecken und dann ...«

»Und dann würden uns die Klosterknechte in den nächsten Stunden wieder eingefangen haben. Nein, nein, so leicht geht es leider nicht. Aber wer kann uns helfen? Ich muß gehen. Denke darüber nach und bete darum, ich will es auch tun.«

Die Festtage sind vorüber. Nach all den guten Speisen steht wieder einfaches Mus und Fladenbrot auf den Tischen im Refektorium.

»Domine clamavi ad te, exaudi me: voci meae, cum clamavero ad te.«

Käthe folgt andächtig der Verlesung des 141. Psalms, die Worte scheinen für ihre Not geschrieben zu sein: »Herr, ich rufe zu dir, eile zu mir, vernimm meine Stimme, wenn ich dich anrufe.« Und: »Pone Domine custodiam ori meo: et ostium circumstantiae labiis meis. Non declines cor meum in verba malitiae, ad excusandes excusationes in peccatis...« – »Herr, behüte meinen Mund und bewahre meine Lippen. Neige mein Herz nicht auf etwas Böses, ein gottloses Wesen zu führen mit den Übeltätern...«

Die Ruhe des Refektoriums wird jäh gestört. Gefolgt von der hilflos mit den Händen wedelnden Pfortenschwester stürzt eine junge Frau in den Raum, offensichtlich ihrer Sinne nicht ganz mächtig. Nurmehr die Reste eines geistlichen Gewandes, zerrissen, angekohlt, bekleiden unvollständig ihren Körper, grausam nackt das kahlgeschorene Köpfchen, blutverkrustet, weit aufgerissen die verschreckt umherirrenden Augen.

»Schwestern, Schwestern, zu Hilfe!« stammelt sie. »Die Bauern, sie morden und brennen, sie hauen und stechen, sie... Hilfe, zu Hilfe!«

Die Priorin springt von ihrem Sitz auf, umfängt sie mit beiden Armen, murmelt beruhigend: »Es ist ja gut, liebe Schwester, wir alle sind bei dir, du bist in Sicherheit, hier kann dir nichts geschehen.«

»Aber sie kommen, sie kommen überallhin!« jammert die Fremde.

»Wie heißt dein Kloster?« fragt die ehrwürdige Mutter.

»Ich sage nichts, gewiß nicht, Ihr könnt mir's glauben, ich schweige, o ja, ich schweige«, stammelt das arme Wesen und sinkt in die Knie.

»Aber du bist doch hier bei deinen Schwestern! Wir helfen dir, keiner will dir etwas Böses. Wo kommst du her?«

»Innocentia heiß' ich, Innocentia, und mehr kann ich nicht sagen, darf ich nicht, bitte!« Wimmernd fällt sie in sich zusammen. Käthe erhebt sich.

»Darf ich mich ihrer annehmen, Ehrwürdige Mutter?« fragt sie.

»Ja«, antwortet Margarete von Haubitz. »Bringt sie in die Krankenzelle, sorgt für sie, Siechenmeisterin.«

»Nein, nein, nicht fortbringen, ich schweige doch, ich schweige ja, nicht fortbringen, nicht...« schreit Innocentia. Käthe mischt einen Trank aus Lavendel, Baldrian und Hopfen in rotem Wein. Innocentia hockt zusammengekrümmt auf dem Bettrand. Nur widerwillig, voller Angst läßt sie sich den Trank einflößen. Käthe und Ave von Schönfeld flüstern beruhigende Worte, streichen liebevoll über Arme und Rücken. Langsam tut die Arznei ihre Wirkung. Käthe wäscht die Verletzungen aus und behandelt sie mit Balsam von Ringelblumen.

»Wir müssen unseren Eltern und Verwandten schreiben, sie sollen uns hier rausholen. Wir sind ja unseres Lebens nicht mehr sicher!« sagt Ave und sieht Käthe bedeutungsvoll an. »Ja, so ist es«, antwortet diese, »das muß doch jeder vernünftige Mensch einsehen.«

Mit den Dankesbriefen für die Weihnachtspost gehen Hilferufe in die Welt hinaus. Inzwischen sind es neun Schwestern, die sich entschlossen haben, Marienthron zu verlassen: Magdalene von Staupitz, Else von Canitz, Laneta von Gollis, Ave Grosse, Veronika und Margarete von Zeschau, Ave und Margarete von Schönfeld und Katharina von Bora. Sie bitten ihre Angehörigen flehentlich, ihnen aus dem Kloster zu helfen, da ihnen solch Leben der Seelen Seligkeit halber nicht länger zu erdulden sei, alles andere wollten sie als gehorsame Kinder gern tun und leiden.

Nachdem sie ihre Hilferufe auf den Weg gebracht haben, warten die Mädchen sehnsüchtig auf Bescheid. Sie behalten alle Türen im Auge, folgen den Mägden wo irgend möglich auf die Gänge, halten Ausschau nach Andreas, zucken zusammen, wenn die Besucherglocke bimmelt... Aber es tut sich – nichts.

Nach zwei Wochen erhalten sie die Antwort: die Äbtissin gibt sie ihnen.

»Es ist uns zu Ohren gekommen«, beginnt sie abends bei der Rekreation, »daß einige unserer Mitschwestern sich in Angst verzehren, was die Übergriffe unzufriedener Bauern betrifft, und dessenthalben an ihre Verwandtschaft um Hilfe geschrieben haben.

Zum ersten sind wir erstaunt und ernstlich befremdet darüber, daß solche Sorgen nicht an allererster Stelle uns vorgetragen werden, wie es Vertrauen und Regel unseres Ordens verlangen! Nun gut, wir wollen in Demut und Liebe annehmen, der Schreck über das Auftreten der armen Innocentia habe solches Fehlverhalten bewirket.

Zum zweiten sind wir in Gottes Hand, wie die Betroffenen wohl wissen dürften. Wir haben uns ihm verlobt und ganz anvertraut – was könnten Menschen uns antun?

Zum dritten steht der Propst mit unseren Bauern in Verhandlungen, es sind bereits Zugeständnisse gemacht worden.

Es gibt also keinen, aber auch gar keinen Anlaß zu Furcht und Panik. Zur Sicherheit aller ordne ich hiermit an, daß keine Schwester mehr die Klausur verläßt ohne meine ausdrückliche Erlaubnis, auch nicht die Siechenmeisterin. Wenn uns Kräuter mangeln, müssen wir sie eben kaufen – ich selbst werde sie besorgen. Und der Friede Gottes, welcher höher ist als alle Vernunft, bewahre eure Herzen und Sinne in Christo Jesu, unserem Herrn!«

Die geheimen Verschwörerinnen durchleben bange Stunden. Sie erwarten, einzeln vorgeladen und bestraft zu werden. Nichts geschieht. Die Äbtissin ist verständnisvoll und klug. Sie läßt es bei der allgemeinen Ansprache bewenden und hat ein Auge auf ihre Schäflein. Die sind zunächst einmal hilflos – sie fühlen sich entdeckt und im Stich gelassen. Aber als Tage ohne weitere Folgen vergehen, merken sie, daß die Äbtissin wohl tatsächlich glaubt, es handele sich nur um Furcht vor den Bauern, und nichts ahnt vom Eindringen der lutherischen Gedanken.

Die Mädchen erholen sich und treffen einander wieder nachts.

»Ich denke«, sagt Ave Grosse in Käthes Zelle, »wir sollten Martin Luther selbst um Hilfe bitten!«

»Meinst du wirklich, wir können ihn damit belasten?« fragt Käthe erstaunt.

»Warum nicht? Er weiß sicher Rat.«

Ave von Schönfeld wird beauftragt, den Brief zu schreiben. Eine Dienstmagd gibt ihn an den Kaufmann Leonhardt Koppe weiter.

Die Jungfräulein warten. Sie sind sehr ungeduldig. Käthe betrachtet sich selbst voller Staunen. So viele Jahre lebt sie nun schon im Kloster und war es ganz zufrieden. Mit einem Male ist ihr, als könne sie es keine Stunde länger aushalten, und das um ihrer Seele Seligkeit willen.

Die Fastenzeit beginnt. Die Nonnen erlegen sich strengen Dienst auf. Vom Hungern und Wachen erschöpft, gleitet Käthe in einen Zustand dauernder Halbbewußtheit. Einerseits verschwimmen die Konturen ihrer Umgebung, die Zeit scheint aufgehoben, und andererseits nimmt sie vieles, was sonst gar nicht zu existieren schien, besonders deutlich wahr. All die vielen kleinen Schönheiten mit ihrer Farbenpracht, ihrem betörenden Duft werden ihr bewußt: die Intarsien eines Reliquienschreins, von der Sonne beschienen, das Gewölbe der Kirche bei besonderem Lichteinfall, diese seltsam kühle, weihrauchdurchtränkte, stille Luft im Gotteshaus, die schlanke, schöne Hand der Äbtissin, das liebe Gesicht von Muhme Lene, die Maserung des Holzes im Chorgestühl, eine Pflanze im Tontopf, das Lachen der Laienschwestern bei der Küchenarbeit, das Pergament ihres alten Arzneibuches, die vertraute Geborgenheit ihrer winzigen Zelle mit den weißen Wänden, auf denen die Sonnenflecken wandern... Zwiespältig sind ihre Gefühle – sie kann es nicht begreifen, daß sie fortgehen will in eine unbekannte Zukunft, und begehrt doch auch nichts so heiß wie eben dieses Neue!

Und dann kommt Ave eines Abends in ihre Zelle und umarmt sie wild: »Katharina, es ist soweit! In der Osternacht werden wir befreit! Es ist alles in die Wege geleitet – wir brauchen nur in den Garten zum hinteren Törchen zu gehen! Nein, verzeih, frag mich nicht viel, du weißt, wir müssen vorsichtig sein, wir sind verdächtig genug. Meister Koppe wird uns holen mit seinem großen Wagen. Andreas hilft uns auch! Scht – sag nichts.«

Und schon ist sie in der Dunkelheit des Ganges verschwunden. Käthe liegt bewegungslos auf ihrem Bett, die Hände über der Brust gekreuzt, kaum daß sie atmet. Sie denkt auch nicht. Alles ist in die Wege geleitet, wieder einmal, wie stets bisher in ihrem Leben, handeln andere für sie. Sie schließt die Augen und schläft auf der Stelle ein.

Flucht

Wieder einmal hocken Ave von Schönfeld und Käthe nebeneinander auf Aves Pritsche, die Arme so eng wie möglich um den Leib geschlungen, weil sie jämmerlich frieren. Es ist kalt in den Zellen. Durch das strenge Fasten sind sie so ausgehungert, daß ihre Körper kaum die Kraft aufbringen, eigene Wärme zu produzieren, und überdies läßt die seelische Anspannung sie erzittern.

»Ist es recht, was wir vorhaben?« fragt Käthe.

»Ich bin dessen ganz gewiß«, versichert Ave. »Aber laß uns nachdenken. Was war der Inhalt unseres klösterliches Lebens?«

»Wir glaubten, mit unserem Gelübde der Keuschheit ein Gott wohlgefälliges Werk getan zu haben.«

»Luther belehrte uns anhand der Heiligen Schrift eines Besseren.«

»Wir hofften, uns durch Bußübungen und Kasteiungen ein Anrecht auf einen Platz im Himmel zu erwerben.«

»Aber Luther beweist, daß kein Mensch je gute Werke genug ansammeln könnte, um Seine Gnade zu verdienen – wobei er auch noch betont, daß Kasteiung und Bußübungen gar keine guten Werke sind.«

»Und die letzte schöne Sicherheit wurde uns ebenfalls zerschlagen: das Vertrauen auf die Fürbitte der Heiligen und die ablaßspendende Kraft ihrer Reliquien. Ganz auf uns selbst gestellt, haben wir die feste Zuversicht auf Gottes Gnade und den inneren Frieden, erworben in einem frommen und pflichttreuen Leben außerhalb der Klostermauern.«

»Ach ja, so lehrt es Doktor Martinus. Kannst du es dir vorstellen?«

»Nein«, antwortet Käthe ehrlich, »dazu kennen wir viel zu wenig von der Welt. Und trotzdem freue ich mich richtig darauf! So unwissend ich auch bin, ich sehne mich danach, die Ärmel aufzukrempeln und zu wirtschaften! Laß alle Zweifel fahren, Ave. Mit Gottes Hilfe wollen wir es anpacken, und es wird uns wohl gelingen.«

Ave lächelt und denkt im stillen: Wer hatte hier die Zweifel?

Und endlich ist der Karsamstag da. Ave von Schönfeld öffnet die nur angelehnte Türe und haucht: »Komm!«

Wie im Traum folgt Käthe, huscht durch die dunklen Gänge in den Klostergarten hinaus. Knarrt hier eine Stiege, dreht sich dort eine Tür in den Angeln? Bedeutet das Entdeckung oder Gefolgschaft? Flackert dort nicht ein Licht?

Gegen den Himmel in seinem nachtdunklen Blau sieht sie die Dächer des Dormitoriums, die Türme der Kirche. Sie riecht die frische Erde, den reinen, herben Duft der Kräuter. Sie geht willenlos. Schon ist sie am Törchen. Es tut sich auf, eine Hand streckt sich den Nonnen freundlich entgegen, um ihnen über die Stufen zu helfen. Katharina hebt die Augen.

»Andreas?« staunt sie. »Kommst du auch mit?«

Er nickt. Sie ist die letzte, der er hilft, unwillkürlich hält sie seine

Hand fest. Ihr ist, als habe sie einmal davon geträumt, mit ihm in die Freiheit zu laufen – oder nein, nach Hause! Er führt sie ein Stückchen übers Feld in ein Wäldchen, da sehen sie auch schon die Umrisse eines großen Planwagens, hören das Schnauben der Pferde.

Meister Koppe empfängt sie freundlich: ein großer, starker Mann mit einer sympathischen Stimme, beide Hände streckt er ihnen entgegen.

»Willkommen, willkommen in der Freiheit!« sagt er. »Ich bin Leonhardt Koppe, hier mein Neffe, auch Leonhardt Koppe geheißen, und Wolf Dommitzsch, ein torgischer Bürger. Den Andreas kennt Ihr ja.

Wenn Ihr bitte einsteigen wollt und Euch zwischen den leeren Tonnen verbergen! Ich werde den Wagen lenken. Andreas sitzt hinten. Die beiden anderen Herren eskortieren uns zu Pferde. Mehr laßt uns hier nicht sprechen. Je schneller wir weit fort sind, um so besser!«

Die Männer helfen den Mädchen in den Wagen. Käthe spürt starke Hände, die ihre Taille umfassen und sie hochheben, sie tastet sich vor zwischen den leeren Heringsfässern und hockt sich hinter Koppes breiten Rücken. Er fährt an. Käthe sieht nicht zurück.

Da sind die Geräusche der Nacht: ein leichter Wind, knackende Äste, das verschlafene Piepsen eines Vogels, der Schrei eines Käuzchens, dazu das Knirschen des Lederzeugs, das Rattern der Räder, das Klicken von Ketten, Pferdehufe auf dem Weg. Käthes Augen gewöhnen sich an die Dunkelheit. Sie nimmt den breiten Rücken und den Hut Koppes wahr, das glänzende Fell der Pferde. Sie erinnert sich: so ist sie mit dem Vater gefahren als kleines Mädchen und wußte nicht, wohin. Weiß sie jetzt mehr? Ja, denkt sie bei sich und drückt entschlossen das Kinn auf die Brust, jetzt weiß ich, was ich will, und das werde ich tun. Nach meinem eigenen freien Ermessen, niemandem untertan denn Gott und Jesus Christus und seiner Liebe werde ich handeln. O ja, ich werde sanft und lieb und demütig sein, wie es einer Frauen geziemet, aber ich lasse mich nicht mehr zwingen. Das ist mein fester, unumstößlicher Wille, so wahr mir Gott helfe.

Torgau

Katharina ist hinter Koppes Rücken ein wenig eingenickt, nun wird sie vom Licht der aufgehenden Sonne geweckt – ein Streifen warmer Orangetöne schiebt sich über den Horizont in das kühle Weißtürkisblau des Morgenhimmels. Vor ihren Augen ersteht das Bild der Stadt.

»Seht nur«, erklärt ihr Meister Koppe, »Torgau wurde auf einem Porphyrhügel über den steigenden Ufern der Elbe erbaut, damit es das weite, leere Land unter sich lasse und dem Himmel näher sei! Was dort so stolz über die Türme der Kirchen selbst hinauswächst, ist das Schloß – Trümmer der uralten Burg Torgove wurden in die Wälle eingebaut. Selbst im Winter erscheint die Felsenhöhle des Schlossses grün, dafür ist es bekannt und berühmt. Gleich daneben ist der große Marktplatz angelegt, seine reichen, freistehenden Giebel ragen hoch über die anderen Häuser hinaus, die sich eng aneinanderschmiegen, als suche das eine beim anderen Schutz und Rückhalt. Nahe der Elbbrücke finden wir die alte Kapelle der heiligen Anna, sie ist unsere Helferin in allen Wassernöten, bewahrt uns und unsere Felder vor den Frühjahrsfluten. Früher gab es Wallfahrten von weit her zum heiligen Kreuz von Torgau, der wundertätigen Reliquie, von den Barfüßern gehütet in der Schönen Kirche vor dem Spitteltor.«

Katharina schaut und staunt. Noch nie in ihrem Leben hat sie eine Stadt gesehen! Sie nimmt die weisenden Worte und die dazugehörigen Bilder in sich auf, aber das ist für sie kaum anders als die Miniaturen in den Büchern des Klosters, die das himmlische Jerusalem darstellen. Sie weiß, daß die Äbtissin Kräuter auf jenem Markt kauft, und sie hat hinter den Klostermauern den Lärm vom Kirchweihplatz gehört, aber wie es wirklich zugeht, das kann sie sich nicht vorstellen!

Als sich der Wagen nun dem Stadttor nähert, ist sie dankbar für die morgendliche Stille. Die Torflügel öffnen sich. Mächtig dröhnen die Osterglocken vom Heiligen Kreuz, von Sankt Marien und Sankt Nikolai. Hell klingt das Geläut Sankt Annas vom Elbufer dazwischen.

Ein kleiner Mann bewegt sich eilig auf den Wagen zu. Katharina schrickt innerlich zusammen bei seinem Anblick. Er ist mager und verwachsen, struppig stehen die Haare unter der Kappe hervor, sein faltiges, kantiges Gesicht erscheint grausam entstellt: ihm fehlt ein Auge. Aber das andere sprüht so vor Wärme, Energie, Liebe, daß es die Häßlichkeit vergessen läßt. Es ist Gabriel Zwilling, der zu Torgau das Evangelium als treuer Freund Martin Luthers verkündet. Aus seinem schmächtigen Leibe dringt auch nur eine schwache Stimme, und dennoch gelingt es ihm, mit diesem unzulänglichen Instrument Glut und Begeisterung zu vermitteln, so kraftvoll ist seine Seele.

»Ich sah die heilige Stadt, das neue Jerusalem, von Gott aus dem Himmel herabfahren, bereitet als eine geschmückte Braut ihrem Manne. Die Stadt bedarf keiner Sonne noch des Mondes, daß sie ihr schienen; denn die Herrlichkeit Gottes erleuchtet sie, und ihre Leuchte ist das Lamm. Und der Geist und die Braut sprachen: Komm!«

»Amen, komm, Herr Jesu«, sagt Magdalena von Staupitz, die Seniorin unter den Entflohenen, sie zählt fast fünfzig Jahre.

Der Wagen rumpelt in den Hof von Koppes würdigem Rats- und Kaufhaus am Markt. Wenn man den Ostergottesdienst nicht versäumen will, drängt die Zeit. Die Frauen können weder die Kleider wechseln noch eine Stärkung zu sich nehmen. Vor der Marienkirche harren Hunderte Torger Bürger schweigend des Kirchganges der entwichenen Nonnen – aber Leonhardt Koppe hat sich gedacht, daß die Armen, hungrig, müde, verschüchtert durch die ausgestandenen Ängste, es vorziehen würden, durch die stille Nonnengasse unbehelligt in die Kirche zu gelangen. Er führt sie in den Dämmer einer Nebenhalle. Katharina sinkt in die Knie. Sie verspürt nichts von der jubelnden Freude, die sie von dieser Stunde erwartet hat. Stumm und leer ist ihre Seele, erschöpft und vielleicht sogar ein wenig erschrocken.

Sie hat die Flucht überstanden, die Freiheit gewonnen. Allein der Anblick der noch schlafenden Stadt hat ihr eine Ahnung dessen vermittelt, was nun auf sie einstürmen wird. Die vielen, vielen Menschen, die sich in den weiten Hallen der Kirche zusammendrängen, verursachen ihr Beklemmung. Alles ist so neu, so fremd! Sie neigt den Kopf, senkt die Augen auf den grauen, kühlen Stein unter ihren Knien. Er allein ist ihr vertraut aus vielen Stunden. Sie bückt sich hinab und küßt ihn. Und während die körnige Struktur vor ihren Augen verschwimmt, gibt sie sich Gott im Gebet hin. Unter diesem Stein wird sie dereinst ihre letzte Ruhe finden.

Undeutlich über die weite Entfernung dringt die spröde, schwache Stimme Gabriel Zwillings an ihr Ohr. Staunend richtet sie sich auf und lauscht: »Es bauten zwei dem Herrn ein Haus, ein Papst und ein Mönch. Dem alten Papste war die ehrwürdige Basilika des heiligen Petrus zu Rom zu gering für Glanz und Macht seines hohenpriesterlichen Amtes. Er gedachte einen Kirchenbau zu errichten, wie die Erde ihn noch nicht trug. Dieser neue Tempel sollte aller Christenheit den Ruhm und die Erhabenheit des heiligen Stuhles vor Augen stellen. Unter die Erde reichte das Bauwerk nach achtzehn Jahren des Planens und Schaffens so tief hinab, wie es dereinst zu den Wolken sich erheben sollte. In diese Fundamente war das Gut des Reichen und das Scherflein des Armen eingesenkt. Denn aus immer neuen Opfergaben sollte die herrlichste Kirche der Christenheit zum Himmel wachsen. Aber ihre Grundmauern verfielen. Vergeblich war die alte Basilika St. Petri niedergerissen; umsonst strömten die Spenden, die den zum Kirchbau ausgeschriebenen Ablaß erkauften, nach Rom. Ach, ein gesegneter Baustein, ein Schatz im Himmel, da ihn weder Motten noch Rost fressen, da die Diebe nicht nachgraben noch stehlen konnten, sollte jeglichem Gebet erworben sein. Aber das irdische Gut verpraßten die Kirchenfürsten, die Gläubiger der Kurie strichen es ein. Das Werk der Künstler und Maurer stockte.

Als aber zwölf Jahre hingegangen waren, stand ein Mönch auf und begann, ein lauteres Gegenbild des Kirchbaues zu Rom, der ewigen, heiligen und nun gefallenen Stadt, aufzurichten in Wittenberg, das klein war unter den Städten in Sachsen.

Welchen Grundstein hatte dieses neue Haus auf Erden? Allein das Wort Gottes! Welches waren die Träger seiner Hallen? Die Gebete der Gläubigen! Die Kunde von ihm aber traf auch die Verlobten Christi, die hinter Klostermauern mit den Paternosterkörnern klapperten und ihre Horen dahinplapperten und ohne Scham meinten, sie hätten Gott bezahlt und ihm genug getan, und setzten ihre Zuversicht in viel Geplärr, Geschrei und Gesang.

Die nun Christum wahrhaft verlobt waren, begaben sich der sicheren Hut des klösterlichen Hauses und pilgerten jenem unsichtbaren Haus entgegen, das auf das Wort gegründet war und aus Gebeten erwuchs.«

Und nun lobt der Prediger die neun klugen Jungfrauen von Marienthron. Die Köpfe der Zuhörer wenden sich dem dämmrigen

Seitenschiff zu, dessen Eingang Koppes breite Gestalt im Ratsherrenmantel fast ganz ausfüllt.

Katharina steigt es siedend heiß zu Kopf. Zwilling geht ihr zu weit! Es kränkt und empört sie, ihre Gebete und Gesänge als Geplärr abgetan zu hören. Was weiß er von den Mühen und der Inbrunst der Schwestern? Auch die Freude über ihren Entschluß zur Freiheit kann ihre klare, kritische Art zu denken nicht trüben. Sie mag nicht mit den klugen Jungfrauen des Evangeliums verglichen werden. Und irgendwo ganz tief in ihrem Innern flüstert eine zarte Stimme, daß sie dem himmlischen Bräutigam auch im Kloster hätte dienen können, und zwar ausschließlicher. Aber sie will es lieber in der Welt tun!

Zurück im Hause des Ratsherrn, sitzen die Nonnen an langer, festlich gedeckter Tafel und lassen sich die guten Speisen wohl munden. Auch die Begleiter ihrer Flucht sind geladen: Wolf Dommitzsch, der junge Koppe und Andreas. Der Todesgefahr sind sie glücklich entronnen. Wurde nicht unlängst ein Jüngling in Dresden enthauptet, der versucht hatte, eine Nonne zu entführen?

Der Ratsherr entfaltet einen Brief des Doktor Martin Luther, zwar an ihn adressiert, aufgerufen wird jedoch die ganze Christenheit, angefleht, beschworen, gemahnt wegen aller Leiden und Übel, die durch unbarmherzigen elterlichen Willen und das eigene, unentrinnbare, doch unerfüllbare Gelübde über die Nonnen gebracht worden waren: Not und Tyrannei der Herzen, Stockmeisterei und Marter der Gewissen, Versuchungen und Sünden, Gefahr der Seelen in allen Stücken und endlich die Versuchung Gottes selbst!

Koppe läßt den Brief sinken. Er mag nicht weiter vorlesen, was dort über die Bestimmung der Frau, Kinder zu tragen, ausgeführt wird. Lieber erzählt er ihnen, wie Luther Brief um Brief an die Angehörigen jeder einzelnen von ihnen gesandt hat, daß sie ihren Freunden und Kindern helfen und bedenken mögen, wie jene Menschen gleich ihnen seien!

»Die Landestöchter des Kurfürsten von Sachsen können der Zukunft getrost ins Auge sehen«, sagt Koppe. »Im kurfürstlichen Sachsen wird sie niemand verfolgen. Viele Mönche haben ihre Klöster verlassen und sind weltlich geworden. Ein Austritt von Nonnen ist indes noch nicht geschehen, und darum haben alle Angehörigen die Aufnahme zunächst abgelehnt. Ihr dürft Euern Verwandten das nicht übel anrechnen! Seht, Eure Eltern glaubten

Euch im Kloster versorgt für Zeit und Ewigkeit, und zwar gut versorgt. Ihr wißt, wie hoch angesehen gottgeweihte Jungfrauen in der Welt sind. Ihr hattet es in Marienthron behaglicher und reicher, auch bequemer als vielleicht bei den Eltern oder einem weniger mit weltlichen Gütern gesegneten Gatten. So hart es Euren Ohren klingen mag: da man Euch für Euer ganzes Leben gut versorgt wußte, hat man vielleicht Euer Erbe bereits verteilt! Eure Angehörigen fürchten auch sicherlich, daß Ihr der Welt schon gar zu sehr entwöhnt seid und wohl schwerlich einen Platz und gar ein Glück in ihr finden könntet.

Zwar hat auch Doktor Luther auf all seine Anfragen nur ein Nein zur Antwort erhalten, aber dennoch besteht Hoffnung für die edlen Fräulein in Kursachsen, hier und dort Möglichkeiten zu finden.

Für Euch, Else von Canitz, wird Euer einflußreicher Verwandter, der kurfürstliche Ritter und Rat Hans von Minkwitz, bei den Edlen auf Dallwitz sprechen.

Und Euch, Laneta von Gollis, wird Eure Schwester, die Herrin von Coldlitz, aufnehmen.

Den beiden Damen von Zeschau steht ihr Oheim Wolfgang von Zeschau zur Seite – man kann aufs neue Verhandlungen mit Heinrich von Zeschau auf Obernitzschka aufnehmen, es gibt Hoffnung!

Und zu Euch, Magdalena von Staupitz. Von Eurem Bruder Abt Johann zu Sankt Peter in Salzburg könnt Ihr kaum Hilfe erwarten, aber Günther von Staupitz wird sich Eurer erbarmen, des bin ich sicher.«

Der Ratsherr wendet sich Ave von Grosse zu, die so jung und rührend hilflos zu ihm aufschaut: »Euer Los ist gewissermaßen doppelt zu preisen, meine Liebe, ist doch Euer Bruder Magnus, der wie Ihr von früher Kindheit an durch elterliche Gelübde dem Kloster geweiht war, erst vor kurzem aus der Benediktinerabtei in Chemnitz entwichen – soviel weiß ich; wohin er sich jedoch dann wandte, ist mir unbekannt. Leider findet Ihr das ritterliche Geschlecht derer von Grosse nicht mehr zu Trebsen – Eure Eltern sind heimgegangen. Eure Brüder Reinhard und Christoph haben das Erbe verkauft. Ich weiß, daß Ritter Hans von Minkwitz die Verhandlungen geführt hat, er ist reich und klug und mit allen großen Herren gut Freund, an ihn wollen wir uns wenden Euretwegen. Er wird sicher Rat wissen.

Nahezu aussichtslos ist die Hoffnung auf Unterstützung durch die Familien bei den Untertanen des Herzog Georg. Mag er auch einer der weisesten und gelehrtesten deutschen Fürsten sein, so ist er doch ein erbitterter Feind Martin Luthers und ein zorniger Gegner aller, die aus Klöstern fliehen. Das Geschlecht derer von Schönfeld, deren Lehen ja nun einmal in herzoglichem Gebiet liegt, müßte mit harten Strafen, zumindest mit Zurücksetzung von Hofämtern rechnen, wenn es sich auch nur mit Euch in Verbindung setzen würde, liebe Damen. Es bleibt Euren Eltern und Geschwistern nichts anderes übrig, als Euch als ungehorsame und verlorene Kinder zu betrachten. Georg von Schönfeld auf Löbnitz und Klein-Wölkau verschließt Euch sein Haus.

Und bei Euch, liebe Katharina von Bora, wissen wir nicht einmal, ob Euer Vater noch lebt. Aber deswegen betrübt Euch nicht und vor allem macht Euch keine Sorgen. Eines ist gewiß, Martin Luther steht hinter Euch mit allem, was er vermag, und das ist nicht wenig! Wittenberg ist Euer nächstes Ziel.«

Mit diesen Worten hebt Leonhardt Koppe die Tafel auf und schreitet den Nonnen mit einer Öllampe voran durch den langen, hohen Gang seines Hauses. Er führt sie in einen großen, gewölbten Raum, wo neun Lagerstätten vorbereitet sind. »Dort auf der Truhe haben wir Kleidung für Euch zurechtgelegt; ich hoffe, Ihr werdet etwas Passendes finden. Und nun wünsche ich Euch Gottes Segen und eine gute Nachtruhe.«

Der Ratsherr neigt sich grüßend, übergibt die Lampe Katharina und schließt die schwere Eichentür. Katharina hält das Licht hoch: in seinem Schein lebt es farbig auf – sattroter Samt, smaragdgrüne Seide, Pelzverbrämungen, golden glänzender Damast, zartes, weißes Linnen – Materialien, von denen die Schwestern nichts wissen. Verwirrt betrachten sie die Vielfalt der Kleidungsstücke, die ihnen unerlaubt prächtig erscheint und doch nur abgelegt und gespendet ist. Größte Einfachheit sind sie gewohnt.

»Laßt uns beten und schlafen«, sagt Magdalena von Staupitz, »morgen früh können wir uns umkleiden.« Käthe stellt die Lampe auf den Ecktisch. Die Nonnen sinken auf die Knie.

»Ich halte dafür«, beginnt die Älteste, »daß dieser Zeit Leiden die Herrlichkeit nicht wert sei, die an uns soll offenbart werden. Denn wir wissen nicht, was wir beten sollen, wie sich's gebührt. Sondern der Geist selbst vertritt uns aufs beste mit unaussprechlichem

Seufzen. Der aber die Herzen erforschet, der weiß, was des Geistes Sinn sei, denn er vertritt die Heiligen nach dem, was Gott gefällt. Wir wissen, daß denen, die Gott lieben, alle Ding zum Besten dienen. Was wollen wir weiter sagen? Ist Gott für uns, wer mag wider uns sein? Wer will die Auserwählten Gottes beschuldigen? Gott ist hie, der da gerecht machet, wer will verdammen? Wer will uns scheiden von der Liebe Gottes? Trübsal oder Angst oder Verfolgung oder Hunger oder Blöße oder Fährlichkeit oder Schwert? Wie geschrieben stehet: um deinetwillen werden wir getötet den ganzen Tag, wir sind geachtet für Schlachtschafe. Aber in dem allen überwinden wir weit um des willen, der uns geliebet hat. Denn des bin ich gewiß, daß weder Tod noch Leben, weder Engel noch Fürstentum noch Gewalt, weder Gegenwärtiges noch Zukünftiges, weder Hohes noch Tiefes noch keine andere Kreatur mag uns scheiden von der Liebe Gottes, die in Christo Jesu ist, unserem Herrn.« (Römer 8,18–39, nach der Übersetzung Luthers.)

Getröstet legen sich die Neun nieder, zum letztenmal als Nonnen, und sinken in einen Tiefschlaf der Erschöpfung.

Mit den ersten Strahlen der Morgensonne sind die Frauen auf den Beinen. Ratlos halten sie die Kleider hoch, drehen und wenden sie – wie sollen sie das anziehen? Es klopft leise an die Türe. Eine junge Magd tritt ein, frisch, rosig, voller Lachen und Freundlichkeit.

»Haben die edlen Fräulein gut geschlafen? Ja? Das freut mich! Ich soll Euch beim Ankleiden behilflich sein. Bitte«, sagt sie und wendet sich an Katharina, »ich glaube, dies hier wird Euch gut zu Gesicht stehen.«

Ehe Käthe recht weiß, wie ihr geschieht, hat das liebe Mädchen ihr die Kutte abgenommen. Wie weich und kühl sich das feine Linnen des Hemdes auf die Haut legt. Die Magd zieht und schiebt und schnürt...

»Oh!« rufen die anderen wie aus einem Munde staunend aus, als Käthe fertig ist.

»Wie schlank und hübsch du bist!« lacht Ave von Schönfeld.

Käthe errötet, in diesen Kleidern spürt sie ihren Körper, von dem sie so wenig weiß. Interessiert beobachtet sie, wie die anderen sich verwandeln. »Ave!« jubelt sie und schlägt die Hände zusammen, »du siehst ja aus wie ein edles Fräulein aus den Büchern!«

»Sie ist ja auch ein edles Fräulein!« sagt Magdalena von Staupitz. »Genau wie du, Katharina, und wie ihr andern alle.« Die Mädchen drehen sich, beugen den Oberkörper, schreiten, hüpfen, bringen die Röcke zum Schwingen, umtanzen einander, lachen, klatschen in die Hände, wirbeln endlich im Reigen umher – immerhin dem ersten ihres Lebens – mit roten Wangen, ein wenig zu fröhlich, ein wenig zu hektisch entlädt sich endlich die Spannung der letzten Monate.

Doktor Martinus Luther

Am Dienstag, dem 7. April 1523, nähert sich der Wagen, von Torgau kommend, Wittenberg. Ein Bauer mit seinem Buben geht des Weges, seine Aufmerksamkeit ganz auf die Steine und Pfützen der Straße gerichtet und des rumpelnden Wagens, der ihn überholt, nicht weiter achtend. Aber der Junge ist schnell die Böschung hinaufgesprungen, um nach Weise der Kinder genau sehen zu können, wer da in die Stadt will.
»Vater, sieh nur!« ruft er. »Ein ganzer Wagen voller Jungfräulein!«
Käthe kuschelt sich lachend an Veronika von Zeschau: diese Begrüßung gefällt ihr. Sie nähern sich der Elbbrücke. Gabriel Zwilling, der es sich nicht hat nehmen lassen, die Jungfrauen zu begleiten, erhebt sich. Schwankend mit der Bewegung des Gefährts, streckt er weisend die Hände aus und erklärt das Panorama. Langgezogen liegt Wittenberg am rechten Ufer des Stromes vor ihnen. Im Westen erhebt sich majestätisch der stolze Bau des kurfürstlichen Schlosses mit der Schloßkirche. Nördlich ragt die Pfarrkirche über die niederen Dächer der Wohnhäuser in den Himmel. Weiter nach Osten zu sieht man die Giebel der Universität und im äußersten Osten endlich kahl und schmucklos den langen Bau des Schwarzen Klosters in unmittelbarer Nähe der Stadtmauer. Noch hat Käthe das stolze Torgau in Erinnerung – enttäuscht schaut sie auf Wittenberg, ärmlich und karg erscheint es ihr unter dem grauen, wolkenverhangenen Himmel des trüben Apriltages. Der Wagen donnert über die Elbbrücke.
»Halte dich fest, Didymus!« ruft Leonhardt Koppe dem Magister Zwilling zu. Zu spät – der purzelt der Länge nach zwischen die

Damen. Das Lachen über den kleinen Mann, der sich schamrot eilig aus den Röcken und Mänteln herauswickelt, hilft Katharina über ihre Befangenheit hinweg: hinter dem Stadttor staut sich eine Menschenmenge, die jubelnd die befreiten Nonnen willkommen heißt. Unter dem Torbogen aber steht ein Mann, allein. Just in diesem Moment bricht die Sonne durch ein Wolkenloch und sendet ein ganzes Bündel weißglühender Strahlen, den Wartenden genau ausleuchtend.

Er ist mittelgroß und von kräftiger, wohlgeformter Statur. Der schwarze Ornat des Doktors gibt ihm etwas Feierliches, Würdiges, aufgelockert durch die eleganten, gelben Stiefel. Unter dem Gelehrtenhut hebt sich ein feines, klares und tapferes Gesicht den Ankommenden entgegen, die ausgebreiteten Hände sind schmal, lang und ebenmäßig geformt. Gerade, schwarze Brauen beschatten die ein wenig tiefliegenden braunen Falkenaugen, die so lebhaft und leuchtend wirken durch einen gelben Ring um die Iris. Freundlichkeit, Geist und Humor ist in diesem Manne, das spürt Katharina sofort.

Die volle, tragende Stimme hat einen holden, reinen und hellen Klang, der sie ans Herz rührt. Unwillkürlich preßt sie die Hände gegen die Brust, weil ihr der Atem stockt. Diesen Mann könnte ich lieben, denkt sie. Es ist Martin Luther. Sie nimmt die herzlichen Worte seiner Rede nicht eigentlich wahr – nur soviel, daß sie ihr das Gefühl der Zuneigung und Geborgenheit vermitteln, – ihr Wesen ist ganz damit beschäftigt, das seine zu erkunden.

Durch die neugierige Menge geleitet Luther den Wagen zum Markt. Im gastlichen Hause des Malers Lucas Cranach ist ein Mahl für die Reisenden gerichtet. Katharina rafft ihre Röcke und tritt langsam durch das imposante Portal. Wie prächtig und großzügig dieses Haus sie empfängt! Wohin wohl all die reich geschnitzten Türen führen? An den weiß gekalkten Wänden hängen zwischen schönen Möbeln immer wieder große, eindrucksvolle Bildtafeln, vor denen Katharina verweilen und schauen möchte. Auf Truhen und Tischen blinkt blankes Geschirr, bunte Samtkissen auf Sesseln und Bänken laden allenthalben zum Sitzen ein, über die breite Treppe eilt eine anmutige, schöne Frau: »Willkommen in Wittenberg, meine Lieben, herzlich willkommen!« ruft sie mit klingender Stimme und breitet die Arme aus. Wie aus dem Boden gewachsen steht auch schon neben ihr Meister Lucas Cranach, eine kraftvolle

Gestalt in prächtiger Kleidung. Käthes Blick wandert zu den Bildtafeln, um herauszufinden, welcher er entstiegen ist. Seine ebenmäßigen Gesichtszüge strahlen Ruhe, Güte und Verständnis aus.

»Ja, willkommen in unserer Mitte!« bekräftigt sein warmer Bariton, »und im Hause Lucas, des Malers, und seiner Barbara. Bitte, folgt mir zu Tisch!«

Katharina berührt die Speisen kaum. Zu viele Eindrücke stürmen auf sie ein. Schon die Umgebung, die Vielfalt von Dingen, die in diesem schönen Raum um sie herum sind, deren Gestalt und Zwecke sie aber nicht kennt, und dann erst die Menschen, wie sie sich gehaben, wie sie schauen, was sie denken mögen – überwältigt von all den Eindrücken, hält Katharina sich weniger an die Worte, sondern nimmt mit all ihren Sinnen auf und bewahrt in ihrem Gedächtnis lebendige, sich bewegende, sprechende und duftende Bilder. Die Namen kann sie noch nicht zuordnen: Melanchthon, Bugenhagen, Jonas, Spalatin – nein, sie rauschen an ihren Ohren vorbei. Barbara fühlt sie sich vom ersten Augenblick an verwandt, und in Meister Cranach findet sie den Vater, den sie nie hatte. Es stellt sich heraus, daß ihre Eltern gestorben sind. Von ihren Brüdern ist der älteste arm verheiratet und kämpft um sein tägliches Brot, Hans sucht Dienst im fernen Preußen, Clemens ist ein Haltloser, von dem keinerlei Hilfe zu erwarten ist, hat er doch für sich selbst nie genug.

Versonnen blickt Käthe in die Flammen des vor ihr stehenden Kerzenleuchters. Da sitzt sie auf einem fremden Stuhl vor einem fremden Tisch, eigentlich ist nicht einmal das Gewand an ihrem Leibe ihr Eigentum, sie weiß nicht, wohin sie gehen, wo sie wohnen, was sie essen wird – nichts hat sie, nichts weiß sie, und doch ist ihre Seele ganz ruhig und guten Mutes – und frei! Ihr Verstand wundert sich, wie solches möglich sein mag.

»Laßt uns beten!« fordert Luther auf. »Danket dem Herrn, denn er ist freundlich, und seine Güte währet ewiglich.

Herr Gott, himmlischer Vater, von dem wir ohne Unterlaß allerlei Gutes empfangen und von dem wir so gnädig behütet werden, wir bitten dich, gib uns durch deinen Geist, daß wir dies alles mit ganzem Herzen in rechtem Glauben erkennen, damit wir deiner milden Güte und Barmherzigkeit hier und dort ewiglich danken und dich loben durch Jesus Christus, deinen Sohn, unseren Herrn. Amen.«

»Und nun wollen wir singen!« bittet Meister Cranach. Er nimmt die Laute von der Wand, reicht sie Luther hin: der präludiert gar fein und zierlich, und dann setzen alle Wittenberger ein:

> *»Wär' Gott nicht mit uns diese Zeit,*
> *so soll Israel sagen,*
> *wär' Gott nicht mit uns diese Zeit,*
> *wir hätten 'mußt verzagen,*
> *die so ein armes Häuflein sind,*
> *veracht' von so viel Menschenkind',*
> *die uns zusetzen alle . . .«*

Käthe hört mit Sachverstand, wie gut Luther singt. Er lächelt ihr zu. Errät er ihre Gedanken?

»Wer die Musik verachtet«, sagt er, »wie denn alle Schwärmer tun, mit dem bin ich nicht zufrieden. Denn die Musik ist eine Gabe und ein Geschenk Gottes, nicht ein Menschengeschenk. So vertreibt sie auch den Teufel und macht die Leut fröhlich, man vergißt dabei alles Zorns, Unkeuschheit, Hoffart und andere Laster. Ich gebe nach der Theologie der Musik den nächsten Platz und die höchste Ehre.«

Käthe nickt. »Sie ist ein gerader Weg zu Gott«, antwortet sie spontan.

»Ein sehr schöner Gedanke, mein Fräulein«, bestätigt der Reformator, »und nicht nur schön, sondern auch gewißlich wahr.«

Errötend senkt Käthe die Lider. Erziehung und Bescheidenheit lassen sie so reagieren. Luther aber erscheint diese Verweigerung des Blickes wie Hoffart und stolze Ablehnung.

»Sagt mir bitte«, wendet Käthe sich später an Barbara Cranach, »wer hat sich wohl dies Lied ausgedacht?«

»Es ist von Luther«, erwidert die Hausherrin. »Kommt, folgt mir in die Druckerei, vielleicht finden wir noch einen Abzug davon für Euch.«

Freudig geht Katharina mit. »Ihr habe ein schönes, großes Haus!« lobt sie.

»O ja, wahrhaftig, viel zu groß und viel zu weitläufig.« Barbara öffnet eine Tür. »Hier ist die Werkstatt!«

Käthe sieht einen großen Raum mit hohen Gestellen, auf denen halbfertige Bilder stehen, mit Tischen voller Farben, Pinseln und vielerlei ihr unbekannten Gerätschaften, wo Männer verschiedener

Altersstufen in Kitteln hantieren, – und schon ist die Tür wieder geschlossen.

»Dies ist die Apotheke!«

Eine wahre Flut von Licht fällt vom Markt her durch das große Fenster ein, in langen Borden reihen sich die Gefäße hinauf bis zur gewölbten Decke, sauber beschriftet – Käthe saugt den herben Duft der Kräuter sehnsüchtig ein: »Das ist schön!«

Dunkel, nahezu schwarz, mutet die Druckerei sie an, obwohl es auch hier viel blanke Butzenscheiben in Bleifassung und genug Licht gibt. Dunkel erscheinen ihr die Wände mit den Holzregalen, in denen sich Papier, Bücher, Druckstöcke stapeln, dunkel die Deckenvertäfelung, die den Raum niedrig erscheinen läßt, dunkel die großen Druckerpressen, die Männer mit Lederschürzen, dunkel auch der Geruch, und doch ist es des hellen Geistes Werkstatt, der Ort, an dem das Geheimnis der Schrift gepflegt wird, auf daß es vielen offenbar werde.

Mit ihren schlanken, beringten Fingern blättert Barbara flink hier und dort, fragt endlich einen Gesellen und bietet Käthe ein Blatt dar, auf dem das Lied in schönen Lettern gesetzt ist.

»Danke schön!« murmelt Käthe glücklich. »Das ist mein erster Besitz auf dieser Welt.«

»Ja?« fragt Barbara und schämt sich sofort dieser Frage, sie hätte es wissen können. »Was bringt ihr da?« wendet sie sich an zwei Lehrlinge, die auf einer Trage frisch gebundene Bücher transportieren.

»Das Neue Testament Deutsch von Martin Luther«, wird ihr geantwortet.

Sie nimmt ein Exemplar. Es ist eine prächtige Ausgabe. Lucas Cranach selbst hat den Satz entworfen und die Vignetten gemacht.

»Edles Fräulein von Bora, erlaubt, daß ich Euch dieses Buch zum Geschenk mache«, sagt die Meisterin und legt es dem Gast in die Hände. Ein leichtes Beben kommt Käthe an ob der Anrede und der Kostbarkeit der Gabe.

»Das könnt Ihr nicht tun!« stottert sie.

»O doch.« Barbara schließt mit warmem Druck Käthes Finger über dem Buch.

»Ich danke Euch!« jubelt Käthe. »Welchen Schatz gebt Ihr mir! Die Evangelien in deutscher Sprache – Ihr macht mich reich.«

»Kommt«, bittet Barbara, »laßt uns zu den anderen zurückkehren.«

Hier ist unterdessen beratschlagt worden, wo die Flüchtlinge zunächst untergebracht werden sollen – Frau Magister Reichenbach kommt Käthe entgegen: »Ihr wohnt bei uns, meine Liebe!« ruft sie und lacht. Sie ist klein und rund, lebhaft, immer in Bewegung, mit ihren blanken schwarzen Augen erinnert sie Käthe an eine Taube. Jetzt zupft sie ihren Eheherrn am Ärmel:

»Komm nur, wir haben unser Jungfräulein!«

Einen langen Blick noch läßt Käthe über ihre Schwestern wandern, von denen sie sich so plötzlich trennen muß. Dann folgt sie den Reichenbachs.

In der Bürgermeistergasse

Die frische Aprilluft tut Katharina gut, ihr Kopf wird frei. Während sie mit angehobenem Rock dem Magister folgt, der den Frauen einen Weg durch Pfützen und Unrat der Gassen bahnt, kämpft sie ihre Unsicherheit nieder. Ja, sie ist arm und hilflos auf dem Weg zu fremden Leuten, von deren Güte sie abhängig sein wird. Sie wird arbeiten für ihr Brot, sie wird etwas finden, was sie tun kann. Sie ist allein, ganz allein ohne einen einzigen vertrauten Menschen, aber mit Gott.

Wer ist das, Gott, Katharina, wo findest du ihn? fragt sie sich selbst. Ihr Blick wandert an den Türen der Stadtkirche empor. Wo finde ich Ihn? Er ist in der Natur, im murmelnden Wasser, in Blumen, Gras und Bäumen, das habe ich erfahren. Er ist in den Wolken über den Türmen der Kirchen, weiter als die leuchtenden Sterne, höher als die lebensspendende Sonne, umfassender als der Himmel rund um unsere Erde – Er ist in dem allen und doch viel mehr, weit hinausgehend über meine Vorstellungskraft, ganz wie es im 139. Psalm heißt: Herr, du erforschest und kennest mich, du verstehst meine Gedanken von ferne. Mir aber, wie schwer sind mir deine Gedanken, o Gott, wie gewaltig ist ihre Zahl! Und Er, der so über alles Begreifen groß ist, hält seine Hand über mir. Das muß ich nur immerfort bedenken! Gott ist für mich, wer kann mir etwas anhaben. Ich bin nicht allein, Er ist zu jeder Zeit bei mir.

»Hier haben wir die altehrwürdige Bürgermeistergasse, und das ist unser Haus«, sagt Magister Reichenbach. »Tretet ein und fühlt Euch wohl.«

Eng und dunkel ist es in dem Fachwerkhäuschen, wenn man die Weite des Klosters gewöhnt ist und aus Meister Cranachs reichen Räumen kommt. Käthe muß sich langsam und vorsichtig bewegen, um nicht dauernd anzustoßen. Die Magisterin führt sie über die schmale Stiege hinauf in ein Kämmerlein, kleiner noch, als die Zelle es war, – aus dem winzigen Giebelfensterchen fällt ihr Blick auf die Mauern der Pfarrkirche. Es gibt ein schmales Lager mit blendend weißem Bettzeug, ein kleines Tischchen und einen Hokker vor dem Fenster, einen Kleiderrechen an der Wand, das ist alles. Käthe ergreift die Hände ihrer Gastgeberin.

»Es ist wunderschön, und ich danke Euch von Herzen, daß ich bei Euch bleiben darf. Unser himmlischer Vater möge Euch Eure Güte lohnen.«

»Ach, wir tun es ja gern«, murmelt die Reichenbachin verlegen und stellt die Kerze auf den Tisch. »Schlaft wohl unter unserm Dach.«

Schon ist sie gegangen und hat die Türe hinter sich ins Schloß gezogen. Käthe legt ihr Buch neben den Leuchter, streicht liebevoll über den Einband. Sie entkleidet sich, hängt die Sachen sorgfältig auf, schlüpft unter die kühle Decke. Seufzend streckt sie die Glieder.

Was mir der morgige Tag wohl bringen mag, denkt sie und ist eingeschlafen, ehe sie ihre Gebete sprechen kann.

Mit dem Frühläuten ist Käthe auf den Beinen. Sie findet die Magisterin schon eifrig wirtschaftend.

»Kommt, Katharina, ich will Euch die Küche zeigen! Hier ist Linchen, unsere Magd. Möchtet Ihr ein Morgenmus? Was frage ich, selbstverständlich, setzen wir uns zu Tisch. – Du kannst mir auch noch etwas bringen«, weist sie die Magd an. Käthe konnte nur einen schnellen Blick auf die Küchengeräte werfen, wie unwissend sie doch ist! Sie könnte nicht einmal ein Morgenmus kochen.

»Einen schönen guten Morgen, Fräulein von Bora!« grüßt der Magister, der sich gerade den Mund wischt und den Rücken streckt. »Nun will ich aber gleich die Gelegenheit beim Schopfe fassen, mich Euch ein wenig genauer vorzustellen, damit Ihr wißt, unter wessen Dach Ihr wohnt. Mein Name ist Philipp Reichenbach, ich bin aus Zwickau gebürtig. Seit 1506 habe ich in Leipzig und dann ab 1510 in Wittenberg die Rechte studiert, und nun wirke ich hier als Magister. Wißt Ihr, mir geht es nicht darum, die Schärfen des Gesetzes vollziehen zu lassen, ich bemühe mich stets um gerechte Mäßigung. Am liebsten führe ich jede Sache zu einem gütlichen Vergleich – ach, könnte ich den Leuten die leidige Sucht des Prozessierens doch ganz abgewöhnen!«

»Aber dann würden wir brotlos, mein Lieber!« wendet seine Frau ein. Reichenbach erhebt sich lachend. »Da hast du auch wieder recht. Einen schönen Tag wünsche ich!« Er macht sich auf den Weg zur Universität. Auch seine Frau steht auf und geht – Käthe bleibt allein in der Stube. Ein kleines Mädchen springt herein mit tanzenden blonden Locken und Augen, so schwarz wie Brombeeren.

»Wie heißt du?« fragt das Kind.

»Katharina, und du?«

»Ich heiße Theresa«, antwortet die Kleine ernsthaft. »Bleibst du immer hier?«

»Eine Weile vielleicht«, erwidert Käthe.

Das Kind hüpft von einem Bein auf das andere: »Schnell, schnell, hilf mir, ich muß aufs Töpfchen!«

Käthe kniet sich auf den Boden, die Kleine hebt die Arme, aber Käthe hat keine Ahnung, was sie tun soll, sie findet sich mit den Bändern und Schleifen nicht zurecht, und schon plätschert es auf den sauber mit weißem Sand bestreuten Fußboden.

»O gütiger Himmel«, stöhnt Käthe. Nun weiß sie erst recht keinen Rat. Die Magisterin schaut zur Tür herein. »Ja, Theresa, was ist denn geschehen?«

»Ich habe Bescheid gesagt«, jammert das Kind, »aber Katharina hat mir nicht geholfen.«

»Das Fräulein kennt kleine Kinder nicht, sie muß sich erst an dich gewöhnen!« beruhigt die Mutter.

»Kannst du denn vielleicht Puppen nähen?« fragt Theresa.

»O ja, das kann ich gut!« sagt Käthe.

»Machst du mir eine?« – »Gern.«

Sie läßt sich den Flickenkorb geben und macht sich an die Arbeit. Sie hat zwar noch nie eine Puppe fabriziert, aber sie ist sehr geschickt mit der Nadel. Staunend sieht die Magisterin ihr zu.

Der Türklopfer wird stürmisch betätigt. Linchen ruft, die Herrin eilt und kommt schnell noch einmal zurück in die Stube:

»Die Nachbarin hat Wehen, ich muß ihr helfen, wollt Ihr mich bitte entschuldigen?«

»Darf ich mitgehen?« bittet Käthe. »Ich werde Euch nicht im Wege sein. Ich war Siechenmeisterin in Marienthron.«

»Gut«, nickt die Ältere. »So beeilt Euch.«

Es ist nur ein Sprung über die Straße. Der Zustand der Gebärenden gefällt Käthe nicht, der Leib ist gewaltig aufgetrieben, die schweißbedeckte Gesichtshaut weiß und durchscheinend. Unter den Augen liegen schwarze Ringe. Der Atem riecht übel.

»Ich bin gar so schwach«, stöhnt die Frau.

Käthe greift sich eines von den bereitliegenden Tüchern und wischt ihr den Schweiß von der Stirn. Eine Wehe kommt mit wilder Gewalt. Entsetzen erfaßt Käthe. Sie war noch nie Zeugin einer Geburt. Bald stehen ihr selbst die Schweißtropfen auf der Stirn. Wollen diese Qualen denn kein Ende nehmen? Sie wagt es nicht, die Hebamme oder die Reichenbachin etwas zu fragen, aber sie paßt gut auf.

Endlich verläßt die Frucht den gepeinigten Leib – es ist kein Kind, sondern eine übelriechende kleine Leiche, wohl schon vor Tagen abgestorben. Die Hebamme hüllt sie in ein Tuch und legt sie zur Seite. Die Mutter ist ohnmächtig. Sie blutet heftig. Es gelingt den Frauen nicht, die Blutung zum Stillstand zu bringen.

Instinktiv legt Käthe ihre Hände auf den Leib der Frau und beginnt kräftig zu massieren. Alles ist weich. Nach einer Weile merkt sie, wie sich da etwas zusammenzieht und hart wird wie eine Kugel – die Blutung steht. Die Hebamme tastet, sieht Käthe bewundernd an.

»Die Gebärmutter hat sich zusammengezogen! Ihr habt der Frau das Leben gerettet!« stammelt sie.

Käthe wischt sich den Schweiß aus den Augen. Die Magisterin mustert sie voller Hochachtung.

»Ihr versteht viel von der Heilkunde«, sagt sie anerkennend. Käthe schweigt. Zurück im Hause des Magisters, näht sie die Puppe fertig. Mit Resten bunter Fäden bestickt sie das Kleidchen.

»Nun sieh nur, welch eine Künstlerin!« sagt die Hausherrin zu ihrem Mann. »Liebes Fräulein von Bora, würdet Ihr mir vielleicht einen Gürtel sticken?«

»Von Herzen gern!« antwortet Käthe glücklich. Sie fühlt sich frei und leicht – bei all ihrer Unwissenheit entdeckt sie an sich Fähigkeiten, die auch in der Welt gebraucht werden.

Von der Gleichheit

Käthe entdeckt das kleine Gärtchen hinter dem Hause und macht sich in der Morgensonne an die Arbeit.
»Aber nein!« Eilig trippelt die Magisterin herbei. »Das sollt Ihr nicht tun. Ihr macht Euch die Hände schmutzig!«
»Bitte, laßt mich«, sagt Käthe, »ich arbeite so gern im Garten.«
Sie hält eine lange, weißliche Wurzel, von der sie sorgfältig die Erde abstreift.
»Was wollt Ihr mit den Quecken?« fragt die Reichenbachin. »Sie sind ein böses Unkraut.«
»Ich weiß, und doch auch eine heilkräftige Arznei. Diese Wurzeln, über Nacht eingeweicht und abgekocht, liefern einen Sud, der gut gegen Erkrankungen der Atmungsorgane ist, aber auch die Reinigung der Körpersäfte fördert. Die Nachbarin, die das tote Kind geboren hat, sollte davon trinken.«
Die Magisterin hat sich auf ein Bänkchen gesetzt und schlägt die Hände zusammen wie ein Kind. »Es ist nicht zu fassen, was Ihr alles wißt. Selbst im Unkraut entdeckt Ihr noch Segen. Ihr müßt in Meister Lucas' Apotheke!«
»Ach ja«, antwortet Käthe sehnsüchtig, »das möchte ich sehr gerne. Meister Cranach hat ein schönes, großes Haus.«
»Wie sollte er nicht, er ist der reichste Mann in Wittenberg, nach dem Kanzler Brück, versteht sich. Das Haus, in dem wir waren, Markplatz drei und vier, ist nicht sein einziger Grundbesitz. Die schöne Apotheke wurde vom Leibarzt Kurfürst Friedrichs begründet, der auch gleichzeitig der erste Rektor unserer Universität war. Meister Lucas erhielt Anno Domini 1520 ihre Rechte verbrieft, aber er mußte sich verpflichten, immer einen gelernten Apotheker anzustellen, denn ein solcher ist er selbst nicht, obwohl er sehr viel von Kräutern versteht. Ihm gehört auch das stattliche Eckhaus zwischen Markt und Schloßstraße. Er ist schon sei 1519 Ratsherr unserer Stadt, im selben Jahr war er auch Kämmerer.
Er betreibt einen Weinausschank. Neben der Malerwerkstatt, die

bekannt und berühmt ist – stellt Euch vor, er hat sogar den Kaiser porträtiert! –, gibt es die Druckerei, den Buchladen, ein Kolonialwarengeschäft für feine Gewürze und Spezereien, ja, Meister Lucas ist ein geschickter und fleißiger Mann, der mit vielen Dingen gleichzeitig arbeitet und überall Erfolg hat.

Und wißt Ihr, trotz all seiner Verpflichtungen hat er immer Zeit für seine Freunde, für Notleidende und Bedrückte, und für jeden ein offenes Herz und eine offene Hand. Er ist ein großartiger Mensch, alles, was recht ist. Ach, da sitze ich und verplaudere die Zeit. Aber ich denke, es ist nützlich für Euch, einiges von der Welt zu erfahren.«

»Ja, da habt Ihr recht, es hilft mir, mich zurechtzufinden, ich danke Euch.«

Was für ein feines, vornehmes Fräulein sie doch ist und wie schön sie die Worte zu setzen weiß, denkt die Magisterin. »Geht immer zu Cranachs, wenn Ihr möchtet, Barbara freut sich gewiß, und Ihr könnt Euch in der Apotheke umtun. Wollt Ihr der Nachbarin jetzt die Arznei bringen?«

Katharina geht langsam und nimmt all die neuen Eindrücke des Stadtlebens bewußt in sich auf. Ein entsetzt gackerndes Huhn flüchtet vor einem kleinen Spitz, der es mit hellem Bellen verfolgt. Mägde mit Wassereimern ziehen fröhlich plaudernd zum Brunnen. Ein Töpfer trägt seine Waren auf hochbepackter Stellage, da donnert ein eiliger Reiter rücksichtslos durch die Gasse, die Mägde drücken sich kreischend an die Hauswand, ein quiekendes Schwein rennt in seiner Angst dem Töpfer zwischen die Beine, er kann das Gleichgewicht nicht halten, stürzt zu Boden und mit ihm all seine Ware. Ein hagerer Mönch, die Kapuze tief ins Gesicht gezogen, die Hände in den Ärmeln verborgen, bahnt sich unbeirrt seinen Weg durch das Chaos. Verächtlich stößt sein Fuß einen Scherben beiseite. Kinder veranstalten eine wilde Verfolgungsjagd um all die Hindernisse herum. Eine Haustüre öffnet sich, ein Eimer Spülicht begießt in hohem Bogen den armen Töpfer, der da noch immer verzweifelt zwischen seinen Scherben sitzt, – laut heult er auf. Die Hausfrau sieht, was sie angerichtet hat, sie hilft dem Manne auf die Beine, versucht ihn zu trösten. Da stürzt ihr Ehegespons herbei, den Zusammenhang nicht ahnend und andere Gründe für die Zärtlichkeit seiner Frau mutmaßend – er versetzt ihr eine schallende Ohrfeige. Vor Schreck setzt sie sich zwischen Scherben und Spülicht auf den Boden. Der Töpfer ergreift das Hasenpanier.

Eine Straßenhändlerin bietet duftende Krapfen feil, ein Mann mit Bauchlauden preist Traktate an.

Da berührt jemand Käthes Hand: »Gott zum Gruße, edles Fräulein!«

Andreas steht vor ihr. Wie er sich in der kurzen Zeit verändert hat! Aus dem Kind ist ein Mann geworden, er ist ihr über den Kopf gewachsen. Sein Händedruck ist kraftvoll.

»Wie geht es dir?« fragt Käthe.

»Gut«, lacht er, »ein freier Mann bin ich endlich und kämpfe für die Freiheit!«

»Komm«, fordert Käthe ihn auf, »wir setzen uns einen Augenblick auf die Bank dort am Brunnen, und du erzählst mir.«

»Ich bin jetzt bei den Leuten des Thomas Müntzer, des Predigers von Allstedt. Ach, den solltet Ihr hören! Er hat die Messe ganz in die deutsche Sprache übertragen, da weiß man doch, was man betet. Das geht so:

> *Alleluia. O heylger geist kum und erfulle*
> *die hertzen deyner getrewen und zcund*
> *an in yhn das fewer deyner liebe.*

Und nur noch die letzte Strophe:

> *Gib der tugend yren lohn.*
> *der du selber bist gar schon*
> *mach auß uns dein himmelreich.«*

So singt er strahlend mit heller Stimme auf der Bank am Brunnen. Die Menschen bleiben stehen und lauschen, das stört ihn gar nicht.

»Wir bauen das Haus Gottes unter den Menschen! Wir schaffen sein Reich auf Erden.«

»Und wer ist wir?« fragt Käthe.

»Die Entrechteten und Unterdrückten, die Bauern.«

»Aber du bist doch eines Edelmanns Sohn...«

»Ja, das war ich tatsächlich einmal. Doch wie übel haben die großen Hansen uns mitgespielt! Ich stehe auf der Seite der Bauern, auf Gottes Seite – wir werden die Welt gewinnen!«

»Und wie soll sie hernach aussehen, eure Welt?«

»Das sagt Gott seinen Auserwählten, mit denen er wunderbare Dinge tun wird. Ihr müßt nämlich wissen, daß das Prophezeien nicht nur den Männern der Heiligen Schrift gegeben war; Gott spricht heute genauso zu den Seinen! Thomas Müntzer wird mit seinem Wort alle Menschen gewinnen und das grausame Regiment der Fürsten und der falschen Pfaffen hinwegfegen. Jede Gemeinde wird fürderhin Gewalt und Macht haben, den Pfarrer selbst zu wählen und auch wieder abzusetzen, damit das Wort des Evangeliums rein und frei verkündet werde. Die Leibeigenschaft muß ein Ende haben, der Zehnte eingeschränkt werden – alle Menschen sollen frei jagen und fischen dürfen, denn daß nur die Herren sich nehmen, was Gott für alle geschaffen hat, dünkt uns doch unangemessen, unbrüderlich, nicht dem Worte gemäß.«

Andreas ist aufgestanden in seinem Eifer. Gerade und stolz steht er da und artikuliert mit lauter Stimme seine Forderungen. Die Vorübergehenden verweilen und lauschen. Manch einer nickt und murmelt: »Jaja, so ist es, recht hat er.«

»Die Weiden sollen von allen frei genutzt werden«, fährt er fort, »und die unerträgliche Last der Fronen zurückgeführt werden auf das frühere Maß, wie es dem Herkommen entspricht.«

»Das walte Gott!« ruft ein altes Bäuerlein, niedergedrückt von der Last seiner Kiepe.

»Die Pachtzinsen müssen gesenkt werden und der Todfall ganz und gar abgetan!«

»Das wäre ein Segen«, unterbricht ihn eine arme Frau, die eine magere Ziege am Strick führt. »Wir hatten eine so schöne, warme Kate und die Felder gerade bestellt, da traf bei der Jagd ein Pfeil meinen Mann mitten ins Herz – der Junker konnte nicht zielen, der Rehbock lief unverwundet davon. Und sie sagten mir, das ist der Todfall, und nahmen all unser Vieh und Wagen und Haus und Hof und jagten mich mit den fünf Kindern davon. Ach, junges Herrchen, wann werden deine Versprechungen wahr?«

»Bald schon, liebe Frau, ganz bald!« tröstet Andreas.

»Wir wollen nun und nimmer leiden, daß man Witwen und Waisen das Ihrige also schädlich wider Gott und Ehren nehme!«

»Das ist ja eine ganze Menge, was ihr da ändern und abschaffen wollt«, bemerkt Käthe.

Andreas nickt. »Wenn aber eine oder mehrere Forderungen dem Worte Gottes nicht gemäß sind, was wir allerdings nicht glauben, so wollen wir sie nicht aufrechterhalten. Wo man sie uns mit dem Worte Gottes als unziemlich erweise, wollen wir davon abstehen.«

»Soso.« Käthe staunt. »Und wie wollt ihr die Fürsten und Herren dazu bringen, dem allen zuzustimmen und ihre Rechte aufzugeben?«

»Durch das Wort, durch die heilende Kraft des göttlichen Wortes«, antwortet Andreas mit leuchtenden Augen.

»Seiner Gnade Kraft sei allzeit mit Euch, edles Fräulein«, spricht er artig und macht eine schöne Verbeugung. Schon ist er in der bunten Menge verschwunden.

Die Leute gehen nickend und murmelnd ihrer Wege. Käthe steht nachdenklich auf und steigt die Treppen zum Kirchenportal empor. Ihr ist, als müsse sie für Andreas und alle Menschen in diesem Lande beten.

Am Abend sind Studenten bei Magister Reichenbach zu Gast. Es geht fröhlich zu, man scherzt und lacht. Als Katharina um den Tisch schreitet und die Becher neu füllt, greift ein Studiosus sie um die Taille. »Schenk mir nicht nur Wein, sondern auch deine Huld, du Schöne!« sagt er.

Hart schlägt Katharina ihm auf die Finger und entwindet sich seinem Griff.

»Au!« ruft er. »Warum gar so streng, wir sind hier doch nicht im Kloster!«

»Braucht es bei Euch ein Kloster für die Ehrsamkeit?« fragt sie.

»Da habt Ihr's – gut gekontert!« lacht Magister Reichenbach.

»Sie sollte besser Katharina von Siena heißen als Katharina von Bora«, knurrt der Gemaßregelte. Und so hat sie ihren Spitznamen weg.

Fünftes Geheimnis: Die Liebe

Ich bin din...

Am liebsten geht Katharina auf den Markt. Sie kann sich nicht sattsehen an der Vielfalt der angebotenen Waren, die Anpreisungen der Händler sind Musik in ihren Ohren. Stundenlang möchte sie stehen und beobachten, wie die Menschen feilschen und kaufen. Die Bewegungen der Hände, der Gesichtsausdruck, die Modulation der Stimme faszinieren sie. Sie beugt sich gerade über wuschelweiche Kaninchen, als ihr grob die Haube vom Kopf gerissen wird und eine höhnische Stimme kreischt:
»Wo ist denn dein Mann, entlaufene Nonne, he? Hier tragen nur ehrbare Ehefrauen Hauben!« Wildes Gelächter um sie herum.
»Seht den kahlgeschorenen Kopf!«
Entsetzt greift Katharina nach ihren Haaren, die gerade zwei Fingerbreit gewachsen sind. Wie Peitschenhiebe hageln die Hohnworte und das rohe Gelächter auf sie hernieder. Ihr Herzschlag stockt, um dann in rasender Schnelle wieder einzusetzen; das Atmen wird ihr schwer, Tränen springen aus den Augen. Da fühlt sie einen Arm um ihre Schultern.
»Schluß damit, fort, verschwindet!« donnert eine klangvolle Stimme. »Kommt, edles Fräulein, laßt Euch hinwegführen!«
Verlegen nach ihrer Haube tastend, die an den Bändern über ihren Rücken herabhängt, schaut Käthe auf. Vor ihr steht ein junger Mann im Patriziergewand, das Schwert am Gürtel. Augen, so blau wie die Kirchenfenster in Brehna in der ersten Morgendämmerung, sehen sie warm an. Sanft streicht seine Hand über ihren Kopf.
»Ich finde Eure Haare schön, wie ein Weizenfeld in der Sommersonne und weicher als Daunenflaum.« Er lächelt. »Wohin darf ich Euch geleiten?«
»Ich wollte zu Meister Lucas«, stottert Käthe.
»Das nenne ich Fügung!« lacht der junge Mann. »Genau dorthin führt auch mein Weg. Gestattet, daß ich mich vorstelle: Hieronymus Baumgärtner aus Nürnberg.«
»Ich bin Katharina von Bora aus... Nirgendwo«, haucht sie,

immer noch am ganzen Leibe zitternd, vor Schreck und Angst und – einem neuen, ungekannten Gefühl, sie weiß nicht, wie ihr geschieht. Er streift ihr behutsam die Haube über mit so natürlich selbstverständlichen Bewegungen, daß sie gar nicht auf den Gedanken kommt, sich zu wehren.

»Ihr seid eine von jenen mutigen Jungfrauen, die aus Marienthron entflohen sind, nicht wahr?« Wie samtweich seine Stimme ist.

»Ja«, antwortet Katharina schlicht.

»Oh, was sehe ich, welch eine Freude!« Meister Lucas, der auf der Schwelle seines Hauses stand, stürmt herbei: »In meine Arme, Hieronymus! Tretet ein, Fräulein von Bora. Barbara, schau, wer gekommen ist! Richte auf den Abend ein Festessen und lade die Freunde ein!«

»Ihr kommt doch auch?« fragt Baumgärtner und sieht Käthe tief in die Augen.

»Selbstverständlich kommt sie!«

»Nein«, unterbricht Barbara, »sie bleibt gleich da. Ich bitte sie herzlich, mir zu helfen.«

Inzwischen ist man in der Werkstatt angekommen, freudig umringen die Gesellen den Gast. Käthe sinkt auf einen Malerhocker, ihr wird ganz schwach in den Beinen. Sie muß an ihr Gespräch mit Ave über die Männer denken. »Aber es ist alles ganz anders«, flüstert sie. »Ganz anders!«

Erstaunt erkennt sie, daß ihr Verstand nicht zum Zuge kommt, nüchterne Überlegungen dringen gar nicht vor zu jenem neuen, durch und durch wohligen Gefühl in ihr. Während sie eifrig mit Barbara in der Küche werkelt, erfährt sie einiges über den jungen Mann.

»Hieronymus Baumgärtner kommt aus angesehenem Nürnberger Patrizierhaus. Er hat hier in Wittenberg studiert!« sagt Barbara.

»Ach ja? Bis wann?«

»Laßt mich überlegen – bis 1521 muß es gewesen sein. Er ist ein guter Freund meines Mannes, aber auch Luthers und Melanchthons – sie mögen ihn alle gern. Er ist gelehrt, aufrechten Herzens, stark im Glauben – Ihr müßt den Spieß weiterdrehen, sonst verbrennt das Fleisch!«

Käthe nickt. »Ja, da habt Ihr recht.«

»Was gibt es Neues in der Welt, mein lieber Hieronymus?« fragt Luther am Abend wohlgelaunt.

Die Gesellschaft, die da um Cranachs gut gedeckten Tisch sitzt, wie eine Bildtafel bald hier und bald dort ausgeleuchtet von warmem Kerzenlicht, erscheint Käthe freundlich und vertraut. Der lebhafte Justus Jonas bewegt die Lippen, kann kaum an sich halten – er ist ja nicht gefragt und möchte doch so gern sprechen. Luther bemerkt es: »Gleich, gleich, mein lieber Demosthenes – laß uns erst die Botschaft aus der Fremde hören!« besänftigt er ihn. Käthe Jonas legt ihrem Gemahl die Hand auf den Arm – sie ist so offen und heiter, Katharina kann sich nicht satt an ihr sehen.

»Ich sprach den Reichsherold Kaspar Sturm«, beginnt Baumgärtner, »er berichtete vom Ende des edlen Ritters Franz von Sickingen. Wie ihr alle wißt, zogen Richard von Greiffenklau, der Kurfürst und Erzbischof von Trier, Kurfürst Ludwig von der Pfalz und der junge Landgraf Philipp von Hessen gen Landstuhl, wo sich Sickingen verschanzt hatte . . .«

»Erlaubt mir eine kurze Unterbrechung!« bittet Justus Jonas. »Ich sehe unseren Klosterdamen an, daß sie nicht wissen, wer Ritter Franz ist. Wie sollten sie auch! So laßt mich denn ein wenig erzählen. Kaiserlicher Feldhauptmann ist er gewest, zwei Jahre älter als Doktor Martinus, in seiner Jugend schon in allen Landen bekannt für seine unbekümmerte Entschlossenheit zu waghalsigen Unternehmungen und seine schnellen Siege! Unwandelbar beharrte er auf dem, was sein Gewissen ihm befahl, und wenn die Welt voll Teufel wär'! Und sein Gewissen war gut evangelisch. 1520, als Martinus nach Worms ging, bot er ihm sicheres Asyl auf seiner Ebernburg, ›der Herberge der Gerechtigkeit‹, wie er sie nannte. Sickingen führt die Sache der Reichsritterschaft gegen die Machtbestrebungen der Landesfürsten und der reichen Städte für den Kaiser, für das Reichswohl, für Gerechtigkeit, für alle Armen und Bedrängten, für die Freiheit des Glaubens.«

»Auch für die Bauern!« ergänzt Cranach.

»Zu Beginn des letzten Jahres«, fährt Jonas fort, »entschloß sich Sickingen, dem Evangelium eine Bresche zu schlagen. Er lud im Sommer gut sechshundert Ritter zu einer Beratung. All sein Reden hat nichts gefruchtet. Die Brüderliche Vereinigung der Ritter, die am dreizehnten August 1522 Sickingen zu ihrem Hauptmann wählte, war zu schwach und unentschlossen, um ihrem hochherzigen Führer zu folgen. Zwar hatten sie ihm zugestimmt, als er dem Erzbischof von Trier den Krieg erklärte – um einen Anfang zu machen und weil er mit ihm in familiärer Fehde lag. Aber als Sickingen dann marschierte, suchten sie Ausflüchte und sagten, er wolle nur Trier in Besitz nehmen, und dafür würden sie nicht ihren Kopf in die Schlinge legen.

Etwa siebentausend Mann, erzählt man sich, folgten Sickingen. Zuwenig! Der von Greiffenklau hatte klar erkannt, worum es in diesem Pfaffenkrieg geht: um die geistliche Herrschaft schlechthin und das gesamte Kirchengut! Also suchte er Hilfe bei seinen Gesinnungsgenossen, die reich und mächtig sind und nicht zögern zu kämpfen – und im Gegensatz zu Ritter Franz fand er zahlreiche Gefolgschaft. Doch verzeiht, Hieronymus, daß ich Euch so lange das Wort entzog!«

Baumgärtner nickt lächelnd. »Die beiden Kurfürsten und Landgraf Philipp also, die Vollstrecker der Reichsacht, schlossen Sickingen auf Landstuhl völlig ein. Seine Befestigungen waren zwar außerordentlich stark, aber die Fürsten ließen schwerstes Geschütz pausenlos feuern, bis sogar der Geschützturm zusammenbrach. Sickingen wurde schwer getroffen. Man trug ihn in ein sicheres Kellergewölbe. Er leitete weiter trotz unerträglicher Schmerzen die Verteidigung, er hoffte auf ein Entsatzheer der Reichsritter, auf Unterstützung durch Bauern – vergeblich. Am neunten Mai 1523 war Landstuhl ein rauchender Trümmerhaufen. Sickingen mußte übergeben.

Der Reichsherold war Augenzeuge, wie die drei Fürsten gemeinsam in der Ruine nach Sickingen suchten. Sie fanden ihn in einem finsteren Kellerloch auf dem Totenbette liegend. Er war blind. Er hätte gern viel geredet, aber der Schmerzen halber vermochte er es nicht. Der Erzbischof von Trier fragte ihn: ›Franz, was hat dich verursacht und bewegt, daß du mich und meine armen Leute überzogen und beschädigt hast?‹ Der Franz antwortete: ›Da wäre viel davon zu reden, nicht ohne Ursache!‹ Die Fürsten verließen ihn und suchten die Gefangenen auf. Franz tat seine Beichte und starb bei guter Vernunft, noch ehe der Priester mit dem Sakrament kam.«

»Ich sehe ihn vor mir in all seiner stolzen Kraft, als er mir seinen Schutz antrug...«, sinniert Luther traurig.

»Gott sei seiner Seele gnädig«, spricht Bugenhagen.

»Die Zerschlagung der Reichsritterschaftsbewegung ist eine Schwächung der evangelischen Sache«, konstatiert Spalatin. »Seine Feinde wollen zwar nur von politischen Händeln wissen, und Greiffenklau hat sogar genau darauf geachtet, daß nur ja niemand in seinem Lande wegen lutherischer Gesinnung belangt werde, trotzdem war es ein Kampf gegen die evangelischen Lehren, die sich Sickingen ja ausnahmslos zu eigen gemacht hatte. Die katholischen Fürsten Deutschlands jubeln allenthalben: ›Der Afterkaiser Sickingen ist tot, bald wird den Afterpapst Luther dasselbe Schicksal erreichen.‹«

Käthe folgt der Hausherrin in die Küche. Verwirrung und Entsetzen erfüllen ihre Gedanken. Ihr war nicht deutlich gewesen, welche Konsequenzen das neue Denken haben konnte! Es läßt sich schön singen »Und wenn die Welt voll Teufel wär'«, und ist ein ander Ding, diesen Teufeln in die Hände zu fallen. Gott schenkt seiner Sache den Sieg, des sind sie alle so gewiß – aber Gott hat seine eigene Definition der Überwindung.

Als Käthe mit einer Obstschale an Baumgärtner vorbeigeht, errötet sie. Sie ertappt sich bei dem Wunsche, er möge sie zu sich heranziehen. Aber er tut es nicht. Er ist kein Student, sondern ein Mann von guten Sitten. Als der Abend fortschreitet, holt Cranach die Laute von der Wand. Luther reicht sie weiter an Baumgärtner. »Sing du für uns!« bittet er.

Hieronymus nimmt das Instrument in die Arme gleich einem lebendigen, lieben Wesen. Leise, wie zur Probe zupft er hohe, süße Töne, läßt Läufe perlen, versucht Akkorde. Dann singt er, das heißt, zunächst mutet es mehr wie ein Sprechen an, so verhalten formt er die Worte – aber seine Stimme klingt weich und verführerisch.

> »*Du bist min,*
> *ich bin din –*
> *des sollt du gewisse sin,*
> *ja, des sollt du gewisse sin.*
>
> *Du bist beschlossen*
> *in minem Herzen,*
> *verloren ist das Schlüsselin.*
> *Du mußt immer drinnen sin,*
> *ja, du mußt immer drinnen sin.*«

94

Und seine Augen ruhen auf Katharina.

»Solch Liedlein weiß ich nicht zu singen...«, sagt Luther versonnen.

»Des bedarf es bei Euch auch nicht, Herr Doktor«, hört Käthe sich antworten. Voller Verwunderung nimmt sie eine kleine Stimme tief, tief in ihrem Innern wahr, die murmelt: »Ihn liebst du wirklich, nur ihn allein.« Aber sie deckt diese Stimme zu mit den vollen Tönen der Laute, mit dem klangvollen Bariton, mit der schönen, hohen Gestalt und den strahlenden blauen Augen Baumgärtners. »Verloren ist das Schlüsselin, er muß immer drinen sin«, antwortet sie der kleinen Stimme.

Ein wenig Glück

Sie hat eine unruhige Nacht mit lebhaften Träumen. Sie sieht sich und Baumgärtner, er hat die Laute im Arm und singt: »Ein feste Burg ist unser Gott!« In einem Nu, wie das eben im Traum möglich ist, verändert sich die Szene, er ist noch immer da, aber in stolzer Rüstung, auf hohem Roß, eine Fahne flattert über seinem Helm. »Und wenn die Welt voll Teufel wär', voran!« ruft er und gibt dem Pferd die Sporen. Jetzt ist sie nicht mehr Zuschauerin, sondern steigt schaudernd in einen Folterkeller hinab. Da liegt der Ritter, windet sich in Qualen. Schweißgebadet schrickt sie auf und sitzt schwer atmend im Bett.

Natürlich könnte ihm so etwas geschehen – sagten sie nicht, er sei ein aufrechter Kämpfer für das Evangelium? Konnte er nicht jederzeit Feinden in die Hände fallen?

Ritter Franz von Sickingen war seines Sieges so gewiß gewesen. Er focht doch für Gottes Sache! Focht er für Gott, konnte ein Mensch für Gott fechten? Fechten Menschen nicht immer nur für sich selbst und ihre Ideen? Was gäbe es, das ein Mensch für Gott erlangen könnte? Länder, Reichtümer, Macht? Ein Lachen wandelt sie an. Der Herr über alle Himmel bedarf dessen nicht. Der Mensch braucht Gott, Gott aber nicht den Menschen. Der Mensch kann seine Botschaft weitertragen und anderen Menschen das Glück weisen, mit Ihm zu sein, ein Glück des Friedens und der Liebe, nicht des Kampfes und Siegens. Also irrte Ritter Franz?

Das weiß wohl nur er selbst – außerdem: er kämpfte für die Ritter, für die Bürger und Bauern, für seine Rache – so erstrebenswert seine Ziele auch sein mochten, waren es denn Gottes Ziele? Wer kannte seine Gedanken? Katharina hatte sich wieder zurückgelegt und war in Schlaf gefallen. Als sie beim Morgenläuten aufwacht, kann sie sich nicht erinnern. Sie weiß, sie hat etwas Wichtiges gedacht, sie strengt sich an, so sehr sie vermag, aber da ist ein Nebel in ihrem Kopf, den sie nicht durchdringen kann. Immerzu glaubt sie, jetzt gleich einen Fetzen der wichtigen Gedanken zu erhaschen – vergeblich. Es gelingt ihr nicht, sich zu erinnern.

Am nächsten Morgen geht Käthe mit einem Korb am Arm durchs Elstertor. Welch ein Gefühl der Freiheit, sich allein und ohne Bedenken bewegen zu dürfen, wohin und wie lange man möchte! Tief saugt sie die linde Mailuft ein, schreitet ordentlich weit aus, dreht sich in den Hüften, streckt ihren Körper und fühlt sich so recht glücklich.

»Guten Morgen, meine Liebe!«

Ist es nur ihre Sehnsucht, die ihr den Klang seiner Stimme vorgaukelt?

»Wohin des Weges?«

Nein, es ist die echte, schöne Wirklichkeit.

»Einen schönen guten Morgen, Hieronymus! Ich will Veilchen suchen – sie sind eine gute Arznei gegen Fieber und Kopfweh.«

»Was Ihr alles wißt. Woher habt Ihr diese Kenntnisse?«

»Im Kloster war ich Siechenmeisterin; die Heilkunde interessiert mich gar sehr, ich gehe gern mit Kranken um.«

»Wie das? Die meisten Menschen haben ein Grauen vor Schwächen und Schmerzen und – vor dem Tod.«

»Da mögt Ihr recht haben – bei mir aber ist das anders. Ich hantiere gern und wirtschafte – wo könnte ich das schöner als mit Kranken, denen ich dabei fast immer Hilfe und Erleichterung oder zumindest doch Trost bringen kann? Das freut mich, wenn Ihr versteht, was ich meine...« Voller Vertrauen sieht sie zu ihm auf und wird sich bewußt, daß sie zum ersten Male in ihrem Leben ihre Gefühle einem anderen Menschen mitteilt. Er lächelt.

»Ihr seid sehr bescheiden und selbstlos, wenn es Euch Freude bereitet, anderen zu helfen! Die meisten Frauen begehren andere Geschenke.«

»Es sieht vielleicht so aus«, antwortet Käthe, »aber im Alltag tun sie doch alle dasselbe: sie sorgen sich um Mann und Kinder und Haus und Gesinde.«

»Da ist etwas dran. Männer sehen die Dinge wohl oft zu einfach, will mir scheinen«, gibt er zu und bückt sich nach Veilchen. Mit einem kleinen blauen Strauß neigt er sich zu ihrem Korb. Inzwischen hat der Weg sie in ein Wäldchen geführt. Sie sind ganz allein.

Hieronymus legt den Arm um Katharina und zieht sie an sich. Sie reicht ihm bis zur Schulter. Ihr Kopf liegt an seiner Brust. Süße Wärme durchflutet ihren Körper. Etwas in ihr hat Angst, sie möchte weglaufen, so schnell ihre Füße sie tragen, nur – ihre Füße tragen sie überhaupt nicht. Sie fühlen sich weich und bewegungsunfähig an. Er beugt sich über sie, nähert seinen Mund dem ihren –

»Nein«, stammelt sie, »nein, nein.«

»Katharina.« Wie weich diese Stimme ist! Sanft schiebt er die Haube zurück, streichelt ihre Haare.

»Du bist schön, mein Lieb.«

Seine Hand auf ihrem Kopf, dieses Gefühl, es durchläuft ihren Körper wie – wie ein Blitzschlag. Ihr ist, als bewege sich die Erde unter ihr. Sie schließt die Augen und hebt ihr Gesicht dem seinen entgegen. Sie spürt seine Lippen weich und warm auf ihrer Stirn, ihren Augen, ihren Wangen, auf ihrem Mund.

»Holdes Lieb«, flüstert er. »Mein Herz«, antwortet sie.

Sie öffnet die Augen, sieht den Himmel, den Schleier der jungen Birkenblätter, alles schwankt, dreht sich. Sie läßt den Korb zu Boden fallen und schlingt die Arme um seinen Körper, preßt sich an ihn. Himmel, Birken, Sonne versinken. Es gibt nur noch ihn. Geborgenheit, Frieden, Glück – all das hat sie in überreicher Fülle an seiner Brust. Langsam lösen sich seine Lippen von den ihren. Behutsam richtet er die Haube wieder, hebt den Korb auf und reicht ihn ihr. Von der Stadt klingt das Läuten der Mittagsglocken herüber. »Laß uns heimkehren«, sagt er.

Leicht schüttelt sie den Kopf. »Heim? Für mich gibt es nur ein Zuhause: dich.«

Er reicht ihr den Arm. »Ich werde nach Nürnberg zurückkehren. Dort will ich mit meinen Eltern sprechen und dann hole ich dich als mein süßes Gemahl – du wirst in unserem schönen Hause deine Heimat finden.«

»So willst du schon fort von mir?«

»Erschrick dich nicht, es ist ja nur für ein paar Tage. Ehe du dich versiehst, bin ich schon wieder da.«

Sie senkt den Kopf, Tränen fallen auf die Veilchen im Korb. Er faßt unter ihr Kinn, hebt ihr Gesicht dem seinen entgegen, küßt ihr die Tränen von den Wangen. Schon nähern sie sich dem Stadttor. Eine Gruppe Studenten geht vorbei.

»Gott zum Gruße, Katharina von Siena!« rufen sie.

»Bist du denn gar so fromm?« fragt Hieronymus. Katharina schweigt und lächelt.

Der letzte gemeinsame Abend bei Cranachs: Käthe sitzt neben Hieronymus, er hält ihre Hand, und alle lächeln dem jungen Paar zu. Luther, der Baumgärtner sehr schätzt, freut sich, eines seiner Sorgenkinder so gut »unter die Haube« zu bringen. Käthe ist still und sanft und glücklich. Wann war ihr je so wohl? Sie mag nichts mehr wissen von ihrem seltsamen Traum und den Geheimnissen der Zigeunerin. Jetzt hat sie alles, was sie sich wünscht.

Warten

Baumgärtner ist abgereist. Barbara Cranach und Katharina sitzen im Erker des Cranachschen Hauses. Barbara hat einen ganzen Ballen feinstes Linnen erstanden, mit Käthes Hilfe zugeschnitten, nun nähen die beiden eifrig.

»Laß mich die Nähte machen«, schlägt Barbara vor, »und halte du dich an die Stickereien. Du bist eine Zauberin mit der Nadel!«

»Pst«, Käthe legt die Finger auf die Lippen, »lobe mich nicht so arg, sonst werde ich hoffärtig! Im Kloster habe ich das Handarbeiten lange genug üben können. Du aber beherrschst alle Künste der Haushaltung, wieviel habe ich noch zu lernen!«

»Ich halte dafür«, meint Barbara, »daß du zu uns ziehst und dich hier im Hause umtust – ich glaube, du bist auch gern in der Apotheke?«

»O ja, sehr gerne – vielen Dank, liebe Freundin.«

Käthe springt auf und schlingt die Arme um Barbara. Diese denkt: Um wieviel spontaner und offener Käthe doch durch ihre Liebe geworden ist! Eifrig nähen die beiden weiter. Spalatin tritt zu den Damen.

»Was ich Euch schon längst fragen wollte, Jungfer Katharin: Ist Euch eigentlich Luthers offener Brief an Leonhardt Koppe bekannt, ›Ursach und Antwort, daß Jungfrauen Klöster göttlich verlassen dürfen‹?«

»Nein«, antwortet Käthe voller Staunen. »Bitte, berichtet mir davon.«

»Luther wollte von vornherein alle üble Nachrede gegen Euch im Keime ersticken, darum hat er Euern Schritt vor aller Welt begründet und gerechtfertigt.«

»Ei, da hat der Herr Doktor sich einer so großen Mühe unterzogen, um uns arme Nönnlein zu schützen! Das ist aber ein gut Werk – es tat wahrhaft not«, sagt Käthe.

»Leider«, nickt Spalatin. »Martinus selbst schreibt: ›Pfui, pfui, werden sie sagen, der Narr Leonhardt Koppe hat sich durch den verdammten ketzerischen Mönch lassen fangen und fährt zu und führt neun Nonnen auf einmal aus dem Kloster und hilft ihnen, ihre Gelübde und kösterliches Leben zu verleugnen und zu verlassen.‹«

»Genau so reden die Leut auf den Gassen«, fällt Barbara ein, »Martinus versteht es wohl, dem Volk aufs Maul zu schauen.«

»Und ihm dann rechte Antwort werden zu lassen. Er belobt Meister Koppe, daß er diese armen Seelen aus dem Gefängnis menschlicher Tyrannei geführt habe eben zur rechten Zeit, nämlich Ostern, als Christus auch der Seinen Gefängnis gefangennahm. Und er will es fein in alle Welt hinausposaunt wissen, ›denn was wir tun, das tun wir in Gott, und scheuen uns dessen nicht am Licht‹, schreibt er.

Die Ehre der armen Kinder, wie er Euch nennt, Katharina, will er erhalten wissen –, ›denn wie hoch die blinden Splitterrichter das auf Erden als Ketzerei und Abtrünnigkeit schelten, so haben wir uns doch dagegen verwahrt, daß niemand sich zu sagen untersteht, sie seien durch lose Buben unredlich herausgeführt und hätten sich in Gefahr ihrer Ehre begeben.‹«

»Wie wohl solche Worte tun!« sagt Käthe. »Der anderen hört man wahrlich genug.«

»Nehmt sie nicht schwer, Jungfer Katharina, sie sind nichts als Schall und Rauch«, fährt Spalatin fort. »Luther sagt weiterhin: ›Denn bekannt ist's, daß in Klöstern, vor allem in Nonnenklöstern, Gottes Wort nicht täglich in Übung ist und an den meisten Orten niemals, sondern daß sie sich nur plagen und antreiben mit Menschengesetzen und -werken.‹«

»Wenn der Herr Doktor anwesend wäre, so täte ich ihm wohl gern intervenieren!« kann Käthe sich nicht enthalten zu bemerken.

»Sprecht nur immer frei heraus, er wird es Euch gewißlich nicht verargen«, ermuntert sie Spalatin.

»Vorweg meine Anerkennung und Dankbarkeit dem lieben Herrn Doktor. Gewißlich weiß er besser als ich, wie es in den Klöstern zugeht – in Marienthron jedoch hörten wir täglich in der Messe das Evangelium, und wir sangen die Psalmen – wir dort hatten wohl Gottes Wort und waren dennoch zu schwach, vor Ihm zu leben. Wenn er mir erlaubt, es auszusprechen: Nach meiner Meinung lag das nicht an Marienthron, sondern an uns.«

»Ihr seid sehr ehrlich und prüft Euch selbst!« sagt Spalatin anerkennend. »Übrigens sind solche Schriften nur ein weniges von dem, was Luther für Euch tut. Er bemüht sich ohne Unterlaß um Eure Zukunft, erbittet bei seinen Freunden und beim Kurfürsten Unterstützung sowohl materieller als auch ideeller Art und Einflußnahme auf die Verwandtschaft, denn leider ist er selbst ja arm wie eine Kirchenmaus und hungert sich mit Prior Brisger im Schwarzen Kloster mehr schlecht als recht durch die Welt. Aber zurück zu seinem Brief, vielleicht paßt dieses hier besser zu Euch: ›Zum dritten ist bekannt und offenbar, daß ein Mensch wohl gezwungen werden kann, vor der Welt zu tun, was er nicht gerne tut. Aber vor Gott und in Gottes Dienst soll und kann kein Werk noch Dienst erzwungen und ungerne geschehen.‹«

»Ja«, nickt Käthe freudig, »so ist es! Wie gut er uns versteht.«

Spalatin faltet den Brief zusammen.

»Habt Dank für Euern Bericht«, sagt Käthe artig. Spalatin empfiehlt sich.

»Erzähl mir doch bitte, liebe Käthe, wie ist denn wohl der Tagesablauf in einem Kloster?« fragt Barbara.

»Morgens um vier Uhr stehst du auf und gehst in die Kirche...«, beginnt Käthe.

Sie arbeiten fleißig. Zwölf Hemden werden fertiggestellt. Barbara teilt den Stapel genau in der Mitte.

»Gestatte, liebe Freundin, daß ich dir diese sechs Hemden überreiche zu deiner Aussteuer. Nein, bitte, ich will nichts von Dank hören – du hast sie genäht und bestickt.«

Singend steigt Käthe mit diesem Gut in ihr Stübchen hinauf.

> *»Kum, liebster man!*
> *Meins leibs ich dir wol gan . . .«*

Sie packt die Hemden sorgsam in ihren kleinen Kasten. »Meine weltliche Habe wächst und mehrt sich«, lacht sie.

Im Cranachschen Hause lernt Käthe viel über die Welt. Sie ist eifrig und geschickt dazu. Bald kennt sie sich in Küche und Haushaltsführung bestens aus. Vom Wirt Andreas läßt sie sich in die Geheimnisse der Bierbrauerei einweihen. In Druckerei und Malerwerkstatt verbringt sie gern müßige Stunden, um einfach bei der Arbeit zuzusehen. Sie genießt es, mit beiden Füßen inmitten eifrigen, emsigen Werkens zu stehen – so mag sie das Leben. Am liebsten ist sie in der Apotheke. Immer wieder steht sie staunend vor dem reichen Sortiment.

»Ihr seht aus, als ob Euch diese Namen etwas sagen!« hört sie Meister Cranach hinter sich.

»Ei freilich! Euer Angebot ist großartig. Ihr habt sogar den Theriak der Vier gemischt vorrätig.«

»Und was enthält er?« examiniert Lucas.

»Enzian, Lorbeerkörner, lange Osterluzey, Myrrhen.«

»Kompliment, Jungfer Katharina, wahrhaftig, – und woher diese Kenntnis?«

»Siechenmeisterin war ich im Kloster.«

»Ah! Vielleicht wißt Ihr mir Rat. Ich suche Rezepturen für Betäubungsmittel.«

Käthe nickt. »Soll nur eine gewisse Stelle des Körpers betäubt werden, so stellt ein Kataplasma her aus Mohn, Bilsenkraut und Alraunwurzel, so lehrt Magister Salermus –«

»Wartet einen Augenblick, laßt es mich aufschreiben«, bittet Cranach. »Sehr gut, vielen Dank.«

»Ich bin noch nicht fertig«, fährt Käthe fort. »Soll ein Mensch in tiefen Schlaf fallen, so empfiehlt sich folgende Mischung: Man mahle reines Opium und Muskatnuß, koche sie zusammen und lasse das Ganze vierzig Tage lang im altem Wein ziehen. Dann stelle man die Flasche in die Sonne. Der Inhalt wird bald zu einer breiigen Masse. Eine Pille davon verursacht sofort Bewußt- und Gefühllosigkeit.«

»Das hört sich gut an, laßt mich notieren: in die Sonne stellen...«

»Habt Ihr Opium?« fragt Käthe. Meister Lucas blickt um sich, ja, sie sind allein. »Im Giftschränkchen, eine kleine Menge – es ist sehr schwer zu bekommen und nicht ratsam, es zu besitzen, es riecht nach Zauberei...«

»Tatsächlich?« Käthe ist verwundert.

»Ach, seit der Hexenwahn umgeht, können Arzt und Apotheker nicht vorsichtig genug sein – das Volk munkelt gern und schnell, und wenn der Inquisitor erst einmal aufmerksam geworden ist...«

»Ich weiß«, nickt Käthe traurig, »aber ich kenne auch ein gutes Betäubungsmittel ohne Opium. Man nehme zu gleichen Teilen Bilsenkraut, Wolfsmilch und Süßholzsamen, zerreibe sie einzeln und mische alles zusammen in einem Mörser. Etwas von der Mischung mit einer beliebigen Speise genossen, läßt jeden, der davon ißt, sofort in Schlaf fallen.«

»Das ist sehr gut für den Medicus, aber Ihr dürft es keinem Menschen sagen, Katharina. Woher habt Ihr diese Rezepturen?«

»Aus Avicennas ›Canon der Medizin‹. In der Klosterbibliothek in Marienthron stehen alle fünf Bände.«

»Welch ein Schatz!« ruft Cranach begeistert aus. Eine Frau betritt hustend die Apotheke.

»Habt Ihr ein Mittel gegen dieses Übel?« bringt sie mühsam hervor.

Cranach sieht Käthe auffordernd an. »Fichtenharz mit Honig lindert Schleim und Husten«, sagt sie. Meister Cranach greift nach dem entsprechenden Behälter.

»Ihr solltet auch etwas für Eure entzündete Kehle tun«, rät Käthe, »gurgelt mit Portulak, eingeweicht in Rosenwasser.«

»Oh, danke, ich werde gewiß bald Linderung verspüren«, erwidert die Patientin erfreut.

»Nach drei Tagen werdet Ihr Euch besser fühlen«, sagt Käthe ernst.

»An Euch ist ein Medicus verloren gegangen«, murmelt Meister Lucas.

»Wäre auch gar zu gern einer geworden«, bestätigt Käthe.

Bald schon fragen die Kunden nach ihr. Besonders vertraut ist sie mit zwei Hebammen, die sie häufig begleitet, um Wöchnerinnen und Kinder zu pflegen, und immer wieder bittet, sie zu Entbindungen mitzunehmen.

Voller Traurigkeit muß sie mitansehen, wie gar so viele Kinder in zartem Alter sterben. Während sie mit der Hebamme Theresa durch die Gassen geht und die halbnackten Jungen und Mädchen um sie herumtoben, fragt sie: »Wie viele Kindlein erreichen wohl dieses Alter der fröhlichen Spiele?«

»Ach, es sind gar wenige. Ich würde aus meiner Erfahrung sagen, jedes dritte Neugeborene stirbt bei den Bürgersleuten, bei den Armen in der Vorstadt und in den Bauernkaten sind es gewiß noch mehr.«

»Und warum?« fragt Käthe entsetzt.

»Warum, warum – wendet Euch an den Herrn im Himmel! Sie sterben an Krämpfen, Erbrechen, Halsbräune, Pocken, Ruhr, Hirnhautkränke und – Hunger – ach, so ein kleines Lebenslicht erlischt gar schnell.«

»Aber welch grausames Leid für die Mutter! Da hat sie sich nun ganze neun Monate lang gequält, die Schrecken und Gefahren der Geburt überstanden und muß die Frucht all dieser Mühen zu Grabe tragen.«

Die Hebamme sieht Käthe prüfend von der Seite an. »Schon recht, was Ihr da sagt, adliges Fräulein! Recht für die, die genug zu beißen haben. Gewiß, einer jeden Mutter ist ihr Kleines lieb – aber wenn die Hütte schon überfüllt ist mit Mäulern, die nach Brot schreien, wenn die Ernte schlecht war und die Abgaben an die Herren steigen, dann mag wohl solch ein armes Weib froh sein, ein Kind bei den Engeln im Himmel zu wissen, wo es nicht Hunger noch Kälte noch Krieg und Kerker gibt.«

Käthe ringt die Hände. »Was für eine Welt! Wozu bringt eine so arme Frau dann noch Kinder hierher!«

»Sollt’ sie abtreiben? Das Geborene hat doch immerhin Aussichten – vielleicht bessern sich die Umstände, kein Kraut ist so zäh wie die Hoffnung.«

»Ich meine, man muß doch nicht Kinder bekommen?«

»Soso, man muß nicht!« Theresa lacht bitter. »Manchmal merkt man eben doch, daß Ihr im Kloster wart und wenig wißt von Männern und Frauen. Ich will versuchen, Euch ein wenig aufzuklären. Man sagt, Ihr habt einen ansehnlichen Mann zum Freier.«

Käthe errötet. »Ja«, antwortet sie. »Wir werden bald heiraten.«

»So. Überlegt einmal: Würdet Ihr nach der Hochzeit wohl einen Grund wissen, ihm das Beilager zu verweigern?«

Käthe errötet noch tiefer. »Gewißlich nicht«, flüstert sie.

»Richtig. Und nun malt Euch aus, Ihr wäret arm und im Elend – Gott behüt' Euch, aber dergleichen kann in unseren Zeitläuften einem jeden schnell widerfahren, – und Ihr müßtet befürchten, ein Kind nicht ernähren zu können – würdet Ihr Euch dann Euerm Mann verweigern? Könntet Ihr das, wo die Liebe vielleicht Euer einziger Schatz und Trost wäre?«

Käthe schüttelt den Kopf.

»Also – wie wollt Ihr Geburten verhindern? Vielleicht gar bösen Zauber treiben wider das Gesetz, als Hexe verbrannt werden oder als Kindsmörderin ertränkt – wobei das die mildeste Strafe wäre: nach der Bamberger Halsgerichtsordnung werden solche Frauen gepfählt oder lebendig begraben. Nun erbleicht nicht! Ich wollte Euch ja nur zeigen, daß die Sache so einfach nicht ist. Ich könnte Euch gar manch schauerliche Mär berichten von solchen Nöten! Kommen doch die armen Mägdlein zu mir um Hilfe, die ich ihnen nicht geben kann.«

Wo immer sie sich befindet, hält sie Ausschau nach Hieronymus oder doch nach einem Boten mit Briefen. Sie ist voller Hoffnung und Freude. Alles, was ihr begegnet, trägt sie in das Bild ihrer gemeinsamen Zukunft hinein. Wie ein Vogel jedwedes Material zum Nestbau verwendet, so polstert auch sie das Heim ihrer Träume aus. Steht ein schmackhaftes Gericht auf dem Tisch, prägt sie sich seine Zubereitung ein und malt sich aus, wie Hieronymus es genießt. Alle Möbel und Gerätschaften unterzieht sie kritischer Kontrolle und sondert aus, was sie nicht wird haben wollen. Sieht sie einen gutgekleideten Mann, merkt sie sich Stoff und Schnitt seines Anzuges und möchte am liebsten gleich damit beginnen, zu schneidern. Sie pflegt ihren Körper und ihr Haar, kleidet sich geschmackvoll mit dem wenigen, das sie geschenkt bekommt. Wenn sie hört, wie Barbara mit dem Gesinde redet, die Arbeit verteilt, die Rechnungen kontrolliert, paßt sie auf, um es mindestens genauso gut machen zu können. Jedem Handwerker sieht sie auf die Finger, wie man Brot backt, Würste und Käse herstellt, buttert, einweckt, einlegt, pökelt – oh, Baumgärtners sollen eine tüchtige Schwiegertochter bekommen!

So geht der Juni dahin ohne Nachricht. In einigen Wochen wollte er wiederkommen. Was heißt »einige Wochen«? Käthe erfindet tausend Entschuldigungen für den Geliebten – und sorgt sich. Ihre strahlende Fröhlichkeit wird immer leiser, bis sie müde und ohne Hoffnung der aufkommenden Verzweiflung das Feld räumt. Kein Wort geht über ihre Lippen. Ihr Stolz erträgt es nicht, den Zweifel zu denken, geschweige denn ihn auszusprechen. Ihr Gang wird langsamer, sie hat keinen Appetit. Anstatt zu schlafen, liegt sie mit brennenden, trockenen Augen auf ihrem Lager und hört den Nachtwächter die Stunden ausrufen. Ob er krank ist oder gefangen? Ob er für den Rat der Stadt oder einen Fürsten oder die evangelische Sache über Land reiten muß und keine Gelegenheit findet, ihr einen Gruß zukommen zu lassen? Ob er glaubt, bei der Liebe und Vertrautheit zwischen ihnen seien Briefe überflüssig? Ob er vielleicht gar so emsig beschäftigt ist, ihr Heim einzurichten?

»Sieh nur!« Barbara zeigt ihr eine druckfrische Schrift, »Luther gibt als ein gemein Exempel für alle Gemeinden eine ›Leisniger Ordnung eines gemeinen Kastens‹ heraus.«
»Was ist das?« fragt Käthe gleichgültig.
»Was ist das, was ist das – tu du nicht, als ob es dich nicht beträfe! Warum wohl sind manche Fürsten so angetan von der evangelischen Sache und der Auflösung der Klöster gar über die Maßen hold?« fragt Barbara aufgebracht.
»Deinem Tonfall nach geht es ihnen irgendwie um ihren Vorteil.«
»Jawohl, Katharina von Siena – die war übrigens gut vertraut mit den Dingen dieser Welt und hat so manchen Fürsten und auch dem Papst die Leviten gelesen. – Aber zurück zum Thema: Klöster sind reich, manche sehr reich. Wer bekommt denn alles, wenn die Mönche und Nonnen davonziehen? Der zuständige Fürst! Und wie du weißt, kann er es immer gut gebrauchen! Dem möchte Martinus einen Riegel vorschieben. Es ist ihm ein dringendes Anliegen, daß der große Besitz der Klöster, für deren Zusammenbruch man ihn verantwortlich macht, nicht in die Hände von geizigen Wänsten gerate. Deshalb empfiehlt er der Obrigkeit, nach Versorgung der verbleibenden Klosterleute den Besitz zum gemeinen Gut eines gemeinsamen Kastens gelangen zu lassen, daraus man nach christlicher Liebe gebe und leihe allen, die im Lande

bedürftig sind. Er erhofft sich hiervon die Beendigung des Bettelwesens, des Zinskaufs und des kirchlichen Bannes, der meist um Besitzstreitigkeiten verhängt wird.«

»Um Besitzstreitigkeiten?« Käthe erwacht aus ihrem Gleichmut. »Aber ist der Bann nicht eine Strafe, die die Seele angeht?«

»So sollte man meinen, und so war es gewißlich ursprünglich gedacht. Aber da die Papstkirche sich tief verstrickt hat in weltliches Wesen und Machtstreben, haben auch ihre Strafen weltlichen Sinn und schwere materielle Folgen angenommen. Um Geld und Geldeswert wird gestritten, und ein Gebannter ist rechtlos, ehrlos, all seines Besitzes verlustig, und wer ihm hilft, ihm nur ein Stück Brotes reicht, verfällt selber dem Bann.«

»Aber das ist ja furchtbar! So kann ein solcher Mensch gar nirgendwo mehr hin, und Buß' und Reu' helfen ihm auch nichts!«

»Nicht das Geringste, es sei denn, er zahlt, was er seinem geistlichen Herrn schuldig ist.«

»Weißt du«, überlegt Käthe, »ich lese viel in dem Neuen Testament, das du mir geschenkt hast. Ich kann mir nicht vorstellen, was solche Dinge mit Jesus Christus zu tun haben sollen...«

»Sie haben nichts mit Ihm zu tun!« Barbaras Augen funkeln. »Deswegen kämpfen wir ja!«

»Wogegen?« fragt Käthe leise.

»Gegen die Entfernung vom Worte Gottes! Gegen die Gesetze und Vorschriften, von Menschen erdacht, gegen...«

»Halt ein!« bittet Käthe mit leiser Stimme, aber seltsam ruhig und unbeirrt, als spräche ein anderer aus ihr, »nicht so viele ›gegen‹. Jesus war nicht gegen, er war immer ›für‹ – für die geistlich Armen, für die, die da Leid tragen, für die Sanftmütigen, für die Friedfertigen, für die, die reinen Herzens sind. ›Gegen‹ und reinen Herzens, das verträgt sich nicht. Er war auch nicht dafür, zu kämpfen. Kämpfen ist das falsche Wort für einen Jünger Jesu. Ich fürchte, Barbara, es ist nicht möglich, in Seinem Geiste Gesetze zu erlassen – nur Sein Wort allein würde genügen, es braucht keine menschliche Zutat. Aber das schaffen wir nicht, immer wieder schaffen wir es nicht...«

»Was ist dir, Katharina, du weinst ja?« Barbara drückt Käthe auf einen Hocker, streichelt sie, fühlt die hageren Schultern durch den Stoff. »Du bist viel zu mager, du mußt mehr essen! Du siehst auch so bleich aus, Käthe!« Sie rüttelt sie unwillkürlich. »Du mußt leben, hörst du! Du darfst nicht den Mut verlieren, nur weil Hieronymus...« Jetzt ist es heraus, und Barbara bereut ihre Voreiligkeit. Käthe sieht sie mit übergroßen Augen an.

»Nur?« sagt sie.

Barbara schließt sie in die Arme, wiegt sie wie ein Kind. »Käthe, liebe Freundin, das Leben ist mehr als ein Mann! Und außerdem, warte, es ist ja noch nicht aller Tage Abend. Komm, hilf mir die Herren zu bedienen. Mein Mann hat Gäste.«

Käthe kann die Bitte nicht abschlagen, obwohl sie lieber allein sein möchte. Es ist eine finstere Nacht. Der Himmel wird von jagenden Wolken verdeckt – man sieht weder Mond noch Sterne. Sturm heult. Als Käthe ins Vorratshaus geht, bläst er ihr fast das Windlicht aus. Ein dürrer Zweig fällt ihr vor die Füße, der Wind zerrt an ihrem Rock. Sie richtet den Blick auf die zitternde Flamme, die wird plötzlich groß vor ihren Augen, sie hört Feuer fauchen und knistern. Als sie den Blick hebt, ist ihr, als tanzten überall in der Finsternis lodernde Flammen. Sie beeilt sich, in die helle Stube zurückzukehren. Aber auch hier mutet sie alles dunkel an: die Ecken des Zimmers, in die der Kerzenschein nicht dringt, die schwarzen Mäntel der Herren Doctores und Magistri, die Stimmung, die über der Tafelrunde liegt. In Luthers dunklen Augen glänzen Tränen.

»Sie haben sie verbrannt, sie haben sie wirklich verbrannt – um meiner Lehre willen!« klagt er. »Warum, o Herr, warum durfte nicht ich an ihrer Stelle sterben?«

»Wer wurde verbrannt?« fragt Käthe flüsternd Justus Jonas, hinter dem sie gerade steht.

»Zwei Lutheranhänger, Henricus Vos und Johannes van den Eschen. Kaiser Karl hat Schwierigkeiten mit der Einigung der nur lose zusammenhängenden geistlichen und weltlichen Territorien der Niederlande, darum versucht er mit allen Mitteln, die kirchliche Einheit aufrechtzuerhalten. Schon 1520 verdammte die Universität Löwen die Anschauungen Luthers. Die Bulle ›Exsurge Domine‹, die einundvierzig Schriften Luthers als ketzerisch verurteilte und die Verbrennung all seiner Schriften forderte sowie Widerruf binnen sechzig Tagen, und das Wormser Edikt wurden in den Niederlanden durchgeführt, scharfe Edikte gegen die Ketzer erlassen, mit Plakaten zur Jagd auf sie aufgefordert, die Inquisition in Bewegung gesetzt. Das Antwerpener Augustinerkloster, dessen

Mönche die evangelische Lehre verbreiteten, wurde im Januar völlig zerstört. Und nun haben sie die beiden Augustinermönche als erste Märtyrer des reinen Glaubens hingerichtet.«
In der Tafelrunde herrscht bedrücktes Schweigen. Endlich verlangt Luther nach Papier und Schreibzeug. Man hört das Kratzen der Feder. Während Käthe Wein einschenkt, sieht sie Luther über die Schulter und liest, was er schreibt:
»*Ein neu Lied von den zweyen märterern Cristi, zu Brüssel von den Sophisten zu Löwen verbrannt. Diß Lied zeyget an, warumb die gottlosen Sophisten die rechten Christen umbpringen.*«
Er schreibt und schreibt. Endlich greift er, noch immer mit Tränen im Blick, nach der Laute und singt mit verhaltener Stimme:

> *»Ein neues Lied wir heben an*
> *– das walt Gott, unser Herre –*
> *zu singen, was Gott hat getan*
> *zu seinem Lob und Ehre.*
> *Zu Brüssel, in dem Niederland*
> *wohl durch zwei junge Knaben*
> *hat er sein Wundermacht bekannt,*
> *die er mit seinen Gaben*
> *so reichlich hat gezieret . . .«*

Die letzten Zeilen lauten:

> *»Der Sommer ist hart vor der Tür,*
> *der Winter ist vergangen,*
> *die zarten Blumen gehn herfür.*
> *Der das hat angefangen,*
> *der wird es wohl vollenden.«*

Luther läßt die Laute sinken.
»Gebt mir das Lied, bitte«, sagt Meister Lucas leise. »Ich werd' es morgen gleich in der Frühe drucken lassen und in alle Welt hinaussenden. Laßt Euch die Hand drücken, Martin, Ihr seid wahrhaft ein großer Dichter und Komponist.«
Luther schüttelt traurig den Kopf. »Bitte, lieber Freund, laßt meine Ehr' aus dem Spiel. Andre sollen hier gepriesen werden!«
Käthe geht hinaus in den dunklen Flur, hält sich an der Wand, drückt die Stirn gegen das Holz. Ein grausames Weinen schüttelt sie, die Kehle brennt und schmerzt, Krämpfe verzerren ihr Gesicht.

Sie hat den Leidensweg mitempfunden, jeden Schritt mit den jungen Mönchen getan – ach, welche Qualen! Und wenn sie hundertmal die ewige Seligkeit erwarben – selbst Christus hatte ja gebetet: »Wenn es möglich ist, Vater, so lasse diesen Kelche an mir vorübergehen« – aber er war nicht vorübergegangen, der Kelch, nicht an Jesus, nicht an den jungen Brüdern. »O Herr, erbarme dich unser«, schluchzt Käthe in der Finsternis.

Bauern

Unruhe liegt in der Luft. Versonnen geht Käthe über den Markt, bewegt ihr Wissen um das schwere Leben der Bauern in ihren Gedanken. Ihr Gefühl ist ganz mit den Unterdrückten und wehrt sich doch auch wieder mit aller Kraft gegen Gewalt – warum quälen die Gequälten? Wird nicht, wer Wind sät, Sturm ernten? Sie hebt unwillkürlich den Blick und sieht in Andreas' Augen.
»Gott zum Gruße, edles Fräulein!« sagt er. Die höfliche Artigkeit glaubt man ihm kaum. Er sieht wild aus: ein lockiger Bart verdeckt das halbe Gesicht, er trägt ein verkratztes Lederkoller und ein Schwert.
»Gott zum Gruße, Andreas!« ruft Käthe. »Du kommst mir gerade recht!«
»Das freut mich«, lacht er, »aber wieso?«
»Warum morden und brennen die Bauern, warum trägst du ein Schwert? Wolltet ihr nicht durch die Kraft des göttlichen Wortes allein siegen?«
Andreas schaut sie lange an, sein Blick wird weich. »Ja, das wollen wir, und es wäre so unendlich gut, wenn die Menschen nur hören möchten! Doch es ist kein Verhandeln mit den Mächtigen möglich. Man muß wohl töten, um nicht getötet zu werden.«
»Hat Jesus das getan?«
Andreas senkt sein Haupt und schweigt, lange. Endlich murmelt er: »Wir sind nicht Jesus, leider nicht. Könnt Ihr mir bitte sagen, wo ich Doktor Martin Luther finde? Ich habe ihm Briefe zu bringen von Thomas Müntzer.«
»Du kannst mit mir kommen. Martinus ist zum Nachtmahl geladen bei Meister Cranach – ich gehe geradewegs dorthin. Erzähl mir von deinem Thomas Müntzer. Was ist das für ein Mensch?«

»Ein ganz ähnlicher wie Euer Doktor Luther! Ist auch ein Augustinermönch gewest, ein eifriger, gelehrter Theolog, und kennt die Schrift, das glaubt mir! Und wie er denn den gemeinen Mann lehrt, daß vor Gott alle Menschen gleich sind, hat er sein Herz entdeckt für das Leiden der Armen und den Übermut der Herrschenden, auch weiß er von Gott, daß er für Recht und Ordnung kämpfen soll.«

»Aber Jesus hat die Gewalt verboten!«

»Ja und nein. Kennt Ihr nicht das Wort: ›Ich bin nicht gekommen, den Frieden zu bringen, sondern das Schwert‹? Ihr solltet Müntzer reden hören – er erhält seine Weisungen direkt von Gott wie weiland die Propheten!«

»So, so.« Käthe ist nicht überzeugt. Sie haben das Cranachsche Haus erreicht.

»Nun also denn, junger Freund, was bringt Ihr mir?« fragt Luther.

»Gruß und Kunde von Thomas Müntzer! Er wünscht dringend, sich mit seinem Bruder im Geiste zu besprechen!« Andreas überreicht die Briefe, Luther legt sie vor sich auf den Tisch.

»Ja, es ist wohl durch Gottes Gnaden in diesen Jahren das heilsame Licht der christlichen Wahrheit, die durch den Papst und die Seinen zuvor unterdrückt war, wieder aufgegangen«, beginnt Luther.

»Da sprecht Ihr wahr, und daß dem so ist, soll man Euch ewig danken!« ruft Andreas mit blitzenden Augen. Luther fährt fort:

»Die mannigfaltigen schädlichen und schändlichen Verführungen, allerlei Missetat und Tyrannei sind öffentlich an den Tag gebracht und zuschanden geworden, so daß es den Anschein hat, es werde kommen zu Aufruhr, und Pfaffen, Mönche, Bischöfe mit dem ganzen Staat könnten erschlagen und verjagt werden.« Andreas nickt, die Hand am Schwert. »Denn der gemeine Mann, in Erregung und Verdruß über die Schädigung, die er an Gut, Leib und Seele erlitten hat, zu sehr gereizt und über alle Maßen von ihnen durch größtes Unrecht beschwert, kann und will hinfort dies nicht mehr leiden. Er hat gehörigen Grund dazu, mit Flegeln und Kolben dreinzuschlagen.«

»Das ist, weiß Gott, die reinste Wahrheit!« ruft Andreas, aber Luther scheint es gar nicht zu hören: »Wiewohl ich nicht ungern vernehme, daß die Geistlichen in dieser Furcht und Sorge stehen, weil sie dadurch vielleicht in sich gehen und ihre wütende Tyrannei mildern – und wollte Gott, dieser Schrecken und diese Furcht wären noch größer –, so dünkt mich doch, ich sei dessen gewiß, bin auch ohne jede Furcht vor einem bevorstehenden Aufruhr oder Empörung; denn ich kann und soll nicht daran zweifeln, Gott werde seine Hand über seinem Worte halten und viel eher lassen Himmel und Erde vergehen, ehe ein einziger Tüttel oder Buchstabe davon verfällt. Deshalb lasse ich drohen und schrecken, wer kann und will, damit erfüllt werde die Schrift, die da sagt von solchen geistlichen Übeltätern: ›Ihre Bosheit ist offenbar geworden, so daß man ihnen feind wird.‹«

»Ihre Bosheit schreit zum Himmel«, bekräftigt Andreas – »und unsere Feindschaft sollen sie handgreiflich erfahren.«

»Ach Herr Gott«, klagt Luther, »es ist nicht eine solche milde Strafe vor der Tür, es hat ein unsäglicher Ernst und Zorn über sie, der kein Ende nimmt, schon begonnen. Der Himmel ist eisern, die Erde ehern. Es handelt sich vor Gott aber nicht um einen Aufruhr – wollte Gott, wir könnten, weil dem Haufen als Ganzem nicht zu helfen ist, doch etliche herausreißen und vor dem greulichen Schlund und Rachen retten. Die Schrift gibt dem Papst und den Seinen ein ganz anderes Ende als den leiblichen Tod und Aufruhr. Daniel spricht: ›Er soll ohne Hand zermalmt werden‹, das heißt, nicht mit Schwert und leiblicher Gewalt. Und: ›Wenn sie werden sicher sein und sagen, es hat noch keine Not, so wird ihnen schnell ihr Verderben kommen.‹«

»Und ich will dabei gut mithelfen!« versichert Andreas.

»Das sei ferne von dir!« droht Luther. »Weil ich gewiß bin, daß durch der Menschen Hand oder Aufruhr das Papsttum und der geistliche Stand nicht zerstört werden, sondern seine Bosheit so greulich ist, daß keine Strafe genug ist als allein der göttliche Zorn selbst ohne jedes Mittel, so hab ich mich dennoch nie bewegen lassen, denen zu wehren, die mit der Hand und dem Flegel drohen. Ich weiß es gut, daß es wird nicht dazu kommen.«

»Des würde ich nicht so sicher sein«, wendet Andreas ein.

»Und doch! Denn obwohl die Hand nicht dazu kommen wird und ihr zu wehren mir nicht not ist, so muß ich doch die Herzen ein wenig unterrichten. Und fürs erste lasse ich die weltliche Obrigkeit und den weltlichen Adel jetzt beiseite, welche aus der Verpflichtung ihrer rechtmäßigen Gewalt jetzt sehr wohl tätig werden sollten, ein jeder Fürst in seinem Land. Denn was durch rechtmäßige Gewalt geschieht, ist nicht für Aufruhr zu halten. Aber nun lassen sie alles laufen, einer hindert den andern, etliche helfen und rechtfertigen überdies die Sache des Antichrists.«

»Und darum ist es an der Zeit, daß wir eingreifen!« ruft Andreas feurig.

Luther erwidert ruhig: »Aber dem gemeinen Mann ist sein Gemüt zu beschwichtigen und zu sagen, daß er sich enthalte, auch des Begehrens und der Worte, die auf Aufruhr zielen, und daß er in der Sache nichts unternehme ohne Befehl der Obrigkeit oder Zutun der rechtmäßigen Gewalt. Dies alles ist von Gott verhängt und geschickt, damit Er allein strafe und seinen Zorn ausschütte.«

»Und wir sind Sein Arm und Sein Schwert!« ergänzt Andreas.

»Nein. Nicht, daß man jetzt soll die Pfaffen töten, was nicht not ist, sondern nur mit Worten verbieten und mit aller Kraft darauf achthaben, was sie treiben wider und über das Evangelium hinaus. Man kann ihnen mit Worten und Schriften mehr als genug tun, so daß es weder des Hauens noch des Stechens bedarf.«

»Thomas Müntzer ist da anderer Meinung. So lange hat er keine Mühe gescheut, durch Predigen die Menschen zu bessern, aber nun sieht er, es verschlägt nichts, also müssen die Waffen sprechen«, stellt Andreas fest.

»Diese Art ist zu nichts nütze und bringt auch nimmermehr die Besserung, die man sucht. Denn Aufruhr hat keine Vernunft und geht überall mehr über die Unschuldigen als über die Schuldigen. Darum ist auch kein Aufruhr recht, wie recht seine Sache auch immer sein mag. Und es folgt allezeit mehr Schaden als Besserung daraus.«

Es funkelt in Andreas Augen, aber er senkt seinen Kopf und schweigt.

»Ich halte und will's allzeit halten mit der Seite, die Aufruhr erleidet, wie unrecht ihre Sache auch sein mag, und will wider die Seite sein, die Aufruhr macht, wie recht ihre Sache auch sei, weil Aufruhr nicht kann ohne Unschuldiger Blut und Schaden geschehen. Aufruhr ist von Gott verboten. Welche meine Lehre recht lesen und verstehen, die machen keinen Aufruhr! Ich bitte darum, daß der, der sich des christlichen Namens will rühmen, sich so verhalte, daß wir den Widersachern keinen Grund geben, unsere Lehre zu lästern. Denn was sie Böses von uns sagen können, beziehen sie

sofort auf die Lehre: und auf diese Weise muß das heilige Wort
Gottes, von dem wir alle Ehre haben, unsere Schande tragen.«
»Erlaubt mir, Euch nur eines zu fragen«, unterbricht ihn Andreas.
»Was sollen wir tun?«
»Das Erste: Du sollst erkennen deine Sünde, die Gottes Gerechtig-
keit mit diesem antichristlichen Regimente gestraft hat. Das
Zweite: Du sollst demütig bitten wider das päpstliche Regiment,
wie es tut und lehrt der zehnte Psalm: ›Steh auf, Herr Gott, und
erhebe deine Hand.‹ Das Dritte: Daß du deinen Mund lässest sein
einen Mund des Geistes Christi, von dem der heilige Paulus sagt:
›Unser Herr Jesus wird ihn töten mit dem Mund seines Geistes.‹
Ich bin ja gewiß, daß mein Wort nicht mein, sondern Christi Wort
ist, daher muß mein Mund auch der Mund dessen sein, dessen
Wort er redet. Darum darfst du keinen leiblichen Aufruhr wollen!«
»Das ist gut lutherisch gedacht, aber...«, sagt Andreas.
Luther unterbricht ihn heftig: »Erstens bitte ich, man wolle von
meinem Namen schweigen und sich nicht lutherisch, sondern
einen Christen nennen. Was ist Luther? Ist doch die Lehre nicht
mein! Ebenso bin auch ich für niemanden gekreuzigt. Wie käme
ich armer stinkender Madensack dazu, daß man die Kinder Christi
dürfte nach meinem nichtswürdigen Namen heißen? Nicht so,
liebe Freunde!
Unter uns gibt es viele, die sagen ›Herr, Herr‹ und loben die Lehre;
aber das Tun und das Sich-Danach-Richten will nicht hintendrein
kommen.«
»Ich glaube, unser Gast ist müde –«, sagt Lucas Cranach. »Ich bitte
Euch, Katharina, leuchtet ihm in seine Kammer.«

Endlich allein in ihrem Bette, wird Katharina mit sich selbst nicht
recht einig. Was Luther sagt, läßt sich nicht widerlegen – und doch
kann sie all die Einwände, die Andreas nicht einmal ausgesprochen
hat, auch nachempfinden – sie kennt seine Geschichte. Wenn sie
nur eine Möglichkeit gehabt hätte, dem Pater Visitator mit Gewalt
zu begegnen und Ljuba zu retten – oh, sie hätte es getan! Warum ist
nur ihr Herz so zerrissen? Warum ist die Sache nicht eindeutig und
klar – oder lobt sie etwa auch nur die Lehre mit Worten, wie Luther
sagt, und schafft es nicht, danach zu leben?
Käthe will gerade zu Andreas, als Luther ihn abfertigt. Er schüttelt

bedauernd den Kopf: »Gebt diesen Brief Thomas Müntzer. Nichts für ungut, junger Mann, aber ich kann diesen Geist, wer auch immer er sein mag, ganz und gar nicht vertragen. Er lobt das Meine und verachtet es dennoch und sucht nach anderen, größeren Dingen. Ferner redet er mit so ungereimten und ungewöhnlichen Worten und Reden, die der Schrift nicht gemäß sind, daß man meinen könnte, er sei wahnsinnig oder betrunken.«

Über die Liebe

Die Luft ist dunstig und feucht, Stille liegt über dem Morgen, kein Vogel singt mehr. Es wird Herbst, Käthe fröstelt. Sie schiebt ein Schüsselchen mit Essensresten vor die Küchentür, die in den kleinen Kräutergarten führt.

»Pss, pss, komm kleiner Kater, komm, bist ein Lieber, ein Schöner!« lockt sie. Das schwarze Tierchen reckt vorsichtig den Kopf hinter einem Strauch hervor. Seine Flanken sind eingefallen, das Fell ist naß vom Frühtau. Langsam, immer auf dem Sprung, nähert er sich dem Futter, hockt sich nieder, schlingt hungrig, schließt die Augen genußvoll – die Ohren aber bleiben wachsam. Käthe rührt sich nicht. Wie ängstlich das Tier ist! Was mag ihm zugestoßen sein in seinem kleinen Leben, daß es so gar kein Zutrauen mehr besitzt? Sie seufzt, der Kater springt auf, beobachtet sie genau mit großen, grünen Augen, frißt endlich weiter, als sie sich nicht mehr bewegt. Heimatlos ist er, der Kleine, denkt sie, genau wie ich. Glaubt' ich nicht, eine Heimat gefunden zu haben an der Brust eines Mannes? Närrin, die ich war. Er hatte ein wenig Gefallen an meinem struppigen Fell und reichte mir eine Schale voll Zuneigung – und dann ging er fort. Ich muß vernünftig werden und einsehen, er kommt nicht wieder.

Das Schüsselchen ist leer. Der Kater leckt sich zierlich das Mäulchen und ist – husch – im Gebüsch verschwunden. Käthe wirft den Kopf in den Nacken. Ave von Schönfeld stürmt atemlos in die Küche, umfaßt sie, drückt sie an sich, wirbelt sie umher:

»Käthe, o Käthe, es ist so weit! Wir werden heiraten – ich bin so froh!«

»Meinst du Doktor Basilius Axt?«

»Jaja, ihn meine ich!«

»Ach, darum also bist du so gern in der Apotheke!«
»Ja, darum. Ach Käthe, ich bin so froh.«
Atemlos sinken beide auf die Türschwelle. Da sitzen sie. Das
Katerchen äugt um die Ecke.
»Ich wünsche dir Glück!« sagt Käthe einfach.
»Ja.« Ave schweigt bestürzt. »Verzeih!« flüstert sie. »Verzeih mir
meine Gedankenlosigkeit. Mein Jubel wollte dir nicht weh tun. Ich
bin sicher, Hieronymus wird bald schon zurückkommen.«
Käthe senkt das Haupt und schweigt.
»Wo steckt ihr denn?« ruft Barbara ungeduldig. »Wichtige Nach-
richten! Papst Hadrian VI. ist gestorben!«
»Was kümmert's uns?« murmelt Ave.
»Viel!« widerspricht Barbara. »Es sah so aus, als wollte er einem
allgemeinen Konzil zustimmen, wie Luther es verlangt. Vergiß
nicht, es gilt das Wormser Konkordat, nach dem alle Lutheranhänger in Acht und Bann sind, und bei kaiser- oder romtreuen Fürsten
bedeutet das Verfolgung und Tod! Es bedeutet Ketzerverbrennun-
gen! Nur die Anerkennung der evangelischen Lehre durch ein
Konzil kann helfen. Die Hoffnung darauf wird jetzt wohl mit
Hadrian begraben.
Und noch eine Neuigkeit: Johannes Bugenhagen ist zum Pfarrer
der Stadtkirche berufen worden. Wir wollen's feiern heute auf den
Abend. Kommt, laßt uns ein gutes Essen zusammenstellen.«

Katharina sitzt neben Margarete von Schönfeld, Ave lehnt sich ihr
gegenüber an ihren Verlobten, der seine Augen nicht von ihr läßt.
»Holdes Lieb«, flüstert er. »Holdes Lieb.«
Käthe sieht den Frühlingswald, läßt den Veilchenkorb zur Erde
gleiten, spürt Lippen auf den ihren, so weich, so warm. Die Ker-
zenflammen werden zu glühenden Bändern, die ihr die Brust
einschnüren, die Stimmen vereinigen sich zu dröhnenden Glok-
ken, die ihr den Kopf zersprengen – sie steht auf und wankt hinaus,
die Treppen hinauf, in ihre Kammer, sinkt auf ihr Lager. Er
kommt nicht wieder – er kommt nie wieder, kommt nie mehr,
hämmert es in ihrem Kopf, nie mehr, nie mehr, nie, nie, nie . . .
Es ist, als ob eine böse Kraft alles Leben aus ihrem Körper heraus-
söge und nichts übrigbliebe als eine leere Hülle. So liegt sie auf dem
Rücken, die Hände gefaltet, die Augen starr geöffnet, blicklos. Sie
schläft nicht, sie spricht nicht, sie ißt nicht.

Vergeblich alles Reden, Weinen, Bitten ihrer Freundinnen. Sie kann nicht sprechen, nicht schlucken – es ist stärker als sie, schnürt ihr die Kehle zu: diese Verlassenheit, diese Verzweiflung – welchen Sinn schon sollte ein Leben ohne ihn haben? Es ist nicht denkbar, nicht möglich, einfach nicht möglich.

Graue, trübe Luft hängt vor dem kleinen Fenster. Regen rauscht. Barbara tritt ein, hält etwas Schwarzes in den Armen. »Sieh her, dein Katerchen!« Sie legt das magere Tier auf Käthes Hände. Der kleine Kopf reibt sich an ihrem Arm. Er schnurrt, der kleine Schwarze, ganz laut!

»Hörst du, wie er sich freut?« fragt Barbara. »Er braucht so dringend ein bißchen Zuneigung.«

Käthe hebt den Kopf.

»Katharina, ich will dir etwas erzählen, worüber ich sonst nicht spreche. Ich verstehe dich so gut – denn ich habe das gleiche durchlitten wie du – mein Verlobter starb!«

»Oh – Barbara –«, Käthe löst eine Hand von dem Tierchen und streicht über den Arm der Freundin. »Es tut mir so leid für dich.«

»Ja. Er starb – so jung, so blühend, so voller Kraft und Liebe – ich kann es bis heute nicht glauben.«

»Aber er hat dich nicht verlassen . . . «, murmelt Käthe.

»Wie konnte er mich mehr verlassen denn durch den Tod?«

»Ich – ich habe mich falsch ausgedrückt – verzeih –, er hat dich geliebt bis zum letzten Atemzug, nicht wahr?«

»Das stimmt – ich blieb aber trotzdem allein zurück.«

»Nicht allein, Barbara, du hattest ja seine Liebe.«

»Ich hatte die meine, und die hätte ihn lieber, oh, tausendmal lieber lebend und lachend in den Armen einer anderen gesehen als weiß und kalt im Sarg.«

Käthe setzt sich auf. »Barbara, ist das dein Ernst? So sehr hast du ihn geliebt?« Barbara senkt die Lider. »So sehr«, flüstert sie. »Die wahre Liebe eifert nicht und suchet nicht das ihre . . . «

Käthes Finger verkrampfen sich um den Arm der Freundin.

»Du hast recht. Ich will ihn lieber neben einer anderen Frau sehen als tot – ich will ihn ja glücklich wissen, das ist das Wichtigste, ich liebe ihn doch – ja, du hast recht, Barbara, ich liebe ihn mehr als mich selbst.«

»Und das, meine liebe Freundin, ist ein kostbarer Schatz, selten im Leben der Menschen! Verschließe ihn in deinem Herzen und hüte ihn als ein Licht, das dir Wärme und Trost sein soll und Freude, nicht Kummer und Leid.«

Käthe sieht sie mit großen Augen an, aus denen endlich, endlich Tränen fließen. »Das Geschenk des Himmels ist die Liebe und nicht der Mann!« flüstert sie.

Barbara nickt. »Und sie höret nimmer auf.«

Ein Weilchen schweigen beide. Der Regen rauscht, das Katerchen schnurrt. Endlich beginnt Barbara: »Käthe, ich brauche so dringend deine Hilfe. Basilius Axt ist zu seinen Eltern gereist, um die Hochzeit mit Ave zu besprechen, die Apotheke ist verwaist! Bitte, bitte kannst du sie nicht führen für die Zeit? Es hat so viele Patienten!

Jetzt kommt König Christian von Dänemark nach Wittenberg. Er hat Luther in Schweinitz predigen hören und war tief beeindruckt. Natürlich wohnt er bei uns.«

»Welche Ehre, ein König!«

»Ach, er ist auf der Flucht, im Elend – Luther sagt, Gott achtet die Könige wie Kinder ein Kartenspiel achten. Nun ja, es gilt doch viel zu richten für mich. Bitte, nimmst du mir die Apotheke ab?«

»Gern!« Käthe stellt die Füße auf den Boden. »Oh –«, sagt sie und greift sich an den Kopf.

»Langsam!« mahnt Barbara. »Dir ist schwindelig, nicht wahr? Du mußt erst ein wenig essen und trinken, ehe du aufstehst. Warte, ich lasse dir einen guten Imbiß bringen.«

Wie es der Zufall, den es ja nicht gibt, will, sitzen sie einander gegenüber bei Tisch, der König ohne Land und Fortune und die entlaufene Nonne. Käthe ist schmal und von einer weltfernen Schönheit des Leides und der Liebe, die sie leuchten macht.

Christian läßt seine Augen oft und lange auf ihr ruhen, Augen, die für gewöhnlich unstet und wie gehetzt umherirren. Endlich zieht er lächelnd einen Ring von seinem Finger, reicht ihn ihr über den Tisch: »Tragt ihn, ich bitte Euch, mein Fräulein, und denkt manchmal an den glücklosen König! Vielleicht schenkt Gott wieder einmal andere Zeiten, in denen ich Euch mehr geben kann.«

Schwestern

Die Arbeit in der Apotheke tut Käthe gut. Sie fühlt sich angenommen, gebraucht, von Nutzen. Der kleine schwarze Kater liegt auf einem Kissen unter dem Ladentisch und folgt all ihren Bewegungen mit seinen grünen Augen.

Endlich ist der Raum einmal leer. Käthe stellt gebrauchte Gefäße an ihre Plätze zurück.

»Du!« sagt es plötzlich flehentlich.

Käthe fährt herum. Sie hat kein Türgeräusch gehört. Zwei Kinderhände liegen auf dem Tisch und dazwischen ein Mädchengesicht mit schreckgeweiteten Augen. »Bitte, bitte, komm mit mir! Hilf meiner Mutter! Sie ist in Kindsnöten. Es eilt, bitte, bitte.«

»Die Hebamme wohnt...«

Das Mädchen unterbricht sie. »Komm du, schnell, bitte.«

»Gut, gleich, ich muß nur Bescheid sagen!« Käthe ruft Margarete von Schönfeld, die sie gerade im Gang sieht, zu Hilfe, nimmt einen Korb mit Tüchern und Medikamenten. »So, nun können wir gehen.«

Das Kind faßt ihre Hand und zieht sie mit sich. Im Laufschritt eilen beide zum Stadttor hinaus, auf eine verfallene Scheune zu. Auf dem nackten Fußboden windet sich eine Frau in Wehen. Käthe fragt nicht viel. Sie trägt mit dem Kinde das alte Stroh aus den Ecken zusammen, breitet saubere Leinwand aus ihrem Korb darüber, bettet die Frau darauf.

»Du mußt einen kleinen Herd aus Steinen bauen und Feuer machen!« sagt sie zu dem Mädchen. Tatsächlich schafft die Kleine ein paar Feldsteine herbei und dürre Reiser.

»Hier hast du einen Topf, hol schnell Wasser!«

Die Frau bäumt sich schreiend auf. Käthe schiebt die Röcke hoch. Sie hat inzwischen bei mancher Geburt geholfen, aber noch nicht allein.

»Es ist alles in Ordnung«, beruhigt sie. »Legt Euch zurück und atmet tief – so ist es gut. Drückt das Kinn auf die Brust – ja, richtig. Nun zieht die Beine an, faßt die Unterschenkel, genau so – einatmen, jetzt – pressen! O welch ein Glück! Es kommt, das Köpfchen tritt aus, Ihr habt es geschafft, noch einmal pressen, ja, ich helfe – seht Ihr, es ist ein Junge!«

Käthe hebt das Kind hoch, um es der Mutter zu zeigen. Kräftiges

Schreien erfüllt das alte Gemäuer. Das Mädchen drückt sich dankbar an sie. Die Mutter lächelt erschöpft. Auf den Steinen brodelt das Wasser.

»Wie heißt du?« fragt Käthe die Kleine.

»Ännchen.«

»Du hast mir großartig geholfen, Ännchen. Ohne dich hätt' ich es nicht schaffen können. Holst du mir die Windeln aus dem Korb? Da muß auch ein Hemdchen sein. Danke. Paß gut auf, wie ich den Kleinen wickle, damit du es auch kannst. So. Nun nimm ihn auf den Schoß und wiege ihn sanft – ich muß mich um deine Mutter kümmern. Wie ich sehe, ist die Nachgeburt auch schon da, das geht ja alles ganz von alleine.«

Die Mutter lächelt unter Tränen. »S'ist das fünfte Kind«, flüstert sie. »Drei sind gestorben.«

»Hier, trinkt das!« Käthe reicht ihr einen Kräutertee.

»Das tut gut... Ich bin Marie.«

»Katharina von Bora«, stellt Käthe sich vor.

»So seid Ihr keine Hebamme?«

»Nein – aber ich verstehe mich ein wenig darauf«, murmelt Käthe.

»O ja«, bestätigt Marie. »Ihr habt mir wunderbar geholfen! Ich danke Euch sehr. Ich werde alle Tage zu Gott beten für Euch, solange ich lebe, – denn anderes habe ich nicht zu geben.«

Käthe lächelt. »Ich habe es gern getan. Ich war in Meister Cranachs Apotheke, da kam Ännchen zu mir und bat mich um Hilfe.«

»Das gute Kind! Komm her zu mir, mein Herz.« Ännchen nähert sich mit dem Neugeborenen auf dem Arm. »Setz dich zu mir. Nun habe ich euch alle beide, so ist es gut.« Marie schließt die Augen.

»Darf ich fragen, wo Ihr zu Hause seid?« beginnt Käthe.

»Nirgendwo, edles Fräulein. Unser Zuhause gibt es nicht mehr. Mein Mann war Aufseher des östlichen Vorwerkes vom Sankt-Anna-Kloster auf dem Schwarzenberg. Wir hatten unser gutes Auskommen. Er studierte mit Eifer die Schriften des Doktor Luther und trug sich mit dem Plan, nach Wittenberg zu ziehen. Der Abt saß gerade mit ihm am Tisch über den Abrechnungen, als uns ein Haufe aufständischer Bauern überfiel. Haltet ein, schrie ich, wir sind gut lutherisch! Aber die hörten nichts. Noch vor dem Abt haben sie meinen Johannes erschlagen. Ich nahm das Kind und floh zur hinteren Tür hinaus direkt in den Wald. Wir liefen, liefen so lange, wie uns die Füße nur tragen mochten. Ich weiß nicht, wie viele Tage und Nächte. Weißt du's, Ännchen?«

Das Kind schüttelt den Kopf.

»Als man uns sagte, die Stadt sei Wittenberg, verkrochen wir uns in dieser Scheune, und meine Stunde kam. Ach, edles Fräulein, wie soll ich leben ohne meinen Johannes? Er war ein so guter Mann, kein böses Wort hörte ich je aus seinem Munde. Du, ich, die Kinder und Gottes Segen, das ist alles, was wir brauchen, sagte er, und es ist ein Paradies! So war es. Nun ist er heimgegangen ins himmlische Paradies, ganz schnell, er hat nicht leiden müssen, und ich, ich bin hier mit Ännchen und dem kleinen Johannes. Ich will nicht jammern. Vierzehn Jahre voller Glück hat Gott uns geschenkt – welch eine Gnade! Ich kenne Frauen, die haben keine gute Stunde! Wir sind arm und im Elend, und doch haben wir unermeßlichen Reichtum in unseren Herzen – unsere Liebe und die Gottes. Johannes wird uns schützen von dort aus – wir sind geborgen, heute wie damals. Ich brauche mich nicht zu fürchten. Ich bin stark, ich kann arbeiten. Ännchen achtet auf den Kleinen. Wir werden es schaffen! Nur ein paar Tage Ruhe brauche ich...«

»Macht Euch keine Sorgen«, sagt Käthe beruhigend, »ich werde einen Platz für Euch finden.« Bei sich denkt sie: Du gefällst mir! Selbst nur geduldet, willst du bitten für andere?

»Das ist nicht nötig!« protestiert Marie. »Ihr habt schon so viel für uns getan! Wir können gut eine Woche lang hierbleiben.«

Katharina erhebt sich, packt den Inhalt ihres Korbes neben die Mutter. »Ännchen soll mit mir gehen. Auf jeden Fall wird sie Essen bringen. Ich will zusehen, was sich tun läßt.« Sie beugt sich hinab und küßt Marie auf beide Wangen. »Ich danke Euch, liebe Schwester. Ihr habt mich etwas sehr Schönes gelehrt!« sagt sie und eilt mit dem Kinde der Stadt zu. Bugenhagen! fällt ihr unterwegs ein. »Bugenhagen, natürlich! Er hat doch gesagt, er brauche eine Magd. Komm, Ännchen, wir gehen gleich hin.«

»Käthe, endlich habe ich dich! Schläfst du eigentlich auch hier in deiner Apotheke?« knurrt bald darauf Margarete von Schönfeld.

»Sie gehört Meister Cranach«, antwortet Käthe ernst.

»Jaja, ich weiß!« fährt die Freundin fort. »Und er sollte dich als Apothekerin anstellen, bess'res könnt' er gar nicht finden.«

»Ich bin nicht examiniert.«

»Gute Güte, Käthe, nimm nicht jedes Wort so ernst! Hör zu! Beschaff dir eine Vertretung auf den Nachmittag. Wir haben Besuch: eine entlaufene Nonne wie wir, Florentina von Oberweimar, möchte mit uns sprechen. Barbara leiht uns ihre Stube, Meister Lucas hat Wein spendiert, und ich backe jetzt Mandelküchlein. Vergiß es nicht über deinen Kräutern!«

»Ich werd mir Mühe geben«, murmelt Käthe.

Da spaziert Basilius Axt zur Türe herein: »Ich danke Euch herzlich für die hervorragende Vertretung, mein Fräulein!« ruft er. »Selbst die Spatzen auf den Dächern singen schon Euer Lob.«

Käthe lacht. »Ich hab' es gern getan.«

»Bleibt, bleibt, laßt mich nicht gleich wieder allein – wo mir der Sinn nach Frauenminne und Hochzeit steht.«

»Ich will gerne wiederkommen, wenn Ihr gestattet, nur für jetzt entschuldigt mich bitte, ich erwarte Besuch.«

»Gott zum Gruße, liebe Schwestern!« Florentina gibt sich als Gastgeberin. Sie ergreift als erste das Wort, gewissermaßen mit beiden Händen, um es so bald nicht wieder loszulassen. »Wir wollen gar nicht erst mit dem förmlichen ›Ihr‹ anfangen, sondern gleich frei das schöne ›Du‹ gebrauchen. Wir sind ja Schwestern, und das gleich dreifältig, aus der Vergangenheit im Kloster, in der Gegenwart mit ihrer Beschwernis und der üblen Nachrede und für die Zukunft allemal, die uns Gutes bringen möge, am besten einen Ehemann!

Du bist Ave von Schönfeld und hast dieses Ziel schon erreicht, wie ich höre. Und die Dame zu deiner Rechten ist deine Schwester Margarete. Ach, ihr habt's gut, wart allewegen zu zweit und konntet einander trösten! Und du bist Katharina von Siena, verzeih, von Bora, die heilkundige Apothekerin! Ich heiße Florentina von Oberweimar, weiß euch allerlei zu berichten. In meinem sechsten Jahr wurde ich dem Kloster Neuenhelfta vor Eisleben übergeben. Gar bald schon war ich unzufrieden mit dem klösterlichen Leben, voller Fragen und Protest, eine Plage für meine Erzieherinnen. Aber sie ertrugen mich mit engelsgleicher Geduld und schafften es tatsächlich, mich zur Nonne zu machen. Das Probejahr geschah ja nur, daß wir die Ordensweise lernten und uns versuchten, ob wir zum Orden tüchtig waren. Am Abend vor meiner

Profession noch sagte mir die Äbtissin vor der ganzen Versammlung im Kapitel: man solle mir die Schwierigkeiten der Regel vorlegen und mich fragen, ob ich gesinnet wäre, sie zu halten, wäre aber nicht vonnöten, denn ich hätte mich in der Einkleidung genugsam verpflichtet. Und wenn ich gleichwohl gefragt worden wäre, hätte ich doch nichts sagen dürfen, hätte mir auch nichts geholfen!

Aber ich litt bitter unter Gewissensqualen, denn was ich tun sollte, das mochte ich nicht, und was ich tun wollte, das durfte ich nicht. Da ich vierundzwanzig Jahre alt wurde, begann ich mein Gemüt und meine Geschicklichkeit zu fühlen und zu erkennen. Ich schrieb in meiner Not einen Brief an Martin Luther, erbat Rat und Hilfe – ach, ich wurde entdeckt, und das Schreiben kam der Äbtissin Katharina von Watzdorf unter die Augen. Sie ist meine leibliche Muhme, welch eine Schande! Ich wurde von ihr unbarmherzig vier Wochen lang bei größter Kälte gefangengesetzt, dann in Bann und Buße in meine Zelle gesperrt. Beim Kirchgang mußte ich mich platt auf den Boden werfen und die anderen Nonnen über mich hinwegschreiten lassen. Beim Essen mußte ich mit einem Strohkränzlein auf dem Kopf vor der Priorin auf der Erde sitzen.

Ich hielt's nicht aus, klagte mein Leid meinen Verwandten, bat sie um Hilfe – die Äbtissin entdeckte es! Da wurde ich durchgestäupt, ihr könnt's euch nicht vorstellen. Man legt mich in Ketten und sperrte mich für immer in die Zelle. Sieben Mittwoche und sieben Freitage wurde ich von zehn Personen auf einmal diszipliniert. Ich hatte keine heile Stelle mehr am Leibe.

Ich fürchtete, dieser Hölle nimmermehr zu entrinnen. Und ich betete und schrie zu Gott Tag und Nacht! Eines Abends versäumte meine Hüterin, die Zelle zu verschließen. Ich wand mich aus den Ketten – auf dem Gang war alles leer, die Nonnen waren alle im Schlafhaus! So entkam ich ganz leicht und wußte selber kaum, wie. Und da nun die Zeit göttlichen Trostes, in welcher das Evangelium, das so lange verborgen, an den Tag gekommen, der ganzen gemeinen Christenheit erschienen, sind auch mir als einem verschmachteten hungrigen Schaf, das lange der Weide gedarbt, die Schriften der rechten Hirten gekommen, worinnen ich gefunden, daß mein vermeintlich geistliches Leben ein gestracker Weg zu der Hölle sei...

Und wie ist es euch ergangen?«

Die drei aus Marienthron sitzen zunächst stumm, betroffen – Ave bietet Wein und Backwerk an.

»Ach, weißt du«, beginnt Margarete, »wir hatten eigentlich nichts zu leiden, außer daß wir nicht fähig waren, den reinen, schmalen Weg der Heiligung zu gehen, sondern zu wissen glaubten, uns sei ein anderes Schicksal bestimmt. Wir lasen Luthers Schriften, entschlossen uns zum Austritt, und dann haben uns alle geholfen – Martin Luther, Leonhardt Koppe, der Knabe der Äbtissin – erzähl du's, Ave.«

Während Ave berichtet, betrachtet Käthe das Mädchen Florentina. Sie ist das ganze Gegenteil von mir, denkt sie. Sie tritt so sicher auf, fordernd, – sie nimmt die Dinge in ihre Hände und formt sie nach ihrem Willen. Sie läßt sich nicht hin- und herschieben wie ein Bauer auf dem Schachbrett. Mir ist sie ein wenig zu forsch und zu laut für ein »gesittet« Frauenzimmer, dennoch kann ich eine Menge von ihr lernen.

»Wirklich«, seufzt Florentina, »ich kann es nur immer wiederholen – ihr hattet es gut! Ihr wart zu so vielen, konntet euch besprechen, gegenseitig Trost und Mut spenden, und es gab tatkräftige Helfer! Dabei fällt mir ein, kennt ihr eigentlich die Geschichte des Seifensieders? Nein? Er stammt aus Torgau und entführt 1523 zwei Nonnen aus Kloster Riesa an der Elbe. Er hatte mehr Glück oder vielleicht auch Verstand als jener arme Heinrich Kelner aus Mittweid, der es auch versuchte und den Georg der Bärtige in Dresden enthaupten ließ – die arme Leiche wurde schimpflich auf den Pfahl über dem Galgen gesteckt. Der Torger nun versteckte also die beiden Nonnen in einem hohlen Baum. Dann holte er Pferde, geleitete sie heim – sie hatten wirkliche Verwandte, die sie aufnahmen, – und heiratete eine von ihnen. Auch aus Sitzerode floh im selben Jahr eine Torgerin. Und einige Wochen nach eurer Flucht, von der man allenthalben erzählt, wagten sechs Nonnen aus Sornzig sich auf den Weg in die Freiheit, obwohl ihr Kloster im Lande des schrecklichen Herzogs Georg liegt. In Widerstetten traten sogar sechzehn auf einmal aus.

Ihr wundert euch, daß ich mich so gut auskenne? Ich forsche dem nach, versteht ihr? Wo immer ich etwas von entflohenen Nonnen höre, gehe ich der Sache auf den Grund. Wir müssen doch voneinander wissen und zusammenhalten, nicht wahr? Ich gedenke auch, mein Schicksal aufzuschreiben.

123

Übrigens hat der Abt von Pforta im Juni einen Klagebrief über diese Fluchten an Friedrich den Weisen geschrieben – ich kenne sogar dessen Antwort, man hat so seine Quellen! ›Nachdem Wir wissen, wie diese Sache bewandt und wie die Klosterjungfrauen zu solch ihrem Furnehmen verursacht und Wir uns bisher dieser und dergleichen Sachen nie angenommen, so lassen Wir's bei ihrer selbst Verantwortung bleiben.‹ Er trägt wirklich seinen Namen zu Recht, der gute Kurfürst, er ist wahrhaft weise.

Aber erzählt doch – was ist denn aus euren Mitschwestern geworden? Ihr wart ja neun, und ich sehe hier nur drei.«

»Das ist schnell berichtet«, antwortet Ave. »Else von Canitz ist in der Eiche wohl aufgenommen worden...«

»Wie das?« unterbricht Florentina, »Lebt sie etwa auch in einem hohlen Baum?«

Ave lacht. »Du kennst dich doch sonst so gut aus!... Gemeint ist das Vorwerk zu der Eiche zwischen Leipzig und Grimma – war früher ein viel besuchter Wallfahrtsort, seit kurzem gehört es dem Ritter Hans von Minkwitz: er hat ihr Zuflucht gewährt. Unsere süße Laneta von Golis kam bei ihrer Schwester in Coldlitz unter. Sie hat im August 1523 einen Pfarrer geheiratet. Wir wähnten sie gut versorgt und glücklich, aber schon wenige Wochen nach der Hochzeit wurde ihr Mann von einem Schäfer erschlagen. Jetzt lebt sie wieder bei ihrer Schwester. Ave von Grosse wird Hans Marx in Schweinitz ehelichen. Magdalena von Staupitz lebt bei ihrem Bruder Günther auf Motterwitz bei Leisnig. Die beiden Schwestern Zeschau sind auf ihr väterliches Gut Obernitzschka zurückgekehrt.«

»Du kennst dich wirklich gut aus!« lobt Florentina. »Doch da hört man nun von einer jeden gerade einen Satz. Und wieviel Not, Einsamkeit, Verlassenheit stecken dahinter. Untergebracht bei der Verwandtschaft, das klingt gut – aber was für böse Worte und bittere Verachtung kann das bedeuten. Das Beste ist immer noch für unsereins, einen Mann zu finden.«

»Einen Mann...«, sagt Käthe langsam. »Muß es denn unbedingt ein Mann sein?«

Florentina mustert sie wie ein seltenes Tier. »Du möchtest wohl lieber in eigener Freiheit nach deinem Willen leben? Das gefällt mir, aber es ist schlechterdings unmöglich. Eine Frau findet ihr Auskommen heutzutage entweder im Kloster oder in der Ehe. Wie sonst willst du es schaffen?«

»Ich könnte Apothekerin oder Ärztin werden«, hört Käthe sich zu ihrem eigenen Erstaunen sagen.

»O ja, du könntest, ich bin sicher«, bestätigt Florentina. »Aber werden sie dich lassen, die Männer? Du müßtest studieren – stell dir vor, wie du an der Universität um Eintragung bittest! Meinst du, sie nehmen dich?«

Käthe senkt errötend den Kopf. »Warum nicht?« murmelt sie.

»Weil du eine Frau bist, in die Küche gehörst, brav dem Manne untertan, – darum nicht.«

»Aber Hebamme könnt' ich sein und mein Auskommen haben«, beharrt Käthe.

»Ei ja, das dürfte angehen«, räumt Florentina ein. »Ein reichliches Auskommen würde es freilich nicht werden! – Ihr Lieben, es war mir eine Freude, mit euch zusammenzusein. Die Küchlein sind vorzüglich! Die Dunkelheit bricht schon herein, ich muß gehen.«

Sie neigt grüßend das Haupt und ist hurtig und lautlos verschwunden, ehe die anderen es recht gewahr werden. Die drei sitzen noch ein Weilchen schweigend im Zwielicht und schieben sich gedankenverloren süße Kuchen in den Mund.

Intermezzo

»So«, sagt Barbara grimmig und bearbeitet ihr Teigstück mit beiden Fäusten, »jetzt haben wir die Bescherung.«

»Welche meinst du?« fragt Käthe trocken.

»Ja –«, Barbara muß wider Willen lachen, »du hast recht, es gibt soviel Unheil, daß du nicht ahnen kannst, welches ich im Augenblick gerade meine. Ich ärgere mich über das Regensburger Bündnis der altgläubigen Reichsstände zur Durchführung des Wormser Konkordats! Es reicht ihnen nicht, daß jeder auf eigene Rechnung die Ketzer jagt, sie müssen sich deshalb auch noch feierlich zusammenschließen und es zu einer großen, heiligen Sache machen. Dabei hat der letzte Reichstagsabschied die Forderung nach einem Konzil wiederholt – zu seiner Vorbereitung sollte eine gemeine Versammlung deutscher Nation in Speyer stattfinden und auch über Luthers Lehre beraten, ›damit das Gute neben dem Bösen nit untergedrückt werde‹. Hört sich vernünftig an, nicht wahr? Aber gleichzeitig wird die Durchführung des Wormser Ediktes eingeschärft. Dagegen wurde heftig protestiert, weil hieraus viel Aufruhr, Ungehorsam, Totschlag, Blutvergießen zu befürchten sei. Hat sich ein papistischer Fürst diese Mahnung zu Herzen genommen? Nein, sie schließen sich zusammen, um besser verfolgen zu können.

Es steht nicht gut um Luthers Sach'. Ihm wird man den Aufruhr in die Schuhe schieben, so sehr er sich auch wehren mag. Zu seinen Gunsten gibt es keine Liga! Aber Thomas Müntzer schließt religiös-politische Bündnisse und überfällt Wallfahrer.«

»Wo das?« fragt Käthe erschrocken.

»In Mallerbach. Die Obrigkeit schritt ein, daraufhin gründete Müntzer einen öffentlichen Bund der Erwählten. Alles Volk läuft ihm zu. In Sangershausen zumal und von den Mansfelder Bergknappen. Er predigt, die Zeit sei gekommen, da ein Blutvergießen über die verstockte Welt ergehen soll um ihres Unglaubens willen.«

»Gott steh uns bei!«

»Das magst du wohl bitten, denn wir hängen zwischen den Feuern. Selbst Luther, der Müntzer doch gern als den ›Weltfressergeist‹ verspottet, ›der redet, als wäre er drei Heiliger Geiste voll‹, fordert von den Landesherren Johann und Friedrich ein Einschreiten gegen die von Allstedt ausgehende Gewalt. Müntzer predigte am dreizehnten Juli im Allstedter Schloß und forderte das weltliche Regiment zum Kampf für das Evangelium auf, in Absetzung zu Luther, den er ›Bruder Mastschwein‹ und ›Bruder Sanftleben‹ schimpfte.«

Mit aller Kraft wirft Barbara ihren Teigkloß auf die Tischplatte.

»Ich möchte sie alle zusammen auf einen Haufen werfen, die gewalttätigen Herren, die nach Schwert und Feuer schreien und behaupten, ohne das ginge es nicht, – ordentlich durchwalken, so und so und so, – und ihnen Vernunft einbleuen!«

»Ja, da würden wir gut daran tun«, stimmt Käthe zu. »Leider müssen wir's Gott anheimstellen.«

»Und der ist für mein Verständnis gar zu langmütig mit ihnen«, seufzt Barbara. »Aber Martinus muß sich noch obendrein ums liebe Brot sorgen, anstatt Bündnisse zu schließen! Es ist gar zu arg. Nun hat auch der Prior Brisger, Luthers letzter Hausgenosse, das Schwarze Kloster verlassen, Martinus mußte ihm einen Sack Salz schuldig bleiben! Sein einziges Einkommen sind die achteinhalb Gulden für die Predigttätigkeit an der Stadtkirche. Das Kloster bringt nichts mehr! Meßstipendien, Bettelgänge, Zehntzahlungen, das alles fällt ja weg. Der Kurfürst hat ihm das Schwarze Kloster geschenkt, durch mündliche Zusage, aber wie soll das elende Gemäuer seinen Mann ernähren?«

»Er müßte Kostgänger aufnehmen, Schüler und Studenten«, sinniert Käthe.

»Du meinst, eine Burse eröffnen? Dazu bräuchte er eine Hausfrau, die das alles richtet...«

»Warum nimmt er sich keine?«

»Du hast eine Art, die Dinge nüchtern und knapp beim Namen zu nennen! Luther und – ein Weib?«

»Ja und? Ist er nicht auch ein Mensch wie alle anderen?«

»Du, er kommt gerade, ich höre seine Stimme. Wir bieten ihm einen Imbiß an, wie es die Sitte heischt, und befragen ihn zu diesem Thema.«

Gesagt, getan. Die beiden komplimentieren den Doktor in die gute Stube, setzen ihm Wein und Brot vor. Er sieht müde und mitgenommen aus.

»Ich war in der Druckerei«, erzählt er. »Es geht um die Schrift: ›An die Herren Deutschen Ordens, daß sie falsche Keuschheit meiden und zur rechten ehelichen Keuschheit greifen.‹ Erinnert Ihr Euch an den Bischof Albrecht von Preußen? Für ihn und seine Ritter sind die Greuel der geistlichen Keuschheit leichter abzutun als für andere Orden, da sich das mönchische Leben ohnehin mit dem weltlichen Schwert, wie sie es führen, zusammenreimt – und auch wirtschaftlich ist durch den großen Besitz leicht für die Herren zu sorgen. Vor allem aber muß Gottes Gebot erfüllt werden, denn vor ihm ist es ein köstlich, edel, gut Werk, Kinder aufzuziehen und zu lehren, Weib und Gesinde göttlich regieren, im Schweiß des Angesichts sich nähren, viel Unfalls und Unlust von Weib, Kind und Gesind und andern leiden. Die Deutschherren sollten ihre Herrschaft ohne weltliche Rücksichten umgestalten, daß sie ohn' Gleißen und falschen Namen für Gott und der Welt angenehm wäre.«

»Ei freilich, recht habt Ihr«, stimmt Barbara zu, »und gar viele stattliche Ehemänner gibt es dann in Preußen! Am besten stellen wir gleich eine Wagenladung entlaufener Nönnlein zusammen und schicken sie hin!«

»Barbara, nicht doch also!« verweist sie Luther. »Dein Mundwerk ist gar zu locker. Du tust geradeso, als könne man Menschen zur Ehe zusammengeben wie Figuren auf dem Spielbrett. Das sei ferne! Muß doch ein freier Wille und rechte Zuneigung auf beiden Seiten sein, damit der Ehebund gelinge.«

Barbara nickt eifrig. »Das gefällt mir wohl, was Ihr da sagt. Mir war es schon immer ein Greuel, wenn Eltern des irdischen Gutes und klangvoller Namen wegen Menschen wider deren Willen zueinander zwangen – halbe Kinder alten Männern zuführten – und auf der anderen Seite solch jungen Leuten, die einander gut waren, den elterlichen Segen verweigerten. Wieviel Unglück kommt durch solchen Starrsinn in die Welt.«

»Ich will ein Traktätlein dazu schreiben«, sagt Luther. »›Daß Eltern die Kinder zur Ehe nicht zwingen sollen. Und die Kinder ohne der Eltern Willen sich nicht verloben sollen.‹ So wird der Titel lauten. Aber daß man mir nicht das Kind mit dem Bade ausschüttet! Die jungen Leute sollen sehr wohl nach Gottes Gebot leben, Vater und Mutter ehren und ihren Rat hören!«

»Da Ihr nun aller Welt den heiligen Stand der Ehe so warm anempfehlet, Doktor Martin, wie steht es denn um Eure Person? Wollt Ihr Euch nicht vermählen?« Jetzt ist es heraus. Barbara senkt den Kopf, die Zunge schelmisch zwischen die Zähne geklemmt.

Luther lacht. »Meine Eltern sähen's gar zu gern. Deine Frage ist verständlich, ist auch zu verwundern, daß ich, der ich so oft von der Ehe schreibe und so oft unter Weiber komme, nicht längst verweibischt oder beweibt bin! Aber im Ernst: Ich gedenke keine Frau zu nehmen. Mein Gemüt paßt nicht zum Heiraten, ich fühle mich dazu nicht geschickt.«

Barbara gibt sich so leicht nicht geschlagen. »Schön und wohl, ich kann Euch verstehen. Aber es würd' eine andere Wirtschaft sein im Schwarzen Kloster. Käthe hat unlängst vorgeschlagen, Ihr könntet eine Burse einrichten und dadurch Euern Unterhalt gewinnen.«

»So, hat sie?« Luther richtet seine dunklen Augen auf Katharina, der helle Ring um die Iris funkelt. »Ja, was die Wirtschaft angeht, so mögt ihr Frauen uns Männern wohl überlegen sein.«

»Gott zum Gruße.« Lucas Cranach tritt ein und setzt sich an den Tisch.

»Habt ihr wohl auch einen Becher Weins für mich? Martinus, es ist ein Elend mit diesem Kaiser. Er hat die geplante gemeine Ver-

sammlung deutscher Nation verboten und mahnt zum schärferen Vorgehen gegen dich. Er verlangt unser Fell, da hilft nichts.«
»Was mich betrifft, so will ich das meine teuer verkaufen!« fährt Luther dazwischen.
»Tut vorerst nicht not«, fährt Cranach fort, »wir sitzen im Trocknen! Und das hat sich herumgesprochen in deutschen Landen. Wir können all die Flüchtlinge gar nicht mehr unterbringen. Da ist dieser Gregor Keser, der dringend eine Stelle sucht.«
Luther nickt. »Ja, gut, daß du mich erinnerst. Bitte, gebt mir Papier und Feder, ich will an Hieronymus nach Nürnberg schreiben, vielleicht kann er uns helfen.«
Käthe reicht ihm das Verlangte. Er tunkt ein, setzt zum Schreiben an – es kratzt gar jämmerlich. Käthe streckt die Hand aus. »Laßt mich die Feder neu spitzen!« bittet sie. Geschickt hantiert sie mit dem kleinen Messerchen, reicht ihm das Gerät zurück.
»Nun läuft es!« sagt Luther. »Danke, das habt Ihr sehr gut gemacht.«
Er schenkt ihr einen etwas verwunderten, warmen Blick. Käthe läßt die Augen nicht von ihm. Wie rasch er schreibt; konzentriert auf seinen Text, hat er seiner Miene nicht acht und bietet sich offen dem Betrachter dar. Es ist soviel Kraft in ihm, denkt Käthe, auch Trotz und Eigensinn, aber vor allem Empfindsamkeit – ich glaube gar, er ist oft so heftig, um nicht zu zeigen, wie weich sein Herz ist. Und lustig ist er und voller Humor, ich kenn's an den Lachfältchen! Sie fährt sich mit der Hand über die Augen. Was mutet mich so warm und vertraut an? fragt sie sich selbst ärgerlich. Mit ihm habe ich doch nun wirklich nichts zu schaffen.
»So, hört, was ich geschrieben habe!« ruft Luther.

»*Hieronymus Baumgärtner, dem an Frömmigkeit und Bildung hervorragendsten jungen Manne in Nürnberg, seinem liebsten Freunde in Christus.*
Gnad und Friede im Herrn. Auch Dich, mein lieber Hieronymus, muß ich bei dieser Menge an Armen in Anspruch nehmen. Dieser junge Mann, Gregor Keser, sucht irgendwo eine Stellung und hat mich um einen Brief an jemanden in Nürnberg gebeten. Obwohl ich ihm aber kaum Hoffnung gemacht habe, weil ich weiß, daß überall alles voll ist, habe ich ihn dennoch ziehen lassen in Gottes Namen, der auch die Raben nährt (Ps. 147, Luk. 12,24).

*Übrigens, wenn Du Deine Käthe von Bora halten willst, mußt Du
Dich beeilen, bevor sie einem anderen gegeben wird, der bei der
Hand ist. Sie hat die Liebe zu Dir noch nicht verwunden. Ich würde
mich wirklich freuen, wenn Ihr beide miteinander verbunden würdet.
Leb wohl.*

Wittenberg, am 12. octobris 1524. Martinus Luther.«

»Meinen besten Dank«, murmelt Käthe und schluckt ein Weinen
hinunter. »Der an Frömmigkeit und Bildung hervorragendste
junge Mann, Euer liebster Freund, hat mich gar zu lange warten
lassen – da wird wohl nichts mehr draus. Aber bedeutet mir, was
soll das heißen: bevor sie einem anderen gegeben wird, der bei der
Hand ist? Wer kann mich *geben*? Bin ich ein Gerät, das man nach
Belieben weiterreicht? Da sei Gott vor!«

»Mir scheint, Ihr habt eine spitze Zunge und ein hoffärtig Gemüt,
Jüngferlein«, antwortet Luther.

»Das sei ferne von mir! Mein Herz ist nicht hoffärtig und meine
Augen nicht stolz – ich gehe nicht mit Dingen um, die mir zu hoch
und zu wunderbar sind, – aber bin ich dessenthalben dem Kloster
entflohen, um einem ungeliebten Eheherrn untertan zu sein? Ihr
selbst habt eben die Ehestiftung durch die Eltern ohne Einver-
ständnis der Kinder angegriffen! Und wer ist schon ›zur Hand‹,
wenn ich bitten darf?«

»Erinnert Ihr Euch des letzten Rektors unserer Universität, Doktor Kaspar Glatz? Er schied am 27. August dieses Jahres von uns,
um die Patronatspfarre in Orlamünde zu übernehmen. Er hält um
Euch an.«

Käthe wird leichenblaß. »Den nehme ich nun und nimmer. Er ist
kein guter Mensch«, sagt sie entschlossen, steht auf und verläßt den
Raum.

In der Küche versucht Margarete, sie umzustimmen.

»Was hast du gegen den Doktor? Er ist gelehrt, von rechtem
Glauben, und seine Pfarre bietet ein schönes Auskommen. Was
verlangst du mehr? Wir brauchen einen Platz in der Welt, je eher,
um so besser, denn wir werden nicht jünger.«

»Das ist richtig, liebe Freundin. Wir können uns nicht leisten,
wählerisch zu sein. Lange genug schon liege ich Meister Lucas auf
der Tasche.«

»Du am allerwenigsten. Du bist zu einem nützlichen Glied der

Hausgemeinschaft geworden, Käthe, alles, was recht ist, und verdienst allemal das bißchen Brot, was du issest.«

»Schön wär's. Doch ist kein Zustand auf Dauer, ich weiß es. Aber muß ich mich deswegen sehenden Auges ins Unglück stürzen? Dieser Doktor Glatz ist falsch, ich weiß es, ihr werdet es auch erfahren.«

Margarete zuckt die Achseln. »Wenn er mich wollte, ich tät ihn nehmen«, murmelt sie. »Übrigens, ist dir aufgefallen, daß Luther seine Mönchskutte abgelegt hat?«

»Tatsächlich? Wurde auch höchste Zeit, so fadenscheinig, wie sie war.«

Margarete lacht. »Eben aus diesem Grunde soll er es gemacht haben, weil er kein Geld hat, sich eine neue schneidern zu lassen.«

»Eigentlich finde ich das gar nicht lustig, wie ein so großer Mann so erbärmlich leben muß«, bemerkt Käthe traurig.

Käthe hantiert eifrig in der Apotheke. Sie räumt die Regale aus, um sie zu reinigen, kontrolliert dabei die Vorräte und notiert, was zu ergänzen ist. Sie kümmert sich nicht um Besucher, denn Doktor Axt ist auch anwesend.

»Auf ein Wort, wenn ich bitten darf, Jungfer Katharin!«

»Gott zum Gruße, mein Herr«, antwortet sie und dreht sich dann erst um.

Amsdorf steht neben ihr. »Gönnt mir einen Augenblick in Meister Lucas' Stube«, bittet er.

Käthe sitzt sehr gerade und aufmerksam in ihrem Stuhl – wie ein Ritter vor dem Turnier erscheint sie dem Besucher.

»Ich komme im Namen Luthers und habe keine leichte Mission«, beginnt er. »Ich soll Euch ins Gewissen reden. Warum denn lehnt Ihr den Doktor Glatz gar so heftig ab? Wollt Ihr Euch nicht wenigstens bedenken? Wir könnten gemeinsam nach Orlamünde fahren, Ihr seht Euch die Pfarre an . . .«

»Nein«, sagt Käthe.

»Verzeiht, edles Fräulein, verkennt Ihr nicht ein wenig Eure Situation, wenn Ihr so heftig in den Wind schlagt, wovon Ihr keine rechte Kenntnis habt?«

»Lieber Herr! Ich mag Euch wohl verstockt und hoffärtig erscheinen – und ich kann Euch keine handfesten Beweise zu meiner Rechtfertigung auf den Tisch legen. Soviel sei versucht: Im Kloster standen wir unter einem gestrengen Regiment, das weiß ein jeder – aber in der Ehe ist eine Frau dem Manne noch viel mehr ausgeliefert, als wir es unseren Oberen waren! Und ich kann mich nicht sehenden Auges einem bösen Menschen ergeben. Wozu hätte Gott mir dann zur Freiheit verholfen? Bitte, steht davon ab, in mich zu dringen! Das ist in dieser Sache mein letztes Wort. Richtet Doktor Luther aus: Ich bin bescheiden und von Herzen demütig, ich weiß mich in seiner Schuld und trage ihm Dank für all seine Güte – aber hier kann und darf ich ihm nicht folgen! Wolltet Ihr oder er um mich anhalten, so will ich mit Freuden zustimmen.«

Amsdorf lacht hell auf. »Ich gedenke meiner Lebtag nicht zu heiraten. Und Luther hörte ich noch gestern sagen: ›Bei der Gesinnung, die ich gehabt habe und noch habe, wird es nicht geschehen, daß ich heirate. Nicht, daß ich mein Fleisch und mein Geschlecht nicht empfinde, da ich weder Holz noch Stein bin, aber mein Gemüt steht der Ehe fern, da ich tagtäglich den Tod erwarte und die verdiente Strafe eines Ketzers.‹«

»O Gott!« Käthe legt erschrocken ihre Hand auf Amsdorfs Arm. »Steht es so schlecht?«

»Er fühlt sich bedroht und eingekreist und rechnet damit, für seine Lehren mit dem Leben zahlen zu müssen.«

»Und ist dem so?«

Amsdorf nickt traurig. »Gottes Wege sind wunderbar. Bisher hat Er uns allemal aus tiefster Not geholfen. Aber wer kennt Seine Gedanken? Wenn es in Seinem Plan stehen sollte, daß Martinus Ihn durch den Märtyrertod verherrlicht – dies könnte alle Tage geschehen. Ihr wißt, wie die Kaiserlichen sich bemühen, Acht und Bann an ihm zu vollstrecken. Aber nicht nur das! Neuerlich droht ihm auch vom gemeinen Manne höchste Gefahr.«

»Hat er denn nicht alles Mögliche versucht, um seine Lehre gerade dem Volke verständlich zu machen?«

»Hat er. Dafür auch die Bibelübersetzungen! Und es gäbe keine Bauernbünde ohne ihn, denn durch sein Wort sind sie aufgewacht zu Gottes Gnade, die für alle Menschen gleichermaßen da ist, und zu ihrem Verderben, indem sie glauben, was gleich vor Gott ist, sollte auch in irdischen Dingen gleich sein, und zwar auf Heller und Pfennig und Pferd und Baum, und damit nicht genug: wer so lange gedarbt habe, müsse nun zum Ausgleich erst einmal den großen Hansen spielen dürfen. Und sie verzeihen's dem Luther nicht, daß er ihnen aufs härteste untersagt, sich diese ihre Gleichheit mit Feuer und Schwert zu erkämpfen, weil es sie, wie sie sie verstehen, nicht gibt. Die Seelen sind vor Gott gleich, das lehrt Luther – mit den irdischen Verhältnissen will er nichts zu schaffen haben. Das geht natürlich nicht in ihre Köpfe. Sie schimpfen ihn einen Verräter und bedrohen ihn genauso wie ihre Unterdrücker.«

»Wie entsetzlich – dann ist er ja vor den Stadtmauern draußen seines Lebens nicht mehr sicher?«

»Ihr sagt es. Aber er fährt immer wieder hinaus, mitten unter die Bauern, um ihnen zu predigen und sie vom falschen Wege abzubringen.«

»Gott schütze ihn.« Käthe schlägt die Hände vors Gesicht.

»Amen. Lebt wohl, Jungfrau Katharina. Und in der Sache Glacius war das wirklich Euer letztes Wort?«

»Mein allerletztes! Euch oder Luther – jederzeit gern. Glatz nun und nimmer!« Sie sagt es lachenden Mundes, Amsdorf entfernt sich mit einer Verbeugung.

Kaum hat er den Raum verlassen, sinkt Käthe zitternd auf ihren Stuhl zurück. Was hat sie da gesagt? Was hat es aus ihr gesagt? Luther? Wenn er nun, wenn er nun zustimmt? Sei ganz ruhig, spricht es in ihr, das ist doch dein Wunsch, seit du ihn gesehen hast, damals unter dem Stadttor! Ihn liebst du ja, und ihm wirst du angehören. Käthe schüttelt den Kopf und wischt sich die Tränen aus den Augen.

Es sieht zunächst gar nicht so aus, als ob die innere Stimme recht habe. Käthe kommt zu Ohren, daß Luther sie gar nicht gut leiden mag, er findet sie hoffärtig und stolz und ärgert sich über ihren Starrsinn. Seine Einstellung gegenüber dem Ehestande für sich selbst scheint sich jedoch im Wandel zu befinden. Vieles wird ihr von manchen Seiten zugetragen.

Schaut er sie nicht doch ein wenig eindringlicher an, wenn sie einander begegnen? Verweilen seine Augen nicht etwas länger als früher in den ihren, forschend, fragend, freundlich? Käthes Schritt wird fester, hurtiger in diesen Wochen, ihre Wangen färben sich wieder, man hört sie lachen, die alte Tatkraft kehrt zurück. Sie ertappt sich dabei, daß sie eine Melodie vor sich hin summt.

Es sticht nur noch leicht in der Brust, als ihr die Botschaft zukommt, Baumgärtner sei Ratsherr geworden und habe sich mit der vierzehnjährigen Sibylle Dichtel von Tutzing verlobt – sie habe eine sehr reiche Mitgift und sei von sehr angesehenen Eltern. Käthe nickt leicht zu jedem Wort. So ist es wohl der Welten Lauf und der Sinn der Männer!

Das entscheidende Gespräch mit Luther findet in Reichenbachs kleiner Wohnstube statt, wo er Käthe zufällig antrifft. Wie durch Zauber sind sie beide plötzlich allein, sitzen sich gegenüber am schweren Eichentisch. Das Fenster zum Gärtchen steht offen, heitere, blaue Frühlingsluft leuchtet alle Ecken aus, die Vögel jubilieren geradezu unverschämt laut. Ein Strauß Frühlingsblumen auf dem Tisch duftet frisch und süß zugleich.

»Jungfer Käthe«, beginnt Luther, seine Hände faltend, lösend, faltend. »Mir ist zu Gehör gekommen, daß Ihr meine unwerte Person als Ehemann anzunehmen nicht abgeneigt wäret.«

Stille. Der Vogelgesang scheint noch lauter zu werden. Käthe muß unwillkürlich lächeln. »... anzunehmen nicht abgeneigt wäret.« Was soll sie auf ein solches Satzungetüm antworten? Sie nickt leicht mit dem Kopf, er fährt fort: »Ihr wißt, daß ich bis jetzt immer wieder erklärt habe, mein Gemüt sei nicht geschaffen zur Ehe. Ich will Euch meinen Sinneswandel erklären.« Wie es so seine Art ist, holt er weit aus. »Ihr wißt ebenfalls, daß ich viel im Lande umherziehe, um die fanatischen Bauernhaufen zu beschwichtigen, und dabei zweimal in Fährlichkeiten des Todes gewesen bin. Müntzer und die Bauern haben dem Evangelium bei uns so sehr geschadet und die Papisten so übermütig gemacht, daß es fast aussieht, als müsse man das Evangelium wieder ganz von vorn predigen. Deshalb will ich es nunmehr nicht beim Wort allein bewenden lassen, sondern mit der Tat bezeugen. Ich will mich, ehe ich aus dem Leben scheide, denn ich sehe dem Tod entgegen, im gottgeschaffenen Ehestande finden lassen – auf dem Totenbett will ich mich einem frommen Mägdlein anvertrauen lassen und ihm zum Mahlschatz meine zwei silbernen Becher reichen. Endlich will ich auch diesen letzten Gehorsam meinem geliebten Vater nicht verweigern, der sehr darauf drängt. Und gerade eine Nonne soll es sein, dem Teufel mit seinen Schuppen, den großen Hansen, Fürsten und Bischöfen zum Trotz. An Euch, Jungfer Käthe, werde ich ein gut Werk der Barmherzigkeit tun.

Verzeiht meine schonungslose Offenheit – aber ich glaube, sie Euch schuldig zu sein! Nein, ich bin nicht verliebt in Euch oder gar voll leidenschaftlichen Feuers – aber ich habe Euch gern und denke

Euch zu ehren und wertzuhalten alle meine Tage. Überlegt es Euch! Ihr braucht mir nicht sofort zu antworten.«

»Ich bin einverstanden«, sagt Käthe schlicht und legt zur Bekräftigung eine Hand über die seinen.

»Dann ist es gut«, antwortet Luther, erhebt sich, steht einen Augenblick unschlüssig, als ringe etwas in ihm, ob er sie vielleicht gar doch in den Arm nehmen solle, aber dann zuckt er leicht mit den Schultern, nickt ihr verlegen lächelnd zu und verläßt eiligen Schrittes die Stube, das Haus.

Käthe tritt ans Fenster, wischt sich über die Augen – sie ist erstaunt, verletzt, enttäuscht. Das soll alles gewesen sein? Kein einziges warmes Wort der Zuneigung – soviel von Politik und Religion, von ihm, – und nicht von ihr? Was hat ihn zu seiner Wahl bewogen? Daß sie eine Nonne war und er an ihr ein gut Werk der Barmherzigkeit tun kann? »Ich habe Euch gern und denke Euch in Ehren und Wert zu halten alle meine Tage«, hört sie seine wohlklingende Stimme sagen. Sie seufzt. Was will, was kann eine Frau mehr erwarten? Er ist ehrlich und wird halten, was er verspricht. Hieronymus hatte von Liebe gesungen, all das gesagt, was sie gern hören wollte, und nichts davon eingelöst.

Er meint, mich nicht zu lieben. Vielleicht weiß er es nicht einmal so genau – auf diesem Gebiet ist er gewiß kein Experte. Warm und hold wächst ein Gefühl in ihrem Herzen. Aber ich, ich weiß, was Liebe bedeutet, und ich will sie ihm schenken, im Übermaß, für ihn mit, und dann ist sie in der Welt, in unserer Verbindung, keiner kann sie auslöschen – und es ist gut, ja, es ist gut. Sie preßt die heiße Stirn gegen den kühlen Holzrahmen des Fenster.

»Katharina!« ruft Reichenbachs Töchterlein aus dem Garten, »spielst du ein wenig mit mir, bitte? Sieh, meine Puppe braucht ein neues Gewand.«

»Warte«, ruft Käthe, »ich komme. Wir wollen die Mutter suchen und um etwas bunten Stoff bitten, und dann nähen wir!«

Barbara und Käthe sitzen mit dem Flickkorb in der Fensternische.

»Weißt du«, beginnt Käthe, »ich denke oft nach über unser Gespräch von der Liebe. So, wie du sie erklärt hast, macht sie frei! Für mich ist Freiheit wichtig – sonst hätte ich gleich im Kloster bleiben können, und manchmal ist mir sogar fast, als sei sie dort in Wirklichkeit am größten gewesen – eine Liebe, die den geliebten Menschen braucht, die davon abhängig ist, von ihm mit gleichem Wert geliebt zu werden, ist die Gefangene ebendieses Menschen. Die Liebe aber, die nicht das Ihre sucht, ist frei! Wer gibt, hat das Geben selbst in der Hand, aber wenn du nur nehmen willst, bist du abhängig.«

Barbara nickt. »Gut. Vortrefflich hast du's herausgefunden und formuliert. Mein Herz schlägt schneller vor Aufregung, mir ist, als seien wir ganz nahe an den tiefen Worten vom 1. Korinther 13 und im Begriff, sie zu verstehen. ›Die Liebe ist langmütig und freundlich, die Liebe eifert nicht, die Liebe treibt nicht Mutwillen, sie blähet sich nicht auf, sie stellet sich nicht ungebärdig, sie suchet nicht das Ihre, sie lässet sich nicht erbittern, sie trachtet nicht nach Schaden, sie freuet sich nicht an der Ungerechtigkeit, sie freuet sich aber der Wahrheit. Sie verträgt alles, sie glaubet alles, sie hoffet alles, sie duldet alles. Die Liebe höret nimmer auf.‹«

Alles ist hin

Später Abend des 15. Mai 1525.
Käthe will gerade ihre Kleidung ablegen, als eine atemlose Magd an die Türe ihrer Kammer pocht. »Kommt schnell nach unten, bitte, Jungfrau Katharina!« keucht sie und hastet schon wieder die Stiegen hinunter. Käthe beeilt sich, ihr zu folgen, denn die kleine Öllampe, die das Mädchen trägt, gibt nur wenig Licht.
In der Küche auf einer Holzbank vorm Fenster, wo die Mägde das Gemüse zu putzen pflegen, findet sie – Andreas. Sie muß ihn lange und gründlich ansehen, ehe sie ihn erkennt. Sein Gesicht, seltsam eingeklemmt zwischen verkohltem Bart und angesengtem Haupthaar, ist schwarz und verkrustet, die Augen, blutunterlaufen, treten fast aus den Höhlen, seine Lippen, aufgesprungen und zerbissen, zittern, nur mühsam formuliert er Worte:
»Gott zum Gruße, edles Fräulein. Bemüht Euch nicht, mit mir ist es aus. Hab's gerade noch geschafft bis hierher. Werde wohl all meine Lebenskraft verbrauchen für den Bericht. Ist auch gut so. Alles ist hin. Schenkt mir ein wenig Zeit und hört mir zu, wie es geschah...
Müntzer hat den Aufstand nur wollen wegen des rechten Glau-

bens! Ich höre ihn noch predigen: ›Luther sagt, die armen Leute haben genug an ihrem Glauben. Sieht er nicht, daß Wucher und Steuern die Annahme des Glaubens hindern? Er behauptet, das Wort Gottes reiche aus. Bemerkt er nicht, daß Menschen, die jeden Augenblick mit dem Erwerb des Lebensunterhaltes verbrauchen müssen, keine Zeit haben, das Wort Gottes lesen zu lernen? Wie ist es immer mehr möglich, daß der einfache Mann sollte bei solchen Sorgen der zeitlichen Güter halben das reine Wort Gottes mit gutem Herzen empfangen? Die Fürsten bringen das Volk mit Wucher zum Weißbluten und rechnen als ihr Eigen den Fisch im Fluß, den Vogel in der Luft und das Gras auf dem Felde, und Dr. Lügner sagt, Amen. Welchen Mut hat er, Dr. Leisetritt, der neue Papst zu Wittenberg, Dr. Sanftleben, der sich sonnende Heuchler? Er sagt, es dürfe keinen Aufstand geben, da das Schwert von Gott den Herrschern übergeben sei. Aber die Macht des Schwertes gehört der ganzen Gemeinde. In den guten alten Tagen stand das Volk dabei, wenn Gericht gehalten wurde, damit der Regent nicht die Gerechtigkeit verkehrte! Sie werden von ihren Stühlen herabgeworfen werden. Die Vögel des Himmels sammeln sich, ihre Leiber zu fressen.‹ Und was sagt Euer Luther dagegen? Nein, wehret mir nicht, hört es geduldig an, ich habe es am Schnürchen: ›Ein aufrührerischer Mensch ist schon in Gottes und kaiserlicher Acht. Denn Aufruhr ist nicht ein bloßer Mord, sondern wie ein großes Feuer, das ein Land anzündet und verwüstet, also bringt Aufruhr mit sich ein Land voll Mords, Blutvergießen und macht Witwen und Waisen und zerstöret alles, wie das allergrößte Unglück. Drum soll hier zerschmeißen, würgen und stechen heimlich oder öffentlich, wer da kann, und daran denken, daß nichts Giftigeres, Schädlicheres, Teuflischeres sein kann als ein aufrührerischer Mensch, so wie man einen tollen Hund totschlagen muß, schlägst du nicht, so schlägt er dich und ein ganz Land mit dir.‹ Ich tät's nicht glauben, wenn ich es nicht mit eigenen Augen gelesen hätte, war doch gar freundlich mit mir gewest, der gelahrte Herr Doktor! Selbst der Kurfürst Friedrich der Weise hat ein Herz für die Unterdrückten, er schrieb an seinen Bruder Johann: ›Vielleicht ist den Bauern gerechte Ursache für ihre Erhebung durch das Hindern des Wortes Gottes gegeben. Vielfach ist dem armen Volk von den Herrschenden Unrecht geschehen, und nun sucht Gott seinen Zorn über uns heim. Wenn es Sein Wille ist, wird der gemeine

Mann bald an die Herrschaft kommen, und wenn es nicht Sein Wille ist, wird das Ende auf andere Weise kommen.‹ Ein frommer, guter Mensch! Woher ich solche Kunde habe? Ach, fragt mich nicht, wir hatten unsere Leute überall!

Euer Luther aber schreibt wider die mörderischen und räuberischen Rotten der Bauern – für ihn ist die Hölle leer geworden, sind alle Teufel in die Bauern gefahren, und Thomas Müntzer, der Erzteufel, tut nichts anderes, als Rauben, Morden, Blutvergießen zu erregen. Dem war nicht so, ich schwöre es Euch im Angesicht des Todes! Bitte, gebt mir zu trinken – nein, Jungfrau Katharina, keinen Kräutersud – Wein, noch einmal Wein!«

Er will den Becher beiseite schieben, den Käthe ihm an die Lippen setzt. »Nimm, trink, den Wein bekommst du danach – dies wird dir helfen, es lindert Schmerzen«, beharrte Käthe.

Andreas schluckt. Barbara reicht einen zweiten Becher. Der Wein ist unverdünnt, sein Duft erfüllt den Raum.

»Ja«, lächelt der Verwundete, »der ist gut! Müntzer gewann in Mühlhausen den Rat der Stadt für sich. Wir hatten ein wunderschönes Banner von dreißig Ellen weißer Seide, bemalt mit einem Regenbogen als Zeichen für den neuen Bund der Auserwählten. Das stand neben Müntzer, wenn er predigte...«

Er hält inne, nimmt einen Schluck Wein.

»Willst du dich nicht ausruhen und ein wenig schlafen, ehe du weitererzählst, du bist gar so schwach...«, versucht Käthe.

»Nein, nein!« Er wird hektisch. »Nur das nicht! Ich will – ich muß noch einmal alles sagen – wenn ich einschlafe, wache ich nicht mehr auf.

Müntzer sandte seine Schriften nach allen Seiten und war sicher, alle würden kommen und mit uns kämpfen in der großen Schlacht. Er sagte: ›Das ganze deutsche, französische und welsche Land ist wach. Der Meister will ein Spiel machen, die Bösewichter müssen dran... Wenn Euer nur drei sind, die in Gott gelassen allein Seinen Namen und Ehre suchen, werdet Ihr hunderttausend nicht fürchten. Nun dran, dran, dran! Es ist Zeit. Die Bösewichter sind verzagt wie die Hunde... Sie werden Euch so freundlich bitten, weinen, flehen wie die Kinder. Laßt Euch nicht erbarmen, wie Gott durch Moses befohlen hat... Dran, dran, dran, dieweil das Feuer heiß ist! Laßt Euer Schwert nicht kalt werden! Schmiedet Pinkepank auf dem Amboß Nimrods...‹ Thomas Müntzer mit dem Hammer oder mit dem Schwert Gideons, so unterzeichnete er.

Aber die Zeit ist noch nicht reif für seinesgleichen, unseresgleichen – wenige nur hörten auf ihn. Die Bergleute kamen nicht. Die Sendbriefe an die Städte wurden mit lahmen Ausreden beantwortet, wenn überhaupt. Selbst in Mühlhausen fand er wenig Anhang.

Da erreichte uns ein Hilferuf des großen Bauernhaufens, der sich in Frankenhausen am Kyffhäuser versammelt hatte. Wir waren unserer dreihundert, die bereit waren auszurücken. Müntzer hieß mich, dem Zug ein blankes Schwert voranzutragen als Zeichen des mitleidlosen Kampfes gegen die Gottlosen. Wir hatten auch acht kleine Geschütze, aber kein Pulver.« Andreas lacht bitter. »Als Prediger zog Müntzer mit uns. Wir hätten einen Hauptmann gebraucht, der sich auskennt! In Frankenhausen hatten sie sich recht ordentlich in einer Wagenburg verschanzt. Es waren ihrer siebentausend Mann, hat man mir versichert. Sie konnten nicht übereinkommen, was sie wollten. Verhandlungen wurden geführt mit den Fürsten. Ha –.« Er hustet, spuckt Blut, legt sich zurück, fährt aber gleich wieder hoch. »Noch einen Schluck Wein, ich bitt' Euch ... danke, jetzt geht's wieder.« Seine Augen glänzen fiebrig, Schweißtropfen stehen auf der Stirn. »Müntzer predigte entschlossenes Vorgehen. Er ließ sogar vier Emissäre der Fürsten, die ins Lager gekommen waren, hinrichten, um vollendete Tatsachen zu schaffen. Umsonst – die anderen wollten verhandeln und sandten ein Schreiben an die Fürsten, ich las es, ich sehe die Buchstaben vor meinen Augen: ›Wir sind nicht hier, jemand was zu tun, Johannis zum anderen, sondern von wegen göttlicher Gerechtigkeit, die zu erhalten. So sind wir auch nicht hier, Blut zu vergießen. Wollt Ihr das auch tun, so wollen wir Euch nichts tun. Danach habe sich ein jeder zu halten.‹ Als Antwort forderten die Herren die Auslieferung Müntzers und seiner Leute. Gar mancher schielte da zur Seite und hätt's wohl gern getan, um seine Haut zu retten! Aber Müntzer predigte wie ein Prophet des Alten Testaments: ›Fürchtet nichts. Gideon zerstreute mit einer Handvoll die Midianiter, und David erschlug Goliath.‹ Und in dem selbigen Augenblick spannte sich ein Regenbogen über den Himmel, das Zeichen unseres Banners! Müntzer brauchte nur die Hand zu heben und darauf hinzuweisen. Die Bauern schlossen sich wieder zusammen.

Derweilen hatten die Fürsten ihre Geschütze auf den Hügeln über dem Lager postiert. Sie besaßen genug Pulver! Sie schossen mitten hinein in die Wagenburg, schon die ersten Salven hatten entsetzliche Folgen. Sie trafen dichte Menschenhaufen – abgerissene Glieder flogen durch die Luft, Blut spritzte, Schmerzensschreie gellten – in wildem Entsetzen stürzten die Bauern kopflos durcheinander, alle dachten nur eines: Flucht! Aber wohin? Ringsum war der Feind, Salve folgte auf Salve, überall gepanzerte Reiter, kampferprobte Fußtruppen. Sie marschierten ungerührt durch das wilde Chaos, gleichzeitig dröhnten ihre Trommeln. Nur wenige von uns versuchten Gegenwehr, sie waren schnell niedergemacht. Ich ging mit meinem Schwert auf einen prächtig geputzten Hauptmann los – kam aber nicht weit, irgendwer stach mich von hinten und ein umstürzender Wagen begrub mich unter sich. Ich verlor das Bewußtsein.

Brandgeruch weckte mich. Todesangst gab mir die Kraft, mich von dem brennenden Wagen zu befreien. Ich glaubte, in der Hölle zu sein. Um mich herum loderten die Flammen, häuften sich die Erschlagenen – auch schwer Verwundete gab es genug, ich hörte sie schreien, stöhnen. Auf allen vieren kroch ich – weiß nicht, warum, weiß nicht, wohin – war dennoch plötzlich auf freiem Feld, sah ein herrenloses Pferd mit hängendem Kopf verlassen dastehen – quälte mich in den Sattel, ritt davon, wie von allen Teufeln gejagt. Wie ich herkam, weiß ich nicht. Das Pferd muß den Weg gekannt haben.«

Er trinkt. »Sagt es Eurem Luther, jetzt hat er seinen Willen. Zugeschlagen, gewürgt und gestochen haben sie und werden es weiter tun, denn sie machten Gefangene. Der Traum von der Gleichheit aller Christenmenschen ist ausgeträumt, untergetreten wird der Bauer und mehr denn zuvor. Ich kann's nicht wehren. Habe den guten Kampf gekämpft und mein Herzblut gegeben. Bin – glücklich zu schätzen. Sterbe hier – in Frieden. Hier sehen wir Ihn nur wie in einem Spiegel, aber dort von Angesicht zu Angesicht.«

Polternd fällt der Becher aus seiner Hand auf den Steinboden, sein Kopf sinkt nach hinten, viel Blut quillt aus seinem zerfetzten Wams. Katharina kniet neben ihm nieder. »Leinwand!« ruft sie, »schnell!«, preßt auf die Wunde, was eine Magd ihr reicht – es färbt sich unter ihren Händen rot.

»Laß, Käthe«, bittet Barbara, »bemühe dich nicht, es ist zu spät.

Weine nicht, meine Liebe, er selbst pries sich ja glücklich, hier sterben zu dürfen, komm, steh auf.«

Käthe sieht sie mit Augen an, die nichts sehen.

»Er war mit mir in Nimbschen, gleich bei meiner Ankunft suchte er bei uns Schutz – er hat uns Briefe gebracht und Schriften von Martin Luther – bei der Flucht hat er geholfen – er war mir wie ein Bruder – ach, Andreas, so hör mich doch! Du bist so jung, du mußt doch leben!«

Liebevoll wischt sie Blut, Schweiß und Schmutz aus seinem Gesicht, das sich unausweichlich mit der wächsernen Blässe des Todes überzieht.

»Alles ist hin«, flüstert sie tonlos, »alles ist hin.«

Es wird eine kleine Beerdigung. Käthe, Ave und Margarete, die Cranachs – sie begleiten den ehemaligen Knaben der Äbtissin zur letzten Ruhe. Luther selbst spricht die Gebete am Grabe. Cranach läßt es sich nicht nehmen, zum Leichenschmaus einzuladen.

»Wenn er denn gar niemanden hatte auf Erden, der ihm nahestand, so will ich ihm diese Ehre antun«, sagt er. Käthe drückt ihm dankbar die Hand.

»Eines kann ich nicht verstehen, Herr Doktor Luther«, geht sie ihren Bräutigam mutig an.

»Und das wäre?« Martinus wirkt erschöpft.

»In Eurem Büchlein wider die mörderischen und räuberischen Bauern verlangt Ihr, auch ihre Seele solle auf ewig verdammt sein. Das kann ich nicht fassen! Zum ersten steht es Menschen nicht zu, über Seelen zu richten, scheint mir, und zum zweiten – wo bleibt die Barmherzigkeit Jesu? Müntzer hat Euch vorgeworfen, Ihr versteift Euch gar zu sehr auf Jesu Gütigkeit – ich sehe das nicht!« Ihre Augen flammen. Luther senkt die Lider.

»Habt auch Ihr ein Erbarmen mit mir, Jungfer Katharina. Ihr habt einen scharfen Geist! Gott weiß, wie ich es gemeint und warum ich es gesagt habe, in rotem Zorn entflammt für Seine Sache und Sein Wort! Mein Kreuz ist, daß alle meine Rede auf der Stelle gedruckt und in alle Welt gesandt wird – auch wenn sie nur für den Augenblick und als Antwort auf ganz bestimmte Provokationen gedacht ist – ach, was heißt gedacht, hervorgestoßen von meinem Temperament! – sie steht für jetzt und immer, ich kann keine Silbe zurücknehmen oder korrigieren.

Die Aufständischen, diese armen, irregeleiteten Menschen, brachten das Wort in Verruf, luden Schuld auf die reine Sache des Evangeliums, dessen Hüter ich bin!«

»Kann nicht Gott Seine Botschaft selber hüten?« fragt Käthe leise.

»Gewiß kann er –«, gibt Luther müde zu, »aber er hat mich nun einmal zu dieser Arbeit berufen! Das Schlimmste ist, daß meine Mahnung die Bauern gar nicht mehr erreicht hat – es war zu spät...«

»Andreas hat sie erreicht«, korrigierte Käthe vorwurfsvoll.

»Ja«, nickt Luther. »Mag sein. Es ist mir in meiner Seele herzlich leid um ihn, er war ein aufrechter, ehrlicher Mensch. Laßt uns für ihn beten.«

In den nächsten Tagen bewegt sich Katharina wie im Nebel. Zuviel stürmt von zu vielen Seiten auf sie ein. Der Hochzeitstermin rückt immer näher. Luthers Entschluß stößt bei fast all seinen Freunden auf Ablehnung und Unverständnis. Katharina wird unterstellt, sie haben den arglosen, vertrauensseligen Mann mit weiblichen Listen gefangen. Kühle, Mißtrauen begegnen ihr allenthalben in Wittenberg. Tapfer drückt sie den Rücken durch und trägt den Kopf sehr gerade. Aber auch das sieht man nicht gern.

Dazu gibt es fast jede Stunde neue Kunde von der Niederlage der Bauern. Fünftausend Aufständische, so heißt es, seien bei Frankenhausen ums Leben gekommen und sechshundert gefangen worden. Die Fürsten geben an, nur fünf Mann verloren zu haben. Die Flüchtlinge versuchten, sich nach Frankenhausen hinein zu retten, aber dieses fiel in die Hände der Sieger, die gnadenlos Einwohner und Schutzsuchende massakrierten.

Mühlhausen ergab sich. Die Bürger schickten ihre Frauen und Mädchen, die sie mit Wermutkränzen geschmückt hatten, um vor den Siegern niederzuknien. Mit schweren Zahlungen konnte sich die Stadt von der Plünderung loskaufen.

Müntzer wurde in Frankenhausen gefangengenommen. Er wurde lange schwer gefoltert, endlich enthauptet. Sein Kopf wurde vor der Stadt auf einem Pfahl zur Schau gestellt.

Immer neue Berichte von entsetzlichen Bestrafungen der Gefangenen treffen ein. Wer nicht hingerichtet wurde, erlitt grausame Verstümmelungen: Blendung, Abschlagen der rechten Hand...

Sechstes Geheimnis: Die Ehe

Hochzeit

Welch schöne Vorstellungen hatte Käthe mit diesem Wort verbunden – verschwommene, traumhafte Vorstellungen, gewiß, aber gerade diese sind doch von einem so zauberhaften, Worten unzugänglichen Reiz! All ihre Sinne waren beteiligt – Düfte von Blumen, grünen Kränzen, von guten Speisen und edlem Wein, ein frisch-herb-süßer Geschmack, warm leuchtende Farben, lachende Menschen, Musik, Freude, immer wieder und in allem Freude: so schwebte es ihrem inneren Auge vor, ein strahlender Anfang einer glücklichen Zeit.

Die Wirklichkeit sieht anders aus. Der große Luther hat keine Ahnung davon, wie man eine Braut umschmeichelt und umwirbt, keine Zeit und Lust dazu, es sich auszudenken. Aus Vernunftgründen heiratet er, er betont es immer wieder, sein Gefühl ist nicht beteiligt, versichert er, und wenn das auch nicht so ganz zutreffen mag, so versteht er jedenfalls meisterhaft, seine innere Anteilnahme zu verbergen.

Es gibt keine Brautmutter, die letzte Hand an die Aussteuer legt und in liebevoller Aufregung Wäsche, Kleider, Geschenke herrichtet, kein Haus, das sich festlich vorbereitet. Das Schwarze Kloster ist alles andere als ein Hochzeitshaus.

Es ist ein warmer Junitag, als sie es in Augenschein nimmt. Schön gelegen ist es, am Elstertor, an Wall und Graben grenzend, still und abgewandt von der Welt. Käthe nimmt die linde Luft mit ihrem ganzen Körper auf, während sie über den weiten Hof geht, der die Gebäude von der Straße trennt. Der Lärm der Stadt, das tausendfach bunte Leben der Gassen, gesteigert noch durch den fröhlichen Jubel über Sonnenschein und Wärme, der Übermut von Kindern und Tieren, all das bleibt Schritt für Schritt mehr zurück. Als sie vor dem zur Elbe hin gelegenen dreistöckigen Gebäude anlangt, in dem die Mönche gewohnt haben, ist es still in ihr geworden. Die Tür quietscht in den Angeln, Käthe öffnet sie nur einen Spalt und schlüpft hinein, als fürchte sie zu stören. Staubteilchen tanzen in den Sonnenstrahlen, es ist kühl herinnen – und gut. Sie wüßte nicht zu sagen, warum. Die Stille scheint durchtränkt von Gebet und Chorgesang. Ein Gefühl jener Leichtigkeit, die ihr in der Kirche von Nimbschen die Seele erhoben hat, mutet sie an. Sie wischt sich über die Augen und geht weiter, steigt die Treppe hinauf.

Dem Hofe zu findet sie die Räume des ehemaligen Priorates. Durch ein kleines Empfangszimmer mit Holzbänken gelangt sie in eine geräumige Stube. Ja, hier soll der Wohnraum sein, hier will sie den Tisch decken, einen mächtigen Eichentisch auf Kreuzgestellen, Besucher empfangen, Gäste bewirten. Sie übersieht den Staub, die Spinnweben, die blinden Scheiben – sie malt sich die Zukunft aus: blank und glänzend, ein Gefühl von Wärme verbreitend, die holzgetäfelten Decken, die Paneele bis zur halben Höhe der Wände, an denen sich polsterbedeckte Bänke hinziehen mit Pflökken darüber zum Anhängen von Gerät und Kleidern. Durch die beiden großen Fenster kann man alles beobachten, was auf dem Klosterhof geschieht, es müssen kleine Schiebefenster angebracht werden, die sich leicht öffnen lassen! In der Fensternische möchte sie ihren Sitz und ihr Nähtischchen haben. Ein großer Kachelofen wird dafür sorgen, daß es hier zu jeder Jahreszeit warm ist. Aufmerksam studiert sie die schönen Wandmalereien, wischt mit der Hand den Staub fort, legt die leuchtenden Farben frei, findet Maria mit dem schlafenden Jesuskind.

Hinter der Wohnstube möchte sie das Schlafzimmer haben, von der Kammer dort könnte man wohl eine Stiege hinab in das Erdgeschoß anlegen, zu Küche und Wirtschaftsräumen. In den Zellen, die verstaubt und verkommen sind, atmet die abgestandene Luft den Geist mönchischen Lebens, wispert Käthe Erinnerungen zu. Dort lehnt ein Besen, sie entreißt ihn den Spinnweben, beginnt tapfer zu fegen und hustet in einer Staubwolke – schon steht sie wieder still, all ihrem Tatendrang zum Trotz. Etwas wie eine Sehnsucht steigt in ihr auf, ein leise ziehendes Heimweh nach der wohlgeordneten Welt von Marienthron, wo der Mensch Zeit hatte für das Wesentliche. Ihr ahnt, hier wird es anders sein. Sie wischt sich übers Gesicht, als könnte sie mit dieser Bewegung die Vergangenheit auslöschen und sich Mut machen für den neuen Anfang. Es gibt soviel zu richten – verzweifelt befreit sie das wenige Gerät in der Klosterküche vom Staub, stöhnt auf, hier fehlt es aber auch an allem! Verloren eilt sie durch das große Gebäude, wo soll sie anfangen? Doch dann stemmt sie die Hände in die Seiten und ruft sich selbst zur Ordnung: So, meine Liebe, so geht das aber wirklich nicht! Wer wollte immer wirtschaften und hantieren? Also gut, zu tun dürfte es hier wohl genug geben. Viel zuviel, um dem mit nur einem Besen zu Leibe zu rücken! Sie wischt einen Holzschemel ab, setzt sich darauf und beginnt zu ordnen und zu planen – steht entschlossen auf, steigt ins Turmzimmer, wo Luther über seinen Papieren sitzt.

»Du kommst, wie schön!« sagt er. »Hör zu, wir müssen rasch handeln! Üble Verleumdungen zwingen mich dazu. Am 13. Juni, Dienstag in einer Woche, wollen wir im kleinen Kreise Beilager halten, wie es die Sitte fordert, und vollendete Tatsachen schaffen.«

»So bald schon? Und wie und wo sollen wir miteinander leben?«

Luther sieht sie verwundert an. »Hier im Schwarzen Kloster natürlich, es ist doch alles vorhanden.«

Käthe schluckt, antwortet langsam und beherrscht: »Bitte, gebt mir ein Stück Papier und eine Feder und erlaubt, daß ich an Eurem Tisch schreibe. Ich will Euch eine Aufstellung all dessen machen, was wir notwendig brauchen.«

Luther ist nahezu empört. »Eine Aufstellung? Ist es soviel? Brisger, Sieberger und ich haben hier doch gut leben können. Freilich gebe ich zu, daß mein Strohsack verfault ist und ein gutes Bett hermuß, aber sonst...«

»Aber sonst, aber sonst!...« – Käthe verliert fast die Geduld. »Sonst gibt es außer Spinnen, Schaben und Staub nichts in diesem Gemäuer! Wartet, Herr Doktor, ich weiß schon, wie ich es Euch erklären kann. Stellt Euch Cranachs Haus vor, bitte, tretet ein und beobachtet alles, was Ihr seht! Und nun macht in Gedanken einen Rundgang durchs Schwarze Kloster.«

»Aber Meister Lucas ist ein reicher Mann!« protestiert Luther.

»Richtig«, bestätigt Käthe, »und Ihr seid ein berühmter Mann! Es ist eine Schande, wie Ihr lebt, und dem wird Abhilfe geschaffen. Wen können wir um Hilfe bitten?«

»Aber Katharina«, widerspricht er, »ich bitte nicht für mich, nur für andere.«

»Wen?« beharrt sie.

»Seine kurfürstliche Gnaden vielleicht...«

»Also gut, so schreibt bitte. Wir brauchen Möbel, Teppiche, Wäsche, Küchengerät...«

ʰ»Aber die Küche ist doch eingerichtet!« wirft Luther ein.

»O ja«, spottet Käthe, »es gibt ein paar zerbeulte Kessel und Schüsseln, rostige Bratspieße, auch einige Gartengeräte stehen herum, zusammen ist das keine zwanzig Florin wert.« Sie sieht die Verzweiflung in seinen Augen und muß wider Willen lachen, streichelt seine Hand. »Ach, es wird schon werden, Herr Doktor, laßt's Euch nicht verdrießen, Gott wird ein Einsehen haben.«

»Der hat wahrhaftig genug anderes zu schaffen, Jungfer Käthe, ich möchte nicht, daß er mit meinem Hausrat belastet wird.«

Sie nickt versonnen. Wie in einer Vision hebt sich der Schleier über ihrer Zukunft: da ist ein großes Haus zu führen im Angesicht der Welt, die diesem Manne ihre Aufmerksamkeit schenkt, Gäste aus aller Herren Länder gilt es zu bewirten, Schüler und Studenten zu beherbergen und zu versorgen – das wird ihre Sache sein, denn Luther wird stets mit Wichtigerem befaßt sein.

Da hastet auch schon wieder ein Bote mit Briefschaften die Treppe hinauf. Am besten ziehe ich Barbara zu Rate, beschließt Käthe, sie wird mich verstehen. Aber nicht nur Barbara Cranach hat eine Vorstellung davon, wie es um Luthers Hausstand bestellt ist. Viele kennen die Dürftigkeit des Schwarzen Klosters und senden Geschenke.

Und dann ist der Dienstag auch schon da, endlich, und eigentlich auch wieder viel zu schnell. Denn es ist nicht ganz so einfach für die Brautleute, Keuschheit trifft auf Keuschheit. Beide rätseln während der Vorbereitungen ständig darüber, wie es wohl sein mag und wie man es anzufangen hat.

Die von Käthe ausgewählte Wohnstube zeigt schon das Aussehen, welches sie sich vorstellte, im Raum dahinter steht bei offener Tür die mit schönen Decken und Kissen geschmückte Lagerstatt. Nur ein kleiner Kreis ist zu Gast; Justus Jonas, der Schloßpropst, steht für die Freunde, Johann Bugenhagen, der Stadtpfarrer, gibt seinen Segen (nach der Sitte der Zeit hätte auch ein Laie eine Ehe rechtskräftig vollziehen können). Der Jurist Dr. Johann Apel wirkt als Trauzeuge der Universität, Meister Lucas Cranach, der Ratsherr und Kämmerer, vertritt die Bürgerschaft Wittenbergs, und seine Frau Barbara ist Käthes liebste Freundin.

Die Trauung geschieht nach herkömmlichem Brauch: der Jurist Apel vollzieht den schriftlichen Ehevertrag, Bugenhagen fragt im Beisein der Zeugen den Bräutigam, ob er die Braut zum Weibe nehmen wolle, und die Braut, ob sie den Mann zum ehelichen Gemahl begehre. Wie ein Schauspiel mit fremden Personen ist dies alles für Käthe, formelhaft spricht sie ihr Jawort und fühlt sich so gar nicht als Braut – zu verschieden ist dieser zweiundvierzigjährige gelehrte Doktor von dem Bräutigam, dem ihre erste, gefühlvolle Liebe galt, – jetzt, in diesem Augenblick, steht er wieder leibhaftig vor ihrem inneren Auge. Luther ist ihr Eheherr, dienen will sie ihm mit treuer Ergebenheit bis zum letzten Atemzug, lieben will sie ihn mit der heiligen Liebe der Selbstlosigkeit – aber ein Bräutigam – Gott vergebe mir, den stelle ich mir anders vor, denkt es in ihr wider Willen.

Bugenhagen gibt sie beide mit Gebet und Segen zusammen. Auf dem mächtigen Eichentisch wird ein kleines Nachtmahl aufgetragen. Die großen Kerzen in Barbaras schönen Messingleuchtern, die den Raum in sanftes Goldlicht tauchen, die Wandmalereien im Halbdunkel, die Gesichter der Freunde, die wie Bildnisse auf Meister Cranachs Leinwand wirken, werden ihr im Gedächtnis bleiben. Wider all ihre Gewohnheit trinkt sie hastig einen ganzen Becher von dem guten Wein.

Die vertrauten Gesichter verschwimmen vor ihren Augen. Sie hört zwar die Stimmen, nimmt aber die Worte nicht mehr wahr, und möchte alle flehentlich bitten zu bleiben, sie bei den Händen zu fassen und festzuhalten, aber es hilft nichts: Braut und Bräutigam werden zum Brautbett geführt, lagern sich darauf unter eine Decke. Damit ist die Ehe gültig vollzogen. Justus Jonas kann sich bei diesem Anblick der Tränen nicht enthalten, so bewegt ist er. Die Gäste wenden sich ab, ziehen leise die Tür ins Schloß. Katharina und Martin sind allein.

»Wißt Ihr, Herr Doktor...«, beginnt sie.

»Sag nicht, Herr Doktor!« unterbricht er.

»Ich bitt' Euch, Martinus, laßt uns die Hochzeit nicht vollziehen, ehe sie öffentlich gehalten und eingesegnet ist.«

Luther nickt verständnisvoll und erleichtert.

»Da bin ich ganz deiner Meinung. Du hast also nichts dagegen, wenn ich jetzt ein wenig den Psalter bete?«

»Nein, gewißlich nicht«, sagt Käthe und zieht die Bettdecke bis zum Kinn hoch. Müde von all der Aufregung und erleichtert schläft sie sofort ein.

Luther betet: »Exaudi me, Domine!«

Am nächsten Morgen in aller Frühe begrüßt er sie mit der sauber geschriebenen Einladung für die offizielle Feier:

> *»Gnad und Frieden in Christus! Welch ein Zetergeschrei, liebe Herren, habe ich mit dem Büchlein gegen die Bauern angerichtet! Da ist alles vergessen, was Gott der Welt durch mich getan hat! Nun sind Herren, Pfaffen, Bauern, alles gegen mich und drohen mir den Tod an.*
> *Wohlan, weil sie denn toll und töricht sind, will ich mich auch bereit machen, daß ich vor meinem Tode in dem von Gott geschaffenen Stande gefunden werde und nichts von meinem früheren papistischen Leben an mir übrigbleibe, soviel an mir liegt, und (will) sie noch toller und törichter machen, und das alles zum letzten Abschied. Denn es ahnt mir selber, Gott werde mir einmal zu Seiner Gnade helfen.* (Aber zu einem guten Leben und nicht zum Tode! denkt Käthe.) *So habe ich mich nunmehr nach dem Begehren meines lieben Vaters verehelicht und habe um dieser Mäuler willen, damit es nicht verhindert werde, in Eile das Beilager abgehalten. Ich bin willens, am Dienstag über acht Tage, dem nächsten nach St. Johannes dem Täufer, eine kleine, freudige Hochzeitsfeier abzuhalten. Solches habe ich Euch als guten Freunden und Herren nicht verbergen wollen und bitte Euch, daß Ihr helfet, den Segen darüber zu sprechen . . .«*

Käthe nickt und gibt ihm das Blatt zurück. Es fällt ihr schwer, dazu zu schweigen. Es macht sie sehr ungeduldig, immer wieder die Vernunftgründe zu hören, die ihn zur Hochzeit geführt haben, – sie hat sie akzeptiert, aber es schmerzt doch: ist sie denn gar so wenig der Liebe wert? Sie fühlt in ihrem Herzen, daß Luther noch lange Jahre leben wird, wäre jedoch kein Kind ihrer Zeit, wenn nicht Aberglaube sie wider Willen ängstigen würde, – und beschreit er nicht geradezu den Tod? Nein, gut oder gar erfreulich findet sie dieses Schreiben nun wahrhaftig nicht!

Luthers Freund Philipp Melanchthon ist gar nicht angetan von dieser Verbindung, weswegen er zum öffentlichen Beilager wohlweislich auch nicht geladen wurde. Käthe erfährt, daß Hieronymus Schurff gesagt haben soll: »Wenn dieser Mönch heiratet, wird die ganze Welt und der Teufel lachen und er selbst alles, was er geschaffen hat, wieder zunichte machen.«

Das Zischeln und Tuscheln auf dem Markt, in den Gassen, die düsteren Prophezeiungen, aus der Ehe eines entlaufenen Mönches mit einer entflohenen Nonne werde ein Ungeheuer geboren werden, lasten schwer auf ihrer Seele. Luther ist ihr kein Trost, seine halbherzige Art – ja, so empfindet sie dieses Pochen auf die Vernunftgründe für die Ehe – tut ihr weh. Sie schluckt. So geht es nicht, sagt sie zu sich selbst. Was soll denn werden, wenn ich nun schon anfange, unzufrieden zu sein? Es ist mein freier Wille, seine Frau zu werden, ich habe immer gewußt, daß er mich nicht über alles stellt – die wahre Liebe hat mit all dem, was ich jetzt so gern hätte, wenig zu tun ... Ich weiß, ich weiß, antwortet sie sich selbst, – aber es wäre doch so schön!

Sie streicht die Haare zurück. Das Gelöbnis soll um zehn Uhr mit einem Mittagsmahl im Kreise der Freunde gefeiert werden. Sie hört die schwere Tür gehen. Es sind Abgesandte des Stadtrates, die einen Ehrentrunk als Angebinde bringen: ein Stübchen Malvasier, ein Stübchen Rheinwein und eineinhalb Stübchen Frankenwein.

Die Hochzeit mit dem öffentlichen Kirchgang, der »Wirtschaft« – dem Hochzeitsschmaus – und der Heimführung der Jungfer Braut soll eine große Sache werden, Luther will gerade recht auffällig vor aller Welt ihren heiligen Ehestand bezeugen.

Voller Freude empfängt Käthe die Nachricht der kurfürstlichen Kanzlei, daß Luther von nun an zweihundert Gulden Gehalt jährlich zuerkannt werden. Ein Hochzeitsgeschenk von hundert Gulden deckt gerade die Kosten der »Wirtschaft«. Die Stadt Wittenberg sendet »Doctori Martino zur Wirtschaft und Beilage ein Faß Einbeckisch Bier und zwanzig Gulden in Schreckenbergern«. Von der Universität erhalten sie einen hohen Deckelbecher aus Silber, mit schönen vergoldeten Verzierungen und der Inschrift »H. D. Martin Luthern und seiner Jungfraw Käthe von Bor«. Der Rat Willibald Pirkheimer läßt die Eheringe und eine goldene Gedenkmünze mit Luthers Bild von Dürer anfertigen. Vom hitzigen Doktor Zwilling aus Torgau kommt ein Kasten für Wäsche und Kleidung. Sogar zwei kunstvolle Uhren treffen von auswärts ein, über die freut sich Käthe besonders, denn sie liebt die Pünktlichkeit.

Der Stadtrat kommt wieder mit neuen Überraschungen für seinen berühmtesten Bürger: das Paar soll ein ganzes Jahr lang mit Wein aus dem Stadtkeller freigehalten werden! Käthe empfängt jede Gabe, auch den Myrtenstock der Marie, von Ännchen gebracht, mit größter Freude und Begeisterung – sind diese Beweise für Anerkennung und Zuneigung doch Balsam auf die Wunden, die ihr die üblen Verleumdungen schlagen.

Unermüdlich schleppt sie mit Wolf Siebergers Hilfe die Geschenke herum, mit einer für Luther rätselhaften Begabung findet sie für alles sofort den besten Platz, verwandelt durch eine Pflanze vor dem Fenster, ein Polster auf dem Sitz, einen bunten Flickenteppich auf dem schadhaften Fußboden, ein kleines Möbelstück in einer leeren Ecke – und durch die kostbaren Uhren gar – das Schwarze Kloster blitzschnell in ein gemütliches Heim, wie es Martin bisher für seinen eigenen Bedarf nicht kannte.

Von weit her strömen Gäste zur öffentlichen Feier nach Wittenberg: Luthers Familie, seine Freunde aus Wissenschaft, Kirche und Politik – aber von Käthes Verwandtschaft ist keiner anwesend.

Die festlich gekleideten Hochzeitsgäste, die mit Blumen geschmückten Tische, die köstlichen Speisen, das Spiel der Musikanten auf dem bekränzten Podium – mit einem Male mutet dies alles sie gespenstisch an, dieses Feiern, während doch stündlich Boten neue Nachrichten von Verfolgung, Folterungen, Hinrichtungen der Bauern bringen. Ihr schwindelt. Sie sieht den sterbenden Andreas vor sich, den Schindanger, wo die Köpfe Müntzers und seiner Freunde auf Pfählen stecken. Zu schrill erscheint ihr der Klang der Flöten, Wein und Speisen wollen nicht munden, und es ist doch der Ehrentag ihres Lebens... »Nein danke«, sagt sie, »bitte nicht, ich kann nicht tanzen.« Ihr ist schon schwindelig, wenn sie nur zusieht, wie sich die andern im Kreise drehen. So viele Leute, so viele Blumen! Blumen? Sie schließt die Augen. Blumen waren auf dem Sarg der Mutter. Blumen legte sie auf Andreas' starre Hände – Blumen bedeuten Freude und Abschied.

Ein neuer Beginn wird um sie herum gefeiert, und ihr ist, sie kann nicht sagen, wie, so weh ums Herz, als müsse ein Teil von ihr sterben und in die Erde gesenkt werden wie das Samenkorn.

Käthe ist rechtschaffen müde, als sie nun aufs neue mit Luther unter einer Decke liegt, eine ihm anverlobte Braut unwiderruflich. Der Tag war lang und heiß. Zuletzt noch hatte sie Luthers Eltern in ihr Quartier geleitet, ihnen soviel Bequemlichkeit wie möglich zu verschaffen und ihnen alle Liebe angedeihen zu lassen. Jetzt streckt sie die schmerzenden Glieder. Luther legt seine Hand auf ihre Wange.

»Meine Käthe«, flüstert er. Sie zuckt zusammen. Klopft es da nicht irgendwo?

»Horcht!« sagt sie. Tatsächlich, es klopft. Luther seufzt.

»Der Wind wird einen Laden gegen die Mauer schlagen«, murmelt er.

»Es geht gar kein Wind!« meint Käthe. Das Klopfen wird lauter. Endlich erhebt sich Luther, fährt in seinen Rock, zündet die Kerze an und macht sich auf. Käthe hört seine Schritte auf der Treppe, das Knarren der Pforte, Stimmengemurmel, bedrohlich klingt es nicht. Sie kuschelt sich in das Federbett und schläft wider ihren Willen ein. Vom Schein der Kerze wacht sie auf. Luther steigt wieder ins Bett, läßt das Lichtlein aber noch brennen.

»Es war Andreas Karlstadt. Er wird verfolgt. Ich habe ihn im alten Kirchlein versteckt, da kommen die Bauarbeiter nicht hin.«

»Würden sie ihn denn kennen?« fragt Käthe.

»Und ob!« antwortet Luther.

»Wer ist Karlstadt?«

»Ja, wer ist Karlstadt«, sinniert Luther. »Ein erbitterter Feind, der einst mein guter Freund und Mitstreiter war und jetzt gejagt wird. Er hat mir damals den Doktorhut aufgesetzt. Er ist von empfindlicher Natur, sehr eindrucksfähig und oft zu heftig. Er hing meinen Lehren so begeistert an, daß seine Ausbrüche gegen unsere Kritiker mich oft peinlich berührten und ich mich sehr schämte.

Er hat für mich in Leipzig mit Eck debattiert – ach, war das ein Einzug in die Stadt mit Karlstadt, Melanchthon und anderen Doctores samt zweihundert Studenten, die Streitäxte trugen! Im großen Saal des Schlosses waren Stühle und Bänke mit Teppichen geschmückt, die unseren mit dem Emblem des heiligen Martin, die Eckschen mit dem Sinnbild Sankt Georgs, des Drachentöters. In der Messe sang der zwölfstimmige Chor unter der Leitung meines lieben Georg Rhau, der mir nun meine Lieder druckt. Herzog Georg hatte einen einäugigen Hofnarren – als komisches Zwischenspiel in unserer Disputation führten Eck und ich ein Streitgespräch darüber, ob diesem Narren erlaubt sein solle, zu heiraten: Eck sagte nein, ich ja. Er behandelte den armen Narren gar zu schmählich, und dieser rächte sich, indem er dem gelahrten Doktor dauernd Grimassen schnitt. – Aber von Karlstadt geht unsere Rede. Er gewann keine Lorbeeren in Leipzig, ich übrigens auch nicht.

Eck schlug dann vor, Karlstadt auch mit dem Kirchenbann zu belegen, damals im Juli 1520! Und als ich auf meinen Patmos, will sagen, die Wartburg verbracht wurde, führten drei Männer meine Sach' in Wittenberg: Philipp Melanchthon, der Professor für Griechisch an der Universität, Karlstadt, auch Professor und Archidiakon in der Schloßkirche, und Gabriel Zwilling, Augustinermönch in meinem Kloster, du kennst ihn ja. Sie fuhren wie ein Sturmwind daher, daß Philipp, dem Männlein, angst und bange werden mußte, wollten mit Gewalt erzwingen, was doch nur über den freien Willen des einzelnen zu erreichen ist, vor allem Karlstadt.

Ich mußte nach dem Rechten sehen – mit Bart und mit Reiterwams schmuggelte ich mich in meine Stadt, meine eigene Mutter hätte mich nicht erkannt. Der vierte Dezember anno domini 1521 war's, und am Tag zuvor waren Studenten und Bürger mit Messern unter ihren Röcken in die Pfarrkirche eingedrungen, hatten die Meßbücher vom Altar gerissen, die Priester ausgetrieben, gar Steine gegen solche geworfen, welche zur Jungfrau Maria beteten. Dabei hätten sie wirklich wissen müssen, daß der Antichrist, wie Daniel sagt, ohne Menschenhand vernichtet werden soll. Gewalt macht ihn nur stärker. Sie sollten predigen und beten und nicht dreinschlagen! Nicht, daß jede Gewalt aufhört, aber sie muß durch geordnete Obrigkeit geübt werden.

Am Weihnachtstag war es wieder Karlstadt, der vor zweitausend Wittenbergern – zweitausendfünfhundert Einwohner hatte unsere Stadt damals – im einfachen schwarzen Rock die neue Messe las und Brot und Wein an die Gläubigen austeilte. Der Stadtrat erließ eine städtische Ordnung der Reformation, Messen sollten gehalten werden, wie Karlstadt es tat. Betteln wurde verboten. Die wirklich Armen sollten aus dem gemeinen Kasten erhalten werden.

Dirnen wurden ausgewiesen. Bilder sollten aus den Kirchen entfernt werden. Ach, Zwilling, der Hitzkopf, ist in die Kirchen gestürmt, hat mit seinen Eiferern Altäre umgestürzt, Statuen und Bildtafeln der Heiligen zerschmettert!«

»Haltet Ihr solches für gut?« fragt Käthe.

»Nein... Die Idee war von Karlstadt. ›Du sollst dir kein Bildnis noch irgendein Gleichnis machen weder des, das oben im Himmel, noch des, das unten auf der Erde, oder des, das im Wasser unter der Erde ist‹, zitierte er und machte sich doch gar genaue Bilder in seinem Geiste von neuem Glauben und neuer Gemeinde.

Unter Gefahr von Leib und Leben kehrte ich nach Wittenberg zurück. Ich machte fast alle Reformen rückgängig: wenn man wie Karlstadt Seelen, die noch nicht dazu bereit sind, auf unseren Weg zwingen will, verwirrt man die Gewissen und gefährdet den Glauben, der doch nur in Freiheit leben kann.

Zwilling ging nach Altenburg und später nach Torgau, wo du ihn kennengelernt hast, Karlstadt übernahm eine Gemeinde in Orlamünde. Aber Ruhe gab er nicht. Den Geist machte er zum Abgott, stellte ihn höher denn die Schrift – auf die Geisterfahrung allein baute er Glauben und Kirche! Als Bruder Andreas im grauen Rock erarbeitete er sich seinen Lebensunterhalt mit dem Pflug und schuf eine neue Gesetzlichkeit, deren Ergebnis gewesen wäre, nicht, daß der Bauer soviel weiß wie der Prediger, sondern daß der Prediger nicht mehr weiß als der Bauer!

Er tat sich mit Müntzer zusammen, und mir blieb nichts anderes übrig, als im März 1524 an die sächsischen Fürsten zu schreiben, da zuzugreifen, wo die Prediger mehr tun wollten, als mit dem Wort fechten, nämlich auch brechen und mit der Faust schlagen, da müsse man ihnen sofort das Land verbieten. So geschah es. Karlstadt mußte Sachsen verlassen; seine arme Frau Anna Mochau erwartete ein Kind und sollte später nachkommen. Ach – und so schuf ich wider meinen Willen Märtyrer, statt selber einer zu werden!

Die Kerze ist heruntergebrannt, bald dämmert der Morgen. Ich rede von Karlstadt in unserer Hochzeitsnacht – verzeih mir, meine Liebe.«

Käthe schmiegt sich an seine Schulter. Er legt seine Wange an die ihre, so schlummern sie ein.

Ehealltag

»Sagt mir, lieber Sieberger, wie alt ist wohl das Schwarze Kloster?« wendet sich Käthe an den Famulus. Rote Flecken erscheinen auf Hals und Wangen des hochgewachsenen, hageren Jünglings. Sein ausgeprägter Adamsapfel steigt und fällt, als habe er eine Kartoffel verschluckt und bekäme sie nicht herunter, die blaßblauen Augen treten leicht hervor, verlegen leckt er seine vollen, erdbeerroten Lippen und stottert:

»Der hochgelahrte Herr von Staupitz begann im Jahre des Herrn 1502 mit dem Bau...« Er faltet die langen, nicht ganz sauberen Finger zusammen und wieder auseinander. »Kurfürstliche Gnaden hatten ihre Unterstützung zugesagt. Wie Ihr, Domina, mit Euern eigenen Augen seht, wurde etwa der dritte Teil wirklich fertiggestellt.«

»Ach ja«, stöhnt Käthe, »aber machen wir das Beste daraus: so können wir die Räume noch nach unserem Bedarf gestalten! Für die Wirtschaftsgebäude will ich gleich heute mit Meister Cranach einen Plan machen. Wie viele Mönche faßte das Dormitorium?«

»Die Zellen im dritten Stock können vierzig Brüder beherbergen.«

»Gut. Nur – sie sind sehr klein. Wir müssen Wände herausreißen und neue einziehen lassen! Doch, es wird gehen und alles sehr schön werden, ich sehe es vor Augen.«

»Wie könnt Ihr sehen, was nicht ist?« staunt Sieberger.

»Aber Wolf, ganz einfach: Ich male es mir im Geiste aus...«

Er legt den Kopf schief auf die linke Schulter und sieht sie verständnislos an.

»Nun ja« – Käthe wird ungeduldig – »es ist nicht nötig, daß Ihr es Euch auch vorstellt.«

»Ich bin doch der Wolf, sagt bitte du zu mir, Domina«, stottert er.

Käthe nickt. »Wenn du möchtest, gern. Laß uns in die Säle an der Gartenseite gehen, die sind doch wenigstens fertig und einigermaßen wohnlich.«

»Ja. Hier in dem großen hält der Doktor seine Vorlesungen. Es kommen immer sehr viele Hörer aus aller Herren Länder. Auch ich bin eigentlich ein Studiosus, aber... – nun, ich halte es für wichtiger, dem Herrn Doktor zu helfen, und natürlich auch Euch, Domina...«

Sieberger wird dunkelrot und sieht verlegen auf seine Hände.

Käthe kommt ein Erbarmen an mit dem armen Menschen, der wohl gern lernen möchte, aber nicht den Kopf dazu hat.

»Ja, lieber Wolf, wie sollte Luther wohl fertig werden ohne dich? Und mir bist du ganz unentbehrlich. Hier in dem kleinen Saal sollen unsere Hausandachten gehalten werden, und dort müssen wir eine Tür zur Studierstube des Herrn Doktor einbauen. Sag Anna, sie soll ausfegen und die Fenster waschen.«

»Aber sie bereitet das Mittagsmahl vor.«

»Das ist richtig. Wir müssen mehr Gesinde haben, eine Magd allein kann das nicht alles schaffen. Laß nur, ich gehe selbst in die Küche. Vielleicht nimmst du derweil den Besen und beseitigst das Gröbste?«

»Ich? Ich bin der Diener des Herrn Doktor!« protestiert er.

»Sicher!« Käthe lächelt diplomatisch, und Sieberger muß unwillkürlich auf die lieblichen Grübchen in ihren Wangen schauen.

»Aber soll denn dein Herr Doktor im Staub ersticken?«

»Nein, nein, gewißlich nicht.« Folgsam greift er zum Besen. Käthe rafft die Röcke und eilt in Richtung Küche, wird aber aufgehalten von einem prächtig gekleideten Boten, der seinen Hut mit einem ganzen Federschwall vor ihr zieht.

»Frau von Boren? So entbiete ich Euch Gruß und Geschenk meines Herrn, des Erzbischofs Albrecht von Mainz!«

Er reicht ihr ein Schreiben und eine schöne verzierte, schwere Börse.

»Oh, Gruß und Dank! Laßt Euch ein wenig erquicken nach der langen Reise!«

Sie ruft Anna und eilt zu Luther in die Turmstube. »Seht nur, Martin«, ruft sie voller Freude und öffnet die Börse, »oh, zwanzig Goldgulden! Die können wir gut gebrauchen!«

»Von wem sind sie?« Luther runzelt die Stirn, als er des Mainzers Siegel erkennt, nimmt seiner Frau die Börse aus der Hand und schließt sie wieder.

»Ist der Bote noch da?«

»Aber ja, er stärkt sich gerade . . .«

»So gib ihm alles zurück! Von meinem Erzfeind nehme ich keine Geschenke.«

»Aber Martinus – morgen kommen die ersten Schüler, beim Fleischer habe ich schon anschreiben lassen, wir müssen die Handwerker bezahlen, wir brauchen dringend so viele Dinge, und ich habe keinen roten Heller im Hause.«

»Ich will nichts von einem Papisten. Gib es zurück!«

Er drückt ihr die Börse in die Hand. Sie liest in seiner entschlossenen Miene, das ist sein letztes Wort. Also geht sie und zieht die Türe hinter sich ins Schloß. Der Lederbeutel wiegt schwer in ihrer Hand. Zwanzig Goldgulden! Der zehnte Teil von Luthers Jahresgehalt! Ihre Schritte werden langsamer. Sie denkt an ihr Gespräch mit Luther am Vortag. Er nimmt kein Honorar für seine Vorlesungen. »Umsonst habe ich empfangen, umsonst will ich geben!« hat er gesagt, das Kinn entschlossen vorgereckt. Auch von den Buchdruckern lehnt er jede Bezahlung ab. Was wäre da hereingekommen für all seine Schriften! Er will es nicht. Sie geht zu ihrer Nische in der Wohnstube. Kurz entschlossen packt sie Brief und Börse in ihren Nähtisch. Durchs Fenster sieht sie den stolzen Boten auf sein Pferd steigen. Ihr scheint, als entfernte sich mit dem Klappern der Hufe auch das Gefühl der vollkommenen Einheit mit ihrem Eheherrn; sie hat ihn hintergangen. Aus besten Gründen und zu seinem eigenen Wohle – aber sie hat ihn hintergangen, und es tut ihr weh.

Sie nimmt ihr Tuch vom Haken und den Korb an den Arm. Nun, da die Finanzlage sich gebessert hat, will sie doch schnell auf den Markt gehen und zusehen, ob sich die Mittagsmahlzeit nicht aufbessern läßt. Das Angebot ist zwar erbärmlich in Wittenberg, – sie muß unbedingt erreichen, daß sie allen Bedarf des Schwarzen Klosters selbst erzeugen kann, – aber trotzdem will sie es versuchen. Eine gellende, metallische Stimme reißt sie aus ihren Gedanken:

»Dieser Mönch hat es tatsächlich gewagt, ein Weib zu nehmen – die entlaufene Nonne wird ihn wohl umgarnt haben mit allen Listen und Ränken! Der Hexenhammer sagt es richtig und treffend: Das Weib ist in seinen Begierden eine unersättliche Hyäne und eine ständige Gefahr für den Mann! Der sakrilegischen Verbindung wird ein zweiköpfiges Monstrum entspringen!«

Ein Mann in Mönchkleidung ist es, der da schreit. Die Kapuze hat er tief ins Gesicht gezogen, seine Züge sind nicht zu erkennen. Ein schmutziger, in Lumpen gehüllter Junge drückt Käthe einen Zettel in die Hand. Sie ist ob des heftigen Angriffs so erschrocken, daß sie besinnungslos voranstürmt. Hühner stieben wild gackernd zur Seite, ein Hund jault schmerzlich auf, sie hat ihn auf den Schwanz getreten; sie bemerkt dies alles nicht, auch nicht die staunenden Blicke der Wittenberger. »Das Weib ist in seinen Begierden eine unersättliche Hyäne und eine ständige Gefahr für den Mann!« hallt es in ihren Ohren. Atemlos läßt sie sich auf die Stufen vor der Kirche fallen. Ohne es recht zu wollen, lesen ihre Augen die Schrift auf dem Zettel, den der Junge ihr gab: »Der Luther wolte auch mit seiner adlicher Ketten Bora nit länger die blinde Mauß spielen, sondern da liesse er dieselbe – vergessend seines und der Nonnen

Gott gethanen Gelübts – geben zum vermeinten Eheweib. Sobald des Luthers Hochzeit erschollen, haben die geile Münch und Nonnen die Leitern an die Mauern der Clöstern hauffig gelegt und seind Trouppen-weiß zusammen gelauffen...« Käthe schiebt das Blatt in ihren Korb, nimmt es jedoch gleich wieder heraus und reißt es entschlossen in kleine Fetzen. Luther hat genug Ärger, er muß nicht auch noch dies lesen.

Sehr aufrecht sitzt sie am Nachmittag auf einem Schemel neben Meister Lucas vor seinem Zeichentisch.

»So«, sagt er und entrollt einen Grundriß des Schwarzen Klosters. »Wie möchte die Frau Doktorin es denn haben?«

»Fangen wir mit den Wirtschaftsgebäuden an!« sagt Käthe eifrig. »Ich brauche Ställe für Hühner, Enten, Schweine, Kühe und Pferde, ein Schlachthaus, Vorrats- und Futterkammern, – die Braustube ist ja vorhanden, ich habe mir die Braugerechtigkeit für zwölf Gebräude, die dem Kloster verliehen ist, vom kurfürstlichen Amt auf meine Person übertragen lassen.«

»Ihr wollt selbst Bier machen? Ei, könnt Ihr das denn auch?« fragt Cranach schmunzelnd.

»Aber gewiß! Euer Meister Andreas hat es mich gelehrt. Die Instandsetzung des Brauhauses und die Anschaffung fehlender Gerätschaften sollen freilich an die einhundertundfünfzig Florin kosten, habe ich mir sagen lassen, aber da ich für die Kanne Bier drei Pfennige ausgeben müßte, werde ich es bei dem großen Bedarf unseres Haushaltes bald hereingewirtschaftet haben.«

»Alle Wetter, Katharina, habt Ihr einen hellen Kopf! Wie Ihr Euch schon auskennt, ist kaum zu glauben!« staunt der Meister. Käthe runzelt die Brauen und wischt sich über die Stirn. »Ganz schnell brauchen wir ein Badehaus mit Wanne und Ständer!«

»Nichts mehr?« neckt Lucas.

»O doch«, antwortet sie ganz ernsthaft, »ein Zaun soll den Klosterhof vor der Straße schützen, die Schlafräume für Studenten, Schüler und Gäste müssen hergerichtet werden...«

»Wann sollen die ersten kommen?«

»Sie sind schon da.«

»O Katharina«, stöhnt der Meister, »und wie wollt Ihr das alles bezahlen?«

»Mit Gottes und meiner Freunde Hilfe«, lächelt sie. Lucas sieht ihr lange in die Augen.

»So sei es denn«, sagt er endlich, »ich mache Euch die Pläne und schicke die Handwerker. Das Material kann die Stadt liefern aus ihren Gruben und Brennereien zum Ausgleich für die Dienste, die Luther ihr leistet als Prediger und Seelsorger – das will ich schon regeln. Wenn wir zwei uns einig werden, kann es morgen früh losgehen.«

»Ab vier Uhr können sie kommen!« lacht Käthe.

Und wie es losgeht! Luther versteckt sich in seiner Turmstube, aber selbst dahin verfolgt ihn der Baulärm. Voller Bewunderung sieht er seine Frau auf dem Hofe stehen und das Chaos in geordnete Bahnen lenken.

Sie weiß, wo die Fuhrleute Kalk, Steine, Dachziegel, Holz abzuladen haben, sie dirigiert die Handwerker, kann angeben, was für das Haus »Bruno« bestimmt ist, Brisgers Heimstätte, die zur selben Zeit unmittelbar neben dem Kloster vorn an der Kollegiengasse errichtet wird, empfängt Eltern, die Schüler bringen, und weiß sie zu bewirten, fertigt Boten ab, hat immer eine gute Mahlzeit für ihn, seine Freunde und seine Gäste auf dem Tisch, braut ein Bier, das ihm unvergleichlich mundet, versorgt die Kinder, die ihnen schon anvertraut sind, scherzt mit den Studenten, treibt die Hühner vom Klosterhof, beruhigt ein nervöses Pferd, buttert, backt, kocht, setzt Käse an und zeigt ihm stets ein lachendes, zufriedenes Gesicht.

Um vier Uhr in der Früh ist sie auf den Beinen, mit Gewalt versucht er abends um neun, sie ins Bett zu treiben.

»Ist dir denn dies alles nicht zuviel?« fragt er ängstlich.

»Aber nein, mein Herr«, lacht sie, »ich mag es! Wirtschaften ist meine Wonne! Oh, es geht mir gut, ich bin recht von Herzen glücklich.«

Spinnstunden

Nachdem pünktlich um zehn Uhr das Mittagessen aufgetragen war, die Mahlzeit wohl gemundet hat, auch gebetet und gesungen wurde, tritt Käthe auf den Klosterhof und läßt ihre Blicke schweifen. Die Baumaterialien sind hinter den Büschen ordentlich gestapelt, die Handwerker sind an der Arbeit, die Hühner kratzen nicht auf den Grabstätten der Mönche, aber es müßte gefegt werden!

Käthe runzelt die Stirn und zieht sie mit Vorsatz wieder glatt, – nicht jetzt, nun hat sie anderes vor. Sie geht ins Haus, holt Spinnrad und Rocken und steigt zu Luthers Turmstube hinauf. Zaghaft öffnet sie die Türe, nicht sicher, ob ihr Kommen Luther gefallen wird. Sie sagt gar nichts. Betont leise, auf Zehenspitzen, schleicht sie sich in die Fensternische, lächelnd, daß die Grübchen spielen, den Kopf zur Seite geneigt, hält sie seinem fragenden Blick stand, der sich nur gerade eben von den Papieren hebt. Die Feder kratzt, das Spinnrad surrt. Käthes Gedanken wandern.

Geheimnisse werde ihr das Leben offenbaren, hat die Zigeunerin gesagt, und als solches auch die Ehe genannt. Das erscheint ihr übertrieben. Die Liebe zu Hieronymus, die war überwältigend, hatte sie überfallen, daß ihr geschah, sie wußte nicht, wie. Aber die Ehe? Alltäglich und nüchtern wie Hirsebrei – ein Vertrag zwischen zwei Menschen zu gegenseitiger Wohlfahrt und Sicherheit nach dem Willen Gottes, sicherlich, und nicht gerade leicht zu meistern, aber sie wird es in den Griff bekommen – nein, ein Geheimnis ist dies alles für sie nun wirklich nicht. Oder?

Die Feder kratzt seit geraumer Zeit nicht mehr, Luther sieht sie an.

»Mein lieber Herr Käthe!« sagt er weich, was funkelt da in seinen Augen zwischen der schwarzen Pupille und dem hellen Ring? Humor, gewiß, und doch ist es auch noch etwas anderes, Warmes, Gutes. Käthe senkt rasch den Kopf, heiß steigt ihr das Blut in die Schläfen – vor Glück oder Angst, sich zu irren, Angst, etwas zu sehen, was nicht da ist, und ihr Herz zu verraten. Die Feder kratzt, das Spinnrad surrt.

»Herr Doktor, ist der Hochmeister in Preußen wohl des Markgrafen Bruder?« fragt sie unschuldig. Luther bricht in lautes Lachen aus.

»Mein Herz, er vereint beide Ämter in seiner Person!«

»Wie soll ich es wissen? Ihr geht alleweil mit den hohen Herrschaften um – erzählt mir ein wenig davon, dann muß ich nicht so dumm fragen.«

Luther schiebt den Kopf weit über den Tisch und sieht sie forschend an. Der helle Schein der Sonne blendet ihn, so daß er ihre Züge nicht genau erkennen kann.

»Ich lasse die Bücher für jetzt und wir wollen miteinander sprechen, meine Liebe!« sagt er und wird nie erfahren, ob Käthes Frage echter Unwissenheit entsprang oder nur eine Kriegslist war, um ihn zum Reden zu bringen.

»Seid Ihr auch als Kind ins Kloster gekommen wie ich?« fragt sie.

»Nein«, antwortet er, »ganz und gar nicht! Einen Juristen wollte mein Vater aus mir machen, er hat sich's viel sauren Schweiß kosten lassen, mit Justus Jonas zusammen wollte ich die Rechte studieren.«

»Warum gabt Ihr's auf?« fragt sie verwundert.

»Ich hatte meine Magisterexamen bestanden und war gefeiert worden. Wie war es eine so große Majestät und Herrlichkeit, wenn man Magister promovierte und ihnen Fackeln vortrug und sie verehrte! Den Codex juris des Justinian hatte der Vater mir bezahlt, einen riesigen Band mit zahllosen Glossen und Kommentaren, – auch noch weitere Bücher hatte ich erstanden und wanderte zu Fuß nach Erfurt zur Universität zurück. Da kam mir eine schreckliche Erscheinung vom Himmel; ein Blitz warf mich zur Erde. Da war Gott der Allerschreckende, Christus der Unerbittliche, waren alle die lauernden Teufel, die aus ihren Hinterhalten in Teich und Wald hervorsprangen, um mich mit Höllengelächter beim Haarschopf zu fassen und in die Hölle hinabzustürzen. Ich aber schrie: Heilige Anna, hilf mir, ich will ein Mönch werden.

Sobald ich nach Erfurt kam, verkaufte ich heimlich alle Bücher der Juristerei und ließ eine herrliche Collation zurichten, bat etliche Gelehrte, auch züchtige, tugendhafte Jungfrauen und Frauen dazu und war mit ihnen über die Maßen fröhlich, auch hielt ich nach meiner Gewohnheit eine Musicam.

Meine Freunde begleiteten mich zum Kloster der Augustinereremiten, da sagte ich ihnen: Heute seht ihr mich und nimmermehr, und sie weinten.«

»Aber warum wähltet Ihr gerade einen so strengen Orden?«

»Ich wünschte mir besinnungslose Einsamkeit. Da ich jung war, rühmte man dies Sprichwort: Bleibt gern allein, so bleibt euer Herz rein. Wie ein Einsiedler habe ich dort zu leben begehrt, obwohl die Regel anderes vorsah.«

»Und was sagte Euer Vater?«

»Ach, der Arme, er wurde gar sehr zornig und fand sich nicht damit ab, bis er im Tode zweier meiner Brüder eine Strafe für seine Auflehnung erblickte. So duldete er es denn.

Im Kloster hatten wir genug zu essen und zu trinken, aber da hatten wir Leiden und Marter am Herzen und Gewissen, und der Seelen Leiden ist das allergrößte. Ich bin oft vor dem Namen Jesu erschrocken, und wenn ich ihn anblickte am Kreuz, so dünkte mich, er war mir wie ein Blitz.

Ich gedachte nicht an Weib, Geld oder Gut, sondern das Herz zitterte und zappelte, wie Gott mir gnädig würde. Wir haben auch dort nicht allein das zeitliche Gut drangegeben, sondern auch den Leib daran gestreckt mit Fasten, Kasteien und anderen schweren, unerträglichen Bürden, daß auch etliche oft wahnsinnig drüber wurden und von allen Kräften kommen sind, ja haben auch zuletzt die Seele dazu verloren. Ich bin auch ein solcher gewesen und bin tiefer in der Apotheken gesteckt denn wohl mancher.

Die schwerste Anfechtung pflegt man zu nennen desertionem gratiae, da des Menschen Herz nichts anderes fühlt, denn als habe ihn Gott mit seiner Gnade verlassen und wolle sein nicht mehr.

Man gab mir, da ich ausersehen war, zu den gelehrten Patres zu gehören, eine in rotes Leder gebundene vollständige Bibel in die Hand, die lateinische Übersetzung des Hieronymus. Da mich aber der Präzeptor Professor Usingen bei ihrem Studium fand, sagte er: ›Ei, Bruder Martin, was ist die Bibel? Man sollte die alten Lehrer lesen, die haben den Saft der Wahrheit aus der Bibel gesogen, die Bibel richtet allen Aufruhr an.‹

Ich hatte die Kommentare zu studieren und wollte doch den einfachen Text, das klare, helle Wort. Das bedeutete Kampf gegen die Tradition eines Jahrtausends, gegen die Kommentare von dreihundert Jahren, gegen die Philosophen, die Sophisten, die gesamte Autorität. Ich bin ein sonderlich Mann gewest meinen Brüdern – unseres Herrgotts Quecksilber, das Er in den Teich, das heißt unter die Mönche hat geworfen. Ach, Katharina, wenn man mit Möncherei den Himmel gewinnen könnte, hätte es mir gelingen müssen, wie ich mich gequält habe mit Wachen, Fasten, Beten und Kasteien!«

Es klopft an die Tür. Sieberger ist es.

»Frau Doktorin, ein Bote des Kurfürsten steht unten, bringt wohl ein Wildbret für die Tafel!«

»O ja, wie schön!« lacht Käthe, »ich komme!«

Mit einem Raffen der Röcke bewältigt sie den Sprung aus dem Erfurter Augustinerkloster in die Wittenberger Wirklichkeit.

Vorsichtig öffnet Käthe die Tür zu der kleinen Kapelle, die auf den Fundamenten für die Klosterkirche gar ärmlich aus Holz gebaut und mit Lehm beklebt worden war. Eng und dunkel ist es darinnen. Der Raum ist dreißig Schuh lang und zwanzig breit, zwanzig Menschen können hier vielleicht zur Not stehen. An der Wand gegen Mittag war aus alten, ungehobelten Brettern ein Predigtstühlchen gemacht, etwa eineinhalb Ellen hoch von der Erde, Käthe kann sich gar nicht vorstellen, wie es Luther tragen soll. Sie hört erregte Stimmen. Endlich an die Dunkelheit gewöhnt, nimmt sie die Männer wahr, die da nebeneinander, über Schriften gebeugt, auf dem provisorischen Lager hocken, Karlstadt und Luther.

»Und hiermit soll dann eine einheitliche Meßordnung eingeführt werden in allen deutschen Landen«, stellt Karlstadt fest.

»Aber nein, nicht doch, Andreas!« protestiert Luther. »Vor allen Dingen will ich sehr freundlich auch um Gottes willen alle diejenigen gebeten haben, die diese Ordnung im Gottesdienst befolgen wollen, daß sie ja kein notwendiges Gesetz daraus machen, sondern sie gemäß der christlichen Freiheit nach ihrem Belieben gebrauchen, wie, wo, wann und wie lange es die Umstände erfordern.«

»Ach Martinus, du bist zu großzügig! Mit Strenge mußt du den Unverstand belehren und die Uneinsichtigen zurechtweisen«, sagt Karlstadt.

Luther schüttelt den Kopf. »Mitnichten. Und es ist darauf zu achten, daß die Freiheit der Liebe und des Nächsten Dienerin ist und sein soll.« (Käthe wiederholt die Worte in Gedanken: daß die Freiheit der Liebe und des Nächsten Dienerin sein soll. Die Freiheit – Dienerin. Sie muß schlucken. Waren sie nicht aus dem Kloster entflohen, um keine Dienerinnern mehr zu sein, sondern ihre eigenen Herrinnen? Dienerin der Liebe und des Nächsten, in Nimbschen war sie Dienerin Gottes, ihr scheint, sie sei heruntergekommen, denn wie leicht ist es doch, Gott zu dienen, und wie schwer, den Menschen!) »Wir stellen diese Ordnung gar nicht um derjenigen willen auf, die bereits Christen sind, denn die bedürfen dieser Dinge keines. Man lebt auch nicht um dieser willen, sondern sie leben um unsertwillen, die wir noch nicht Christen sind, damit sie uns zu Christen machen. Sie haben ihre Gottesdienste im Geist.«

Karlstadt fährt auf: »Wir keine Christen?« und sinkt unter Luthers Blick in sich zusammen. »Ich stehe beschämt vor deiner Demut, Martin«, sagt er leise.

»Aber um derjenigen willen muß man solche Ordnungen haben, die erst noch Christen werden oder stärker werden sollen, um der Einfältigen und des jungen Volkes willen – um dieser willen muß man lesen, singen, predigen, schreiben und dichten, und wenn es hilfreich und erforderlich dafür wäre, wollte ich mit allen Glocken dazu läuten lassen und mit allen Orgeln pfeifen und alles klingen lassen, was klingen kann.«

»Musik in der Kirche lenkt vom Wesentlichen ab!« konstatiert Karlstadt streng.

Luther lächelt. »Aber nein! Musica soll das Seelichen erfreuen; das Maul hat keine Freude davon. Wenn man mit Fleiß singet, so sitzet das Seelichen im Leibe, spielet und hat einen sonderlichen Wohlgefallen daran.«

Käthe stellt ihren Korb mit Speisen für Karlstadt vor die Herren.

»Du findest uns gar eifrig an der Arbeit, mein lieber Herr Käthe«, sagt Luther. »Nachdem ich nun endlich mit Erasmus und dem freien Willen ins reine gekommen bin, will ich mich der deutschen Messe widmen. Jeden Tag werden die Hofmusiker Konrad Rupff und Johann Walther eintreffen, die ich gebeten habe, mir bei der musikalischen Ausgestaltung des Gottesdienstes zu helfen. Da muß doch zunächst ein Text stehen – und mein lieber Andreas hat sich gar viel um die deutsche Messe bemüht, sein Rat ist mir kostbar! So arbeiten wir halt miteinander.«

»Soll ich Eure Mahlzeit auch hierherbringen?« fragt sie.

»Nein danke, mach dir keine Mühe, ich will schon kommen. Wir sind auch soweit einig.« Er steht auf, rafft seine Papiere zusammen; Käthe läßt die Blicke schweifen.

»Wenn ich nur ein wenig gespart habe, will ich hier eine ordentliche Kapelle ...«

Luther fällt ihr heftig ins Wort: »Das sei ferne von dir! Dies Borkirchlein ist mir lieb und wert, ich will von keiner Neuerung hören! Kehre nur immerzu das Schwarze Kloster um und um und werke und baue, du machst es unübertrefflich gut und ich weiß dir dank für deine Mühe, aber hier rühre mir nichts an!«

Erschrocken weicht Käthe zurück vor soviel Heftigkeit.

»Nun denn, ganz wie Ihr wünscht«, murmelt sie.

Luther geht mit ihr ins Haus. Da werden sie von den kurfürstlichen Räten Dolzig und Gräfendorf empfangen, die mit ihm verhandeln wollen, »wie es mit Singen und Zeremonien in der Stiftskirchen fürbaß gehalten werden soll«.

Und zwei Tage später hat Käthe die kurfürstlichen Musiker Konrad Rupff und Johann Walther, Luthers lieben Freund, zu Gast, mit denen ihr Gemahl seine musikalische Neusetzung der Messe bespricht. Als sie Walther auf dem Klosterhof begegnet, legt sie ihre Hand auf seinen Arm:

»Es ist mir so leid, lieber Herr, daß ich von der Wirtschaft gar zu arg in Anspruch genommen werde, um bei Euch zu sitzen und Euren Gesprächen zu lauschen, das möchte ich gern tun.«

»Eure Gegenwart wäre uns Ehre, Freude und Gewinn!« sagt Walther liebenswürdig. »Martin Luther hat die deutschen Choralgesänge meistenteils gedichtet und zur Melodie gebracht, und es erstaunt mich immer wieder aufs höchste, wie er alle Noten auf den Text nach dem rechten accent und concent so meisterlich und wohl gerichtet hat.«

»Das freut mich zu hören!« nickt Käthe stolz und eilt einem Wagen mit Kalk entgegen, um ihn in die rechte Richtung zu weisen.

Altweibersommer

»Mit Gottes Hilfe«, sagt Luther, »werden diese Bäumchen uns im nächsten Jahr gute Äpfel und Birnen schenken.«

Er wischt die Okulierschere mit seinem Sacktuch ab.

»Nein, bitte nicht!« ruft Katharina. »Wie soll ich denn das Tuch je wieder weiß bekommen? Hier, nehmt diesen alten Lumpen.«

»Ja«, brummt er, »mir scheint, der Herr Doktor muß noch gar vieles lernen, ehe er zu einem ordentlichen Hausvater taugt. Komm, meine liebe Käthe, laß uns ein wenig rasten und des Abends genießen.«

Sie setzen sich nebeneinander auf das schmale Bänklein an der Stadtmauer. Es ist ein warmer Oktobertag. Die bunten Farben des Herbstes werden verzaubert durch den leichten Dunst des nahenden Abends. Jenseits der Befestigung verbrennen die Bauern dürres Kraut, ab und zu klingt ein Lachen, ein Liedfetzen in die Abgeschiedenheit des Klostergartens.

»Was für eine gute Gottesgabe ist doch ein Garten!« sinniert Luther. »Sieh nur, Käthe, wir sind reicher als der Fugger, und das ganz ohne Ablaßgeschäfte – das Laub hat uns einen dichten Teppich puren Goldes auf die Wege gebreitet, und die lieblichen Herbstastern funkeln darein wie edelstes Gestein!«

»Daß Ihr als ein so gelehrter Doktor den Garten gar so lieb habt!«

»Aber freilich, ich bin eines Bauern Sohn; der Urgroßvater, mein Großvater, der Vater sind richtige Bauern gewesen. Dabei kommt mir, was ich dich unbedingt bitten wollte: Laß mir ein Gelaß einrichten mit einer Arbeitsbank, ich will das Drechseln üben, damit ich fähig bin, dich und unsere Kinder zu ernähren, wenn sie uns außer Landes treiben und niemand mehr einen Pfarrer besolden will.«

»Ja, es soll gleich morgen geschehen, ich weiß auch schon einen schönen Raum dafür.«

Es wird ihm gewiß guttun, wenn er sich ein wenig bewegt und körperlich anstrengt, denkt sie, er sitzt viel zuviel in seiner Stube droben.

»Dort an der Mauer, wo die Morgensonne hinscheint, will ich mein Kräutergärtlein richten«, sagt Käthe.

Luther faßt nach ihren Händen, die sie unter dem Rock zu verbergen sucht. »Nicht«, wehrt sie sich, »meine Finger sind schmutzig und garstig.«

»Nein«, widerspricht ihr Eheherr, »sie sind schön, deine Hände, und aller Ehren wert.« Er führt ihre Rechte an die Lippen. »Du bist allezeit emsig, den Hausstand zu mehren. Sieh mich an, meine Liebe!« Er nimmt ihr Gesicht in beide Hände. »Meine Kätha. Was für ein gutes Weib du mir bist. Ich sag dir's ehrlich, ich liebte dich nicht, als ich dich nahm. Mir schien, du seiest von stolzem, herrischem Gemüt. Wie sehr ich mich irrte! Es ist schon ein seltsam Ding, wenn man immer allein in seinem Bett gelegen hat, und plötzlich ist man nicht mehr allein und da liegt ein dicker Zopf neben einem auf dem Kissen. Aber es ist süß, im Dunkel der Nacht, wenn ich aufschrecke, weil der Teufel mich plagt, deinen Atem zu hören, deine Wärme zu spüren. Wie erfreut es das Herz eines einsamen Doktors, wenn ihm eine holde Fraue schon in der Früh so freundlich aufwartet und sich um all seine Notdurft kümmert. Kätha, ich liebe dich gar sehr.«

Käthe erwidert mit ihren graublauen Augen ruhig seinen Blick.

»Und du?« fragt er, »wie ist dir zumute?«

Sie zieht sich vorsichtig zurück. »Ich danke für die Ehre und freundliche Nachfrage...«

»Kätha, du sollst nicht spotten, ich meine es ehrlich.«

»Ja, mein Herr«, antwortet sie weich und leise, »und dafür danke ich Euch.«

»Kannst du nicht den Herrn und das Ihr weglassen?«

»Ja, Martinus, ich will mich bemühen. Auch für mich ist es neu, Tisch und Bett mit einem Mann zu teilen. Es bringt eine Menge Beschwer – früher hatte ich nur auf mich selber zu denken, alles Äußere wurde geregelt, so oder so, – jetzt trage ich die Verantwortung für Haus und Wirtschaft und dein Wohlergehen – ich trage sie mit Freuden, denn ich wirtschafte gern, schon als Kind in Lippendorf wollte ich es immerzu tun, ja, es ist mir eine Wonne, so recht von früh bis spät zu fuhrwerken.

Und es ist gut, Martinus, deine Frau zu sein. Von klein auf war ich auf mich gestellt. Die Mutter – ich habe sie nicht recht gekannt, sie war krank und starb gar zu bald. Gewiß, Amme Lena, der Vater, meine Geschwister – sie waren lieb zu mir, aber ihr Leben war verflochten mit dem vieler anderer, keiner war für mich da, wenn ich ihn brauchte, konnte für mich da sein.

Nur zu früh kam ich in die Klosterschule zu Brehna, da war ich oft sehr einsam – wie habe ich mich nach Hause gesehnt und wußte doch eigentlich nicht, was ein Zuhause ist. Nun hast du mich heimgeholt. Du bist ganz mein wie ich ganz dein bin. Du bist klug und stark und ein gewaltiger Gottesmann, bei dir bin ich geborgen. Das ist gut, mein lieber Martin.«

Ja, das ist es, denkt Käthe. Wie eine Rebenranke um das Stützholz will ich mich ganz um dich schlingen und an dir festhalten, behütet vor allem Leid und Ungemach. Ich will sie vergessen, die starke Brust des Hieronymus, bei Luther soll fortan meine Zuflucht sein.

Leichter Wind läßt bunte Blätter sacht durch die blaue Luft zu Boden trudeln, macht das Laub der Himbeerranken zittern. Das »Krägg, krägg« des Eichelhähers tönt, Meisen zwitschern, Luther drückt Käthes Kopf an seine Brust. Ihm liegt auf den Lippen, ihr von Gott und Christus zu sprechen, denen allein sie sich anvertrauen soll, aber er schweigt. Die leichte Last ist gar so süß.

»Ich hab dich lieb, Kätha«, flüstert er. Die Sonne sinkt, feuchte

Kühle steigt aus den alten Mauern. Jetzt hat er es wirklich gesagt, jubelt Käthe innerlich, er hat es gesagt.

»Wie ist die Welt doch so verschieden«, fährt er fort, »welch ein Frieden hier – und doch jagt der Truchseß, der Bauernjörg, über Land, bringt Folter und Tod, schleichen Mordbrenner durch die Nacht, auf Raub und Bluttat aus, und wer weiß, was der Teufel sonst noch Arges zurichtet in fernen Ländern, gerade jetzt, in diesem Augenbick, wovon wir keine Kunde haben, alles ist jetzt – zu gleicher Zeit – Lieb und Friede, Haß und Mord. Unsere Seele ist wohl nur zu klein, um es zu fassen.«

Käthe sieht auf Luthers Hand, die dicht neben der ihren liegt. Sie möchte die Zeit anhalten und in diesem Augenblick verweilen. Mehr als alle Worte vermittelt ihr dieses Miteinander der Hände das Gefühl des Einsseins. Es ist so ganz anders als die Ekstase der Begegnung mit Hieronymus – alltäglich, unscheinbar kommt es daher und gibt ihr doch Ruhe und Sicherheit für alle Stunden, einen Hintergrund der Geborgenheit für das Schauspiel des Lebens. Sollte das etwa doch ein Geheimnis sein?

»Ich will hier einen Brunnen bauen lassen«, sagt Luther, »damit wir an Ort und Stelle Wasser haben.«

»Ja«, nickt sie, »das ist eine gute Idee«, und räumt das Werkzeug zusammen.

»Laß uns heimgehen«, mahnt sie dann und kostet das Wort auf der Zunge aus: »Heimgehen.«

Das Monstrum

Katharina nimmt gerade einen Löffel voll Suppe aus dem Topf, um zu kosten, als ihr scheint, als sei ihr rechter Fuß in ein tiefes Loch getreten, Suppe und Herd verschwimmen vor ihren Augen, sie sieht nur noch Dunkelheit, Glocken dröhnen ihr in den Ohren. Die Köchin fängt sie in ihren weichen Armen auf und drückt sie auf einen Schemel, der Löffel fällt zu Boden.

So schnell, wie es kam, verschwindet dieses Unwohlsein auch wieder. Käthe streicht sich über die Stirn, schüttelt verwirrt den Kopf.

»Was war mit mir?« fragt sie.

Die Köchin bringt ihr einen Becher mit Wasser und lächelt.

»Warum wollt Ihr Euch immer nur um anderer Leute Kinder kümmern, Domina?«

»Ach, du meinst . . . ja, jaja!« Verhaltene Freude läßt ihre Stimme höher klingen: »Natürlich, du hast recht, das wird es sein!« In langen Schlucken trinkt sie. Ihr Herz setzt einen Schlag lang aus, um dann einen Hupfer zu tun. Es geht an. Ich bekomme ein Kind. Heilige Gottesmutter, steh mir bei. Und sie springt auf, faßt die Köchin um die runde Taille und tanzt mit ihr durch die Küche.

»Wie gut«, scherzt sie, »daß wir den Kirchhof in einen Gemüsegarten umgewandelt haben, wo wir bald einen gewaltigen Esser mehr haben werden.«

Mit beschwingten Schritten – sie muß an sich halten, um nicht wie ein Kind zu hüpfen – macht sie sich auf den Weg zu Cranachs. Wenn auch der Novemberwind eisig durch die Gassen fegt, so hat er doch den Himmel freigeblasen zu einem klaren, sehr dunklen Blau und der Sonne Licht scheint strahlender als in Sommertagen. Glücklich legt Käthe den Kopf in den Nacken. In fliegendem Galopp prescht ein berittener Bote auf sie zu, eilig ausweichend drückt sie sich neben zwei gutgekleideten Herren an die Hauswand, wird unfreiwillig Zeugin ihres Gesprächs.

»Er hat mich und die anderen Freunde auch gar nicht zugezogen – ich hätte ihm entschieden abgeraten, in so schweren Zeiten diesen Schritt zu tun! Aber der Mann ist ja so leicht zu behandeln! Die Nonnen, die sich auf alle Künste verstehen, haben ihn an die Leine gelegt. Schon der Umgang mit ihnen, so edeldenkend und großmütig Luther ist, hat ihn verweichlicht; seine Natur fing auch wohl Feuer. Und so scheint er hereingefallen zu sein und diesen sehr unzeitigen Wechsel seines Lebens vorgenommen zu haben.«

»Was Ihr nicht sagt . . .«

Katharina macht einen Schritt und sieht dem ersten Sprecher ins Gesicht. »Gott zum Gruße, Herr Magister Melanchthon!« sagt sie erbleichend. Er ist sprachlos vor Schrecken, mag sein, es wird ihm in diesem Augenblick erst bewußt, was er ausgesprochen hat und gegen wen. Käthe aber wendet sich auf dem Fuße und eilt zurück ins Schwarze Kloster, die Treppen hinauf, in die Turmstube.

»Oh Martinus, Martinus!« Weinend wirft sie sich auf den Sitz. »Melanchthon, dein Männlein, dein bester Freund, weißt du, was er gesagt hat?«

Völlig in seine Arbeit versunken, hebt Luther irritiert den Kopf.

Aus anderen Welten kommend, ist er wehrlos preisgegeben, mit voller Wucht treffen ihn die Worte wie Schläge ins Gesicht.

»Philippus? Und du hast es mit eigenen Ohren gehört?«

»Ich habe es mit eigenen Ohren gehört«, weint Käthe, »und dabei war ich so fröhlich, so glücklich! Ich wollte zu Barbara, um ihr zu sagen, daß ich ein Kind erwarte. Oh...« Sie legt erschrocken die Hand auf den Mund, so hatte sie es ihm ja eigentlich nicht mitteilen wollen!

Er steht langsam auf, kommt auf sie zu, schließt sie in seine Arme, drückt ihren Kopf an sich, wiegt sie hin und her. Erleichterung erfüllt sie – nun wird er mich trösten, mich streicheln und küssen, mir liebe Worte sagen, nun bin ich geborgen und beschützt, bei ihm können mich alle bösen Verleumdungen nicht treffen, jetzt ist alles gut.

»Oh, Kätha«, stöhnt Luther, »ich ertrage es nicht! Mein Lippus, mein Freund, auch er! Und der Herzog Georg von Sachsen instruiert den Reichstag: ›Es scheint auch klärlich, indem Martinus verworfen hat den Mönchsstand und so auch die Mönche aus dem Kloster zu Wittenberg, daß er desto mehr Raum habe, mit seiner Käthchen zu wohnen, davon sich ein ganzes Konvent hat nähren mögen.‹ Sein Zorn auf mich kennt keine Grenzen seit dem Michaelistag, wo unser guter Vater Prior Leonardt Koppe dreizehn Nonnen auf meine Bitte hin aus dem Kloster Freiberg entführt, und das aus Herzog Georgs eigenem Gebiet! Sein Adel zürnt mit ihm, müssen doch die Angehörigen nach Rückkehr der Klosterfrauen Vermögenseinbußen befürchten, weil sie ihr Erbe beanspruchen. Selbst adlige Freunde der Reformation drohen mir – der Geldsäckel ist den Menschen eben allezeit näher als der Herrgott!

Noch rauchen überall die zerstörten Dörfer, Tausende von Bauern werden in Ketten abgeführt, die Flüsse sind rot von vergossenem Blut, und der Luther feiert Bacchanale und reizt die Klosterleut zu Flucht und Ehe – so reden sie von mir, schicken Reisige aus, mich zu fangen.«

Käthe möchte laut aufschreien: Was kümmert mich Herzog Georg und der Adel – ich, ich leide, tröste mich! Aber Luther spricht weiter:

»Heinrich der Achte von England, der defensor fidei, der große Verteidiger des katholischen Glaubens, schreibt: ›Was, du hast ihr nicht nur beigewohnt, sondern, was noch unendlich fluchwürdiger ist, hast sie sogar öffentlich als Gattin heimgeführt!‹ Und selbst Erasmus von Rotterdam, den ich so hoch schätze als einen der wenigen ebenbürtigen Gegner auf dem Felde wissenschaftlicher Fehde, verstreut Lügen in ganz Europa von einem frühgeborenen Kinde, das beweisen soll, wie ich längst vor der Hochzeit mit dir gebuhlt habe. Das Volk auf den Gassen spottet meiner, die Bauern wollen mir an den Kragen, die Fürsten stellen mir nach, Europa lacht über mich. O Käthe, Kätha, wie ist mir – hat denn mein Gott mich ganz und gar verlassen?«

Käthe hebt den Kopf und drückt den Rücken durch. Luther ruht an ihrer Brust. Er ist sehr bleich, kleine Schweißperlen stehen auf seiner Stirn. Sie nimmt ihr Tüchlein und trocknet ihm das Gesicht, schlingt die Arme um seine Schultern. Polternd und krachend wie ein stürzender Wehrturm fällt in ihrer Seele eine Schutzmauer in Stücke: die Vorstellung, in der Ehe mit Luther Hilfe und Geborgenheit, Verständnis und Zuneigung, ein Zuhause gefunden zu haben. Er ist nicht stark und unbesiegbar! Wie ein furchtsames Kind liegt er ja in ihren Armen. Er sucht all das, wonach sie sich sehnt, bei ihr! Grausam klar erkennt sie aufs neue, was sie immer schon gewußt hat und doch nicht wahrhaben möchte: Ich bin nicht auf der Welt, um geliebt zu werden, sondern um zu lieben. Es ist unwichtig, was die anderen mir antun, es zählt nur, wie ich an ihnen handle – o Gott, mein Gott, gib mir Kraft!

»Laß fahren dahin«, flüstert sie beruhigend. »Was kümmern dich Könige und Fürsten, Gelehrte und Freunde, Reisige und Bauern? Ist deiner Seele Heil auf sie gestellt? Bist du abhängig von ihrer Gnade? Siehe, ich bin bei euch alle Tage bis an der Welt Ende, hat unser Herr Jesus gesagt. Sein Wort können sie uns nicht rauben, Seine Treue ist ewig, mit unserem Gott springen wir über die Mauer!«

»Kätha?« Luther sieht sie mit leuchtenden Augen an. »Kätha, mein liebes Weib, du sprichst wie ein Engel. Ich danke dir. Verzeih meine Kleingläubigkeit.«

Sie steht auf und streicht ihren Rock glatt. »Und nun will ich das Nachtmahl rüsten lassen«, sagt sie.

Aber sie gibt nur kurze Anweisungen in der Küche, sie verläßt das Schwarze Kloster, es ist nicht weit zu Melanchthons Haus.

»Den Magister möchte ich sprechen«, verlangt sie.

Bleich und unsicher steht er vor ihr, der Praeceptor Germaniae.

»Versteht mich recht, Frau Doktorin, ich...«, stammelt er verlegen.

»Über das Morgen will ich mit Euch sprechen, mein Herr, nicht über Vergangenes. Einen Pakt möchte ich mit Euch schließen zu Nutz und Frommen der evangelischen Sache und ihres Initiators! Haben wir nicht Feinde genug? Ich finde, es ist notwendig, Frieden zu halten im eigenen Lager. Ihr mögt über meine Person denken, wie Ihr wollt, es bleibt Euch unbenommen. Aber Euerm Freund und Lehrer solltet Ihr die Treue halten und seine Entscheidungen annehmen. Ihr könnt Euch denken, daß er seine Gründe hat, zu tun, was er tat, und daß diese nicht eigensüchtiger Natur noch wider das Evangelium sind. Ihr kennt ihn lange genug! Ich bitte Euch zum Nachtmahl auf heute abend, kommt und schließt Frieden um der Gnade Christi willen.«

Melanchthon senkt beschämt sein Haupt. »Ja, Domina«, murmelt er. Käthe nickt und verläßt sein Haus.

Glücklich wie ein Kind steht Luther von dieser Abendtafel auf. »Mein Lippus, mein Männlein! Entschuldigt hat er sich. Ist er nicht eine treue Seele, Käthe?«

»Ja, mein Herr«, antwortet sie und preßt die Lippen zusammen.

Sie macht ihren abendlichen Rundgang, da findet sie einen Schwarm Studenten und Schüler kichernd in einer Stube beisammen.

»Ei, meine Herren, was ist hier los?« drängt sie sich dazwischen.

»Wir beantworten Briefe!« sagt ein kleines Bürschlein eifrig. »Par exemplum diesen hier!« Käthe liest:

»Ein Sendbrieff Kethen von Bohra, Luthers vermeynthem eheweib sampt einem geschenk freundlicher Weise zuvorgefertigt...«

»Der ist von Magister Joachim von der Heidten, genannt Miricianus, aus Leipzig«, informiert ein Student sachlich, »und hier haben wir einen von Magister Hasenberg, ebenfalls aus Leipzig: ›M. Luder und seiner unehelichen Gattin Catherina von Bohra, damit sie entweder mit dem verlorenen Sohne sich bekehren und zur Buße und Heiligkeit des Klosterlebens zurückkehren oder doch Luther seine Nonne ihrem Bräutigam Christus und ihrer Mutter Kirche zurückstellt bei Höllenstrafe...‹ Diese Blätter schicken wir ihren Schreibern, den jungen Löffeln, illuminiert im Hintergemach, mit den Boten zurück und dazu ein schönes Geschenk, seht her!« Sie zeigen ihr ein viereckiges Täfelchen, darauf sind die vier Buchstaben A S I N so verteilt, daß man sie, von der Mitte aus gesehen, vierzigmal lesen kann und immer »asini« herauskommt: Esel.

Käthe sieht in die heißen Gesichter, die blanken Augen. »Danke schön, ihr meine eifrigen Ritter«, sagt sie. »Morgen sollt ihr doppelte Portionen Süßspeise haben! Nun aber ins Bett, es ist längst über die Zeit!«

»Die Boten gehen morgen in der Früh ab, darum mußten wir fertig werden«, erklärt der Älteste ernsthaft.

»Ja, freilich, wie konnte ich das außer acht lassen!« Käthe muß lachen, sie faßt mit beiden Händen je einen Bubenschopf und zaust ihn gehörig. Schon wieder auf der Treppe, hört sie noch eine helle Stimme:

»Das mag ich so an ihr, daß sie alleweil einen Spaß versteht.«

»Kätha«, empfängt Luther sie im Schlafgemach, »mein lieber Freund Spalatin hält Hochzeit in Altenburg, er will seine entwichene Klosterjungfrau ehelichen, da will ich hinreisen und ihm alle Ehren antun.«

»Nein!« schreit sie, ihrer selbst nicht mehr mächtig. »Ihr kommt mir nicht aus den Stadttoren. Habt Ihr mir nicht selbst erzählt, wie die Bauern Euch nachstellen? Was würden sie mit Euch tun, wenn sie Euer habhaft werden, malt es Euch aus!«

»Mein Leben liegt in Gottes Hand, hier und überall.«

»Ihr schafft dem Herrn gar zu viel Beschwer, wenn Ihr Euch mutwillig in die Hände Eurer Feinde begebt! Und die Reisigen des Sachsenherzogs? Wollt Ihr gar so gern mit Ihnen Bekanntschaft schließen?«

»Kätha, er ist mein bester Freund, mein Kampfgenoss' seit so vielen Jahren.«

Käthe wirft sich vor ihm auf die Knie, benetzt seine Hände mit ihren Tränen. »Wenn ich, wenn mein ungeborenes Kind nur ein wenig Gnade finden vor Euern Augen, so könnt Ihr das nicht tun!«

Luther hebt sie auf, streichelt ihr scheu die nassen Wangen.

»Wenn es dich denn gar so hart ankommt, meine Liebe, werde ich bleiben.«

Am nächsten Tag fuhrwerkt Käthe mit Besen und Lappen im Allerheiligsten, Luthers Turmstube. Ein angefangener Brief an Spalatin fällt ihr die Hände: »Laß dich von den altgläubigen Priestern in Altenburg nicht beirren: Die Ehe ist ein Geschenk Gottes. Du sollst, wenn du mit Deiner Catharina schläfst und sie umarmst, dabei so denken: Dieses Menschenkind, dieses wunderbare Geschöpf Gottes, hat mir mein Christus geschenkt. Ihm sei Lob und Ehre. Am Abend des Tages, an dem Du nach meiner Berechnung diesen Brief empfangen wirst, werde auch ich sofort meine Frau in gleicher Weise lieben und so mit Dir verbunden sein.«

»Nein, lieber Herr Käthe«, poltert Luther hinter ihr, »hier endet dein Machtbereich! Laß meine Papiere in Frieden – es wird nicht geputzt.«

»Aber Martin, wollt Ihr denn im Staub ertrinken?« protestiert sie verzweifelt.

»Lieber das, als stundenlang suchen und nichts mehr finden. Dein gut Bier wird mich schon wieder zum Leben erwecken. Geh, laß mir einen Krug bringen, keiner braut so wie du!« Und sie eilt, seinen Wunsch zu erfüllen.

Beim Abendmahl hat sie ein scharfes Auge auf ihren Mann, ausnahmsweise sind keine Gäste da, sie sitzt in aller Ruhe mit ihm zu Tisch. Wie er gar so hastig ißt – und noch einen Teller voll und noch einen. Und dazu trinkt er sehr viel Bier. Sein Gesicht ist hochrot, Schweißperlen stehen unter den Haarwurzeln. Als sie im Bett sind, redet sie ihm zu:

»Mein lieber Martin, es ist nicht gut für Euch, daß Ihr gar so schnell und soviel eßt und trinkt.«

»Gönnst du es mir nicht? Heißt das nicht, die Sparsamkeit zu weit treiben?«

Heiß steigt es Käthe zu Kopf: »Herr Doktor, wenn einer in diesem Hause ein Recht auf alles Essen und Trinken hat, ei, so seid Ihr das! Und ich will es Euch von Herzen gönnen, zeigt Ihr doch, wie meine Speisen Euch munden, wenn Ihr tüchtig zulangt! Aber ich sorge mich um Eure Gesundheit. Die großen Mengen liegen Euch allzu schwer im Magen, das Blut steigt Euch zu Kopfe . . .«

»Käthe, du verstehst das nicht. Ich leide oft schwer an der schwarzen Melancholia, und damit sie erst gar nicht in mich eindringen kann, muß ich meinen Körper so recht vollstopfen, auch wenn es mir widersteht.«

»Aber das ist falsch, die vielen schweren Speisen…«

»So schweige endlich still, Herr Professor Käthe, und glaube, was ich dir sage! Ich kenne meinen Körper länger als du und soll es wohl wissen.« Ärgerlich dreht er sich zur Seite, von ihr weg. Sie seufzt, schiebt sich das Kissen unter dem Kopf zurecht und ist auch schon eingeschlafen. Das Kindlein unter ihrem Herzen macht sie sehr müde. Bald darauf nimmt sie ein schweres Stöhnen wahr und heisere Rufe: »Kätha!«

In ihrer Schlafbenommenheit hält sie es für einen Traum, doch das hilft ihr nicht, die Rufe werden lauter und es zieht sie am Arm: »Kätha! Kätha!«

Sie setzt sich, schlägt Licht. Luther steht schwankend vor ihr, leichenblaß, schweißbedeckt, seine Hände sind eiskalt. »O Kätha, ich halte die Schmerzen nicht mehr aus.« Ein verzweifeltes Würgen schüttelt ihn.

»Ich – kann – nicht mehr!«

Er fällt vornüber aufs Bett. Wie der Blitz ist Käthe auf den Beinen. Behutsam rollt sie ihn auf den Rücken, deckt ihn zu, reißt die Türe auf und ruft, so laut sie kann: »Sieberger! Anna!«

Verschlafen torkelt Sieberger herein.

»Geh in die Küche, Wolf, schnell, schüre das Feuer, hänge den Wasserkessel darüber und wärme Steine an – der Herr Doktor ist sehr krank.«

»Da, da, daad…« stottert Sieberger.

»Es ist gut, Wolf, so geh doch schon.« Er macht sich auf.

»Ach Anna, daß du nur kommst«, seufzt Käthe erleichtert, »Wolf schläft noch im Gehen. Hol Leinenzeug und frische Wäsche, wir müssen den Herrn Doktor waschen und umkleiden.«

Unter ihren Händen kommt Luther wieder zum Bewußtsein. Seine Zähne schlagen gegeneinander, so zittert er vor Kälte. Sie waschen ihn mit duftendem, heißem Wasser, trocknen ihn mit warmen Tüchern. Käthe macht feuchtwarme Umschläge und umgibt seinen Körper mit heißen Steinen. Langsam kehrt das Blut in seinen Kopf, seine Gliedmaßen zurück: »Mir wird ganz heiß!« sagt er glücklich.

Käthe drückt seine Hand. Endlich schläft er ein. Sie wacht bei ihm. Nach Stunden schlägt er kurz die Augen auf.

»Ich danke dir, mein lieber Herr Doktor Käthe. Verzeih, daß ich nicht auf dich hören wollte. Du bist der bessere Medikus!«

»Schon gut, mein Lieber«, flüstert sie. »Schlaft nur, immer schlaft! Das ist die beste Medizin.«

Sie lauscht auf seine gleichmäßigen Atemzüge. Dann löst sie behutsam ihre Hand aus der seinen und kleidet sich fertig an, ihr Tagewerk beginnt. Den treuen Wolf findet sie auf einem Stuhl vor der Türe, sein Kopf ist ihm auf die Brust gesunken, gerade verschluckt er einen Schnarcher. Guter Kerl, denkt sie, wie ist doch sein Geist so willig und sein Fleisch so schwach. Menschen sind wir eben alle – Gott sei uns armen Sündern gnädig.

Anna schürt das Feuer im Herd und setzt den Frühstücksbrei auf.

»Mir scheint, Frauen sind stärker als Männer«, sinniert Käthe.

Der Sommer hat doch noch gar nicht angefangen, wie kann es nur so früh am Tage so schwül sein? fragt sich Käthe und setzt mühsam einen Fuß vor den andern; das Kindlein in ihrem Leibe wiegt gar so schwer. Der Gestank des Unrats auf den Gassen erregt ihr Übelkeit, sie glaubt, ihn noch nie so durchdringend wahrgenommen zu haben. Ohne Vorwarnung, wie ein Blitz aus heiterem Himmel, steigt ihr dröhnend das Blut zu Kopf, ihr Gesichtsfeld trübt sich, ihr wird schwindelig, sie greift nach der nächsten Hauswand, ach, das ist Magister Johannes Lubecks Wirtschaft, sie stolpert über die Schwelle und bittet um einen Trunk Wasser. Der Rand des Bechers schlägt ihr gegen die Zähne, so sehr zittert sie, aber das Trinken bringt Erleichterung, sie sieht wieder klar.

»Kommt er bald, dein Bankert? Ich bin gespannt, wie viele Köpfe er haben wird!« kreischt es. Eine Frau baut sich vor ihr auf, die Hände in die Seiten gestemmt, hochroten Kopfes.

»Wer seid Ihr?« fragt Käthe hilflos.

»Ich? Ich bin das Bürgerweib Klara, Eberhard Lorenz Jessners eheliche Hausfrau, darf Kinder haben in allen Ehren! Aber du, du bist nur eine entlaufene Nonne, du hast deine Gelübde gebrochen, du Hure...«

»Warum sprecht Ihr so zu mir?«

»Weil du unseren Doktor Luther bezaubert und verführt hast mit deinen teuflischen Künsten! Aber der Himmel läßt seiner nicht spotten! Er wird dich bestrafen, warte, bist du dein Kind siehst, dann denkst du an meine Worte!« Käthe dreht sich um und flieht auf die Gasse, wie von selbst schlägt sie die Richtung zur Stadtkirche ein. Ohne etwas wahrzunehmen, bahnt sie sich den Weg an den

Tischen der Handwerker vorbei, die von der warmen Sonne vors Haus gelockt wurden, durch die Abfallhaufen, zwischen Schweinen, Hühnern, Kindern hindurch. Sie stürzt in die Kirche, wie gejagt von allen Furien der Hölle. Keuchend und zitternd sinkt sie in einer dunklen Ecke zu Boden. Dunkel, Dunkel umfängt sie – und draußen scheint doch die Junisonne so hell! Dunkel die feuchten Mauern, dunkel das Holzgestühl und die Wände, dunkel die Steinplatten auf dem Boden, nirgendwo ein Licht, ein Kerzenschein, – wo je war es in einer Kirche so dunkel? Übelkeit und Schmerz ergreifen sie wie ein reißendes Tier.

»O Mensch, bereu dein Sünden groß!« hallt es in ihren Ohren.

»Herr«, versucht sie zu flüstern, während ihre Zähne aufeinanderschlagen, »Herr, vergib mir meine Schuld! Was habe ich getan, daß du mir so zürnst? Verzeih mir nach deiner großen Güte! Ich konnte dir nicht dienen im Kloster, ich bin nicht so, du weißt das doch, du kennst doch all meine Gedanken – ich wollte ehrlich bleiben vor dir! O Herr, ist es eine Sünde, Luthers Eheweib zu sein? Wenn dem so ist nach deinem unerschöpflichen Ratschluß, so strafe mich und nicht mein Kind! Ich bitte dich, ich flehe dich an um des grausamen Leidens deines Sohnes willen – laß mich leiden, nicht das Kleine.«

Der Schmerz packt sie wie eine riesige, schwarze Flut, reißt sie hinab in bodenlose Finsternis der Verzweiflung – und hebt sie empor, hoch und höher, immer höher, hinaus über alle Schwärze einem hellen Schein, einem strahlenden Licht entgegen, das sie einhüllt, umhüllt ganz und gar, und ein seltsames Prickeln durchströmt ihren Körper, Tränen des Glücks laufen ihr übers Gesicht, sie fühlt sich unendlich geborgen.

»Es ist gut. Es ist alles gut. Wie konnte ich je daran zweifeln«, stammelt sie. Und dann findet sie sich auf den Steinen wieder, aber die Dunkelheit in ihrer Ecke hat allen Schrecken verloren. »Wo habe ich mich aber auch hier verkrochen?« fragt sie sich selber und sucht den Weg zurück zum Sonnenlicht. Da ist er wieder, der Schmerz, mit eisernen Krallen wühlt er sich in ihren Rücken, Katharina atmet tief durch, tastet sich an der kalten Wand entlang zum Portal, in den Sonnenschein hinaus. Sie erinnert sich der Klara Jessnerin.

»Hilf mir, Herr«, betet sie, »laß mich nicht hier auf der Straße umfallen.« Sie beißt die Zähne zusammen. Schnell, befiehlt sie sich, bis zur nächsten Wehe mußt du diese Gasse hinter dich gebracht haben! Sie schafft es noch ein Stückchen weiter. Nun, da sie den Schmerz kennt und weiß, daß er aufhören wird, kann sie ihn leichter ertragen.

»Wie seht Ihr bleich aus, Frau Doktorin«, stammelt Sieberger, dem sie an der Tür begegnet.

»Ruf die Wehmutter, Wolf!« sagt sie gefaßt und schreitet mit durchgedrücktem Rücken die Treppe hinauf. Es hält sie nicht auf ihrem Lager. Kaum hat Theresa sie gut in die Kissen gebettet und zugedeckt, springt sie wieder auf die Füße. »Laß mich«, bittet sie, »ich muß mich bewegen, es bringt mir Erleichterung.« Sie hätte nicht geglaubt, daß die Schmerzen noch stärker werden könnten, nun muß sie es erdulden. Endlich windet sie sich doch auf dem Bett. Das Kinn auf die Brust drücken, tief einatmen – ach, sie weiß immer im voraus, was Theresa sagen wird, und nichts bringt ihr Erleichterung, nichts.

Luther ist nicht im Hause, hoffentlich kommt er nicht so bald! Sie könnte nicht lächeln für ihn und sich den Schmerz verbeißen aus Rücksicht auf seine zarte Seele. Als es zu schlimm wird, schreit sie – und genau da steht Luther neben ihr. Sie gräbt die Zähne in die Lippen, verkrampft die Finger ineinander, daß die Knöchel sich weiß abzeichnen, schließt die Augen, nur ein ersticktes Gurgeln kann sie nicht unterdrücken. »Entschuldigt bitte!« murmelt sie. Und dann schreit sie doch noch einmal, es läßt sich nicht zurückhalten, es schreit aus ihr.

»Ein Sohn, es ist ein Sohn!« jubelt Theresa. Luther kniet an ihrem Bett und küßt ihre Hände.

»Zeig ihn mir!« flüstert Käthe, sie hat keine Stimme mehr. Mit zitternden Händen nimmt sie das kleine rosige Körperchen, fühlt jedes Fingerchen, jeden Zeh, schmiegt ihre Wange an das weiche Köpfchen.

»Er hat nur einen Kopf, Martinus, er ist an allen Gliedern heil und gesund! Dem Herrn sei Dank!«

Sie sinkt zurück in die Kissen, duldet, daß die Hebamme ihr das Kind abnimmt und fällt in einen tiefen Schlaf.

»Es ist zwei Uhr, am siebten Juni anno domini 1526...«, sagt Luther.

Siebtes Geheimnis: Kinder

Johannes

»Wach auf, Käthe, bitte, so wach doch auf, gerade jetzt kannst du nicht schlafen!« Luther drückt ihre Hände. Halb bei Bewußtsein, flüstert sie: »Ist etwas mit dem Kleinen?«

»Nein, nein, natürlich nicht«, antwortet Luther ungeduldig. »Nur, er muß baldigst getauft werden. Johannes soll er heißen wie Bugenhagen, der ihn aus der Taufe heben wird, und wie sein Großvater Hans Luder – auch Jonas soll Gevatter sein und Cranach, Frau Bürgermeister Holmdorf, Christian Baier, der kursächsische Vizekanzler, der Mansfeldische Kanzler Müller und Nikolaus Gerbel, den ich schon lange gebeten habe und – Kätha, Kätha, du kannst doch jetzt nicht schlafen.«

Sie kann. Luthers Worte sind ein murmelndes Geräusch, das nur in den Vorhof ihres Bewußtseins dringt.

»Herr Doktor!« energisch zupft die Hebamme an seinem Ärmel, »So laßt Eure Frau jetzt in Ruhe – sie hat es schwer genug gehabt! Immerhin brachte sie das Kind auf diese Erde, so seht Ihr jetzt zu, wie Ihr es im Himmel anmeldet!« Luther macht eine unwirsche Bewegung, dann seufzt er und wendet sich zur Tür. »Ihr mögt recht haben«, räumt er ein.

Als Käthe erwacht, ist sie allein, auch die Wiege ist leer. Schon will sie laut aufschreien – sinkt aber beruhigt zurück: er wird ja getauft. Johannes, Hans, Hänschen, Hänsilein. Ihr Sohn. Heil und gesund! Das Taufessen, wer wird es richten? Sie setzt sich auf. Uh, wie sich alles im Kopfe dreht – ein schneidender Schmerz fährt ihr durch den Leib – soviel ist sicher, sie kann nicht in die Küche gehen. Und die Studenten, die Schüler? Der Käse muß angesetzt werden, die alte Frau, die gestern abend kam, ist bettlägerig, ob ihr jemand eine Suppe gebracht hat?

Es klopft an der Türe. »Herein, bitte!« ruft Käthe und traut ihren Augen nicht. »Muhme Lene!« jubelt sie.

»Ja, mein Kind.« Die beiden liegen sich in den Armen. »Ich bin mit neunzehn Schwestern von Nimbschen fortgegangen.«

»Oh, Muhme Lene, wie ich mich freue, dich zu sehen. Wie geht es der ehrwürdigen Mutter Äbtissin?«

»Gut, Käthchen, gut. Sie ist mit allen Klosterjungfrauen evangelisch geworden, bleibt aber mit denen, so nicht in der Welt leben wollen, in Marienthron.«

»Muhme Lene!« Käthe streichelt die Hände der alten Frau. »Dich hat der Himmel gesandt. Magst du wohl bei uns bleiben?«

»Ob ich mag? Ich danke dir und deinem Mann von Herzen, wenn ich darf.«

»Ich will dir auch ein Stübchen richten mit Gelaß und Schornstein, darinnen du dein Eigen haben sollst. Gott hat mir einen Sohn geschenkt, gewiß haben sie es dir schon erzählt, – und ich kann gar nicht aufstehen und nach dem Rechten sehen...«

»Das will ich wohl gerne für dich tun, und es wäre mir eine große Freude, dein Söhnlein zu hegen und zu pflegen.«

»Ach ja, ach bitte, liebe Muhme Lene. Bitte, könntest du nach unten gehen und fragen, ob sie der alten Frau, die gestern ins Haus kam, Essen gebracht haben? Und würdest du nach ihr sehen? Sie ist krank, fürchte ich. Und der Käse muß angesetzt werden, und...«

Käthe legt sich zurück. Magdalena streicht ihr liebevoll mit der Hand über die Stirn. »Mein Kleines, was du alles zu bedenken hast! Laß gut sein, ich will es schon richten – nein, nein, du brauchst mir jetzt nichts zu erklären, ich frage mich schon durch. Ich bringe dir auch gleich einen guten Kräutertee und ein Buchweizenmus. Schlaf nur noch ein bißchen, du mußt dich ausruhen. So, siehst du, es ist ja alles gut.«

Käthe seufzt erleichtert. Sie fühlt sich umhegt und geborgen wie – ja, wann ist es je so gewesen? Sie muß weit zurückdenken, bis in die Kindheit zu ihrer Amme. Ach, ist das schön, alles Sorgen dahinfahren zu lassen und einmal nicht selbst zu wirtschaften. Sie fällt in leichten Schlummer.

»Hier hast du ihn wieder, deinen Sohn! Nun ist er kein armes Heidenkind mehr!« hört sie die Stimme Luthers. Barbara legt ihr das Kind in die Arme.

»Ich wünsche dir von ganzem Herzen Glück, meine liebe Käthe, laß dich küssen. Wie geht es dir? Mit deinem Mann ist ja nicht mehr zu reden, er birst schier vor Stolz über den besten und schönsten Sohn, den die Sonne je beschienen hat! Mach dir keine Gedanken, meine Liebe, der gute Pfister, der euch ja auch beim Hochzeitsmahl aufgewartet hat, richtet die Feier aus. Du magst dich beruhigt ganz deinem Sohn widmen.«

Käthe nimmt den Kleinen an die Brust. Mit ihren Lippen liebkost sie das Köpfchen, diese holde, weiche Haut, unter der, so verletzlich, der Quell des Lebens pocht! Das Händchen schließt sich um ihren Finger. Wie wohl ausgebildet die rosaroten Fingernägel in ihrer Winzigkeit! Einhüllen will ich dich in meine Liebe, Hänschen, dir einen dicken Mantel daraus weben, der alle Unbill abhält. O mein Gott im Himmel, wie danke ich dir, daß ich dieses Schatzes warten und ihn aufziehen darf!

Am späten Abend kehrt Luther zu Mutter und Kind zurück, das Antlitz gerötet vom Essen und Trinken, die Augen funkelnd vor Stolz und Freude.

»Meine liebe Käthe!« sagt er gerührt und nimmt ihre beiden Hände. »Laß mich dir nächst Gott, dem Herrn, Dank sagen für unser erstes Kind. Wie fühlst du dich? Ist es dich hart angekommen?«

»Sehr hart. Zum Schluß schien mir, ich würde es nicht schaffen und mein Leben darüber aushauchen – dachte auch schon, ich möchte nie wieder ein Kindlein tragen, bis ich den Kleinen sah und in meinen Armen hielt, dafür will ich's erdulden.«

»Danke Gott, liebe Käthe, daß du ein Weib bist – ich als ein Mann bin nicht würdig, das Kindlein zu wiegen, seine Windeln zu waschen und für dich zu sorgen! Wie bin ich in diese Würdigkeit ohne Verdienst gekommen? Ach, wie gerne will ich solches tun, auch wenn's noch geringer und verachteter wäre! So sollst auch du in deinen Werken denken, wenn du das Kind säugst, wiegst, badest – es sind alles lauter goldene, edle Werke –, und in den schweren Nöten der Geburt gedenke, liebe Käthe, daß du ein Weib bist und dieses Werk Gott an dir gefällt. Vertraue getrost auf Seinen Willen und laß ihm Sein Recht an dir. Gib das Kind her und tu dazu mit aller Macht! Stirbst du darüber, so fahr hin! Wohl dir, denn du stirbst bestimmt im kostbaren Werk Gottes und im Gehorsam gegen ihn. Ja, wenn du nicht ein Weib wärest, so wolltest du jetzt allein um dieses Werkes willen wünschen, daß du ein Weib wärest und so kostbar, in Gottes Werk, Not zu leiden und zu sterben.«

Käthe würde am liebsten losschreien, nein, das ist gar nicht so, dies Leiden ist so hart, daß ich mich wirklich nicht darum reißen würde, auch nicht, um Gottes Willen zu tun, und im Augenblick würde ich es ganz gewiß vorziehen, ein Mann zu sein, ohne diese Pflichten erfüllen zu müssen! Aber sie schweigt. Sie ist einfach zu müde.

»Denn hier ist Gottes Wort, das dich so geschaffen und diese Not in dich gepflanzt hat. Sage mir, ist das nicht auch so, wie Salomo sagt, Wohlgefallen von Gott schöpfen, auch mitten in solcher Not?«

»Du hast die Qualen nicht gespürt, Martinus«, flüstert Käthe und dreht den Kopf zur Wand. Luther sieht es nicht in seinem Eifer und redet weiter: »Und gewiß willst du mehr Kinder haben, du kannst ja gar nicht anders! Wo man mit Gewalt aufhält dieser Natur Werk, da muß es in das Fleisch und Blut schlagen und Gift werden; denn was zur Frucht und Mehrung kommen sollte, das muß der Leib in sich selbst verzehren. Daher sieht man auch, wie schwach und ungesund die unfruchtbaren Weiber sind; die aber fruchtbar sind, sind gesünder, reiner und vergnügter. Auch wenn sie sich müde und zuletzt zu Tode tragen, dazu sind sie da. Es ist besser, kurz und gesund, als lange und ungesund zu leben.«

Käthe schiebt sich im Bette ungeduldig hin und her – was er doch alles weiß oder zu wissen glaubt, mit stolz tönenden Worten daherredet, und sieht nicht, was sie ausgestanden hat und daß sie dringend ein wenig Liebe und Zuwendung und Trost braucht und keine theologische Vorlesung! Es tut ihr nahezu körperlich weh, ihm zu lauschen; sie muß all ihre Kraft zusammennehmen, um nicht doch zu schreien: Hör auf, was weißt du schon, hör bitte auf!

»Das Allerbeste im ehelichen Leben, um welches willen auch alles zu leiden und zu tun wäre, meine liebe Käthe, ist, daß Gott Frucht gibt und befiehlt, sie aufzuziehen zu Gottes Dienst. Nun wir denn alle schuldig sind, wo es not wäre, zu sterben, damit wir eine Seele zu Gott bringen können, so siehst du, wie reich der eheliche Stand ist von guten Werken, dem Gott die Seelen in den Schoß gibt, vom eigenen Leibe erzeugt, an welchen sie können alle christlichen Werke üben! Ach, meine Liebe, ich sehe, du bist krank und erschöpft, und ich halte dir Vorlesungen. Verzeih! Von Herzen trage ich Leid um deine Schmerzen! Ich liebe dich, meine Käthe, liebe dich zu sehr, fast mehr denn Gott!«

»Setz dich zu mir, Muhme Lene, bitte!« sagt Käthe. »Du Ärmste bist bei mir mit Pflichten überladen, findest weniger Ruhe als im Kloster.«

»Ich tu es gern«, antwortet Magdalena bescheiden.

»Wie gefällt es dir in Wittenberg?«

»Ach, weißt du, das ist schwer zu sagen. Es ist alles so neu und verwirrend für mich, die vielen Menschen – und sie sind alle so freundlich.«

»Wirklich? Da bin ich aber froh! Mich haben sie zu Anfang gar sehr geplagt mit Ablehnung und übler Nachrede, ja noch kurz vor der Geburt haben sie mich eine Mönchshure gescholten, sie scheinen zu glauben, daß man in Klöstern nur auf Unzucht sinnt.«

»Rege dich nicht auf, Kind, das schadet der Milch«, beruhigt die Muhme. »Du mußt die Leute verstehen – aus den Fingern saugen sie sich das nicht, es gibt genug Geschichten...«

»Aber das sind doch üble Verleumdungen!« protestiert Käthe.

»Nicht unbedingt, manches ist auch wahr. Man liest sogar davon in der legenda aurea, da gibt es die Geschichte einer Äbtissin, die mit allem Fleiß Zucht und Ordnung in ihrem Kloster hielt und streng regierte. Da verhängte Gott über sie, daß sie eines Kindes schwanger wurde. Die Schwestern, erfreut, ihr nun etwas Schändliches nachsagen zu können, denunzierten sie beim Bischof. Ehe der aber eingreifen konnte, betete die Äbtissin zur Mutter Gottes und flehte um Hilfe in ihrer Not. Und Unsere Frau sprach zu den Engeln, daß sie die Äbtissin entledigten von ihrem Kind, das taten sie. Das Kind ward von ihnen zu einem Einsiedler gebracht, der es aufzog. Der Bischof erschien zur Visitation, befand, daß die Äbtissin frei von Vorwurf sei, und bestrafte die verleumderischen Nonnen. Es endete aber erbaulicher. Die Äbtissin fiel in der Beichte nieder und bekannte ihre Sünde sowie die Hilfe der Mutter Gottes. Der Bischof, erfreut über das Wunder, sandte zu dem Einsiedler und ließ ihm das Kind abfordern, nahm es zu sich, und nach seinem Tode ward es erwählt und zu einem Bischof an seiner Statt. Niemand nimmt Anstoß an der frommen Legende, die sich ja schließlich in einem weitverbreiteten Andachtsbuch findet – also muß wohl doch etwas daran sein, wenn man von den Schwachheiten des Leibes bei Mönchen und Nonnen erzählt.«

Käthe schüttelt den Kopf. »Ich kann dir nicht widersprechen, aber glauben kann ich es auch nicht...«

Luther schreibt seinen Freunden, Hans sei ein »homo vorax et bibax«, ein starker Esser und Trinker. Fröhlich ist der Kleine, jeden

Tag entdeckt Käthe an ihm etwas Neues. Viel zu schnell für ihr Gefühl wächst er heran.

Endlich wieder auf den nimmermüden Beinen, ringt Käthe in der Küche verzweifelt die Hände: »Diese sogenannte Stadt Wittenberg ist ein elendes Nest! Nichts Ordentliches gibt es hier, aber der Bettel, den sie anbieten, ist unverschämt teuer, zu teuer für uns. Sieh dir das an, Muhme Lene! Diese schlappen, fahlen Blätter – soll das Salat sein? Und diese runzligen, verschrumpelten Würzlein, nennst du so etwas Möhren? Wie soll ich gutes, gesundes Essen herrichten mit solcherlei Gemüse? Unser Garten ist zu klein, er bringt nicht genug für die vielen, die ich füttern muß. Ich kann nicht jeden Morgen über Land fahren, um einzukaufen, und bezahlen kann ich es auch nicht. Da hilft nur eines, wir müssen Land erwerben! Wenn ich ein kleines Gut hätte, um all unseren Bedarf selbst herzustellen, ei, das wäre fein! Wie schnell wollte ich den Kaufpreis erwirtschaften!«

»Wirtschaften, meine Liebe«, nickt Muhme Lene mit ihrem lieben Lächeln, »wirtschaften möchtest du, gib es doch zu! Hast du nicht genug um die Ohren?«

»Ach, es würde alles von allein laufen, ich bräuchte nur ab und an nach dem Rechten zu sehen und die Ernte einzuholen!«

»Meinst du?« fragt die erfahrene Frau leise. »Glaubst du wirklich, es gäbe eine Sache auf Gottes weitem Erdboden, die von sich aus, ohne dein Zutun haargenau nach deinem Plan und Bilde liefe und du hättest nur den Ertrag einzustreichen? Ach Käthe, das wäre das erste Mal!«

»Und wenn ich genaueste Anweisung gäbe und Kontrolle übte die erste Zeit – oh, Muhme Lene, ich weiß, wie man es anfassen muß, mir soll es wohl gelingen! Aber ich vergesse meine Pflichten! Laß sehen, ob alles rechte Ordnung hat mit der Mahlzeit, Luther hat Gäste. Hast du die lombardische Suppe abgeschmeckt?«

»Sie ist köstlich, vielleicht sollte noch ein Ästchen Thymian hinein. Woher hast du die Rezeptur?«

Käthe lächelt verschmitzt. »Von einem päpstlichen Leibkoch – Barbara Cranach gab sie mir.«

»Und wie kannst du all diese ausländischen Gewürze beschaffen – Zimt, Safran, Muskat?«

»Die führt Meister Lucas in seinem Laden!«

»Aber Wittenberg ist ein Nest, in dem man nichts kaufen kann?«

»Von Cranachs abgesehen, ja. Wie steht es mit den Fischen? Sie dürfen nicht zu lange im Sud sein, sonst zerfallen sie. Ist das Fladenbrot knusprig? Laßt sehen – gut. Was haben wir an Fleisch?« Muhme Lene antwortet stolz: »Rindfleisch von den Rippen – es ist zart und saftig. Was für eine Sauce willst du dazu haben?«

»Butter, Petersilienwurzel und Sellerieknolle, Dill, Liebstöckl, Thymian, mit saurer Sahne gebunden. Sind die Kapaune an den Spießen schon gar? Daß sie mir nicht anbrennen! Was ist mit der böhmischen Pastete und dem Geheck von Eiern? Laßt die gelben Rüben sehen und das Weichselmus – die Kirschen sind gar sauer dies Jahr! Habt ihr die Äpfel auch in Wein gedünstet? So ist es recht. Und die Nachspeisen? Ja, die Obstschüsseln sehen gut aus. Sind die herrlichen Trauben vom Kurfürsten? Anna, du solltest jetzt den Teig für die feinen Mandelnußtörtchen anrühren – hier ist das Rosenwasser, vergiß es nicht. Und die gebackenen Zwiebeln, verfeinere sie mit Honig und süßer Sahne – der Herr Doktor sollte sie essen für seine Gesundheit, also müssen wir sie ihm schmackhaft machen.«

Muhme Lene schüttelt bewundernd den Kopf. »Käthe, ich staune alle Tage aufs neue! Du bist eine hervorragende Köchin, wo hast du das alles nur gelernt?«

»Barbara Cranach hat ein großes Haus zu führen – von ihr sah ich's mir ab. Ich esse gern – darum koche ich auch gern, und was man gern tut, kann man auch, ist es nicht so?«

Auf dem Weg zum Speiseraum begegnet sie einem Studenten, hochaufgeschossen, mit stolz steifem Genick, ein modisches Barett keck auf den schwarzen Locken, im schmucken Samtwams, den Degen an der Seite: »Oh, Frau Doktorin, das duftet ja sehr verheißungsvoll!« ruft er und leckt sich die Lippen.

»Mag sein, aber Euch wird es nicht schmecken.«

»Aber wieso nicht, ich bin bei gutem Appetit!« lacht der Studiosus.

»Weil für Euch nicht gedeckt ist«, sagt Käthe kühl.

»So lassen wir einen Teller holen!« Er sieht da keine Schwierigkeit.

»Versteht mich endlich, es gibt an meinem Tisch für Euch keine Speise!«

»Erlaubt, ich höre wohl nicht recht, ich bin Student Eurer Burse.«

»Ihr waret es, mein Herr, Ihr wart es. Heute jährt sich der Tag, an dem ich das letzte Kostgeld von Euch sah! Dreihundertundfünfundsechzig Tage lang habe ich Euch umsonst gefüttert, ich kann es fürder nicht mehr! Ihr legt mir Eure Groschen auf den Tisch, oder Ihr sucht Euch eine andere Bleibe, das ist mein letztes Wort.«

Der Junge erbleicht, zieht seine Börse aus dem Gürtel – und zählt Käthe die Münzen in die Hand. Sie schüttelt ärgerlich den Kopf.

»Da habt Ihr wahrhaftig genug Silberfischlein und laßt mich arme Frau so lange warten und betteln, ist das ehrenhaft? Nun werdet Ihr es herumschreien in ganz Wittenberg, wie ich Euch kenne, was für ein hartherzig Weib ich bin, daß ich Euch um der paar Gröschlein willen die Speise verweigert habe, und denkt nie darauf, wovon ich alles bezahlen soll!«

»Dein Essen, meine liebe Käthe, ist wie immer vorzüglich!« lobt der Hausherr, als sie später bei Tische sitzen. »Aber du selbst hast ja gar kein Guts davon, sitzest mit dem Kinde und führst kaum den Löffel zum eigenen Munde, dabei täte es dir doch bitter not! Überlaß den Kleinen Muhme Lene und pflege dich!«

»Ach mein lieber Herr«, lacht Käthe, »ich bitte Euch, wollt mir gestatten, das Kind zu füttern. Ich habe es gar so lieb und möchte es wohl den ganzen Tag lang tragen und wiegen! Ihr wißt, wie gern ich wirtschafte und das Hauswesen versehe, aber nun fällt mir's gar schwer, weil ich oft des Kindes nicht warten kann.«

Luther lächelt: »Nun denn, Mütter müssen wohl so sein. Aber du vergissest darüber ganz und gar deiner selbst.«

In der Weihnachtszeit bleibt Käthe nichts anderes übrig, als den Kleinen der Tante zu überlassen, weil es zuviel zu tun gibt. Als sie sich endlich abends über seine Wiege beugt, erscheinen ihr seine Wangen hektisch rot.

»Oh, Martin«, ruft sie entsetzt, »er ist ganz heiß, ich glaube, er hat Fieber!«

»Ach, mach dir keine Sorgen, meine Liebe, er wird sich warm geschlafen haben. Komm, leg dich nieder, dein Tag war lang genug.«

Widerwillig läßt sich Käthe überzeugen. Sie hat kaum die Augen geschlossen, als sie hochfährt. Hans schreit hell und gellend, sie nimmt ihn auf, wiegt ihn, hin- und hergehend, in den Armen, summt ein Wiegenlied; aber er läßt sich nicht beruhigen, krebsrot im Gesicht, brüllt er. Käthe wechselt die Windeln, für einige

Minuten ist der Kleine still, doch schon fährt er wieder hoch mit spitzen Schreien.

»Wolf soll die Hebamme holen!« sagt Käthe.

Luther schüttelt den Kopf. »Laß uns bis zum Morgen warten. Hänschen wird wieder einschlafen. Nimm ihn zu uns ins Bett. Wir wollen doch nicht alle Welt aufwecken.«

Wieder gehorcht Käthe, aber ungern. Das Kind beruhigt sich, sie preßt ihre Wange an das heiße Köpfchen. Eigentlich hat Luther recht – natürlich hat er recht. Was sollte Theresa machen? Aber vielleicht wüßte sie doch Hilfe, sie kennt sich soviel besser mit Kindern aus. Käthe muß an die Buttichin denken. Nein, es hält sie nicht länger. Sie steht auf, kleidet sich an, hüllt Hänschen in ein dickes Tuch.

»Was willst du tun?« fragt Luther schlaftrunken.

»Ich gehe zu Theresa.«

Ohne weiteren Widerspruch abzuwarten, ist sie schon aus dem Zimmer. Dunkel und still liegen die Straßen. Käthe sieht ängstlich zu den geschlossenen Fensterläden hinauf, wird Hänschens Geschrei die Bürger wecken? Nun schweigt er ein Weilchen, und sie erreicht das kleine Haus an der Stadtmauer, in dem die Hebamme wohnt. Sie zögert einen Augenblick, es ist ihr leid um die Nachtruhe Theresas, aber schon fängt das Kind wieder an zu weinen. Theresa, an nächtliche Hilferufe gewöhnt, ist sofort an der Türe. Sie bringt die Kerze nahe an Hänschens Kopf, schaut ihm ins aufgerissene Mäulchen und lacht. »Schaut, Domina, er bekommt den ersten Zahn! Da darf man wohl weinen!«

Erleichtert sinkt Käthe auf einen Stuhl. »Ach, Theresa, vielen Dank. Du kannst dir nicht vorstellen, wie froh ich bin.«

»O doch«, nickt die Hebamme, »ich kann. Hier, laßt ihn auf dieser Wurzel kauen, das nimmt den Schmerz. Macht ihm einen Beruhigungstee.«

Luther ist schier übermütig vor Stolz und schreibt an alle Welt vom ersten Zahn seines Sohnes. Nur zu gern hält er sich bei diesem Bericht über eine erfreuliche Begebenheit auf, denn er hat schwere Sorgen. Käthe kommt weinend zu ihm in die Studierstube.

»Martin, ich weiß nicht, wie ich den Tisch bestellen soll – wir haben keinen Heller im Hause. Der Metzger verweigert mir den Kredit, selbst Meister Lucas und unser Goldschmied Christian Döring wollen nicht mehr borgen.«

Luther ballt verzweifelt die Fäuste. »Kätha, was soll ich tun? Immer willst du Geld von mir! Wir haben über hundert Gulden Schulden. Nimm unsere Prunkbecher und trage sie fort als Pfand.«

»Ach, lieber Herr, vier sind schon verpfändet.« Luther senkt den Kopf tief, tief auf die Hände und seufzt schwer. »Weib, was vermag ich? Mir bleibt nur eine Zuflucht, unser Gott und Herr! Bisher hat er uns immer ausgeholfen, er wird uns auch diesmal nicht verderben lassen. Bete nur fleißig.«

Käthe trocknet die Tränen, nimmt die Schultern zurück und hebt den Kopf. »Ich werde ein Schwein schlachten, vor der Zeit zwar, aber es wird eine Weile reichen, – den Hirsebrei kann ich mit Dörrobst verfeinert auftischen. Ich habe gerade gebraut, laß sehen, ob nicht Cranach Bier für seine Wirtschaft kauft – gleich schicke ich Wolf zu Meister Andreas, dafür bekomme ich dann...«

Luther ist aufgestanden, hat seine Arme um ihre Mitte gelegt. »O du Liebe, Gute, du weißt doch immer Rat! Nächst Gott bist du, mein lieber Herr Käthe, mein sicherer Helfer in aller Not.«

Die Pest in Wittenberg

An einem linden Maiabend des Jahres 1527 wandern die Ehepaare Luther und Cranach zum Elstertor hinaus. Käthe ist guter Hoffnung.

»Barbara, ich wünsche mir ein Mädchen.« Die Freundin nickt.

»Hört mir zu, alle«, bittet Meister Lucas. »Wie ihr wißt, hatte ich für unseren bärbeißigen Herzog Georg von Sachsen zu arbeiten. Kommt er doch zu mir und sagt: ›Sieh, Lucas, du rühmst mir immer deinen Mönch zu Wittenberg, den Luther, wie er allein so gelehrt sei und gut deutsch reden und gute deutsche Bücher schreiben könne. Schau her, hier habe ich auch ein Büchlein, das ist so gut, wie es der Luther nimmermehr besser machen könnte.‹ Dabei zieht er ein Büchlein aus dem Brustlatz und weist mir die Schrift mit dem Titel ›Ob Kriegsleute auch im seligen Stande sein könnten‹ – es war eines der Exemplare, wo wohlweislich Titelblatt, Druckort und Vorrede weggelassen wurden, um es nach Dresden schmuggeln zu können. Ich greife nun ein vollständiges Exemplar aus meinem Mantelsack und erwidere: ›Gnädiger Fürst und Herr, dieses Euer Büchlein hat der Luther gemacht, allein daß sein Name nicht darauf steht‹, – worauf der betroffene Herzog meint: ›Ist's doch schade, daß ein solch heilloser Mönch solch ein gutes Büchlein hat machen sollen.‹«

»Das ist ein guter Scherz!« lacht Luther herzlich. »Wenn selbst der Sachse meine Schriften anerkennt, sollte ich vielleicht doch ein Schreiber bleiben, obwohl mich große Lust ankommt, den Beruf zu wechseln und ein Uhrenbauer zu werden. Denn im Bezug auf die Uhr bin ich fast ein vollkommener Meister, zumal die Stunden meinen trunkenen Sachsen anzuzeigen sind, welche lieber in die Kannen schauen als auf die Stunden sehen... Ah, verzeiht mir, Freunde, ich muß mich setzen.«

Sein Antlitz verfärbt sich, er greift nach dem Herzen, taumelt zum Wegesrand und läßt sich schwer auf den Feldrain fallen. Käthe ist sofort neben ihm, umfaßt ihn. Er schließt die Augen, sein Atem geht heftig und stoßweise. »Mir ist gar so bang«, bringt er mühsam hervor, »es schnürt mir das Herze ab – mir ist, als wolle mein Geist mich verlassen.«

Lucas eilt in die Stadt zurück, um einen Wagen zu holen, Käthe kühlt ihrem Mann Puls und Stirn mit großen Huflattichblättern, die im Schatten wachsen. »Es geht schon besser, ja wirklich, mir ist viel wohler!« Luther stützt sich auf seine Frau und steht auf. »Doch! Macht euch keine Sorgen, ich bin wieder ganz gesund. Gewiß hat mir nur die Schwüle zu schaffen gemacht«, beruhigt er Käthe.

Tags darauf zieht sie die Vorhänge auf, damit die Sonne ins Bett scheint.

»Wacht auf, mein lieber Herr Doktor!« ruft sie. »Hier bringe ich Euch einen guten Tee von Weißdorn und Johanniskraut, der wird Euer Herz stärken.« Luther setzt sich in den Kissen zurecht. »Danke, meine liebe Käthe. Du bist wohl schon wieder lange auf den Beinen, du Wittenberger Morgenstern. Was für ein Tag ist heute?«

»Samstag, der sechste August anno domini 1527.«

»Ach ja.« Unvermittelt springt er aus dem Bett, faßt ihren Arm. »Kätha, Kätha – ich verspüre im linken Ohr und Backen ein ungestümes Sausen und Brausen wie Windsbraut und Meeresbrandung, so gräßlich und unerträglich – es kann nur die satanische Einwirkung des Erzfeindes sein! Ruf mir Wolf! Wie spät ist es?«

»Acht Uhr, und hier ist Sieberger.«

188

»Lauf schnell zu Bugenhagen und sage ihm, er möge eilends kommen! Mich begehrt zu beichten.« Wolf stolpert aus dem Zimmer.
Käthe faßt ihren Mann am Arm: »Kommt, setzt Euch hin, so, bewegt behutsam den Kopf – erst nach rechts, dann nach links, langsam, nicht so heftig – jetzt schluckt tüchtig, ja, gut – und nun atmet tief ein – die Luft eine Weile anhalten – und ausatmen, ganz und gar, kein Hauch darf in Euch bleiben – richtig so – und atmet aufs neue, saugt das Lebenselement tief, tief in Euch hinein, bis Ihr glaubt, dem Platzen nahe zu sein, dann laßt die Luft wiederum entweichen und mit ihr alle Beschwernis und böse Beeinträchtigung, stoßt sie aus, ja, noch mehr, leer müßt Ihr Euch fühlen, leer und schlaff, laßt den Kopf auf die Brust sinken – so, nun atmet Frische und Gesundheit in Euch hinein – wie fühlt Ihr Euch?«
»Besser, ja, tatsächlich, es ist nicht mehr da, das Sausen – Käthe, du hast ein Wunder gewirkt, ich bin gesund. Dank sei dir nächst Gott, meine Liebe... Nun laß mich an mein Tagwerk gehen.«
Da steht Bugenhagen unter der Tür, ein wenig außer Atem vom Laufen. »Wie es mich freut, Martinus, dich hier so in deiner gewöhnlichen Gestalt bei deiner Hausfrau auf den Beinen zu sehen – ich machte mir schon große Sorgen.«
»Ich danke dir für dein Kommen. Es war mir elend genug. Laß uns in die Turmstube gehen, ich will beichten.«
Käthe wendet sich ihren Pflichten zu. Sie läßt gerade den Tisch zum Mittagsmahl bestellen, als die Freunde in die Stube treten.
»Domina, wir haben eine Einladung für heute von den adeligen Herren Max von Wallefe, Hans von Löser und anderen mehr. Ich denke, es würde Martin guttun, mitzugehen und sich zerstreuen zu lassen.«
»Ich mag nicht!« protestiert Luther.
»Ei, mein Herr!« Käthe faßt ihn um die Schultern. »Wollet doch die Ritter nicht durch Eure Ablehnung kränken. Seht nur, wie die Sonne lacht, ihre Strahlen werden Euch stärken und Lust machen auf einen kühlen Trunk. Geht nur, ich bitte Euch!« Sie schiebt ihn sanft zur Türe und lächelt.
»Nun denn, wenn du meinst, Herr Doktor Käthe, sei's drum.«
»Wir sind in Paul Schulheiß' Gasthof!« informiert Bugenhagen.
Um halb drei kommt Luther nach Hause zurück, Käthe sortiert gerade Wäsche in den Kasten, als er zu ihrem Erstaunen das Schlafgemach betritt.

»Da bin ich wieder, Frau Kaiserin, und will Euch getreulich Bericht geben von meinem Tun und Lassen. Habe gegessen und getrunken, aber sehr wenig, und die Gäste mit angemessener Höflichkeit unterhalten. Um zwölf Uhr hielt's mich nicht länger, ich stand auf, ging in Jonas' Gärtlein hinter dem Hause, unterhielt mich zwei Stunden mit dem Stiftprobst. Ich habe Jonas und seine Frau eingeladen, daß sie auf den Abend mit uns essen. Ich bin gar so müde, will zu Bett gehen und ein wenig ruhen. Zieh mir die Vorgänge zu, bitte.« Käthe versorgt ihn liebevoll.

Sieberger erscheint in der Tür: »Domina, schnell, das Hänschen ist gefallen, es hat sich die Lippe aufgeschlagen.«

Käthe hört schon das jämmerliche Wehgeschrei. Als sie sich mit dem beruhigten Kind im Arm auf der Bank im Hof niederläßt, nahen zwei Knechte des Kurfürsten, einen kapitalen Rehbock kopfunter an der Stange über die Schultern tragend – nur zu gern führt sie sie in die Küche und versorgt, was ein köstlicher Braten werden wird. Einmal dort, richtet sie das Abendessen. Es ist kurz vor fünf, als ihr voller Schreck einfällt, daß sie ihren Mann seit Mittag nicht gesehen hat – sie eilt in die Schlafstube und findet ihn noch immer bei geschlossenen Vorhängen im Bett.

»Fühlt Ihr Euch denn gar so matt?« fragt sie. »Eure Gäste werden jeden Augenblick eintreffen.«

»Ach Kätha, mir ist so schwach ums Herz. Laß mich noch ein Weilchen ruhen. Bitte die Lieben, sie sollen sich die Weile nicht lang werden lassen – so es sich ein wenig verzieht, ist es meiner Schwachheit zuzurechnen.«

»Ich schicke Euch Muhme Lene mit einem Stärkungstrank, dann werdet Ihr Euch besser fühlen.«

Sie empfängt Justus Jonas mit seiner Hausfrau, geleitet sie zu Tisch, bietet ihnen frisches Obst an, und da kommt Luther auch schon, bleich, unsicheren Ganges.

»Verzeiht meine Säumigkeit, liebe Freunde! Mich plagt aufs neue ein großes, unangenehmes Brausen und Klingen des linken Ohres.« Er greift nach einem Augustapfel, legt ihn aber unberührt auf seinen Teller. Man trägt die Suppe auf. Luther sitzt mit geschlossenen Augen. »Lieber Jonas, begleite mich«, bittet er. »Ich fühle mich gar jämmerlich.«

Der Freund stürzt herzu, nimmt Luther beim Arm, Käthe will mitkommen, muß aber die Mägde noch anweisen. Sie hört, wie ihr

Mann, gerade über die Schwelle der Schlafkammer tretend, ruft: »O Herr Doctor Jona, mir wird übel! Wasser her oder was Ihr habt, oder ich vergehe.«

Er sinkt leblos hin. Jonas erwischt erschrocken einen Topf mit kaltem Wasser, den Käthe am Morgen mitgebracht hatte, und gießt es dem Ohnmächtigen über Kopf und Rücken. Luther kommt zur Besinnung.

»Herr, mein Gott, erbarme dich meiner, gedenke nicht meiner Missetaten um deines lieben Sohnes willen...«, beginnt er zu beten. Käthe setzt der Herzschlag aus bei seinem Anblick. Sie schluckt tapfer und ruft nach den Mägden. »Wolf muß Doktor Schurff holen! Bringt mir Leinzeug, warmes und kaltes Wasser. Muhme Lene soll ein Labsal zubereiten, schnell. Bitte, wollt mir helfen, Herr Doktor Jonas, den Kranken zu entkleiden.«

Gemeinsam befreien sie ihn von den durchnäßten Gewändern und legen ihn auf den Rücken ins Bett. Er ist sehr matt und völlig kraftlos. Käthe und Jonas reiben ihm Hände und Füße, kühlen die Stirn, flößen ihm behutsam das Labsal ein. Endlich kommt der Arzt. Er erschrickt, als er den Patienten eiskalt und so vollkommen leblos sieht.

»Entzündet sofort ein Kohlenfeuer«, ordnet er an, »wärmt Tücher und Kissen, legt sie ihm auf Brust und Füße. Frau Katharina, hierher, reibt ihm den Leib mit kreisenden Bewegungen, es darf schon kräftig sein – ja, so ist es recht! Fürchtet Euch nicht, Herr Doktor, und seid guten Muts! So Gott will, wird es auf diesmal keine Not haben!«

Als die Uhr sechs schlägt, kommt Bugenhagen.

»Ich bitte Euch«, sagt er zu Luther, »betet mit uns, damit Ihr am Leben bleibt, vielen zum Trost.«

Luther antwortet mit leiser Stimme: »Zwar für meine Person wäre mein Sterben mein Gewinn, aber im Fleische länger leben wäre nötig um vieler willen. Lieber Gott, dein Wille geschehe.«

Käthe steht neben ihm und hält seine Hand. Es ist warm und stickig in der Kammer – das Kohlenfeuer, die vielen Menschen – ihr flimmert es vor den Augen, Übelkeit steigt in ihr hoch, sie ringt nach Luft.

»Mir ist gar so schlecht, o Herr, erbarme dich meiner«, klagt Luther. Er wendet den Kopf seiner Frau zu: »Meine allerliebste Käthe, ich bitte dich, will mich unser Herrgott auf einmal zu sich nehmen, daß du dich in seinen gnädigen Willen ergebest. Du bist mein ehelich Weib, dafür sollst du dich gewiß halten und gar keinen Zweifel daran haben. Laß die blinde, gottlose Welt darüber sagen, was sie will; richte du dich nach Gottes Wort und halte fest daran, so hast du einen gewissen, beständigen Trost wider den Teufel und all seine Lästermäuler. Wo ist denn mein allerliebstes Hänsichen?«

Käthe läßt den Kleinen bringen. Er lacht seinen Vater an.

»O du armes gutes Kindelein!« schluchzt Luther. »Nun befehle ich meine allerliebste Käthe und dich armes Waislein meinem lieben, frommen, treuen Gott. Ihr habt nichts, Gott aber, der ein Vater der Waisen und Richter der Witwen ist, wird euch wohl ernähren und versorgen... Für eine Weile, Käthe, reicht vielleicht der Erlös der silbernen Becher! Die ausgenommen, weißt du, daß wir sonst nichts haben.«

Käthe schnürt das Entsetzen die Kehle zu. Was geschieht? Während sie hier steht, auf geschwollenen Füßen, ein Kind an der Hand und eines unter dem Herzen, schickt ihr Mann sich an, die Welt zu verlassen – der Mann, der ihre einzige Schutzwehr und Sicherheit ist inmitten von Ablehnung und Verleumdung, Neid und Haß – wie soll sie leben ohne ihn? Aber sie lächelt: »Mein liebster Herr Doktor! Ist's Gottes Wille, so will ich Euch bei unserem lieben Herrgott lieber denn bei mir wissen. Aber es ist nicht allein um mich und mein liebes Kind zu tun, sondern um viel fromme, christliche Leute, die Eurer noch bedürfen. Wollet Euch, mein allerliebster Herr, nicht bekümmern, ich befehle Euch Seinem göttlichen Willen, ich hoff' und trau' zu Gott, Er werde Euch gnädiglich erhalten.«

Luthers dunkle Augen mit dem Strahlenkranz ruhen fest in ihrem Blick, sie hält stand, ihr ist, als schaue er in die Tiefen ihrer Seele, sie bietet sich offen dar – sie steht zu ihren Worten, nur Liebe ist in ihr und die Sorge um sein Wohl. In diesem Augenblick hat sie sich selbst und ihre Ängste überwunden, sie fühlt sich rein und stark. Endlich senkt er die Lider. »Meine fromme, gute Käthe«, flüstert er, führt ihre Hand an die Lippen. »Ich fühle mich besser«, sagt er mit fester Stimme. »Ich bin nicht mehr ganz so schwach.«

Doktor Schurff atmet erleichtert auf: »Wenn Ihr nur recht schwitzen könntet, so sollte es durch Gottes Gnade für diesmal keine Not mehr mit Euch haben.« »Ei«, lacht Käthe erleichtert, »wenn's weiter nichts ist, das will ich wohl bewirken. Möchten die Herren sich nicht zu Tisch begeben und ein wenig stärken?«

Die Männer gehen, um Luther Ruhe zu gönnen, hinab in den Saal zur Abendmahlzeit. Ruhe findet er jedoch zunächst nicht. Käthe flößt ihm literweise Fliederbeertee ein, wickelt ihn bis zum Hals in feuchte Tücher, dann in warme Decken, legt ihm heiße Steine an die Füße und zu Seiten des Körpers. Bald schon steht ihm das blanke Wasser auf dem Gesicht. Käthe wischt es liebevoll ab. »Seht Ihr, mein Herr, so werdet Ihr genesen!« strahlt sie. Luther nickt dankbar und schläft endlich ein. Als Doktor Schurff später nach ihm sieht, erklärt er, die Gefahr sei vorüber.

Käthe geleitet den Arzt über den Hof zur Straße. Es ist schon dunkle Nacht. Sie verweilt am Tor, lauscht den Schritten nach. Ihre Glieder zittern. Sie hebt den Blick zu den Sternen. Wie nah der Himmel zu sein scheint – und so unausweichlich. Es gibt keine Schutzmauer mehr zwischen dem grenzenlosen Firmament und mir, denkt sie, – nichts, woran ich mich klammern kann, wohinter mich verstecken. Ihr ist, als senke sich der Himmel ihr entgegen und alles Stoffliche um sie herum falle zurück. Allein stehe ich dem Ewigen gegenüber – nichts ist zwischen mir und diesem Himmel: kein Hieronymus, kein Martinus, hinter denen ich mich verbergen könnte, ich muß allein verstehen und bestehen. Bedrohung oder Gnade? Gnade, jubelt ihr Herz, Gnade! Es hat nichts Furchtbares, dort ist nur Liebe – Furcht schaffe ich mir selbst mit meinen Schutzmauern, die ich immer wieder zwischen mir und dem Unendlichen aufzurichten versuche. Es ist Einbildung und Verführung, daß dort Schreckliches auf uns warten könnte! Wenn ich die Erde hinter mir zurücklassen kann, bin ich gerettet. Leichtigkeit erfüllt sie. Alle Erdenschwere, alle Sorgen und Ängste fallen von ihr ab, fallen in die Unendlichkeit hinein, ein ganz klein wenig Furcht noch vor dem Aufprall – aber es gibt keinen, sie fühlt sich aufgefangen, aufgefangen von... es läßt sich nicht in Menschenworten denken, wovon, sie weiß nur, daß es unendlich gut ist. Glücklich sei gepriesen, jubelt sie, der vor des Herrn Angesicht steht.

Sie zittert nicht länger, warmer Friede hüllt sie ein wie ein Mantel aus Sternenlicht. Tief drunten in ihr mahnt eine Stimme: Halte fest, was du jetzt weißt! Vergiß es nicht wieder. Wie könnte ich – denkt sie. Nie, nie will ich es vergessen.

»Domina!« ruft es.

»Ei – Theresa – Gott zum Gruße!«

»Gott zum Gruße! Verzeiht, daß ich Euch störe so spät in der Nacht. Ich muß Euch etwas Wichtiges berichten. Heute morgen sah ich am Flußufer eine Bettlerin sterben...«

»Doch nicht die alte Urschel?« fragt Käthe erschrocken.

»Nein, nein, es war eine Fremde, sie warf in ihrer Not die Arme über den Kopf, dabei fielen ihre Lumpen zurück, ich entdeckte eine dicke Geschwulst in der Achselhöhle. Die Frau hatte die Pest, Domina.«

»Nein – du mußt dich irren.«

»Nicht so laut!« mahnt die Hebamme. »Ich bin leider sicher.«

»Hast du den Rat der Stadt benachrichtigt?«

»Nein. Und ich bitte Euch, Frau Doktorin, sprecht zu niemandem darüber. In diesen Zeiten ist es nicht gut, mehr zu sehen und mehr zu wissen! Die, die nicht sehen und nicht wissen, hassen die Sehenden, Hexenfeuer lodern schnell. Gute Nacht, Domina.« Wie ein Spukbild ist sie schon im Dunkel verschwunden. Käthe faßt sich an die Stirn, hat sie geträumt? Es kann doch nicht sein! Hänschen so klein, das Kind unter dem Herzen, Schüler, Studenten, Gäste im Schwarzen Kloster, Luther krank – und die Pest in Wittenberg!

Mit schwerem Herzen geht sie ins Haus zurück, legt sich neben den schlafenden Reformator. Ihre gesunde Natur schenkt ihr auf der Stelle einen tiefen, wohltätigen Schlaf.

In der Frühe des nächsten Morgens nimmt die Arbeit sie sofort gefangen; in kurzen Augenblicken des Verweilens kommt es ihr vor, als ob sie gestrigen Tages etwas Wichtiges erfahren habe, aber es ist nur eine verschwommene Erinnerung, ein Gefühl, – und sie hat keine Zeit, ihm nachzusinnen.

Eine Woche später sortiert sie das gewaschene Leinenzeug in den wurmstichigen Kasten. »Mürbe, geflickt, eingerissen, ach, hätten wir soviel Wäsche im Haus wie bedrucktes Papier!« seufzt sie. Polternde Schritte, schweres Stöhnen, Martin wankt in die Schlafstube, Schweiß strömt über sein bleiches Gesicht, der Rücken krümmt sich, die Knie zittern, mit großer Anstrengung erreicht er das Bett, setzt sich.

»Ich bin krank, Katharina, krank – ich bin krank, Wittenberg ist krank, Deutschland ist krank – o Gott!« Er vergräbt sein Gesicht in den Händen. Sie lehnt sich an ihn, umschlingt ihn, bettet sein Haupt an ihrer Brust. Hans ist hergelaufen, drückt sich in die Röcke der Mutter.

»Keiner wollte mir helfen, als mir übel wurde, ich lag allein auf dem Boden des Saales, keiner wollte mich anrühren, alle sind davongelaufen. Die Pest ist in der Stadt! O Katharina, die Schuld, all diese Schuld, wer kann sie tragen? Folter, Mord, Brand – die Bauern, die Fürsten, die Pest – und über mein Haupt! Das habe ich nicht gewollt! Die Bauern sagen, der Luther, der hat's uns gepredigt; die Fürsten berufen sich auf meine Schriften. Ja, ja, ja, ich habe es geschrieben, aber so habe ich es nicht gemeint, so nicht. Und nun noch die Pest, o Gott, mein Gott, diese Schuld, auf mir liegt die Schuld! Ich habe es nicht gewollt, ich nicht – wie finde ich Gnade vor deinen Augen?«

Katharina drückt ihn an sich, streicht ihm über den gewaltigen Kopf. Hänschen, das Ungeborene unter ihrem Herzen und er, berühmt in allen Landen ob seiner Furchtlosigkeit, seiner Kraft, seines Glaubens, – das, was sie hier umschlungen hält, ist ihr einzig Hab und Gut auf dieser Erde, es ist so viel – und so verletzlich.

»Ein feste Burg ist unser Gott«, sagt sie leise. Aber ihr Eheherr hört es nicht, er hat das Bewußsein verloren. Sie schiebt ihn vorsichtig auf das Bett, zieht seine Stiefel aus, breitet die Decke über ihn.

»Lauf, Hansi, hol die Marthe!«

»Den Doktor rufen lassen, heißes Wasser, die Kräuter«, murmelt Käthe, drückt den Rücken durch, strafft die Schultern. »Ein feste Burg ist unser Gott.«

»Und unsere Frau Käthe!« brummt die Magd, die gerade eintritt.

So hat Theresa recht behalten. Auf der Straße rumpeln die Wagen – die Universitätsleute, Professoren und Studenten, verlassen die Stadt.

»Sie fliehen nach Jena!« ruft Wolf Sieberger, der leichenblaß über die Schwelle stolpert. »Die Pest ist schon im Elstertorviertel, Domina! Gleich neben dem Stadttor haben sie den Pesthof eingerichtet, sie verbrennen die Kleider und Betten der Pestkranken, riecht Ihr den Rauch? Oh, Gott im Himmel, und der Herr Doktor ist auch krank.«

»Schweig still, auf der Stelle«, sagt Käthe streng. »Der Herr Doktor hat einen Anfall seines Herzleidens, du weißt es genau! Fürchte dich nicht, ich werde mit Gottes Hilfe dafür sorgen, daß die Pest nicht ins Schwarze Kloster kommt! Warte, ich muß nur eben nachschlagen. Meister Paracelsus, – er studierte bei unserem Herrn und schenkte ihm zum Abschied einige Schriften, Martinus gab sie mir, – hier, hier: Gegen große Anfälligkeit und unerklärliche Müdigkeit, gegen die Angst vor dem, was die Zukunft bringt, gegen die unsinnige Traurigkeit, Melisse, wir müssen sie Martinus geben... Endlich, da ist es:

>*So soll der Trunk hergestellt werden, durch den die Pestilenz im Schweiß ausgetrieben wird: man nimmt*

einen guten Branntwein	*ein Maß*
einen guten Tiriak	*zwölf Lot*
Myrrhen	*vier Lot*
Thunfischrogen	*ein Lot*
Tonerde	*ein Lot*
Schwalbenwurz	*zwei Lot*
Diptam	*ein halbes Lot*
Bibernell	*ein halbes Lot*
Baldrianwurzel	*ein halbes Lot*
Gaffer	*ein Quint*

Diese Zutaten werden gut durcheinandergemischt, in ein sauberes Glas gegeben. Man läßt es acht Tage lang an der Sonne stehen. Wenn man krank ist, oder sich schwach fühlt, nimmt man davon, je nach Zustand, einen halben oder einen Löffel voll. Dann legt man sich zu Bett und deckt sich gut zu. Sechs Stunden lang soll nichts gegessen und nichts getrunken werden...‹

Gut. Nimm dieses Blatt, schreibe es zweimal ab – genau! Daß du mir nichts ausläßt oder verwechselst! Eines davon bringst du Theresa –«

»Nein, da gehe ich nicht hin, bei den armen Leuten an der Stadtmauer stecke ich mich an!«

»Du tust, was ich dir sage! Wenn Gott es will, steckst du dich an deiner eigenen Angst an. Die zweite Abschrift gibst du Barbara Cranach. Sie soll dir in der Apotheke die dreifache Menge der Zutaten abwiegen lassen. Und beeile dich!«

»Wäre es nicht besser, Domina, wir würden auch nach Jena fahren?«

»Das mußt du den Herrn Doktor entscheiden lassen –«
»Gut, ich gehe gleich zu ihm ...«
»Das wirst du nicht! Er schläft, du läßt ihn in Frieden und erledigst jetzt deine Aufträge.« Grummelnd macht Wolf sich auf.
»Und vergiß nicht, das Original des Rezeptes wieder hierhin zu legen, hörst du?« ruft Käthe ihm nach.

Hufgetrappel im Klosterhof, ein Bote des Kurfürsten, schon steht er vor ihr. »Den Herrn Doktor Luther persönlich muß ich sprechen.« verlangt er.
»Das geht nicht, er ist krank ...« Käthe sieht den jungen Mann erbleichen.
»Nein, nein, nicht was Ihr denkt, es ist sein Herz.«
»Ich muß ihn dennoch sehen, so lautet der Befehl!«
»Gut, so tretet ein in die Stube, ich will ihn holen.«
Luther steht am Fenster im Schlafgemach und atmet tief, wie Käthe es ihn gelehrt hat. Als sie zurückkehren, finden sie neben dem Boten den Stadtpfarrer Bugenhagen und einige Studenten vor.
»Was ist's denn so Besonderes, mein Lieber?« fragt Luther.
»Unser edler Herr, der Kurfürst, läßt Euch inständig bitten und anweisen, die Stadt zu verlassen! Euer Leben ist ihm viel zu wert und teuer, als daß er es der Gefahr einer Erkrankung ausgesetzt wissen möchte. Er wird Euch genug Wagen schicken, um mit Euerm ganzen Hausstand ...«
»Spart Euch Euern Atem, ich bleibe.«
Käthe setzt sich auf die Ofenbank. Das Ungeborene unter ihrem Herzen scheint mit einem Male so schwer zu werden.
»Aber Herr Doktor, das könnt Ihr nicht tun!« fährt ein Student auf.
»Seit wann bestimmst du, was ich tun kann und was nicht?« sagt Luther. »Die meisten Leute sterben an ihrer Angst und nicht an der Pest.«
»Aber Ihr tragt Verantwortung für Euer Leben gegenüber der Christenheit!« ruft ein anderer Studiosus.
»Das Problem lautet, ob man vor dem Sterben fliehen möge«, sagt Bugenhagen.
»So ist es«, bestätigt Luther. »Und ich will Euch die Antwort nicht schuldig bleiben. Wo keine Not ist und sonst genug vorhanden sind, die pflegen und sorgen, da meine ich, es sei frei, zu fliehen

oder zu bleiben. Ist jemand so mutig und stark im Glauben, der bleibe im Namen Gottes, er sündigt dadurch gewiß nicht.

Ist aber jemand schwach und furchtsam, der fliehe im Namen Gottes, wenn er solches ohne Vernachlässigung seiner Pflicht gegen seinen Nächsten tun kann. Denn Sterben und Tod zu fliehen und das Leben zu retten, ist natürlich, von Gott eingepflanzt und nicht verboten. Wir sollen gegen alles Übel bitten und uns auch davor hüten, wie wir können, jedoch so, daß wir damit nicht gegen Gott handeln. Will uns Gott drinnen haben und erwürgen, so wird uns unser Hüten nichts helfen. Ein jeder stelle sein Herz so: Ist er gebunden, so daß er bei Sterbensgefahr an seinem Ort bleiben muß, seinem Nächsten zu Dienst, so befehle er sich Gott und spreche: Herr, in deiner Hand bin ich, du hast mich hier angebunden, dein Wille geschehe. Denn ich bin deine arme Kreatur, du kannst mich hierin töten und erhalten, ebensogut, als wenn ich etwa im Feuer, Wasser, Durst oder anderer Gefahr angebunden wäre.

Und genau das ist meine Antwort an Kurfüstliche Gnaden: Ich bleibe mit meinem ganzen Hause, Gott und meinem Nächsten zum Dienst.«

Zur Bekräftigung der Endgültigkeit seines Entschlusses erhebt sich Luther und verläßt den Raum. Käthe wird von einem warmen Gefühl des Stolzes und auch der Geborgenheit erfüllt ob der Sicherheit seines Glaubens. Doch dann schwindelt ihr, die Umgebung verschwimmt in milchigem Licht, tiefe Glockentöne dröhnen ihr in den Ohren. Sie schließt die Augen für einen Moment und ist auch schon wieder auf den Füßen. Da war doch Wolfs Stimme? Tatsächlich, er spricht mit dem Boten, kommt ängstlich auf sie zu:

»Wir bleiben also hier, Domina?« fragt er kläglich.

»Ja. Gott wird uns schützen – hier wie in Jena oder sonstwo auf der Welt. Aber wir müssen auch unseren Teil beitragen. Hast du alles bekommen? Gut.«

»Meister Lucas hat mir diese Kräutermischung gegeben. Wir sollen in allen Räumen Kessel mit Wasser kochen lassen, in das wir Essig und die Kräuter geben. Essig habe ich auch gleich mitgebracht.«

»Wolf, du bist der Allerbeste. Hast du das Originalrezept an seinen Platz zurückgelegt? Gut. Wir wollen in die Küche gehen, die Medizin ansetzen und überlegen, wie wir uns alle richtig verhalten. Komm.«

Auf der Schwelle begegnen sie Walpurga Bugenhagen. Die Frauen umarmen sich stumm. »Ihr bleibt?« fragt Walpurga. Käthe nickt. »Wir auch«, sagt die Freundin. »Wenn es dir recht ist, komme ich zu dir ins Schwarze Kloster, und wir versuchen miteinander zu helfen.«

»O ja«, freut sich Käthe und merkt nicht, wie ihr die Tränen der Erleichterung übers Gesicht laufen. »O ja. Zu zweit sind wir stark. Ich wollte gerade in die Küche, um Meister Paracelsus' Medizin anzusetzen.

Fräulein von Mochau, da ich Euch gerade treffe, bitte, haltet die Scholaren im Hause, erlaubt ihnen allenfalls den Klosterhof, und seht darauf, daß sie sich immer die Hände in Essigwasser waschen, ehe sie etwas essen. Ich werde sofort Schüsseln damit aufstellen lassen.«

Die Hauslehrerin nickt ernst. »Ich würde lieber nach Jena gehen mit den Kindern, Domina.«

»Unser Herr hat anders entschieden. Vielleicht ist die Pest gar schneller dort, als wir es wären. Wir sind überall in Gottes Hand.«

Sie eilt weiter. Ein Anfall heftiger Ungeduld, die sich in quälendem Kribbeln der Glieder niederschlägt, plagt sie.

»Guter Himmel, Walpurga, muß ich nun alle meine Tage an einem Stück predigen, die Menschen sollen sich in den Willen des Herrn ergeben? Nachgerade könnten sie es wirklich langsam selber wissen.«

Die Freundin lächelt: »Es wird uns kaum etwas anderes übrigbleiben, das Gedächtnis der Erdenbürger ist so kurz.«

»Aber ich halte es nicht aus! Mich plagt die Ungeduld, es ist verlorene Zeit, immer wieder dasselbe zu sagen.«

»Ach Käthe, glaube doch nicht also! Frage unsere Männer, wie oft sie diese Art von Ungeduld überwinden müssen.«

Käthe senkt den Kopf. »Recht hast du, meine Liebe. Aber ich mag nicht.«

Allem menschlichen Elend zum Trotz geht die Sonne in herrlichen Rottönen vor dem gewaltigen Schauspiel rosa- und goldgesäumter Wolken unter. Käthe ist ins Freie geflohen, um tief durchzuatmen. Noch immer liegt die Hitze bleiern über der Stadt. Ihr kleben die Kleider am Leibe. Die Feuer mit den kochenden Kesseln überall im Hause steigern die Temperatur ins schier Unerträgliche. Schon jetzt, am ersten Tag, ist Käthe der Geruch der Kräuter zuwider. Die Luft ist voller Geräusche – dumpfes Rumpeln von Wagenrädern, Stöhnen, Schreien, Schelten. Käthe steht wie betäubt. In ihr ist eine tumbe Stille wie in der Natur vor großen Katastrophen, wenn kein Vogel mehr singt – nichts rührt sich, nicht Furcht, nicht Zuversicht, nicht Aufruhr, nicht Glauben – ein Plan steht in ihrem Kopf, nach dem ihr Handeln wie ein Uhrwerk ablaufen wird, und sie, Katharina von Bora-Luther, wird – was wird sie? Leben flakkert auf in ihr, ein ungekanntes, stolzes Gefühl von Kraft und Kampfesmut, ihr ist, als sei sie wie ein Streitroß vor der Schlacht, nervös tänzelnd in beinahe auch freudiger Erwartung, endlich losstürmen zu dürfen. Ja, ruft eine Stimme, hell wie eine Fanfare, es geht an, wohl denn, ich bin bereit, ich will obsiegen! Ich will die Stärke meines Gottes durch mich in die Wirklichkeit bringen.

Zum Rumpeln der Karren auf der Straße marschieren vor ihrem inneren Auge auf: Hänschen, die Schüler, der kranke Luther, das Ungeborene unter ihrem Herzen und – die Pest! Es erschüttert sie gar nicht, sie ballt die Fäuste. »Viel Feind, viel Ehr!« murmelt sie und wirft den Kopf zurück, rafft die Röcke, marschiert zum Schwarzen Kloster, das dunkel gegen den Himmel steht. »Was mein Gott will, das gescheh' allzeit, sein Will', der ist der beste...«, singt sie. Nun muß sie doch lächeln. Hatte sie nicht gescholten, daß die ewige Wiederholung eben solcher Worte sie unerträglich langweile?

Nur das Flackern der Feuer im Pesthof steht vor dem schwarzen Nachthimmel. Käthe eilt, den großen Korb mit Leinen und Medikamenten am Arm, hinter Luther her zum Hause des Zunftmeisters der Schmiede. War ihr der Duft der Kräuter zuwider gewesen? Hier schlägt ihr wahrlich ein anderer entgegen: der Dunst der Ausscheidungen kranker Körper, abgestandene Luft, der Geruch der Angst. Luther reißt die Fensterläden auf. »Laßt Licht und Luft herein!« ruft er. »Die Krankheit kann man nicht aussperren.«

Im Lehnstuhl sitzt die Meisterin, bis zur Unkenntlichkeit verändert. »Ihr könnt nicht zu mir kommen«, stammeln die zersprungenen Lippen. »Keiner kommt mehr zu mir, alle, alle haben sie mich verlassen.«

»Nicht Gott und nicht dein Pfarrer«, sagt Luther. Er nimmt die Kranke liebevoll in die Arme. Käthe wäscht ihr das Gesicht, gibt

ihr zu trinken. »Danke, danke, oh – ist das gut! Jetzt geht es mir viel besser, mir ist so leicht ...« lächelt die Kranke. »Lieber Herr Doktor, wollt Ihr meine Beichte anhören?«
Luther nickt. Käthe nimmt ihren Korb und geht in die verlassene Küche, um ihre Hände zu waschen. Sie findet Wasser im Schaff, abgestanden, verdorbene Essensreste im Kessel auf dem Herd, man hat die Kranke wirklich verlassen. Wie grausam nur Menschen sein können! Da steht Luther schon in der Türe. »Wir können gehen. Sie ist in meinen Armen verschieden«, murmelt er. Draußen macht er mit Kreide ein Zeichen an die Tür für die Totengräber. Wie weit der Heimweg sich hinzieht, wenn man die Hand nicht vor Augen sehen kann. Käthe stolpert – Luther fängt sie auf. »Nur nicht fallen, meine Liebe, unser Kind, – wir müssen unbedingt eine Laterne mitnehmen, wenn wir nächtens ausgehen.«

Käthe sieht persönlich in Luthers Turmstube nach dem dampfenden Kessel, füllt frische Kräuter nach.
»Mein lieber Doktor Kethus, darf ich nicht ohne Feuer sein? Es ist gar so heiß«, klagt er.
»Ich weiß«, murmelt sie milde und wischt sich über die Stirn. »Mich quält es auch sehr. Aber wir sollten das Unsere tun zur Abwehr der Pest.«
»Du sprichst wahr. Setz dich ein wenig und verschnaufe! Sieh, da sendet mir der Kurfürst die handschriftlichen Artikel Melanchthons für eine Visitationsordnung und erbittet meine Stellungnahme zum Bericht der Visitatoren. Aber ich möchte viel lieber meine Vorlesung über den ersten Johannesbrief ausarbeiten – am 19. August will ich sie beginnen.«
»Sind doch kaum Studenten in der Stadt ...«, wirft Käthe ein.
»Das soll mich nicht abhalten, meine Pflicht zu tun. Auch die wenigen haben ein Recht auf Bildung! Höre: Ihr Lieben, glaubet nicht einem jeglichen Geist, sondern prüfet die Geister, ob sie von Gott sind: 1. Johannes IV, 1. Ja, dazu habe ich eine Menge zu sagen.«
Die Feder fliegt über das Papier. Käthe, das Feuer, die Hitze, die Pest, die Visitationsordnung und der Kurfürst, alles ist vergessen. Luther lebt in einer anderen Wirklichkeit.
Hanna, die Frau des Doktors Schurff, bekommt die Pest, und Luther in seiner Herzensgüte meint, sie könne nirgendwo besser

gepflegt werden denn in seinem Hause. Käthe richtet ihr ihr eigenes Zimmer ein – so kann sie sie am besten von den Gesunden fernhalten. Sie gibt ihr die Medizin des Paracelsus, wäscht sie eigenhändig dreimal täglich, stärkt sie mit liebevollem Zuspruch. Als sie gerade mit gebrauchten Tüchern und Essigwasser von der Kranken kommt, wankt ihr die Hauslehrerin Magdalene von Mochau bleich entgegen.

»Domina, verzeiht, mir ist so übel, mein Kopf schmerzt, Lichter tanzen vor meinen Augen – ich kann nicht unterrichten.«

Käthe stellt den Korb ab und legt den Arm stützend um die Lehrerin. »Ihr seid krank, ich will Euch pflegen«, sagt sie ruhig.

»Nein – Ihr glaubt doch nicht etwa, daß . . .« Die Augen der Armen weiten sich.

»Ich weiß es nicht. Jedenfalls müßt Ihr zu Bett. Wir werden Euer Lager im Wohnzimmer richten.«

»Aber das geht doch nicht. Wo wollt Ihr leben?«

»Laßt das nur meine Sorge sein. Ihr müßt ein Zimmer für Euch allein haben. So, setzt Euch nur ein wenig auf die Bank, das Bett soll bald fertig sein.« Das Fräulein sinkt über den Tisch und verliert das Bewußtsein. Käthe ruft nach Wolf Sieberger. Da schreckt sie hoch – das ist doch Hänschens Weinen! Muhme Lene stürmt auf sie zu, das schreiende Kind in den Armen. Sein Gesicht ist hochrot und geschwollen, er fiebert.

»Ins Studierzimmer«, flüstert Käthe. »Gib ihn mir und laß sein Bett ins Studierzimmer bringen. Schschsch, mein Herzblatt, Mama wiegt dich, alles wird gut.« Der Kleine kuschelt sich in ihren Armen zurecht und fällt in einen Schlaf der Erschöpfung. Aber seine Lider, durchsichtig, fast blau, flattern, ab und zu stößt ihm selbst im Schlummer ein Weinen auf.

»Hänsichen«, flüstert Käthe, »Hänsichen.« Tränen laufen ihr übers Gesicht. »Herr im Himmel, hilf!«

»Was willst du mit dem Kinde hier?« fährt Luther ungehalten von seinen Schriften auf. Es geht ihm nicht gut, er leidet unter heftigem Druck im Kopf, der Satan plagt ihn schwer mit Anfechtungen, wie er zu sagen pflegt.

»Hans hat Fieber«, sagt Käthe beherrscht.

»O Gott!« Martin springt auf »Was fehlt ihm?«

»Ich weiß es nicht«, stammelt Käthe. »Er hat Schmerzen. Wir müssen ihn hier betten –«

»In meiner Studierstube?«

»Es gibt keinen anderen Raum mehr, verzeiht, Herr Doktor!«
Luther legt den Arm um sie. »O meine liebe Käthe, verzeih du mir
unbedachtem Manne! Gern gebe ich ihm mein Stübchen. Wir
können doch miteinander in die vordere große Aula ziehen, da ist
Platz genug für uns zwei und meine Bücher. Laß mir das Kind, es
ist zu schwer für dich.«

»Muhme Lene besorgt sein Bettchen. Wenn du sein derweilen
warten willst, kann ich die Medizin richten.«

»Von Herzen gern.«

Käthe hastet in die Küche. Aber sie erreicht sie nicht unbehelligt.
Walpurga Bugenhagen hält sie auf. »Käthe, bitte komm gleich mit
mir – die Frau unseres Diakons liegt in den Wehen. Sie sieht so
entsetzlich elend aus, ich schaffe es nicht allein mir ihr; Theresa ist
nicht zu finden.«

»Ja, ja«, antwortet Käthe, »laß mich nur gerade in die Küche gehen
und eine Medizin richten. Hänschen ist krank.«

»Nein!« Walpurga erbleicht.

»Doch«, sagt Käthe. »Es muß aber nicht die Pest sein.«

Wenig später erreichen die beiden Frauen das Pfarrhaus. Diakonus
Röhrer kommt ihnen händeringend entgegen. Obwohl vorge-
warnt, erschrickt Käthe, als sie die Röhrerin sieht. Sie hat schon bei
vielen Entbindungen geholfen und großes Leiden gesehen. Hier
spürt sie den Eishauch des Todes – kein Mut, keine Hoffnung ist
mehr möglich bei diesem Anblick. Die Haut der Frau ist grau und
wie mit schwarzen Punkten übersät. Die Augen – das sind flak-
kernde Irrlichter in dunklen Rändern, die Lippen zersprungen und
blau, kraftlos hängen die Arme zu beiden Seiten des Bettes herab,
mächtig ist nur der aufgequollene Leib.

»Aaah . . .« Die Frau will sprechen, bringt aber kein Wort heraus.
Als sie Käthe erkennt, versucht sie ein Lächeln und schließt voller
Vertrauen die Augen. Käthe streichelt das schweißnasse Antlitz.
Von einer Wehe gepeinigt, wirft die Kreißende die Arme über den
Kopf, und Käthe weiß, woran sie ist – unter dem rechten Arm
wölbt sich eine drohende Geschwulst.

»Die Beule muß aufgeschnitten werden – aber die Geburt . . . Die
Röhrerin ist völlig erschöpft, was soll ich tun?« fragt sie mehr sich
selbst als die Pfarrfrau. »Nun denn, mit Gottes Hilfe wollen wir es
wagen. Ist heißes Wasser hier?«

Schnell nimmt sie ihr Messer und sticht zu, noch ehe die Patientin erfassen kann, was geschehen soll, und sich erschrickt. Übelriechend quillt der Eiter hervor, die Frau verliert das Bewußtsein. Mit ihren Händen holt Käthe das Kind ans Licht der Welt – ein fahles, schwaches Geschöpfchen, greisenhaft faltig das Gesichtlein, gar leise wie ein Vögelchen im Frost weint es ein wenig vor sich hin und hört auf zu atmen.

Die Mutter ist aus ihrer Ohnmacht erwacht.

»Mein Kind«, haucht sie. Sie sieht die kleine Leiche in Käthes Armen.

»Nein!« Ihr Schrei zerreißt die Luft. »Es ist tot, tot, tot. Ich werde auch sterben – Fluch über die Pest. Alle, alle werden sterben.«

Sie bäumt sich auf und sinkt in sich zusammen, so schmal, so klein, ein jämmerliches Häuflein Haut und Knochen. Walpurga Bugenhagen wird von kaltem Entsetzen gepackt. Sie reißt Käthe das Kind aus den Armen und legt es neben die Mutter. »So, jetzt komm, schnell, sieh dich nicht um! Liebe Käthe, bitte, laß uns im Schwarzen Kloster wohnen. Ich will mit der kleinsten Ecke zufrieden sein. In diesem Haus kann ich nicht bleiben.«

»Sei ruhig, meine Liebe«, besänftigt Käthe, »weine nicht. Natürlich kommt ihr zu uns, auch Röhrer und sein Paulchen, das ist doch selbstverständlich.«

Auf dem Klosterhof eilt ihnen Muhme Lene entgegen.

»Käthe! Hänschen bekommt Backenzähne!«

»O du mein Gott, ich danke dir«, stammelt Käthe und sinkt auf der Stelle in die Knie: ohne ihre Umwelt zu beachten, spricht sie ein langes Gebet.

»Nun will ich gern alles, alles tun!« lacht sie beim Aufstehen.

Hänschen ist sehr krank, er kann nur mit Flüssigkeit ernährt werden. Mit Fräulein von Mochau will es nicht besser werden. Hanna Schurff jedoch hat die Krise überwunden. Käthe geht in der Frühe über den Hof zu den Ställen. Sie wickelt die Hände in den Rock; wie kalt und wie dunkel es ist! Frau Röhrer ist am 2. November 1527 gestorben, natürlich, man schreibt ja schon November! Nun sind die brodelnden Kessel angenehm warm. Wie schnell ging dieser Sommer dahin! Sie überschlägt ihre Vorräte. Es gibt rein gar nichts mehr zu kaufen in Wittenberg, die Bauern bringen keine Zufuhr – die Teuerung steigt von Tag zu Tag. Für einen Scheffel

Mehl muß man fünf Groschen zahlen und für eine Gans zwei Groschen – wo soll das noch hinführen?

Jetzt ist sie im Schweinestall. Liebevoll betrachtet sie die wohlgenährten Tiere, das tiefe »Roroch«, die schmatzenden Freßgeräusche sind Musik in ihren Ohren. Sie hebt die Laterne und leuchtet in den Koben ihrer Lieblinge: zwei kräftige Ferkel heben ihr mit hellem Quieken die Köpfe entgegen, daß die Schlappohren zurückfallen. Die kleinen blauen Äuglein blinzeln sie an: hellwach, lustig, voller Witz und Verstand, wie es ihr scheint. Sie nimmt einen Stecken und krault den beiden den Rücken, immer abwechselnd. Die Tierchen stehen genußvoll abwesenden Blickes still, werfen die Hinterbeine begeistert zurück, daß die Streu hoch auffliegt. Käthe hält inne – an der Flanke des kleineren Ferkels zeigt sich eine Beule.

»Es wird ein Geschwür sein, eine Schweinsbeule – ja, ja, das ist es gewiß«, beruhigt sie der Gedanke im Hinterkopf. »Wolf soll schwarze Salbe darauf streichen, und morgen schon wird es besser sein.«

Am Abend geht sie noch einmal zu den Schweinen. Ach – das kleine Ferkel liegt auf der Seite mit fliegenden Flanken, und sein Brüderchen springt in heller Aufregung am Koben hoch, als wolle es um Hilfe bitten. Dann läuft es zum Patienten zurück, stupst ihn in die Seite, gräbt seine runde Schnauze aufmunternd unter den Bauch, erreicht auch tatsächlich, daß der Kranke auf die Füße kommt, taumelnd zwar, – schiebt ihn gegen die Wand, stützt ihn mit dem eigenen Leib. Für einen Augenblick ganz still, sehen die Tiere Käthe an, stolz und um Hilfe heischend das größere, matt und leidend das kleinere. Die Beule ist dicker geworden. Käthe nimmt den Stock und neigt sich zur begehrten Liebkosung – da sacken dem kranken Schweinchen die Beine weg, es rutscht zwischen Wand und stützendem Brüderchen zu Boden und stirbt vor ihren Augen.

»Es ist die Pest –«, sagt sie zu sich selbst. »Meine Schweine haben die Pest.«

Fünf schöne, große Tiere und alle Ferkel sterben ihr dahin.

Hänschen empfängt sie mit klaren Augen und rosa angehauchten Bäckchen. »Hunger, Mama, Hunger!« ruft er. Käthe muß sich setzen. Ihr werden die Beine schwach vor Erleichterung. Im

Munde des Kindes blitzen die weißen Zähnchen. Ungestüm preßt sie den Kleinen an sich. Luther tritt ein. »Oh, Martin, Martin!« jubelt sie. »Ihr könnt Eure Studierstube wiederhaben, Hans ist gesund.«

Selbigen Tages öffnet der Medikus Fräulein von Mochau eine Beule. Sie überlebt den Eingriff – nun wird sie sich erholen. Hanna Schurff geht im Hause umher und will bei der Arbeit helfen. Langsam erwacht Wittenberg wieder zum Leben. Die Bürger kommen zurück, die Universität nimmt ihre Tätigkeit wieder auf, Luther beginnt zu lehren und fühlt sich besser. Er schreibt an seinen Freund Justus Jonas über Hänschen: »Untrügliche Spuren beweisen, daß der Kleine in einer unbewachten Stunde ohne jede Mithilfe in allen vier Ecken des Zimmers gekauert hatte; dann hat Käthe ihn gebadet und ins Bettchen gebracht, deshalb konnte er jetzt dem Vater keine Grüße an den Herrn Paten auftragen...«

Elisabeth

Der Winter kommt. Die Pfützen vor den Ställen sind gefroren, blanke Eiszapfen hängen vom Dach, endlich hüllt eine weiße Schneedecke alles ein, Häuser und Gassen, Pesthof und Gräber. Müde schweift Käthes Blick über diese makellose Reinheit, dankbar atmet sie die klare Luft – der Pesthauch ist hinweggenommen, die schrecklichen Relikte des großen Sterbens sind zugedeckt und entgiftet, so scheint ihr, – die Schlacht ist geschlagen und der Schnitter, der da heißt Tod, am Schwarzen Kloster vorübergangen, wenn man die Schweine nicht zählt. Wo bleibt der Jubel, die Freude, die Erleichterung? Käthe ist nur unendlich matt, unfähig, sich zu freuen.

Man schreibt den 10. Dezember 1527. Eine ganze Woche ist die Stadt nun pestfrei. Wenn doch die Erleichterung so groß wäre wie die Anspannung zuvor! Schwerfällig wankt Käthe zur Küche. »Liebe Muhme Lene! Daß ich dir danken könnte, wie ich möchte, du gute Seele! Wo wären wir geblieben ohne dich! Ach Wolf, du kommst mir gerade recht. Du warst eine große Hilfe in den schweren Zeiten! Pausenlos hast du dich abgerackert – wie siehst du müde aus. Ich möchte so gerne, daß du ein kleines Häuschen für dich allein haben könntest und ein Gärtchen dabei.«

»O ja, Domina, und einen Vogelherd«, stottert Sieberger glücklich.

»Und einen Vogelherd«, bestätigt Käthe. »Ich will mit dem Herrn Doktor darüber sprechen. Oh – entschuldigt mich – Wolf, rufe bitte Theresa! Nein, nein – laßt mich allein in meine Kammer gehen – welch Glück, daß sie wieder für mich frei steht.« Und sie sieht vor ihrem geistigen Auge die Frau des Diakonus Röhrer, riecht den Pesthauch... »Nein!« schreit sie, sinkt ohnmächtig zu Boden. Sie erwacht in Theresas Armen auf ihrem Bett.

»Wie gut, dich bei mir zu wissen – bei dir fühle ich mich geborgen. Was Menschen vermögen, um einander zu helfen, du beherrschst es. Ach, Theresa, ich bin so müde – wie soll ich nur das Kindlein zur Welt bringen?«

»Laßt Eure Sorgen gehen, Domina! Gebt Eurer Schwäche nach, entspannt Euch, schlaft! Die Wehen werden Euch schon wecken. Hier, nehmt diese Medizin.«

Käthe schluckt voll Vertrauen. »Martinus hält Vorlesung; bis er zurückkommt, müssen wir es geschafft haben!« lächelt sie tapfer und schläft ein. Sie kann sich später an die Einzelheiten der Geburt nicht erinnern. Als Luther von der Vorlesung heimkehrt, hält ihm Theresa ein winziges Mädchen entgegen. Käthe ist zu schwach, um zu sprechen.

»Elisabeth soll es heißen nach der Mutter Johannis', des Täufers!« bestimmt Luther, Käthe nickt und entschlummert. Noch nie in ihrem bisherigen Leben hat sie soviel geschlafen. Sie erwacht nur, um das Elslein an die Brust zu legen und um Hänschen zu küssen – das Gefühl der weichen Kinderhaut, der zarte Duft nach Milch und Seife erfüllt diese Tage mit einem tiefen, reinen Glückgefühl – Schlaf und Freude – wie bin ich glücklich, denkt sie. Elslein ist sehr zart, aber lebhaft und liebreizend, gar bald schon hebt sie das Köpfchen, lächelt der Mutter zu, versucht sich mit Lauten wie Vogelstimmchen mitzuteilen. Sie liegt viel wach in ihrer Wiege – wann immer jemand zu ihr kommt, hat sie die klaren Augen weit offen und schaut, als müsse sie die Welt ergründen und habe nicht allzuviel Zeit dazu.

»Mein Sohn begrüßt deine Tochter als seine zukünftige Braut!« schreibt Justus Jonas an Luther.

»Ich kenne mich selbst gar nicht mehr, mein Lieber!« sagt Käthe zu Luther, als er an ihrem Lager sitzt. »Ich bin nur noch müde.«

»So schlafe, meine Kaiserin!« lacht er. »Du wirst sehen, bald wirst du wieder bersten vor Tatendrang! Und dazu weiß ich dir eine große Freude: zu Weihnachten wollen wir die Verlobung ausrichten für Hanna von der Sale und Petrus Eisenberg, einen braven Mann aus guter Familie, Leutpriester in Halle!«

Käthes Augen werden ganz groß und dunkel vor Pein – aber sie sagt nichts. Oh, dieser Mann! Hat sie nicht gerade versucht, ihm ihr Leid zu klagen und um seine Hilfe zu bitten? Und was bietet er ihr an als große Freude? Daß sie für Fremde eine Verlobungsfeier ausrichten darf. Wie soll sie's anstellen? Ihre Schweine sind tot, die Kammern und Speicher leer, alle Nahrung ist teuer, kein Geld im Hause.

»Wir müssen es Gott anheimstellen«, seufzt sie, legt den Kopf auf die Seite und gleitet hinab in die Tiefen eines schweren Schlummers.

»Ja, ja«, nickt Luther verständnislos, »das ist immer wahr, nur meinte ich, du würdest ... ach, du schläfst, verzeih, meine Liebe.«

Er sitzt noch ein wenig bei ihr, die Hände gefaltet, versunken in Meditation über den Text: »Den Seinen gibt es der Herr im Schlaf.«

Käthe besucht mit den Kindern den Vater in der Turmstube.

»Schau her, mein Sohn«, sagt er, von seinen Schriften aufblickend, »du kommst gerade zur rechten Zeit; hier habe ich ein Geschenk für dich von deinem Paten Justus Jonas, einen silbernen Johannes!« Er reicht dem Kleinen das Geldstück mit dem Bild des Kurfürsten. »Das ist für all deine Künste, mein Sohn, das Stehen, Gehen und Sprechen.« Hans jauchzt hell auf, dreht das Silberstück in den Händchen. »Du glaubst nicht, meine Liebe«, wendet sich Luther an Käthe, »wieviel Freude mir das Kind bringt und wieviel Weisheit. Wenn ich sitze und schreibe oder tu sonst etwas, und er ist bei mir, so singet er mir ein Liedlein daher, und wenn er's zu laut will machen, so fahre ich ihn ein wenig an; so singet er gleichwohl fort, aber er macht's heimlicher und mit etwas Sorgen und Scheu. Also will Gott auch, daß wir immer fröhlich sein sollen, jedoch mit Furcht und Ehrerbietung gegen Gott.«

»Wollt meinen, mit Ehrfurcht, Herr Doktor, – Angst habe ich nicht vor meinem himmlischen Vater, will er mir doch nur Gutes und liebt mich über die Maßen.«

»Ach Kätha, da bist du glücklich zu preisen! Mit mir steht es anders, wie der Prophet Jeremia möchte ich sprechen: ›Ich bin ein elender Mann, der die Rute seines Grimmes sehen muß. Er hat mich geführet und lassen gehen in die Finsternis und nicht ins Licht. Er hat seine Hand gewendet gegen mich und handelt gar anders mit mir für und für. Er hat mir Fleisch und Haut alt gemacht und mein Gebein zerschlagen. Er hat mich verbannt und mich mit Galle und Mühe umgeben. Er hat mich in Finsternis gelegt wie die, die längst tot sind. Er hat mich vermauert, daß ich nicht heraus kann, und mich in harte Fesseln gelegt.‹«

»Wie wunderbar Ihr die Worte ins Deutsche übertragen habt! Das könnt Ihr wohl nur, weil Euch selbst gar ähnlich ums Herze ist wie dem Propheten – und daran ist die Melancholia schuld, die Euch so heftig plagt.«

»Mag sein, auch die Erziehung meiner Eltern. Sie haben mich gar streng gehalten, daß ich darüber ein zaghaftes Büblein geworden bin, obwohl sie es herzlich gut gemeint haben mit mir. Ihr ernstes und strenges Leben, das sie mit mir führten, das verursachte mich, daß ich nachher ins Kloster lief und ein Mönch wurde. Denn wenn schon der Vater mich um einer Nuß willen stäupte und blutig schlug, wieviel mehr muß der schrecklich gerechte Gott Fehl und Sünde sehen und stäupen – drob fürchte ich ihn in meiner Ungerechtigkeit.«

»Und habt doch herausgefunden, daß er uns alle annimmt durch seine große Gnade. Zwar läßt er uns oft wandern im finsteren Tal, aber er bleibt ja bei uns, sein Stecken und Stab trösten uns, also daß wir keinen Grund haben, uns zu fürchten.«

»Versteh mich recht, Magister Kethus, nicht vor dem finsteren Tal fürcht' ich mich, sondern vor meiner Sündhaftigkeit, die mich trennt von seiner Heiligkeit.«

»Und die Jesus gerecht gemacht hat in seiner unendlichen Liebe. Er hat dich angenommen, Doktor Martinus Luther, so wie du bist, mit all deinen Fehlern und Lastern, du selbst hast es doch herausgefunden für uns alle.«

»Habe ich das? Für euch alle vielleicht, aber nicht für mich, dazu bin ich zu verderbt.«

»Über den bekehrten Sünder wird im Himmelreich mehr Freude sein als über tausend Gerechte ...«, lächelt Käthe.

»Dein Wort in Gottes Ohr. Und recht hast du natürlich.« Er stützt den Kopf in die Hände und reibt die Schläfen. »Wenn nur der Druck einmal nachließe, immer dieser Druck«, stöhnt er.

»Ich will gleich gehen und Euch einen Trank mischen!« verspricht Käthe und betrachtet das Elslein in ihren Armen. Die Patschhändchen des Sohnes, die mit dem Silberstück hantieren, sind rund, kleine Kissen wölben sich auf den Fingerchen zwischen den Gelenken, und auf dem Handrücken zeigen sich Grübchen – Elsleins Händchen dagegen sind zart und durchsichtig, kein Röllchen, kein Pölsterchen ist an dem ganzen Kinde. Käthe drückt es zärtlich. »Wenn du nur lebst«, flüstert sie, »ich will dich schon auffüttern.«

Doch das gelingt ihr nicht – allen Mühen zum Trotz bleibt das Mädchen zart, allzu zart.

Im Sommer 1528 hört Käthe bei den Tischgesprächen vom Mandat des Reichsregiments gegen die Täufer, das zu ihrer rücksichtslosen Verfolgung aufruft. Ohne Verhör und Prozeß sollen sie überall niedergemacht werden.

»Und das ist nicht recht und kann es niemals sein!« empört sie sich.

»Meister Lucas arbeitet an einem wunderschönen Gemälde. Es zeigt Jesus mit der Ehebrecherin. Ihr solltet es Euch ansehen. Sie wurde auf frischer Tat ertappt. Was aber sagte unser Herr: ›Wer unter Euch ohne Sünde ist, der werfe den ersten Stein auf sie.‹ Und was haben die Täufer getan, daß sie samt und sonders des Todes schuldig sein sollen?«

»Sie gehen auf falschen Wegen, mein Herr und Moses«, antwortet Luther. Ein Student beginnt eifrig zu schreiben.

»So laßt doch die Feder ruhn«, fährt Käthe auf. »Müßt Ihr denn jedes Wort meines Mannes aufzeichnen und in alle Welt posaunen?«

»Aber alle Welt will's wissen, auf daß sie eben nicht auf falschen Wegen gehe«, rechtfertigt sich der Student.

»Nicht nur die Schrift, auch die Geschichte der Kirche spricht für die Kindertaufe«, doziert Luther.

»Die Täufer sagen, man solle erst glauben und dann getauft werden...« holt der Student aus.

Luther schneidet ihm mit einer Handbewegung das Wort ab. »Wer die Taufe will gründen auf den Glauben der Tauflinge, der muß nimmermehr kein Mensch taufen. Nicht auf den Glauben, sondern auf das Gebot Gottes hin soll getauft werden, denn wenn ich auf Sein Gebot getauft bin, so weiß ich, daß ich getauft bin. Mein eigener Glaube – an dem können immer Zweifel aufkommen, wenn mich der Satan plagt und meine Unvollkommenheit. Wann ist er groß genug, daß ich der Taufe würdig sei? Sagt mir's, wer will es entscheiden? Aber ich stimme dir zu, Käthe, es ist nicht recht, und es ist mir wahrlich leid, daß man solch elende Leute so jämmerlich ermordet, verbrennet und greulich umbringt. Man sollt ja einen jeglichen glauben lassen, was er wollt! So lange sie nur im Glauben irren und nicht auch daneben aufrührerisch oder sonst der Öberkeit widerstreben, soll man ihnen mit dem Wort Gottes wehren, das allein hat Kraft! Mit Feuer wird man wenig ausrichten.«

Käthe schließt die Augen. Sie fühlt sich gut. Wie schön ist es, wenn Luther seine gewaltigen Worte ihren Ansichten leiht! Sie genießt das Wohlgefühl des Gleichklanges ihrer Seelen.

»Sieh nur«, flüstert Käthe ihrem Mann ins Ohr, »wie unser verwitweter Röhrer Magdalena von Mochau schöne Augen macht! Auch sein Paulchen kann die Hauslehrerin gut leiden. Ich denke, da dürfen wir bald eine Verlobung ausrichten!«

»Das freut mich von Herzen!« strahlt Luther.

»Eine Allianz dieser Art bleibt doch allemal die beste ... Übrigens – die Stadt rechnet mir hartnäckig Getreide auf, das während der Pestzeit von uns sollte ausgeliehen worden sein«, sagt Käthe, »und ich weiß bestimmt nichts davon.«

»Es ist rechtens«, bestätigt Luther. »Ich hab's mir ausgebeten. Bezahlen konnte ich ja nicht, aber die Hungernden dauerten mich gar sehr.«

»Mich auch, mich auch«, klagt Käthe, »trotzdem können wir nicht die ganze Welt füttern. O Martinus, womit soll ich's nur zahlen?«

»Überlaß das Sorgen unserem lieben Vater im Himmel, er wird's schon richten, er hat bisher immer für uns gesorgt.«

Käthe senkt den Kopf und beißt sich auf die Lippen. Er hat gut fromm sein auf meinem Rücken! denkt sie.

Die Verlobung der Hauslehrerin Magdalena von Mochau mit dem verwitweten Diakonus Georg Röhrer wird am 15. Mai 1528 mit viel Freuden gefeiert. Der Termin für die Hochzeit wird auf den 11. August festgesetzt.

»Schau her, mein Herz«, sagt Luther, »Linck hat dir Sämereien gesandt! Er fragt mich, ob ein Magistrat falsche Propheten töten dürfe. Meine Gedanken dazu werden dich auch interessieren – ich erinnere mich an unser Gespräch der Täufer wegen! Heute wie früher werden bei Papisten und Juden aufgrund derartiger Bestimmungen die gottgesandten Propheten hingemordet, fließt unschuldiges Blut anstelle von schuldigem.«

»Gibt es in dieser Sache schuldiges?« wagt Käthe zu fragen. »Suchen sie nicht alle mit der ganzen Kraft ihrer Herzen Gott?«

Aber er hört sie nicht. »Die gleiche Folge, fürchte ich, wird sich auch bei uns einstellen, wenn man erst aus einem Beispiel die Befugnis herleiten kann, die Abtrünnigen zu töten. Deshalb will ich auf keine Weise zugestehen, Irrlehrer zu töten. Auch nach der Behandlung von Wahnsinnigen fragt unser guter Linck. Für mich sind diese Armen alle grundsätzlich von Teufeln geplagt und besessen, auch die Leiden der Stummen, Tauben und Lahmen rühren vom Satan her – endlich darf man nicht zweifeln, daß Fieber, Pest und andere schwere Krankheiten Werke von Teufeln sind, da diese es ja auch sind, die Sturm, Feuersbrunst und Mißwachs in Feld und Garten anrichten.«

Nachdenklich geht Käthe mit ihrem Päckchen davon. Wie sagt die weise Theresa immer: »Alles hat natürliche Ursachen oder stammt aus der Bosheit der Menschen.« Ja – nur wo haben die Menschen diese Bosheit her? Luther, sie weiß es, würde »vom Satan« sagen. »Das Herz des Menschen ist böse von Grund auf«, könnte sie dagegen die Bibel zitieren – meint das vielleicht das gleiche?

Der Sommer, von Käthe so heiß ersehnt, hat seinen Einzug gehalten. Sie kann ihren Kostgängern frisches Obst anbieten und auch dem Elslein davon unter den Brei mischen, vielleicht gibt das dem Kinde mehr Kraft! Als sie wieder einmal müde zu Bett gehen will, stören spitze Schreie sie auf – genau jene, die sie damals bei Hänsischen so sehr erschreckt hatten. Nun weiß sie Rat. Sie läßt Elslein auf Theresas Wurzel kauen, kocht Beruhigungstee, wiegt die Kleine in ihren Armen. Das scheint gut anzuschlagen – das Fieber vergeht, Elslein zuckt nur noch im Schlaf manchmal zusammen und gibt kurze Laute von sich – allein, diese Besserung ist der Mutter irgendwie nicht geheuer! Gar zu bleich schimmert das zarte Gesicht, unter den langen Wimpern liegen dunkle Schatten. Käthe nimmt das Kind zu sich ins Bett und hält es in ihren Armen. Als sie am Morgen des 3. August 1528 erwacht, erscheint ihr der kleine Körper steif und kalt.

»Elslein!« ruft sie laut und verzweifelt. Noch einmal öffnen sich gehorsam die dunklen Augen, denen des Vaters so ähnlich, aber die Lider, als seien sie zu schwer, schließen sich sofort wieder. Leise stöhnend atmet das Kind aus. Käthe wartet auf das Einatmen, aber es kommt nicht. Sie hört das Ticken der Uhr, eine Fliege am Fenster, den Atem Luthers – doch Elslein rührt sich nicht mehr.

»Martin, Martin!« ruft sie in ihrer Not. Luther springt auf die Füße. Und während sie ihm die leichte Last entgegenstreckt, wird ihr bewußt, wie sehr es ihn treffen muß.

»Was ist?« fragt er erbleichend.

»Ach Martin, mein Lieber –«, Tränen ersticken ihre Stimme, sie braucht einen Augenblick, um sich zu sammeln. »Der Herr in Seiner Weisheit hat unser Elslein zu sich genommen. Er sei uns gnädig.«

Luther fährt behutsam über das Gesichtchen, bringt sein Ohr an den winzigen Mund, zieht eine Feder aus dem Bettpolster und hält sie vors Näschen. Käthe läßt es geschehen, noch lebt Hoffnung in ihr. Endlich bricht der Mann in die Knie, verbirgt sein Gesicht in den Händen und weint laut und unbändig wie ein Kind. Käthe muß den kleinen Leichnam aufs Bett legen und Luther in den Armen wiegen. Trostworte weiß sie ihm keine – sie können nur miteinander weinen.

Vorm Elstertor haben sie das Kind begraben, der kleine Grabstein wird links vom Eingang in die Umfassungsmauer eingelassen. Die schlichte lateinische Inschrift lautet: *Hier schläft Elisabeth, Martin Luthers Töchterlein. Im Jahre 1528, den 3. August.*

Käthe kann es nicht fassen. Sie geht umher und genügt ihren Pflichten wie eine Traumwandlerin, das Gefühl der weichen Haut auf der Wange, den süßen Duft in der Nase. »Mein Kind«, flüstert sie nur immer, »mein liebes Kind.«

Luther ist untröstlich. Sein Verstand weiß sehr wohl, daß er sagen müßte, der Herr hat es gegeben, der Herr hat es genommen, der Name des Herrn sei gepriesen – aber er vermag es nicht, in tiefstem Schmerz bekennt er: »Mein Herz ist davon krank und fast weibisch, so bewegt mich der Jammer um sie. Das hätte ich vorher nie geglaubt, daß eines Vaters Herz so weich werden kann gegen seine Kinder.«

Es braucht lange Zeit, ehe er mit ruhiger Stimme zu sagen imstande ist: »Elisabeth ist von uns geschieden und zu Christus durch den Tod ins Leben gereist.«

Magdalene

Bunte Herbstastern hat Käthe auf Elsleins Grab getragen. Als sie sich wieder aufrichtet, fährt ihr ein jäher Windstoß unter die Röcke; gelbe, braune, rote Blätter wirbeln ihr um den Kopf wie stumme Vögel; sie muß die Haube mit beiden Händen festhalten, damit sie ihr nicht davonfliegt. Der Sturm schiebt sie vor sich her – alles um sie herum scheint in Bewegung, die Äste der Bäume biegen sich, unter ihren Füßen wandert das dürre Laub, geht sie noch voran oder wird sie im Kreise herumgewirbelt? Wo findet sie einen ruhenden Punkt, einen festen Halt? Alles scheint davonzutreiben: der blätterbedeckte Boden, die wilden Wolken, die den Himmel mit sich ziehen, die windgepeitschten Sträucher und Bäume, selbst die Friedhofsmauern.

Sie ist wieder guter Hoffnung. Freut sie sich auf das Kind? Natürlich, sie liebt die Kleinen ja so sehr. Aber sie hat Angst. Wieder einmal reden alle von Krieg, von der Türkengefahr! Luther arbeitet an einer Schrift »Vom Krieg wider die Türken« und beschwört jeden ehrlichen Christenmenschen, auf das Gebot der Obrigkeit hin für den Bestand der Christenheit mit Waffen zu streiten und so die geschichtlichen Bedingungen für die Existenz des christlichen Glaubens zu bewahren.

Krieg – riesige Türkenheere, die sich über das Land werfen – Frauenschreie, Feuerschein, Krachen einstürzender Häuser, Kanonendonner, wiehernde Pferde, Kinderweinen – Käthe wischt sich über die Augen. Ein Fensterladen schlägt gegen die Mauer, die Sonne geht blutrot unter, der Sturm hat tausend Stimmen. Sie preßt die Hände gegen die Schläfen.

»Sicherheit. Ich will Sicherheit für meine Kinder, mein Haus! Ich brauche Land und Vieh und volle Scheuern! Wohlstand ist Schutz«, flüstert sie vor sich hin, »Wohlstand ist Schutz.«

Im Hof kommen ihr drei Frauen entgegen, ausgesprungene Nonnen, mit knapper Not dem Freiberger Kloster entronnen, unter

ihnen die Herzogin Ursula von Münsterberg – Käthe hat Mühe,
für die adelige Dame eine standesgemäße Unterkunft zu schaffen,
es geht ja auf den Winter zu, da muß es ein Stübchen mit Heizung
sein. Die Dame ist sehr bescheiden und schweigsam. Sie möchte
nur ungestört ruhen und denken können. Käthe gibt ihr Muhme
Lene zur Bedienung. Am zweiten Tag schon bittet die Herzogin
um Papier und Feder. Sie will eine Rechtfertigung ihrer Flucht
verfassen und drucken lassen: »Christliche Ursach des Verlassens
Klosters zu Freiberg«. Luther schreibt ihr ein Nachwort dazu.
Wie gut ich es doch habe, denkt Käthe. Ich brauche mir über
solcherlei Dinge nicht den Kopf zerbrechen – mein Martinus hat
übergenug zu meiner Rechtfertigung geschrieben.
Die Visitationen der Gemeinden in Kursachsen beginnen. Luther
ist dauernd unterwegs. Käthe räumt seine Studierstube auf. Ein
lustiges Büchlein findet sie auf des Doktors Schreibtisch. »Liber
vagantorum«, lautet die Überschrift, »Von der fahrenden Bettler
Buberei« – ein Verzeichnis der rotwelschen Wörter hat er angefer-
tigt, die Schliche der Bettler will er aufdecken, und das Almosen-
geben soll sorgfältig bedacht werden – eine geordnete Armen-
pflege müßte es unnötig machen. Käthe seufzt. Wer gibt wohl
jedem, aber auch jedem, der an die Türe pocht, den letzten Heller,
der im Hause ist? »Ich bin selbst diese Jahr her also beschissen und
versucht von solchen Landstreichern und Zungendreschern...«,
liest sie und muß laut lachen. Also gibt er es doch einmal zu! Aber
nächstens wird er wieder vertrauen, sie weiß es doch.
Im Frühjahr 1529 geht es Luther nicht gut. Er war Ende Januar
völlig erschöpft von der Visitation nach Wittenberg zurückgekehrt. Er klagt über Schwindel und Ohrensausen und weiß selbst
nicht recht, ob es Ermattung ist oder Anfechtung des Satans. Er
kann die für Februar geplante Visitationsreise nicht antreten. Er
leidet unter Katarrhen und starker Heiserkeit. Der Kurfürst bestimmt seine Ablösung durch einen anderen Beauftragten. Käthe
ist froh darüber, ihn zu Hause behalten zu können. Er arbeitet am
Wittenberger Gesangbuch, wendet sich im Vorwort zu dem Büchlein des Justus Menius »Von christlicher Haushaltung« gegen die
Mißachtung der Verpflichtung zum Ehestand, die ein »viel hoher
not und härter Gebot ist« als andere Gebote Gottes. Er verurteilt
alle jene Zeitgenossen, die sich darüber hinwegsetzen und »in
offentlichem erkannten sundlichen Leben« bleiben wollen. Aber

schlimmer noch seien »solche greuliche, schädliche, giftige Eltern«, die ihre Kinder zu »eitel Fresslinge und Säuferkel« machen. Wem Gott ein Kind schenkt, dem sagt er, er sei nicht frei, dasselbige aufzuziehen, »wie dich's gelüstet, sondern du mußt darauf sehen, daß du Gott schuldig bist, Seine Regimente zu fördern«, indem die Kinder »entweder zu Geistlichen, Lehrern oder weltlichen Beamten erzogen werden.«

Käthe legt das Blatt aus der Hand. Irgend etwas gefällt ihr nicht: gibt es denn nur diese drei Berufe? Sind die jungen Menschen nicht frei, selbst zu wählen, was sie werden möchten? War nicht der heilige Joseph ein Zimmermann und unserem Herrgott dennoch wohlgefällig, und Petrus ein Fischer? Und die Geistlichen und Lehrer und Beamten, die standen gar nicht so hoch in Jesu Gunst. Sie seufzt. Martinus würde diese Einwände vom Tisch fegen als eines törichten Weibes lästige Rede. Wie sprach er doch unlängst: »Ich lasse mich von meinem Weibe etwa leiten in Sachen des Haushalts und des Tisches, aber in Dingen des Gewissens und der Schrift erkenne ich keinen anderen Lehrer und Doktor an als den Heiligen Geist.«

»Und mit dem«, sagt Käthe zu sich, »will ich es ja nun wirklich nicht aufnehmen.«

Im März 1529 ist Reichstag zu Speyer
Erzherzog Ferdinand will Türkengefahr und Religionsfrage miteinander verbunden sehen. Wie soll sich eine Christenheit ohne innere Einheit gegen die Türken verteidigen? Verlust aller Privilegien und Freiheiten sowie die Reichsacht werden denen angedroht, die bis zu einem künftigen Konzil, das alles klären wird, nicht gutwillig nachgeben, sondern »unrechtem und frembdem Glauben oder den neuen Secten anhängen«. Die Kompromißformel des Speyrer Reichsabschieds von 1526 soll aufgehoben werden.
Im großen Ausschuß haben die katholischen Stände die Mehrheit, und so lautet das beschlossene »große Bedenken«: Wenn die einmal eingeführte neue Lehre auch nicht überall abgeschafft werden könne, »so soll doch hinfuro alle weitere Neuerung bis zu kunftigem Concilio soviel muglich und menschlich verhut werden.« Vor allem solle keine neue Abendmahlslehre geduldet und überall die Möglichkeit zur katholischen Messe geboten werden.
Die sächsischen und hessischen Räte warnen die evangelischen

Stände noch mit einem besonderen Gutachten, diesem »Bedenken« zuzustimmen, sonst »würden sie vor Gott daran schuldig, daß nun hinfurter bis zum Concilio das Evangelium an keinem Ort weiter sollte angenommen werden«.

Luther leidet unter schweren Depressionen.

»Ach, liebe Fraue«, jammert er, »könnte ich doch nur fortgehen von dieser Erde, wo ich allen und mir selbst nur Plage bin! Wo sind die Zeiten geblieben, da man auf mein Wort hörte? Alle haben sie mich verlassen – nein, protestiere nicht, davon verstehst du nichts! Glaubst du, die seien gut evangelisch, die nur darauf aus sind, mit dem Schwerte drein zu schlagen und sich ein ordentlich Stück Land zu gewinnen? Mir saust's und braust's in den Ohren, der Magen hebt sich mir auf, mich plagt die schwarze Galle. Nein – verschone mich mit deinen Tränken und Auflagen – ich will an den Fluß gehen, am liebsten ginge ich zum Sterben.« Spricht's und schlägt die Türe zu. Käthe setzt sich an den Kachelofen im Wohnzimmer, wärmt sich den Rücken und denkt nach. Sie beginnt zu schmunzeln, verschwindet in Muhme Lenes Kämmerlein.

Als Luther zurückkehrt, empfängt Käthe ihn in tiefem Schwarz, einen Schleier vor dem Gesicht. Mit langsamen Schritten schreitet sie ihm voran, sinkt leidvoll auf die Bank.

»Katharina, um des Himmels Willen, was ist geschehen?«

»Ein sehr großes Leid«, stöhnt sie.

»Willst du es mir denn gar nicht sagen?«

»So haltet Euch fest, Herr Doktor Luther, und höret: Unser Hergott im Himmel ist gestorben.« Sie schlägt den Schleier zurück und sieht ihn voll an. Im ersten Augenblick will er auffahren, doch dann versteht er. Er nimmt sie stürmisch in die Arme.

»Oh, du Kluge! Keinen Aufwand hast du gescheut, um mir Kleingläubigem klar zu machen, wie unnütz mein Jammern ist. Ich danke dir!

Ein Weib ist doch ein freundlicher, holdseliger und kurzweiliger Gesell des Lebens. Nun ist mir die schwarze Galle vergangen durch dein schwarzes Gewand! Laß uns miteinander den zweiten Psalm sprechen:

Warum toben die Heiden und murren die Völker so vergeblich?
Die Könige der Erde lehnen sich auf, und die Herren halten Rat
miteinander wider den Herrn und seinen Gesalbten:

Lasset uns zerreißen ihre Bande und von uns werfen ihre Stricke.
Aber der im Himmel wohnt, lachet ihrer, und der Herr spottet
ihrer.

Erinnere mich an diese Worte, wenn ich einmal wieder murre.«

Käthe stemmt ärgerlich beide Hände in den Rücken: dieses Ziehen
ist scheußlich und kommt so ungelegen, sie will doch gerade...
Übelkeit steigt auf – das Kind! O Gott, erbarm dich meiner. Man
schreibt den 4. Mai 1529, als Magdalene geboren wird.
So müde Käthe auch ist nach der Entbindung, sie hebt die Kleine
ganz nah an ihre Augen und sieht sie lange, lange prüfend an, voller
Qualen der Angst. Sie sieht dem Elslein nicht gleich, sondern
kommt ihr vor wie Hans zu jener Zeit, so ähnlich Nase und Mund,
das ganze runde Gesichtlein. Beruhigt reicht sie Theresa das Kind.
Am nächsten Morgen zeigt Luther ihr einen Brief:

> *»An Margarete Göritz zu Leipzig.*
> *Ich bitte Euch um Gottes Willen, Gott hat mir eine junge Heidin*
> *beschert von meinem und meiner lieben Käthen Leibe. Ihr wollet so*
> *wohl tun und derselben armen Heidin zur Christenheit verhelfen*
> *und ihre geistliche Mutter werden, damit sie durch Euren Dienst und*
> *Hilfe auch komme aus der alten Geburt Adams zur neuen Geburt*
> *Christi durch die heilige Taufe.*
> *Hiermit Gott befohlen. Amen.«*

Käthe nickt. Was der Mann nur immer für Worte findet – denkt sie.
Auch Amsdorf und Superintendent Bischof in Magdeburg werden
zu Paten gebeten.
Bald muß Käthe erfahren, daß auf den Geburtstag ihrer kleinen
Tochter ein wichtiges Ereignis der europäischen Geschichte fällt:
Am 4. Mai 1529 erhebt sich Sultan Süleiman II. mit einem Heer
von »dritthalbhunderttausend« Mann zum heiligen Krieg. Der
Osmane sieht sich gern als Stellvertreter des Propheten Moham-
med. »Ich, dessen Macht aufrechterhalten wird durch die Gnade
des Allmächtigen, durch die Segnungen des größten seiner Propheten, durch den Schutz der vier ersten Begünstigungen derselben, ich, Schatten Gottes über beiden Welten« – so beginnt sein
Sendschreiben. »Wißt ihr nicht«, soll sein Schwiegersohn gefragt

haben, »daß unser Herr der nächste ist nach Allah, daß, wie nur eine Sonne am Himmel, so auch er der einzige Herr auf Erden ist?«

Käthe vernimmt es mit Grausen.

Als gar der König von Ungarn, Johann Zapoloya, sich auf dem Schlachtfeld von Mohács mit den Türken vereinigt, versteht sie die Welt nicht mehr. Man berichtet ihr, wie Süleiman selbst den Überläufer fragte, wodurch er sich bewogen fühle, zu ihm zu kommen trotz der Verschiedenheit ihres Glaubens. Johann soll geantwortet haben: »Der Padischah ist die Zuflucht der Welt, und seine Diener sind unzählig, sowohl Moslems als Ungläubige. Papst und Christenheit haben mich ausgestoßen – also fliehe ich zu dir!«

In Ungarn stößt der Türke auf so gut wie keinen Widerstand. Die Magnaten wetteifern nahezu darum, dem Sultan die Hand zu küssen. Peter Perey versucht, die Königskrone zu retten, die von den Ungarn wie ein Heiligtum verehrt wird – bei ihrem Anblick sollen einmal zur Schlacht erhobene Schwerter in ihre Scheiden zurückgekehrt sein –, allein der Bischof von Fünfkirchen nimmt ihn samt Kleinod gefangen und bringt ihn ins osmanische Lager. Und so führt nun der Türke mit sich das Symbol der Ungarn, von ihnen verehrt wie nichts anderes.

»Ein Bischof –«, Käthe begreift es nicht, »ein Bischof verbindet sich mit Mohammedanern!«

Die Besatzung von Ofen endlich, ungefähr siebenhundert vor kurzem angeworbene Landsknechte unter Oberst Besserer, leistet Widerstand. Nachdem die Stadt in Grund und Boden geschossen ist, kapitulieren sie unter der Bedingung freien Abzuges – er wird ihnen zugesichert. Ach, sie kennen die Sitten der Türken schlecht – noch unter den Stadttoren läßt Ibrahim Pascha sie alle niedermachen.

Sultan Süleiman aber will mit König Ferdinand zusammentreffen – am 26. September 1529 langt er vor Wien an und schlägt dort sein Lager auf. Zweiundzwanzigtausend Kamele sollen Mundvorrat und Munition schleppen. (Hans kommt immer wieder darauf zurück und fragt, wie wohl »Mehle« aussähen.)

Ein Iskendertschausch namens Farfara trinkt im Angesicht der Stadt den Becher des islamischen Martyriums – die Türken verkünden den heiligen Krieg gegen die Ungläubigen, Süleiman schwört, sein Haupt nicht zur Ruhe zu legen, bis er die Christenheit mit seinem Säbel bezwungen habe. Er läßt der Besatzung Wiens ankündigen: Wolle sie ihm die Stadt überlassen, so verspreche er, weder selbst hereinzukommen noch sein Volk hineinzulassen, sondern er werde dann weiter vorrücken und den König suchen. Wo aber nicht, so wisse er doch, daß er am dritten Tage (am Michaelisfeste), sein Mittagsmahl in Wien halten werde; dann wolle er das Kind im Mutterleibe nicht verschonen.

Käthe hört es und drückt ihr Kind ans Herz. Und was tun sie, die Herren, die großen Krieger? Sie reden über Bedingungen und Beschaffung der Gelder, um die Soldaten zu bezahlen! Der leitende Minister in den Niederlanden, Hoogstraten, meint, der wahre Weg, dem Türken zu widerstreben, sei, daß man den Papst zu einer allgemeinen Säkularisation bewege. Ein Drittel der geistlichen Güter, an den Meistbietenden verkauft, werde hinreichen, um ein Heer ins Feld zu bringen, das die Türken zu verjagen vermöge.

Käthe, die Faust vor dem Mund, um nicht laut hinauszuschreien: »Bis dergleichen verhandelt wäre, hat der Sultan die Welt erobert und alle Christen samt Papst hingemordet.« Der dumpfe Ton von Trommeln schreckt sie auf – sie läuft zum Straßentor.

»Was gibt's?« fragt sie Sieberger, der schon dort steht.

»Seht Ihr, Domina, der dort vorweg reitet auf dem stolzen Fuchs, das ist der Sohn kurfürstlicher Gnaden – er führt dem Feldhauptmann des Reiches, Pfalzgraf Friedrich, Truppen zu, wider den Türken zu streiten.«

»Wieviel sind es?« fragt Käthe.

»Ein paar tausend.«

»Wo ziehen sie hin?«

»Nach Linz, ins Heerlager zu König Ferdinand.«

»Und wo ist der Kaiser?«

»In Italien, wie immer. Wird er kommen mit seinen spanischen Truppen? Wer weiß, wann.«

Käthe sieht den marschierenden Männern ins Gesicht. Trotzig spannen sie die Kinnmuskeln und schauen blicklos geradeaus.

Behutsam legt Käthe die Äpfel in den Korb. Das Bücken fällt ihr schwer, aber sie läßt sich diese Arbeit nicht nehmen – sie liebt die Zeit der Ernte! In diesem Jahr wird sie ihr vergällt durch die Ungewißheit, die Angst – wird Wien, wird das Reichsheer die

Türken aufhalten können? Tausend Nachrichten und Greuelge-
schichten schwirren durch die Stadt, und keine ist zuverlässig,
scheint ihr.
Da drängelt sich ein Buchdruckerlehrling in der Lederschürze zwischen den Körben durch zu ihr hin, in den schwarzen Fingern
einige Folioblätter.
»Das soll ich Euch bringen, Frau Lutherin, vom Meister!« ruft
er.
»Danke!« lacht Käthe und legt einen Apfel in die Hand des Jungen.
Sie setzt sich auf einen Baumstumpf in die milde Herbstsonne und
beginnt zu lesen:

»*Neuwe Chronica Türkischer Nation von Hans Levenklaw von
Amelbeurn*
*Am 26. September da hat sich der türkische Kaiser eigener Person
gewaltiglich rings um die Stadt auf dem Wasser und auf dem Land
gelagert...*«
Käthe überfliegt die Zeilen – da:
»*... Von dem 12. Tag bis auf den 14. Octobris zum Abend sind die
Feind still gewest, darnach zur Nacht fingen die Feinde heftiger an
zu schießen denn vor je. Und ungefähr um elf Uhr Mitternacht sind
die Janitscharen aus den Vorstädten mit großem Geschrei abgezogen, und alle ihre Läger, auch was aufrecht geblieben an den nächst
umliegenden Dörfern und in der Vorstadt Häusern angezündet, und
am Freitag, dem 15. Tag Octobris ist der Türkisch Kaiser vor Tage
aufgebrochen und mit ihnen verrückt (abgerückt). Und in Summa
solcher Feinde Abzug hat bis auf den Donnerstag ganzer acht Tage
gewähret...*«

Käthe rafft ihre Röcke und läuft ins Haus. Vergessen sind die
Äpfel. Sie nimmt das Lenchen aus der Wiege und drückt es fest an
sich. Tränen rinnen ihr dabei übers Gesicht.
Nun will sie sich nicht mehr sorgen wegen der deutschen Herren,
die sich gar nicht einigen können und Schutz- und Trutzbündnisse
schließen – es wird so schlimm nicht sein, sind doch alle Brüder –
»alle Christen sind wahrhaft geistlichen Standes und ist unter ihnen
kein Unterschied«, hat ihr kluger Martin gesagt – nun, wo der
Türken grausames Heer abgezogen ist, will sie getrost in die Zukunft schauen.

Käthe sitzt auf der Ofenbank in der Winterstube, Lenchen auf dem Schoß, Hans spielt zu ihren Füßen. Vorm Fenster ist die Welt im Nebel wie begraben. Sie rückt näher an die warmen Kacheln, legt ihr Gesicht an das Köpfchen des Kindes, atmet den Duft des kleinen Körpers ein.

Was ist nur Wundersames um diese Kinder! Sie fühlt sich von ihnen unwiderstehlich angezogen und kann das doch gar nicht so recht erklären. Es macht sie zufrieden und fröhlich, die kleinen Glieder zu waschen, die aufgesperrten Mündchen zu füttern, das kleine Volk an- und auszukleiden, mit ihm zu singen, zu spielen, ja einfach nur so ein Paketchen in den Armen zu wiegen. Das ist ihr wichtiger als alle Arbeit und lieber als jede Kurzweil, dafür opfert sie gern die Nachtruhe, versäumt den Kirchgang. Während sie so darüber nachsinnt, bemerkt sie zu ihrem eigenen Erstaunen, daß dieses Gefühl sich bei allen Kindern nahezu gleichermaßen einstellt, für den nackten, schmutzigen Schreihals, der ihr auf der Gasse zwischen die Beine läuft, würde sie genau das gleiche tun wie für Hans und Lenchen – irgend etwas ist in Kindern, was in seiner Ursprünglichkeit, Offenheit, dem Vertrauen und der Kraft wie ein Funke göttlichen Geistes leuchtet und ihr das Gefühl gibt, der echten Heimat näher zu sein.

Luther tritt ein mit einem Brief in der Hand:

»Ein schönes Bild, liebe Käthe, bietet ihr drei dem Betrachter! Möchtest du wohl noch mehr Kinder haben?«

»Gewiß, es könnten gar nicht genug sein!«

»Sag das nicht so unbedacht! Sie bringen doch auch viel Arbeit und Beschwernis. Ach liebe Käthe, meine Schwester und mein Schwager Kaufmann sind heimgegangen, und da stehen nun ihre armen Kinder allein auf der Welt: Cyriak, Fabian, Andreas, Lene und Else –«

»Sie sollen zu uns kommen!« sagt Käthe spontan. Luther setzt sich neben sie und drückt ihr einen herzhaften Schmatz auf die Wange.

»Wußt ich's doch, wie weit dein gutes Herz ist. So kann ich denn schreiben...«

»Tut das«, unterbricht Käthe. »Ich will zusehen, wie ich sie am besten unterbringe.«

Lenchen, in ihrer Ruhe beeinträchtigt, beginnt zu weinen und will sich nicht beruhigen lassen. Je mehr Käthe sich bemüht, um so lauter schreit sie.

»Kind«, stöhnt Luther und hält sich die Ohren zu, »womit hast du verdient, daß ich dich so lieb habe? Damit, daß du das ganze Haus mit deinem Geschrei erfüllst?«

Käthe lächelt versonnen. Als siebtes Geheimnis hatte die Zigeunerin ihr die Kinder verheißen. Wie recht sie hatte!

Achtes Geheimnis: Freunde

Die Kurfürstin

»Nachdem du nun so fleißig sprechen kannst, kleiner Mann«, sagt Luther, der Hans auf seinen Knien hält, »sollst du auch das Lateinische erlernen!«
Hänschen jauchzt, aber Käthe wagt zu protestieren.
»Er ist doch noch so klein, laßt ihn noch spielen und sich seines Lebens freuen.«
»Mütter sind immer zu weich! Für kleine Mädchen mag es ja noch angehen, Buben aber müssen von klein auf gebildet werden, meine Liebe! Der Nürnberger Veit Dietrich, schon länger im Hause, wird ab heute Präceptor der Knaben sein, auch Cyriak hat ihn noch bitter nötig – und Hänschen wird Freude an den Buchstaben und den fremden Wörtern haben! Hopp, komm, mein Sohn, steig auf meine Schultern, wir gehen zur Schule, und du hast es nicht weit!«
Käthe läßt machtlos die Hände sinken.
»Als ich so klein wie Hänschen war, konnte ich mit meinen schwachen Beinchen den Schulweg nicht bewältigen«, erzählt Luther, »mein Vetter schleppte mich huckepack nach Mansfeld. Die Lateinschule war ein Eselsstall, eine Teufelsschule, eine Hölle und ein Fegefeuer, die Lehrer Tyrannen und Stockmeister. Fünfzehnmal wurde ich an einem Morgen mit der Rute gestrichen! Wir wurden gemartert mit den Casualibus und Temporalibus, den Fällen und Zeiten, und haben dennoch eitel nichts gelernt durch so viel Stäupen, Angst und Jammer. Hüa, Hans, auf geht's.«
»Nun ja«, seufzt Käthe.
Muhme Lene, die in der Fensternische sitzt und stopft, beschwichtigt:
»Es wird so schlimm nicht werden, er bleibt ja im Hause, und du kannst stets nach dem Rechten sehen. Veit Dietrich ist doch kein Tyrann und Stockmeister!«

»Kätha«, sagt Luther traurig, »mein Bruder Jakobus hat geschrieben, Vater ist krank. Ich möchte zu ihm.«

»Ich auch«, nickt Käthe. »Doch, ich habe deine Eltern herzlich lieb, sie haben mir großem Kinde noch gezeigt, wie schön es ist, Vater und Mutter auf Erden zu haben, die sorgen, lieben und ab und an schelten, woran man auch merkt, wie sehr sie sich kümmern. Ich sehe die beiden, wie sie mit Hansen spielen...«

»Und ihm allen Willen lassen – wie gar anders sie ihn behandeln denn mich und meine Geschwister zu unserer Zeit! Aus den Maßen gern möchte ich selber nach Mansfeld reisen. Doch ich sehe ein, wir dürfen die Gefahr durch Herren und Bauern nicht herausfordern. Ich kann den Vater nur im Gebet Christus empfehlen, zu dessen Lehre auch er aus dem greulichen vorigen Finsternis und Irrtum gekommen ist. Ich will ihm schreiben, er soll sich seiner Schwachheit trösten in der Hoffnung auf den gewissen treuen Helfer Jesum Christum, welcher für uns den Tod samt den Sünden erwürget hat und jetzt im Himmel auf uns wartet, wo wir uns fröhlich wiederum sehen mögen. Dies irdische verfluchte Leben ist schließlich nichts anders denn ein rechtes Jammertal, darin man je länger je mehr Sünde, Bosheit, Plage und Unglück siehet und erfähret, und ist des alles kein Aufhören und Abnehmen da, bis man uns mit der Schaufel nachschlägt.

Weine doch nicht, liebe Käthe, noch lebt der Vater ja, er ist starken und zähen Leibes – vielleicht kriecht er schon bald wieder auf allen vieren mit den Kindern durch unsere Stube.«

»Domina, verzeiht die Störung«, die Köchin knickst verlegen, »wir bekommen hohe Gäste! Die Kurfürstin Eisabeth von Brandenburg ist in der Stadt und wird uns gleich die Ehre geben!«

»Oh, ja–«, stöhnt Käthe. »Und was haben wir im Hause? Lauf schnell zu Cranach und bring, was er für einen Taler an Vögeln, Gefieder, Geflügel und was sonst noch im Reich der Luft fleugt, ferner an Hasen und Wildbret beschaffen kann. Oder besser, laß den Wolf laufen und du backe Mandelküchlein – Muhme Lene, bitte, zieh die Kinder sauber an!«

»Daß die hohe Dame zu uns kommt und unserem Glauben zugetan ist, wo doch ihr Gemahl Joachim streng darauf sieht, das lutherische Gift nicht über die Grenzen kommen zu lassen?« staunt Muhme Lene. Käthe räumt Luthers Schriften zusammen, während sie antwortet:

»Du bist gut unterrichtet! Ja, ihr Eheherr ist altgläubig. Der Doktor Ratzeberger aber brachte ihr Luthers Schriften – er war ihr

Leibarzt –, und schon bald nahm sie heimlich das Abendmahl unter beiderlei Gestalt, im Berliner Schloß! Ihre eigene Tochter, damals gerade vierzehnjährig, erzählte es dem Vater! Er sperrte die Kurfürstin ein; es ging das Gerücht, er wolle sie einmauern lassen.

Zu den Zeiten irrte gerade ihr Bruder Christian landflüchtig in Deutschland umher, er und Dr. Ratzeberger verhalfen ihr endlich 1528 zur Flucht. So kam sie zu ihrem Oheim, unserem Kurfürsten Johann, nach Sachsen. Nun lebt sie auf Schloß Lichtenberg.«

»Ja«, nickt Muhme Lene, »das weiß ich.«

»So, hier bin ich fertig. Die Mägde sollen auskehren und frischen Sand streuen – oh – Euer Gnaden!«

Kurfürstin Elisabeth steht schon in der Türe.

»Meine liebe Lutherin, wie ich mich freue, Euch zu sehen! Bitte, macht keine Umstände, was bei Euch alle Tage auf den Tisch kommt, gerade das will ich mit Genuß verzehren.

Laßt uns zu zweit ein wenig in der Fensternische sitzen und plaudern. Ich glaube, ich habe Neuigkeiten, die Euch interessieren.«

Muhme Lene schiebt der Dame die Kissen zurecht und macht sich eilig davon.

»Ihr seid doch eine eifrige Ärztin, Katharina«, beginnt Elisabeth, »habt Ihr nicht anno 1527 die Pest mit der Medizin des Magister Paracelsus kuriert?«

»Ja«, antwortet Käthe, ihren Rock so in Falten legend, daß die fadenscheinigen Stellen verdeckt werden, »die Rezeptur ist ausgezeichnet. Ich weiß nicht, wie ich ohne sie hätte zurechtkommen sollen.«

»Ich habe Kunde von Theophrastus. Einer seiner Schüler weilte einige Tage bei uns. Er hat mir viel von seinem Meister erzählt. Es ist erstaunlich, wie so manches in seinem Leben ganz ähnlich ist wie bei Martin Luther. In Basel hat er das bereits schwarze, abgestorben aussehende Bein des Verlegers Frobenius, das die Professoren der Universität amputieren wollten, mit einfachen Medikamenten in knapp vier Wochen geheilt! Die Basler Ratsherren machten ihn zu ihrem Stadtarzt.

Und was tut er? Er verfaßt ein Flugblatt als Kampfansage an die alte Medizin, läßt es an das Portal der Universität schlagen und unter die Studenten verteilen.«

»Wie Luther seine fünfundneunzig Thesen«, ruft Käthe überrascht.

»Daran mußte ich auch schon denken.«

»Ach«, seufzt Käthe, »wäre ich ein Mann und frei, ich wollte sofort nach Basel ziehen.«

»Ihr würdet ihn dort nicht mehr vorfinden, er mußte bei Nacht und Nebel aus der Stadt fliehen. Er verlor einen Prozeß gegen einen Domherrn, der, von seiner schweren Krankheit geheilt, das versprochene Honorar nicht zahlen wollte. Keiner weiß, wo er sich im Augenblick befindet, ob er überhaupt noch lebt.«

»Was er wohl gegen den englischen Schweiß verordnet hätte...« sinniert Käthe.

»Ihr meint diese Fieberkrankheit, die letzten Sommer hier in Wittenberg wie auch anderswo grassierte?«

»Ja. Wir hatten sehr viele Fälle, zum Glück nur wenige Tote. Mein Mann führte die Krankheit auf Hysterie und Einbildung zurück, derartige Kranke hat er viele gleichsam mit Gewalt aufgerüttelt, welche ihm dann mit Lachen sagten, daß sie vielleicht noch lägen, wenn sie nicht zum Aufstehen bewogen wären.«

Die Kurfürstin blättert weiter in ihren Schriften.

»Ich habe hier noch ein Büchlein über die fünf Krankheitsursachen, so hört doch nur:

›Die Alten glaubten, alle Krankheiten kämen von den vier Säften. Sie meinten damit die vier Elemente, vergaßen aber den Samen, aus dem die Krankheiten wachsen. Die Elemente geben nichts, sie empfangen nur, wie ein Apfelbaum aus dem Boden wächst – aber nur dann, wenn der Same dazu vorhanden ist. Die Elemente sind also nicht die Ursache, sondern das Mittel.‹

Das bedeutet aber, man muß die Krankheiten aus ihrem eigenen Samen und Ursprung erkennen. Es handelt sich nicht um die Beseitigung des Bodens, in dem die Krankheit wächst, sondern um die Beseitigung der Krankheitsursache. Wartet, ich erzähle Euch von den fünf Ursachen nach Paracelsus:

Erstens das ens astrale – Einflüsse aus der Umgebung, Wetter, Klima, die großen kosmischen Zyklen der Natur. Gesund ist, wer sich einfügt und mit der ganzen Schöpfung in Harmonie lebt.

Zweitens das ens venale – Verunreinigungen und Vergiftungen. Das sind zum Beispiel Berufskrankheiten der Bergleute, Blei- oder Arsenikvergiftungen.

Drittens das ens naturale – Voraussetzungen für Krankheiten, die man von den Eltern und Großeltern mitbekommen hat.

Viertens das ens spirituale – er meint geistiges Fehlverhalten, eine falsche Einstellung zum Leben, übertriebene Angst und übermäßige Sorgen als Krankheitsursachen.

Und endlich fünftens das ens deale: schicksalhafte Fügungen, dem Menschen von Gott als Prüfung geschickt – aber auch Ungehorsam gegen den Schöpfungswillen Gottes als Krankheitsursache.

Nach Paracelsus liegen die Ursachen für Krankheit nicht im persönlichen Eingreifen Gottes, sondern in der seelischen, geistigen Haltung des Menschen selber. Und dort findet sich auch die Kraft zur Gesundung, was er in seinen fünf Hauptwegen zur Heilung genauestens ausführt...«

»Dies Büchlein möchte ich mir wohl beim Drucker bestellen!« sagt Käthe begeistert.

»Es ist nicht zu beschaffen, denn es wurde nicht gedruckt! Der Meister bemüht sich vergeblich allenthalben, keiner will seine Schriften setzen! Er versucht mühsam, sich das Geld dafür zusammenzusparen, allein auch das gelingt ihm nicht. Wenn die Patienten geheilt sind, vergessen sie zu zahlen – sie bedrohen ihn gar und jagen ihn mit Schimpf davon.«

»Daß er doch nach Wittenberg käme«, sinniert Käthe, »wir wollten ihn gut aufnehmen und gern von ihm lernen.«

Die Herzogin blättert weiter.

»Keiner weiß, wo er sich gerade aufhält, ob er überhaupt noch am Leben ist. Hier, über die Gifte: ›Gibt es denn etwas von Gott Geschaffenes, das nicht mit einer großen Gabe begnadet wäre? Das nicht dem Menschen zum Nutzen angewendet werden könnte? Wer das Gift verachtet, der weiß nicht, was im Gift ist... Gibt es überhaupt etwas, das nicht giftig wäre? Alle Dinge sind Gift – und nichts ist ohne Giftigkeit. Allein die Dosis macht, daß etwas giftig wird.‹ Paracelsus wüßte mir sicher auch ein Mittel gegen meine Unruhe, die mich Tag und Nacht umtreibt.«

»Nehmt einstweilen getrocknete Veilchen, näht sie in ein Beutelchen, das legt auf Euer Kopfkissen!« rät Käthe. »Braucht Veilchenwasser als Duftstoff, das wird Euch helfen.«

»Danke, Lutherin! Ich will es sofort tun. Ich halte Euch zu lange von Euren Pflichten ab – nein, danke, ich will nicht bei Euch essen heute – es war wie immer ein Gewinn, bei Euch zu sein.«

Käthe beugt bescheiden das Haupt.

»Es ist mir eine Ehre und eine Freude!«

»Lutherin, Ihr braucht Euch nicht vor mir zu demütigen. Ich halte nichts von Standesdünkel! Was soll denn an mir anders sein als an Euch? Glaubt Ihr, das Leben in Schlössern sei gar so verschieden von dem Euren? Es gibt vielleicht ein wenig mehr Samt und Seide, die Räume sind weitläufiger, prunkvoller und ungemütlicher, und man hat noch mehr Last mit vielen Dienstboten und Gastereien, die auszurichten sind. Ich sehe Euch an, Ihr denkt, da gibt es dann aber genug Gulden und Taler, um kommen zu lassen, was man möchte, – glaubt mir, auch Herzöge, Kurfürsten und Grafen, ja Könige und Kaiser leihen und können die Notdurft ihrer Tische nicht bezahlen, so prunkvoll sie auch einherstolzieren. Das Leben für uns Frauen ist auf dem Schloß kaum anders als im Bürgerhaus...«

»...sofern der Mensch frei ist!« wagt Käthe einzuwerfen.

»Das ist richtig. Von den Verhältnissen der Bäuerinnen weiß ich nicht viel«, gibt die Herzogin zu. »Ich will mich nächstens kümmern. Es interessiert mich. Zum zweiten Male, lebt wohl, Lutherin. Seht nur, was wird denn dort über den Hof getragen?«

»Es ist ein Gebärstuhl! Eine hilfreiche Neuheit, wir brauchen einen hier im Schwarzen Kloster.«

»Habt Ihr so viele Niederkünfte?«

»Ach ja. Meine Freundinnen kommen gern hierher, wenn ihre Stunde naht. Walpurga Bugenhagen gebar nur wenige Tage nach meiner Entbindung vom Elslein den kleinen Johannes hier im Hause – beide Kinder blieben nicht lange bei uns.«

»Ja, traurig genug, doch Ihr habt ja das Lenchen! Ihr seid eine halbe Ärztin, Lutherin, und kennt Euch gut aus mit Geburten. Hier, ich schenke Euch die Abschrift von Meister Paracelsus' Buch. Ihr könnt es besser nutzen als ich.«

»Oh, das freut mich sehr, vielen Dank!« strahlt Käthe. Nach der nun endgültigen Verabschiedung der Dame trägt sie den Band wie ein Heiligtum in ihren Nähtisch.

Dann eilt sie hinaus, um sich des Entbindungsstuhles anzunehmen, am Ende fällt er gar noch unter die Schüler! Auf dem Hof findet sie ihren Mann.

»Leih mir einen Augenblick dein vielbegehrtes Ohr, mein Herr Käthe!« empfängt er sie. »Folge mir in jene Ecke des Gartens. Schau, hier möchte ich eine Kegelbahn haben für die Knaben, was sagst du dazu?«

»O ja!« Käthe klatscht in die Hände. »Das ist eine gute Idee! Da können sie sich das Mütlein kühlen beim Spiel und sind um so gesitteter im Hause. Ich will alles herrichten lassen, allerdings unter einer Bedingung!«

»Mein Herr Kethus?«

»Ich möchte auch einmal die Kugel stoßen dürfen!«

»Aber Katharina, das schickt sich nicht!« lacht Luther. Sie rafft ihre Röcke und läuft lachend davon, dem Stadtpfarrer Bugenhagen genau in die Arme.

»Oh, Verzeihung, Euer Ehren, nichts für ungut!« schnauft sie. Bugenhagen lacht nur.

»Ist es schon Zeit zum evangelischen Sanhedrin?« fragt sie.

»Dazu ist's immer Zeit, Katharina, das wißt Ihr doch. Wir bemühen uns auf Wunsch Eurer Hausherren gewissermaßen außer Plan um Ezechiel – werden's aber wohl kaum hier vollenden, die Weissagungen vom Gog zu verdeutschen und auf den Türken hin zu deuten, es muß wohl für die Reise zum Reichstag gerüstet werden.

Laßt den Kopf nicht hängen, Käthchen, nur zu bald werden alle wieder da sein – genießt inzwischen Eure Ruhe!«

»Ich möchte wissen«, knurrt Luther, »wann ich endlich von den Wiedertäufern nichts mehr hören und schreiben muß! Jetzt soll ich dem Justus Menius ein Vorwort zu seiner Schrift ›Der Wiedertäufer Lehre und Geheimnis‹ verfassen. Aber mag sein, es ist notwendig, daß all diese Rottengeister und Ketzer auftreten, denn das liebe Evangelion ist ohne die höllischen Pforten nicht zu denken. Ohne deren Anfechtung würden wir zu faul, schliefen und schnarchten uns zu Tode. Aber nun sind solche Rotten unser Schleifstein und Polierer, die wetzen und schleifen unsern Glauben und Lehre, daß sie glatt und rein wie ein Spiegel glänzen.«

»Meint Ihr denn wirklich, die Täufer stünden mit der Hölle im Bunde?« fragt Käthe.

»Das verraten sie schon allein dadurch, daß sie nicht öffentlich auftreten, sondern durch die Häuser schleichen und laufen im Land um, sind eitel Meuchelprediger.«

»Müssen sich doch verstecken, weil sie sonst sofort ergriffen und dem Feuertode überantwortet werden!« wirft sie ein.

»Sie verkündigen nicht himmlisches, sondern weltliches Reich, in dem alle Gottlosen erschlagen würden, und besitzen einen mörderischen, aufrührerischen, rachgierigen Geist, dem der Odem nach Schwert stinkt. Und du, liebe Fraue, beschäftigst dich am besten gar nicht mit ihnen, sonst tu ich es ihnen am Ende gleich und schaff mir noch ein Weibchen an.«

»Das würde ich nicht leiden.« In diesem Punkte kennt Käthe keinen Humor. »Ich würde stracks wieder ins Kloster rennen!«

Luther lacht herzlich über ihren Zorn.

»Dann will ich's lieber lassen und mich mit dir bescheiden, denn ich mag um keine Jungfrau der Welt auf dein gutes Bier und deine schmackhafte Küche verzichten!«

»Soso«, nickt Käthe mit undurchsichtiger Miene, »soso.«

Katharina Melanchton

»Ich will auch mit dem Herrn Vater fahren!« klagt Hänschen, als Luther mit Veit Dietrich und Cyriakus Kaufmann aufbricht.

»Tröste dich, mein Kind«, beruhigt ihn der Vater. »Ich selbst darf auch nicht mit zum Reichstag und all die Pracht schauen! Mich schließen sie auf der Veste Coburg ein, weil man sonst nicht sicher wäre, was man sich vom Herrn Kaiser an Freundlichkeiten zu vergewärtigen hätte. Wart, Hänsichen, ich will dir schöne Briefe schreiben und ein feines Geschenk mitbringen! Sieh doch, Lenchen klagt gar nicht.«

»Die ist ja noch viel zu klein«, mault Hänschen.

Im Mai 1530 kommt Katharina Jonas auf dem neuen Stuhle im Schwarzen Kloster nieder. Aber das Söhnlein stirbt. Käthe leidet mit ihrer lieben Freundin.

Fassungslos hält sie den leblosen, kleinen Körper in ihren Armen.

»Ich kann es nicht glauben, Theresa! Warum nimmt Gott die süße Seele gleich zu sich, die gerade ihre Augen aufschlagen wollte, um das Licht der Welt zu sehen?«

»O Herrin, vielleicht ist das Kind seliger im himmlischen Licht?«

»Gewiß ist es das, Theresa, gewiß – aber wir hier, wir sind um einen Engel ärmer.«

Die Tränen rinnen ihr über die Wangen.

»Ich schäme mich«, schluchzt sie, »ich schäme mich. Ich denke ja nur an mich und an die Eltern – es ist gar so schwer, das Kleine fortzugeben –, und wir könnten ihm gewißlich nicht das himmlische Paradies bieten, ich weiß, dennoch...«

Weinend läßt sie sich das Kind abnehmen.

»Mit jedem Kleinen geht auch ein Stück meines Herzens dahin.«

Und hatte das Kindlein der Freundin doch Trost und Stütze sein sollen, denn sie war in schweren Nöten ihres Hauses wegen und hatte noch weniger Gulden als Käthe!

Luther ist von vornherein unzufrieden damit, auf der Veste Coburg bleiben zu müssen, und also fühlt er sich nicht wohl. »Es fehlt nichts, was zur Einsamkeit gehört«, klagt er. Krankheiten quälen ihn. Allein in der »Wüstenei«, nur die Vögel zur Gesellschaft, ist er Trauer, Depressionen und schwarzer Melancholia wehrlos ausgeliefert. Er jammert, wie sehr ihn sein elender Leib plagt.

Zwar versenkt er sich in geistiger Arbeit, daß es so seine Art hat: Er diktiert Veit Dietrich eine Auslegung des Psalters. Er überarbeitet die Fabeln des Äsop und sammelt Sprichwörter. Aber ihm fehlt das Leben des Schwarzen Klosters, der Lärm, die Unruhe, das Lachen und Toben der Kinder, die vielen Besucher und all die Fürsorge und Zuwendung.

Käthe schickt ihm Heiltümer von Medikus Schurff und Muhme Lene und eine Brille, die der Goldschmied Meister Christianus Döring in Eile herstellen muß, weil Luthers Augen vom vielen Lesen und Schreiben schwach werden. Zufrieden ist er mit diesen Gläsern nicht, Käthe soll dem Meister ausrichten, er habe seiner Lebtag keine schändlichere Brille gesehen, er habe nicht einen Strich dadurch erkennen können. Nichts hilft ihm.

Und da fällt Käthe etwas ein, was ihn freuen könnte. Sie nimmt das Lenchen, geht zu Cranach, geradewegs in die Werkstatt. Der Meister sieht sie zunächst gar nicht, er hat einen eiligen Auftrag – fuhrwerkt mit Entwürfen am großen Tisch, weist seine Gesellen an. Lenchen fängt an zu weinen.

»Potz Blitz, Barbara, was tut ein kleines Kind hier?« donnert er los und erkennt Käthe.

»Oh, verzeih meine Unhöflichkeit, liebe Katharina. Komm in die Stube – Andreas, ruf Barbara, – du mußt wissen, ich bin sehr beschäftigt.«

»Ich danke dir. Bleib, Andreas. Ich will nicht in deine schöne

Stube, auch nicht zu Barbara, und das Kind muß hierbleiben, du sollst es malen.«

Der Meister erbleicht ein wenig.

»Verzeih nun du mir, daß ich dich so überfalle in all deiner Mühsal. Du weißt, Luther geht es schlecht in seiner Wüstenei und zu allem Unglück liegt ihm auch noch der Vater auf den Tod. Da kam mir der Gedanke, ein Konterfei seines Töchterleins könnte ihn aufmuntern, er liebt sie doch gar so sehr. Oder weißt du etwas Besseres?«

Überredet sinkt Lucas auf einen Schemel.

»Nein, ich weiß nichts Besseres. Wohlan denn, sollen doch die Fürsten warten!« Er zieht ein Stück Papier heran.

»Aber Ihr müßt schon aufhören, zu schreien, Jungfer Magdalena, sonst wird das Bild nicht schön.«

Käthe beruhigt das Kind, zupft an Kleid und Häubchen, rückt es in rechte Licht.

Luthers nächster Brief beweist Käthe, daß sie recht hatte.

»*Veste Coburg, 5. Juni 1530*
Meiner herzlieben Hausfrau Katharina Lutherin zu Wittenberg zu Händen.
Gnad und Friede in Christo! Liebe Käthe! Ich hab', glaub' ich, Deine Briefe alle empfangen. Lenchens Konterfei hab' ich mit der Schachtel auch. Ich erkannte das Mädchen zuerst nicht, so schwarz dünkte mich's zu sein. Ich denke, wenn Du es willst entwöhnen, daß es gut sei, allmählich, so daß Du ihr zuerst an einem Tage einmal abbrechest, danach des Tages zweimal, bis sie so allmählich abläßt. So hat mir Georg von Grumbachs Mutter, Frau Argula, geraten, die ist hier bei uns gewesen und hat mit mir gegessen; Hans Reinicke von Mansfeld auch und Georg Römer, daß wir müssen an einen anderen Ort. Es will zu allgemeiner Wallfahrt hierher werden.
. . . Man beginnt zu Nürnberg an Augsburg zu zweifeln, ob etwas aus dem Reichstage werde. Der Kaiser verzieht noch immer zu Innsbruck, die Pfaffen haben etwas vor, und es geht mit Kräutern (nicht mit rechten Dingen) zu. Gott gebe, daß sie der Teufel bescheiße, Amen . . .
Eilend, der Bote wollte nicht harren. Grüße, küsse, herze und sei freundlich allem und jedem nach seinem Stande!«

Am 29. Juni 1530 stirbt Luthers Vater. Käthe weint. Sie kann so gut den Schmerz ihres Mannes nachempfinden und hat doch keine Möglichkeit, ihn zu trösten!
Veit Dietrich sendet ihr einen beruhigenden Brief.

>*Ich bitte, Ihr wollt Euch um den Doktor nicht härmen. Er ist, Gott lob, frisch und gesund* (Käthe glaubt es nicht) – *hat des Vaters in den ersten zweien Tagen vergessen, wiewohl es ihm sehr sauer ward. Als er Hans Reinickens Brief ansieht, sagt er mir: Wohlan, mein Vater ist auch tot. Danach flugs darauf nimmt er seinen Psalter, geht in die Kammer und weint sich aus, daß ihm der Kopf des anderen Tags ungeschickt war. Seitdem hat er sich nichts merken lassen.*
Ihr habt ein gar gutes Werk getan, daß Ihr dem Herrn Doktor die Contrafactur (das Bild von Lenchen) *geschickt habt. Denn er verbringt über die Maßen viel Gedanken mit dem Bilde. Er hat es an der Wand befestigt, gegenüber dem Tische, an dem wir essen im Gemach des Fürsten.*«

Und weiter erzählt der getreue Famulus, Luther habe auf die Wand seiner Stube mit Kreide geschrieben: »Ich werde nicht sterben sondern leben und die Werke des Herrn verkündigen.«
Käthe wischt sich die Tränen aus den Augen. Es geht ihm besser, ja, es geht ihm besser und er wird heil zu ihr zurückkehren!
Kurz darauf trifft ein handgeschriebener Sermon ein, »Wie man die Kinder zur Schule halten solle«, der muß sofort in Druck gehen. Käthe macht sich auf den Weg zum Drucker. Sie liest im Gehen. Die Leute auf den Gassen vermerken es übel – muß die Lutherin denn jedermann zeigen, daß sie des Lesens kundig ist! Luther sorgt sich sehr um die Kinder, die überall im Lande ohne Unterweisung aufwachsen. Merkt er doch an den Alten, wie sie in Dunkelheit das Leben ihrer Seele gefristet haben wie Kohlköpfe, die man über Winter im Keller bewahrt gegen Licht und Frost. Bei einer Visitation hat er einen Bauern gefragt, was er glaube.
»Ick glöwe an Gott almachtigen.«
Fragt Luther: »Und was bedeutet das?«
Antwortet der Bauer: »Ick weß nich.«
Das liegt Luther auf der Seele.
Und er vermahnt seinen treuen Freund Lazarus Spengler und den

Rat der Stadt Nürnberg, Schulen zu gründen und zu erhalten, Geistliche und Lehrer heranzubilden, die dem gemeinen Manne das Evangelio auf die rechte Art und Weise übermitteln. Käthe eilt. Ach – da ist ja noch ein Brief, den sie fast übersehen hätte, an Hänsichen! Nun erledigt sie ihr schwieriges Geschäft leicht, denkt sie doch dabei immer an die Freude des Kindes. Kaum zurück, holt sie ihn aus der Schulstube, setzt sich mit ihm in die Fensternische und liest:

»Meinem herzlieben Sohn Hänschen Luther zu Wittenberg.
Gnad und Friede in Christo! Mein herzlieber Sohn! Ich sehe gern,
daß Du gut lernst und fleißig betest. Tue also, mein Sohn, und fahre
fort. Wenn ich heimkomme, so will ich Dir einen schönen Jahrmarkt
(Geschenk vom Jahrmarkt) *mit bringen.*
Ich weiß einen hübschen, lustigen Garten. Da gehen viele Kinder
drinnen, haben goldene Röcklein an und lesen schöne Äpfel unter
den Bäumen und Birnen, Kirschen, Spillinge und Pflaumen, singen,
springen und sind fröhlich. Haben auch schöne kleine Pferdlein mit
goldenem Zaumzeug und silbernen Sätteln. Da fragte ich den Mann,
des der Garten ist, wes die Kinder wären. Da sprach er: ›Es sind die
Kinder, die gern beten, lernen und fromm sind.‹ Da sprach ich:
›Lieber Mann, ich hab auch einen Sohn, heißt Hänschen Luther,
möcht er nicht auch in den Garten kommen, daß er auch solche schönen
Äpfel und Birnen essen möchte und solche feine Pferdlein reiten und
mit diesen Kindern spielen?‹ Da sprach der Mann: ›Wenn er gerne
betet, lernt und fromm ist, so soll er auch in den Garten kommen,
Lippus und Jost auch. Und wenn sie alle zusammen kommen, so
werden sie auch Pfeifen, Pauken, Lauten und allerlei Saitenspiel
haben, auch tanzen und mit kleinen Armbrüsten schießen.‹ Und er
zeigt mir dort eine feine Wiese im Garten, zum Tanzen zugerichtet,
da hingen eitel goldene Pfeifen und feine silberne Armbrüste. Aber es
war noch früh, daß die Kinder noch nicht gegessen hatten, darum
konnte ich des Tanzes nicht erharren und sprach zu dem Manne:
›Ach lieber Herr, ich will flugs hingehen und das alles meinem lieben
Sohn Hänschen schreiben, daß er ja fleißig lerne, recht bete und
fromm sei, auf daß er auch in diesen Garten komme. Aber er hat eine
Muhme Lene, die muß er mitbringen.‹ Da sprach der Mann: ›Es soll
so sein, gehe hin und schreib's ihm also.‹
Darum, lieber Sohn Hänschen, lerne und bete ja getrost und sage es

Lippus und Jost auch, daß sie auch lernen und beten, so werdet ihr
miteinander in den Garten kommen. Hiermit sei dem lieben Gott
befohlen und grüße Muhme Lene und gib ihr einen Kuß von
meinetwegen.

Dein lieber Vater Martinus Luther.«

Wie der Kleine jauchzt und sich freut! Gleich will er Lippus Melanchthon und Just Jonas und Muhme Lene holen, damit sie auch
vom schönen Garten hören.

Käthe läßt ihn laufen und sitzt derweilen tatenlos, den Brief in den
herabgesunkenen Händen, lächelnd, freut sich auf die Kinder, die
gleich wiederkehren werden, auf die gute Muhme Lene und seufzt
glücklich: »Schwer habe ich es, und auch wieder gut! Wenn nur
der Schirlentz den Sermon bald druckt – versprochen hat er es
ja.«

Nicht nur der keine Lippus läuft oft durch das gemeinsame Gar-
tentörchen zwischen Melanchthons Haus und dem Schwarzen
Kloster hin und her, auch Käthe geht zu der Magisterin, um
Nachrichten vom Reichstage und von der Sache der Evangelischen
zu hören.

Am 25. Juni 1530 übergeben die protestantischen Stände dem
endlich in Augsburg eingetroffenen Kaiser ihr Glaubensbekenntnis, den Sächsischen Ratschlag geheißen. Sie tragen ihn sogar in
deutscher Sprache mündlich vor. Confessio Augustana wird es
auch genannt; Melanchthon hat es geschrieben, wie seine Frau
nicht oft genug betonen kann. Im ersten Teil werden die Hauptar-
tikel des evangelischen Glaubens vorgestellt, der zweite behandelt
die Mißbräuche, die sich nach Ansicht der Protestanten in die
Praxis der katholischen Kirche eingeschlichen haben, rechtfertigt
ihre Ablehnung. Melanchthon wünscht eine Aussöhnung, darum
gibt er sich alle Mühe, Härten zu vermeiden, strittige Punkte
abzumildern oder gar nicht erst anzusprechen, alle Übereinstim-
mungen mit der Lehre der katholischen Kirche zu betonen; um so
schärfer setzt er sich von den Zwinglianern und Täufern ab.

Voller Empörung erzählt Frau Melanchthon, daß die Städte Straßburg, Konstanz, Lindau und Memmingen ihre besondere Confessio Tetrapolitana ausarbeiten, der strittigen Abendmahlslehre wegen. Zwingli schickt sein eigenes gedrucktes Bekenntnis, das über-

rascht niemanden, die Ratio Fidei – Melanchthon kommentiert: »Man sollte meinen, er wäre verrückt.«

Nahezu vorwurfsvoll beschreibt seine Frau, wie er sich in Angst und Sorgen verzehrt, ob er nicht an einigen Punkten doch noch zu unnachgiebig gewesen sei. Käthe verläßt das Haus in Unruhe und Verwirrung. Daß sie nicht mit Luther selbst sprechen kann! Da begegnet ihr Bugenhagen.

»Mein lieber Doktor Pommer! Ich freue mich, Euch zu sehen!« begrüßt sie ihn.

»Ach, wie gerne würde ich wissen, was mein Mann über die Confessio Augustana denkt.«

»Ein wenig kann ich Euch vielleicht helfen«, antwortet er bescheiden. »Luther haßt von Herzen die großen Sorgen, von denen Melanchthon verzehrt wird. Daß sie ihn so beherrschen, daran sei nicht die Größe der Gefahr, sondern die Größe seines Unglaubens schuld. Die Wahrheit wird nicht untergehen, und was sonst geschieht, steht in Gottes Hand. Luther selbst spürt um unsere Sache keine große Unruhe, ist vielmehr besserer Hoffnung denn je und schreibt seinen Freunden aufmunternde Briefe. Darum, liebe Katharina, zerbrecht Euch nicht den Kopf um das ganze Gerede, das wilde Hin und Her von diesen und jenen und noch wieder anderen Argumenten, sondern seht den Glauben und die Sicherheit Eures Martin und vertraut wie er auf Gott, der wohl in der Lage ist, selbst für Seine Sache zu sorgen.«

»Danke, vielen lieben Dank! Eure Worte sind wie ein frischer Wind unter meine Gedanken gefahren, haben alles Unklare und Unnütze hinweggeblasen und das einzig Wesentliche hervortreten lassen. Nun ist mir wieder wohler.«

Bugenhagen nickt freundlich und geht seines Weges.

Käthe hat zwei Briefe von Luther erhalten. Mit gerafften Röcken eilt sie in den Obstgarten, sie will sich ins Gras setzen und in der warmen Augustsonne in aller Ruhe lesen, als sie Melanchthons Frau rufen hört:

»Lutherin, ei, hört doch – ich will Euch etwas Seltsames erzählen!«

Käthe kommt ungern, aber sie muß um der Höflichkeit willen.

»Da geht eine gar unglaubliche Geschichte um: Ein Bauernjunge war ganz besonders mager und elendiglich anzusehen. Fragt ihn drum ein Schmiedegesell: ›Wieso bist du so mager, ich bin doch so fett?‹ Antwortet ihm der Junge: ›Wenn du es auch so schwer hättest wie ich, würdest du auch wohl mager sein! Ich finde Tag und Nacht keine Ruhe. Jedesmal, wenn ich mich abends schlafen lege, kommt die Bäuerin, wirft mir einen Zaum um den Hals, und ich werde ein Pferd. Dann reitet sie auf mir fort. Und jedesmal spricht sie dabei: Oben naus und nirgends an, und reitet mit mir auf den Hexenplan, wo die Hexen miteinander tanzen.‹ ›Paß auf, der will ich helfen‹, sagt der Schmiedegesell. ›Heute nacht schläfst du in meinem Bett und ich in dem deinen. Wenn deine Bäuerin kommt, will ich ihr den Zaum entwinden.‹

Und so machten sie es. Der Schmiedegesell mit seinen gewaltigen Kräften entriß der Bauersfrau den Zaum und warf ihn ihr selbst über den Kopf, rief: Oben naus und überall an, ritt mit ihr in die Schmiede, beschlug sie mit Hufeisen und trieb sie dann auf den Hexenplan, er als Hexe, sie als Pferd. Da sie diesen Dienst nicht gewohnt war, stieß sie sich unterwegs an allen Hindernissen, so daß ihr Körper grün und blau wurde.

Auf dem Hexenplatz wurde er von allen Hexen für ihresgleichen gehalten, das Pferd aber blieb unbeachtet. Die Hexen tanzten und tummelten sich, zu guter Letzt fingen sie an zu streiten und heulten dabei den Spruch: »Ich haue eine Wunde, die heilt in einer Stunde.« Der Schmied focht fleißig mit, sagte aber bei jedem Schlag: »Ich haue eine Wunde, die heilt zu keiner Stunde.«

Aber die Hexen merkten es, begannen mit ihm zu streiten, und er ging besser nach Hause – das heißt, er ritt.

Am nächsten Morgen kommt doch die Bäuerin nicht aus dem Schlafgemach, und es vergeht ein ganzer Tag, ohne daß sie aufsteht. Endlich sehen die Hausgenossen nach, und da zeigt sich's, daß sie eine Hexe ist, denn an ihren Händen und Füßen waren noch die Hufeisen befestigt.«

»Magisterin, glaubt Ihr das wirklich?«

»Je nun, warum nicht? Hexen sind zu vielen Untaten fähig, Magister Philippus hat manches über Zauberei geschrieben und ich erinnere mich, auch Doktor Luther hat gesagt, eine Hexe aus der Nachbarschaft habe sein Geschwisterchen verzaubert, so daß es sterben mußte, doch, ich habe es selbst gehört – «

»Jaja, mag sein, aber – «, Käthe kann dem nicht so recht zustimmen.

»Glaubt Ihr an den bösen Blick?« fragt Frau Melanchthon.
»Ja, unbedingt, – aber…«, räumt Käthe, gleich wieder protestierend, ein.
»Was aber, wenn Ihr das eine zugebt, könnt Ihr doch das andere nicht leugnen.«
»Wißt Ihr, Magisterin, manchmal scheint mir, die Leute suchen einen Sündenbock, jemand muß einfach schuld sein, wenn sie es doch selber auf keinen Fall sein wollen.«
»Lutherin, seid vorsichtig! Nehmt die Verruchten nicht zu sehr in Schutz, es könnte auf Euch zurückfallen!«
Käthe will auffahren, bezwingt sich aber. Sie weiß, allzu hold ist ihr Melanchthons Weib eh nicht.
»Entschuldigt mich, ich bitte Euch – Ihr seht die Briefschaften in meinen Händen, es eilt. Vielen Dank für die Kunde, und nichts für ungut, Magisterin.« Sie liest im Gehen:

»Veste Coburg, 14. August 1530
Gnad und Friede in Christo! Meine liebe Käthe! Dieser Bote lief
eilend vorüber, daß ich nichts mehr schreiben konnte, nur daß ich
nicht wollte ohne meine Handschrift ihn gehen lassen. Du magst
Herrn Johann Pommer und allen sagen, daß ich bald mehr schrei-
ben will. Wir haben noch nichts von Augsburg, warten aber alle
Stunde auf Botschaft und Schrift. Aus fliegenden Reden haben
wir, daß unsers Widerpart Antwort solle öffentlich gelesen sein,
man habe aber den Unsern keine Abschrift wollen geben, daß
sie darauf antworteten. So werden die Unsren nicht lange blei-
ben. Ich bin seit Lorenztag sehr gesund gewesen und habe kein
Sausen im Kopf gefühlt; das hat mich fein lustig gemacht zu
schreiben, denn bisher hat mich das Sausen wohl zerplagt.
Grüße alle und alles! Ein andermal weiter. Gott sei mit Euch,
Amen. Und betet getrost, denn es ist wohl angelegt, und Gott
wird helfen.
Gegeben am Sonntage nach Lorenztage Anno 1530
                                            Martinus Luther.

Meinem lieben Herrn, Frau Katharina Lutherin zu Wittenberg zu
Händen. Gnad und Friede in Christo! Meine liebe Käthe! Als ich
den Brief hatte zugemacht, kamen mir diese Briefe von Augsburg.
Da ließ ich den Boten aufhalten, daß er sie mit sich nähme. Daraus

*werdet Ihr wohl vernehmen, wie es zu Augsburg mit unserer Sache
stehe, ganz wie ich im anderen Brief geschrieben habe. Laß sie Dir
Peter Weller lesen oder Herr Johann Pommer (weil sie lateinisch
waren!). Gott helfe weiter, wie er gnädiglich angefangen hat,
Amen.*

Grüße Hansen Luthern und seinen Schulmeister (Hieronymus
Weller meint es herzlich gut mit dem Hänsichen, aber der
trauert dem Veit Dietrich nach), *dem will ich bald auch schreiben. Grüße Muhme Lene und allesamt! Wir essen hier reife Wein-
trauben, wiewohl es diesen Mond herraußen sehr naß gewesen ist.
Gott sei mit Euch allen, Amen. Ex eremo, die assumptionis Mariae*
(aus der Wüste, am Tage Mariä Himmelfahrt) *1530. Mart.
Luther.*

*Wie verdrießt mich's, daß unsere Drucker so schändlich verziehen
mit den Exemplaren. Ich schicke solche Exemplare darum hinein,
daß sie bald sollten fertig werden, da machen sie mir ein Lagerobst
draus. Wollt ich sie so liegen haben, ich hätte sie wohl hier bei mir
auch wissen zu halten. Ich hab Dir geschrieben, daß Du den
Sermon, wo er angefangen, von Schirlentz nehmen und Georg
Rhau geben solltest. Ich kann doch wohl denken, daß Schirlentz
sein großes Exemplar kaum zu verlegen hat mit Papier. Ist das nicht
geschehen, so schaffe, daß es noch bald geschehe und der Sermon
schleunigst abgefertigt werde.«*

Luther meint also, daß Schirlentz nicht genug Geld habe, um den
Druck zu bezahlen? sinniert Käthe. Da bin ich anderer Meinung.
Er zögert's nur hinaus, weil ihm mein Wort nicht so viel gilt wie
das meines Mannes, wenn er selbst kommt – aber ich will ihm
Beine machen! Am besten ist es, ich gehe gleich selbst hin und
regele das.

Von Veit Dietrich erfährt Käthe: Der Kurprinz Johann Friedrich
will Luther ein wenig über seine Schutzhaft hinwegtrösten und läßt
ihm in Nürnberg einen Ring anfertigen genau nach seinen Wünschen. Luther muß ihm ausführlich seine Petschaft beschreiben,
ihre Bedeutung als ein Merkzeichen seiner Theologie. »Das erste
soll ein Kreuz sein, schwarz im Herzen«, gibt Luther an, »das seine
natürliche Farbe hätte, damit ich mir selbst Erinnerung gäbe, daß
der Glaube an den Gekreuzigten uns selig macht. Solch Herz soll

aber mitten in einer weißen Rosen stehen, anzuzeigen, daß der Glaube Freude, Trost und Friede gibt. Sie muß weiß sein, denn die rote Rose steht einzig und allein für weltliche Freuden. Solche weiße Rose aber steht in himmelfarbenem Felde, daß solche Freude im Geist und Glauben ein Anfang ist der himmlischen Freude zukünftig, itzt wohl schon drinnen begriffen und durch Hoffnung gefasset, aber noch nicht offenbar. Und in solche Feld einen golden Ring, daß solch Seligkeit im Himmel ewig währet und kein Ende nehme.«

Käthe seufzt leise. Welch durch und durch frommes Herz dieser Mann doch hat! Er kann gar nicht anders denken als in seinem Glauben! Selbst ein so weltlich Ding wie ein Ring ist für ihn Anlaß zu einer Predigt, »daß solch Seligkeit im Himmel ewig währet«. Ewig. Was ist Ewigkeit? Wie der Hauch einer endlosen Stille voller Frieden, von warmem Lichtschein durchwoben, mutet es Käthe an bei diesem Gedanken. Was ist endlos? Alles auf Erden hat seine Zeit, meist viel zuwenig, ihr Tag teilt sich auf in so viele kleine Einheiten, wie soll sie sich da vorstellen, daß etwas lange, lange und immer noch länger dauern könnte? Ihr wird bang bei einem solchen Bild. Wird sie dergleichen aushalten können – sie, die immer arbeiten und wirtschaften muß und es nicht aushält, die Hände ruhig zu haben?

Sie findet Muhme Lene auf der Bank im Hof unter dem großen Birnbaum und erschrickt – im hellen, unbarmherzigen Licht der Sonne sieht sie mit Bewußtsein, wie alt die Gute geworden ist. Der schmale Rücken unter dem fadenscheinigen schwarzen Gewand ist arg gekrümmt, der Kopf hängt tief herab und zittert leicht auf dem dürren Hals, die abgearbeiteten Hände sind fromm gefaltet, der zahnlose Mund murmelt lautlos vor sich hin, die Augen sind leer, als sähen sie in andere Welten. Käthe gewahrend, schreckt sie auf.

»Bete nur ein wenig, will gleich wieder arbeiten!« versichert sie rasch.

Fürchtet sie, ich könnte ärgerlich werden, weil sie rastet? Sehen mich so die Menschen um mich her? fragt sich Käthe betroffen.

»Nein, nein, das sollst du nicht!« Käthe setzt sich neben sie und streichelt die welken Hände. »Bleibe noch hier und ruhe dich aus in der Sonne, hast schon genug gearbeitet all deiner Lebtag. Ich vergesse immer, dir zu sagen, wie sehr lieb wir dich alle haben, besonders Martinus! In jedem Brief läßt er dich grüßen und schickt dir Küsse! Was wären die Kinder ohne dich, sie mögen dich ja lieber als mich! Du hilfst mir so sehr, ich kann es dir gar nicht mit Worten sagen!«

Muhme Lene lächelt glücklich, Käthe sieht ein wenig verlegen auf ihre Hände.

»Ein Bote, Muhme, ich glaube, dort kommt ein Bote!«

Sie eilt dem Mann entgegen und empfängt tatsächlich einen Brief von Luther:

»*Meiner herzlieben Hausfrau Katherin Lutherin zu Wittenberg zu Händen. Gnade und Friede in Christo. Meine liebe Käthe, dieser Bote lief eilend vorüber, daß ich nicht viel schreiben konnte. Hoff aber, wir wollen bald selbst kommen, denn dieser Bote bringt uns von Augsburg Briefe, daß die Handlung in unserer Sache ein Ende habe und man nun wartet, was der Kaiser beschließen und urteilen wird. Man hält dafür, daß es werde alles aufgeschoben auf ein künftig Concilium, denn der Bischof zu Mainz und der zu Augsburg halten noch fest, doch wollen auch der Pfalzgraf, Trier und Köln nicht zum Unfried oder Kriege willigen. Die andern wollten gern wüten und erwarten, daß der Kaiser mit Ernst gebieten werde. Es geschehe, was Gott will. Daß nur des Reichstags ein Ende werde! Wir haben genug getan und erboten; die Papisten wollen nicht ein Haar breit weichen, damit wird einer kommen, der sie lehren soll weichen und räumen . . .*

Wer Dir gesagt hat, daß ich krank sei, wundert mich sehr; und Du siehst ja die Bücher vor Augen, die ich schreibe. So hab ich doch die Propheten alle aus, außer Ezechiel, darin ich jetzt bin und im Sermon vom Sakrament, außer was sonst des Schreibens mit Briefen und anderes mehr ist.

Ich konnte jetzt nicht mehr vor Eile schreiben. Grüßt alle und alles! Ich hab ein großes, schönes Buch von Zucker für Hans Luther, das hat Cyriacus von Nürnberg gebracht aus dem schönen Garten. Hiermit Gott befohlen und betet! . . . Ex eremo, am 8. September 1530.

Martin Luther

»Damit wird einer kommen, der sie lehren soll, weichen und räumen« – was meint er damit? grübelt Käthe. Denkt er an Krieg und Gewalt? Ich kann es mir eigentlich nicht vorstellen. Sie beugt sich wieder über den Brief. Wie wird das Hänschen sich über das Geschenk freuen! Aber was geht vor sich in Augsburg? Wen kann ich fragen?

Sieh da, welch ein Gepränge auf der Straße vor dem Tor! Edle Herren in reicher Kleidung, stolze, nervöse Pferde – wer kommt des Weges? Der Prächtigste der Herren schert aus und reitet auf den Hof – es ist Kurprinz Johann Friedrich, der höflich seinen federbesetzten Hut vor Käthe schwengt. »Einen schönen Gruß von Ihrem Mann, Lutherin! Ich komme vom Reichstag und von der Veste Coburg!«

Käthe knickst tief.

»Ich habe unseren Doktor fast nicht wiedererkannt, einen so riesigen Bart hat er sich wachsen lassen...«

»Wollt Ihr bitte eintreten?« beginnt Käthe höflich und überschlägt in Gedanken ihre Vorräte. Womit soll sie ihn bewirten?

»Nein, nein, danke«, unterbricht er. »Ein andermal gern. Ich bin in Eile. Als ich Luther seinen Siegelring überreichte, den ich in Nürnberg nach seinen eigenen Angaben kunstreich habe arbeiten lassen, läßt er ihn doch auf den Boden fallen und sagt: ›Das geschieht, damit ich sähe, ich sei nicht dazu geboren, Gold zu tragen! Bin ich doch ein Wurm und nicht ein Mensch. Dem Faber und dem Eck hätte er geschenkt werden sollen, für mich hätte sich Blei oder ein Seil besser geziemt oder ein Strick am Halse.‹«

»Wie geht es ihm?« sorgt sich Käthe.

»Jetzt leidlich. Er klagt, die Zeit in Coburg sei ihm zur Hälfte in lästigem Nichtstun verlorengegangen, so heftig und unablässig hat ein Sausen, ja ein Dröhnen, einem Windsturm gleich, seinen Kopf gedrückt und gequält.«

»Er wird bald hier sein, hoffe ich, und sich erholen können. Und was ist mit dem Reichstag und unserer Sache?« Käthe muß so fragen.

»Luther ist außer sich über die Nachgiebigkeit Melanchthons und kann kaum an sich halten, allen Gefahren zum Trotz selbst nach Augsburg zu reisen. Beruhigt Euch« – eine edel behandschuhte Hand sinkt auf Käthes Schulter – »er tut es nicht. Fast berste ich vor Zorn und Entrüstung, sagt er. Er bittet, brecht die Unterhandlung ab und kehrt zurück. Sie haben unsere Konfession, und sie haben das Evangelium. Wollen sie es zulassen, mögen sie es tun; wollen sie es nicht, mögen sie hingehen, wo sie hingehören. Wird ein Krieg daraus, so werde er draus; wir haben genug gebeten und getan.«

»Nein«, ruft Käthe, »nein!«

»Aber Lutherin, kein Grund zur Sorge! Glaubt mir, wir werden es ihnen mit Gottes Hilfe schon eintränken! Wißt Ihr, was im Reichsabschied des Kaisers steht? Öffentlich wurde verlesen, daß die Confessio der Protestanten durch die Lehre der Schrift widerlegt und als irrig erwiesen sei! Ihr könnt es Euch denken: diesen Abschied lehnen die evangelischen Reichsstände ab! Ihr Gehorsam kann nur so weit gehen, als dies unbeschadet ihres Gewissens und Seelenheils möglich ist. Unser sächsischer Kurfürst hat am 23. September den Reichstag verlassen.«

»O Gott –«, seufzt Käthe.

»Kopf hoch!« ermuntert der Prinz. »Freut Euch! Luther wird auch bald zurückkehren. Lebt wohl, Doktorin.«

»Danke, Euer Gnaden . . .« Mehr bringt sie nicht heraus.

Er nimmt sein nervös tänzelndes Pferd zurück und galoppiert auf die Straße. Sand wirbelt hoch, Tölpel, der Hund, der sich aufmerksam neben Käthe gesetzt hatte, beginnt wild zu bellen. Sie faßt ihn am Halsband.

»Ruhig – willst du gleich den Krieg anfangen, dummer Hund, und dazu noch mit Verbündeten?«

»Domina, Domina . . .« Ein Knabe kommt atemlos über den Hof geschossen. »Der Jörg will nicht aufstehen! Er ist ganz heiß, und rote Flecken hat er auch im Gesicht!«

»Die Masern – nicht schon wieder! Ich sehe sofort nach ihm.«

Den Hund im Gefolge, eilt sie über Treppen und Flure. Jörg hat den Arm über die Augen gelegt.

»Das Licht tut mir weh!« klagt er mit rauher Stimme. Er hat Fieber. Käthe kontrolliert hinter den Ohren – natürlich! Sie streicht beruhigend über die heiße Stirn.

»Du hast Masern, Jörg. Das ist nicht schlimm, mußt dich nicht fürchten. Wir bringen dich nun in ein kleines Zimmer ganz für dich allein. Die andern dürfen dich nicht besuchen, sonst werden sie auch krank. Lieg du nur schön still und schlafe, das ist die beste Medizin – und ich werde dir Tee und Arznei bringen.«

»Muß ich sterben?« stottert das Kind.

»Aber nein, wo denkst du hin? Fast alle Kinder haben irgendwann einmal Masern! Ißt du nicht so gern die Bosdorfer Äpfel des Herrn Doktor? Du sollst gleich einen haben.«

»Auja, danke!« Die Augen glänzen. Käthe stopft ihm die Decke zurecht.

Ob ich die Eltern benachrichten muß? denkt sie. Hoffentlich hat er noch keinen angesteckt.

Jörg wird schnell gesund. Es gibt keine weiteren Fälle – die Masernepidemie bleibt Käthe für dieses Mal erspart.

Am 13. Oktober trifft Luther mit dem Gefolge des Kurfürsten wohlbehalten in Wittenberg ein. Käthe kann gar nicht sprechen vor Erleichterung und Freude. Um so mehr jubelt Hänschen über sein Buch aus Zuckerzeug!

In Abwesenheit der Protestanten erläßt der Augsburger Reichstag am 19. November 1530 einen Reichsabschied. Kaiser und Reichsstände sind entschlossen, beim alten, lang hergebrachten christlichen Glauben zu bleiben und alle Neuerungen abzutun. Den evangelischen Ständen wird ein halbes Jahr Frist eingeräumt, um sich der christlichen Kirche, dem Papst, dem Kaiser und den katholischen Ständen anzuschließen.

Käthe vernimmt es und schlägt die Hände vors Gesicht. In Schmalkalden beraten die evangelischen Fürsten über ein Defensivbündnis.

Während sie ihre Haare ausbürstet, in der Zweisamkeit des Schlafzimmers, wendet sie sich am Abend mit ihren Sorgen an Luther.

»Werden denn wirklich Deutsche gegen Deutsche, Christen gegen Christen unter Waffen treten und das unschuldige Land mit Krieg heimsuchen?«

»Die Gegner wollen weiter nichts, als daß sie uns keinen Finger breit zu weichen brauchen. Wir aber sollen ihnen alles einräumen: Kanon, Messe, einerlei Gestalt, Zölibat«, (er antwortet nicht auf meine Frage, schreit es in ihr, er hört mir gar nicht zu!) »hergebrachte Rechtssprechung, ja, daß wir schließlich gar noch erklären, daß sie im Rechte waren. Es ist nicht unsere Sache, kommende Kriege vorauszusehen. Unsere Sache ist es, einfältig zu glauben und zu bekennen.«

»Ja, mein Herr und König«, flüstert Käthe. Luther steigt ins Bett – er scheint die Ironie ihrer Worte nicht zu bemerken.

»Was ich dir übrigens immer noch erzählen wollte: Dein Verehrer, König Christian von Dänemark, hat sich in Augsburg seinem kaiserlichen Schwager Karl zu Füßen geworfen und erklärt, er sei zum alten Glauben zurückgekehrt. Und nun wollen wir schlafen.«

Es schneit. Eisblumen blühen an den Fensterscheiben. Die Pröpstin Katharina Jonas und Käthe sitzen auf der Ofenbank, den Stopfkorb zwischen sich, die Kinder spielen vor ihnen am Boden.
»Käthe, ich muß dir etwas erzählen! Die Magisterin Melanchthon ist dir gar sehr eifersüchtig. Sie kann es nicht vertragen, daß du die erste und beste Frau der Evangelischen sein sollst und sie nur die zweite! Sie neidet dir auch die goldseidene Haube der Doktorin und das Recht, deine Kleider mit Pelzchen zu verbrämen, was ihr nicht zusteht!«
Käthe errötet.
»Von mir aus kann sie einen Antrag an den Rat stellen, daß die Kleiderordnung geändert werden soll, sie gefällt mir sowieso nicht! Es kränkt mich ein wenig, wie sie es mir persönlich ankreidet und mich anfeindet – hatte ich doch gehofft, es sei Frieden eingekehrt, was meine unwerte Person betrifft, und mich eines Angriffs aus den eigenen Reihen am wenigsten versehen.«
»Ich kann sie auch nicht verstehen«, bestätigt die andere Katharina. »Wo eure Männer doch so eng befreundet sind und ihre Kinder fast den ganzen Tag bei dir leben! Da begreife einer die Welt.«
»Ach ja«, seufzt Käthe müde.

Weihnachten.
Am ersten Feiertag predigt Luther in der Schloßkirche. Katharina sinkt erleichtert auf ihren Platz. Im Hause hat alles seine Ordnung, so wie sie es sich wünscht. Die Kinder sitzen sauber, ordentlich gekämmt und brav neben ihr. Sie fühlt sich erleichtert und frei von Sorgen.
Ihre Blicke schweifen über das dunkle Gestühl und die Menschen – da sitzt Meister Lucas neben seiner Barbara. Seine Haare sind weißer geworden im letzten Jahr, aber die Augen haben den alten Glanz, Käthe versenkt sich in die vertrauten Züge: Ruhe geht von diesem starken, regelmäßig gezeichneten Gesicht aus, Zuverlässigkeit, Güte – Käthe hat erfahren, wie sehr man sich bei ihm gebor-

gen fühlen darf. Barbara, die Freundin und Vertraute. Melanchthon, das Männlein, wie Luther liebevoll zu sagen pflegt, mit diesem etwas zu kleinen Kopf auf dem langen Hals, den widerspenstigen Haaren, immer noch wirkt er kindlich und unsicher, aller Gelehrsamkeit und Berühmtheit zum Trotz. Der Doktor Jonas – ein behäbiges Schmunzeln spielt um seinen vollen Mund, natürlich, er hat etwas Lustiges entdeckt, wie immer. Bugenhagen, würdevoll, verschlossen. Der Kanzler Georg Brück – ein Unbehagen kommt sie an bei seinem Anblick, sie weiß nicht recht, warum. Und all die vielen Gesichter, vertraut und doch so fremd – was geht wirklich hinter den Stirnen vor? Sie nennen mich Doktorin – denken aber, die entlaufene Nonne, vom Fluch verfolgt, was haben wir mit ihr zu schaffen?

Dunkel erscheint es ihr in der Kirche, das Kerzenlicht kommt einfach nicht an gegen die dräuende Finsternis: Bedrohung und Kriegsgeschrei um des Glaubens willen – sei ehrlich, Kätha, geht es da um den Glauben? Dir schon und Martinus und den Freunden, aber ihr würdet ja deswegen nicht zu den Waffen greifen. Mit dem Wort allein soll man kämpfen, sagt Luther. Doch die Fürsten rasseln mit den Säbeln. Hatte sie geglaubt, Deutsche würden nicht gegen Deutsche kämpfen und mit den Türken sei der Krieg ausgezogen? Nun ist sie sich gar nicht mehr so sicher! Sie schieben den Glauben nur als Feigenblatt vor ihre wirklichen Interessen. Denn die, die morden und brennen und Not in die Welt bringen, kämpfen um Länder und Geld und – Macht, wie zu Zeiten des Jesuskindes, so heute, immer das gleiche. Aber das ist wahrlich kein Trost, es lindert keine Qual, keine.

Martinus erscheint auf der Kanzel. Er sieht bleich, ja gelb aus. Wird ihn die Krankheit wieder überfallen? Unwillkürlich fährt sie mit der Hand hoch und zupft an ihrer Haube, wobei ihre Blicke zu Katharina Melanchthon schweifen, die trotzig den Kopf wendet. Eine solche Haube aus goldfarbenem Stoff ohne Futter dürfen nur die Ehefrauen von Doktoren tragen, nicht die von Magistern. Käthe hebt das Kinn ein wenig an.

»Und also demütigt sich der heilige Engel dem Exempel seines Herrn Christi nach und verschmäht es durchaus nicht, daß er den armen Hirten sogar eine schöne Predigt tue, die noch bleibt und bleiben muß unter den Christen bis an der Welt Ende«, sagt Luther.

»An dieser Geschichte und Exempel lernen wir, wie die lieben Engel sehr feine, demütige Geister sind, in denen keine Hoffart ist.«

Käthe spürt, wie ihr die Schamröte heiß zu Kopfe steigt, und als sie sich ein wenig erholt zu haben glaubt, geht es noch stärker daher:

»Denn diese verfluchte Art hänget uns allen natürlich an, daß wir nicht Gott die Ehre geben, noch uns in und von ihm rühmen, sondern selbst wollen wir Ehre haben und von uns selbst gerühmet sein. Mit dieser verfluchten eigenen Ehrsucht ist das menschliche Geschlecht vergiftet, da der Teufel Adam und Eva im Paradies dahingebracht, daß sie wollten Gott sein; die hänget uns noch immer an. Wo uns Gott Kunst, Geld, Gut, Macht gibt, ja wenn Er einer Frau oder Magd einen schönen Gürtel oder Rock bescheret, wollen wir selbst dessen gerühmt sein.«

Er liest in meinem Herzen wie in einem offenen Buch, zittert Käthe. Wie bin ich voll Eigenlob und Hoffart! Sie lauscht nicht weiter den Worten ihres Eheherrn, sondern denkt in sich selbst. Und doch, jubiliert die Weihnachtsfreude in ihr, und doch hat Er mich angenommen mit all meinen tausend Fehlern, auch zu mir ist Er in die Welt gekommen, damit ich mich nicht mehr fürchten muß – nicht um meiner Sünden willen und nicht vor dem großen Gericht und – wie ein Blitz schlägt es in ihre Gedanken ein–, überhaupt nicht! Was kann mir geschehen, wenn Gott mit mir ist? Wer kann mir etwas anhaben? Meine Seele ist gerettet. Ich brauche mich vor nichts zu fürchten. Vor gar nichts. Wie ein warmes Licht füllt diese Gewißheit ihre Seele aus. Geborgen bin ich, geheilt, gerettet! Ich muß es Martinus sagen, daß ich es endlich verstanden habe – und er soll mich gemahnen, wenn ich wieder darauf vergesse.

»Fürchtet euch nicht!« klingt Luthers tragende Stimme durch den Raum. »Fürchtet euch nicht.«

Nach der Messe gesellt Käthe sich zu Melanchthons Frau mit einem strahlenden »Frohe Weihnachten, liebe Magisterin«.

Diese sieht sie mißtrauisch an.

»Frohe Weihnachten, Frau Doktor. Ihr habt eine wunderschöne Haube.«

»Findet Ihr? Ich dachte es auch, aber heut will sie mir nicht mehr recht gefallen. Es ist nicht gut, daß die eine diese Kleidung tragen darf und die andere nicht und ein jeder gleich auf den ersten Blick mit seines Mannes Stande prahlt. Vor Gott sind wir doch alle gleich, nicht wahr, meine Liebe?«

»Ja – findet Ihr?« fragt die Magisterin.

Die guten dreißiger Jahre

Auf den Kirchenstufen im Schnee sitzt ein junger Mann und bettelt – er tut es ganz anders als die Stadtarmen, darum fällt er Käthe auf. Er streckt einfach seine nackten, blaugeforenen Hände aus und sagt keinen Ton. Sie ergreift eine dieser Hände.

»Steht auf!« befiehlt sie. Er kommt taumelnd vor Erschöpfung in die Höhe.

»Ihr geht mit mir, ich gebe Euch warmes Essen und ein Obdach. Ihr seid ja völlig erschöpft.«

Der Junge nickt, murmelt: »Gott dank es Euch«, und schwankt mit ihr zum Schwarzen Kloster. Sie bringt ihn in die Küche und vergißt ihn erst einmal. Am nächsten Morgen steht er mit seiner verschlissenen Mütze in der Hand vor ihr, gewaschen, satt und warm, wirkt er, seinen erbärmlichen Kleidern zum Trotz, nicht wie ein Bettler. Sein schmales, feingeschnittenes Gesicht, der sensible Mund, die lebhaften schwarzen Augen deuten auf Geist und Bildung.

»Meinen Dank möchte ich Euch aussprechen und Abschied nehmen, Domina!« sagt er mit einer anmutigen Handbewegung.

»Seid Ihr denn wieder ganz gesund?«

»Ganz gesund«, bestätigt er.

»Und wo wollt Ihr hin bei diesem Schneesturm, wenn ich fragen darf?«

Er senkt den Blick. Wie Schmetterlingsflügel zittern die langen schwarzen Wimpern auf seiner weißen Haut, denkt Käthe.

»Überall und nirgends hin«, murmelt er, »ich weiß nicht – ist mir alles eins. Nun, wo er tot ist...«

»Wer?« fragt Käthe.

»Der Mordbrenner, der Mörder – Doktor Balthasar Hubmaier.«

»Meint Ihr den Wiedertäufer?«

»Katholik, Protestant, Wiedertäufer – genau den.«

»Ist er Euch denn gar so wichtig?«

»Wichtig?« Der Junge hebt die Lider. Käthe erschrickt vor der lodernden Flamme des Hasses in seinen Augen.

»Er war Inhalt und Ziel meines Lebens, ich bin ihm gefolgt auf allen seinen Wegen, ich habe ihn brennen sehen. Und nun, was soll ich nun noch?«

Käthe nimmt seine Hand. »Kommt, setzt Euch zu mir.« Sie zieht ihn in die Fensternische. »Erzählt mir alles, bitte.« Und es sprudelt aus ihm heraus:

»Es war in Regensburg. Ich war ein Kind – so an die zehn Jahr muß ich gewesen sein, genau weiß ich es nicht. Aber zum Rabbi in die Schule ging ich, und lesen und schreiben konnte ich schon – ja, ich gestehe es Euch, behaltet es für Euch, wenn es geht, ich bin ein Jude! Es muß im Februar gewesen sein, anno 1519, und Kaiser Maximilian war gestorben. Der Rabbi hatte mich in die Stadt geschickt, um feines Papier zu kaufen. Als ich mit meinem Päckchen ins Ghetto komme, geht dort die Welt unter. Wilde Horden reißen die Häuser nieder, treiben die Bewohner mit blankem Schwert davon, plündern, prügeln, schreien – aus den Dachstühlen lodern die Flammen. Ich haste zum Hause meiner Eltern – mein Vater war Medikus –, ach, es brennt, das Feuer züngelt aus den Fenstern, meine Mutter reißt die Türe auf, um sich ins Freie zu retten, da stößt ein roher Mensch sie brutal zurück: ›Brenne, Judenhexe!‹ brüllt er, schlägt die Türe zu, blockiert sie mit einem schweren Balken. Ich stürze vor – aber der Mann schleudert mich zur Seite. ›Verschwinde!‹ droht er. ›Oder willst du unbedingt auch ins Feuer?‹ Mein Vater muß im Hause gewesen sein, ich sah ihn niemals wieder.

In meiner Not lief ich zur Synagoge – dort war das Zerstörungswerk in vollem Gange. Ein großer, starker Mann stand auf dem Sims über dem Portal und schlug mit seinem Hammer auf den Giebel ein, bekam das Übergewicht, stürzte, schlug auf den Boden wie ein nasser Sack und blieb für tot liegen. Da erschraken die Christen! Sie zündeten die Synagoge an. Ich eilte durch einen Seiteneingang in die Schulstube – alles war zerschlagen, die heilige Thora zerrissen am Boden zerstreut, der Rabbi lag in seinem Blut, Qualm und Flammen vertrieben mich.

Das Poltern und Toben, das Weinen und Schreien verstummte, mit einem Male herrschte eine seltsame Stille im Ghetto – nur das Feuer knisterte, stürzende Balken krachten ab und an, ein Hund saß mitten auf der Straße und jaulte mit zurückgelegtem Kopf. Ich hockte mich neben ihn, schlang meine Arme um seinen Hals, drückte mein Gesicht an sein versengtes Fell und weinte.

Ich sah meine Mutter, wie sie in die Flammen zurückgestoßen wurde. ›Du‹, sagte ich zum Hund, ›wir werden Rache nehmen! Aug um Aug, Zahn um Zahn, Leben um Leben! Wir zwei bleiben hier. Wir werden herausbringen, wer es getan hat und ihn töten, jawohl, ihn töten.‹

Ein jämmerliches Bild, nicht wahr? Ein Judenjunge und ein Hund!

Zunächst ging ich zu den Bauern aufs Land, erzählte ihnen eine Geschichte von Räubern – eine mitleidige Frau nahm mich auf, gab mir Kleider und Brot. Ich hackte Holz, mistete den Stall aus, fegte die Stuben, was halt ein Kind so tun kann. Vor allem aber half ich ihr an Markttagen, schleppte die Körbe in die Stadt und spitzte meine Ohren!

Und Ihr glaubt gar nicht, was man als Botenjunge so alles in Erfahrung bringen kann, wenn man nur klein und schmal und gewitzt ist! Unter dem Vorwand, etwas zu bringen oder zu besorgen, zu bestellen, kam ich in alle Häuser, selbst in die Ratsstube, und es dauerte gar nicht lange, bis ich alles wußte. Daß man die Juden ermordete, ihre Häuser niederbrannte und ihr Eigentum raubte, ist oft geschehen und wird immer wieder so sein, man hört das allenthalben. In der Reichsstadt Regensburg jedoch stand das Ghetto unter dem Schutz des Kaisers, darum gedieh und blühte es zum Ärger mancher Christen. Als aber Kaiser Maximilian gestorben und noch kein Nachfolger gewählt worden war, nutzte der Rat der Stadt die Gelegenheit zum Pogrom – dazu wurde er angestiftet und gedrängt vom Domprediger Balthasar Hubmaier, der den schönen Plan hatte, an Stelle der Synagoge eine Marienkapelle zu errichten und eine Wallfahrt zu begründen. Die Stadt war gerade arm und hoch verschuldet, der Pilgerstrom sollte das ändern! Es fehlte nur noch ein Wunder – aber auch das wurde prompt geliefert: der Mann, der von der Synagoge gestürzt war, ein Steinmetzmeister, erschien am nächsten Tag wieder auf der Baustelle zur Arbeit! Wenn das kein Wunder war! Alle hatten ihn wie tot liegen sehen. Die Wallfahrt zur Schönen Maria von Regensburg wurde geboren – als Gnadenbild diente die Kopie einer älteren Mariendarstellung, die dem Apostel Lukas zugeschrieben wurde. Wunderheilungen ereigneten sich, die Pilger strömten in die Stadt und ihr Geld in den Ratssäckel.

Balthasar Hubmaier also! Mit Flammenschrift grub sich der Name in mein Herz, und um immer an ihn erinnert zu werden, nannte ich mich von Stund an Balthasar von Regensburg. Ich ließ den Mann nicht mehr aus den Augen. Er studierte die Schriften Eures Gatten, Domina, und wurde ein Evangelischer, dann ein Täufer. Er verließ Regensburg, mein Hund und ich folgten ihm – nach Waldshut, nach Nikolsburg in Mähren, wo er Täuferreformationen schuf. Sie waren von kurzer Dauer, wurden genauso gewaltsam beendet wie das Leben des Regensburger Ghettos. Endlich wurde er gefangengenommen und an König Ferdinand von Österreich ausgeliefert. Mein Hund und ich zogen mit nach Wien. Wir waren seine einzigen Getreuen! Man schrieb den zehnten März Anno Domini 1528, als man den Scheiterhaufen für ihn rüstete. Ihn brauchte keiner gewaltsam in die Flammen zu stoßen wie meine arme Mutter, er war an den Schandpfahl gefesselt, und er schrie!

Mein Hund und ich, wir waren dabei. Als die Flammen niedergebrannt waren und der Henker die Asche zusammenkehrte, drückte das treue Tier den Kopf auf meinen Fuß. Alt und müde war es geworden in den vielen Jahren der Wanderschaft. Es öffnete die treuen Augen nicht mehr.

Nun habe ich meine Rache. Aber mein Herz ist kalt und leer. Was soll ich noch? Daß ich doch auch einfach meinen Kopf niederlegen und sterben könnte.«

Käthe streicht ihm über die schwarzen Locken.

»Euer altes Leben ist gestorben, dort in Wien, und das ist gut so. Ihr könnt nun ein neues beginnen. Vergeßt Leid und Schuld und Sühne – Ihr seid so jung, erobert die Welt, sie hat viel Schönes zu bieten! Seht mich nicht so ungläubig an. Wie nennt Ihr Euch?«

»Adam, Adam könnte ich heißen, denn wie er müßte ich ganz von vorn anfangen. Wovon soll ich mich ernähren?« Langsam, zögernd, unentschlossen, aber nicht ohne Hoffnung murmelt er das vor sich hin.

»Ihr könnt lesen und schreiben?«

»Ja«, bestätigt er, »lateinisch und deutsch!«

»Gut«, nickt Käthe. »Ich werde Euch einen Posten verschaffen – Schreiber kann man immer brauchen. Haltet Euch ehrsam und bescheiden.«

Der junge Mensch beugt sich über ihre Hände, bedeckt sie mit Küssen. Käthe entzieht sie ihm hastig.

»Nicht, laßt das! Jetzt geht bitte dem Wolf Sieberger zur Hand, der hat Hilfe bitter nötig, bis ich Euch untergebracht habe.«

Sie steht auf und verläßt raschen Schrittes die Stube. Was Kindern nicht alles zustoßen kann in der Welt! grübelt sie. Ich muß die meinen schützen!

Sie hat recht, Meister Cranach braucht einen Schreiber. Adam von Regensburg lebt auf in dem schönen, reichen Hause am Markt. Er studiert Luthers Schriften, hört seine Predigten. Keiner erfährt je, daß er Jude war. Da hat die Schöne Maria von Regensburg doch noch ein Wunder gewirkt, denkt Käthe. Denn es braucht schon ein gewaltiges Wunder, um aus einem Juden einen Christen zu machen. Aber sie spricht nicht einmal ihrem Manne davon.

Luthers Mutter ist erkrankt. Er, der sonst so schnell und sicher mit der Feder ist, sitzt lange still in seiner Turmstube, ehe er zu schreiben beginnt, dann zeigt er den fertigen Brief Käthe:

»Lies das bitte, mein Herr Doktor Kethus, und sage mir deine Meinung dazu. Es kommt mich gar so schwer an mit Mutter und wie ich es ihr richtig sage.« Käthe setzt sich in die Fensternische, er nimmt ihr gegenüber Platz, die Hände gefaltet, den Blick andächtig auf ihre Lippen gerichtet, die sich manchmal leise bewegen. Sie liest:

»Gnad und Friede in Christo Jesu, unserm Herrn und Heiland, Amen. Meine herzliebe Mutter! Ich hab das Schreiben meines Bruders Jakob von Eurer Krankheit empfangen, und ist mir ja herzlich leid, sonderlich daß ich nicht kann leiblich bei Euch sein, wie ich wohl gerne wäre; aber doch erscheine ich hier mit diesem Schreiben leiblich und will ja nicht von Euch sein geistlich, samt allen den Unsern.

Wiewohl ich aber hoffe, daß Euer Herz ohnedas längst und reichlich genug unterrichtet ist und Ihr (Gott Lob) Sein tröstlich Wort wohl innehabt, dazu mit Predigern und Tröstern allenthalben versorgt seid, so will ich doch das Meine auch tun und meiner Pflicht nach mich als Euer Kind und Euch als meine Mutter erkennen, wie unser beider Gott und Schöpfer uns gemacht und gegeneinander verpflich-

tet hat, damit ich zugleich den Haufen Eurer Tröster vermehre.

Erstlich, liebe Mutter, wisset Ihr von Gottes Gnaden nun wohl, daß Eure Krankheit Seine väterliche, gnädige Rute ist, und gar eine geringe Rute gegen die, die Er über die Gottlosen, ja auch oft über seine eigenen lieben Kinder schickt, da einer geköpft, der andere verbrannt, der dritte ertränkt wird, und so fortan, daß wir allesamt müssen singen: ›Wir werden um deinetwillen täglich getötet und sind gleich wie die Schlachtschafe‹ (Ps. 44,23/Röm. 8,26). Darum Euch solche Krankheit nicht soll betrüben noch bekümmern, sondern sollet sie mit Dank annehmen als von Seiner Gnade zugeschickt, angesehen, wie gar ein geringes Leiden es ist – wenn es gleich zum Tode oder Sterben führen sollte – gegen das Leiden Seines eigenen lieben Sohnes, unsers Herrn Jesu Christi, welches Er nicht für sich selbst (wie wir) hat leiden müssen, sondern für uns und unsere Sünden erlitten hat.

Zum anderen wisset Ihr, liebe Mutter, auch das rechte Hauptstück und den Grund Eurer Seligkeit, worauf Ihr Euern Trost setzen sollt in dieser und allen Nöten nämlich den Eckstein, Jesus Christus (Jes. 28,16/1. Petr. 2,6), der uns nicht wanken lassen noch täuschen wird, auch uns nicht sinken noch untergehen lassen kann. Denn Er ist der Heiland und heißt der Heiland aller armen Sünder und aller, die in Not und Tod stecken, die auf ihn sich verlassen und seinen Namen anrufen. Er spricht: ›Seid getrost, ich habe die Welt überwunden‹ (Joh. 16,33). Hat Er die Welt überwunden, so hat Er auch gewißlich den Fürsten der Welt mit aller Seiner Macht überwunden. Was ist aber Seine Macht anders als der Tod, mit dem Er uns unter sich geworfen, um unserer Sünde willen gefangen hatte? Aber da nun der Tod und die Sünde überwunden ist, mögen wir fröhlich und getrost das süße Wort hören: ›Seid getrost, ich habe die Welt überwunden.‹ . . . Also rühmt St. Paulus auch und trotzt wider des Todes Schrecken: ›Der Tod ist verschlungen im Sieg. Tod, wo ist dein Sieg, Hölle, wo ist dein Stachel?‹ (1. Kor. 15,55) ›Schrecken und reizen kannst du wie ein hölzernes Todesbild, aber Gewalt hast du nicht, zu würgen. Denn dein Sieg, Stachel und Kraft ist im Sieg Christi verschlungen; die Zähne magst du blecken, aber fressen kannst du nicht. Denn Gott hat uns den Sieg wider dich gegeben durch Jesus Christus, unsern Herrn, dem sie Lob und Dank gesagt‹ (1. Kor. 15,57), Amen . . .

Der Vater und Gott allen Trostes (Röm. 15,5) verleihe Euch durch

Sein heiliges Wort und Geist einen festen, fröhlichen und dankbaren Glauben, damit Ihr diese und alle Not möget seliglich überwinden und endlich schmecken und erfahren, daß es die Wahrheit sei, da Er selbst spricht: ›Seid getrost, ich hab die Welt überwunden.‹ Und ich befehle hiermit Euren Leib und Seele in Seine Barmherzigkeit, Amen. Es bitten für Euch alle Eure Kinder und meine Käthe. Etliche weinen, etliche essen und sagen: ›Die Großmutter ist sehr krank.‹ Gottes Gnade sei mit uns allen, Amen. Am Sonnabend nach ascensionis Domini (Christi Himmelfahrt) *1531.*

Euer lieber Sohn Mart. Luther.‹

Sie läßt die Blätter sinken.

»Du hast wunderbar geschrieben, lieber Martinus – ich wünschte mir eine Abschrift von diesem Brief, damit ich sie lesen könnte, wenn ich dereinst zum Sterben komme!«

»Danke«, sagt Luther schlicht. »Du sollst die Abschrift haben.«

Am 30. Juni 1531 stirbt Luthers Mutter. Nun ist er das Oberhaupt seiner Familie.

Käthe sitzt in Luthers Stube in der Fensternische und läßt die Spindel tanzen.

Meister Hans Schlaginhaufen tritt ein: »Briefschaften für Euch, Herr Doktor! Ich geh noch mal zu den Bienen, Domina!«

Käthe sieht ihm nach. Er ist ihr wirklich eine Hilfe; seit er da ist, gibt es viel mehr Honig, und auch im Garten arbeitet er gern.

Luther sortiert die Briefe.

»Käthe!« ruft er, »komm her! Zwingli ist tot! Wie du weißt, hat sich seine Lehre in Zürich durchgesetzt, auch Bern hat sich angeschlossen. Die fünf katholischen Urkantone der Schweiz fanden sich jedoch nicht damit ab. Sie suchten eine Entscheidung mit den Waffen. Huldreych Zwingli zog an der Spitze seiner Truppen in den Kampf und fiel am elften Oktober 1531 in einem Vorpostengefecht bei Kappel, als ein Mörder ist er gestorben und geschlagen! Gott hat zum zweiten Male strafend eingegriffen, erstlich unter dem Müntzer, jetzt unter dem Zwinglin. Aber die Schlacht mit den Schweizern macht mir viel Jammers. Ist mir leid für den Zwinglium, denn ich hab kleine Hoffnung von ihm.«

»Mir ist es auch leid«, sagt Käthe leise.

Es kratzt an der Türe, auf Luthers freundlichen Zuruf stapft Hänschen herein, ein Buch in der Hand.

»Gestattet, Herr Vater«, beginnt er feierlich, »daß ich Euch aus Euren Schriften lese.«

»Aber gern, mein Sohn«, lacht Luther. Hans räuspert sich und fängt an:

»Wer die nasen in alle winkel steckt, der klemmt sich gerne.«

»Ach, aus den Sprichwörtern«, nickt der Vater, »nur weiter!«

»Wer einen Pfennig nicht achtet, wird keines Gülden Herr.
Hut dich vor den Katzen, fornen lecken, hinten kratzen.
Wer bey den wolffen sein will, mus mit yhn heulen.
Großer vogel muß ein gros nest haben.
Was die kinder sehen, das wollen sie han.
Wenn das kindlein sein willen hat, so weinets nicht.
Frauen soll man loben, es sei wahr oder gelogen.«

Käthe lacht.

»Fein kannst du das, Hänsichen.«

»Bin ich dann für heut' mit der Schule fertig, Herr Vater?« fragt der Kleine.

»Ich weiß nicht recht, was sagt dein Präceptor?« zögert Luther.

»Laßt doch fünfe gerade sein!« bittet Käthe, und Hans zitiert altklug:

»Wenn das Kindlein sein Willen hat, so weinets nicht.«

»Euch soll einer widerstehen!« schmunzelt der Vater.

»So lauf denn, Hänsichen, und spiel. Du bist zu nachgiebig mit ihm, Ketha«, tadelt er. Aber sie schweigt lächelnd und läßt die Spindel tanzen.

Luther greift sich mit beiden Händen an den Kopf.

»Was ist Euch?« fragt Käthe erschrocken.

»Es braust in meinen Ohren, mir ist ganz schwindelig davon, es wird dunkel vor meinen Augen – ach, Kätha, ich fühl' mich gar so elend.«

Sie läßt die Spindel fallen und eilt, ihn zu umfangen.

»O wie gut, Wolf, daß du gerade kommst«, sagt sie zu Sieberger.

»Wir müssen den Herrn Doktor ein wenig an die frische Luft bringen. Seid Ihr einverstanden, mit Wolf im Hofe zu spazieren?«

»Wie du über mich beschließest, mein Herr Doktor Kethus, so soll es recht sein!« antwortet Luther bescheiden.

»Ich weiß Euch eine gute Kur zu Kurzweil und Erholung«, schlägt sie wenig später, ihn am Arme führend, vor. »Der kursächsische Erbmarschall Hans Löser hat Euch nach Schloß Pretzsch zur Jagd eingeladen. Gleich jetzt habe ich den Wagen bestellt, er wird Euch hinbringen. Bleibt eine Woche oder zwei oder drei dort! Ihr sollt Euch in der Natur durch viele frische Luft und Bewegung des Leibes des Kopfes Sausen und die Schwachheit vertreiben lassen! Kommt, gerade trägt Dorothea eine Stärkung für Euch auf, wie Ihr sie liebt, und danach fahrt Ihr.«

»Ja«, sagt Luther.

Am 9. November 1531 steht Käthe mit hochrotem Kopf in der Küche – die Vorbereitungen für den Geburtstag ihres Mannes am nächsten Tag will sie unbedingt selbst leiten –, wie schwer es ihr heute wird, den Teig zu kneten, sie versteht das nicht – ist doch eine leichte Arbeit! Seufzend wischt sie sich den Schweiß von der Stirn. Da fährt ihr ein scharfer Schmerz in den Rücken, daß sie sich gegen die Wand lehnen muß.

»Das Kind!« ruft sie. »Dorothea, nimm den Teig. Marthe, häng den großen Kessel mit Wasser übers Feuer. Anna, lauf und hol mir Theresa, und bringt den Gebärstuhl in meine Schlafkammer, es geht an.«

Es wird ein Sohn, auf den Namen des Vaters getauft, mit dem kurfürstlichen Kämmerer Johann von Riedesel zum Paten.

»Kätha, Kaiserin, mein Herr Doktor!« ruft Luther laut durchs Haus. »Du mußt ein Königreich richten auf den Abend und alle Freunde einladen.«

»Was gibt es denn zu feiern?« fragt Käthe, die mit aufgekrempelten Ärmeln und nassen Händen aus der Küche kommt.

»Hier, lies!« Er hält ihr eine Urkunde unter die Nase.

»Nachdem der ehrwürdig und hochgelahrt, unser andächtig lieber Herr Martin Luther D. aus sonderlicher Gnad und Schickung Gottes sich fast von Anfang bei unserer Universität zu Wittenberg mit Lesen der Heiligen Schrift, Predigen und Ausbreitung und Verkündigung des Heiligen Evangelii bemüht, so haben wir in Erwägung des alles aus unser selbsteigener Bewegnis untersucht, obigem D. Martin Luther, Katharin, seinem ehelichen Weib, und

ihrer beider Leibeserben die neue Behausung in unserer Stadt Wittenberg, welche hiervor das Schwarze Kloster genannt, darinnen D. Martinus seither gewohnt, mit seinem Begriff und Umfang samt Garten und Hof zu einem rechten freien Erbe verschrieben und sie damit begabt und begnadet als ihr Eigen und Gut...«

»Oh, Martinus, endlich Sicherheit«, seufzt Käthe glücklich. »Und von Steuern und Leisten von Wachdiensten und anderen Lasten zu Euern Lebzeiten befreit! Und das Recht, zu brauen, zu mälzen, zu schänken und Vieh zu halten verbrieft. Mein Herr, wie ich mich freue! Nun brauche ich nur noch etwas mehr Land und einen Fischteich und einen Hopfengarten...«

Luther hält sich die Ohren zu.

Da sieht er Sieberger um die Ecke des Flures kommen.

»Nein, es ist zuviel!« schilt er in komischer Verzweiflung. »Mose hat nur einen Aaron gehabt, aber ich habe deren drei, den Magister Röhrer, meine Hausfrau Käthe und meinen Wolf Sieberger.«

»Und lebst nicht schlecht damit!« lacht seine Frau. »Wolf, auf den Abend gibt es ein Königreich.«

»Wer ist bei diesem schönen Spiele denn dieses Jahr König und Königin?«

»Magister Melanchthon und Frau Katharina.«

»O nein, wie konnte das geschehen?« Jetzt ist Wolf verzweifelt. »Der Magister ist gar so gelehrt, vergißt, daß es ein Spiel ist, und stellt den Festgenossen viel zu schwere Fragen! Mich sollt' es nicht wundern, wenn er gar eine griechische Ansprache verlangt oder den 119. Psalm vorgetragen haben will.«

»Hast recht«, nickt Käthe. »Fragen aus dem Kategissima sind ihm viel zu simpel...«

»Katechismus«, verbessert Luther. »Käthe: Katechismus.«

»Ich kann kein Griechisch und lern' es auch nicht mehr, ich sag' Kategissima, und ich weiß ihn auswendig! Aber ich werde viel in die Küche laufen, wenn Melanchthon examiniert – ich möchte nicht wie ein armer Sünder dastehen, weil ich nicht zu antworten weiß.«

»Ist doch nur ein Spiel«, besänftigt Luther, »lehrt uns wohl auch ein wenig Demut.«

Und so wurde der 4. Februar 1532 ein fröhlicher Tag für das ganze Schwarze Kloster.

»Es steht ein schöner Garten vor der Stadt mit Fischweiher und Obstbäumen zum Kaufe, den möchte ich wohl haben!« sagt Käthe am Abend vor dem Einschlafen.
»Weißt du auch, was er kosten soll?« fragt Luther.
»Ei freilich, neunhundert Gulden.«
Luther setzt sich kerzengerade auf im Bett.
»Neunhundert Gulden? Woher soll ich die wohl nehmen? Du weißt, daß mein Gehalt nur zweihundert Gulden beträgt.«
»Aber ich wollt' es schnell wieder herauswirtschaften! Ich brauchte kein Obst mehr zu kaufen und keine Fische, könnte mehr Gemüse anpflanzen und einen Weinberg...«
»Ketha, schweig endlich still, es kann nicht sein.«
Da dreht sie ihm den Rücken zu. Er legt sich nieder, zieht die Decke hoch – und lauscht. Was ist das für ein Geräusch?
»Kätha?« fragt er. »Weinst du?«
Das Geräusch wird heftiger.
»Mein Liebichen!« Unbeholfen streicht er über ihren Kopf, ihre Schultern. »Ich kann es nicht ertragen, daß du dich so grämst. Sieh mich an, trockne die Tränen, so sei doch wieder gut!«
Käthe wendet langsam den Kopf. Die Tränen glitzern wie Perlen auf ihrem Gesicht im Schein der Kerze.
»Kaufst du den Garten?«
»Ja, mein Herz«, seufzt Luther, schließt sie in seine Arme und wiegt sie wie ein Kind.

Am 19. April 1532 wird der Garten am Saumarkt erstanden. Luther hat einen neuen Spitznamen für Käthe: »Säumarkterin«, aber sie läßt ihn sich gern gefallen.
Der Besitz des Landes fordert viel neue Aktivitäten: säen, pflanzen, den Fischteich sauber halten, Fische einsetzen. Käthe bestellt bei Pfarrer Lauterbach zu Pirma 600 Pfähle für einen Weinberg. Sie ist stolz und glücklich: schon in diesem Herbst wird sie Kirschen und Birnen, Pfirsiche, Äpfel und Nüsse ernten!

Luther holt die Laute von der Wand. Die Hausgemeinschaft ist friedlich um den großen Tisch in der Stube versammelt, Luther verteilt die Stimmen und gibt den Ton an, da kommt ein Schüler herein, zupft Käthe am Rock und sagt: »Domina, bitte, wollte Euch bemühen, der Hans Zink ist gar so krank!«

»Nein«, protestiert Luther, »das darf nicht sein! Doktor Kethus, pflege ihn mir schnell gesund. Er ist ein so lieber Bube, fein still und züchtig und im Studium sonderlich fleißig. Und er singt mir unvergleichlich schön den Diskant, du weißt es!«

Käthe nickt und macht sich auf den Weg. Hans liegt zu Bett, die Decke bis ans Kinn hinaufgezogen, die Zähne schlagen ihm aufeinander vor Kälte.

Käthe legt ihm die Hand auf die Stirn.

»Es wird dir gleich besser gehen! Wir bringen dir gewärmte Steine und einen guten, süßen Fliedertee!« tröstet sie und sucht hinter den Ohren nach Anzeichen für Masern oder Pocken – aber es ist nichts zu finden.

Ihre Arzneien schlagen nicht an. Der Junge fiebert hoch. Sie läßt Doktor Schurff rufen, aber der weiß auch keinen Rat. Sie sitzt die ganze Nacht am Bett des kleinen Patienten, hält das heiße Händchen. Luther besucht sie.

»Ketha, ich fürchte, die Krankheit wird übermächtig über die Pflege. Hänschen, liebes Hänschen, hörst du mich?«

Der Junge schlägt gehorsam die glänzenden Augen auf.

»Ja, Herr Doktor. Verzeiht mir bitte, daß ich meine Aufgaben nicht mache, mir ist, als müsse ich nun von Euch fortgehen. War gerne hier und danke Euch schön.«

Käthe verbeißt sich das Weinen.

»Du wirst doch bald gesund werden, Hans«, sagt sie.

Vier Wochen lang sorgt sie sich um ihn Tag und Nacht, so daß ihr Mann bemerkt: »Wo keine Frau ist, da seufzt der Kranke, denn sie ist zum Pflegen geboren.«

Eines Abends reicht Hans Zink seinem Präceptor Veit Dietrich das magere Händchen und spricht ernst: »Lieber Herr Magister, ich sage Euch Lebwohl.«

»Wohin willst du denn gehen?« fragt der Lehrer beklommen.

Hans erwidert: »Zu Christus.«

»Und ihr«, wendet er sich an seine Mitschüler, die sein Lager umstehen, »tut gut, lernt und seid fromm, so braucht ihr das Sterben nicht zu fürchten, es geht ganz leicht.«

Und dann schließt er die Augen, atmet tief aus und rührt sich nicht mehr. Käthe fällt in die Knie, heftiges Schluchzen schüttelt sie. Luther tröstet sie: »Weine nicht, liebe Käthe. Du weißt, wie sehr auch ich ihn mochte. Aber er ist Gott noch viel lieber gewesen als den Lutherschen, so hat er ihn haben wollen. Ich muß es seinen Eltern schreiben.«

Käthe stellt sich den Schmerz der Mutter vor, die im fernen Hofheim glaubt, ihr Kind sei im Schwarzen Kloster wohl geborgen und lerne viel, und plötzlich hält sie ein Stück Papier in der Hand, auf dem steht, daß sie ihren Hans nie mehr sehen wird.

Luther kann nicht mit ansehen, wie die Jungen gedrückt und traurig im Hause umherschleichen und auffällig fleißig sind.

»Kätha!« ruft er eines schönen Morgens, »sieh doch nur den blauen Himmel! Ich möchte mir meinen Pelz von der Sonne bescheinen lassen! Leihst du mir Pferd und Wagen aus? Ich will mit den Knaben über Land zu Michael Stiefel nach Lochau fahren und ihm in die Kirschen fallen!«

»Aber gern, ich lasse gleich anspannen. Das ist ein guter Einfall. Darf Hänschen auch mit?«

»Natürlich! Aber Lenichen und Martin bleiben bei dir!«

Käthe freut sich, Luther so heiter zu sehen. Das Ohrensausen quält ihn ohne Unterlaß, er ist häufig schwermütig. Ihre Versuche, ihm mit viel Gemüse und frischem Obst zu helfen, bringen wenig Erfolg, er ist auch gar zu eigensinnig, was das Essen betrifft! Diese Fahrt wird ihm guttun. Sie läßt Proviantkörbe richten, damit Stiefel nicht ganz und gar ausgeplündert wird.

Käthe inspiziert die Keller im Schwarzen Kloster, sie braucht Raum für ihre Vorräte. Sie findet da einen unausgebauten Teil, halb fertig und verwahrlost, und gibt Anweisung, Mauern zu setzen, Decken zu ziehen, zu putzen und zu kälken.

Trotz des schlechten Wetters und seiner angegriffenen Gesundheit läßt Luther sich nicht davon abhalten, nach Torgau zu reisen. Der Kurfürst liegt mit einem Fußleiden darnieder, Luther will ihn trösten und im Gespräch aufheitern. Käthe murrt ärgerlich vor sich hin, so ein Unverstand, einen Krankenbesuch zu machen, wenn man selber nicht auf dem Posten ist. Am liebsten würde sie ihm die Pferde verweigern – aber sie weiß gut genug, all ihr Protestieren ist sinnlos, auch die Tränen helfen nicht. Luther glaubt es seinem Fürsten und Freunde schuldig zu sein – und fährt. Zum Trost erhält sie schon bald einen Brief:

»Meiner herzlieben Hausfrau, Katharina Lutherin, zu eigenen Händen.

Gnad und Friede in Christo. Meine herzliebe Käthe! Ich hoffe,
wenn Doktor Brück wird Urlaub kriegen, wie er mich vertröstet, so
will ich mit ihm kommen morgen oder übermorgen. Bitte Gott, daß
er uns frisch und gesund heimbringe! Ich schlafe überaus wohl, etwa
sechs oder sieben Stunden aneinander und danach zwei oder drei
Stunden hernach. Es ist des Biers Schuld, wie ich achte. Aber
nüchtern bin ich, gleich wie zu Wittenberg.
Doktor Caspar sagt, daß unseres gnädigen Herrn Fuß nicht weiter
fresse.«
(Der gute Lindemann, denkt Käthe. Ich habe seine Frau lange
nicht gesehen! Wenn er tatsächlich ein Mittel gefunden hat
gegen den Fußbrand des Kurfürsten, muß er mir unbedingt
die Rezeptur verraten!)
»Aber solche Marter leide kein Dobitzsch noch Gefangener auf der
Leiter im Turm von Hans Stockmeister, wie Seine K. F. G. muß
leiden von den Wundärzten. Es ist Seine F. G. so gesund am
ganzen Leibe als wie ein Fischlein, aber der Teufel hat ihm den Fuß
gebissen und gestochen. Betet, betet weiter! Ich hoffe, Gott wird uns
erhören, wie er angefangen ist. Denn Doktor Caspar hält auch
dafür, es müsse allein Gott hier helfen.
Weil Johannes wegzieht«, (ach, Rischmann – Martinus bedenkt auch alles!), *»so will's die Notwendigkeit und Ehre fordern,*
daß ich ihn lasse ehrlich von mir kommen. Denn Du weißt, daß er
treulich und fleißig gedient hat und wahrlich dem Evangelium nach
sich demütig gehalten und alles getan und gelitten. Darum denke
Du, wie oftmals wir haben bösen Buben und undankbaren Schel-
men gegeben, da es alles verloren gewesen ist. So greif nun hier in die
Tasche und laß an einem solchen frommen Gesellen auch nichts
mangeln, da Du weißt, daß es wohl angelegt und Gott gefällig ist.
Ich weiß wohl, daß wenig da ist; aber ich gäbe ihm gern zehn
Gulden, wenn ich sie hätte; aber unter fünf Gulden sollst Du ihm
nicht geben, weil er nicht neu eingekleidet ist. Was du darüber
kannst geben, das tue, da bitte ich drum. Es könnte zwar der
gemeine Kasten mir zu Ehren einem solchen meinem Diener wohl
etwas schenken, angesichts dessen, daß ich meine Diener muß halten
auf meine Kosten zu ihrer Kirche Dienst und Nutz; aber, wie sie
wollen. Laß Du es ja an nichts fehlen, solange ein Becher da ist.
(Genau einen haben wir noch! konstatiert Käthe traurig.)
Denke, wo Du es herkriegst. Gott wird wohl anderes geben, das weiß

ich. Hiermit Gott befohlen, Amen ... Küßt mir den jungen Hansen von mir und heißet Hänschen, Lehnchen und Muhme Lehne für den lieben Fürsten und für mich beten. Ich kann in dieser Stadt, wiewohl jetzt Jahrmarkt ist, nichts finden zu kaufen für die Kinder. Wo ich nichts brächte Besonderes, so schaffe mir Du etwas Vorrat!«

»Ach ja«, seufzt Käthe. Recht hat er, wie immer. Hans Rischmann ist eine gute Seele und hat treu gedient. »Denke, wo du es herkriegst.« Was soll sie da denken. Es geht ihr wider die Natur, selbst noch den letzten prächtigen Silberbecher fortzutragen, aber es bleibt ihr wohl nichts anderes übrig. Und etwas Schönes für die Kinder beschaffen – ach, wie gern sie das tut. Hätte sie nur mehr Geld!
Da rollt ein schwerer Wagen mit sorgfältig festgezurrter Plane auf den Hof – der Kaufmann fährt weit über Land, Käthe sieht es auf den ersten Blick. Sie eilt hinaus.
»Frau Katherin Lutherin?« fragt der Rosseführer, auf eine Liste sehend.
»Stehe zu Diensten!« lacht Käthe.
»Eine Sendung Butter und Heringe für Euern Hausstand von König Christian aus Dänemark!«
Er läßt zwei Knechte die Plane hinten am Wagen öffnen, die Fässer ausladen, tippt an sein Barett und ist schneller wieder davon, als Käthe ihm eine Erfrischung anbieten kann.
Puh – sie hält sich die Nase zu – in welchen Fässern die Heringe stecken, ist nicht zu verkennen.
»Frau Doktorin«, beschwert sich Hans Polner beim Abendessen einige Tage später, »die Heringe sind versalzen, und die Butter ist ranzig.«
»Schweig stille«, donnert Luther. »Dafür kommen sie aus Dänemark. Und wenn mir die Speise gut genug ist, magst du sie auch vertragen.«
Der Junge wird rot und kaut gehorsam.

Es ist Sonntag in der Früh. Am Nachmittag ruft Luther Familie, Gesinde, Schüler und Studenten zusammen zu einer Predigt. So hält er es fortan immer. Er tut dies Amts halber und ums Gewissens willen als ein Hausvater, der solches zu tun schuldig ist.

Die Studenten laufen übermütig auf dem Hof herum und werfen ihre Mützen in die Luft.

»Was macht Ihr? Solltet Ihr nicht in der Vorlesung sein?« fragt Käthe streng.

»Der Magister Melanchthon liest heute nicht! Wir haben eine Sonnenfinsternis!«

Käthe lacht. »Nun denn, dagegen kann ich nicht aufkommen, immer freut Euch des schönen Tages!«

Sie bringt Luther einen Teller mit Obst in die Studierstube.

»Ach, ich mag nicht essen«, stöhnt er. »Mein Magen drückt mich, in den Ohren saust es –«

»Geht mit mir, mein Lieber, laßt uns zusammen den Keller besichtigen, den ich habe ausbauen lassen, das wird Euch ablenken.«

»Glaub's kaum«, brummt er, steht aber gehorsam auf und steigt mit Käthe hinab.

Der Raum wirkt groß und einladend, die Wände sind weiß getüncht.

»Wie gut, daß mir Mörtel und Kalk umsonst von der Stadt geliefert wird«, bemerkt Käthe, »wie hätte ich sonst wohl alles zahlen sollen?«

»Laß uns zurückgehen«, bittet Luther, »ich möchte die Vesper beten.«

Sie erreichen gerade die fünfte Stufe der Treppe, als hinter ihnen mit lautem Gepolter eine Mauer zusammenbricht – die Stelle, auf der sie gerade noch gestanden haben, ist ein wilder Trümmerhaufen in einer Staubwolke.

Luther hält Käthe schützend im Arm. »Bist du heil und gesund?« fragt er besorgt.

»Ja – und Ihr?«

Er fährt sich ans linke Bein. Am Schienbein ist durch einen Steinsplitter die Haut ein wenig aufgerissen.

»Laßt uns ins Schlafgemach gehen, ich will Euch sofort verbinden!« drängt sie.

»Aber doch nicht wegen einer solchen Kleinigkeit! Das soll von alleine heilen. Ich müßte mich ja vor Hänschen schämen, der immer offene Knie hat! Laß uns lieber Gott danken für die wunderbare Rettung. Durch unsere Unvorsichtigkeit beim Umbau haben wir selbst dem Teufel die Gelegenheit zu einem derartigen An-

schlag gegeben! Aber Gott hält seine schützende Hand über uns –
du siehst es immer aufs neue.«

Die kleine Wunde am Schienbein verwandelt sich in ein eitriges
Geschwür, das nicht zuheilen will. Aber Luther klagt nicht darüber, denn er wird weniger von Kopfschmerzen geplagt und
glaubt, wenn das teuflische Gift der Krankheit einen Weg gefunden
habe, den Körper zu verlassen, ginge es ihm besser. Sein Arzt teilt
diese Meinung, er verordnet sogar eine Behandlung mit Ätzmit-
teln, die die Wunde offenhält.
»Mein Doktor Kethus«, beginnt Luther, »du bist doch den Türken
gar so gram, nicht wahr?«
Käthe nickt heftig.
»Und dennoch verhelfen sie uns Evangelischen zum Religionsfrieden! In Nürnberg wurde er mit den protestantischen Reichsständen geschlossen.«
»Endlich! Da bin ich froh. Und was tun die Türken dazu?«
»Direkt nichts. Aber Freiheit in Glaubenssachen wird zugesichert
bis zum Concilio im nächsten Jahr gegen Zahlung einer Türkenhilfe.«
»Ich mag gar nicht fragen, wie hoch sie sein soll.«
»Ich wüßte dir auch keine Antwort. Sogar alle beim Reichskam-
mergericht anhängigen Religionsprozesse gegen die Unsern werden eingestellt.«
»Wenn nur das Geld im Kasten klingt...«, zitiert Käthe.
»Richtig. Aber die Gefahr militärischer Auseinandersetzungen ist
aufs erste gebannt.«
»Dafür sei Gott im Himmel Dank. Nun kann ich wieder ruhig
schlafen«, seufzt sie erleichtert.

Man schreibt den 16. August 1532. In frühester Morgenstunde
weckt Pferdegetrappel auf dem Klosterhof Käthe – ehe sie sich
noch gesammelt hat, pocht es heftig an die Türe. Es sind verstörte
Diener des Kurfürsten, die Luther bitten, eilends mit ihnen zu
reiten, der Kurfürst Johann hat in Schweinitz einen Schlaganfall
erlitten. Auch Melanchthon wird an sein Bett gerufen.
Käthe geht weinend ins Haus zurück. Dieser aufrechte Fürst war
ihr ein guter, zuverlässiger Freund. Sie kann sich nicht erinnern,
daß er ihrem Manne oder ihr je eine Bitte abgeschlagen hätte, und

fast immer hat er mehr gegeben, als sie erbaten! Wie oft brachten ihr seine Diener Wildbret, Fische, edle Früchte, Wein ins Haus! Wie oft sandte er ein Geldgeschenk oder auch Pelze und Tuche! Und gewiß wäre Luther längst in die Hände seiner Feinde gefallen und elendiglich verbrannt worden ohne Johanns Fürsorge und Schutz.

Luther kehrt nur allzubald heim. Wortlos schließt er seine Frau in die Arme. Er schämt sich der Tränen nicht, die ihm reichlich über die Wangen fließen. »Ich traf ihn nicht mehr bei Bewußtsein. Also hat Gott den frommen, beständigen Fürsten, da die Religion und Policei, das Kirchen- und weltlich Regiment wohl bestellet war, aus diesem armseligen Leben abgefordet. Am achtzehnten August werde ich ihm die letzte Predigt halten. Ich weiß auch schon, worüber: 1. Thessalonicher 4, 13 bis 18 – ›Wir wollen euch aber, liebe Brüder, nicht im Ungewissen lassen über die, die entschlafen sind, damit ihr nicht traurig seid wie die andern, die keine Hoffnung haben. Denn wenn wir glauben, daß Jesus gestorben und auferstanden ist, so wird Gott auch die, die entschlafen sind, durch Jesus mit ihm einherführen.‹

Und die Sünde braucht unseren lieben Herrn, der an Jesus Christus glaubte, nicht mehr zu beschweren! Darum, Teufel, fahre hin, beide mit meiner Gerechtigkeit und Sünde. Habe ich etwas gesündigt, so friß du den Mist davon, der sei dein, ich bekümmere mich nichts darum, denn Jesus Christus ist gestorben.«

Er eilt in seine Studierstube. Käthe aber geht in den Stall zu den Pferden, lehnt sich an den Hals ihrer Lieblingsstute und weint in die krause Mähne, während die großen, seelenvollen Augen des Tieres sie ruhig ansehen. Nach einer Weile knabbert die Liese an Käthes Ellenbogen, zupft sie am Ärmel.

»Ach ja«, seufzt Käthe, »ist schon gut, bist ein braves Tier«, und schüttet frischen Hafer in die Krippe.

Schon drei Tage später kommt der neue Kurfürst Johann Friedrich nach Wittenberg. Er bemüht sich sehr um Luther. Er bittet ihn zu predigen, lädt ihn mit seinen Freunden Melanchthon, Jonas und Bugenhagen zu Tisch, will ihn als Berater bei Gesprächen und Verhandlungen sehen.

Käthe beobachtet es mit sorgendem Herzen. Eines Abends fragt sie Luther geradeheraus:

»Sagt mir bitte, was haltet Ihr wohl von unserem neuen Herrn?«
Sie kniet vor ihm und behandelt seine Beinwunde.
»Wir haben einen Fürsten mit vielen feinen Gaben von Gott begnadet. Er hat einen züchtigen Mund, man hört kein unhübsch noch unehrlich noch unzüchtig Wort noch Fluchen von ihm; er hat Gottes Wort lieb, dergleichen Kirchen und Schulen; trägt große, schwere Last, und die allein, hält Treu und Glauben, was er zusaget. Er sähe es gerne in allem; er kann's aber nicht alles wenden, noch bald ändern. Einen Mangel hat er, daß er gerne bauet und trinket. Sonst arbeitet er wie ein Esel.«
»Da können wir wohl dankbar sein für einen so einsichtigen Herrn.«
»Ja, Ketha, da hast du recht, das können wir.«

»Himmel, Wolf, kannst du nicht wenigstens heute einen Schritt zulegen? Deine Langsamkeit macht mich krank«, schilt Käthe.
»Ich wollt ja nur sagen«, stottert Sieberger, »die Teller reichen genau für alle Gäste.«
»Gut«, nickt sie. »Also darf keiner mehr kommen.«
Das Faktotum macht sich erleichtert aus dem Staube, mit der Doktorin ist an diesem Weihnachtsabend des Jahres 1532 nicht gut Kirschen essen. Was Wunder – sie steht kurz vor der Entbindung, das Schwarze Kloster ist voller Gäste, und die Zeitläufte sind drückend.
Käthe richtet sich gerade auf und atmet tief – ach, ein paar Minuten Pause, den schmerzenden Rücken strecken! Was wollte sie gerade tun? Der Hund schlägt an, sie hört die Stimme ihres Eheherrn, Schritte auf dem Flur, abwehrend hebt sie die Hände. Aber schon öffnet sich die Türe, hinter Luther, ängstlich in seinen Schatten gekauert, erkennt sie vier Gestalten, verhüllt von ärmlichen grauen Mänteln, aus denen Schneewasser tropft, die Kapuzen tief ins Gesicht gezogen.
»Käthe...«, sagt Luther, und sie flüstert tonlos: »Nein. Das Haus ist überfüllt, wir haben kein Mauseloch mehr frei. Meister Cranach ist sehr gastfreundlich.«
»Katharina, es sind Flüchtlinge, Meister Caspar mit seiner lieben Luise und ihre beiden Kinder. Luise konnte die Kinder ihres Dorfes mit Kräutern von einem bösen Fieber heilen, nur leider nicht alle. Sie wurde als Hexe verklagt, die Schergen der Inquisition sind

hinter ihr her. Meine Freunde dürfen auf keinen Fall wieder auf die Straße hinaus.«

Käthe ringt die Hände.

»Eure Freunde, Eure Freunde! Ach, Martinus, glaubt mir, ich weiß nicht, wohin mit ihnen. Ich habe nicht einmal einen Teller mehr, um ihnen das Mahl zu reichen.«

»Wenn's weiter nichts ist«, lacht er, »so gibt ihnen den meinen. Mir kann ein Fastentag nur guttun!« Und er klopft schallend auf seinen Leib.

»Bitte«, sagt er. »In Brisgers Gartenhäuschen wohnt doch gerade keiner. Da könnten sie einziehen!«

»Es steht seit dem Sommer leer! Dort drinnen ist's so kalt wie draußen, außerdem feucht und schmutzig, man müßte...«

Sie läßt die Hände sinken. Gerade eben hatte sie geglaubt, ihre Arbeit getan, den Weihnachtsabend vorbereitet zu haben. Sie wollte Kerzen anzünden, sich mit ihren Kindern niedersetzen und zu Luthers Lautenspiel singen, endlich, endlich. Und nun soll sie wieder von vorn anfangen, das Häuschen säubern lassen, Möbel zusammensuchen, Bettzeug beschaffen, Kerzen, Decken, was nicht noch alles.

»Nein«, flüstert sie erschöpft. »Ich bitte Euch, nein.«

Zorn steigt ihr zu Kopfe. Sie kann sich kaum noch auf den Füßen halten, das Kindlein strampelt in ihrem Leibe, Schwindel dämpft ihr Wahrnehmungsvermögen, ihr Herzschlag jagt und setzt plötzlich aus, um dann zögernd weiterzustolpern, Übelkeit preßt ihr die Kehle zusammen. Muß er denn immer nur an andere denken und nie, nie an sie?

Sie möchte schreien, denn die winzigen Fältchen in seinem Augenwinkeln zeigen ihr, daß er sicher ist, sie im nächsten Augenblick zu überreden. Sein kohlschwarzer Blick glänzt und blitzt. Er legt die Hände aneinander wie ein Kind und hebt sie flehend auf.

»Mein hochverehrter Herr Käthe, ich bitt' Euch recht schön und demütig zum Heiligen Christ«, sagt er.

O dieser Mann! Sie fühlt, wie ihr wider allen Willen die Tränen kommen. Sie fährt sich unwirsch über die Augen, geht auf die grauen Gestalten zu.

»Seid herzlich willkommen, ihr Lieben!« hört sie sich sprechen. »Fürchtet nichts mehr, wir werden Euch verbergen... Sie – ber- –ger!!!«

Die Fremden lassen die Kapuzen fallen. Voller Vertrauen blicken der Bub und das Mädchen mit seinen rührenden kleinen Zöpfchen zu Käthe auf. Ihre Hand streichelt die blühenden Wangen der Kleinen. Sie schämt sich.

Luther greift nach dem schönsten seiner Silberbecher. Welcher Fürst hatte ihn geschenkt? Er erinnert sich nicht mehr. Er reicht das wertvolle Stück Meister Caspar hin – Käthe schießen die Tränen in die Augen, aber sie schweigt, es ist Hansens Taufbecher. Sie hört Luther sagen:

»Wenn Ihr denn schon bei uns von einem Teller essen müßt, so sollt ihr doch wenigstens einen Becher zum Trunke Euer eigen nennen! Nehmt ihn und laßt's Euch wohl bekommen! Nach dem Fest möget Ihr ihn veräußern und ein wenig Wegzehrung dadurch gewinnen.«

Spät in der Nacht, als Käthe endlich ins Bett schlüpft, hört sie ihren Mann sagen: »Ich habe meine Käthe lieb, ja, ich habe sie lieber denn mich selber, das ist gewißlich wahr.«

Sie lächelt und schmiegt den Kopf an seine Schulter.

Wie reich ich doch bin, denkt sie.

In den letzten Tagen des Jahres sitzen die Eheleute häufiger als sonst mitsammen in der gemütlichen Stube. Hans und Lenchen spielen vor ihnen, die beiden mögen sich sehr gern. Käthe hält den kleinen Martin auf dem Schoß.

»Da sieh nur unseren schönen Schatzkasten an«, sagt sie, »nur ein einziger Silberbecher ist drinnen.«

»Das ist ganz gut so«, nickt Luther, »da kann auch nichts von Mäusen und Ratten gefressen und vom Rost verzehrt werden.«

Es klopft an der Türe. Luther bittet einzutreten. Ein abgerissener junger Mann bleibt schüchtern auf der Schwelle stehen, die Mütze in den rotgefrorenen Händen.

»Hochgeehrter Herr Doktor Luther! Verzeiht, ich bitt' Euch, mein Eindringen. Bin ein armer Studiosus auf Wanderschaft, gebt mir einen Zehrgroschen um Jesu willen!«

Luther fährt in seine Taschen. Da findet sich – nichts. Käthe braucht er nicht zu fragen, das weiß er. Also steht er auf, öffnet den Schatzkasten und nimmt den letzten Silberbecher heraus und reicht ihn dem Bittenden hin. Der Junge hat Käthe beobachtet und wahrgenommen, wie sie ihren Mann mit Blicken beschwört, er zögert anzunehmen. Da drückt Luther mit aller Gewalt den Becher zusammen: »Bring das Silber zum Goldschmied und laß dir den Preis dafür zahlen!«

Der Student küßt die Hand des Gebenden und zieht sich schnell mit allen guten Wünschen für die Lutherschen zurück – Käthe sieht ihren Mann an, lange, ohne ein Wort.

Beim Nachdenken über den zerronnenen Schatz fallen Käthe die anderen Mängel ihres Hausstandes wieder ein.

»Ach, Martinus, unser Kasten ist vom Holzwurm ganz zerfressen – das leidige Holzmehl verdirbt mir alles Leinen, so auch schon das schöne Stück Schwäbisch, das die Stadt mir verehrte. Bitte, könntet Ihr nicht an Magister Zwilling um einen neuen schreiben?«

»Ich hab' es getan, Ketha. Er soll vier Florin kosten.«

»So viel? Das geht ja nicht mit rechten Dingen zu. Nun denn, so fragt bitte, ob er reinlich sei, mit einem Sedel (Sitzkasten) für neu Gerät darin zu legen, da nicht Eisen durchschlagen und das Leinen eisenmadig machen kann. Wo nicht, muß ich halt einen in Wittenberg machen lassen.«

»Ich werde es baldigst besorgen. Übrigens kann ich dir etwas Schönes erzählen: Die Stadt Wittenberg tut etwas für ihre Angestellten. Hundert Scheffel Korn wollen sie uns jährlich geben, auch hundert Scheffel Malz für zwei Gebräude Bier, sechzig Klafter Holz und zwei Fuder Heu!«

»Das nenne ich frohe Kunde!« lacht seine Frau und klatscht in die Hände wie ein Kind. Martinchen macht es ihr eifrig nach.

»Wenn nur die Stadtleut mit ihrer Scheelsucht und ihrer Nachlässigkeit uns nicht gar zu sehr um unser Recht verkürzen!«

Diesmal ist Luther im Hause, als die Wehen kommen, und hält Käthes Hände. Es ist in der Nacht des 28. Januar 1533. Theresa würde Luther gern fortschicken. Sie sieht, wie Käthe sich verkrampft, um sich die Schmerzen nicht anmerken zu lassen. Aber Martinus weicht nicht von ihrer Seite, bemüht sich rührend in seiner Unbeholfenheit, ihr das Gesicht abzuwischen, die Hände zu halten.

Der Gebärstuhl wird gebracht, Käthe setzt sich darauf.

»Stellt Euch hinter den Stuhl, Herr Doktor, wenn ich bitten darf«, weist Theresa ihn an. »Nun umfangt Eure Frau von hinten mit beiden Armen! So, jetzt haltet gut fest und betet.«

Luther gehorcht. Auch ihm rinnt der Schweiß übers Gesicht.
Noch vor Mitternacht wird das Kind geboren, ein kräftiger Junge.
»Ein junger Papst!« scherzt Luther und setzt sich um ein Uhr in der Nacht hin, um an den kurfürstlichen Erbmarschall Hans Löser zu schreiben und ihn zu bitten, seinen »jungen Sohn, den mir diese Nacht Gott bescheret hat von meiner lieben Katen« aus der Taufe zu heben, »damit er aus der alten Art Adams zur Wiedergeburt Christi komme, ob vielleicht Gott der Herr einen neuen Feind des Papstes oder Türkens an ihm erziehen wollte«.

Am Abend des 29. Januar wird der Kleine auf dem kurfürstlichen Schloß getauft. Beim Taufessen wartet Magister Anton Lauterbach den Gästen auf. Die Paten sind Herzog Johann Ernst von Sachsen, der jüngere Bruder des Kurfürsten Johann Friedrich, Hans Löser, Jonas, Melanchthon und die Frau des kurfürstlichen Leibarztes Doktor Kaspar Lindemann.
Frau Lindemann besucht Käthe und erzählt ihr von der Feier.
»Es war sehr gemütlich und lustig! Ihr wißt, wie gern Doktor Jonas redet, und sogar Magister Melanchthon gab kleine Geschichten zum besten. Euer Mann sagte, er habe sein jüngstes Söhnchen auf den Namen des heiligen Apostels Paulus taufen lassen, weil er diesem soviel zu danken hätte, daß er billig zwei Söhne nach ihm hätte nennen sollen. Und weiter sprach er auch von der Zukunft seiner Söhne.«
Käthe richtet sich in den Kissen auf.
»Wie wünscht er sie sich?«
»Er will sie nicht bei sich behalten, sondern sie sollen zu den besten Lehrmeistern kommen. Wer ein Krieger werden will, den soll der Herr Erbmarschall zu sich nehmen; wer studieren will, soll es bei Jonas oder Melanchthon tun, und wer das Feld bauen will, der soll es bei einem Bauern erlernen.«
»Ich würde mir wünschen, daß einer von meinen Söhnen ein guter Arzt wird«, sagt Käthe und streicht die Decke glatt.
»Davon hat Euer Mann gar nicht gesprochen«, erwidert die Lindemännin.
Käthe nickt. »Ich weiß, er hält nicht viel von dieser Fakultät. Aber es muß doch auch solche geben, die den Kranken helfen.«
»Gerade so, wie Ihr es tut!« bestätigt die Besucherin.

»Ach–«, Käthe errötet, »was weiß ich schon! Bei Euerm Gatten könnte er in die Lehre gehen.«

»Gute Güte, Wolf!« stöhnt Käthe, »könntest du denn nicht einmal in der Studierstube aufräumen, Staub wischen und auskehren? Nun sitzest du doch tatsächlich hier auf der Treppe und schläfst am hellichten Tage!«

»Ach, Domina, grämt Euch nicht. Es hat ja doch alles keinen Zweck mehr, warum soll unsereins sich schinden, wenn am 19. Oktober dieses Jahres 1533 die Welt untergehen wird.«

Käthe setzt sich vor Verblüffung neben ihn auf die Treppenstufe.

»Was redest du da?«

»Liebe Doktorin, Ihr kennt doch den Pfarrer zu Lochau, Michael Stiefel.«

»Ei freilich, den kenne ich gut!« lacht Käthe.

»Nun, Ihr wißt, er ist ein Kenner der Schriften und ein vortrefflicher Rechenmeister. Und so hat er sich aus Daniel, Ezechiel und der Apokalypse herausgerechnet, daß an besagtem Tage morgens um acht Uhr die Welt untergehen wird.«

»Und du glaubst das?«

»Aber sicher, der Pfarrer ist ein gottesfürchtiger Mann und guter Freund unseres Doktors!«

»Komm mit!« Käthe zieht ihn hoch und bringt ihn in die Studierstube zu Luther, wo er seine Geschichte wiederholen muß. Der Hausherr lächelt.

»Rege dich nicht auf, liebe Käthe. Ich weiß um diese Prophezeiung und mache mir auch Sorgen des Lochauer Pfarrers wegen! Denn das Volk beginnt unruhig zu werden vor Schrecken und Angst. Michael verschenkt seine Bücher – wobei ich mich frage, was denn die Beschenkten nach dem Weltuntergang damit anfangen sollen –, und seine Bauern legen die Hände in den Schoß und wollen die Felder nicht bestellen. Ich habe gerade einen Brief an ihn geschrieben, der ihn zur Vernunft bringen soll!«

Aber er hat den Eigensinn seines Freundes unterschätzt. Gekränkt berichtet er Käthe einige Tage später: »Ich habe Antwort von Stiefel. Noch kein Mensch hat mich je so übel beschimpft. Der sittige Mann tobt und ist völlig außer sich, er nennt mich einen zweiten Pilatus und Herodes und wirft mir vor, der Geist sei von mir gewichen.«

Ein großes »Königreich« mit viel süßem Kuchen und Kirschzweigen über dem Tisch richtet Käthe aus, als Hans Luther zusammen mit seinen Vettern Fabian und Andreas Kaufmann von der Universität als akademischer Bürger aufgenommen wird – er zählt stolze sieben Jahre, kann lesen und schreiben und einiges Latein. Zu Käthes Kummer spricht Luther immer häufiger davon, daß der Älteste von zu Hause fort müsse, um gescheit zu studieren.

Inzwischen nähert sich der 19. Oktober. Viele Menschen eilen von weit her, selbst aus Schlesien, nach Lochau, um mit dem großen Propheten Michael Stiefel zu sterben. Luther sendet Peter Weller mit einigen Freunden hinaus. Am Abend schon sind sie zurück und geben die Geschichte zum besten:

»In aller Frühe wurden wir von einem gewaltigen Trompeten geweckt. Wir erschraken zunächst mächtig, denn die Posaunen des Jüngsten Gerichtes hatten wir uns wohltönender vorgestellt – es war auch nur das Horn des Kuhhirten. Stiefel hatte prophezeit, die Ochsen und Kühe würden zuerst daran glauben müssen, und um seinen Bauern diesen schmerzlichen Anblick zu ersparen, sollte der Hirte das Vieh in aller Frühe zum Dorf hinaustreiben.

Dann hielt er in seinem Kirchlein eine lange Predigt, und schon war die Stunde da, und die vielen Weiber mit ihrem lauten Geheule konnten einem recht bange machen, aber der Jüngste Tag kam nicht – statt dessen erschienen um neun Uhr Abgesandte des Kurfürsten, die setzten Stiefel auf einen Wagen und führten ihn nach Wittenberg. Man sagt, er sei seines geistlichen Amtes enthoben.«

Luther nickt. »Das muß wohl so sein. Wir wollen ein wenig Zeit verstreichen lassen, dann will ich bei unserm gnädigen Herrn ein gutes Wort für ihn einlegen.«

»Seid Ihr ihm denn nicht mehr gram der bösen Titel wegen, mit denen er Euch belegt hat?« fragt Käthe.

»Aber nein! So etwas ergibt sich wohl im Eifer des Gefechtes – ich habe es schon vergessen. Gram bin ich ihm eher, weil ich nun nicht mehr mit meinen Jungen zu ihm in die Kirschen fahren kann!«

Man schreibt den Februar Anno Domini 1534.
Luthers Schwester kommt auf Besuch ins Schwarze Kloster – Käthe richtet ein köstliches Mahl, sie bestellt sogar Hechte aus den kurfürstlichen Teichen.

»Ach ihr Lieben alle—«, beginnt Luther bei Tisch, »dies schöne Jahre unseres Herrn läßt sich leider gar nicht gut an. Landgraf Philipp von Hessen rasselt mit dem Säbel, will Herzog Ulrich in Württemberg wieder einsetzen...«

»Welchen Herzog Ulrich und warum?« fragt Käthe.

»Doktor Kethus, da Ihr es nicht wißt, seid froh drum! Es gibt gar zu viele Herzöge und gar zu viele Streitereien in diesem unserem Lande, als daß Ihr Euch mit allem auskennen könntet oder gar solltet. Seid's zufrieden! Genug, Philipp fährt mir über den Mund, ehe ich ihn noch aufgetan habe, und verteidigt sich, ohne angeklagt zu sein, er sei keiner Rotterei oder Secten der Wiedertäufer oder anderer, in keiner Weise anhängig, und seine militärische Vorbereitung richte sich in keiner Weise wider den Kaiser.

Oh, diese Täufer! Haben nicht Melanchthon und ich mehr als genug gewarnt und geschrien, die Städte möchten ihren Predigten wehren? Nun ist alles zu spät, in der guten Stadt Münster haben die Wiedertäufer die Macht an sich gebracht – selbiger Bernd Rothmann, an den ich noch letztes Jahr geschrieben habe, ist Wegbereiter und Theologe jenes Täuferreiches, dessen König sich Jan Bokkelson van Leiden nennt.«

»Ein schöner Mensch«, sagt Luthers Schwester, »ich sah sein Bild.«

»Was bemerkst du da? Ein schöner Mensch? Teufelsspuk und Blendwerk, wie kann ein Mensch schön sein, der wider Gottes Ordnung ist! Ach, ihr Frauen gebt zuviel auf den äußeren Schein. Das Herz eines Mannes allein zählt!... Deine Fische, liebe Käthe, sind wie immer vorzüglich. Was bist du doch für eine Erzköchin! Auch seine kaiserliche Majestät kann nicht besser speisen als ich.«

»Wie geht es Eurer Verwandtschaft, liebe Katharin?« fragt Luthers Schwester.

»Danke – endlich habe ich wieder eine solche. Mein Bruder Hans ist aus Königsberg zurückgekehrt, wo er bei Herzog Albrecht von Preußen Dienst tat. Er übernimmt das Gut Zulsdorf, das Erbdächlein unserer Familie, um es zu bewirtschaften.«

»Treu und brav ist er«, sagt Justus Jonas spontan, und Luther fügt hinzu: »Ein aufrichtiger, feiner und treuer Mensch, dazu auch geschickt und fleißig.« Käthe errötet, als habe dieses Lob ihr persönlich gegolten.

»Mein Bruder Klemens ist noch in Königsberg«, bemerkt sie bescheiden.

»Laßt uns ein wenig singen«, schlägt Luther vor, »ehe wir den Nachtisch nehmen. Mir ist danach zumute, mit meinem Lied den Mai herbeizulocken, ich bin des Winters müde.« Und er beginnt:

> *»Die beste Zeit im Jahr ist mein,*
> *Da singen alle Vögelein!*
> *Himmel und Erde ist des voll,*
> *Viel gut Gesang da lautet wohl! . . .«*

Luthers Schwester lauscht gebannt dem schönen Gesang der Tischgesellschaft. Der Nachtisch wird aufgetragen: Mandelküchlein, Weichselkirschenmus, süßer Hirsebrei.

»Aber nun wollen wir Gott danken für dieses herrliche Essen«, schließt Luther.

»Ich setze einen Preis für den aus, der das kürzeste Gebet spricht!« schlägt Käthe vor.

»Worin besteht der Preis?« fragt Bugenhagen.

»Drei Kannen Bier und ein großer Mandelkuchen!«

»Das lohnt sich!« lacht Jonas.

Luther beginnt: »Dominus Jesus sit potus et esus!« (Der Herr Jesus sei unsere Speise und unser Trank.)

Doktor Bugenhagen folgt in pommerscher Mundart: »Dit und dat, drög und matt, g'segn' uns Gatt.«

Melachthon gewinnt überragend mit: »Benedictus benedicat!« (Der Gesegnete segne.)

Im März verschiebt Papst Klemens VII. das angekündigte und so lang schon herbeigesehnte Konzil auf bessere und ruhigere Zeiten.

»Da können wir wohl warten bis zum Jüngsten Tag«, kann Käthe sich nicht enthalten zu bemerken.

Luther schreibt einen satirischen Himmelsbrief: »Ausschreibung eines heiligen freien christlichen concilii«. Aber Käthe bleibt das Lachen darüber im Halse stecken.

Sie ist sehr beschäftigt. Der Kurfürst weilt in Wittenberg und wünscht, hinter dem Wall bewirtet zu werden. Käthe muß ihm eine Kollation auftischen und kann dabei ja schlecht auf seine eigenen Vorräte zurückgreifen! Ihre Keller sind nach dem langen Winter ausgeplündert, frisches Gemüse gibt es noch nicht, die letzten Äpfel sind hutzelig wie alte Weiblein – für einen kurzen

Augenblick ist sie verzweifelt, dann ruft sie Sieberger und schickt ihn zu ihren Freunden: zu Cranach, Reichenbach, Jonas, Bugenhagen. Sie überschlägt den Fischbestand in ihrem Teichlein am Saumarkt und erinnert sich an eingelegte Kirschen – natürlich, es wird sich machen lassen.

»Ich könnte doch…«, stottert Sieberger, von seinen Bittgängen zurückgekehrt, »ich könnte doch einen Vogelherd aufstellen, da hättet Ihr immer allerlei edles Geflügel für die Tafel, und es würde nichts kosten!«

»Ja, das könntest du…«, bemerkt Käthe, die ihm nicht zugehört hat, weil ihre Gedanken längst woanders sind. Aber Wolf strahlt! Er wird einen großen und wertvollen Beitrag zum Haushalt leisten! Und anstatt die Leuchter zu putzen, wie ihm aufgetragen, geht er in die Drechslerwerkstatt, um gleich mit dem Bau zu beginnen.

»Mein Herr Doktor!« Stolz taucht Käthe in der Studierstube auf, »ich weiß nun wohl, was es mit dem Herzog Ulrich von Württemberg auf sich hatte und daß er im Frieden von Kaaden sein Herzogtum zurückerhielt! Und ich weiß auch, daß er die Reformation dort einführen will!«

»Richtig, meine gelehrte Kette! Als Reformatoren hat er Erhard Schnepf und Ambrosius Blaurer berufen – sollte mich wundern, wenn es ohne Streitereien ausgeht! In der Abendmahlslehre sind sich die beiden gar nicht einig. Bei Streitereien fällt mir der gelehrte Herr Erasmus ein und seine Purgatio. Soll ich ihm wohl darauf antworten, da er durch seine zweideutige und nichtige Geschwätzigkeit wie ein Schmetterling ganze Heere von Raupen in den Garten der Kirche geschmissen hat?«

»Und war Euch doch einst so lieb als gleichwertiger und gewandter Diskussionsgegner!« erinnert sich Käthe. »Ich halte dafür, Ihr solltet ihm ungesäumt erwidern, sonst denkt gar noch er und mit ihm die halbe Christenheit, Ihr vermöchtet's nicht!«

»Meinst du?« Luther blickt auf. »Nun gut, ich mag überhaupt nicht daran denken, aber wenn du es so siehst, will ich mir's überlegen.«

Luther hat dem getreuen Wolf Sieberger tatsächlich ein kleines Häuschen gekauft, wie Käthe es ihm nach der Pest von 1526 versprach. Dort lebt er nun mit größtem Wohlbehagen. In dem

Garten an der Specke beschäftigt er sich mehr, als Käthe lieb ist, mit der Vogelstellerei. Aber er hat nicht viel Glück dabei. Wenn vier oder fünf Vögel auf die Lockspeise eingefallen sind, rührt er keinen Finger, sondern denkt: »Oh, ich will warten, bis ihrer mehr kommen!« Inzwischen fliegen die sattgewordenen Gäste davon, und er hat gar nichts außer dem Ärger mit seiner Domina, die normales Arbeiten für viel nützlicher hält als die schönste Vogelstellerei!

Und sein Doktor spottet seiner gar mit einem Brief:

»Unserm wohlgesonnenen
Herrn Doktor Martin Luther,
Prediger zu Wittenberg.

Wir Drosseln, Amseln, Finken, Hänflinge, Stieglitze samt anderen braven, ehrbaren Vögeln, die in diesem Herbst über Wittenberg reisen wollen, lassen Eure Liebe wissen, daß, wie uns glaubhaft berichtet wird, einer, genannt Wolfgang Sieberger, Euer Diener, sich eines großen, frevelhaften Übermutes unterstanden und einige alte, verdorbene Netze aus großem Zorn und Haß auf uns teuer gekauft habe, um damit einen Finkenherd einzurichten; und daß er nicht allein unsern lieben Freunden, den Finken, sondern auch uns allen die Freiheit, in der Luft zu fliegen und auf Erden Körnlein zu lesen, von Gott uns gegeben, zu wehren vorhat; daß er zudem unserm Leib und Leben nachstellt, obwohl wir doch gegen ihn gar nichts verschuldet noch solch ernsten und tückischen Übermut um ihn verdient haben.

Weil denn das alles, wie Ihr selbst könnt bedenken, uns armen, freien Vögeln (die ohnehin weder Scheune noch Häuser noch etwas darin haben) eine gefährliche und große Beschwerung ist, ist an Euch unsere demütige und freundliche Bitte, Ihr wolltet Eurem Diener solchen Übermut verweisen oder, wenn das nicht sein kann, ihn doch dahin bringen, daß er uns des Abends zuvor Körner auf den Herd streue und morgens vor acht Uhr nicht aufstehe und zum Herd gehe. Dann wollen wir den Zug über Wittenberg hin nehmen. Wird er das nicht tun, sondern uns so frevelhaft nach unserem Leben stehen, dann wollen wir Gott bitten, daß er ihm wehre, so daß er am Tage auf dem Herd Frösche, Heuschrecken und Schnecken an unserer Statt fange und zur Nacht von Mäusen, Flöhen, Läusen,

Wanzen angegriffen werde, damit er uns vergesse und den freien
Flug uns nicht wehre. Warum gebraucht er solchen Zorn und Ernst
nicht wider die Sperlinge, Schwalben, Elstern, Dohlen, Raben,
Mäuse und Ratten, die Euch doch viel zuleide tun, stehlen und
rauben und auch aus den Häusern Korn, Hafer, Malz, Gerste usw.
wegtragen, was wir nicht tun, sondern nur das kleine Bröcklein und
einzelne beiseite gefallene Körnlein suchen.
Wir gründen diese unsere Sache auf rechtmäßige Vernunft, ob uns
von ihm nicht zu Unrecht so hart wird nachgestellt. Wir hoffen aber
zu Gott, weil von unseren Brüdern und Freunden so viele im Herbst
vor ihm bewahrt geblieben und entflohen sind, wir werden auch
seinen nichtnutzigen und üblen Netzen, die wir gestern gesehen,
entfliehen.
Gegeben in unserm himmlischen Sitz unter den Bäumen, unter
unserm gewöhnlichen Siegel und Federn.«

Auch Käthe erhält Post von ihrem Mann, der einmal mehr auf
Reisen ist:

»Meinem freundlichen, lieben Herrn, Frau Katherin von Bora, D.
Lutherin zu Wittenberg.
Gnad und Fried in Christo! Lieber Herr Käthe! Ich weiß Dir nichts
zu schreiben, weil Magister Philippus samt den andern selbst heim-
kommt. Ich muß länger hier bleiben um des frommen Fürsten
willen.«
(So ist das im Leben, denkt Käthe. Wenn unsereins traurig
ist, wer wird uns trösten? Die Arbeit. Aber so ein Fürst wie
Joachim von Anhalt kann sich den Doktor Luther herbestel-
len, der hilft ihm von seiner Schwermut auf. Und ich erwarte
ein Kind und hätte auch gern den Vater hier bei mir!)
»Du magst denken, wie lange ich hier bleiben werde oder wie du
mich losmachest. Ich denke, Magister Franziskus (welcher – wen
meint er? Ach ja, Franz Burkhard – es ist oft schwer, sich mit
all den vielen Freunden meines Mannes auszukennen!) *wird*
mich wieder losmachen, wie ich ihn losgemacht habe, doch nicht so
bald.
Gestern hatte ich einen bösen Trunk gefasst, da mußt ich singen:
›Trink ich nicht wohl, das ist mir leid, und tät's so rechte gerne.‹
Und gedachte, wie gut Wein und Bier hab' ich daheim, dazu eine

schöne Frau, oder sollt ich sagen: Herren. Und Du tätest wohl
daran, daß Du mir herüberschicktest den ganzen Keller voll meines
Weines und eine Flasche Deines Biers, sobald du kannst, sonst
komme ich vor dem neuen Bier nicht wieder. Hiermit Gott befohlen
samt unsern Kindern und allem Gesinde, Amen.
Mittwoch nach Jakobi (29. Juli) 1534
Dein Liebchen Mart. Luther D.«

Und fiel unter die Räuber

»Die Hex' soll brennen,
Wir wollen rennen
um es zu sehen . . .«

trällert der Schüler Franz in Treppenhaus.
»Was singst du da?« ruft Käthe.
»Die Hex' soll brennen – morgen früh doch, Domina, vor dem
Elstertor, wißt Ihr es denn nicht?«
»Ja, das stimmt –«, antwortet Käthe versonnen, »doch, ich habe
davon gehört«, und steht im Dunkeln, gedankenverloren.
Aus einem Zimmer tönt die Stimme eines deklamierenden Studen-
ten:
»Ein Mann ging von Jerusalem nach Jericho und fiel unter die
Räuber . . .«
Mechanisch setzt Käthe ihre Füße voreinander, findet sich in dem
Kämmerlein, wo sie ihre Heilkräuter aufbewahrt. Sie setzt sich auf
den kleinen Holzschemel.
». . . und fiel unter die Räuber. Die Hex' muß brennen, die
Hex' . . .«
»Nicht jetzt«, scheucht sie den auftauchenden Sieberger fort,
»nicht jetzt, Wolf, was auch immer du willst. Ich muß denken.«
Sie sieht sie so leibhaftig vor Augen, ihre liebe Theresa, schmal,
temperamentvoll, immer tanzen die roten Locken ihr ums Gesicht,
keine Haube vermag die Pracht dieses Haares zu bändigen – sie hört
die klingende Stimme: »Tief durchatmen, Domina, nicht nachlas-
sen«, sieht die schlanken, geschickten Hände, die so vielen geholfen haben – nein, sie kann es nicht glauben, es ist unmöglich.
Sie greift nach einer Flasche, einem Tiegel, sie packt den Deckel-

korb, noch ein paar weiche Tücher, etwas Wein und Kuchenbrot aus der Küche, schon ist sie auf der Gasse.

Sanft und lind hängt der Sommerhimmel zwischen den Giebeln, die Blumen in den Vorgärtchen duften und leuchten unter der warmen Sonne, Vögel jubilieren, Kinder singen – ein Tag, an dem man die Welt umarmen möchte, an dem man glücklich sein könnte, sollte.

Käthe taucht ein in das klammfeuchte Dunkel des Torweges, fragt sich durch zum Büttel, beredet ihn, sie zu der Verurteilten zu führen.

Sich ihres Tuns noch immer nicht recht bewußt, steht sie im Turmverlies. Nur ein Streifen des Sonnenlichtes fällt durch die offene Tür herein und beleuchtet einen Ausschnitt des Szenariums:

Auf der nackten Erde faulendes, übelriechendes Stroh und darauf etwas wie ein elendes Lumpenbündel, das stöhnt.

»Theresa?« fragt Käthe. »Meine liebe Theresa!« Weinend fällt sie auf die Knie und streckt die Hände aus.

Diese verfilzte, verklebte, blutdurchtränkte Masse, das ist dieses wunderschöne Haar? Ja, wirklich, denn es bewegt sich und gibt ein Antlitz frei. Käthe greift sich ans Herz – nein, das ist nicht der böse Blick, das ist ein solches Meer von Qualen, wie sie es nicht zuvor sah.

»Domina?« hauchen die aufgeplatzten, blutverkrusteten Lippen.

»Ja, Theresa, ich bin es. Ich habe gute Salbe, laß mich deine Glieder einreiben.«

»Ich danke Euch, Frau Doktor. Da gibt's keine Glieder mehr – ausgerenkt, gebrochen, zerquetscht – spart Euch die Mühe.«

»Laß sehen!« Käthe greift beherzt nach dem blutdurchtränkten Sacktuch und schiebt es beiseite – war dies das kleine, schlanke nimmermüde Füßchen der fleißigen Hebamme?

»O Gott, Theresa, was haben sie mit deinem Fuß gemacht?«

»Nicht allein mit meinem Fuß, mit dem ganzen Körper, Domina. Alles verrenkt, zerbrochen, verbrannt – nicht anfassen, bitte, das tut zu weh – es gibt keine Hilfe mehr.«

»Aber um des Himmels willen, warum hast du denn nicht gestanden?«

»Ich hab ja, ich hab endlich, Gott verzeih mir's. Ich bin keine Hex', Frau Doktorin.«

»Aber du hast es gestanden?«

»Alles, alles gesteht man unter der Folter.«

»Um deiner unsterblichen Seele willen, du bist doch unschuldig, ich kenne dich!«

»Unschuldig, welcher Mensch wäre vollkommen unschuldig, Domina? Vor Gott sind wir allzumal Sünder – was so ein Bündel Unrat wie ich nicht alles denkt, ich wundere mich selbst darüber. Unschuldig wie die Engel im Himmel bin ich genausowenig wie eine Hexe. Ich lese die Frage in Euern Augen – wie kommst du dann hierher, wieso wurdest du angezeigt, du, Theresa, bekannt in ganz Wittenberg und Umgegend, die schon so vielen geholfen hat? Gute Frage, habe ich mir auch immer wieder gestellt, will uns beiden Antwort geben, will's versuchen.

Mein Mann wollte gern dasselbe tun wie der König von England und eine zweite Frau nehmen – er konnte deswegen nicht den Papst bemühen noch eine eigene Kirche gründen –, aber sein angetrautes Weib dem Tode überantworten, das konnte er auch.

Kennt ihr die Wiesnerin? Sie ist nun seit drei Lenzen Wittib mit ihren zwanzig Jahren und hatte schon immer beide Augen auf den Meinen geworfen.

Sie trafen sich, wie es halt so kommt, im Obstgarten, auf dem Felde, im Wäldchen. Ich dacht' mir nichts dabei, sind wir doch Nachbarinnen. Und plötzlich dann macht sie ein groß Geschrei, ihr Kläuschen könne nicht mehr sehen! Ich in meiner Dummheit gebe ihm die gute Augensalbe, die wir letzten Sommer miteinander nach dem Rezept des Doktor Paracelsus zubereitet haben, erinnert Ihr Euch!«

Käthe nickt.

»Aber sie hilft nicht, und die Else schilt mich eine Hex'! Sie erzählt überall herum, ihre Kühe gäben keine Milch mehr, auch da hätte ich meine Hand im Spiel. Ich spür, wie mein Mann mich so fremd ansieht, so kalt, mit glitzernden, grausamen Augen, wie er mir ausweicht, kaum noch ins Haus kommt – ich weiß nicht, was ich tun soll.«

»Wärst du doch zu mir gekommen!«

»Nein, Domina, das konnte ich nicht, sonst wär ein Schein des Verdachtes auch auf Euch gefallen. Als Hexe haben sie mich angeklagt.«

»Und hast du dem Gericht nicht dies alles erzählt?«

Theresa lacht bitter.

»Dem Gericht erzählt man nicht, man wird gefragt, und sie wissen einen dazu zu bringen, daß man die gewünschten Antworten gibt.«

Käthe steht entschlossen auf.

»Ich gehe sofort zum Bürgermeister!«

»Nein!« schreit Theresa und hält sie am Rock fest! »Bitte, bitte nicht! Sie werden mich wieder foltern – sie werden mich wieder holen – nein!«

»Das werden sie nicht tun, dafür laß mich sorgen.«

»Doch, doch, Ihr kennt sie nicht! Sie werden wissen wollen, warum ich denn gestanden habe, vorher, sie werden mich wieder foltern, glaubt mir, ich weiß es leider besser als Ihr! Nein, bitte, bitte, nein. Gott vergelte Euch Eure Güte, Domina. Bleibt bei mir, ein wenig noch, und laßt die Sonne durch die offene Türe scheinen. Ihr würdet Euch selbst in Gefahr bringen, doch, doch, so ist es. Und mir ist nicht zu helfen. Ich bin ja kein Mensch mehr, in meinem Körper flackert nur noch das unstete Feuer der Schmerzen, nichts ist mehr heil und gesund an mir. Wär ich ein Tier, jeder würd' ein End mit mir machen aus christlichem Erbarmen. Morgen werden mich die Flammen erlösen.«

»Oh, wie kann Gott im Himmel...«, beginnt Käthe, aber Theresa unterbricht sie. »Pst, Domina, laßt Ihn aus dem Spiel. Er hat nichts damit zu schaffen, genausowenig wie der Teufel, mit dem ich gebuhlt haben soll. Menschenwitz, Menschenwerk, Menschenbosheit, nichts sonst.«

Käthe schlägt die Augen nieder.

»Wollt Ihr für mich beten, Domina?« flüstert Theresa.

»Von ganzem Herzen. Ich denke nur, ich habe nötig, daß du ein gutes Wort einlegst für mich – du hast den stärkeren Glauben!«

Staubteilchen tanzen im Sonnenlicht, Vögel zwitschern, Kinder singen. So dicht beisammen sind Friede und entsetzlichste Not, Schönheit und grausame Entstellung, blühendes Leben und schwarzer Tod – und ich steh' inmitten.

»Theresa, ich habe hier gutes, süßes Brot...«

»Dank Euch, Frau Doktorin, ich kann nicht essen.«

»Aber einen edlen Wein?«

»Bitte nicht. Er treibt das Blut schneller durch die Adern, und dann werden die Qualen heftiger.«

»Dies, Theresa, ist mein bester Trank, er betäubt die Schmerzen.«

»Das ist gut. Verzeiht, Doktorissima, wenn ich so unverschämt bin, bitte, könnt Ihr mir's einflößen? Ich kann die Hände nicht rühren.«

Käthe nimmt sie behutsam in ihre Arme und gibt ihr den Kräutersud zu trinken, langsam, voll Liebe. Theresa sinkt zurück aufs Stroh.

»Ich danke Euch. Ihr habt ein wahrhaft gut Werk an mir getan. Das Leben ist schon so fern. Meinen Peter, wie habe ich ihn geliebt, und wir waren so glücklich. Was, was geht nur in einem Manne vor, daß er alles, alles Gute vergißt und einem fremden Weibe anhangt? Die Kinder, meine süßen Kinder – möcht' sie noch einmal herzen, küssen – darf nicht, nein, nein, sie würden auf den Tod erschrecken vor meinem Anblick.

Sind schon so fern von mir, so fern. Nur ich selbst bin mir geblieben, ganz allein bin ich mit mir, meinen Sünden, meinen Schmerzen, meiner Liebe.

Auf die Liebe ganz allein, Domina, kommt es an, glaube ich. Meine Liebe. Ich war allzeit ein lustig Blut, Ihr wißt es, und hab' alles und alle geliebt. Das ist gut. Nun, wo die Erd' mit ihrem Drum und Dran mir schon so fern ist, liebe ich Gott. Die Sehnsucht nach Ihm brennt in meiner Seele heißer als die Flammen morgen auf dem Scheiterhaufen. Nur noch eine kleine Weile, und ich werde bei Ihm sein.

Bewahrt meine Worte in Euerm Herzen, ich bitte Euch, daß ich keine Hex' gewest bin. Gott steh uns bei und laß uns nicht verderben...«

Erschöpfung und Kräuter tun ihre barmherzige Wirkung, der Verurteilten fallen die Augen zu, sie sinkt in wohltätigen Schlaf. Käthe erhebt sich und wankt hinaus in den Sonnenschein.

»Einen Totschläger haben sie unlängst freigesprochen«, murmelt sie, »und mein Eheherr hat den Pfarrer angewiesen, ihn vor der Gemeinde durch Handauflegung und Gebet zu absolvieren – einen Totschläger. Und Theresa? Ich gehe aufs Rathaus!«

Vor ihren Augen quält sich die Verurteilte auf ihrem Strohlager in die Höhe und schreit:

»Nein, nein, bitte, nein – sie werden mich holen!«

Käthe fällt zusammen.

Und Martinus ist auf Reisen.

Verzweifelt schleppt sie sich heimwärts. Sie kann nicht fassen, daß es für Theresa keine Hilfe geben soll. Auf der Gasse begegnet ihr Melanchthon.

»Ach, Magister Philippus! Wo nun schon Martinus nicht in Wittenberg ist, wißt Ihr mir gewiß Rat und Hilfe?«

»Sehr gern!« antwortet der kleine Mann, sichtlich zufrieden darüber, von der stolzen Doktorin angegangen zu werden.

»Die Theresa verschmachtet im Kerker...«

»Wer ist das?« Melanchthon kraust die Stirn. Nur zu gern würde er sich der Frau mächtig und hilfreich erweisen, aber ihm ahnt, es dürfte ihn teuer zu stehen kommen.

»Theresa ist die beste Hebamme und Kräuterfrau in Wittenberg – sie hat auch Euern Kindern ans Licht verholfen und all den meinen.«

»Und wes ist sie beschuldigt?«

Noch lebt in ihm die Hoffnung, die Sache vielleicht ins reine bringen und ein für allemal bei Katharina eine gefestigte Stellung gewinnen zu können.

»Man will sie morgen als Hexe verbrennen. Ihr braucht nicht zu erbleichen, ich weiß es genau, sie ist keine!« Katharina erhebt unwillkürlich die Stimme.

»Schscht –«, Melanchthon legt ihr beschwichtigend die Hand auf den Arm, »nicht so laut! Wie wollt Ihr wissen, ob sie nicht mit dem Bösen im Bunde steht?«

»Ich kenne sie, seit ich in Wittenberg bin, war unzählige Male mit ihr bei Entbindungen, in ihrem Häuschen an der Stadtmauer, sie ist nun und nimmer eine Zauberin.«

»Oh, Katharina! Was wißt Ihr vom Teufel und seinen Machenschaften! Schon als Kind dem Himmel geweiht, seid Ihr nie in seiner Macht gewesen und könnt Euch seine Gewalt nicht vorstellen! Wer weiß, womit er dem armen Weibe zugesetzt hat, bis sie sich ihm überantworten mußte. Sagt man nicht, daß ihr Peter einer anderen schöne Augen macht? Wie leicht kann sie da versucht haben, ihn durch Zauber zu halten!«

Inzwischen sind sie vor seinem Hause angekommen.

»Ich bitte Euch, tretet ein, ich will Euch von einem Menschen erzählen, den ich selbst gekannt habe und der ganz gewiß – es gibt keine Möglichkeit, zu zweifeln – mit dem Teufel im Bunde stand.

Ich habe einen gekannt mit Namen Faust von Knittlingen, das eine kleine Stadt ist nahe bei meiner Vaterstadt Bretten. Während dieser Student zu Krakau war, hatte er die Magie erlernt. Allenthalben trieb er sich umher und teilte Geheimmittel mit. Als er zu Venedig eine Schaustellung veranstalten wollte, erklärte er, er werde zum Himmel fliegen. Der Teufel trug ihn in die Höhe und ließ ihn dann so auf den Boden fallen, daß er beinahe den Geist aufgegeben hätte; er ist jedoch nicht gestorben. Vor wenigen Jahren saß der gleiche Johannes Faust an seinem letzten Lebenstage ziemlich traurig in einem Dorfe des Herzogtums Württemberg. Da redet ihn der Wirt an, warum er gegen seine Gewohnheit so traurig sei – er war nämlich sonst ein ganz geriebener Spitzbube mit höchst bedenklichem Lebenswandel, so daß er wiederholt wegen seiner Leidenschaften beinahe getötet worden wäre. Da sagte er zu dem Wirte: ›Laß dich heute nacht nicht erschrecken.‹ Um Mitternacht wurde das Haus erschüttert. Als am Morgen Faust nicht aufstand und es schon beinahe Mittag war, da trat der Wirt in das Schlafgemach desselben ein und fand ihn nahe dem Bette liegend, das Gesicht nach unten gekehrt, so vom Teufel getötet. Als er noch lebte, hatte er einen Hund bei sich, welches der Teufel war. Dieser Zauberer Faust entkam in unserer Stadt Wittenberg, als unser vortrefflicher Fürst, Herzog Johann, Befehl gegeben hatte, ihn zu ergreifen. Ebenso entkam er zu Nürnberg. Der gleiche Faust, eine schlimme Bestie und eine Kloake für viele Teufel, prahlte von sich, alle Siege, welche die kaiserlichen Heere in Italien errungen haben, seien durch ihn, mit Hilfe seiner Zauberkunst, erworben worden.
Ihr seht, Doktorissima, es gibt Menschen, die sich zum Gefäß des Bösen machen lassen. Wie wollt Ihr wissen, ob es mit Theresa nicht auch so ist? Der Teufel hat viele Macht und List und läßt sich nicht auf den ersten Blick erkennen.«
Katharina hat ihm aufmerksam zugehört. Nun schüttelt sie den Kopf.
»Ich sehe, Ihr wollt mir nicht helfen – ist auch wohl zu spät dazu. Aber könnt Ihr in aller Eurer großen Gelehrsamkeit mir eine Frage beantworten: Wenn sie des Teufels sind und er gar so große Macht hat, warum errettet er sie dann nicht aus Folter und Feuer?«
»Weil er ein ungetreuer Geselle ist und seine Anhänger immer irgendwann plötzlich fallen läßt – wie den Faustus in Venedig und viele Schelme mehr...«

»Auf bald, Magister Philippus – meine Pflichten rufen mich.«
Käthe spürt das Kopfschütteln hinter ihrem Rücken, mit dem er ihr
nachsieht. Mit hängenden Schultern schleppt sie sich müde nach
Hause, als trüge sie eine schwere Last. Im Flur hört sie die Stimmen
der Knaben: »Die Hex' soll brennen!«
»Ihr Kinder!« ruft sie, »Kommt, ich schenke euch Äpfel. Hört auf,
dieses Lied zu singen.«
Als Luther endlich heimkehrt, erzählt sie ihm – nichts. Sie bringt es
einfach nicht übers Herz, davon zu sprechen.
Er wird eilends nach Schloß Lichtenstein gerufen, die Kurfürstin
Elisabeth leidet Seelenqualen. Auch die Veilchen konnten ihr nicht
helfen. Ihr Geist beginnt, sich zu umnachten. Luthers Trostworte
dringen wohl gar nicht mehr in ihr Bewußtsein vor.
»Käthe–«, beginnt Luther am Abend, »es ist mir leid. Ich weiß,
wieviel du zu besorgen hast, und dennoch muß ich dich um etwas
bitten. Unser Kurfürst Johann Friedrich wünscht, daß wir Fürstin
Elisabeth in unser Haus aufnehmen.«
»Grämt Euch nicht, mein Herr, das will ich gern tun, ist mir
Elisabeth doch wie eine liebe Freundin! Ich will ihr die beste Pflege
angedeihen lassen.« Aber wie erschrickt sie, als man ihr die Patientin bringt! Auf Käthes Liebkosungen und gutes Zureden hin erwacht sie seufzend wie aus einem langen Fiebertraum – richtet
ängstliche, verstörte Blicke auf alle im Zimmer, versucht stam-
melnd, etwas zu sagen, bringt aber kein Wort hervor und beginnt,
hemmungslos zu weinen wie ein kleines Kind.
Käthe schickt alle aus dem Zimmer, setzt sich auf den Bettrand und
schließt die Fürstin in ihre Arme. Leise wiegt sie sie, singt ihr ein
Lied:

> *»Himmelreich, ich freu mich din,*
> *daß ich da mag schauen*
> *Gottvater und die Mutter sin,*
> *unser schöne Frauen,*
> *dazu Engelein mit Krone,*
> *die singen gar in süßem Tone.*
> *Des sind sie fröhlich.*
> *Gottvater und die Mutter sin,*
> *Hüt' euch für Sünden,*
> *das ist tugendlich.«*

Die Kranke ist eingeschlummert. Schlaff liegt ihr Kopf an Käthes Schulter. Wie bleich und faltig die Haut um den dünnen Hals hängt. Ach, daß Gott erbarm! Elisabeth hat zwar dem Zorn ihres Gatten, seinem Rasen und Wüten, den wilden Drohungen nicht nachgegeben und ihren Glauben nicht verleugnet, aber sie hat vor lauter Entsetzen ihren Verstand verloren. Wie viele Kinder Käthe auch im Hause hat, dieses ist das schwierigste, weil sie Leid trägt um die edle Frau.

»Mutter, Frau Mutter –«, kommt Hans ins Zimmer gestürmt, »was . . .«

»Scht«, Käthe legt ihm die Hand auf den Mund, »die Kurfürstin schläft, du darfst sie nicht aufwecken.«

»Ist es wahr, daß sie blöd ist?« flüstert das Kind.

»Aber Hänsichen, wer hat dir so etwas erzählt? Sie ist sehr krank, und oft ist ihre Seele unterwegs, so daß sie uns nicht hören und nicht mit uns sprechen kann.«

»Und wo ist ihre Seele dann?«

»Gewiß bei Gott! Siehst du, sie wurde von ihrem Mann grausam bedroht um ihres Glaubens willen, er wollte sie gar lebendig einmauern lassen, aber sie hat ihm nicht nachgegeben, darum darf ihre Seele wohl jetzt schon manchmal im Himmel sein.«

»Frau Mutter«, er kommt auf die Frage zurück, die ihn eigentlich bewegt, »was ist wohl ein Krokodilus?«

»Ei, Hänsichen, das weiß ich auch nicht. Wir wollen geschwind zu deinem Vater gehen.«

Luther empfängt sie mit den Worten:

»Die Himmel erzählen die Ehre Gottes, und die Feste verkündigt seiner Hände Werk. Ein Tag sagt's dem andern, und eine Nacht tut's kund der andern . . .

Hänsichen, Katharin, ihr müßt fleißig die Psalmen lernen!«

»Ich höre sie genug, lese sie auch täglich und könnte genug davon reden! Wollte Gott, ich täte auch danach«, sprudelt Käthe hervor.

»Ach, du Liebe, wie schnell bist du mit dem Worte – und dann bedenkst du doch ehrlich deine Unzulänglichkeit! So mancher Prediger könnte von dir lernen. Willst nicht du mir meine Vorlesung über den 19. Psalm schreiben?«

»Herr Vater!«

Hans hüpft von einem Bein auf das andere vor Ungeduld. »Was ist ein Krokodilus?«

Luther lehnt sich zurück. Er antwortet bedächtig, als sähe er ein Bild vor Augen und suche nach den richtigen Worten, um es möglichst anschaulich zu beschreiben:

»Es muß ein Lindwurm sein oder so etwas wie eine große Eidechse, die etliche Ellen lang sein kann. Diese Bestie lebt in Ägypten, und ist ihre große Freude und Lust, Menschenfleisch zu fressen. Wie es denn viele Leute erwürgt und umbringt. Aber obschon es ein so großes und grausames Tier ist, so wird es doch von einem viel kleineren Tierlein, welches Ichneumon genannt wird und nicht größer ist als eine Katze, erwürgt, und die Leute in Ägypten beten beide Tiere, den Krokodilus und den Ichneumon, für Götter an. Es geht aber also zu, daß der Ichneumon den Krokodil erwürgt: Wenn die Sonne am Mittag am heißesten scheint und der Drachen Menschen oder Fisch gefressen hat, so legt er sich am Ufer des Wassers Nil an die Sonne und schläft.

Wenn er dann also entschlafen ist und den Rachen weit aufgesperrt hat, so ist das Tierlein Ichneumon da und wälzt sich im Kot, trocknet sich an der Sonne, daß es hart wird, und zieht auf solche Weise einen Harnisch oder Panzer von Kot und Leime an und kriecht dem schlafenden Krokodil oder Lindwurm in den Hals hinein und wischt ihm im Bauch umher und zerbeißt ihm das Gedärm und Eingeweide, daß er davon stirbt. Und ob der Krokodilus wohl den Schwanz schüttelt und Gift herausschüttelt, so kann er doch niemand schaden, wird also überwunden und getötet, wie Plinius und der griechische Poet Nicander davon schreibt. Und wenn dann der Krokodil tot ist, kreucht das Tierlein wieder aus seinem Rachen. Das ist unseres Herren Gottes Spiel. Er handelt nicht durch große Stärke, Macht und Gewalt, sondern durch Schwachheit. Ja, dieses kleine Tierlein Ichneumon ist ein Bild des armen, schwachen Herrn Christus, da er Mensch geworden ist.

Aber wir kennen jetzt nicht einmal solche irdischen grausamen Tiere wie zum Beispiel Monoceron, das Einhorn, ferner Rhinoceron, ein Tier, das ein Horn an der Nase hat, Pard, Leopard, Tigertier. Ja, wir wissen nicht, wie wundersam Gott sei in seinen Kreaturen.«

Käthe hat sich hingesetzt und genauso atemlos gelauscht wie ihr Sohn. Was für ein Gelehrter doch ihr Martinus ist, er weiß Antwort auf die schwierigsten Fragen und kennt aller Herren Länder!

»So, Hänsichen, bist du's zufrieden?« schließt er.

»Ei freilich, vielen Dank, Herr Vater! Möcht wohl noch mehr hören von all den wilden Tieren!«

»Ein andermal. Mein Herr Käthe, was ich dir noch sagen wollte: die Fürstin Margarete von Anhalt, Tochter unserer armen kranken Elisabeth, ist mit großem Gefolge gekommen, um ihre Mutter zu besuchen! Erschrick nicht, ich habe ihr Ansinnen, bei uns Wohnung zu nehmen, schlankweg abgelehnt. Sie hat sich sehr darob verwundert und grollt mir gewaltig – aber das soll mich nicht weiter belasten. Ich kann nicht mitansehen, daß dir noch mehr Plage aufgeladen werde.«

Käthe senkt die Lider und sagt bescheiden: »Danke.«

In ihrem Herzen tut sie ihm Abbitte – denkt sie doch oft, er habe kein Verständnis für sie.

Dieses Jahr 1534 bringt einen harten Winter; Luther kränkelt und darf das Haus nicht verlassen.

Käthe kommt am 17. Dezember in die Wehen – wie sehr sie Theresa vermißt! Es ist eine normale Geburt. Katharina Jonas zeigt der Mutter das Kind – ein gesundes Mädchen.

Luther wünscht, daß es nach der verstorbenen Großmutter auf den Namen Margarete getauft werde.

Eilig setzt er sich hin, um die Paten einzuladen: den Fürsten Joachim von Anhalt, der aber des scharfen, rauhen Wetters wegen vor der Reise von Dessau nach Wittenberg zurückschreckt (Luther hat sich weder von Wind und Wetter noch von seiner eigenen Krankheit davon abhalten lassen, zum Fürsten zu reisen, um ihn in seiner Schwermut zu trösten!). Er nimmt die Patenschaft an und schickt seinen Hofprediger Nikolaus Hausmann als Stellvertreter – Käthe ist es so gerade recht: Hausmann wird sie in der Wochenstube besuchen, mit ihm kann sie reden.

Luthers einstiger Klosterbruder Doktor Jakob Propst kann ebenfalls nicht persönlich anwesend sein, er ist Pfarrer und Superintendent in Bremen. Auch an Frau Magister Göritz muß Luther schreiben, um sie zu Gevatter zu bitten, da er ja das Haus nicht verlassen darf.

Käthe hört gar nicht mehr recht hin – so viel klingende Namen, so viele Paten ihrer Kinder – sie betet, daß sie nie in die Lage kommen möge, wo sie diese Mächtigen und Angesehenen um Hilfe angehen muß.

Als Käthe am Heiligen Abend 1534 mit der kleinen Maruschel in ihren Kissen sitzt, beschert ihr Luther eine besondere Überraschung. Auf Zehenspitzen treten die Schüler in ihre Wochenstube, stellen sich artig nach Stimmen auf, Hans und Lenchen unter ihnen, Luther mit der Laute bescheiden im Hintergrund, und heben zu singen an:

>*Vom Himmel hoch, da komm ich her;*
ich bring euch gute neue Mär.
Der guten Mär bring ich so viel,
davon ich singn und sagen will:

Euch ist ein Kindlein heut geborn
von einer Jungfrau auserkorn,
ein Kindelein so zart und fein,
das soll eur Freud und Wonne sein . . .

Lob, Ehr sei Gott im höchsten Thron,
der uns schenkt seinen eingen Sohn,
des freuen sich der Engel Schar'
und singen uns solch neues Jahr.<

Käthe geht das Herz auf – klingt es nicht wie Engelsgesang? Als die Kinder gegangen sind, setzt sich Luther zu ihr aufs Bett.
»Eine frohe Weihnacht, meine herzliebe Käthe!« sagt er.
»Euch auch!« flüstert sie. »Sagt mir bitte, wer hat denn wohl dieses wunderschöne Lied geschrieben?«
»Dein Mann – für dich und die kleine Maruschel!« antwortet Luther und küßt sie.

Es schneit. Die Dämmerung im Zimmer trägt ein weißes Pelzchen. Das Kind schläft in der Wiege. Es ist still im Hause. Käthe streckt wohlig die Glieder. Das Bett umhüllt sie so weich und warm! Luther besucht Freunde.
Freunde. Wie viele hat er? Unzählige, in aller Welt, sie wüßte sie nicht alle aufzuzählen. Er sagt schnell, »mein lieber Freund«, er meint es ehrlich. Oft wird er enttäuscht, gewiß, poltert und schimpft, er wolle nicht mehr trauen – und tut es doch im nächsten Augenblick wieder.
Viele seiner Freunde sind auch die meinen, freut sich Käthe. Wüßte ich sie alle aufzuzählen? Nein, gewiß nicht. Wo käme ich hin ohne

sie? Was immer mir einfällt, das ich tun oder haben möchte, ich kenne jemanden, der mir dabei hilft – ein gutes, beruhigendes Gefühl!
Sie kuschelt sich tiefer in die Kissen und beobachtet den Tanz der weißen Flocken vor dem Fenster.

Neuntes Geheimnis: Macht

Abrechnung

»Da schaut her, Domina, frisch vom Drucker!« Wolf Sieberger reicht Käthe eine Schrift. Die Schwärze ist tatsächlich noch feucht.

»Danke, Wolf«, sagt sie. Noch schwach von der Geburt, nimmt sie sich die Zeit, in der Fensternische zu sitzen und in Ruhe zu lesen. Es handelt sich um Luthers »Neue Zeitung von den Wiedertäufern zu Münster«. Für ihn besteht kein Zweifel darüber, daß der Teufel in Münster leibhaftig haushält, und gewißlich ein Teufel auf dem anderen sitzt, wie die Kröten. Käthe muß lachen bei diesem Bild. Gott habe in seiner Barmherzigkeit das grob Teufelsspiel so offenkundig gemacht, daß es allen zur Warnung dienen könne, schreibt er. Das Treiben der Täufer, ihre Hurerei und ihr Königtum könne keinen verführen – Käthe erinnert sich Theresas: bei den Täufern hätte sie nicht zu sterben brauchen; ihr Mann hätte einfach die Wiesnerin auch noch zur Frau nehmen können und vielleicht noch ein oder zwei andere, wenn's ihn danach gelüstete – freilich, ob so ein Leben für eine Frau gut sei, das möchte sie kaum annehmen, – oder ist nicht ein jedes Leben besser als der Tod?

Sie liest weiter: Das Treiben der Täufer sei höchstens das Werk eines jungen ABC-Teufels oder Schulteufelins, denn das ist zu grob, und jedermann merkt's.

Und doch wurden Münsteraner Apostel in Warendorf hingerichtet und gaben ihr Leben für dieses ABC-Werk? Tut Luther vielleicht die Sache zu einfach ab? Er schließt: »Ihr Tatter-Königreich oder Ratten-Königreich ist so gar grob aufrührerisch, daß nicht not ist, davon zu reden.«

Warum tut er es dann doch, der Herr Doktor? fragt sich Käthe. Sie könnte ihn selbst um Erklärung bitten, denn er tritt gerade ins Zimmer – aber sie schweigt lieber.

»Endlich will ich etwas schreiben, was mich freut!« erzählt er ihr. »Mein guter alter Freund, der Barbier Peter Beskendorf, hat mich gefragt, wie man am besten betet. Ich will es ihm darlegen.«

»Und wie betet man am besten?« möchte Käthe wissen.

»Ich geb's dir so gut, wie ich's habe und wie ich mich selber beim Beten verhalte. Wenn ich fühle, daß ich durch fremde Geschäfte oder Gedanken kalt und ohne Lust zu beten geworden bin, wie denn das Fleisch und der Teufel stets das Gebet abwehren und hindern, nehme ich mein Psälterlein, laufe in die Kammer oder, wenn's der Tag und die Zeit ist, in die Kirche zu den Leuten und fange an, die Zehn Gebote, das Glaubensbekenntnis und, je nachdem ich Zeit habe, etliche Sprüche Christi, des Paulus oder der Psalmen mündlich für mich selbst zu sprechen, ganz und gar, wie die Kinder tun.«

»Wann aber, zu welchen Zeiten des Tages?«

Käthe hat Spaß daran gefunden, zu fragen, was sie eigentlich wohl weiß.

»Eigentlich sollte wohl das ganze Tagewerk des Christen durch seine Gottgefälligkeit Gebet ohne Unterlaß sein, doch darf man sich dadurch nicht vom rechten Gebet gewöhnen. Darum ist es gut, daß man früh morgens lasse das Gebet das erste und des Abends das letzte Wort sein.«

»Und soll man wohl einen vorgegebenen Text aus der Heiligen Schrift oder der Kategissima oder besser doch die eigenen Gedanken aufsagen?«

»Aus dem Buch soll man nicht lesen, damit kein Gepläpper und eitel ledig Gewäsch wie beim papistischen Rosenkranzbeten daraus werde. Am Paternoster läßt sich sehr schön zeigen, wie man aus jeder Bitte Gedanken für das eigene Gebet ziehen kann, was man in der Weise sprechen soll, nach der man warm und lüstig ist. Gleichwie ein guter Barbier, um auf Meister Beskendorf zurückzukommen, seine Gedanken, Sinn und Augen bei der Arbeit haben muß, so will auch das Gebet das Herz einzig, ganz und allein haben.

Das Paternoster ist mir das liebste Gebet, an ihm sauge ich wie ein Kind, trinke und esse wie ein alt Mensch, kann sein nicht satt werden.«

»Und was denket Ihr Euch wohl dabei?«

»Nimm die zweite Bitte, Dein Reich komme, und bete so: Ach, lieber Herr Gott Vater, du siehst, wie der Welt Weisheit und Vernunft nicht allein deinen Namen schänden und die dir zukommende Ehre der Lüge und dem Teufel erweist, sondern alle ihre Gewalt, Macht, Reichtum und Ehre, die du ihnen auf Erden gegeben hast, um weltlich zu regieren und dir damit zu dienen, gegen dein Reich setzt und strebt. Sie sind groß, mächtig und viel, dick, fett und satt und plagen, hindern, zerstören den geringen Haufen deines Reiches, die schwach verachtet und wenig sind. Sie wollen diese auf Erden nicht dulden, meinen gleichwohl, dir damit einen großen Gottesdienst zu leisten. Lieber Herr Gott Vater, hier bekehre und wehre. Bekehre die, die noch sollen Kinder und Glieder deines Reiches werden, so daß sie mit uns und wir mit ihnen dir in deinem Reich in rechtem Glauben und wahrhaftiger Liebe dienen und aus diesem angefangenen Reich in das ewige Reich kommen. Wehre aber denen, die ihre Macht und Kraft nicht wollen abwenden lassen von der Zerstörung deines Reiches, so daß sie, vom Thron gestürzt und gedemütigt, ablassen müssen, Amen.«

»Es verwundert mich«, sagt Käthe, »was Ihr Euch alles dabei denkt und wieviel Ihr aus Worten herauslesen könnt, die Ihr wohl tausendmal gesprochen habt und die den meisten Christen abgegriffen und selbstverständlich sind wie der Hirsebrei am Morgen.«

»Kätha, so darfst du nicht sprechen! Die Worte unseres Herrn Jesus Christus sind immer neu und voller Zündstoff.«

»Ja, für Euch, lieber Herr Doktor, für Euch und Eure reichen Gaben.«

»Genauso für dich und für alle Christenmenschen, ihr braucht ihnen nur euer Herz ungeteilt darzubieten.«

Muhme Lene bringt die kleine Margarete.

»Das Kind ist hungrig!« sagt sie. Käthe nimmt es auf den Arm. Luther geht ins Studierzimmer, um das Büchlein »Eine einfältige Weise, zu beten, für einen guten Freund« in Angriff zu nehmen. Käthe folgt ihm.

»Sagt mir«, fragt sie, »wird Magister Philippus denn nun nach Frankreich reisen?«

»Wer weiß? Unser Kurfürst ist dagegen. Ich bin froh, nicht in die Unterhandlungen mit dem französischen König hineingezogen worden zu sein, damit wir nicht in Unruhen gemengt werden, über welche wir dereinst seufzen müßten. Allerlei Gerüchte gehen um im Lande, den Franzosen sei nicht zu trauen. Georg Sailer warnt vor ihrem König, da er nicht viel nach Religion und Ehrbarkeit fragt, sondern ist ihm darum zu tun, daß er beiden, dem Papst heuchle und auch den Deutschen das Maul schmiere.

Robert Barnes, unser englischer Freund, ist übrigens in Wittenberg eingetroffen und wird bei uns wohnen! Ich habe ihm empfohlen, bei dir Deutschunterricht zu nehmen, da du ja aus den Maßen beredt bist!«

»Ach, spart Euch die Scherze und sagt mir lieber, wie ich ihm Quartier schaffe!«

»Er kommt im Auftrag Heinrichs des Achten, der Melanchthon zu Religionsverhandlungen nach England ruft.«

»Dein Männlein ist ja wohl sehr begehrt bei den Mächtigen!« stichelt Käthe.

Luther geht nicht darauf ein.

»Ich habe unserem Kurfürsten geraten, Barnes zu empfangen. Es sieht so aus, als wolle sein König tatsächlich auf der Grundlage der Confessio Augustana die Reformation annehmen und dem Schmalkaldischen Bund beitreten –«

»So hätten wir einen gewaltigen Säbelraßler mehr auf unserer Seite – vielleicht kommt es dann endlich zum Konzil!« denkt Käthe laut.

»Der päpstliche Nuntius Paolo Vergerio, der seit Februar in Deutschland weilt, hat Vorschläge für ein allgemeines solchiges ausgearbeitet«, tut ihr Luther Bescheid. »Der Kurfürst fordert ein Gutachten darüber von mir, dabei habe ich doch schon vor zwei Jahren klar genug Stellung bezogen – und unser gnädiger Herr glaubt selbst nicht, daß es den Papisten ernst mit ihrem Vorhaben ist.«

»Mir geht es zu hoch und wunderlich zu in der Welt... Will zusehen, daß ich im Schwarzen Kloster Ordnung halte! Bräuchte wohl eine Menge Dinge, gebt mir bitte Geld.«

»Geld, Geld, du weißt, ich habe keines. Immer fragst du mich um Geld, wie kann das angehen?«

Käthe steigt das Blut zu Kopfe, Luther sieht es wohl und sagt, ehe sie noch loslegen kann:

»Wir wollen eine Rechnung miteinander machen, mein Herr Käthe, und dann werden wir sehen.«

»Ja, das wollen wir, und dann werden wir sehen«, grollt sie.

Schon bei Tisch am Mittag, als er eine Semmel verzehrt, beginnt er. »Jede Mahlzeit esse ich eine Semmel, wieviel kostet das im Jahr?«

Käthe muß in die Küche laufen, sonst würde sie ihm eine scharfe Antwort geben. Soll das seine Abrechnung werden?

»Kätha«, empfängt er sie bei ihrer Rückkehr, »es kostet im Jahr dreißig Groschen und vier Pfennige, nur die Semmeln für mich allein zu kaufen. Und jeden Abend trinke ich Bier, was ich doch so nötig als Schlaftrunk für meinen müden, abgearbeiteten Kopf brauche, damit es mir sanftes Ruhen gibt, wie hoch kommt mich das Bier zu stehen im Jahr?« Er schweigt und sinnt. »Ich braue dein Bier selbst«, wendet Käthe ein, aber er hört ihr nicht zu. Schließlich sagt er unmutig: »Ich mag nimmer rechnen, es macht einen gar verdrossen; es will zu hoch steigen. Ich hätte nicht gemeinet, daß auf einen Menschen soviel gehen sollte.«

»Jawohl«, hakt Käthe ein, »auf einen Menschen! Und wie viele habe ich im Schwarzen Kloster zu versorgen? Was meint Ihr, muß ich wohl auslegen für Korn, Gerste, Hopfen, Weizen, Mehl, Wein, Bier? Was kosten mich Fleischer, Schuster, Schneider, Kürschner, Böttcher, Grobschmied, Kleinschmied, Apotheker, Arzt, Buchhändler, Buchbinder? Wieviel Leinwand, Betten, Federn, Kannen, Schüsseln muß ich bereit haben für Schüler, Studenten, Gäste? Woher kommen Braubottiche, Wagen, Geschirr, Flachs, Garn und Wachs, Nägel und Haken? Womit entlohne ich Knechte, Mägde, Hirten, Knaben und Jungfern, zahle für Bräute und Gevattern, Bettler und Diebe? Woher nehme ich Patengeschenke, Geschenke zu Jahrmarkt und Sankt Niklas und Neujahr, zu Hochzeiten und Gastungen?«

»Halt ein, halt ein!« fährt Luther dazwischen. »Ehe du so viele Worte hast predigen wollen, hast du zuvor auch ein Vaterunser gebetet? Aber die Weiber beten nicht, ehe sie anfangen zu predigen. Sonst würden sie vom Predigen abstehen und es unterwegs lassen. Oder da Gott sie ohne weiteres erhört, so wird er ihnen das Predigen verbieten.«

Dieses eine Mal senkt Käthe nicht demütig den Kopf und schweigt, nein, sie kann es nicht.

»Redet Euch nicht auf unseren Vater im Himmel heraus! Mein Beten laßt nur meine Sorge sein – wo käme ich wohl hin ohne Gebet und ohne Gottes Hilfe, da Ihr mir die Eure verweigert und anstatt mir auf meine Fragen zu antworten, Euch auf das Allgemeine und auf Gott herausredet.«

Und dieses eine Mal schweigt Luther.

Er steigt in seine Turmstube und beginnt, eine Aufstellung zu machen.

»Nota. *Wunderliche Rechnung, gehalten zwischen Doktor Martin*
und Käthen Anno 1535/1536.
90 Fl. für Getreide
90 Fl. für die Hufen
20 Fl. für die Leinwant
30 Fl. für Schweine
28 Fl. für Muhme Lene gen. Bora
29 Fl. für Ochsen
10 Fl. für Valt. Mollerstet bezahlt
10 Fl. Geleitsmann bezahlt
8 Thaler M. Philipp bezahlt
40 Fl. für Gregor Tischer bezahlt
26 Fl. Universität bezahlt...«

Und er schreibt weiter. 135 Posten bringt er zusammen, stöhnend
und schwitzend. Und als er es ganz und gar nicht mehr aushält,
beginnt er zu dichten:

> *»Ich armer Mann, so halt ich Haus!*
> *Wo ich mein Geld soll geben aus,*
> *da dürft' ich's wohl an sieben Ort,*
> *und fehlt mir allweg hier und dort!*
> *Tu, wie dein Vater hat getan:*
> *wo der wollt' einen Pfennig han,*
> *da fand er drei im Beutel bar;*
> *damit bezahlt er alles gar.*
> *Kein Heller wollt' er schuldig sein:*
> *so hielt er Haus und lebte fein!«*

Ach, wie sollte er das Kunststück wohl erlernen – zum Geldma-
chen ist er nicht auf dieser Welt, soviel steht einmal fest, – und mit
dem Humor, der ihn nie verläßt und der Käthe manchmal schier
zur Verzweiflung treibt, schreibt er weiter:

> *»Tu, wie dein Vater hat getan:*
> *wo der sollt' einen Pfennig han,*
> *da mußt' er borgen drei dazu.*
> *Blieb immer schuldig Rock und Schuh:*
> *Das heißt denn hausgehalten auch,*
> *daß im Hause bleibt kein Feuer noch Rauch!«*

Und beginnt zu lachen, klappt das Haushaltsbuch zu, mitsamt den stinkenden Schulden, drückt es Käthe in die Hand und verspricht ihr, von Stund' an zu sparen.

Das will ich sehen, denkt sie.

Wenige Tage später erscheint sie scheltend in seiner Studierstube, Hänschens beste Hose in der Hand:

»Hilf und rat! (Nur in ganz seltenen Augenblicken sagt sie »du«!) Muß ein Narr oder Spitzbube im Hause sein, der mir ein groß Stück Tuch aus der Hose des Söhnichens herausgeschnitten hat!«

Luther besieht sich den Jammer und meint seelenruhig:

»Das habe ich getan. Meine Hose war bös zerschlissen. Mußte sie selber flicken, dieweil kein Schneider in Wittenberg eine richtige Hose machen kann. Woher sollt' ich Flicktuch nehmen? Nahm es, wo ich es fand.«

Käthe muß sich setzen und Luft holen.

»Das hat man doch in der Welt nicht erhört, daß ein so grundgelehrter Mann solche Narrheit treibt!«

Aber solches will er nicht auf sich sitzen lassen.

»Da ich ein Mönch war, bin ich gelehret worden, meine Hose selbst zu flicken. Und flickt nicht seine Kurfürstliche Gnaden, der Herzog Johann Friedrich, selbst eigenhändig seine Hosen?«

Was soll Käthe gegen solche schwerwiegende Argumente noch vorbringen?

»Mag der Kurfürst! Aber er zerschneidet doch nicht des Kurprinzen Hosen!

Ihr solltet es wohl besser haben und Euch nicht den Kopf wegen einer Schneiderrechnung zerbrechen und selber zur Nadel greifen müssen – denn darum ging es ja, seid ehrlich, gute Schneider haben wir schon in Wittenberg! Wenn Ihr mir ein Gütlein kaufen würdet, daß ich wirtschaften und sparen, ja Gewinn erzielen könnte, dann solle es ein leichtes sein, den Schneider zu bezahlen.«

Und ohne seine Antwort abzuwarten, rauscht sie mit der verdorbenen Hose davon.

Der »rechte Luther«

»Liesest du denn wohl auch fleißig die Bibel, mein Doktor Kethus?« fragt Luther.
Käthe zuckt ungeduldig die Schultern. »Ich fahre mit den Wagen,
die Ernte einzubringen, ich bestelle die Felder, ich bringe das Vieh
auf die Weiden, ich muß backen und brauen, den Tisch besorgen
für Eure Gäste...«
Luther unterbricht sie. »Laß gut sein, ich weiß, du arbeitest von
früh bis spät. Aber sei nicht nur Martha, sondern auch Maria!
Wenn du bis Ostern die Bibel ganz durchgelesen hast, schenke ich
dir 50 Gulden.«
»Der Preis lockt!« lacht sie. »Ich werde mein Bestes tun.«
Und wo wollte er wohl die 50 Gulden hernehmen? denkt sie. Aber
es ist lieb von ihm, sie mir zu versprechen.
»Was wollt Ihr im Schwarzen Kloster, Meister?« fragt Käthe den
Barbier, der mit seinem Handwerkszeug in ihrer Stube auf-
taucht.
»Der Herr Doktor hat mich rufen lassen!«
Luther erscheint in der Türe. »So ist es, Käthe. Kommt, Meister,
Ihr sollt mich jünger machen durch Eure Kunst. Der päpstliche
Nuntius ist nämlich auf dem Schloß und bittet mich und Bugenha-
gen zu Tisch. Er soll denken: Ist der Luther noch so jung und hat
soviel Unglücks angerichtet, was wird er noch tun?
Dieser Vergerio hat wahrhaft christliche Demut gezeigt: sein glän-
zendes Gefolge braucht zwanzig Pferde und einen Esel.«
Als der Barbier gegangen ist, muß Käthe ihrem Mann in seine
besten Kleider helfen, ihm gar eine goldene Kette umhängen.
»Ich will dem Herrn schon zeigen, wie ich den rechten Luther
spiele! Ich will ihm auch, um ihn recht zu ärgern, von meiner
schönen Frauen, der ehrwürdigen Nonne, erzählen und von meinen fünf Kindern, von denen der Erstgeborene hoffentlich ein
großer evangelischer Theologe werden wird.«
Mit Käthes besten Pferden fährt er zum Schloß. Kopfschüttelnd
sieht sie ihm nach. So kennt sie ihn gar nicht!
Bugenhagen kommt anschließend noch mit ins Schwarze Kloster.
Käthe zieht ihn in die Fensternische.
»Sagt mir doch bitte, lieber Doktor Pommer, was hat mein Herr
gesprochen?«

»Er hat dem Nuntius gleich auf den Kopf zugesagt, er würde doch nichts behandeln denn Kappen, Platten, Essen, Trinken und desgleichen ander Narrenwerk. Aber von dem Glauben und Rechtfertigung, auch anderen nützen und wichtigen Sachen, da gedenkt Ihr nicht eins zu handeln, sprach er ihm ins Gesicht. Man beredete die näheren Umstände eines Konzils, das Verhältnis der Lutheraner zu England, die Weihe evangelischer Geistlicher. In summa, Martinus sagte ihm alles, was er auf dem Herzen hatte und die Notdurft forderte, ohne alle Scheu, unerschrocken, mit großen Ernst.«

»Domina, Domina, Martinchen ist auf der Treppe gefallen!« ruft eine verstörte Magd.

»Dieser Wildfang! Ich komme!« Käthe legt Bugenhagen die Hand auf den Arm.

»Ich danke Euch.«

Einige Tage später sitzt plötzlich Adam von Regensburg in der Küche. »Ich sah Euch lange nicht!« begrüßt Käthe ihn. »Fühlt Ihr Euch gut?«

»O ja, danke, mich freut das Leben! Alter Gewohnheit folgend, habe ich ein wenig spioniert und einen Blick in den Bericht geworfen, den der päpstliche Nuntius über das Treffen mit Euerm Gemahl nach Rom schrieb.«

»Und?«

»Er schildert Luther als ein Exemplar der Arroganz und Bosheit, wie die Welt kein zweites kenne. Sein Blick zeige das Feuer der Raserei und den Ausdruck teuflischer Besessenheit – zumeist bezeichnet er ihn schlichtweg als ›bestia‹!«

Käthe ist so schnell die Stufen zur Studierstube hinaufgeeilt, daß sie verschnaufen muß und keinen Ton herausbringt. Luther schmunzelt: »Was hat meinem Herrn Katherin denn die Sprache verschlagen?«

»Ein Brief aus England«, stammelt sie und legt ihn auf den Tisch.

»Sieh einmal an«, staunt Luther, »vom Kanzler Cromwell. Wer hat ihn gebracht?«

»Barnes, aber er war in großer Eile. Er will zum Nachtmahl kommen, so ich ihn richtig verstanden habe.«

Luther hat das Schreiben geöffnet.

»Sehr freundlich – da kann ich nur hoffen, daß Cromwell seinen Einfluß für unsere Seite geltend machen wird – wir haben den Engländern ja bereits eine Reihe von Artikeln aufgesetzt, denen Heinrich VIII. nun zustimmen sollte! Ach, ich bin des ganzen Geredes in dieser Angelegenheit so müde. Auf keinen Fall dürfen wir in den Hauptpunkten auch nur das Geringste nachgeben, schließlich haben wir ja auch Kaiser und Papst nichts eingeräumt.«

»Wird der Kurfürst ein Bündnis mit den Engländern eingehen?« fragt Käthe, wieder bei Atem.

»Ob er das bei all den Differenzen will, muß er selbst entscheiden, weil es ein weltlich Ding ist; doch dunkt mich's gefährlich sein, wo die Herzen nicht eines Sinnes sind, äußerlich sich vereinigen.«

»Und woll Ihr dem achten Heinrich wohl zugeben, daß seine Ehe geschieden werde?«

»Da sei Gott vor! Ich will mich in ihr Incesterei nicht vertiefen, und kunnt ich auch nichts mehr denn wie ein Gans gag dazu sagen.«

»... Gans – um Himmels willen, ich muß in die Küche!« Sie stürmt davon.

In den ersten Junitagen des Jahres 1536 kommt Hänschen aufgeregt zu seiner Mutter in den Garten:

»Ich bitt' Euch, geht mit mir, der Vater will mit uns Kegel stoßen, wollt Ihr nicht zusehen?«

»O ja, gerne, lieb von dir, daß du mich geholt hast.«

Das polternde Geräusch weist ihnen den Weg. Auch Veit Dietrich ist da mit seinen Schülern. Luther steht vor der Bahn und wirft geschickt die Kugel.

Neun Kegel fallen.

»Bravo!« rufen Hänschen und Martinchen.

»Pah –« sagt Florian hochmütig, »wenn ich stoße, stürzen zwölfe!«

»Aber es gibt doch bloß neun Kegel!« lacht Käthe.

»So?« Florian wird rot und läuft zornig davon.

Luther wirft aufs neue – und wieder kullern alle neune. Er gibt den Jungen die Bahn frei.

»Stimmt es, daß der Papst ein Konzil einberuft?« fragt Käthe ihren Mann, der voll Vergnügen zusieht.

»Komm her, Cyriak, sieh, so mußt du die Kugel halten, schön

ruhig, ein wenig ausholen und dann werfen – schau, das ist gut! –
Ja, Ketha, Paul der Dritte hat mit einer Bulle für nächstes Jahr ein
Konzil nach Mantua einberufen. Wenn du mich fragst: In dieser
Bulle sind wir bereits verdammt.«
»Ich hoffe von Herzen, daß Ihr Euch täuscht.«

Am 11. Juni 1536 stirbt Erasmus von Rotterdam in Basel.
»Er soll ein gottgefällig Ende genommen haben«, erzählt Peter
Weller bei Tisch. Luther glaubt es nicht.
»Sein furnehmste Lehre ist gewesen, man soll sich nach der Zeit
richten und den Mantel nach dem Winde hängen. Er hat allein auf
sich gesehen, ihm selbst gelebt, daß er möchte Ruhe und gute Tage
haben, und ist gestorben wie ein Epicurer, ohne einigen Diener
Gottes und Trost, ist gefahren in bus correptam, will sagen: die
Höllen.«
Käthe hört es und ist traurig über Luthers hartes Urteil. Will er
denn über den Tod hinaus verdammen? Erinnert er sich gar nicht
der Freude, die ihm das akademische Streiten mit dem hochgelehrten Kollegen einstens gebracht hat?
Es scheint ihr, als werde ihr Mann mit der Zeit gar so hart im
Urteilen und gar so böse mit seinen Worten.

»Wollet mir ein wenig Euer Ohr schenken?« bittet Käthe ihren
Mann, der gerade aus der Vorlesung kommt.
»Ja?« Die kurze Antwort zeigt ihr, daß er etwas Eiliges im Kopf
hat.
»Seht, ich bin recht verzweifelt. Nein, Ihr braucht gar nicht so
kritisch die Augenbrauen hochzuziehen – glaubt mir, ich weiß
nicht, wie ich die Hochzeit für Hieronymus Weller ausrichten soll!
Der Markt gibt es nicht her und – mein Beutel auch nicht. Ich bitte
Euch, schreibt ihm, daß es nicht sein kann.«
»Kätha, das darfst du nicht von mir verlangen, er ist mein Freund,
mir gilt es als eine Ehre, ihm die Feier auszurichten, und alle Welt
erwartet es von mir.«
»Ja, alle Welt! Wie soll ich alle Welt füttern? Schon der Doktor-
schmaus hat mich acht Tische gekostet, wobei man nicht einmal
alle laden konnte, die eigentlich dazu gehörten.
Wir führen keinen Fürstenhof! Erbarmt Euch meiner und schreibt
ihm ab.«

»Ich mag nicht – nein, weine nicht, Kätha. Ist es denn gar so schwer zu machen?«

»Nicht nur gar so schwer, sondern unmöglich«, schluchzt sie.

»Nun gut«, brummt er, »so muß ich ihm abschreiben. Aber es wird mir schwer.«

Sie hört es an den Schritten, mit denen er die Treppe hinaufstampft.

Käthe steht, die Ärmel bis zu den Ellenbogen aufgekrempelt, in der Brauerei und kontrolliert die Bottiche, als eine Magd ihr ein Körbchen mit Elsbeeren überreicht.

»Einen herzlichen Gruß soll ich sagen von lieben Gästen. Die Dame meint, wenn Ihr die Elsbeeren seht, würdet Ihr ihren Namen erraten.«

Käthe schiebt sich eine der Früchte, die sie sehr gern ißt, in den Mund.

»Natürlich«, lacht sie, »es kann nur Else Agricola sein!«

Sie streift die Ärmel herunter und eilt ins Haus, um ihrer lieben Freundin um den Hals zu fallen. Das ist eine Überraschung: die ganze Stube ist voller Agricolas, denn Meister Eisleben, wie er sich gern nennt, ist mit seinen neun Kindern gekommen!

Käthe gibt schnell entsprechende Anweisungen an die Küche.

Dem hochgelehrten und begabten Manne, der noch unlängst den Kurfürsten Johann Friedrich als Reiseprediger nach Wien begleitet hat, wird das kleine Eisleben zu eng, er sucht einen größeren Wirkungskreis, und so kommt er zunächst einmal nach Wittenberg zu seinem Freund Luther, der ihm gewißlich helfen kann.

Während die Herren sofort in eine heiße Diskussion eintreten darüber, ob die Predigt des Gesetzes notwendig sei für die Erkenntnis der Sünde und die Herbeiführung der Buße, sitzen Else und Käthe in der Fensternische traulich beisammen, und die Kinder toben mit den Lutherschen durchs Haus, daß es eine Art hat.

Muhme Lene quält sich damit, Quartier zu beschaffen für die Gäste, elf Personen sind auch im Schwarzen Kloster nicht leicht unterzubringen. Aber es ist ja nur für kurze Zeit, denkt sie und irrt sich. Agricolas finden keine geeignete Wohnung in Wittenberg und bleiben bei Luthers.

Der Hausherr genießt es, einen ebenbürtigen Gesprächspartner an seinem Tisch zu haben.

»Kätha«, beginnt er, »der König Christian von Dänemark, der

dritte seines Namens, hat in seinem Lande die Bischöfe ausgerottet. Nun will ich ihn wohl bitten und ermahnen, nicht zu vergessen, daß die Kirchen gut und ziemlich versorget werden müssen.«

»Man kennt das«, stöhnt Johann Agricola, »da werden die reichen Bistümer und die fetten Klöster von den hohen Herren mit klingenden theologischen Begründungen aufgelöst und – ohne alle Worte – dem eigenen Säckel einverleibt, und die Prediger wissen nicht, woher ihre Notdurft nehmen.«

»Ich habe mir das anders gedacht«, brummt Luther, »es ist doch so einfach! Von all den Kirchengütern könnten die Pfarrhäuser ausgestattet und gemeine Kästen angelegt werden, aus denen man die Armen und Kranken unterhält, es ist soviel, daß keiner mehr Not leiden müßte – ich schreibe mir die Finger wund in dieser Sache, und es will nicht gelingen.«

»Die menschliche Habsucht steht davor, lieber Freund«, sagt Agricola. »Und was gibt es Neues zum Konzil?«

Luther rauft sich die Haare.

»Unser allergnädigster Kurfürst hält sich in Wittenberg auf. Er hat viele Bedenken! Besonders beschäftigt ihn die Frage, ob die Protestanten sich eventuell dem Kaiser mit Waffen widersetzen dürften. Der Plan, ein Gegenkonzil aufzustellen, taucht auch wieder auf.«

»Davon kann ich nur dringend abraten«, braust Agricola auf. »Da müßten die evangelischen Stände wohl erst einmal untereinander einig sein!«

»Und es würde den Verdacht erwecken, als wollten wir uns gegen die ganze Welt stellen und ein Schisma ausrichten«, bestätigt Luther, »aber das ist nicht mein Bestreben! Ich will die Kirche reformieren, nicht spalten.«

»Was ist, wenn das Konzil gegen die Evangelischen einen Prozeß anstrengt?« will Agricola wissen. »Wäre dann Gegenwehr nicht nur das Recht, sondern die Pflicht der Obrigkeit?«

»Gott hat sie dazu bestellt, gegen öffentliche Gewalt und Unrecht vorzugehen«, fährt Luther fort, »ihre Untertanen und den freien christlichen Gottesdienst zu schützen. Ich will auch dazu tun mit Beten, auch, wo es sein soll, mit der Faust. Wir wollen Spalatin laden und zusammen das vom Kurfürsten geforderte Gutachten aufsetzen.«

Schmalkalden

Käthe stöhnt. Versammlungen, Diskussionen, Gutachten – Worte, Worte, Worte – immer dieselben, scheint ihr; Reden, Reden, Reden, nutzlos wie ein Kropf und dahinter die lauernde Gefahr der gewalttätigen Auseinandersetzung! Ihr scheint, daß selbst Luther immer seltener auf dem alleinigen Wirken durch das Wort besteht und immer häufiger von der Faust und den Waffen spricht!

Luther arbeitet für den Kurfürsten die sogenannten Schmalkaldischen Artikel aus. Käthe sieht ihn schreiben und schreiben.

»Mein lieber Herr«, entsetzt sie sich, »Ihr verfasset ja Bücher, dicker als die Bibel! Könnt Ihr mir armem, geplagtem Weibe, die ich nicht Zeit finde, das alles zu lesen, wohl auch mit wenigen Worten den Sinn unserer Lehre sagen?«

Luther lächelt.

»Setz dich, Ketha. Ich habe die Artikel in drei Teile gegliedert, sie sind ganz klar und einfach zu verstehen, jedes Kind könnte das! Der erste Teil behandelt die Glaubenssätze, über die wir uns mit den Katholiken einig sind.«

»Gibt es solche?« staunt sie.

»O ja, und es sind viele und die wichtigsten, die Kernstücke unseres Glaubens wie die Dreieinigkeitslehre, die Menschwerdung Christi –«

»Ja, natürlich, verzeiht meine Unwissenheit.«

»Der zweite Teil beschreibt jene Artikel, die für den evangelischen Glauben unverzichtbar sind: die Rechtfertigung allein durch den Glauben an den Erlösungstod Christi ohne eigene Werke oder Verdienst steht an erster Stelle, dann folgt die Verurteilung der Messe als der größte und schrecklichste Greuel. Die Messe, dieser Drachenschwanz, zieht all das Ungeziefer und Geschmeiß hinter sich her: Fegefeuer, Wallfahrten, Bruderschaften, Reliquienkult, Ablaß und Heiligenverehrung. Und der Papst ist nicht aus göttlichem Recht Haupt der Christenheit! Von diesen Artikeln kann nichts weichen oder nachgeben, es falle Himmel und Erden.

Im dritten Teil behandle ich Artikel, die der Papstkirche wenig gelten, über die man aber mit Gelehrten und Vernünftigen verhandeln kann. Sie betreffen Sünde, Gesetz, Buße, Evangelium, Taufe, Abendmahl.

Dies sind die Artikel, darauf ich stehen muß und stehen will, bis in meinen Tod, ob Gott will, und weiß darinnen nichts zu ändern noch nachzugeben. Wie du weißt, reise ich nun dessentwegen mit Philipp nach Schmalkalden. Die Leitung von Kirche und Universität und die Sorge für mein Haus will ich Meister Agricola übertragen, so daß ich euch alle in guter Hut weiß und in Frieden fahren kann.«

»Gut und schön, was Kirche und Universität angeht! Aber auf das Haus kann ich wohl selber am besten achten, hängt doch alles an mir, was hier geschieht, wie sollte Meister Grickel sich da zurechtfinden.«

»Scht – brumm nicht, liebe Käthe. Sei froh, daß ein Mann im Hause ist und es nach draußen hin vertreten kann, laß gut sein und gib mir keine Widerworte mehr, oder muß ich dir mit Paulus kommen?«

»Das Weib sei dem Mann untertan, ich weiß, ich bin ja schon ruhig – aber recht ist es nicht!«

Hänsichen ist außer Hauses. Die vielen Kinder und die Unruhe im Schwarzen Kloster lenkten ihn zu sehr von seinen Studien ab, Luther konnte das nicht länger mitansehen.

Käthe kann es nicht annehmen; andere Leute schicken ihre Söhne von weit her ins Schwarze Kloster, damit sie eine gute Ausbildung genießen, und Hans soll fort – nach ihrem Gefühl sind Kinder allemal am besten bei ihren Eltern aufgehoben. Aber Luther bleibt hart, sie kann sich nicht durchsetzen. Luther reist zu Lichtmeß nach Schmalkalden. Er will mit seinem eigenen Wagen und Käthes Pferden fahren. Ein trüber Wintertag, Nebelschwaden huschen über den Hof, hängen wie graue Fetzen in den Bäumen, die Luft ist feucht und kalt, Luther schaudert, als er den Wagen besteigt.

»Ich fühle mich gar nicht wohl, liebe Käthe, möchte lieber bei dir in der gemütlichen Stube bleiben! Hilft mir aber nichts, muß meine Pflicht tun.« Stöhnend setzt er sich. Käthe umhüllt ihn mit Decken, reicht den Proviantkorb hinauf – und schon schaukelt der Wagen durchs Tor, wird vom Nebel verschluckt.

Sie steht ein Weilchen, die Hände im Rock vergraben – sie fühlt die feuchte Kälte nicht, ihr brennt das Herz vor Angst und Sorge. Sie hat kein gutes Gefühl bei dieser Reise.

Lange Zeit hört sie nichts von ihrem Mann, der doch ein so eifriger

Schreiber ist! Freilich gelangen Gerüchte an ihr Ohr, Luther sei nicht gesund, und sie verzehrt sich in Sorge. Endlich erhält sie einen Brief, der am 27. Februar 1537 geschrieben wurde:

»*Gnad und Friede in Christo! Du magst derweilen besondere Pferde mieten zu Deiner Notdurft, liebe Käthe, denn mein gnädiger Herr wird Deine Pferde behalten und mit dem Magister Philipp heimschicken. Denn ich selber bin gestern von Schmalkalden aufgebrochen und auf meines gnädigen Herrn eigenem Wagen hierher gefahren. Die Ursache ist die: Ich bin nicht mehr als drei Tage hier gesund gewesen, und es ist bis auf diese Nacht vom ersten Sonntag an kein Tröpflein Wasser von mir gekommen, hab nie geruht noch geschlafen, kein Trinken noch Essen behalten mögen. Summa, ich bin tot gewesen und hab' Dich mit den Kindlein Gott befohlen und meinem gnädigen Herrn, als würde ich Euch in dieser Sterblichkeit nimmermehr sehen; hat mich Euer sehr erbarmt, aber ich hatte mich dem Grabe beschieden. Nun hat man so fest gebetet für mich zu Gott, daß vieler Leute Tränen vermocht haben, daß mir Gott diese Nacht der Blasen Gang hat geöffnet, und in zwei Stunden wohl ein Stübchen von mir gegangen ist, und mich dünkt, ich sei wieder von neuem geboren.*
Darum danke Gott und laß die lieben Kindlein mit Muhme Lene dem rechten Vater danken. Denn Ihr hättet diesen Vater gewißlich verloren. Der fromme Fürst hat lassen laufen, reiten, holen und mit allem Vermögen sein Höchstes versucht, ob mir möchte geholfen werden, aber es hat nicht wollen sein. Deine Kunst hilft mir auch nicht mit dem Mist. Gott hat Wunder an mir getan diese Nacht und tut's noch durch frommer Leute Fürbitte.
Solches schreibe ich Dir darum, weil ich glaube, daß mein gnädiger Herr habe dem Landvogt befohlen, Dich mir entgegenzuschicken, da ich ja unterwegs sterben könnte, daß Du zuvor mit mir reden oder mich sehen könntest, was nun nicht not ist, und magst wohl daheim bleiben, weil mir Gott so reichlich geholfen hat, daß ich hoffe, fröhlich zu Dir zu kommen. Heut liegen wir zu Gotha. Ich habe sonst viermal geschrieben; wundert mich, daß nichts zu Euch gekommen ist. Dienstags nach Reminiscere 1537.

Martinus Luther

Dem Boten ist gelohnt, doch tu ihm eine Ehre.«

Geistesabwesend bittet sie den Boten, in der Stube nahe am Ofen Platz zu nehmen, und befiehlt ihn reich zu bewirten – sie selbst läuft in ihre Kammer, fällt vor ihrem Bett auf die Knie und verbirgt ihren Kopf in den Kissen, denn keiner soll ihr lautes Weinen hören. Dann wäscht sie sich die Augen, schickt Sieberger, um Pferde auszuleihen, gibt Anweisungen für den Haushalt, zieht endlich ihre wärmsten Kleider an und macht sich auf die Reise. Es ist eine scheußliche Fahrt; die Wege sind aufgeweicht und schlammig, die Pferde quälen sich, der Wagen schwankt und knarrt, die feuchte Luft dringt durch Decken und Kleider – mehr jedoch als die Kälte läßt die Angst sie zittern. Auf solchen Wegen ist auch der kranke Luther unterwegs und friert doch immer so entsetzlich!

In Altenburg kehrt sie bei Spalatin ein. Wie wohl ihr die Wärme des Hauses tut, wie tröstlich Hände und Worte der lieben Freunde sie einhüllen, sie faßt wieder Mut, als sie am gedeckten Tisch sitzt und in die Kerzenflamme sieht – dies leuchtende Licht läßt sie langsam den grauen Nebel vergessen, der ihr von Schmerzen und Tod raunte und sich eisig auf ihre Seele legte.

Frau Spalatin zeigt ihr ein geheiztes Zimmer, das sie für den Patienten herrichten kann, wie er es gern mag. Da hört sie draußen Pferde und Wagengerassel. Sie stürzt vor die Türe – tatsächlich: es ist der treue Jonas mit ihrem Mann! Käthe beißt sich auf die Lippen. Wie entsetzlich bleich und wächsern sein Antlitz ist. Er sieht sie lange an mit brennenden Augen, die all seine Qualen verraten. Mühsam versucht er zu lächeln.

»Da bin ich, dir zu Diensten, mein lieber Herr Käthe!« keucht er, seine Zähne schlagen aufeinander vor Kälte.

»Mein lieber Herr!« Käthe schließt ihn in die Arme. Sie tragen ihn ins Bett, umgeben ihn mit Decken und angewärmten Steinen, flößen ihm Kräutertee ein. Bald schläft er. Sie sitzt und hält seine Hand.

Das Wetter bessert sich. In der Nacht heult der Sturm – er vertreibt den Nebel und trocknet die Straßen, und morgens steht eine strahlende Sonne an einem so blauen Himmel, daß keiner mehr an Nebel und graue Wolken zu glauben vermag: die Luft ist frisch und erquickend. Nach drei Tagen wagt Käthe mit dem Patienten die Reise.

Sie ziehen am Kloster Nimbschen vorbei. Käthe sieht die vertrauten Mauern. Erinnerungen streifen sie wie Nebelfetzen – Andreas, wie er die Äbtissin um Hilfe bat bei ihrer Ankunft; der große Brand, die Toten und Verwundeten; Winternächte in der Kapelle, die eisigen Fliesen, aus denen die Kälte an den Beinen hochstieg und den ganzen Körper vor Frost erstarren ließ, so daß sie glaubte, ihr würde das Herz erfrieren.

»Kätha?« fragt Luther.

»Ja, mein Herz. Fühlst du dich wohl? In Grimma wollen wir anhalten, dort kannst du dich ausruhen.«

Er versucht ein Lächeln, das seltsam schief gerät.

»Ich ruhe ja die ganze Zeit.«

Am 14. März sind sie endlich in Wittenberg. Luther ist sehr schwach, er kann sich kaum auf den Beinen halten. Erst acht Tage später ist er imstande, einen Dankesbrief an Spalatin zu schreiben. Käthe schickt Geschenke mit, Bücher für die Töchter, die sie nach ihrem Geschmack hat binden lassen, sie hatte in der Eile des Aufbruches so schnell nichts besorgen können.

Meister Lucas Cranach macht einen Krankenbesuch. »Ach, Katharina«, empfängt er sie, als sie Luther seinen Kräutertrank und ihm guten Wein kredenzt, »wollest auch du mir bitte raten! Unser Hans will nach Italien, um bei den großen Meistern zu lernen.«

»Oh –« Käthe hebt erschrocken die Hand an den Mund, »und das in diesen unruhige Zeiten, wo...«

»Kätha«, unterbricht Luther sie, »unruhige Zeiten sind immer und überall! Ob man nach Schmalkalden oder nach Rom reist, Bruder Tod ist immer mit unterwegs, und überall schützt und hält uns Gottes Hand.«

»Der Junge ist sehr begabt«, sinniert Lucas, »schon jetzt kann ich selbst nicht mehr unterscheiden, welche Teile eines Gemäldes er und welche ich gemalt habe. Er ist nun selbst Meister, und er sehnt sich danach, mehr zu lernen, als ich ihm noch beibringen kann.«

»Laßt ihn ziehen!« sagt Luther. »Ein jeglicher muß seinen eigenen Weg gehen, all unser Lieben und Sorgen kann ihm das nicht abnehmen.«

»Wenn du meinst...« Dem Maler stehen Tränen in den Augen. Luther drückt ihm schweigend die Hand.

In den nächsten Tagen verabschiedet sich Hans Cranach im Lutherhause – er ist glücklich, reisen zu dürfen, und strahlt Freude und Begeisterung aus. Lucas Cranach ist Bürgermeister der Stadt Wittenberg im Jahre 1537.

Luther erholt sich sehr langsam, und es quält ihn, nicht arbeiten zu können, wie er will. Er streitet viel mit Agricola, hier stoßen zwei harte Köpfe aufeinander, keiner will auch nur einen Zollbreit nachgeben.
Käthe grübelt, wie sie ihn nur ein wenig ablenken und aufheitern könnte. Da kommt ihr Cranach zu Hilfe. Er will im Familiengemach seines Hauses die Decke bemalen. Er plant, die Beziehungen zu seinen Freunden auf neun Feldern darzustellen, und Luther gehört natürlich dazu neben Bugenhagen, Melanchthon, Kaspar Cruciger, Dr. Georg Major, Dr. Johannes Forster, Dr. Jonas...
So wird der Kranke denn des Morgens in das schöne Haus am Marktplatz Nummer vier gebracht und hat dort reichlich angenehme Unterhaltung: er sieht, wie die Gemälde entstehen, unterhält sich mit den Modellen, die ja alle auch seine Freunde sind, und mit den Leuten aus aller Welt, die bei Meister Lucas ständig kommen und gehen, hört Neuigkeiten und kuriose Geschichten und erholt sich dabei. Meister Hans Cranach ist heil in Bologna angekommen und schreibt begeisterte Briefe über die Kunst der Italiener.
In dieser Zeit der Rekonvaleszenz ist Luther auch wieder mehr bei seinen Kindern, beobachtet, wie sie spielen, wie Käthe sie pflegt. Er bewundert ihr liebevolle, aufopfernde Geduld, die ihn an die Langmütigkeit und Barmherzigkeit Gottes gemahnt, wie er sagt.
Martin spielt mit einer Puppe, die er herrlich putzt und zu seiner Liebsten erklärt. Luther bittet: »Ei, so laß mich doch auch einmal deine Liebste halten!«
Da wird der Kleine gar zornig und geht mit den Fäustchen auf seinen Vater los – seine Liebste gönnt er keinem.
»Ja, ja, ich weiß, mein Sohn«, sagt Luther langmütig, »du bist heißblütig und willst dein Sinnchen haben! Beruhige dich, ich brauche deine Liebste nicht, hab ich doch meinen Herrn Käthe! Aber wenn du solltest ein Jurist werden wollen mit deiner Streitsucht, so wollt ich dich an einen Galgen hängen!«
»Warum bist du denn gar so schlecht auf die Rechtsgelehrten zu sprechen?« will Käthe wissen.

»Ich halte die Jurisprudenz, die sich vom alten kanonischen Recht nicht lösen will und an deren Vertretern mir auch sonst manches mißfällt, für eine eitle Wissenschaft. Mein letzter Wille ist es, daß keiner von meinen Söhnen in diese Fakultät eintritt.«

Paulchen reitet sein Steckenpferd mit wildem Ungestüm und ruft: »Ich will ein Schwert haben! Ein Schwert brauche ich!«

»Der wird ein Kriegsmann und soll wider die Türken!« lacht Luther.

Am 24. März nimmt Luther sein Predigtamt wieder auf. Bugenhagen ist im Hause, Käthe vertröstet ihn auf ein Weilchen, Luther müsse jeden Augenblick hereinkommen. Er zieht sie in die Fensternische.

»Gönnt mir ein kleines Weilchen Eurer Zeit, vielbeschäftigte Fraue!« scherzt er, und dann, ernst werdend: »Es ging Euerm Mann sehr schlecht in Schmalkalden, Katharina. Nun, da die Gefahr überwunden ist, möchte ich euch doch davon erzählen.

Er litt rasende Schmerzen und wünschte sich den Tod. Die fürstlichen Leibärzte wußten sich nicht zu helfen, sie marterten ihn mit Roßkuren. Er wollte aber zu Hause sterben, darum machte er sich in seinem schrecklichen Zustand auf den Weg – und durch das Rütteln des Wagens vielleicht lösten sich die Steine und gingen ab – das weitere wißt ihr.

Als es ihm so schlecht ging, beichtete er und beauftragte mich mit seinem Testament. Er bat seine Freunde, voran seinen teuersten Philippus, ihm zu verzeihen. Euch gab er auf, zu bedenken, daß Ihr zwölf Jahre mit ihm fröhlich gewesen seid; Kurfürst Johann Friedrich und Landgraf Philipp sollten getrost weiter für das Evangelium eintreten, und für sein eigenes Leben zeigt er sich davon überzeugt, recht daran getan zu haben, daß er das Papsttum gestormet habe mit Gottes Wort.

Und zu Eurer Beruhigung: Kurfürst Johann Friedrich hat ihm versprochen, für Euch und die Kinder zu sorgen.«

»Dank der Güte Gottes hat er das nun doch noch nicht zu tun!«

»Richtig – freut Euch immerhin dieser Zusage, Doktorin, schenkt sie Euch doch Sicherheit auch für die Zukunft.«

Luther tritt ein.

»Was habt Ihr beide für Heimlichkeiten?« fragt er.

»Wir halten concilium!« scherzt Käthe.

In der Küche findet sie Adam von Regensburg. Er bittet um eine Unterredung unter vier Augen.

»Ihr könnt mich bei meinem Rundgang durch die Ställe begleiten!« schlägt sie vor.

»Domina«, flüstert er, »schlimme Zeiten kündigen sich an. Unser Kurfürst plant ein Mandat, daß alle – wörtlich: alle Juden des Landes verwiesen und ihnen auch der Durchzug verboten werden soll.«

»Euch trifft es nicht.«

»Nein, noch nicht – aber mein Volk! Doch, es ist mein Volk, glaubt mir. Warum, warum sollen all diese friedlichen und fleißigen Menschen Haus und Hof verlassen und in die Fremde ziehen müssen, Frauen, Kinder, alte Leute?«

»Ich weiß es nicht, Adam«, sagt Käthe traurig und öffnet die Tür zum Hühnerstall, »ich weiß es nicht! Böhmische Brüder, Täufer, Juden – ich versteh' es nicht! Menschen sind sie doch alle, Engel finden wir nicht auf Erden, warum sollten sie nicht in Frieden miteinander leben und jeder in seine Kirche gehen können?«

Sie hebt frischgeschlüpfte Küken aus dem Stroh und birgt sie in ihrer Schürze.

»Seht nur diese lieben Geschöpflein! Ich muß sie Luthern zeigen – und bei der Gelegenheit werde ich versuchen, ihn dazu zu überreden, ein gutes Wort für Euer – verzeiht, für die Juden einzulegen.«

»Danke, Domina.«

An der Haustür begegnet sie Wolfgang Capito. Er scheint ihr in sich gekehrt und verärgert.

Sie setzt die Küken auf Luthers Tisch zwischen alle seine Papiere. Er streichelt die puscheligen Federbällchen, freut sich über das zarte Piepsen und schilt nicht über die Spinatflecken, die sie auf dem edlen Pergament hinterlassen.

»Martin«, beginnt Käthe, »ist es wohl an dem, daß der Kurfürst die Juden vertreiben will?«

Ärgerlich fährt er auf. »Was tut sich denn heute in diesem Gemäuer, daß mir nun auch du damit kommst? Eben hat Capito mich beschworen, um der christlichen Nächstenliebe willen Mitleid zu zeigen für dieses seit Jahrhunderten so verblendete Volk und bei unserem gnädigen Herrn für sie zu bitten.«

»Und, wirst du es tun?«

»Nein, auch nicht, wenn du mir schmeichelst! Was soll man den Buben vergunnen, die die Leut beschädigen? Ich wollt ja gern für sie handeln mit Worten und Schriften, aber dieweil sie meinen Dienst so schändlich mißbrauchen und solche Dinge vornehmen, die uns Christen von ihnen nicht zu leiden sind, haben sie selbst damit mir genommen alle Forderung, die ich sonst hätte bei Fürsten und Herren können tun.«

»Aber ist nicht der weise Josel von Rosheim Euer Freund?« fragt Käthe.

»Ist er, und mein Herz ist ja gewesen und ist es noch, daß man die Juden sollt freundlich halten in der Meinung, daß sie Gott dermaleinst wollte gnädiglich ansehen und zu ihrem Messias bringen. Aber sie sollen keineswegs durch meine Gunst und Forderung in ihrem Irrtum gestärkt werden!«

»Ach, mein lieber Herr – könntet Ihr denn nicht dies dem Worte überlassen, ohne die armen Menschen aus ihrer Heimat zu vertreiben?« bittet sie.

»Dem Wort, du sagst es. So mir Gott Raum und Zeit gibt, will ich ein Büchlein schreiben, ob ich etliche könnte aus dem väterlichen Samen der heiligen Patriarchen und Propheten gewinnen und zu ihrem verheißenen Messias bringen. Wie wohl es ganz fremd ist, daß wir sie sollen reizen und locken zu ihrem natürlichen Herrn und Könige, wie denn früher ihre Vorfahren, da Jerusalem noch stand, die Heiden gereizt und gelocket haben zu dem rechten Gott. Sollten sie denn nicht billig denken, daß wir Heiden wohl so hoffärtig und eingebildet wären (weil ohnedies Heiden und Juden allzeit tödlich feind aneinander gewesen sind), daß wir wahrscheinlich auch ihren besten König nicht würden anbeten, geschweige denn einen solchen verdammten, gekreuzigten Juden, wenn nicht hierin wäre die Gewalt und Macht des rechten Gottes, der solches uns hoffärtigen Heiden, ihren Feinden, gar mächtiglich ins Herze brächte? Denn die Juden würden wohl nimmermehr einen gehenkten oder geräderten Heiden nach seinem Tode als einen Herrn anbeten.

Darum sollten sie uns Christen doch nicht für Narren halten und sich doch einmal besinnen, daß ihnen Gott wollte dermaleinst aus dem Exil, das nun fünfzehnhundert Jahre lang gewähret, helfen, was nicht geschehen wird, sie nehmen denn ihren Vater und Herrn, den lieben gekreuzigten Jesus, mit uns Heiden an.

Denn ich habe ihre Rabbiner auch gelesen, und wäre die Wahrheit darinnen, so wäre ich so hölzern und steinern nicht, es hätte mich auch bewogen.«

»Hölzern und steinern seid Ihr und habt kein mitfühlend Herz im Leibe für die Frauen und Kinder...« unterbricht Käthe ihn mutig und drückt ein Küken an ihre Brust, die übrigen haben sich um das Tintenfaß herum zusammengekuschelt, legen ab und an das Köpfchen schief, heben diese weißen, seltsam nackten Lider und blinzeln Luther mit blanken, schwarzen Perlaugen an.

»Unterbrich mich nicht, wenn ich mich schon mühe, dir Auskunft zu geben!« donnert Luther. »Aber die Juden können nichts denn schreien. Jesus sei ein gekreuzigter, verdammter Jude, so doch alle ihre Vorfahren keinen Heiligen noch Propheten unverdammt, ungesteinigt und ungemartert haben gelassen.«

»Ganz wie die Christen!« wirft Käthe ein, aber er hört sie nicht.

»Welche allzumal auch müßten verdammt sein, wenn ihre Meinung darum sollte recht sein!

Erinnere dich nur, Ketha, wie sie mit König David umgegangen sind und mit allen heiligen Propheten und Leuten, und dann halten sie uns Heiden für Hunde.«

»Wir verhalten uns ja auch schlimmer als solche, wenn wir sie mit Gebell davonjagen!«

»Ketha, mäßige dich! Wir können es nun einmal nicht leiden, daß sie ihr Fleisch und Blut, der ihnen kein Leid getan hat, Jesus von Nazareth, verfluchen und lästern, und wenn sie könnten, all die Seinen um alles brächten, was sie sind und haben.«

»Aber das ist doch nicht wahr – sie tun uns doch nichts Böses!« widerspricht Käthe.

»So, das sagst du und weißt du und dünkst dich klüger denn ich! Ich würde ja gern um des gekreuzigten Juden willen, den niemand mir nehmen soll, den Juden das Beste tun, ausgenommen, daß sie meine Gunst zu ihrer Verstockung mißbrauchen...«

»Martin, so hört mir doch um Christi willen einmal zu! Es geht mir nicht um den Glauben, es geht mir um das Leben der armen Juden, die da vertrieben werden sollen.«

»Um das Leben geht es mir ja auch! Ich weiß nicht, warum du dich so aufregst! Um das ewige Leben der Seelen geht es mir!«

»Und mir dieses eine Mal um das zeitlich irdische der gequälten Leiber!«

»Ketha, bist du dir bewußt, was du da sagst? Sollten dir die kurze Spanne, die ein Körper hier auf Erden hat, und seine Notdurft wichtiger sein als das Heil der unsterblichen Seele für alle Ewigkeit? Denke darüber nach!

Und nun nimm deine Küken und sieh zu, daß du Verstand und Einsicht entwickelst wie ein Huhn, das sich auch keine jungen Marder unter seine Fittiche lockt!«

Käthe gehorcht. Im Hühnerstall steht sie an dem kleinen blinden Fenster, den Kopf gegen das Holz gelehnt, und weint.

Wie ist der Mann doch weich und zärtlich und von Herzen gut, schenkt jedem Bettler seinen letzten Silberbecher – aber wenn er von seinen großen theologischen Gedanken besessen ist, die Welten und Jahrtausende überspannen, läßt er sich nicht dazu bringen, sein Auge auf das Jetzt und Hier und die Not der Menschen zu richten, die die Folgen seiner Verdammungen erleiden müssen.

Als sie ins Haus zurückkehrt, findet sie eine Sendung Käse vor, ein Geschenk der Herzogin Elisabeth von Braunschweig.

»Nun ist es an der Zeit«, sagt Luther, als er sich den Käse munden läßt, »ein Gegengeschenk zu machen. Ich habe der Herzogin schon so lange von meinen Maulbeerbäumen vorgeschwärmt, jetzt müssen wir ihr auch Setzlinge davon senden, ebenso von den Feigen und dem Mandragora, und vergiß nicht, dazu zu schreiben, daß es sich dabei um die Frucht handelt, die in der Bibel Dudaim genannt wird.«

». . . und deren Alraunenwurzel Rahel dem jungen Ruben abgebettelt hat.«

»Gut, Ketha, du wirst deine fünfzig Gulden verdienen! Laß Schlaginhaufen die Stecklinge auswählen und verpacken, er hat viel Liebe zum Garten.«

»So«, verkündet Luther bei Tisch, »da haben wir's. Nach Vicenza hat Paul III. das Konzil verlegt, und niemand geht hin! Kaiser Karl und König Franz I. von Frankreich halten die Zeit für ungünstig – die Bulle des Antichrists, die für Almosen, Sakramentempfang und Gebet gegen die Türken reichen Ablaß zusagt, war für den Augenblick alles, was sie brauchen. Wollen auch wohl lieber nicht Waffen und Wehr der Evangelischen aufs Spiel setzen, so sie wider die Türken brauchen – kurzum, es gibt kein concilium. Es wurde auf unbestimmte Zeit vertagt.

Und zu dir, Meister Grickel! Du hast auf alle meine Mahnungen und Predigten nicht hören wollen, sitzest an meinem Tisch und lässest diese deine Summarien über die Evangelien drucken mit ihrer antinomischen Tendenz! Ich habe beim Kurfürsten erwirkt, daß die ersten Druckbogen beschlagnahmt werden.« Johann Agricola wird leichenblaß, steht so überstürzt auf, daß sein Becher umfällt und der rote Wein sich wie Blut über das Tischtuch ergießt, und stürmt schweigend aus dem Zimmer, aus dem Haus.

Käthe und Else liegen sich weinend in den Armen.

Am 1. Dezember 1537 kommt ein Bote von Cranach und bittet Luther und Käthe in einer dringlichen Angelegenheit um ihren Besuch. Sie machen sich sofort auf den Weg. Es ist seltsam still in dem großen Hause, nicht einmal aus der Werkstatt dringt der gewöhnliche Lärm. In der schönen Stube mit dem Deckengemälde sitzen Lucas und Barbara Hand in Hand am Tisch mit groß aufgerissenen, blicklosen Augen, die auf das Fenster gerichtet sind. Tränen laufen beiden übers unbewegte Gesicht.

»Hans ist tot«, sagt Lucas tonlos.

Käthe fällt ihrer Freundin um den Hals.

»Wir sind schuld.« Langsam, wie leblos kommen die Worte aus dem Mund des Vaters. »Wir sind schuld, wir haben ihn ziehen lassen.«

»Halt ein, lieber Freund, nimm nicht Gottes Verantwortung auf dich! Wäre ich doch genauso schuld, denn ich habe dir nach reiflicher Überlegung geraten, ihm die Reise zu erlauben. Nein, nein, zermartert Euch nicht mit solchen Gedanken. Wer kennt die Wege des Herrn und hätte je seine Ratschlüsse ergründet?

Seht, ich weiß, wie weh Euch ums Herze ist, will mit Euch fühlen und mit Euch weinen.

Aber laßt nicht Euern festen Glauben fahren an die bessere Einsicht Gottes und nehmt seinen Ratschluß in Demut an!

Und nun esset und trinket, nur kränkt Euch nicht also ab, denn Ihr solltet noch mehr Leuten dienen. Traurigkeit und Kümmernis aber vertrocknen das Gebein.«

Im Juni 1538 unternimmt Luther mit Käthe, Cranach, Jonas und Bugenhagen einen Spaziergang zum Elstertor hinaus in die Elbauen.

»Kann sich ein Mensch vorstellen, wie in all diese Schönheit von

Himmelsblau und Blütenduft, linder Luft und Vogelgesang so plötzlich der Krieg einbricht? Söldner preschen aus dem Wäldchen hervor – in Blitzeseile wären rings um uns herum Feuer und Mord«, überlegt Käthe.

»Ja, solches kann leicht geschehen«, stimmt Luther zu. »Darum rate ich unserem Kurfürsten ja auch so dringend, König Ferdinand und dem Kaiser die erbetene Türkenhilfe nicht zu verweigern, weil in dieser großen Not auch unser Vaterland und viel fromme, treue Leut mit werden leiden müssen. Hier müssen wir mit unseren Brüdern Gutes und Böses wagen, wie gute Gesellen, Süß und Sauer verdauen. Aber unser gnädiger Herr will nicht hören. Er verlangt für die Türkenhilfe die Zusicherung eines beständigen Friedens für die Protestanten.«

»Da kann ich ihn gut verstehen«, versichert Käthe. »Do ut des – der Kaiser gibt auch nichts umsonst!«

»Ach, Käthe, aber wenn es doch um unser aller Wohl und Freiheit der ganzen Christenheit geht!«

Sie bückt sich, um Veilchen zu pflücken – und spürt heiße Tränen in den Augen. Veilchen – Hieronymus – wie sehr sie ihn doch noch immer liebt!

Am Pfingstmorgen ist Käthe um vier Uhr bei den Hühnern draußen und teilt ihnen die Körner aus. Inzwischen hat sie Personal genug, doch dies läßt sie sich ungern nehmen: die Stalltüre zu öffnen und die Tiere aufgeplustert, den Kopf unterm Flügel, auf ihren Stangen sitzen zu sehen und, wenn sie den Deckel der Futterkiste aufmacht, das Rauschen und Krakeelen und Hüpfen hinter sich zu vernehmen. Eifrig folgt ihr das Federvolk in den Hof, wo sie ihm mit weitem Schwung Futter streut – und dann zeigt sich der erste helle Streifen über der Stadtmauer am Horizont, ein neuer Tag bricht an! Sie sputet sich heute morgen, denn sie will die Kinder und sich besonders schön machen für den festlichen Gottesdienst.

Würde Luther heute ein Examen über seine Predigt veranstalten, sie wüßte nichts zu antworten. Auch könnte sie ihm nicht sagen, wer in der Kirche war. Gerade und stolz sitzt sie in ihrem Stuhl, die Augen andächtig gesenkt, wie sie es im Kloster gelernt hat, – aber hinter ihrer Stirn geht es um Heu und Korn, Hopfen und Malz, Ochsen und Schweine, Gulden, Florin, Taler. Sie überdenkt ihre

Verhältnisse, setzt Einnahmen und Ausgaben gegeneinander und kommt wieder einmal zu dem Ergebnis, daß es so nicht weitergeht, weil es hinten und vorne nicht reicht. Zwar gelang es bisher immer, alle Löcher zu stopfen mit Spenden und Geschenken – nur diese kommen wie die warmen Sommerregen, überraschend und wohltuend, aber keiner kann sich darauf verlassen. Und Käthe will Sicherheit. So lange schon liegt sie Luther in den Ohren, er solle mehr Land kaufen, am besten ein Gütchen – sie muß mehr Tatkraft dahintersetzen. Außerdem braucht sie... ach, die Gemeinde singt schon den Schlußchoral.

Den August liebt Käthe besonders. Sie mag die Hitze, die reifen Felder, die ersten Äpfel und all das andere Obst. Aber in diesem Jahr des Herrn 1538 kommt sie nicht dazu, ihn zu genießen.

Luther ist sehr krank. Wochenlang leidet er unter der Ruhr. Und eines Morgens kann er nicht mehr gehen, so furchtbar plagt ihn das Reißen in den Beinen. Käthe kennt diese Schmerzen als Folge der Darmerkrankung, aber sie weiß keine Medizin dagegen.

»So hilf mir doch, Ketha«, fleht er sie an, »ich muß auf den Abtritt!«

»Nehmt den Topf!« Sie schiebt ihn hin.

»Nicht doch mit diesem Durchfall – nein!«

Sie besorgt ihm einen Stecken, an dem er sich mühsam durchs Haus schleppt.

»So muß ich denn auf einem Stabe und also gleich auf dreien Beinen umhergehen«, scherzt er, »und schon ergreift mich wieder das Grimmen in den Gedärmen, denn Gott strafet und plaget uns auch an dem unehrlichen Ort des Leibes.« Und er humpelt in Richtung Abtritt.

Im September, dem ersten Monat mit »r«, wo die Fische wieder schmecken, ist das große Fischen im Garten am Saumarkt angesagt, wo der Faule Bach hindurchfließt und den kleinen Weiher bildet. Luther möchte so gern dabeisein, aber er ist zu krank. Stolz erzählt ihm Käthe abends von der Ausbeute: Hechte, Schmerlen, Forellen, Kaulbärsche haben sie gefangen! Die Karpfen bleiben im Wasser für den Winter. Luther freut sich an ihrer Freude über den gewaltigen Fischzug.

Er setzt sich noch immer mit den Gesetzesstürmern, den Antinomern, und mit seinem Freund Agricola auseinander. Da nach Paulus Sünde, Gesetz und Tod noch im Menschen seien. Die

Abschaffung des Gesetzes würde ja bedeuten, daß niemand mehr wüßte, was Christus ist oder was er getan habe, da er das Gesetz für uns erfüllte. Summa: Das Gesetz aufheben und Sünde und Tod bleiben lassen ist nichts anderes als den Menschen die Seuche der Sünde und des Todes verbergen zu ihrem Verderben.

Er fordert von Agricola den öffentlichen Widerruf. Käthe und Else können es zuerst gar nicht fassen, dann tanzen sie vor Freude miteinander durch die Stube: Agricola wünscht, Luther möge diesen Widerruf doch selbst für ihn abfassen!

Und prompt gerät der dann zu scharf, und der Keim für neue Streitigkeiten ist gelegt...

Ist Gesetz nicht gleich Macht? grübelt Käthe.

Luther fühlt sich schlecht.

»Ich, ein von Mühe und Arbeit erschöpfter Greis muß mich immer wieder von Tag zu Tag neu verjüngen«, ächzt er. »Aber nun lege ich mich hin, mir ist gar so elend.«

Es sind die Steine, die ihn grausam quälen. Er kann vor Schmerzen weder essen noch trinken und lehnt die köstlichsten Speisen ab, die Käthe nacheinander aufträgt. Sie drängt ihn sehr in ihrer Sorge.

»Habt Ihr denn auf so gar nichts Lust? Ich will Euch alles bringen, sagt es mir nur.«

»Wohlan, so richte mir einen Brathering und ein Essen kalter Erbsen mit Senf zu, aber bald, ehe die Lust mir wieder vergeht.«

Das sind seine Lieblingsspeisen. Käthe eilt in die Küche – sie hält sich den Magen, der sich aufhebt bei der Aussicht, in krankem Zustande ein solches Essen angeboten zu bekommen – aber sie weiß, daß Patienten selbst wohl fühlen, wes sie bedürfen. Sie bringt es denn also, wobei sie Dr. Ratzeberger in die Arme läuft. Er entsetzt sich gewaltig und fragt Luther:

»Ach, was tut Ihr doch, Herr Doktor? Wollet Ihr Euch noch kränker machen?«

Luther aber schweigt und ißt mit gutem Hunger. Ratzeberger geht und fürchtet, am nächsten Tag zu einem Todkranken gerufen zu werden.

Luther fühlt sich nach dem Essen besser, hat eine gute Nacht und sitzt am nächsten Morgen in aller Frühe über seinen Büchern. Als Dr. Ratzeberger kommt, schickt Käthe ihn ins Schreibstübchen.

»Die Macht hat sich eingerichtet. Nun werden wir bald zwei Inquisitionsgerichte haben«, knurrt Maximilian, ein Student aus Lübeck, dem die Freiheit über alles geht.

»Was sagst du?« Käthe zählt gerade die dreißig Gulden Kostgeld nach, die er ihr für das Jahr 1539 entrichtet.

»In Wittenberg wird nun ein Konsistorium eingerichtet, um Ehe- und Disziplinfragen zu regeln! Gebt Euerm Doktor keine Widerworte mehr, Domina, sonst werdet Ihr geladen!«

»Und wer bildet dieses Konsistorium?«

»Zwei Theologen – die Herren Jonas und Agricola – und zwei Juristen. Der kirchliche Bann schließt nicht nur vom Abendmahl aus, sondern zieht auch weltliche Strafen nach sich – wie es mir in den Ohren klingt: Gestehe, Hexe, sonst muß ich dich dem weltlichen Arm überantworten. Soll nun also nicht mehr ohne Einwilligung dieser Herren verhängt werden, der Bann, und wenn ihnen ein Fall gar zu schwierig erscheint, können sie die theologische oder die juristische Fakultät um Rat angehen!«

»Das Geld stimmt, ich danke«, sagt Käthe.

»Ich habe zu danken, Domina, was sind die paar Gulden für ein ganzes Jahr Mühe! Ihr sorgt Euch ja um uns wie eine Mutter.«

In diesem Frühjahr aber wird es Käthe sehr schwer, ihre Schützlinge durchzufüttern. In Thüringen herrschen Teuerung und Hungersnot. Mit ihren Vorräten allein kann sie die vielen Mäuler nicht stopfen. Viele Studenten verlassen Wittenberg. Die Armen hungern. Es ist viel zuwenig, was die Bauern auf den Markt bringen, und viel zu teuer.

Luther geht mit Lucas Cranach aufs Rathaus und beschwört den Stadtrat, Abhilfe zu schaffen, damit das arme Volk nicht Hungers stürbe.

Zornig erzählt er Käthe, daß er nichts habe ausrichten können.

»Ich verstehe das nicht«, klagt sie, »es muß doch noch genug Korn geben.«

»Ei freilich, Herr Käthe. Aber die Adligen kaufen es auf und machen eine mutwillige Teuerung, indem sie es dann nur mit großem Gewinn wieder abgeben! Da gehört ein Fürst zu, der mit den Junkern rede. Daß unser gnädiger Herr auch zu Frankfurt sein muß! Ich werde ihm schreiben, er solle nicht allein mit gegenwärtiger Hilfe zur Not eingreifen, sondern auch mit Regiment, daß die vom Adel nicht also das Korn hinfort alleine zu sich kaufen und damit so unverschämt wuchern! Sind sie doch ohne das reich genug, daß nicht not ist, armer Leute Leben durch Hunger zu nehmen!«

»Warum trifft sie nicht ein Blitz vom Himmel?« ereifert sich Käthe. »Wo bleibt die Gerechtigkeit Gottes?«

»Die, meine liebe Käthe, ist ein ganz ander Ding! Ich will es dir erklären: wie lange habe ich nicht gebraucht, um dies zu verstehen. Im Römerbrief steht geschrieben: Ich schäme mich des Evangeliums von Christo nicht, denn es ist eine Kraft Gottes, die da lebendig macht alle, die daran glauben, die Juden vornehmlich und auch die Griechen. Sintemal darinnen offenbaret wird die Gerechtigkeit, die vor Gott gilt. Der lag mir stets im Sinn. Ich konnte das Wort Gerechtigkeit Gottes nicht anders verstehen, wo es auch in der Heiligen Schrift stand, als wodurch Gott selbst gerecht sei und wonach er gerecht urteile usw. Dies dachte ich eines Tages besonders brennend bei mir durch. Ich stand da und pochte an, ob wohl jemand wäre, der mir auftäte, aber es war niemand da. Ich verstand nicht, was es bedeuten wolle, bis ich weiter las: Der Gerechte wird seines Glaubens leben. Dieser Satz ist die Erklärung jener Gerechtigkeit Gottes! Als ich das entdeckt hatte, da freute ich mich solcher Freude wie nie mehr. Und so war mir auch aufgetan der Weg, den ich in den Psalmen las: In deiner Gerechtigkeit mache mich frei! – was bedeutet: In deiner Barmherzigkeit mache mich frei! Vorher fürchtete und haßte ich die Psalmen und die ganze Schrift, wo auch immer die Gerechtigkeit Gottes vorkam, nämlich eine Gerechtigkeit, durch die Gott gerecht sei und nach der er uns richte um unsrer Sünden willen; nicht eine Gerechtigkeit, durch die er uns annehme und gerecht mache. Die ganze Schrift stand vor mir wie eine Mauer, bis ich sie verstand, indem ich las: Der Gerechte wird seines Glaubens leben. Daraus habe ich gelernt, daß Gerechtigkeit Gottes bedeutet: Glaube an die Barmherzigkeit Gottes, aus der er uns gerecht macht durch das Geschenk der Gnade.«

»Wunderschön, Martinus – nur, wer macht die Armen satt? Hat Gott nicht sein Korn für alle wachsen lassen? Ist das nicht auch Seine Gerechtigkeit?«

»Oh, Kätha, – ich schenke dir die Weisheit meines Lebens, und du kommst mir mit Korn und zeigst mir, daß du mir gar nicht zugehört hast.«

»Ich will nicht, daß die Meinen hungern, darum wünsche ich mir Macht und Reichtum«, beharrt sie trotzig.

»Reichtum ist das allergeringste Ding auf Erden«, antwortet Luther, »das kleinste Geschenk, das Gott einem Menschen geben kann. Was ist es, verglichen mit dem Wort Gottes? Ja, was ist es noch verglichen mit den Gaben des Körpers und mit der Schönheit? Was, verglichen mit den Gaben des Geistes? Dennoch richtet man sich nicht danach! Drum gibt unser Herrgott gemeiniglich den Reichtum den groben Eseln, denen er sonst nichts gönnt.«

Käthe will ihn nicht auf den Höhenflug seiner Gedanken begleiten.

»Ich bin des gewiß, daß er uns gönnt, alle, die uns anvertraut sind, satt zu machen. Wenn ich nur wenigstens alle Nahrung, die wir brauchen, selbst ziehen könnte! Hätte ich ein Landgut, könnt' ich mehr Vieh züchten als hier in der Stadt und auch mehr Korn anpflanzen! Man braucht' es ja nicht zu kaufen, nur pachten! Eine Meile ungefähr gen Mittag jenseits der Elbe liegt ein kleines Gut vor der Stadt, das Vorwerk Boos. Es umfaßt dreieinhalb Hufen mit gutem Wieswachs. Sprecht doch einmal mit dem Kanzler Brück darüber, ich bitte Euch.«

»Ja, mein Herr Käthe«, brummelt Luther.

Der April geht ins Land. Der »Frankfurter Anstand« zwischen König Ferdinand und den Schmalkaldenern wird nach langen Verhandlungen endlich besiegelt. Er bestätigt den Nürnberger Religionsfrieden. Die Reichskammergerichtsprozesse gegen Protestanten werden ausgesetzt. Allen, die der Augsburger Konfession zugestimmt haben, wird Frieden für fünfzehn Monate garantiert – die Täufer und andere Sekten werden ausdrücklich ausgeschlossen. Die protestantischen Stände versprechen dem Kaiser ihre Hilfe gegen die Türken. Ein neues Religionsgespräch soll bald geführt werden ...

Käthe bringt in Erfahrung, daß die Boos wieder pachtfrei ist, und nimmt die Sache selber in die Hand. Der Kanzler Brück ist ihr nicht wohlgesinnt, das weiß sie, darum wendet sie sich an ihren Gevatter, den Landrentmeister Hans von Taubenheim, daß er seinen Einfluß für sie geltend mache.

Und sie tut damit keine Fehlbitte! Sie erhält die Boos um einen niedrigen Zins zur Pacht. Als alles geregelt ist, geht Käthe in die kleine alte Kirche auf dem Klosterhof und fällt auf die Knie. Überschwenglich dankt sie für die Erfüllung ihres Wunsches – aber es

sind Worte, die von ihren Lippen laufen, ihre Seele ist nicht dabei –
sie denkt und überlegt, ob es nicht wichtig sei, wesentlich mehr
Land zu haben, und zwar als Eigentum, nicht nur zur Pacht. Sie
war hergekommen, um mit Gott zu sprechen, aber sie tut es
nicht.

Zehntes Geheimnis: Der Tod

Und wieder die Pest

Die Augusthitze liegt drückend über den Elbauen, die Luft ist dunstig und stickig, das Atmen wird schwer, trockenes Gras raschelt unter den Füßen, die Erde ist Staub, Staub, Staub. Katharina fühlt sich so müde. Sie setzt sich auf einen Baumstamm, stemmt die Hände in den schmerzenden Rücken, es flimmert ihr vor den Augen. Wieder ist sie schwanger, und dieses Mal wird es ihr sehr sauer. Ihre Fußspitze spielt im Staub.

Theresa – wie gern würde ich dich um deinen Rat und deine tatkräftige Hilfe bitten – ach, zu Staub haben sie dich verbrannt in der Blüte deiner Jahre! Muhme Lene, liebe Muhme Lene, die du immer schweigend da warst und alles, alles machtest, bescheiden, nahezu unsichtbar, wo nur bist du geblieben? Dein winziges Stübchen steht noch immer leer, soll kein anderer drinnen wohnen. Du hast die Kinder gewaschen und in den Schlaf gewiegt, ihnen Geschichten erzählt, mit ihnen gespielt wie ein Kind unter Kindern, all das, was ich so gern getan hätte und wozu ich nie Zeit habe. Sie legt die Hände auf ihren Leib – mit diesem Kind soll es anders werden, ich nehme mir Zeit, oh, ich will es lieben und pflegen und es genießen! In der Nacht bist du aufgewesen, liebe Muhme, und hast fertig gemacht, was über Tag liegengeblieben war. Wie haben die Kinder dich gern gehabt: du hast sie verwöhnt, ihre kleinen Streiche vor dem Vater versteckt, er war schier eifersüchtig auf dich und hat doch auch so sehr an dir gehangen. Wie hingebungsvoll du ihn in all seinen Krankheiten gepflegt hast! In jedem Brief ließ er dich grüßen, sandte dir einen »Puß« von Herzen.

Wir alle waren so daran gewöhnt, dich immer an der Arbeit zu sehen, daß wir gar nicht merkten, wie du müder und müder wurdest und dann mit einem Male morgens nicht mehr aufstehen konntest. Du, die du immer eine Arznei bei der Hand hattest, wußtest für dich selbst keine Medizin. Es war wohl auch keine Krankheit, die dich im Bette festhielt: du warst einfach müde, hattest keine Lebenskraft mehr – alles verschenkt, an uns verschenkt.

Ich sehe Luthern bei dir sitzen, deine Hand haltend:
»Muhme Lene, kennet Ihr mich und vernehmet Ihr mich?« höre
ich ihn fragen.
Und du sagtest: »Ja.«
»Euer Glauben steht ganz auf den Herrn Christo, Ihr werdet nicht
sterben, sondern wie in einer Wiege entschlafen. Und wenn die
Morgenröte aufgeht, sollt Ihr wieder aufstehen und ewig leben!«
tröstete er dich, und du antwortest leise: »O ja!«
»Habt Ihr keine Anfechtung?« fragte er.
Und du reine Seele sagtest: »Nein.«
»Ja, ums Herz ist mir weh.« Du sprachst es einfach, ohne Klage.
Mich hielt es kaum auf meinen Füßen, ich wollte Digitalis anrich-
ten, Weißdorn und Johanniskraut.
»Ihr werdet nicht sterben, sondern bald erlöset sein von allem
Übel!« versprach Luther – und leise zu uns: »O wie wohl ist ihr,
denn das ist kein Tod, sondern ein Schlaf.«
Und er trat ans Fenster und betete.
Am Abend schliefst du sanft ein, wie die Kinder, denen du Wiegen-
lieder gesungen hattest, und wachtest in dieser Welt nicht mehr
auf.
Ja, liebe Muhme Lene, du hast's nun gut und lebst ohne alle
Plage.
Und der schlimme Herzog Georg von Sachsen, der den Evangeli-
schen soviel Böses angetan hat, ist auch tot; Martinus ist seiner
Verdammnis so sicher wie der Gewißheit, daß es eine Hölle gibt.
Wie ich mich nach dir sehne, Muhme. O je, der Himmel wird ja
gelb wie Schwefel, ich muß nach Hause, es wird ein Gewitter
geben.
Sie rafft die Röcke. Wind kommt auf, läßt kleine Staubsäulen
aufwirbeln, die Weiden am Wasser biegen sich unter seiner
Wucht.
Ich muß die Ernte einbringen! denkt Käthe.
Zu Hause läuft ihr Martin aufgeregt entgegen.
»Mutter, Mutter, Fabian ist weggelaufen! Der Präceptor ist sehr
böse! Wenn es der Herr Vater merkt, setzt es was.«
Hui! fährt ein blauweißer Blitz quer über den Himmel, der Donner
folgt sofort mit krachendem Getöse, schon fallen die ersten schwe-
ren Tropfen.
Käthe zieht den Kleinen ins Haus.

»Fabian!« ruft sie.

»Laßt nur, Frau Mutter, er ist nicht hier, ich habe ihn schon überall gesucht, er wird wieder im Garten an der Specke sein.«

»So, und das bei diesem Unwetter.«

Es schüttet – wie ein silbriggrauer Vorhang hängt der Regen vor der offenen Türe –, Blitze und Donner folgen Schlag auf Schlag. Käthe nimmt ihr Umschlagtuch vom Haken.

»Sie – ber – ger!« ruft sie.

»Du bleibst hier!« kommandiert sie Martin. »Wolf, schnell, komm, wir müssen Fabian suchen.«

»Aber doch nininicht...«

»Aber doch ja, nun geh schon, runter an die Specke!«

Sie eilen und sind sofort durchnäßt bis auf die Haut. Sie müssen gar nicht lange suchen: an einen Baumstamm gekauert, hockt der Ausreißer, naß und schmutzig, zitternd vor Angst, gleich hinterm Gartentor, ein Häuflein Elend. Ein schrecklicher Donner kracht. Käthe faßt den Jungen bei der Hand und reißt ihn hoch.

»Du darfst dich bei Gewitter nicht unter Bäumen aufhalten – der Blitz schlägt dort vor allem ein! Komm jetzt!« Sie knufft ihn vor sich her. Wolf schimpft stotternd vor sich hin.

Zu Hause angekommen, läßt sie in der Badestube einheizen und steckt Fabian ins heiße Wasser. Martin schleicht sich herein.

»Ich – ich habe an der Specke ein Nest mit Schlangen gefunden«, prahlt Fabian, »sie waren so dick wie mein Arm und ganz, ganz viele, mindestens zwanzig! Soll ich es dir zeigen?«

»Nichts wirst du! Du bleibst im Hause und sitzest über deinen Büchern! Oder soll ich alles dem Herrn Doktor ansagen?« droht Käthe. Da ist Fabian still und spielt mit seinem Badeschwamm.

Luther ist viel zu beschäftigt, um auf die Kinder zu achten. Der erste Folioband einer Sammelausgabe seiner deutschen Schriften ist in Arbeit und erscheint auch tatsächlich Ende September. Käthe trägt den Kopf ein wenig höher vor Stolz.

»Ach, Doktorin«, scherzt der Autor, »seid nicht so hoffärtig! Ich schätze meine Werke gering ein – sie vermehren nur die Zahl der Bücher, von denen es ohnehin zuviel gibt, die Zeit in Anspruch nehmen, welche besser auf das Studium der Schrift verwandt werden sollte.

Nun ich aber dem Nachdruck nicht wehren kann, tröste ich mich damit, daß mit der Zeit doch meine Bücher werden bleiben im Staube vergessen. Je besser Bücher sind, desto sicherer ist ihnen dieses Schicksal, hat man doch selbst die Bibel unter der Bank liegen lassen.«

»Was könnten wir für Einnahmen haben, wenn Ihr nur von den Druckern Geld annehmen wolltet!« stöhnt Käthe.

»Schweig stille und komme mir nicht wieder damit«, brummt er ärgerlich. »Ich bin stolz darauf, meine Werke nie für Geld verkauft oder in Druck gegeben zu haben, und will auch den Ruhm, will's Gott, mit mir ins Grab nehmen. Umsonst habe ich empfangen, umsonst teile ich aus.«

Der 15. Oktober 1539 ist ein stolzer Tag für die Mutter: Johannes Luther, nunmehr vierzehnjährig, promoviert an der Universität zusammen mit den Söhnen von Melanchthon und Jonas zum Baccalaureus. Wie hübsch er aussieht in Wams und Barett, den zierlichen Degen an der Hüfte! Käthe gibt ein großartiges Essen.

Ach, wie schnell die Zeit vergangen ist! Das »Hänsichen«, ihr erstes Kind! Ihr Blick fällt auf seine Schwester Lenchen, die sich zärtlich an ihn schmiegt. Wie die beiden einander ähnlich sehen und wie sehr sie sich lieben! Und daneben Lene Kaufmann, was für ein anderes Kind! Schon mit dreizehn hatte sie nur die jungen Männer im Kopfe, von denen es ja genug im Hause gab, dachte auf Schleifen und Tand, wie sie sich recht schmückte, um zu gefallen, und verliebte sich dann in den guten Veit Dietrich. Auch er fing Feuer, und nun lag Mühmchen Lene – so haben wir dich getauft, weil wir uns freuten, wieder eine Muhme Lene zu haben, aber die gab's nur einmal – uns in den Ohren, wir sollten ihr den Magier zum Manne geben. Luther sagt gern: Früh aufstehen und jung freien sei ein gut Ding – aber das Mühmchen war noch zu jung. Freilich wurde es hart, ihrem Drängen und Bitten zu widerstehen!

Wir hatten jedoch ein gut Exemplum vor Augen, das uns hart bleiben ließ: Melanchthons vierzehnjähriges Töchterlein hatte sich in einen begabten, leichtsinnigen Poeten verguckt. Melanchthon in seiner Herzensgüte hatte die Hochzeit ausgerichtet – und bald schon war das arme Kind grundunglücklich. Freilich, Mühmchen Lene wollt' es besser machen!

Käthe erinnert sich, wie ärgerlich sie auf Veit Dietrich war, der dem Jüngferlein Raupen in den Kopf gesetzt hatte! Luther sprach sein endgültiges Nein. Veit verließ grollend das Schwarze Kloster – wie traurig sah ich ihm nach – wir hatten gute und schlechte Zeiten als brave Kameraden miteinander geteilt. Mühmchen Lene wurde bitter und unartig, bis Luther ihr ärgerlich drohte, er werde wohl noch mit einem guten Knüttel in der Hand ihr das Mannehmen austreiben müssen!

Käthe seufzt, ihr Blick wandert weiter zu Anna Strauß, ihrer Nichte, die lieblich anzusehen ist. Muhme Lene sagte, sie sei Käthes Mutter wie aus dem Gesicht geschnitten.

Neben ihr sitzt Hans Polner – er greift nach der Weinkanne. Luther streckt die Hand aus und zieht sie fort.

»Halt ein, nicht mehr – Menschen von deiner Art müssen den Wein fliehen wie Gift! Bedenkst du nicht, welche Schande du über mich und mein Haus, über diese Stadt und über die Kirche bringst, wenn du in deiner Betrunkenheit dich zu einer Greueltat hinreißen lässest? Denke du auf deine Studien, damit wir bald einen gestandenen Theologen zu feiern haben!«

Hans schluckt und beschäftigt sich mit seinem Teller.

Käthe geht in die Küche, um nach den Nachspeisen zu sehen, und erkennt Adam von Regensburg, der mit trüber Miene in seiner Ecke sitzt. Er trägt einen schwarzen Umhang; er bringt Unheil, denkt Käthe und streicht sich die Haare aus der Stirn. Unsinn, warum sollte er, Schreiber tragen gern Schwarz. Er folgt ihr auf den Hof, auf die Bank unterm Birnbaum.

»Die Juden sind fort, sie können die Brunnen nicht vergiftet haben«, beginnt er, »und dennoch haben sie die ersten Toten gefunden, die Pest ist in der Stadt.«

»Nein!« schreit Käthe auf.

»Doch, Domina. Ich komme, um mich zu verabschieden. Ich werde eine Weile unterwegs sein in Meister Cranachs Geschäften. Lebt mir denn wohl und bleibt gesund bis zu meiner Heimkehr.«

Käthe sitzt noch eine Weile wie versteinert, die Hände schützend über ihren Leib gelegt. Die Pest . . .

Dieses Mal sind die Menschen wie von Sinnen vor Angst. Sie reißen die Häuser nieder, in denen Pestkranke gestorben sind. Jeder läßt jeden im Stich, der angesteckt wurde, nicht Freundes-, nicht Familienbande zählen länger. Luther läßt sich nicht erschrecken. Er geht zu den Kranken, bringt ihnen Trost und – Speisen. Denn Nahrung wird knapp in der verseuchten Stadt. Es mangelt an Eiern, Butter, Käse, Korn und auch an Brennholz. Der Winter kommt früh und ist streng, die Kranken hungern und frieren. Die Bauern laden ihre Sachen draußen vor den Toren ab, die Städter müssen sie auflesen und mit dem zufrieden sein, was sie finden.

»Ich habe eben einen Kranken gesehen mit dicken Pestbeulen«, erzählt Luther und setzt sich auf die Ofenbank. Maruschel krabbelt ihm auf den Schoß.

»Hast du süßes Mus gegessen?« fragt er, wischt ihr mit dem Finger das Mündchen ab. »Ich habe die Beulen betastet, sie sind tatsächlich ganz hart.«

»Natürlich«, sagt Käthe, »was dachtet Ihr? Habt Ihr Euch die Hände gewaschen?«

»Nein, noch nicht, ich will es gleich tun, wenn ich mich ein wenig aufgewärmt habe.«

»Gott im Himmel, und Ihr habt dem Kinde über den Mund gewischt!« ruft Käthe.

»Gott im Himmel wird es schützen«, stammelt Luther; er wird leichenblaß. Käthe eilt mit Maruschel in die Küche, wäscht das Mündchen immer wieder mit Essigwasser, bis das Kind zu weinen beginnt. In den nächsten Tagen läßt Käthe die Kleine nicht aus den Augen – aber sie bleibt gesund!

Zusammen mit Luther pflegt sie die Frau des Kosmographen Dr. Sebald Münster, öffnet ihr die Beulen – aber es hilft alles nichts, die Ärmste haucht ihren Geist aus, und ihr Mann sitzt starr vor Schmerz an ihrem Bett, die vier kleinen Kinder jammern laut. Käthe nimmt den Mann bei den Schultern. »Meister Münster, hört Ihr mich? Seht, Eure liebe Frau leidet nun keine Schmerzen mehr, vergönnt ihr den Frieden! Ich nehme Eure Kinder mit mir ins Schwarze Kloster, damit sie gut versorgt sind.«

Sie zieht mit den vieren sofort in die Badestube – ihre Kleider stopft sie gleich in den Ofen.

Das warme Wasser löst nicht nur die froststarren Glieder. Bald plätschern die Kinder lustig, bespritzen sich gegenseitig und lachen. Als Sieberger in die Badestube kommt, sieht er vor lauter Dampf zunächst gar nichts. »Domina?« ruft er fragend.

»Ja?« antwortet Käthe und steht vom Boden auf, wo sie gerade die Seife suchte. »Da seid Ihr ja. Sind das die Münsterschen?«
»Ja doch.« Käthe ist ungeduldig.
»So müßt Ihr sie sofort nach Hause zurückschicken. Ganz Wittenberg weiß schon davon und ist in Aufruhr! Man wirft Euch vor, daß Ihr die Krankheit verschleppt!«
»Wolf, seit wann läßt unser Doktor sich von dir oder den Wittenbergern Vorschriften machen? Sollen die Kleinen umkommen in dem kalten Pesthaus? Die Bürger müssen sich um ihre eigenen Belange bekümmern, ich denke, es reicht für jeden!«

»Ketha!« ruft Luther, »kannst du bitte kommen und mir sagen, ob das hier stimmt? Die Stadt hat mir eine Abrechnung geschickt!«
Käthe wischt sich die Hände an der Schürze trocken und nimmt die Blätter entgegen.
»Laßt sehen!

280 Wagen Kalk, der Wagen zu vier Groschen,
12 500 Mauersteine, das Tausend zu 37 Groschen,
1300 Dachsteine, das Tausend zu 40 Groschen . . .

Oh, womit sollen wir das zahlen?«
»Gar nicht«, lacht Luther, »ich bezahle mit meinen Diensten – unentgeltliche Predigt und Seelsorge und durch Abtretung des Bodens vom Klosterhof.«
»Ach ja«, seufzt sie erleichtert, »das hätte ich fast vergessen.«
Ein Postreiter überreicht Luther Briefschaften, da stürmt Käthe aus der Türe und entreißt ihm das Bündel. Luther betrachtet sie sprachlos ob dieses Benehmens.
»Laßt sehen, ist ein Brief von Lauterbach aus Pirna dabei? Ja, ja, hier!«
Sie nimmt ihn und gibt Luther den Rest zurück.
»Ketha, was soll dein Ungestüm? Hast du Heimlichkeiten vor mir?«
»Ja, ja, habe ich! An Weihnachten sollst du ein wunderschönes Geschenk haben, und du darfst vorher nichts, nichts davon wissen!« lacht sie, drückt den Brief ans Herz und tanzt singend ins Haus, ungeachtet ihrer Schwerfälligkeit, denn sie ist im achten Monat.

Alles ist wieder so wie 1527. Käthe steht manchmal still, atmet den Duft der Kräuter ein, möchte sich in den Arm kneifen, um zu beweisen, daß sie träumt. Kranke, Kälte, das Rumpeln der Karren mit den Toten, der Rauch des Feuers vom Pesthof vor dem Elstertor, das Pochen an der Tür zu allen Zeiten, morgens, mittags, nachts – der Griff nach Tuch und Korb und der Weg hinaus – immer wieder dasselbe Elend, verkommene, kalte Häuser, Menschen, die sich in ihren Schmerzen winden und in ihrer Verlassenheit – düster, dunkel, grau, schwarz, Schreie, Gestank, Tod, Tod, Tod. Sie nimmt es wahr wie durch einen Schleier, ihre Füße setzen sich voreinander ohne Willensvorgabe, die Hände streicheln, waschen, verbinden, sie weiß nicht, wie. Sie fühlt sich elend. Übelkeit plagt sie den ganzen Tag, Schwindel nimmt ihr die Festigkeit des Schrittes, Müdigkeit drückt ihr die Augen zu. Nie zuvor ward ihr ein Kind so schwer im Leibe. Die Studenten, die Schüler, die Kranken, die Kinder, Luther – vor milchig-dunstigem Hintergrund gleiten ihre Gesichter vorbei, oft sieht sie die Lippenbewegungen, ohne die Worte wahrzunehmen.

Gewissermaßen aufgeweckt zu bewußtem Leben wird sie am 22. Dezember 1539, als ein Wagen auf den Hof poltert, aus Pirna!

Eigentlich sollte Luther noch nichts sehen, aber sie hält es nicht mehr aus, sie ruft ihn!

Sorgfältig mit Stroh und Tüchern verpackt liegt auf dem Wagen eine schön gearbeitete Pforte aus weißem Sandstein – die Reinheit des Materials tut Käthes Augen wohl nach all der Dunkelheit, dem Schmutz der letzten Monate. Wie harmonisch sich die Wölbung mit den fein ausgearbeiteten Verstrebungen zur Spitze über der Türe fügt! Auf der einen Seite ist Luther Brustbild angebracht, auf der anderen sein Wappen, die weiße Rose mit dem roten Herzen und dem schwarzen Kreuz darin, vom goldenen Ring der Ewigkeit umfaßt, mit der lateinischen Inschrift: *Im Stillesein und Hoffen ruht meine Stärke.*

Auf beiden Seiten der Türe finden sich Sitze zum Ausruhen mit steinernen Baldachinen darüber. Käthe seufzt vor Freude. Alles ist so geworden, wie sie es in ihrer Vorstellung gesehen hat.

»Das ist wunderschön, meine liebe Doktorin«, sagt Luther, »ich danke dir. Hätte ich je dein im Trubel der Geschäfte vergessen, so werde ich nun immer an dich gemahnt, wenn ich durch die Pforte gehe.«

Sie lächelt und nickt und hat Tränen in den Augen – die kommen ihr so leicht in den letzten Wochen.

Auf dem Wasser

Am 18. Januar 1540 spricht Luther nur von dem Tag zu Schmalkalden. Melanchthon hat ein Bedenken für den Kurfürsten abgefaßt, in dem er noch einmal festschreibt, daß das Augsburger Bekenntnis in all seinen Artikeln unverzichtbar sei. Als ein Mann des Ausgleichs, der er nun einmal ist, schlägt er vor, in den äußerlichen Dingen wie Kirchengesängen, Beichte, Festen, bischöflicher Jurisdiktion gewisse Zugeständnisse zu machen. Voraussetzung sei allerdings, daß es mit den Katholiken zu einem ernstlichen Vergleich komme.

»Ich will mich persönlich beteiligen«, sagt Luther, »aber ich glaube, es wird vergebliche Kost und Mühe abermal werden.«

Käthe reicht ihm die Gemüseschüssel. Heute ärgert sie sich einmal nicht an dem ewigen Hin und Her zwischen Katholiken und Protestanten, sondern sie lacht ihn an. Sie fühlte sich so wohl wie lange nicht mehr.

»Was möchtet Ihr lieber, mein Herr, einen Buben oder ein Mädchen?« fragt sie Luther. »Denn es ist bald soweit!«

»Ein Mädchen!« sagt er. »Wieviel Glück schenken mir doch unser herzliebes Lenichen und die kleine Maruschel! Mit den Söhnen gibt es alleweil Ärger. Wo ist Martin Luther, der Sohn meines Bruders Jakob? Fehlt er schon wieder zur Andacht?«

»Er ist eben nach der Suppe aufgestanden und hinausgelaufen!« berichtet Anna Strauß.

Luther wird bleich und starr wie ein Marmorbild. Der Zorn packt ihn dermaßen, er bringt keinen Ton hervor. Seine Hände, die auf dem Tisch liegen, zittern. Es dauert eine ganze Weile, bis Käthes guter Zuspruch, ihr Rückenklopfen und Wasser zum Trinken ihn soweit ablenken, daß er wieder stammeln kann.

»Dieser Junge bringt mich noch um mein Leben«, brummt er. »Wie oft, wie oft habe ich ihn vermahnt, er müsse bis nach dem Gebet am Tische bleiben! Und immer wieder läuft er davon. Ich mag ihn nicht mehr vor Augen sehen.«

Käthe schlägt den Blick nieder. Drei Tage lang, denkt sie, lasse ich ihn in der Küche essen, dann wird sich meines Gatten Zorn wohl verflüchtigt haben. Es sind doch Kinder!

Käthe erbleicht. Übelkeit, Schmerz, Schwäche überfallen sie mit einer solchen Wucht, daß ihr schwarz vor Augen wird. In dieser Dunkelheit hört sie ganz deutlich Luthers Stimme:

»Da es meiner Hausfrau so gut geht, kann ich wohl nach Eisenach reisen.«

Sie gleitet vom Stuhl zu Boden. Sie merkt nicht, wie man sie forträgt, was man mit ihr tut. Selten taucht sie aus den Tiefen der Bewußtlosigkeit für einen Augenblick auf, nimmt den bitteren Geruch von Kräutern und Essig war und gleitet wieder zurück ins gnädige Nichts – Stunden, Tage hindurch, sie weiß es nicht. Das Kindlein ist tot geboren, irgendwann hat man es ihr gesagt, aber nicht einmal dies berührt sie. Ihr ist, als läge sie auf einem großen Wasser, schwerelos, und werde von den Wellen geschaukelt, sanft und lind, über ihr ein weiter Himmel.

War da Luthers Stimme? Rief Lenichen, Maruschel? Zog Paulchen an ihrer Hand: »Frau Mutter, Frau Mutter!« Es dringt nicht vor in ihr Bewußtsein. Das weiche Wasser umschmeichelt ihre Glieder, sie schaut in den Himmel und wartet auf den Sonnenaufgang. Sie weiß, dieses Leuchten wird ihr Glück schenken, unbeschreibliches Glück, und sie forttragen in die Ewigkeit. Darauf wartet sie, das wünscht sie sich mit allen Fasern ihres Seins, nichts anderes zählt mehr . . .

Luther schreit, seine Stimme reißt sie herab auf das Schmerzenslager, zurück ins irdische Bewußtsein. Man schreibt den 22. Januar. Sie ist so schwach, sie kann nicht die Hand heben. Sie mag nicht essen, nicht trinken, ist zu schwach zum Schlucken. Es bereitet ihr unsägliche Mühe, die Augen für einen Augenblick zu öffnen.

»Herr, auf dich traue ich, laß mich nimmermehr zuschanden werden«, flüstert sie, immer wieder, wenn sie aufwacht. Sie sagt es ganz ruhig, mit einem Lächeln um die blutleeren Lippen.

Luther hält ihre schlaffen Finger, die Tränen rinnen, rinnen aus seinen Augen.

»Wie geht es?« flüstert Lucas Cranach an seinem Ohr. Er steht auf, zieht den Freund aus dem Zimmer.

»Sie ist schon so weit weg, Lucas, so weit. Ach, ich würde kein Vaterunser mehr beten, sondern ihre Seele Christo befehlen, wenn es nicht um die Kinder ginge!«

Barbara schlägt die Hände vors Gesicht, als sie am 24. Januar das Zimmer betritt. Käthe sieht einer Toten gleich, alles Blut scheint aus ihrem Gesicht gewichen, ihr Atem geht flach, das Herz schlägt langsam, langsam und ganz leicht. Barbara kann sich nicht beherrschen, sie schluchzt laut auf, aber Käthe bewegt sich nicht. Luther hebt sie hoch, dadurch erwacht sie, er flößt ihr einen Stärkungstrank ein.

»Muhme Lenes Rezept, meine liebe Doktorin!« sagt er. Sie öffnet die Augen. »Liebe Käthe, stirb mir ja nicht!« fleht Luther. Aber sie ist schon wieder ohnmächtig.

Luther läßt sie nicht. Tag und Nacht ist er bei ihr. Während ihre Freundinnen sie waschen und betten, ihr Arzneien und Stärkungsmittel einflößen, liegt er auf den Knien und betet. Er stürmt den Himmel.

Noch immer schwebt sie auf dem Wasser und wartet auf das Licht. Sie weiß genau, es wird kommen, und nichts gleicht seiner Schönheit! Die Bemühungen, sie auf die Erde zurückzuziehen, sind ihr lästig. Der Januar geht dahin, der Februar, es ändert sich nichts an ihrem Zustand.

Am 26. Februar zieht Lenchen morgens die Vorhänge auf. Es ist ein strahlender Frosttag, die Sonne leuchtet hell ins Zimmer. Der Duft des frischen Hirsebreis, mit Äpfeln und Zimt verfeinert, lockt.

»Mutter!« ruft das Kind. »Liebe Mutter, bitte, wacht auf, bitte, bitte!« Und hält ihr in seiner Einfalt den guten Brei nahe vors Gesicht. Sie öffnet die Augen, ein feines Rot steigt in die Wangen. Sie seufzt tief.

»Lenichen!« sagt sie, hebt langsam, langsam die Hand und streicht über das Haar des Mädchens.

»Mein Lenichen! Ich habe Hunger!«

Schon steht Luther hinter der Tochter. Er setzt seine Frau auf, stopft ihr Kissen in den Rücken.

Eigenhändig füttert er sie.

»Und seid Ihr nicht in Schmalkalden?« fragt Käthe.

»Nein«, antwortet Luther. »Ich bin bei dir! Melanchthon, Cruciger, Jonas und Bugenhagen sollen ohne mich fertig werden! Iß du nur und werde gesund.«

»Könnte ich wohl ein wenig Wein haben?« bittet sie.

Am Nachmittag hängt sie die Beine aus dem Bett, versucht aufzustehen. Glocken tönen in ihren Ohren, es wird ihr schwarz vor den Augen. Sie hält sich an Luther fest, bis sie wieder sehen kann, dann macht sie den ersten Schritt und noch einen. Danach muß sie schlafen. Sie träumt von der Boos, die Kinder toben mit dem Hund Tölpel auf den saftigen Wiesen. Das Wasser und der Himmel sind verschwunden. Sie weiß nichts mehr von dem Licht, auf das sie gewartet hat. Die Erde hat sie wieder.

Luther schreibt am 5. März 1540 an Melanchthon nach Schmalkalden:

> *»Mein Herr Käthe grüßt Euch ehrerbietig, das sollte ich unbedingt schreiben.*
> *Und er bedankt sich, daß Ihr mich hiergelassen habt. Er beginnt übermütig zu werden im Hochgefühl der Gesundheit, die sich, Gott sei Dank, allmählich wieder einstellt. Er läuft noch nicht recht, aber doch mehr, als er kriecht.«*

Ja, Käthe kriecht. Abgemagert, gekrümmt von Schmerzen und Schwäche, kriecht sie durch die Stube, vom Bett zum Stuhl, vom Stuhl zum Tisch, zur Bank – immer erst einen Halt suchend, an den sie sich heranzieht. Sie muß das Gehen neu erlernen. Aber sie ißt und trinkt und schläft und nimmt das Leben wieder in Angriff. Ihre Willenskraft ist gewaltig, und als sie die ersten Schritte frei und gerade aufgerichtet getan hat, erfüllt sie eine freudige Erregung.

»Tanzt mit mir, Meister Lucas!« bittet sie Cranach, der gerade auf Besuch gekommen ist. Behutsam nimmt er sie in seine starken Arme und dreht sich zwei, dreimal mit ihr. Atemlos fällt sie auf einen Stuhl.

»Ei, das war gut! Ich werde gesund, ja, ich werde gesund, ich will es und ich fühle es!«

»Seid Ihr zu Atem gekommen? Gut. Seht, hier habe ich Stift und Papier, und nun sagt mir, was ich Euch aus meiner Kolonialwarenhandlung senden darf zu Eurer Genesung, worauf hättet Ihr Lust?«

»Oh, fein«, seufzt Käthe, »so schreibt: Datteln, Feigen, Zimmetgewürz!«

Auch erzählt Luther ihr Geschichten.

»Stell dir vor, mein gnädiger Herr Käthe, welch unerhörte Kund mir Martin Bucer brachte: Landgraf Philipp von Hessen hat schon lange, lange eine gar ungute Ehe mit seiner Frau Christina. Um so mehr Augen warf er auf die junge Hofdame Margareta von der Sale. Er begehrt sie gar sehr, und weil er bei dieser Itzigen seiner Hausfrauen sich der Hurerei und Unkeuschheit und des Ehebruchs nit erwehren mag und ihn somit die sichere Verdammnis erwartet, will er unter Zustimmung seiner Frau Christina mit Margarete eine Nebenehe eingehen.«

»Erinnert mich an den König von England«, brummt Käthe.

»Philipp beruft sich auf die alttestamentarischen Patriarchen, die ja auch mehr als ein Weib hatten ...«

»In der Bibel kennt er sich gut aus, wollte ja auch wohl mit dem armen gefangenen Müntzer darüber streiten«, wirft Käthe ein.

Luther läßt sich in seiner Erzählung nicht beirren, wohl ahnend, wie sehr dieses Problem noch das seine werden wird:

»Auch führt er das Neue Testament an, in dem jede Verurteilung solcher, die zwei Weiber haben, fehle. Er beruft sich auf einen sagenhaften Grafen von Gleichen.

Und natürlich hält er uns, Melanchthon und mir, Heinrich den Achten von England vor, dem wir geraten hätten, sich doch eine zweite Frau zu nehmen, wenn die erste ihm keinen Erben gebären könne. Wenn solchiges um eines Kindes willen erlaubt sei, wieviel mehr um des Seelenheils willen, das er durch seine Unkeuschheit verliere!«

»Wer zwingt ihn denn zur Unkeuschheit? Soll er doch seine Triebe bezähmen, wie es jeder normale Sterbliche auch muß!« Käthe ist ärgerlich. Luther überhört sie.

»Und so läßt er uns bitten, ihm schriftlich zu bezeugen, daß er bei einer zweiten Eheschließung nit wider Gott handle und daß sie's auch für eine Ehe halten.«

»Und was hat er mit seiner ersten Frau vor?«

»Er will sie nicht verstoßen, ihre Kinder sollen die rechten Fürsten des Landes sein. Er trotzt auch dem Kaiser. Dieser, sagt er, verhalte sich ruhig, ›so wir Huren öffentlich haben, aber mehr denn ein Eheweib will er wohl nit gern leiden.‹ Aber da die Papisten grundsätzlich unsere Feinde sind, kommt es ihm auf einen Punkt mehr oder weniger auch nicht mehr an. Und er ist seiner Sache so sicher, daß er um eine päpstliche Dispens nicht einmal ansuchen will, obwohl er sie mit Geld leicht zu erreichen glaubt.«

»Und was denkt Ihr dazu?«

»Melanchthon und ich sehen keine Gründe, die einer heimlichen Dispens in einem solchen Falle entgegenstehen würden. Gott hat die Ehe zwar so gestiftet, daß es allein zweier Person Gesellschaft sein sollt, und davon sollte man zunächst auch öffentlich nicht abgehen.«

»Wenn du's erlaubst, wird man auf den Gassen schreien: Die Protestanten sind wie die Täufer und die Türken, sie nehmen mehrere Weiber!« sagt Käthe.

»Wenn es auskommt, würden sie das!« nickt Luther. »Auch das politische Ansehen des Landgrafen würde dadurch geschmälert.«

»Schließlich müssen viel andere auch in ihrem Ehestand Geduld haben«, gibt sie noch einmal zu bedenken.

»Richtig, so wie ich mit dir!« scherzt er und nimmt ihre Hand. »Andererseits ist Unzucht keineswegs als geringe Sünde zu achten, selbst weltlicherseits gilt, daß kein Ding den Männern so den Mut nehme als Unkeuschheit.«

»Dann dürfte es wenig mutige Fürsten geben!«

»Käthe, wie redest du daher! – Jedenfalls wollen wir unsere Zustimmung unter der Bedingung geben, daß solches heimlich zu halten ist, beichtweis.«

»Und Ihr glaubt, dies sei möglich?« zweifelt Käthe.

»Aber sicher, wenn Philipp es verspricht.«

»Ach, Martinus, oft seid Ihr voller Vertrauen wie ein Kind. Glaubt mir, es wird sich nicht geheimhalten lassen.«

»Natürlich wird es, Kätha! Misch dich nicht in Sachen, von denen du nichts verstehst.«

»Vielleicht sollte ich mir einen zweiten Ehemann nehmen, bei dem ich reden darf!«

»Katharina, du gehst zu weit!«

Ende März ist sie wieder ganz gesund, so daß Luther beruhigt nach Dessau reisen kann, wo er bei der Taufe des anhaltischen Prinzen Bernhard Pate wird.

Landgraf Philipp von Hessen teilt Luther mit, daß er am 4. März im Beisein von Melanchthon und Bucer die Eheschließung mit Margareta von der Sale vollzogen habe. Er bittet um Geheimhaltung, will sich aber auch bei Bekanntwerden daran trösten, daß er »mit gutem Gewissen und umb der Besserung willen meins Lebens angefangen hab, und ich weiß, daß es wider Gott nit ist«. Er, der seit dem Bauernkrieg nicht mehr gewagt hatte, zum Abendmahl zu gehen, ist wieder mit fröhlichem Gewissen gegangen. Und er schickt Luther ein Fuder Rheinwein.

Käthe schweigt gehorsam. Dieser Wein will ihr nicht schmecken. In ihrem Innern rumort es. Da setzt der Herr sich auch noch einen Heiligenschein auf, weil er die eheliche Treue nicht halten kann!

Der Kurfürst bittet Luther, den Brief Philipps noch nicht zu beantworten und seinen Ratschlag zu der Doppelehe geheimzuhalten, »umd des Exempels willen, welchem hernach jedermann, auch zuletzt die groben Bauern folgen wollten«.

Käthe hört es, schweigt gehorsam, lächelt. Der Kurfürst ist ein Mann nach ihrem Herzen, er kennt die Welt.

Kaiser Karl V. lädt von Gent aus die Protestanten auf den 6. Juni nach Speyer »zu schleuniger friedlicher Hinlegung und Vergleichung« in den Religionsangelegenheiten. Die Türken sitzen ihm im Nacken. Aber in Speyer grassiert die Pest, die Versammlung wird nach Hagenau verlegt.

Die Herrin von Zulsdorf

»So!« ruft Luther und schlägt mit der Faust auf den Tisch, daß es nur so kracht. »Jetzt hat Agricola beim Kurfürsten Klage gegen mich geführt. Ich werde mich mit einer Schrift ›Wider den Eisleben‹ dagegen verteidigen.«

»Muß das denn sein?« fragt Käthe. »Konntet Ihr nicht mit dem gnädigen Herrn sprechen und die Sache endlich friedlich aus der Welt schaffen?«

»Nein. Eisleben ist unser Feind. Er hat unsere Lehre geschmäht, unsere Theologen geschändet. Mit ihm gibt es keinen Frieden mehr! Aber du wirst gleich aufhören, mit mir zu zürnen, meine Kaiserin! Höre, was ich dir mitteile: Ich habe das Landgut Zulsdorf um 610 Gulden von deinem Bruder gekauft und schenke es dir hiermit als dein Eigen, damit du dort wirtschaften und fuhrwerken kannst nach Herzenslust und ich hier meine Ruhe habe!«

»Oh, mein Herr!« Käthe fällt ihm um den Hals.

»Laß mich aus, du erdrückst mich ja schier!« stöhnt er.

»Aber wie wollen wir es zahlen?« überlegt sie. »Mein Bruder Hans braucht das Geld dringend und sofort.«

»Gott gibt allemal mehr, als wir bitten, liebe Käthe«, antwortet Luther. »Wenn wir recht um ein Stück Brot bitten, so gibt er einen Acker dazu! Der Kurfürst will 600 Gulden geben!«

Käthe nickt und faltet still ihre Hände. Sie fühlt sich geborgen und eins mit dem ewigen Willen. Alle Zweifel, die sie sehr wohl manchmal bedrängen, ob es denn recht sei, nach irdischem Gut zu streben, schweigen. Es wird ihr geschenkt! Mit beiden Händen will sie es annehmen und hegen und pflegen und mehren! »Nur hänge nicht dein Herz daran!« mahnt es in ihr.

Ihr Bruder Hans, der seit einigen Tagen im Schwarzen Kloster zu Gast ist, tritt ein. Wie elend er doch aussieht, bleich, verhärmt, den Rücken kummervoll gebückt.

»Ich will Euch Glück wünschen, liebe Schwester! Mir ist es nicht gelungen, das Erbteil unserer Väter zu Ansehen und Gedeihen zu bringen, aber du wirst es bewerkstelligen.«

»Dank sei Euch, Hans. Mit Gottes Hilfe soll's nicht fehlen.«

Käthe kann noch nicht in Zulsdorf wohnen, so gerne sie auch möchte. Das Gut ist böse heruntergewirtschaftet. Sie wird viel Bauholz brauchen – sie bittet den Kurfürsten um Hilfe. Er weist sofort den Schösser aus Altenburg an, ihr das nötige Bauholz zu liefern. In einem Wald, der sich östlich von Altenburg zur Mulde hinüberzieht, soll das Holz geschlagen werden. Man muß damit sofort anfangen, denkt Käthe – aber wer beaufsichtigt die Leute, wer kümmert sich darum, daß nichts gestohlen wird? Altenburg – Spalatin! Ja, sie wird Spalatin bitten, er wird das für sie regeln, er ist am Ort.

Fluchend und schimpfend rennt derweil Luther über den Klosterhof. Er ist außer sich. »Seit Wochen rumort der Zeugmeister der Stadt Wittenberg mit seinen Leuten auf dem Grundstück; nicht genug, daß sie Schlaf, Studium und Andacht stören mit dem gotteslästerlichen Lärmen, sie reißen mir mein geliebtes Kirchlein ab und schütten mir die Fenster zu! Türken und Stadtmauer, Befestigung und Verteidigung hin und her – er soll mich kennenlernen!«

Stürmt in sein Studierstübchen und beginnt zu schreiben.

Er findet Käthe damit beschäftigt, den feinen Staub, der von den

Abbrucharbeiten herrührt und durch alle Ritzen dringt, zu beseitigen.

»Es ist einfach garstig – hier putze ich, und dort ist es schon wieder schmutzig«, stöhnt sie. »Und dieser Lärm! Mir dröhnt der Kopf – manchmal fürchte ich, die Türken seien schon am Werke.«

»Lies!« sagt Luther und reicht ihr ein Blatt, »ich habe geschrieben!«

»Zu Händen dem Zeugmeister zu Wittenberg, N. von Grunen. Mein lieber Zeugmeister! Ihr wißt, daß Euch verboten ist von meinem gnädigsten Herrn, daß Ihr nicht dürft mir zu nahe oder zum Schaden bauen. So habe ich meinem gnädigsten Herrn zu Dienst eingewilligt, das untere Gemach zu verschütten. Nun fahrt Ihr zu aus eigener Willkür und Unverschämtheit und beschüttet mir auch das mittlere Gemach bis an das Fenstergitter, was Euch ohne Zweifel der Teufel befohlen hat, weil es über meines gnädigsten Herrn Befehl und meine Bewilligung hinweg geschieht, woraus jedermann spürt und öffentlich schreit, daß es Euch nicht um den Bau, sondern um das Haus zu tun gewesen, mich davon zu drängen und kurfürstliche Briefe und Siegel in den Dreck zu treten . . .
Hier mit Gott befohlen, der Euch bekehre und anders mache. Denn so sollt Ihr's nicht hinausführen oder gar bald im Abgrund der Hölle sein. Das wollt ich Euch nicht gerne wünschen, sonst hätte ich solch Schreiben an Euch anstehen lassen. Aber damit ich entschuldigt sei vor Gott und Ihr Eure Sünde und Bosheit selber tragen müßt, sollt Ihr hiermit verwarnt sein. Sind viele und größere Tyrannen und Teufel gewesen, als Ihr und der Schösser seid; sie sind aber alle dahin und haben die Sonne am Himmel lassen müssen.
Martinus Luther D.«

Im Juni reisen der Kurfürst und Melanchthon nach Hagenau. Melanchthon verabschiedet sich im Lutherhaus.

»Ihr seht so bleich, Magister Philippus!« sagt Käthe, »fühlt Ihr Euch nicht wohl?«

»Nein, Domina, ganz und gar nicht. Mir liegt diese hessische Hochzeit auf dem Magen, ich kann Euch gar nicht sagen, wie sehr sie mich drückt.«

»Es wird immer neue Ärgernisse geben, aber alle können mit Gott überwunden werden«, tröstet Luther. »Es handelt sich in dieser Sache um einen Fall der äußersten Not, der entweder kein Gesetz leidet oder es doch wenigstens mildert. Sollen sich die deswegen bekümmern, die es in erster Linie betrifft, und nicht uns allein damit beschweren! Wir sind ja nur die beratenden Theologen, uns kann man allenfalls der Barmherzigkeit und freundlichen Willfährigkeit beschuldigen.«

Er tätschelt den Arm des Freundes. Melanchthon senkt den Kopf. Käthe merkt es ihm an, er ist nicht beruhigt.

Die Nachrichten der nächsten Tage zeigen, wie sehr zu Recht Melanchthon sich fürchtet. Die Doppelehe ist Tagesgespräch in deutschen Landen, in Hagenau. Luther ist der Sache reichlich überdrüssig – er möchte Wichtigeres lesen und schreiben als diese vielen Briefe darüber.

»Was soll der Landgraf denn Eurer Meinung nach tun, wenn der Kaiser zum Reichstag kommt und Rechenschaft fordert?« will Käthe wissen.

Luther sieht von seinen Schriften auf.

»Genau das hat er mich auch gefragt! Er soll sich nur zu einer Konkubine bekennen, die er bereitwillig zu entlassen bereit sei, wenn dies auch alle anderen Fürsten und Herren tun würden. Die eigentliche Ursache des Beichtrats darf er keinesfalls kundtun, denn dies brächte dem Landgrafen zu große Schande und Verkennung. Lieber sollen die Leute sagen, Doktor Martinus hat genarret mit seinem Nachgeben.«

Käthe legt die Arme um seinen Hals.

»Was seid Ihr nur für ein Mensch! Wie könnt Ihr grollen und schimpfen und mit Worten dreinschlagen, und hier nehmt Ihr vor der ganzen Christenheit so einfach eine Schuld auf Euch, die Ihr gar nicht habt, um das Ansehen eines Fürsten zu schützen.«

»Übrigens reise ich nach Weimar«, lenkt Luther ab, den das Lob seiner Frau unsicher macht. »Melanchthon ist so krank, daß der Kurfürst mich zur Hand haben will.«

Käthe nickt. Zum erstenmal in ihrer Ehe kommt es ihr gut aus, daß Luther wegfährt. Es zieht sie nach Zulsdorf, und wenn er nicht zu Hause ist, braucht sie sich kein Gewissen daraus zu machen, ihn schlecht versorgt zurückgelassen zu haben.

Am 2. Juli 1540 schreibt er ihr:

>*Meiner herzlieben Käthe, Doktorin Lutherin usw., Frau auf dem neuen Saumarkt, zu Händen.*
Gnad und Friede! Liebe Jungfrau Käthe, gnädige Frau von Zülsdorf und wie Euer Gnaden mehr heißt! Ich füge Euch und Euer Gnaden untertäniglich zu wissen, daß mir's hier gut geht. Ich fresse wie ein Böhme und saufe wie ein Deutscher, das sei Gott gedankt, Amen. Das kommt daher, Magister Philippus ist wahrlich tot gewesen und recht wie Lazarus vom Tod auferstanden. Gott, der liebe Vater, höret unser Gebet, das sehen und greifen wir, nur daß wir's dennoch nicht glauben – da sage niemand Amen zu unserem schändlichen Unglauben ... Hiermit Gott befohlen. Sage Lycaoni nostro, daß er die Maulbeeren nicht versäume, er verschlafe sie denn. Das wird er nicht tun, er vergesse es denn. Und den Wein soll er auch zur Zeit abziehen. Seid fröhlich alle und betet, Amen.
Weimar, die visitationis (am Tage der Heimsuchung Mariens) 1540

Martinus Luther, Dein Herzliebchen.<

Lenchen steht hinter ihr und hat die letzten Zeilen gelesen.
»Wer ist denn Lycaoni nostro?« buchstabiert sie.
»Unser Lykaon, das heißt, Wolf Sieberger.« antwortet Käthe.
»Und warum heißt der Herr Vater ihn Lykaon?«
»Ein schönes Rätsel, wie dein Vater sie liebt. Lykaon war einst König von Arkadien. Er setzte dem Zeus, seinem Abgott, einen geschlachteten Knaben zum Mahle vor und wurde zur Strafe in einen Wolf verwandelt.«
»Wolf – ach ja, so meint er das! Aber trotzdem, er sollte unseren lieben Wolf nicht mit dem Namen eines so bösen Mannes nennen.
Bitte, liebe Mutter, erzählt mir eine andere Geschichte, eine schöne!«
Käthe legt den Brief aus der Hand und setzt sich, nimmt das Kind neben sich auf die Bank.
»Im Kloster Marienthron in Nimbschen hatten wir ein großes, altes Brunnenhaus. Die Mauern, die Steinstufen waren grün bewachsen mit allerlei Moos, es roch gar dumpfig und feucht darin, der Bügel mit Eimer und Kette war kaum noch zu erkennen vor

Rost. Doch das große Becken hatte wunderschönes, klares Wasser. Die Schwestern glaubten, es sei gut gegen Fieber, und gaben es wie eine Medizin. Einmal wurde ich geschickt, es zu holen, als eben die Sonne geradewegs ins Wasser schien. Ich bückte mich über den klaren Spiegel, und da sah ich sie.«

»Wen, Frau Mutter?« fragt Lenichen, die Hand am Mund.

»Das Wasserweib, die schöne Nixe!«

»Wie sah sie aus?«

»Gar lieblich und freundlich! Sie hatte lange, gelbe Haare, die sich in weichen Wellen und Locken wie ein Mantel um ihren Körper schmiegten, ihre grünen Augen funkelten und leuchteten wie Edelsteine – und ihre Hände! Nie vergesse ich diese schlanken, anmutigen Finger, mit denen sie Zöpfchen in ihr Haar flocht. Manchmal zur Nacht hörten wir sie auch singen. Sie hatte eine wunderschöne Stimme.«

»Und ist sie je aus dem Brunnen herausgestiegen?«

»Die Schwestern erzählten, daß sie vor Zeiten von einem jämmerlichen Geschrei geweckt worden seien und wohl die ganze Abtei mit ihren Lämpchen absuchten, denn es war in der Nacht, bis sie endlich herausfanden, daß das Weinen aus dem Brunnenhause kam. Da quälte sich die schöne Ley auf den Steinstufen, sie sollte ein Kindlein gebären und konnte es nicht allein.«

»Haben die Schwestern ihr geholfen?«

»Ja, mein Herz, die Siechenmeisterin wurde gerufen und tat das Ihre.«

»War es Muhme Lene?«

»Nein – es ist schon lange her, Kind, es muß eine ihrer Vorgängerinnen gewesen sein.«

»Und wie sah das Kind aus?«

»Das weiß ich leider nicht, ich war ja nicht dabei! Es wird gewiß schön gewesen sein wie die Mutter.«

»Wer war denn wohl der Vater?«

»Geh in die Milchkammer, Lenichen, und frag den Käse. Ihm stehen Löcher gut an.«

Lenchen lacht. Käthe steht auf, nimmt ihren Brief. Die schöne Ley. Habe ich sie wirklich gesehen? – Doch, gewiß, ich habe sie gesehen. Aber wenn es die schöne Ley gibt, die gut und freundlich war, dann kann es auch böse Wasserweiber geben, und dann kann es auch Hexen geben . . . Und Theresa war keine!

»Los, Kinder, steigt auf, wir wollen unser Holz holen!« Käthe hilft Lenchen und Maruschel auf den Leiterwagen. Sie hat einen großen Korb mit Brot und Kirschen gepackt, sie lenkt selber die Pferde. Das ist eine fröhliche Fahrt! Sie singen und lachen, die Bauern auf den Feldern halten in der Arbeit inne und sehen ihnen nach.

Als sie sich zum Wald Leine durchgefragt haben, legt sich mit dem Schatten der hohen Bäume auch etwas Dunkles auf ihre Seelen. Maruschel kuschelt sich an die Mutter und schläft ein, Lenchen träumt vor sich hin, die Pferde gehen langsamer, der Korb ist leer. Käthe fühlt sich verlassen und ausgeliefert. Sie rückt die Schultern zurecht. Was soll diese Stimmung?

Sie kann den Platz nicht finden. Sie irrt im Wald umher. War sie hier schon?

Alles sieht so gleich aus. Endlich hört sie Schläge – dort müssen Menschen sein. Sie folgt dem Klang. Tatsächlich, dort ist eine Lichtung, zwei Männer arbeiten. Sie hält an, springt vom Wagen, geht auf die Holzfäller zu. Die Lichtung ist leer, nirgendwo sieht sie gestapeltes Bauholz.

»Gnade und Frieden!« grüßt sie. Die Männer schieben ihre Kappen in den Nacken.

»Ich möchte Bauholz abholen.«

»Welches Bauholz?«

»Das für Katharina Lutherin. Es wurde im Auftrag des Kurfürsten geschlagen, Herr Spalatin...«

»Ach so, das. Das ist gestern abgeholt worden.«

»Was?« schreit Käthe.

»Es ist gestern abgeholt worden.«

»Von wem?«

Die Männer zucken die Achseln. »Was wissen wir? Wir sind nur einfache Arbeitsleut.« Sie spucken in die Hände und packen ihre Äxte, zischend fährt der Stahl ins Holz.

»Mutter!« ruft Lene, »kommt Ihr? Es ist so dunkel hier im Wald.«

Käthe wankt zum Wagen. Die Tränen springen ihr aus den Augen. Es kann nicht wahr sein! Soll sie nun wieder von vorn anfangen mit Bitten und Betteln? Maruschel ist aufgewacht, hat sich erschrokken, weint, ist hungrig.

»Hüa!« ruft Käthe.

Spalatin muß einen Sturm über sich ergehen lassen, aber er weiß auch nicht, wie der Diebstahl geschehen konnte. Käthe muß nach Wittenberg zurück und versuchen, neues Holz zugeteilt zu bekommen.

Als sie die Anrede von Luthers nächstem Brief liest, klingt sie ihr wie bitterer Hohn in den Ohren:

>*Der reichen Frau zu Zülsdorf, Frau Doktorin Katherin Ludherin, zu Wittenberg leiblich wohnhaft und zu Zülsdorf geistlich wandelnd, meinem Liebchen, zu Händen.*
Abwesend dem Doktor Pomeran Pfarrer zu brechen und zu lesen.
. . . wollten schaffen, daß wir einen guten Trunk Biers bei Euch finden. Denn, so Gott will, morgen dienstags wollen wir aufbrechen gegen Wittenberg zu.
Es ist mit dem Reichstage zu Hagenau ein Dreck; ist Mühe und Arbeit verloren und Unkosten vergeblich. Doch wenn wir schon nichts anderes ausgerichtet, so haben wir doch Magister Philippus wieder aus der Hölle geholt und wollen ihn aus dem Grabe wieder fröhlich heimbringen, so Gott will und mit seiner Gnade, Amen.
Es ist der Teufel draußen selber mit neuen bösen Teufeln besessen, brennet und tut Schaden, daß es schrecklich ist. Meinem gnädigsten Herrn ist im Thüringer Wald mehr als tausend Acker Holz abgebrannt und brennet noch; dazu sind heute Nachrichten, daß der Wald bei Werda auch angegangen sei. Und an vielen Orten mehr, hilft kein Löschen. Das wird teures Holz machen! (Nein, nein, jammert Käthe, sprich mir nicht von Holz!)
Betet und lasset beten, wider den leidigen Satan, aufs allerheftigste! Christus unser Herr wolle vom Himmel kommen und auch ein Feuerlein dem Teufel und seinen Gesellen aufblasen, das er nicht löschen könnte, Amen.
Ich bin nicht gewiß gewesen, ob Dich diese Briefe zu Wittenberg oder zu Zülsdorf würden finden, sonst wollte ich geschrieben haben von mehr Dingen. Hiermit Gott befohlen. Amen. Grüße unsere Kinder, Kostgänger und alle. Montags nach Jakobi 1540.

Dein Liebchen M. Luther D.«

Sie hat für das Gutshaus zwei Medaillons bestellt, Steinmetzarbeiten, Luther und sie selbst darstellend.
Nun steht sie vor ihrem eigenen Abbild und muß sich setzen. Das soll Katharina von Bora sein? Eine alte Frau! Eine Matrone mit

gefältelter Haube und feistem Gesicht, die Augen ins Wesenlose gerichtet – sie läuft zum Brunnen. Den Steinmetz, über den sie schon herfallen wollte, trifft keine Schuld. Er hat sehr genau gearbeitet. Sie sieht tatsächlich so aus!

Sie stemmt die Arme auf den Brunnenrand und richtet sich auf. 41 Jahre ist sie alt. Alt, ja! Wie die Zeit dahingegangen ist. Sie befühlt ihr Taille. Im Geiste sah sie sich immer noch schlank und biegsam wie in ihren jungen Jahren. Aber so ist es nicht mehr.

Sie setzt sich auf die Brunnenstufen. Der Wind spielt mit dem Band ihrer Haube. Kein Hieronymus würde sich mehr nach ihr umsehen, kein Doktor der Theologie sie ehelichen, sie kann keine Kinder mehr zur Welt bringen. Ein welkes Blatt fällt vor ihre Füße, das erste dieses Jahres. Es wird Herbst, Katharina! Wie oft ertappt sie sich dabei, daß sie Geschichten aus der Vergangenheit erzählt, von damals!

Du mußt langsam daran denken, die Ernte einzubringen, sagt sie zu sich selbst, die Ernte deines Lebens. Sie stockt. Was habe ich einzuholen? fragt sie sich und antwortet schnell, ehe ihre Seele Einspruch erheben kann: den Garten am Saumarkt, die Boos, Zulsdorf – meine Kinder werden leben können! Und steht auf und läuft in den Stall und beginnt, hastig zu arbeiten.

Luther ist wieder zu Hause. Heimlich beobachtet Käthe seine Züge. Ist er auch gealtert? Ach ja, er ist alt. Sie erinnert sich jenes Morgens, wo sie ihn zum ersten Male im Stadttor von Wittenberg sah! Nun ist sein Gesicht nicht mehr hager, sein Körper ist schwer geworden, die strahlenden Augen des Löwen wirken oft müde.

So geht alles dahin, denkt sie, die Jugend, die Kraft, so schnell dahin – und was bleibt?

»Nun hat der Antichrist zu Rom den neuen Orden unserer Feinde bestätigt«, knurrt Luther bei Tisch.

»Verzeiht meine Unwissenheit, welchen Orden meint Ihr?« fragt Käthe.

»Die Societas Jesu«, gibt er ihr Bescheid. »Sie wollen eine Reform gegen uns Reformer ins Leben rufen, und, um der Wahrheit die Ehre zu lassen, sie haben hervorragende Köpfe.«

»Auch Herzen?«

»Liebe Käthe, das läßt sich unter den schwarzen Röcken so schwer ausmachen. Sie sind organisiert wie die Soldaten, ihre Oberen tragen militärische Rangbezeichnungen. Ihr Begründer ist Ignatius von Loyola, ein ehemaliger Offizier und Kriegsheld, der zu einem Streiter Christi wurde – ich denke, man wird mit ihnen zu rechnen haben.«

»Solange sie nur unsere Wälder in Frieden lassen...«, brummelt Wolf Sieberger.

»Diesen Sommer haben in Kursachsen übergenug Bäume gebrannt!« bekräftigt Käthe.

»Es ist eine Schande, die Natur in die politischen Kämpfe hineinzuziehen«, empört sich Sieberger.

»Es ist eine Schande, Gott in die Machenschaften der Menschen hineinzuziehen«, sagt Luther.

»Gott und seine Schöpfung«, beharrt Wolf. »Herzog Heinrich von Braunschweig sollte sich wohl andere Waffen aussuchen können denn Feuerbrände in den Wäldern.«

»Ist es wirklich wahr, daß er dahintersteckt?« fragt Käthe.

Luther bestätigt es ihr.

»Der Erzmordbrenner soll ausgeschickt haben viel hundert Mordbrenner wider die evangelischen Stände, es sind bereits mehr denn dreihundert gerichtet.«

»Haben sie gestanden?« will Käthe wissen.

»Ja, sie haben es gestanden.«

»Sind sie gefoltert worden?«

»Das sind sie, wie es die Regel ist.«

»Ach...« Käthe sieht vor sich hin und denkt an Theresa. »Man gesteht alles...«

Aber dreihundert? Alle geständig, alle unschuldig? Ihr schwindelt.

Am 25. November 1540 endlich eröffnet der kaiserliche Gesandte Granvelle das schon lange anberaumte Gespräch zwischen Katholiken und Protestanten.

»Wer streitet für wen?« fragt Käthe.

»Auf katholischer Seite Eck, Gropper, Faber und Gesellen, und für uns Melanchthon, Cruciger, Caloni, Amsdorf, Brenz, Bucer...«

»Gute Namen – hoffentlich ist Philippus nicht wieder zu nachgiebig.«

»Die anderen werden ihm schon den Rücken stärken! Obwohl der Kaiser gleich ordentlich Pfeffer aufs Essen gestreut hat – es wurde bekannt, wie er in den Niederlanden durch ein neues Edikt die Gefolgschaft meiner Person und den Besitz reformatorischer Schriften unter Todesstrafe gestellt hat – hoffe ich doch zuversichtlich, daß dieser Konvent ohne den Namen eines Konzils eine wahrhafte deutsche Kirchenversammlung werden kann!

Übrigens habe ich das Bekenntnis erhalten, das unser Freund Robert Barnes vor seiner Hinrichtung als Ketzer in England abgelegt hat.«

»Es ist mir so leid um ihn«, klagt Käthe.

»Ich will es veröffentlichen und in der Vorrede den Freund und Hausgenossen rühmen, der von Gott zum Märtyrer erwählt wurde«, tröstet Luther sie.

»Und nach Berlin muß ich schreiben«, fährt er fort, »an den Hofprediger, wo Agricola tätig ist. Ich muß ihn warnen, daß Meister Grickel nicht der Mann ist, der er scheinen möchte, sondern die menschgewordene Eitelkeit. Mein Rat ist ja gewesen, daß er irgendeinen spaßhaften Beruf ergriffe; denn zum Lehren taugt er ganz und gar nicht.«

»Martin, Ihr seid zu hart mit Euerm Freunde«, bittet Käthe, »er bemüht sich doch unablässig um Aussöhnung, hat Eure Bedingungen angenommen!«

Luther ist unversöhnlich. »Ich glaub ihm nicht. Er geht mit Täuscherei um. Und liege mir seinetwegen nicht in den Ohren, Käthe.«

Traurig verläßt sie ihn.

Auf dem Markt in Wittenberg, Käthe braucht Garn:

»Also nee, da bin ich aber Besseres jewöhnt!« klingt ihr ein fremdartiger Zungenschlag entgegen. Eine Frauensperson in den besten Jahren, prächtig gewandet, läßt das ungebleichte Leinen prüfend zwischen wetzendem Daumen und Zeigefinger durchgleiten.

»Ihr seid nicht aus Wittenberg!« spricht Käthe sie an. »Darf ich fragen, wo Ihr herkommt?«

»O ja«, lacht die Fremde freundlich. »Aus Kölle – aus Köln am Rhein.«

»Ei, aus der großen Stadt mit dem schönen Dom?«

»Genau! Wenn er nur erst fertig wäre! Ich will Euch nicht zu nahe treten, wirklich, aber bei uns sieht es auf dem Markt anders aus.

Wir haben auch ein Kaufhaus, den Gürzenich, da könnt Ihr Euch trockenen Fußes im Warmen bedienen. Und von Stoffen verstehe ich nun einmal etwas, bin Meisterin, hochangesehen in der Gaffel und führe selbst ein Geschäft mit dreißig Frauen.«

»Ihr? Ja, dürft Ihr das denn? Ich meine, als Frau?«

»Ja, in unserer Stadt darf ich das, und ich habe alle Rechte und Pflichten genau wie ein Meister, nur daß ich keinen Wachdienst auf den Stadtmauern leisten muß, dafür rüste ich einen Kerl aus und zahle ihn.«

»Das wundert mich zu hören«, staunt Käthe, »bei uns in Wittenberg kenne ich keine selbständige Meisterin.«

»Ihr müßt Euch nur trauen, dem Stadtrat und der Zunft ordentlich zusetzen und – natürlich müßt Ihr was können. Aber Ihr seht doch aus, als ob Ihr Euern Mann steht! Ich bin Ännchen Pütz, und wer seid Ihr?«

»Katharina Lutherin.«

»Oh!« Nun staunt auch die Fremde. »Des großen Martinus Luther Eheweib?«

»Ja.« Käthe errötet.

»Freut mich, freut mich wirklich!« Ännchen drückt ihr fest die Hand.

»Ich bitte Euch, kommt mit mir zum Mittagsmahl«, lädt Käthe ein.

Die beherzte Kölnerin schlägt die Augen nieder.

»Ich danke Euch für Eure freundliche Einladung. Wollt verzeihen und verstehen: ich bleibe meinem alten Glauben treu und wüßte nicht, was zu reden in des Reformators Haus! Nichts für ungut, ich habe mich gefreut Euch zu sehen, und falls Ihr einmal nach Köln kommt: Ännchen Pütz würde sich über Euern Besuch freuen. Ich wohne im Seidmachergäßchen.«

Käthe nickt und geht zum nächsten Stand. Ihre Gedanken sind nicht beim Kaufen, und sie wird sofort übervorteilt, aber sie merkt es nicht einmal. Eine Meisterin, mit eigener Werkstatt, frei, selbständig und offensichtlich erfolgreich! Wie eine frische Brise weht ihr diese Kunde um die Nase.

An einem Stand mit Hühnern und Gänsen ist großer Trubel. Der Bauer zerrt seine Frau hinter den Käfigen hervor und schlägt grob auf sie ein, sein wildes Schimpfen kann man nicht verstehen. Die Hühner gackern, fliegen in Panik gegen die Gitterstäbe, Eier fallen zu Boden, der Bauer rutscht darin aus und stürzt, seine Frau läuft davon in Richtung Kirche. Ännchen Pütz marschiert hochrot wie ein Soldat auf den Mann zu.

»Was fällt dir ein, dein Weib zu schlagen?«

Er steht auf, versucht, die Eierspuren abzuwischen.

»Das geht Euch gar nichts an, was ich mit ihr tue! Und wenn ich sie totschlüge oder verkaufte oder verspielte – das ist mein Recht!« schreit er trotzig.

Ännchen wendet sich an Käthe. »Lutherin, ist das wirklich so?«

»Ja, leider«, muß Käthe zugeben. »So ist das Recht. Frau und Kinder unterstehen dem Mann, er kann sie züchtigen, soviel er will.«

»Dunkle Zeiten, harte Gesetze – da müßte aber endlich jemand kommen und das Licht der Vernunft anzünden«, brummt Ännchen.

Käthe mag nicht mehr einkaufen. Sie eilt nach Hause. Dort findet sie Luther auf der Ofenbank sitzen; er hält sich den hochroten Kopf und stöhnt.

»Martinus, auf dem Markt hat sich Seltsames zugetragen...«, beginnt sie, aber er unterbricht sie mit lauter Stimme:

»Ich kann dich nicht hören, Ketha! Ich habe furchtbare Schmerzen in meinem rechten Ohr!«

Sie setzt sich neben ihn und sieht nach.

»Oh, das will ich gern glauben! Ihr habt ein großes Geschwür im Ohr. Legt Euch zu Bett.«

»Nein, ich kann nicht. Wenn ich liege, sprengen die Schmerzen mir den Schädel auseinander.«

»So bleibt hier am Ofen sitzen. Ich bringe sofort heißes Mandelöl, das hilft auf der Stelle.«

Bei Luther bringt es keine Linderung. Das Geschwür wird dicker und dicker, dem Manne laufen die Tränen übers Gesicht vor Schmerzen, er ringt die Hände, geht in der Stube auf und ab.

Ein gewaltiger Donner läßt die Becher auf dem Bord an der Wand klirren, ein Stuhl fällt polternd zu Boden, wild schlägt ein Fensterladen gegen die Mauer, Blitze zucken, der Wind heult.

Luther preßt die Hände gegen den Kopf.

»O Herr, erlöse deinen armen Diener!« fleht er.

Käthe schiebt ihn auf die Bank, sie will ihm eine Packung heißen Haferbreis auflegen.

Da stürmt Bugenhagen ins Zimmer.

»Der Teufel geht um!« ruft er. »Dieses Unwetter ist nicht mehr natürlich. Der Kirchenfußboden ist unter meinen Sohlen abgesunken. Gott sei uns allen gnädig.«

Luther sinkt auf die Knie.

»Lasset uns beten ... Ah – was ist das? Der Druck, der Schmerz läßt nach ...«

Aus seinem kranken Ohr schießt gelber Eiter.

»Die Geschwulst ist aufgebrochen – nun wird es Euch besser gehen!« jubelt Käthe. »So setzt Euch hin und haltet still, daß ich Euch behandeln kann.«

»Dem Herrn sei Dank«, sagt Bugenhagen innig. »Unsere Angst und Sorge waren sehr groß.«

Zwar lassen die Schmerzen jetzt nach, aber geheilt ist Luther nicht. Wochenlang leidet er noch an eitrigem Ohrfluß, hört oft gar nichts und fühlt sich elend.

»Ich habe gelebt und den Lauf vollbracht, den mir Gott selbst angewiesen hatte, und nun möge mein ermüdeter Schatten zum Himmel gehen«, sagt er.

Aber nicht er muß sterben, sondern Barbara Cranach. Käthe kann es nicht fassen. Sie hat die Freundin lange nicht gesehen – sie hatte soviel zu tun mit ihren Gütern und Luthers Krankheit und dem Schwarzen Kloster – sie fand keine Zeit, ins Cranach-Haus zu gehen, und merkte gar nicht, daß Barbara auch nicht zu ihr kam. Und nun liegt sie im Sarg, lächelnd zwischen Blumen.

»Verzeih mir«, schluchzt Käthe und fällt auf die Knie, ihre Stirn am Sargrand bergend, »liebe, liebe Barbara, verzeih mir.« Sie weint, weint heiße Tränen des Schmerzes und der Reue, zu spät, zu spät.

»Immer warst du da, wenn ich Hilfe brauchte, und jetzt, wo du krank warst, wo war ich? Warum sagte mir keiner – nein, ich will ehrlich bleiben, ich hätte fragen können, fragen müssen! Oh, Barbara, nie kann ich es wiedergutmachen, nie, nie – verzeih mir!«

»Kätha, sieh zu, daß du viele Leut ordentlich abfüttern kannst!« ruft Luther in die Küche, wo Käthe gerade den dampfenden Hirsebrei abschmeckt. »Es gibt keine Einigung auf dem Reichstag zu Regensburg, darum schickt mir der Kaiser eine Gesandtschaft, die ohne alle Umwege direkt mit mir verhandeln soll und mich vermögen, etliche Artikel, so man bei Magister Phlippo und den

Zugeordneten nicht erhalten möge, zu bewilligen oder zu tolerieren. Ich denke, wir verhandeln im Hörsaal. Laß Gestühl und einen großen Tisch hinein bringen, auch wohl Teppiche an die Wand hängen – mein Ohr, mein Ohr! Du brauchst nichts zu sagen, meine Liebe, ich höre es doch nicht!«

Käthe läßt den Brei und macht sich mit Sieberger daran, den Hörsaal herzurichten.

Die Kinder haben natürlich auch gehört, wer kommen wird, und sind außer Rand und Band. Hinter jeder Ecke lauert ein Bub mit Armbrust und Holzschwert, stürzt sich auf Käthe und schreit: »Euern Geleitbrief! Wir sind Soldaten des Kaisers!«

Als die Erwarteten dann endlich da sind, übertreffen sie alle Vorstellungen. Paul und Martin sind von den Pferden nicht mehr fortzubringen, bestaunen das prächtige Zaumzeug, lassen sich von den Knechten in die weichen Sättel heben, befühlen den kostbaren Stoff der Schabracken. Käthe hat nur einen Eindruck von Farben und wallenden Federn, klirrenden Sporen auf den Fliesen, vielen harten Männerstimmen. Sie ist viel zu beschäftigt mit der Bewirtung, neben der der Alltag des Schwarzen Klosters weiterzulaufen hat, als daß sie Einzelheiten wahrzunehmen vermöchte.

Am Abend endlich fragt sie ihren Mann nach dem Ergebnis der Verhandlungen. »Sie haben mir die vier vereinbarten wie auch die noch strittigen Artikel vorgelegt, deren Klärung vielleicht noch aufgeschoben werden soll. Und so meine ich es auch: diese vier verglichenen Artikel zu halten für die reine christliche Lehre, während man die andern zehn anstehen läßt um der Schwachen und Unverständigen willen.

Übrigens hat sich die Sache mit Landgraf Philipp von Hessen endlich erledigt. Kaiser Karl der Fünfte schließt mit ihm einen geheimen Vertrag, um so eine Strafverfolgung wegen Bigamie abzuwenden. Philipp muß sich verpflichten, sich aller Bündnisse in Religionsangelegenheiten und gegen den Kaiser zu enthalten und auch den Schmalkaldischen Bund zu verlassen. Dafür wird ihm alles, was er möglicherweise gegen kaiserliches Gesetz und Recht gehandelt hat, verziehen.«

»Ein teurer Preis!« bemerkt Käthe.

»Wahrlich – und nicht nur für ihn! Die Geschlossenheit der evangelischen Stände wird dadurch aufgebrochen und geschwächt. Ach, bin ich müde und erschöpft. Gute Nacht, mein Herz.«

»Gute Nacht«, murmelt Käthe.

»Liebe Frau Doktorin und Herrin zu Zulsdorf, gewähret mir eine Audienz!« beginnt Luther feierlich. Käthe rafft ihre Röcke und folgt ihm gespannt in sein Studierzimmer.
»Nimm Platz!« fordert er sie auf.
»Alldieweil mich immer häufiger gar viele Leiden plagen und meines Bleibens in diesem Jammertale nicht ewig ist, du aber noch in schöner Jugend stehst, habe ich für dich Brisgers Haus zu eigen gekauft, damit du darin wohnen magst nach meinem Abscheiden.«
Käthe sitzt ganz still mit gefalteten Händen. So vieles geht ihr durch den Sinn. Er redet zu oft vom Sterben – und ich kann es mir nicht vorstellen, ohne ihn zu sein. Würden sie mich denn wohl aus dem Schwarzen Kloster vertreiben? Aber ich habe doch Zulsdorf...
»Was habt Ihr dafür bezahlt?« hört sie sich fragen.
»Vierhundertdreißig Gulden wollte Bruno Brauer haben.«
Sie zieht einen Mund – viel zuviel! – aber sie schweigt, um ihn nicht zu kränken.
»Vielen Dank, mein lieber Herr«, ringt sie sich ab. Ganz seltsam ist ihr zumute dabei, als sie die Treppen hinuntersteigt. Sie sollte ihm wirklich dankbar sein, er hat es so gut gemeint, und wie er sich gefreut hat, ihr die Mitteilung zu machen! Aber ... jetzt Domina des Schwarzen Klosters, Herrin über Vieh und Gesinde, Schüler und Studenten, Gastgeberin für Fürsten und Gesandte, und dereinst vielleicht allein in Brisgers Häuschen? Sie will nicht daran denken.

An Weihnachten 1541 stirbt Andreas Karlstadt in Basel an der Pest. Käthe ist traurig, allen Streitereien zum Trotz hat sie den standhaften Mann gemocht, und sie kann nicht verstehen, wieso Luther das Gerücht, an Karlstadts Grab würde sich ein Gespenst herumtreiben und sich auch in seinem Hause mit Poltern und Lärmen bemerkbar machen, weitergibt, als sei es die reine Wahrheit.
»Nun magst du bitte zusehen, Herrin Katherin, daß ich in der nächsten Zeit nicht gestört werde!« verordnet Luther. »Ich will mein Testament machen. Nein, nein, ich will keine Juristen dabei haben, du weißt, wie sie mir zuwider sind, – ich halte mich nicht an

ihre Vorschriften, man soll mich als Person gelten lassen, die im Himmel, auf Erden, auch in der Hölle bekannt, Ansehens oder Autorität genug hat. Ich werde meinen ganzen Haus- und Grundbesitz sowie alle Wertgegenstände meiner lieben und treuen Hausfrauen Katherin« – er küßt sie – »als Leibgedinge hinterlassen und dich auch für die Kinder als Fürmund einsetzen, denn ich bin überzeugt, daß die Mutter werde ihrer eigen Kinder der beste Fürmund sein. Melanchthon, Cruciger und Bugenhagen sollen mir als Zeugen unterschreiben. So, und nun laß mich, denn ich habe nicht nur mein Testament vor, ich muß auch für die Türkensteuer mein gesamtes Vermögen einschätzen. Darum sollst du mir eine Aufstellung des Viehbestandes machen.«

Langsam geht sie zu den Ställen. Er spricht soviel vom Sterben, sie mag es nicht hören. Sie fertigt eine schöne Liste an:

»8 Schweine, das Stück je einen Gulden gerechnet,

2 Mutterschweine, zusammen 5 Gulden wert,

3 Ferkel, jedes auf 7 Groschen geschätzt,

5 Kühe, das Stück auf 15 Gulden geschätzt,

9 große Kälber, das Stück 2 Gulden wert,

1 Ziege, mit ihren beiden Zicklein auf 2 Gulden geschätzt.

Die Pferde stehen in Zulsdorf, die rechne ich nicht mit«, murmelt sie. »Kuhstall, Saustall, Pferdestall zusammen ... zwanzig Gulden wert.«

Luther schätzt sein sämtliches Eigentum auf neuntausend Gulden – das klingt großartig, aber er bezweifelt, daß Käthe nach seinem Tode auch nur hundert Gulden jährlich daraus ziehen kann.

Ärgerlich rechnet er auf, wieviel Geld er in die Umbauten des Schwarzen Kloster hat stecken müssen: es sind über tausend Gulden! Und dabei sind die Sandsteinplatten für die neue Badestube, acht Ellen im Geviert und fünfthalb Ellen in der Höhe, wie er liest, die Lauterbach aus Pirna besorgt hat, noch gar nicht bezahlt! Insgesamt hat er vierhundertfünfzig Gulden Schulden. Dazu der ewige Ärger mit den Festungsbauten und dem Zeugmeister! Am Ende ist gar auch noch seine Studierstube bedroht!

Der tägliche Ärger und Kleinkrieg setzen ihm mehr und mehr zu. Seine Fröhlichkeit, sein Humor schwinden dahin, selten nur gelingt es Käthe, ihn aufzuheitern.

»Laßt Euch eine komische Geschichte erzählen«, sagt Bugenhagen zu Käthe.

»Der treueste Verehrer unseres Doktors hat Euch einen aufwendigen Gast erspart!

Fürst Georg von Anhalt sprach mit Magister Georg Helt darüber, daß er Luther besuchen, in seinem Hause verweilen und sich in frommen Gesprächen mit ihm erbauen wolle.

Und was tut unser Magister? Er rät ihm davon ab, im Schwarzen Kloster zu wohnen. Luthers Haus sei die Herberge einer buntgemischten Schar von Studenten, Mädchen, Witwen, alten Frauen, ganz jungen Knaben; wegen der großen Unruhe, die da herrsche, hätten viele mit dem ehrwürdigen Vater Doktor Luther Mitleid, denn nicht in allen Hausgenossen sei sein Geist lebendig, und er habe schon selber geklagt: ›Ich bin billig im Register der Armen, denn ich habe zu groß Gesinde.‹«

Käthe lacht herzlich.

»Das ist gut! Wißt Ihr mir alle Tage so spaßige Märlein, Doktor Pomer?«

Lenichen

Anna Strauß, Käthes Nichte, feiert im Hause ihre Hochzeit mit Magister Heinrich von Kölleda. Die Fürsten von Anhalt schicken Wildbret – Luther hat sie darum gebeten, »denn ich meiner Hausjungfrauen, meiner Freundin soll zu Ehren helfen in den Stand der heiligen Ehe.«

Voller Stolz sieht Käthe die schöne Braut in ihrem Staat. Sie freut sich über das Glück ihres liebsten Pflegekindes. Wie gut, denkt sie, daß ich mich so energisch der Werbung des Doktor Kuckuck widersetzt habe! Anna war traurig und gekränkt, Doktor Jakob Schenk hatte ihr wohl den Kopf zu verdrehen gewußt, – aber meine Entscheidung war richtig. Ach – ich werde alt! Soviel Vergangenheit, so viele Geschichten.

Luther sieht elend und traurig aus. Käthe hört, wie er zu seinen Freunden sagt:

»Mein Wunsch ist: ein gutes Stündlein, hinüberzugehen zum Herrn. Ich bin satt – müde – ein Nichts. Betet aber ernstlich für mich, daß der Herr meine Seele in Frieden nimmt.

Ach – die Zeitläufte! Deutschland ist gewesen und wird nie mehr sein, was es war. Der Adel strebt nach der Herrschaft über das ganze Land; die Städte dagegen suchen für sich zu sorgen, und das mit Recht: so zerfällt das Reich in sich, und so muß es dem Herrn der Dämonen, die in den Türken wüten, entgegentreten. Der Weltuntergang ist nahe! Betet: Komm, lieber Jüngster Tag. Was bleibt uns zu tun? Man kann nur noch beten und im übrigen lassen laufen, fallen, stehen, untergehen, wie es will.«

»Hier, mein lieber Mann, bringe ich Euch frisch gepflückte Kirschen mit Dickmilch, das wird Euch guttun!« ruft Käthe lachend und öffnet mit dem Ellenbogen die Tür zur Studierstube.

»Danke, meine Liebe«, knurrt Luther. »Übrigens habe ich alles geregelt, Hans und Florian werden am 26. August des Jahres unseres Herrn 1542 nach Torgau reisen und bei Magister Markus Crodel studieren. Auch dazu schweige bitte! So ist es beschlossen, so wird es geschehen.«

Käthe läßt ihre Schüsseln auf seinem Tisch und verläßt schweigend den Raum. In Hansens Kämmerlein findet sie Lenchen: sie überprüft die Leibwäsche des Bruders.

»Lenichen, wie siehst du bleich! Du bist gar so schmal, Kind, du solltest mehr essen!«

»Ach, Frau Mutter, mir geht es ja gut, wenn nur der Bruder nicht fortmüßte!«

Und schon liegen sie sich weinend in den Armen.

Nur zu schnell ist die Stunde der Abreise gekommen. Während die Knaben im Hause umhergehen und sich verabschieden, weist Luther seiner Frau einen Brief: »Sieh her, liebe Käthe, so habe ich an Crodel geschrieben, damit du ganz beruhigt sein kannst.«

Gehorsam liest sie:

>»*Dem besten Manne, Markus Crodel, der Torgauer Jugend getreuesten und gewissenhaftesten Lehrer, seinem liebsten Freunde im Herrn.*
>
>*Gnade und Frieden! Wie es zwischen Dir und mir verabredet ist, mein lieber Markus, schicke ich meinen Sohn Johannes zu Dir, daß Du ihn den Knaben beigesellest, die in der Grammatik und Musik geübt werden sollen, daß Du zugleich auf sein Verhalten achtest und es korrigierst. Denn zu Dir habe ich sehr großes Vertrauen im Herrn ...«*

Die Jungen steigen auf den Wagen, übermütig scherzend und lachend, ein bißchen zu laut, ein bißchen zu keck, um die Angst zu überdecken, die sie vor dem Ungewissen haben, – der Wagen poltert durchs Hoftor auf die Straße und verschwindet in einer Staubwolke.

Käthe fröstelt's trotz der Sommerhitze. Wie oft schon hat sie den Wagen nachgesehen, die davontrugen, was ihrem Herz lieb ist, und nur das Bangen und Sorgen zurückließen! Sie legt den Arm um Lenchens schmale Schultern und führt das Kind ins Haus.

Ein Trost ist ihr der Besuch von Katharina Jonas aus Halle. Ihr kann sie alles einfach so sagen, wie sie es empfindet, und fühlt sich verstanden.

Luther meint es gut mit Florian von Bora, er will ihm dieselbe Erziehung angedeihen lassen wie seinem Sohn – hart trifft ihn die Nachricht, daß der Pflegling, kaum aus dem Hause, schlimme Streiche ausheckt. Er hat Luther ein Messer entwendet, behauptet aber, es von ihm zum Geschenk erhalten zu haben. Natürlich treibt er Unfug mit dem Messer und zieht Hansen mit hinein. Luther ist außer sich und schreibt nach Torgau:

>*Dem besten Manne, Markus Crodel, der Torgauer Jugend frommen und getreuen Lehrer, seinem liebsten Freunde im Herrn.*
>*Gnad und Fried! Lieber Markus! Ich will der erste Kläger sein über den Buben Florian, den ich mit Hans geschickt habe, und bitte, wollet ihn zum bene veneris drei Tage nacheinander je des Tages einen guten, fetten Schilling lassen geben ohn all Barmherzigkeit. Er meint, er sei der Rute entlaufen, aber sie soll ihn empfangen; den ersten darum, daß er auf dem Wege meinem Paul das Messer freventlich genommen hat. Den zweiten darum, daß er gelogen und gesagt, ich hab's ihm geschenkt (und daß der Schilling um der Lüge willen bis auf das Blut gut sei!). Den dritten, daß er mir so ohne mein Wissen und Willen das Messer weggetragen und gestohlen hat. Dieser Schilling soll der beste sein. Oder schickt mir den Schlingel wieder her, und Hans nehme das Messer zu sich und bewahre es. Wäre der Schurke noch hier, ich wollte ihn lügen und stehlen lehren. Er hat es früher nicht getan. Hiermit Gott befohlen, Amen.*
>*Montags nach Bartholomaei 1542.   Martinus Luther.*«

Käthe hat Verdrießlichkeiten. Noch immer gibt es keinen Ersatz für das Bauholz, welches man ihr 1540 stahl. Luther hat deswegen oft an Spalatin geschrieben, dem Schösser scharf gedroht – endlich konnte Käthe am 30. August mit ihrem Wagen aus Wittenberg abfahren, um die Stämme zu holen. Aber sie bekommt nur einen Teil. Elf Stämme muß sie in der Leine liegen lassen, und vierundzwanzig sind noch zu fällen.

Als sie von Zulsdorf nach Wittenberg zurückkommt, liegt Lenichen mit hohem Fieber zu Bett.

Käthe kocht Kräutertränke, macht Wickel, Luther betet – das Fieber will nicht weichen.

»Möcht' wohl mein Hänsichen sehen!« bittet das Kind.

Neben dem Krankenbett setzt Luther sich nieder und schreibt an Crodel:

> »Gnade und Frieden! Mein lieber Markus Crodel! Ich bitte Dich, meinem Sohn Johannes zu verheimlichen, was ich Dir schreibe: Meine Tochter Magdalene liegt beinahe in den letzten Zügen und wird bald dahingehen zu ihrem Vater im Himmel, wenn es Gott nicht anders beschlossen hat. Aber sie verlangt so sehr danach, ihren Bruder zu sehen, daß ich einen Wagen schicken muß. Sie haben einander sehr lieb gehabt – vielleicht kann sie durch seine Ankunft wieder Leben schöpfen. Ich tue, was ich kann, damit mich später nicht mein Gewissen quält, etwas unterlassen zu haben. Laß ihn also mit dem Wagen hierher fliegen, aber verschweige ihm den Grund. Er wird bald zurückkehren, wenn sie im Herrn entschlafen oder zum Leben zurückgekehrt ist. Lebe wohl im Herrn! Du mußt ihm sagen, es sei etwas, das man ihm heimlich befehlen müsse. Sonst ist alles wohlauf.
> Am 6. September 1542.   Dein Martinus Luther.«

Hans kommt mit dem Wagen, eilt ins Haus, verstört, voller Sorge und findet seine liebe Schwester krank!

Käthe sieht, wie hart es ihn trifft. Lenchen ist seine Sicherheit in einer ungewissen Welt der Forderungen und Ansprüche, denen er, so sehr er sich auch müht, immer weniger zu genügen vermag. Sie liebt ihn, so, wie er ist.

»Ach Lenichen!« ruft er und wirft die Arme um sie. »Wie bist du so heiß vom Fieber!«

Luther sagt zu Käthe: »Wie ist sie nur schön und lieblich! Nicht ein einziges Mal in ihrem ganzen Leben hat sie mich erzürnt, hat mir nur Freude gebracht.«

Eines Morgens ist sie fieberfrei, ihre Augen blicken klar, sie fühlt sich gut.
Luther steht mit Katharina in der Türe und beobachtet Hans und Lenchen, die so eifrig miteinander sprechen.
»Lieb habe ich sie sehr! Aber so es dein Wille ist, du lieber Gott, daß du sie nehmen willst, ich will sie gern bei dir wissen.« Stöhnend stützt er seinen Kopf an die Türeinfassung.
»Ach, ich wollt' gern meine liebe Tochter behalten, denn ich liebe sie sehr, wenn sie mir unser Herrgott lassen wollt'! Doch geschehe sein Wille. Ihr kann zwar nicht besser – nicht besser geschehen.«
Käthe bewundert ihn, wie er diese Worte, voller Qualen, aber doch über die Lippen bringt. Das könnte sie nicht aussprechen. Hans geht hinaus. »Ich möchte Blumen holen«, sagt er.
Luther setzt sich aufs Bett, nimmt das zarte Händchen seiner Tochter.
Er fragt sie: »Magdalenchen, mein Töchterlein, du bliebest gern hier bei mir, deinem Vater? Und du gehst auch gerne zu jenem Vater?«
Da antwortet sie: »Ja, herzer Vater, wie Gott will.«
»Du liebes Töchterlein!« sagt er und muß sich abwenden, um seine Rührung zu verbergen. Käthe läuft aus dem Zimmer, er folgt ihr, sie weint laut.
»Liebe Käthe«, tröstet er, »bedenke doch, wo sie hinkommt! Sie kommt ja zu Wohl!«
Sie leidet keine Schmerzen, hat auch keine Todesangst.
Am Morgen des 20. September kommt Melanchthon ins Schwarze Kloster.
Käthe nimmt ihn beiseite in die Fensternische.
»Magister, wie ich mich freue, Euch zu sehen. Mir hat so wunderlich geträumt heute Nacht. Zwei schöne Jünglinge kamen ins Haus und führten Lenichen zu einer Hochzeit! Warum erschreckt Ihr? Nein, senkt nicht den Kopf, seht mir in die Augen und sagt mir, was es zu bedeuten hat!«
»Ach, liebe Katharina, mir ahnt, daß die beiden Jünglinge Engel

sind, die kommen werden und die Jungfrau in das Himmelreich zur rechten Hochzeit führen werden.«

Käthe starrt schweigend vor sich hin, ringt die Hände, eilt dann hinauf ins Krankenzimmer. Luther hält sein Kind in den Armen. Käthe nimmt sie ihm ab. Er fällt an ihrem Bett auf die Knie, weint bitterlich und betet, nicht, daß Gott sie ihm lassen sollte, sondern daß er sie erlösen wollte. Käthe hält das Kind, ihr Schmerz hat keine Worte mehr. Luther erhebt sich, legt seine Arme um die beiden Frauen. Lenchen seufzt leise und ist von dieser Welt gegangen. Der Vater nimmt sie seiner Frau ab und hält sie in den Armen, bis der Tischler mit dem Sarg kommt, der ein wenig zu kurz ist. Da bricht Luther in heftiges Weinen aus und schluchzt: »Ach, das Bettlein ist ihr zu klein.«

Käthe geht stumm, mit trockenen Augen im Hause umher und tut, was getan werden muß.

Beim Begräbnis zeigt sich Luther getrost und gottergeben. Auf dem Heimweg vom Friedhof sagt er: »Meine Tochter ist nun beschickt, beide an Leib und Seel. Wir Christen haben nun nichts zu klagen. Wir wissen, daß es also sein soll und muß, denn wir sind ja des ewigen Lebens aufs Allergewisseste.«

Auf den Grabstein wurde geschrieben:

> *»Hier schlaf ich, Lenichen, Doktor*
> *Luthers Töchterlein,*
> *Ruh' mit allen Heiligen in mein*
> *Bettlein.*
> *Die ich in Sünden war geborn,*
> *Hätt' ewig müssen sein verlorn,*
> *Aber ich leb' nu und hab's gut,*
> *Herr Christe, erlöst mit Deinem*
> *Blut.«*

Käthe verbringt viele Stunden am Grab. Sie kann es nicht begreifen – jeden Morgen wacht sie auf mit dem Gedanken, was Lenchen gleich sagen, wie sie singen und lachen und ihr im Hause so fröhlich und geschickt zur Hand gehen wird, und dann schiebt sich wie eine schwarze Wolke vor die Sonne die Wirklichkeit in ihr Bewußtsein: sie wird das Kind nicht mehr lachen und singen hören – nie mehr.

Etwas in ihr ist mit gestorben, wie ein eisiger Stein liegt es in ihrer Seele und quält sie. Auch Luther verwindet den Verlust nicht.

Käthe liest beim Aufräumen einen Absatz in dem Brief an Justus Jonas:

»Ich vermute, daß die Nachricht zu Dir gelangt ist, daß Magdalene, meine von Herzen geliebte Tochter, wiedergeboren ist zum ewigen Reich Christi. Und obwohl ich und meine Frau nur fröhlich Dank sagen sollten für ihren so glücklichen Heimgang und ihr seliges Ende, durch das sie der Macht des Fleisches, der Welt, des Türken und des Teufels entgangen ist, so ist doch die Macht der natürlichen Liebe so groß, daß wir es ohne Schluchzen und Seufzen des Herzens, ja ohne große Abtötung nicht vermögen. Es haftet doch tief im Herzen ihr Anblick, die Worte und Gebärden der lebenden und sterbenden, ganz gehorsamen und rücksichtsvollen Tochter, daß nicht einmal Christi Tod (und was sind alle Tode der Menschen verglichen mit seinem Tod?) dies ganz vertreiben kann, wie es doch sein sollte ...«

Seltsame Zeiten

Hans muß nach Torgau zu Magister Crodel zurück. Es wird ihm schwer; obwohl er dort fast besser als zu Hause gehalten wird, schreibt er voller Heimweh und bittet, nach Wittenberg kommen zu dürfen. Aber sein Vater erlaubt es nicht. Käthe muß sich fügen.

Der Oktober 1542 bringt Unheil! Eine Heuschreckenplage überzieht das Land, sehr große Tiere treten »in derartigen Wolken und Mengen auf, daß Wagen und Pferde ein, zwei, drei Meilen weit wie durch knatternde Krebse sich bewegen.«

Die Pest wütet wieder.

Und im Dezember stirbt Jonas' Frau, Käthes liebe Freundin.

Starr und schweigend hält sie Luthers Brief an den Freund in Händen:

»Dem hochberühmten und besten Manne, Herrn Justus Jonas, Doktor der Theologie, Gesandten Christi zu Halle in Sachsen, Propst zu Wittenberg, seinem ehrwürdigen Oberen im Herrn.

*Gnade und Frieden in Christo, der unser Heil und Trost ist, bester
Jonas. Ich weiß überhaupt nicht, was ich schreiben soll, so hat mich
dieser Dein plötzlicher Schicksalsschlag niedergeschmettert. Wir
alle haben eine überaus geliebte Lebensgefährtin verloren. Sie war
mir nicht allein in Wahrheit lieb, sondern ihr Anblick war mir
immer höchst erfreulich und voller Trost, da wir ja wußten, daß sie
alle unsere Angelegenheiten, mochten sie gut oder böse sein, nicht
anders aufnahm und hielt, als wären es ihre eigenen. «*

Die Köchin Dorothea sitzt auf einem Schemel, breitbeinig, eine
große Schüssel im Schoß und schlägt mit Kraft und Begeisterung
den Teig.

»...und die Hallunken sind mit dabei!« sagt sie gerade.

»Die Hallunken? Wer ist das denn?« fragt Katharina.

»In meiner Heimatstadt Halle gibt es eine Söldnertruppe in städtischen Diensten, sie gehören nicht eigentlich zum rathäuslichen
Personal wie die Ratsdiener, Ausreuter, Stadtknechte, Nachtwächter – sie sind angeheuert worden wegen der Unruhen und des
Aufruhrs allenthalben, und daß auf sie kein rechter Verlaß ist, sieht
man ja nun. «

»Wieso?« will Käthe wissen.

»Die Arbeiter im Salzwerk fordern mehr Lohn! Sie fahren nicht
mehr ein, wenn man sie nicht anhört. Das Hallunkenkorps sollte
sie zur Ordnung bringen, und was tun die Hallunken? Sie gehen zu
den Protestierenden über und schreien mit!«

»Seltsame Zeiten –«, murmelt Käthe.

Es ist zehn Uhr, Zeit für das Mittagessen.

Als Katharina den Raum betritt, fragt sie sich, wozu es eigentlich
noch der Speisen bedarf, da ihr Mann und seine Freunde und
Schüler sich doch so angeregt und eifrig unterhalten. Die unver-
kennbare Stimme Luthers spricht von der »Unbescholtenheit, der
Frömmigkeit, der Tüchtigkeit« eines Mannes und rühmt, wie er
mit »großer Sorgfalt und mit großem Erfolge für das Wohl des
Staatswesens arbeitet« – Käthe kann nicht umhin, sich zu erkundi-
gen, wem dieses reiche Lob gilt.

»Ich meine deine Flamme, Amyntas, deinen alten Buhl«, antwortet er lachend mit den Worten Virgils.

Schnell beugt sich Katharina über die Suppenschüssel in ihren
Händen, die sie mit mehr Sorgfalt als notwendig auf den Tisch

stellt. Ihr wird heiß, unauffällig verläßt sie den Raum, das Haus, setzt sich ein wenig im Hof in den Schatten des alten Birnbaumes.

Vor dem blauen Sommerhimmel ziehen silberweiße Wolkenwellen – Käthe senkt die Lider. Vor zwanzig Jahren sah sie einen solchen Himmel, als Hieronymus Baumgärtner Abschied nahm. Blumen hielt sie im Arm, die er ihr gegeben hatte, und Worte im Herzen, Worte der Liebe, der Verheißung – wie weich, wie warm, wie glücklich, wie übervoll der süßesten Zärtlichkeit hatte sie sich gefühlt. Zwanzig Jahre sind seitdem verstrichen – und es schmerzt immer noch. Doktor Martinus, die Kinder, die Freunde, Haus und Hof – es trifft sie trotzdem wie glühender Stahl. Manchmal ist ihr, als seien die vielen Jahre wie ein Tag, und sie kann es nicht glauben, daß er sie verlassen hat, für immer verlassen – sie sieht einen großen Ritter von hinten auf der Straße, ihr Herz tut einen Hüpfer und denkt: jetzt! Er ist gekommen, mich zu holen.

Sie stützt den Kopf in die Hand, vor den sinnenden Augen verschwimmt das Bild des Hofraumes – sie sieht den Feldweg, das hohe Gras, atmet tief den zarten Duft der Blumen ein, vernimmt das jubilierende Lied der Lerchen, hört seine Stimme: »Ich komme zurück zu dir, mein Lieb!« Ihr Herz krampft sich zusammen, genau wie damals. Ach, weh über all die verratene Treue, die verlorene Liebe! Wie viele Mädchen mögen seit Menschengedenken gleiches erlitten haben, die wenigsten fanden einen Doktor Luther! Und doch ist es auch süß, sich zu erinnern. Ich will das Glück festhalten und den Schmerz vergessen, denkt Käthe. Das Glück, zu lieben! Es kommt letztendlich doch einzig und allein darauf an, wieviel ich geliebt habe, nicht, wie sehr ich geliebt worden bin. So ungefähr würde Martinus sagen – aber mein Fleisch ist schwach, und es ist so süß, geliebt zu werden. Wie sehr hat meine Seele sich danach gesehnt, ohne es zu wissen. Als ich aus dem Kloster kam, wie freute mich jedes gute Wort. Ich glaubte, glaubte nur zu gern, daß Hieronymus genauso fühlte wie ich, ich hoffte sogar, er möge mich noch überschwenglicher lieben als ich weltfremdes Kind es vermochte! Und stolz war ich auch, stolz darauf, von einem so begehrenswerten Mann erwählt worden zu sein. Wie hart wurde mein Stolz gestraft! Teuer bezahlte ich die Erkenntnis, daß der Mensch einsam ist, keiner blickt in sein Herz, keiner kann ihn verstehen, keiner sein Fühlen und Denken nachempfinden – außer vielleicht Gott, aber der schweigt und gebietet uns, den Nächsten in seiner Verlassenheit zu lieben. Ach ja, mein verehrter Herr Gemahl, so leicht und folgerichtig ist die Theorie und so schwer, ach, so schwer die Praxis!

Ich höre sie rufen, man bedarf meiner.

So sei denn gegrüßt und geküßt, mein holdes Lieb und habe Dank, Dank für das Glück und Dank für die Schmerzen, beide haben mich reich gemacht, keines möchte ich missen.

Luther hat ihre Mahnung, die Speisen nicht kalt werden zu lassen, vergessen und redet:

»Mein früheres Verständnis und meine Hoffnung auf die Bekehrung der Juden haben sich in uneingeschränkte Verdammung dieser elenden heillosen Leute verkehrt. Wie völlig unbegründet ist doch ihr Hochmut auf ihr Geblüt, die Beschneidung, das Gesetz Mosis, den Besitz Kanaans, Jerusalems und des Tempels! Nachgewiesen hab' ich es. Die Juden verdrehen und lästern nicht nur die Sprüche der Schrift, sondern verleumden noch obendrein Christus als Zauberer, seine Mutter als Hure und fluchen allen Christen, daß Gott sie totschlage! Sie halten die Christen gefangen, lassen uns arbeiten im Nasenschweiß, sitzen dieweil hinter dem Ofen, faulenzen, pompen und braten Birn, haben uns und unsere Güter gefangen durch ihren verfluchten Wucher, spotten dazu und speien uns an.«

»Aber wie sollten wir uns denn Eurer Meinung nach ihrer erwehren?« fragt ein Student.

»Das will ich euch wohl raten«, antwortet Luther. »Was man mit diesem verworfenen, verdammten Volk der Jüden tun soll: ihre Synagogen niederbrennen, unserem Herrn und der Christenheit zu Ehren, da sie darin Christum und uns belügen, lästern, fluchen, anspeien und schänden. Aus dem gleichen Grunde soll man auch ihre Häuser zerstören, ihre Bücher und die Bibel konfiszieren, den Rabbinern das Lehren verbieten. Geleit und Straße soll man ihnen versagen, denn sie haben nichts auf dem Lande zu schaffen, den Wucher verbieten und zu diesem Zwecke alle ihre Barschaft und Wertsachen in Verwahrung nehmen. Die Jugendlichen muß man zu ehrlicher Arbeit zwingen oder besser noch des Landes verweisen, denn man muß ja fürchten, daß die zur Arbeit Ungewohnten den Christen schaden. Drum immer weg mit ihnen! Es ist ein großes Unrecht von den Fürsten, wenn sie den Juden gegen Geld ihren Schutz leihen, sie müßten vielmehr alles daran setzen, daß wir alle der unleidlichen, teuflischen Last der Jüden entladen werden. Jeder einzelne Christ soll sich vor Augen halten, daß jeder Jude Jesus verflucht und seinen eigenen Tod wünscht, um seinen Besitz zu erlangen.

Und ich sollte mit solchem verteufelten Maul essen, trinken oder reden? So möcht ich aus der Schüssel oder Kannen mich voller Teufel fressen und saufen! Wer den Juden duldet, duldet seine Gotteslästerung und macht sich mitschuldig.«

»Haltet ein, Herr Doktor, ich kann nicht zustimmen!« wagt ein Student zu protestieren. »Ich erinnere mich anderer Worte aus Eurem Munde. So sagtet Ihr: Ich weiß nicht, ob ich überall den richtigen Verstand getroffen habe. Man muß keines Menschen Auslegung verwerfen, wenn sie nur führt zur Frömmigkeit! Und gestattet auch noch, daß ich Nikolaus von Kues zitiere: Es gibt keine reine, absolute Gotteserkenntnis, sondern nur verschiedene Ansichten von Gott, je nach dem Standort und Wesen des Betrachters. Und daß die Juden fromm sind auf ihre Weise und nach ihrer Erkenntnis und Lehre, daß muß man wohl anerkennen!«

»Ihr seid auf dem Holzwege, junger Freund! Sie behaupten, Jesus habe seine Wunder mit Hilfe der magischen Formel Schem Hamphoras vollbracht und sei deshalb als Betrüger zu Recht gehängt worden. Es gibt auch nicht die Diskrepanz zwischen den beiden Stammbäumen Jesu in den Evangelien! Es ist aber von Gott selbst verdammt all ihr Verstand, Glosse und Auslegung in der Schrift als eitel Wahnsinn, Blindheit, Raserei – lest es nach in meinen Schriften ›Von den Juden und ihren Lügen‹ und ›Vom Schem Hamphoras und vom Geschlecht Christi‹!«

»Ich habe sie gelesen«, beharrt der Student. »Sie wurden oft genug gedruckt. Aber sie finden allgemein wenig Zustimmung, ja sie werden als schweinisch und kotig verurteilt.«

»Aber in Hessen und Kursachsen haben die Fürsten sie wohl beherzigt und Verordnungen danach erlassen!« trumpft Luther auf.

Käthe hält sich die Hand vor den Mund. Sie weiß, Luther liebt es nicht, wenn sie bei Tisch mitredet, wenn sie gar eine andere Ansicht als die seine vertritt. Aber ihr ist bang und traurig ums Herz. Wie muß es um eine Welt bestellt sein, in der sogar ein Mensch wie Martin, der ein Gemüt hat wie ein Engel und keinem Hündlein etwas zuleide tun kann, sich hinreißen läßt, so Entsetzliches gegen

Menschen auszusprechen – was kann ihn dazu bewegen, so gefühllos, hart, gehässig, gewalttätig zu reden? Sie weiß, müßte er selbst tun, was er da sagt, er vermöchte es niemalen! Aber andere führen gern aus, was er schreibt! Darum sollte er Zunge und Feder zügeln.

Sie spürt Luthers Blick auf sich und hört ihn sagen:

»Ich habe nie danach getrachtet, daß mich jemand für bescheiden oder heilig halten sollte. Freilich habe ich die Lehren und Gelehrten, die wider Gott sind und ihn schänden, etwas hart angegriffen, deshalb entschuldige ich mich, bin auch nicht ohne Vorbild: Christus nennt die Pharisäer Otterngezücht, Blinde, Lügner, Boshafte, Kinder des Teufels.

Meine Rinde mag etwas hart sein, aber mein Kern ist weich und süß. Denn ich gönne keinem Böses, sondern wollte gern jedermann samt mir aufs beste beraten.«

Käthe sieht ihn fest an und flüstert: »Auch einen Juden?«

Sein Blick hält den ihren aus. Offen bestätigt er: »Auch einen Juden.«

Käthe muß sich zufriedengeben – und doch bleibt in ihr ein Gefühl der Angst, daß er immer härter und rücksichtsloser wird mit Worten und Argumenten.

Diese Sorge wird ihr bestätigt von seiner Pfingstpredigt. Sie kann ihren Ohren nicht trauen. Er erregt sich über das Treiben der Studenten im Speckwald. Er warnt vor den »genezicht, schwäbisch, garstig, stinkend und franzosicht Huren«, die er am liebsten rädern ließe, weil sie soviel Unheil unter der Jugend anrichten.

Höre man nicht auf ihn, ruft er, so werde der Kurfürst zweifellos mit Gewalt durchgreifen, denn er habe diese Universität nicht gestiftet für Hurenjäger.

Er hebt beide Hände zum Kopf und preßt sich die Schläfen. Und Käthes Gesinnung für ihn wird auf der Stelle mild und voller Mitleiden. Wie ist dieser Mann geplagt! Fast immer quälen ihn schwere Kopfschmerzen und Ohrensausen. Sein offenes Bein schmerzt. Fast alle Speisen, die er so gern und viel zu reichlich ißt, machen ihm Bauchgrimmen. Wenn sie nicht ihre besondere Wurzelmedizin gegen die Steine hätte … Aber er leidet Unsägliches! Und das Herz und die Atembeschwerden … Und die Zeitläufe.

Wo sind die Tage geblieben, da er als der Papst der Deutschen galt und sein Wort weltweit gehört wurde? Seine Lehre hat sich selbständig gemacht, jeder nimmt sie und braucht sie zu seinem Nutz und Frommen. Schutzherren sollten die Fürsten nach Luthers Meinung sein und Verwalter göttlicher Lehre, ach, sie haben sich zu Herren aufgeschwungen und nutzen das Wort Luthers, wie es ihnen paßt!

Der Landgraf Philipp von Hessen, dem zuliebe Luther sich jenen verhängnisvollen Beichtrat zur Doppelehe abrang, hat sich und seinen Glauben an den Kaiser verkauft, den Schmalkaldischen Bund verlassen und damit den Anfang gemacht – es bröckelt und knistert im Gemäuer der evangelischen Allianz, ein Eckstein ist herausgebrochen, nun fallen andere hinterher – was munkelt man über Moritz von Sachsen?

Käthe seufzt. Die Kanzel ist leer. Sie hat den Rest der Predigt nicht gehört. Die Orgel spielt zum Schlußchoral. Wie soll das alles enden?

Käthe läßt ihre Blicke durch die Turmstube streifen. Sie ist gar so eng und vollgestopft mit Büchern und Papieren.

»Mein lieber Herr, mir scheint, Ihr könnt hier kaum noch atmen! Wir wollen Euch ein schönes, großes Gemach aussuchen und gemütlich herrichten.«

»Da sei Gott vor! Taste mir mein Turmstüblein nicht an! Von hier aus habe ich den Papst zu Rom gestürmt.

Im Jahr 1508 war es, dreißig Jahre war ich, als man mir diesen Raum zuteilte, den ich als mein eigen ganz allein bewohnen und in dem ich unbeaufsichtigt arbeiten durfte, und er ist sogar heizbar! Was für eine Wohltat für meinen, armen, erfrorenen Leib. Aber wichtiger noch war die Freiheit der Seele. Hier konnte ich denken, lesen, schreiben, beten, wie ich wollte, – wie bitter nötig brauchte ich meine Ruhe in der Nacht, ich hatte eine große Arbeitslast zu tragen. Ich war Klosterprediger, Vorleser bei Tisch, man verlangte mich täglich zur Predigt in der Pfarre; ich war Rektor der Klosterschule, war Ordensvikar, das heißt elfmal Prior, ich war Wittenberger Teichaufseher in Leitzkauf, Herzberger Rechtsanwalt in Torgau, Lektor des Paulus, Kollektor der Psalmen, und außerdem nahm mir das Briefschreiben den größten Teil des Tages fort – nun sage mir bloß, mein Herr Käthe, wie ich das alles bewältigt habe?

Nun bin ich zuweilen untüchtig am Haupt – das Alter ist da, das an sich selbst alt und kalt und ungestalt, krank und schwach ist. Der Krug gehet so lange zu Wasser, bis er einmal zerbricht. Ich habe lange genug gelebt; Gott beschere mir ein selig Stündlein, darin der faule, unnütze Madensack unter die Erde komme zu seinem Volk und den Würmern zuteil werde.

Mir scheint auch, ich habe das Beste gesehen, das ich hab auf Erden sehen sollen, denn es läßt sich an, als wolle es böse werden.«

Käthe ist ganz still geworden unter seinen Worten – sie bäumt sich nicht auf, protestiert nicht, durch ihre Gedanken ziehen die Worte des Predigers: »Alles hat seine Zeit...«

»Ich habe mein Testament noch ergänzt um einige Bestimmungen zu deinen Gunsten und in das Gerichtsbuch der Stadt Wittenberg eintragen lassen. So müßte dein Leben nach meinem Dahinscheiden gesichert sein.«

Endlich zeigt sich im Klostergarten an den Wegrändern der erste Huflattich.

»Ich glaube, ich habe meiner Lebtag keinen so langen Winter gesehen!« seufzt Luther. »Ob vielleicht die Natur und der ungewöhnliche Lauf aller Kreaturen uns prophezeit, daß der Tag der Erlösung vor der Türe ist?

Auch mein lieber Spalatin ist mir schwermütig geworden! Zu seiner eigenen Erbauung schreibt er besonders tröstliche Beispiele und Sprüche aus dem Leben der Heiligen auf.«

»Das hilft, wenn man so ganz müde und mutlos werden will«, bestätigt Käthe.

»Aber man muß wohl unterscheiden, was die Heiligen unter der Herrschaft des Geistes taten und sagten und was ihrem widerstrebenden Fleisch zuzuschreiben ist!« mahnt Luther. »Laß uns zurück ins Haus gehen, Käthe, mir wird kalt«, klagt er dann.

Sie bringt ihn ins Haus. Es ist, als habe er geahnt, was dieses Jahr 1544 bringt. Dunkel, düster, drohend wie Alpträume reihen sich die Tage und vergehen doch so schnell, so schnell...

»Mein lieber Herr Käthe!« Luther sagt es schelmisch und verheißungsvoll zugleich, »geruhe freundlichst, mich in mein Eigen zu begleiten, auf daß ich dir etwas kundtue!«

»Ei, mein Herr, ist's was Gutes?« lacht sie und folgt ihm eifrig.

»Setz dich«, kommandiert Luther. »Ab heute soll dein jetzt schon unübertroffenes Bier noch besser werden, weil du dir deinen Hopfen selbst ziehen kannst! Ich habe dir den Hopfengarten an der Specke gekauft.«

»Danke«, sagt Käthe. Sie springt nicht auf, sie fällt ihm nicht um den Hals, sie jubiliert nicht – und verwundert sich selbst darüber. »Danke, das ist sehr schön«, bestätigt sie, »was habt Ihr dafür zahlen müssen?«

»Dreihundertfünfundsiebzig Gulden«, antwortet Luther.

»Gut – so will ich hinausgehen und das Land ansehen.« Spricht's und verläßt ihn. Luther sieht ihr verwundert nach.

Auf den langen Winter folgt ein schlimmer, heißer Sommer mit zwei bösen Gästen: Masern und Pest.

Das Schwarze Kloster ist diesmal nicht gefeit: gleich zu Anfang erkranken zwei Schüler, und bald liegen fast alle darnieder, auch Luthers Kinder.

An Ostern haben sie alle die Masern, Käthe sieht es eindeutig an den roten Flecken – und doch läßt sie die Angst nicht los, es könnte Schlimmeres sein oder werden.

Die kleine Maruschel erholt sich am schwersten. Während die anderen schon wieder durch Flure und Gänge toben, liegt sie noch immer mit hohem Fieber, zehn Wochen lang.

Käthe wankt von Bett zu Bett, ohne zu essen und zu schlafen, kocht Tränke, braut Sude, macht Umschläge, streichelt, tröstet – die bleichen, schweißnassen Kindergesichter schieben sich in ihrem Bewußtsein übereinander – ihr bleibt eine Erinnerung von Leiden, Stöhnen, Schreien im ganzen, weitläufigen Hause. Wenn sie wenige Minuten eigene Zeit gewinnen kann, kniet sie nieder, wo auch immer sie gerade ist, und betet: für die Kinder, die Erwachsenen, Wittenberg, die Christenheit. Schlimme Nachrichten von Grausamkeiten der Türken eilen durchs Land.

Sie ist müde und mutlos. Wie anders war sie doch damals beim ersten Male der Pest entgegengetreten!

All ihr Mühen ist vergeblich, zwei Knaben sterben, ein »wohlge-schickter Knabe« aus Lüneburg und ein Straßburger; Käthes Kinder überleben. Maruschel jedoch kommt nicht wieder zu Kräften.

Ein großes Ereignis ragt aus diesem Pfuhl der Dunkelheit und des Leides heraus wie ein helles Licht: im Torgauer Schloß wird am 5. Oktober 1544 die erste seit der Reformation in Sachsen erbaute Kirche eingeweiht.

In seiner Festpredigt sagt Luther kurz und prägnant, was für ihn der evangelische Gottesdienst beinhaltet:

»Gott redet zu uns durch sein heiliges Wort, und wir antworten ihm mit Gebet und Lobgesang.«

Als Käthe von diesem Fest nach Hause kommt, läuft ihr Maruschel lachend mit roten Bäckchen entgegen – sie ist wieder gesund!

Und noch einmal wird durch eine päpstliche Bulle für den 15. März 1545 ein allgemeines Konzil nach Trient ausgeschrieben.

Wie sehnsüchtig hatte Luther vor Zeiten auf eine solche Ankündigung und ihre Durchführung gewartet! Käthe weiß es genau. Jetzt lächelt er müde und legt die Nachricht zu den anderen Papieren – er verspricht sich nichts mehr davon. Es ist so gut wie sicher, daß seine Lehren nicht anerkannt werden, und gewiß, daß er die Beschlüsse des Konzils nicht anerkennen wird, wenn sie sein Verständnis der Bibel verurteilen. Wozu noch all der Aufruhr?

Der Januar 1545 bringt einen Brief Christians III. von Dänemark. Er überschreibt Luther, Melanchthon und Bugenhagen ein jährliches Gnadengeld von hundert Gulden, weil die Sendungen von Heringen und Butter, mit denen er zu ihrem Haushalte beisteuern wollte, nicht ordnungsgemäß angekommen waren.

Luther hält sich lachend den Leib: »Das freut mich, Ketha, – so kannst du frische Nahrung kaufen, und wir müssen nicht länger versalzene Fische und ranzige Butter essen!«

Mit gleicher Post kommt noch eine andere Nachricht, die Luther das Lachen im Halse steckenbleiben läßt: sein alter Weggenosse Spalatin ist nach langer Hinfälligkeit gestorben. Luther dreht sich auf dem Fuße, steigt in seine Studierstube und verschließt die Türe hinter sich.

Käthe steht mit hängenden Schultern davor, klopft aber nicht an – was könnte sie ihm zum Trost sagen?

Am Abend im Schlafgemach nimmt sie ihn schweigend in die Arme.

Im Sommer fragt Käthe ihren Mann, was aus dem Trienter Konzil nun geworden sei, ob es wirklich stattfinde und mit welchem Ergebnis, und ist doch auch Reichstag zu Worms?

Er sieht sie müde an.

»Mein Herz schmerzt mich, Kätha. Wenn wir in ein solches Konzil einwilligen sollten, warum haben wir denn nicht vor fünfundzwanzig Jahren in den Herrn der Konzilien, den Papst, und seine Bullen eingewilligt? Zuerst möge der Papst anerkennen, daß das Konzil über ihm ist, und er höre das Konzil wider sich, so wie sein Gewissen wider ihn zeugt; danach wollen wir über die ganze Frage disputieren. Sie sind toll und töricht, Gott sei Dank.«

Sie setzt sich ans Fenster. Hier spann sie als junge Ehefrau, hier spielten ihre Kinder – sie sieht auf den gebeugten Kopf Luthers. Noch immer sind seine Haare voll und lockig, wenn auch grau vom Schnee des Alters. Er ist des Lebens müde, sagt er immer wieder. Aber ich, ich bin es nicht! denkt Käthe. Ich habe noch nicht erreicht, was ich mir wünsche, ich bin noch nicht am Ziel – nein, ich bin auf dem Wege, es drängt mich mächtig, vorwärts zu stürmen, um endlich zu finden – was? Was ersehne ich so heiß?

Sie hält inne und denkt für einen kurzen Augenblick – nichts. Ruhe legt sich wie Balsam über ihre Seele – doch schon setzen ihre Gedanken wieder ein. Ich habe es schon gewußt, gefühlt, bin es gewesen, aber ich erinnere mich nicht genau, ich kenne keine Worte dafür – wie war es doch gleich? Was sagte mir die Zigeunerin im Traum?

Natur, Schrift, Heilkunde, Freiheit, Liebe, Ehe, Kinder – Tod. Sagte sie Tod?

Käthe wischt sich mit der Hand über die Augen und sieht wieder auf Luthers gebeugten Kopf. Sie seufzt, steht auf und geht zurück zu ihrer Arbeit.

Im Juli endlich tritt Luther die lange geplante Reise zu Amsdorf nach Zeitz an. Hans begleitet ihn, auch seine Freunde Cruciger und Ferdinand Maugis. Käthe ist unruhig und besorgt – wie werden ihm die Reise, das ungewohnte Essen und Trinken, die fremden Betten bekommen? Er ist gar zu krank und anfällig geworden. Schon bald bekommt sie einen Brief:

> *»Meiner freundlichen, lieben Hausfrau, Katharina Luther von Bora, Predigerin, Brauerin, Gärtnerin und was sie mehr sein kann.*
>
> *Gnade und Frieden! Liebe Käthe, wie unsere Reise ist gegangen, wird Dir Hans alles wohl sagen, wiewohl ich noch nicht gewiß bin, ob er bei mir bleiben soll; sonst werden's Doktor Casper Cruciger und Ferdinandus wohl sagen. Ernst von Schönfeld hat uns zu*

Löbnitz schön ausgehalten, noch viel schöner Heinz Scherl zu Leipzig.

Ich wollt's gerne so machen, daß ich nicht brauchte wieder nach Wittenberg kommen. Mein Herz ist erkaltet, daß ich nicht gern mehr dort bin; wollt auch, daß Du verkauftest Garten und Hufe, Haus und Hof, ebenso wollt ich meinem gnädigsten Herrn das große Haus wieder schenken. Und es wäre Dein Bestes, wenn Du Dich nach Zulsdorf absetztest, solange ich noch lebe, und ich könnte Dir mit dem Solde wohl helfen, das Gütlein aufzubessern. Denn ich hoffe, mein gnädiger Herr wird mir den Sold zuteil werden lassen zum wenigsten das letzte Jahr meines Lebens. Nach meinem Tode werden Dich die vier Elemente zu Wittenberg doch nicht wohl leiden. Darum wäre es besser bei meinen Lebzeiten getan, was denn zu tun sei.«

Käthe läuft, wie sie geht und steht, zu Melanchthon, zieht ihn mit zu Bugenhagen. Die beiden rufen die Professoren zusammen. Wittenberg gerät in Aufruhr – was wäre diese Stadt ohne Luther? Melanchthon reist nach Torgau, aber er erreicht den Kurfürsten nicht. Er trifft nur den Kanzler Brück an, der eilends dem Kurfürsten berichtet: »Will Martinus auf seinem Kopf sitzen, so vermerke ich, Philippus werde auch nit bleiben und sich auch verkriechen!« Und nüchtern fügt er hinzu, Luthers Besitz werde sich kaum leicht verkaufen lassen.

Von seiten der Universität werden Melanchthon, Bugenhagen, Major und der Buchdrucker Hans Lufft, der damals Stadtrichter ist, vom Magistrat abgeordnet, um Luther zu besänftigen und zu überreden, nach Wittenberg zurückzukehren. Der Kurfürst sendet am 5. August 1545 noch Dr. Ratzeberger mit einem Brief, in dem er zunächst Luther tadelt, weil er ihm seine Reise nach Zeitz und Naumburg nicht gemeldet habe, da er ihn mit Geleit und Zehrung hätte ausstatten wollen. Luthers Weigerung, nach Wittenberg zurückzukehren, habe er in Wahrheit in »rechter Bekummernus und Mitleiden vernommen«. Wenn ihm Luthers Ärger über gewisse Verhältnisse in Wittenberg bekannt gewesen wäre, hätte er sie längst abstellen lassen.

Käthe weiß es und wartet. Sie hat keine ruhige Minute. Alles verkaufen, das Schwarze Kloster verschenken? Rasend schnell ziehen die Bilder an ihrem inneren Auge vorbei – Kloster und Hof in elendem Zustand, all das Bauen und Räumen und Pflanzen und Ackern – und nun – verschenken? Zu Zulsdorf soll sie leben – soweit ist das Gut noch nicht, daß es sie allein tragen könnte, und – es geht doch nicht um sie! Die Kinder, für die Kinder hat sie alles geschaffen, zu ihrer Sicherheit – soll das mit einem Brief hinweggewischt sein? Ihre Gedanken überschlagen sich.

Als sie dann auf ihrem Bette liegt, von der Müdigkeit des Körpers überwältigt, sieht sie im Dämmerlicht zwischen Schlaf und Wachem andere Bilder: Luther und sie selbst in Zulsdorf, nur mit ihren Kindern. Keine Fremden, keine Boten, keine Studenten und Schüler – Frieden! Sie sitzen beieinander unter blühenden Bäumen und haben alle Zeit für sich. Der Gutsbetrieb läuft von allein – sie muß nicht wirtschaften und fuhrwerken. Sie haben den Trubel der Welt hinter sich gelassen.

»Nein – «, schreit Käthe und sitzt aufrecht im Bett. »Ich will nicht, ich will nicht!«

Am nächsten Tag erfährt sie, daß Luther sich auf der Heimreise befindet. Er bleibt einige Tage bei Camerarius in Leipzig, verweilt noch beim Kurfürsten in Torgau – am 15. August 1545 rumpelt sein Reisewagen in den Klosterhof, er ist wieder daheim.

»Ich war in Torgau bei unserem Landesherrn«, knurrt er. »Er hat Befehl erteilt, daß Magistrat und Universität Verordnungen gegen das ausschweifende öffentliche Treiben erarbeiten sollen.

Welch einen Aufschwung hat unser kleines Wittenberg genommen! Anstelle von zweihundert Studenten wie zu Anfang meiner Vorlesungen haben wir nun zweitausend – aber die Bürger beuten sie aus! Weibliches Gesindel ist herangezogen; es gibt viele Speckstudenten, die sich lieber im Lustwäldchen an der Specke herumtreiben, statt in der Schule Gottes Wort, Tugend und Zucht zu lernen. Eine neue Kleidertracht ist eingerissen, die Jungfrauen zu blößen hinten und vorn und niemand da, der da strafe und wehre! Ich habe mit dem Kurfürsten darüber gesprochen. Ich will auch noch ein öffentlich Brieflein schreiben an meinen Bruder Studium, sich still, züchtig und ehrlich zu halten, des zu warten, darum sie hergesandt und mit schweren Kosten von den Ihren erhalten werden, daß sie Kunst und Tugend lernen, weil die Zeit da ist und so feine Präzeptoren da sind. Und nun möchte ich ein gutes Bier von dir und einen Brathering mit Erbsen.«

Am 24. September 1545 stirbt Erzbischof Albrecht von Mainz, Luthers alter Widersacher. Käthe wundert sich: Luther freut sich nicht darüber – es sieht fast aus, als trauere er einem gleichwertigen Gegner nach. Er versteht ihren Blick.

»Ich habe nichts gegen den Kardinal persönlich!« brummt er. »Ich sehe es nicht gerne, daß er also eilet und rennet zur Hölle zu, als hätte er Sorge, er möcht' sie versäumen.«

Meister Grickel kommt mit einem Empfehlungsschreiben seines Kurfürsten nach Wittenberg – Käthe bringt gerade frische Eier, als sie den Tumult an der Türe sieht: Wolf Sieberger weist mit Tränen in den Augen Agricola weit ausgestreckten Armes hinaus.

»Der Doktor hahahat es gesagt!« stottert er unglücklich.

Käthe läßt die Eier fallen, faßt Else Agricola und ihre Tochter Magdalena bei den Händen, zieht sie mit sich ins Haus:

»Was redest du, Wolf, du mußt dich irren. Kommt, Magister Eisleben.«

Aber er steht steif und verstört und trotzig.

»Da müßte mich der Hausherr schon persönlich einladen.«

Käthe bietet den beiden Freundinnen Platz am Kachelofen in der Stube an und eilt ins Studierzimmer zu ihrem Mann.

»Martin, ist es wahr, daß...«

Selten sah sie sein Gesicht so hart.

»Frau Else und Tochter Magdalena sind mir willkommen, den Magister Eisleben jedoch will ich nicht im Hause sehen, das ist mein letztes Wort.«

Langsam steigt Käthe hinab. Es hat zu schneien begonnen. Die Flocken legen sich dem Wartenden vor der Tür auf Schultern und Mütze. Käthe umarmt ihn unter Tränen.

»Es tut mir so leid...«

»Ich verstehe schon«, sagt er, macht sich frei, dreht sich um und verschwindet als ein dunkler Schatten im Schneegestöber.

Schatten, Schatten – nichts als Schatten bleiben mir! denkt Käthe.

Schnell eilt sie zurück in die warme Stube, wo eine Magd Kerzen angezündet hat.

»Else – Magdalenchen! Wie ich mich freue, euch bei mir zu haben!«

»Wo bleibt Johann?« fragt Else. Käthe erklärt es ihr. Ach – vorbei ist's mit der hellen Freude am Wiedersehen! Befangenheit legt sich beklemmend auf jedes Wort, besonders als Luther herzutritt und die Frauen herzlich begrüßt.

Krieg und Kriegsgeschrei! Herzog Heinrich von Braunschweig hat Truppen angeworben und versucht, sein Land zurückzuerobern. Der Kurfürst unterrichtet Luther von diesem neuen Krieg, damit nur ja kein Mißverständnis aufkomme, »da diese Handlungen allerlei seltsamen Ansehen haben« könnten, und bittet Luther um sein Gebet.

Käthe denkt: Kriege sind immer Mißverständnisse. Und wofür sollen wir beten? Daß möglichst wenige Menschen verwundet und getötet, möglichst wenige Frauen und Kinder überfallen, möglichst wenige Häuser verbrannt und Felder verwüstet werden? Gott steh' uns bei!

Jonas ist in Wittenberg. Käthe mag ihn nicht sehen. Schon wenige Monate nach dem Heimgang seiner lieben Frau hat er wieder geheiratet, um seine kleinen Kinder zu versorgen. Das kann sie ihm nicht vergessen.

Luther verreist schon wieder, mit Jonas und Melanchthon nach Mansfeld. Die Mansfelder Grafen haben sich zerstritten. Luther soll da vermitteln. Er ist bald wieder zu Hause. Er hat die Grafen nicht angetroffen, sie haben sich dem Feldzug gegen den Braunschweiger angeschlossen.

»Ich habe ihnen einen Brief hinterlassen, sie mögen sich untereinander einigen!« sagt er zu Käthe.

»Hoffentlich tun sie das auch!« meint sie.

Am 26. Oktober 1545 stürmt Luther in die Küche.

»Ketha, Ketha, ein Wunder! Wir haben gesiegt, der Braunschweiger ist gefangen!«

Käthe läßt die Kelle in die Suppe fallen.

»Wie ist das möglich? So schnell?«

»Gott hat eingegriffen! Keiner weiß recht zu berichten, wie es zugegangen ist. Unglaublich, unaussprechlich ist die Tat, die so schnell, so plötzlich getan ist!«

Und schon ist er auf und davon. Käthe schüttelt den Kopf. Wenn Gott wirklich eingegriffen hat, dann gewiß, um weiteres Elend zu verhüten, denkt sie.

Zu Luthers Geburtstag richtet Käthe ein großes Königreich, alle Freunde werden eingeladen. Die Schüler stellen sich in ihren Festtagskleidern auf und singen dem Doktor ein Ständchen.

Käthe sieht es durch die Türe. Es ist graues, regnerisches Novemberwetter. Das Kerzenlicht kämpft gegen die trübe Dämmerung, die sich auch gegen Mittag nicht aufhellen will. Käthe scheint es, als wallten die Nebel in die Zimmer und dämpften die Stimmen, die Musik, das Lachen. Sie kann sich nicht recht freuen. Es liegt etwas in der Luft. Schnuppernd hebt sie die Nase – dieser Duft, woher kennt sie ihn? Nach Erde, Herbstlaub, Blumen – erschrocken bekreuzigt sie sich nach alter Gewohnheit – es ist der Duft des Todes, der Gräber!

Es sind auch traurige Gespräche, von denen Käthe hier und da einen Satz mitbekommt:

Die Türken dringen stetig vor, Frankreich, Venedig und indirekt wohl auch der Papst haben sich mit ihnen verbündet.

Kaiser Karl und König Ferdinand halten uns Protestanten doch nur hin, wie weiland die Hussiten, um uns dann bei nächster Gelegenheit, verbunden mit Papst und Teufel, Türken und Hölle, mit Gewalt zu unterdrücken.

Luther sagt: »Bei meinem Leben wird es, ob Gott will, keine Not haben und guter Friede in Germania bleiben; aber wenn ich nun tot bin, da wird dann alsdann das Beten hoch vonnöten sein. Unsere Kinder werden noch müssen den Spieß in die Hand nehmen; denn es wird übel zugehen in Deutschland. Das Konzil in Trient ist sehr zornig und meint es sehr böse mit uns. Darum betet zu Gott mit Fleiß.«

Am Ende des Tisches sorgen sich Melanchthon und Bugenhagen um die Streitigkeiten in den eigenen Reihen. Philipp von Hessen ist der evangelischen Sache verloren, Moritz von Sachsen kann man nicht trauen, er entzieht sich dem Schmalkaldischen Bunde, und über die Lehre ist man sich ja nicht einmal hier in Wittenberg im engsten Kreise einig! Luther hört es und meint: »Ich fürchte mich nicht vor den Papisten, das sind des mehren Teils grobe Esel; aber unsere Brüder werden dem Evangelium Schaden tun, die von uns ausgegangen sind, aber nicht von uns sind.«

In einer Gratulationsrede wünscht man Luther Frieden und Beschaulichkeit – das kann er nicht so stehen lassen, er sagt dazu:

»Ich bin wohl alt und unnütz; und doch soll ich für drei arbeiten, so bin ich geplagt von Stadträten und Fürsten, Freunden und Amtsgenossen und Beichtkindern und Briefschreibern, Bücherschreiben, Vorlesungen, Predigten und Beratungen, Bedenken, Trostschreiben. Da sitze ich alter, abgelebter, fauler, müder, frostiger und noch dazu einäugiger Mann und schreibe. Hoffte ich doch, man sollte mir Abgestorbenem die Ruhe gönnen, die ich mir, dünkt mich, verdient habe, und die ihr mir freundlich wünscht! Aber als hätte ich niemals etwas getan, geschrieben, geredet und ausgeführt, muß ich soviel reden, tun und ausführen, daß ich mir keinen Rat weiß. Ich bin so beschäftigt, daß ich gar selten Muße habe, zu lesen oder für mich zu beten, was mir beschwerlich ist...«

Oder mit mir zu sprechen, mit den Kindern zu singen! denkt Käthe bitter.

Am 17. November 1545 hält Luther die Abschlußvorlesung, Käthe schleicht sich in den Hörsaal. Sie weiß, Luther wird es nicht gerne sehen – aber sie möchte einmal dabei sein – vielleicht merkt er es nicht!

Wie müde und brüchig seine Stimme klingt, die doch so klangvoll durch die Kirche hallen kann.

»Das ist nun der liebe Genesis«, sagt er. »Unser Herr Gott geb, daß andere nach mir besser machen. Ich kann nit mehr, ich bin schwach, orate Deum pro me (bittet Gott für mich), daß er mir ein gutes seliges Stündlein verleihe.«

Schnell huscht Käthe hinaus, Tränen in den Augen.

Am 22. Dezember 1545 reist Luther wiederum mit Melanchthon nach Mansfeld. Käthe kann ihn nicht davon abhalten.

»Damit ich mit Freuden in meinen Sarg mich legen möge, wo ich zuvor meinen lieben Landsherrn vertragen habe«, sagt er. »Es geht um Bergwerksrecht, Kätha, da kenne ich mich doch als rechter Sohn meines Vaters aus!«

Er bleibt über Weihnachten. Am 6. Januar fährt er gegen Mittag plötzlich in den Hof. Käthe fällt fast über ihre Röcke, so eilt sie ihm entgegen.

»O mein Herr!« ruft sie, »Wie ich mich freue, Euch heil in meine Arme schließen zu können. Habt Ihr alles geregelt?«

»Nichts habe ich geregelt. Wir sind unverrichteter Dinge zurückgekehrt, weil Philippus so krank ist!«

»Ja, natürlich«, hadert Käthe. »Wenn der arme Philippus krank ist, müßt Ihr freilich sofort heimkommen! Aber um des Doktor Luther willen, der nicht einmal mehr allein zur Kirche gehen kann, um zu predigen, so gesund ist der nämlich, werdet Ihr doch nie im Leben zu Hause bleiben.«

»Kätha, sei friedlich«, bittet ihr Mann bescheiden. »Es ist meine Pflicht, den Grafen von Mansfeld beizustehen.«

Käthe kneift die Lippen zusammen und schweigt.

Die letzte Reise

»Ich muß und will predigen!« knurrt Luther, stemmt sich auf die Tischplatte, zieht seinen schweren Körper auf die Beine, vermag aber nicht zu gehen.

»Wie wollt Ihr in die Kirche kommen?« fragt Käthe entsetzt.

»Mein lieber Herr Käthe, du bist doch des Hauses und meines Lebens Meister, laß dir etwas einfallen – und zwar schnell!«

»Wir haben ein Wägelchen, mit dem wir Obst und Gemüse fahren, man könnte Kissen hineinlegen...«

»...und die Schüler sollen mich ziehen, so ist's recht, so laß es uns machen!« sagt er. Und als sie ihn hineinsetzen, lacht er: »Bin ich wohl mehr wert als ein Sack Äpfel? Ich fürchte fast, nicht, denn die sind allemal gut verträglich!«

Und so ziehen die Knaben mit ihm durch die Gassen zur Kirche – Käthe sieht ihnen kopfschüttelnd nach.

»Wollt Ihr bitte dem König von Dänemark meinen Dank ausrichten für seine Unterstützung?« fragt Käthe ihren Mann.

»Aber gern, meine Kaiserin. Ich will ihm nämlich heut noch schreiben. Ich muß ihm doch berichten über die große Enttäuschung zu Rom und in den Niederlanden über die Niederlage und Gefangenschaft Herzog Heinrichs von Braunschweig, von dem man dort erhofft hatte, er werde die Ketzer ausrotten. Täglich tausend Messen sollen für ihn gelesen worden sein. Doch Gott hat gezeigt, wie ihm das lästerlich Messewerk nicht gefället. Ach, Kätha, die zunehmende Rüstung des Kaisers macht seltsame Gedanken, auch wenn es heißt, es gelte nicht uns.«

Sie sieht ihn in großer Not bittend an.

»Trau du nur auf Gott«, beruhigt er sie, »er läßt uns nicht zuschanden werden.« Sie nickt gehorsam, aber ihr Herz bleibt ungetröstet.

Am 22. Januar 1546 bittet Luther seine Frau, ihm den Reisesack zu packen, am nächsten Tage wolle er nach Eisleben aufbrechen.

Sie schlägt verzweifelt die Hände über dem Kopf zusammen.

»Ihr könnt nicht, Ihr dürft nicht, ich leide es nicht!« flüstert sie.

Luther nimmt sie in seine Arme.

»Mein Liebichen, so sorge dich doch nicht! Philippus, der ist zu krank, aber ich, ich kann reisen, und ich will es auch! Ich will die Sache zu Ende bringen! Siehst du, ich nehme meine drei Söhne mit samt dem Präzeptor Rudtfeld und dem Famulus Aurifaber! In Halle schließt sich Jonas uns an, so wird es mir an nichts fehlen. Weine doch nicht, ich bitte dich, du machst mir ja sonst das Herz schwer! Bald bin ich wieder hier und um ein schweres Geschäft erleichtert!«

Am Abend dieses Tages ist Käthe so müde, daß sie, kaum im Bett, sofort einschläft. Einige Stunden später wacht sie auf, tastet mit geschlossenen Augen nach ihrem Mann, findet ihn aber nicht, also hebt sie die Lider. Im Schein einer Kerze sieht sie ihn auf dem Boden knien, ins Gebet vertieft.

»Martin, du bist ja ganz kalt – wie kannst du nur so auf dem nackten Boden knien, du wirst dich erkälten. Komm, mein Lieber, komm in meine Arme, laß dich wärmen.«

Er folgt ihren Worten schweigend.

»Ach, wie ist es gut und warm bei dir!« sagt er, als er unter der Decke liegt. »Als Mönch habe ich immer so entsetzlich gefroren. Ich kenne nichts Lieberes denn dich auf Erden. Ich bin so schwach, Er verzeihe mir, ich habe dich lieber wohl als unseren Herrgott. Ach, wenn ich auch jung wäre und die Bosheit der Welt so kennete, ich würde, wenn mir auch eine Königin angeboten würde nach dir, meiner lieben Käthe, lieber sterben als noch einmal heiraten. Glaub mir, ich reise ungern fort von dir, muß aber wohl.«

Aus seinem Brief wird sie nicht so recht schlau:

> *»Meiner herzlieben Hausfrau, Katherin Lutherin, Doktorin, Zulsdorferin, Saumarkterin, und was sie mehr sein kann.*
> *Gnad und Friede in Christo und meine alte, arme Liebe und, wie E. G. weiß, unkräftige, zuvor! Liebe Käthe! Ich bin wahrlich schwach gewesen auf dem Weg hart vor Eisleben, das war meine Schuld.«*

Wieso ist er schwach gewesen auf dem Weg und es war seine Schuld? Wie soll sie das verstehen? Schnell läuft sie in die Küche, trifft den Boten auch noch an.

»Mein lieber Herr, wie schmeckt Euch mein Bier?« fragt sie freundlich.

»Danke, Domina, es ist ausgezeichnet!« Der Bote freut sich über solche Ansprache der berühmten Frau.

»Wißt Ihr wohl, was mein Doktor angestellt hat, daß er nun erkältet ist?«

»Ja, das kann Euch jeder in Eisleben erzählen. Es war warmes Frühlingswetter, der Herr wollte sich ein wenig bewegen, stieg aus und lief sich in Schweiß. Bei Rißdorf, kurz vor Eisleben, kam ein scharfer, kalter Wind auf, der Luftzug des Fuhrwerkes tat ein übriges, und so hat er sich erkältet. Kurz vor Eisleben wurde er sogar ohnmächtig.«

Käthe schlägt die Hände über dem Kopf zusammen.

»Man hätte ihn sofort nach Hause bringen müssen!« klagt sie.

»Aber nein, Domina, das hätte er nicht wollen. Er predigte in der kalten Kirche und ordinierte zwei Geistliche! Am Abend behandelte man ihn mit warmen Tüchern.«

»Ach, er wird frieren!« sagt Käthe.

»Und zu allem Unglück soll auch noch seine sonst immer offengehaltene Wunde am Bein, die den kranken Säften einen Abfluß sichert, zugeheilt sein.«

»O nein«, schreit Käthe. »Das darf nicht geschehen! Ob er sein Ätzmittel vergessen hat? Bitte, wartet noch ein kleines Weilchen, ich will rasch nachsehen.«

Sie findet tatsächlich das Ätzmittel an seinem Platze. Sie packt es ein, dazu Stärktüchlein, allerlei Stärkwasser, Rosenessig und Aquavitä. Erst als der Bote vom Hof reitet, liest sie den Brief zu Ende.

Fünf Tage muß sie nun in Ungewißheit über die Entwicklung der Erkältung ihres Martin warten, bis sie die nächste Nachricht erhält:

»Der tiefgelehrten Frau Katherin Lutherin, meiner gnädigen Hausfrau zu Wittenberg.

Gnad und Fried! Liebe Käthe! Wir sitzen hier und lassen uns martern, und wären wohl gern davon, aber es kann noch nicht sein (wie mich dünkt) in acht Tagen . . . Deine Söhnchen sind noch zu

Mansfeld. Sonst haben wir zu fressen und saufen genug und hätten gute Tage, wenn das verdrießliche Geschäft nicht wäre. Mich dünkt, der Teufel spotte unser; Gott möge ihn wiederum spotten, Amen. Bittet für uns. Der Bote eilt sehr.
Am St. Dorotheentag 1546.

Martinus Luther D.«

Am nächsten Tag kommt wieder ein Brief:

»Meiner lieben Hausfrau Katherin Lutherin, Doktorin, Saumarkterin zu Wittenberg, meiner gnädigen Frau zu Händen und Füßen.
Gnad und Friede im Herrn! Lies Du, liebe Käthe, den Johannes und den kleinen Katechismus, wovon Du einmal sagtest: ›Es ist doch alles in dem Buch von mir gesagt.‹ Denn Du willst sorgen für Deinen Gott, gerade als wäre er nicht allmächtig, der da könnte zehn Doktor Martinus schaffen, wenn der einzige alte ersöffe in der Saale oder im Ofenloch oder auf Wolfs Vogelherd. Laß mich zufrieden mit Deiner Sorge, ich habe einen besseren Sorger, denn Du und alle Engel sind, der liegt in der Krippen und hängt an einer Jungfrauen Zitzen, aber sitzet gleichwohl zur rechten Hand Gottes, des allmächtigen Vaters, darum sei zufrieden, Amen.
Ich denke, daß die Hölle und ganze Welt müsse jetzt leer sein von allen Teufeln, die vielleicht alle um meinetwillen hier zu Eisleben zusammengekommen sind, so fest und hart steht die Sache. So sind auch hier Juden, bei fünfzig in einem Hause, wie ich Dir zuvor geschrieben. Jetzt sagt man, daß zu Rißdorf, hart vor Eisleben gelegen, daselbst ich krank ward im Einfahren, sollen aus- und einreiten und -gehen an die vierhundert Juden. Graf Albrecht, der das ganze Gebiet um Eisleben herum hat, der hat die Juden, die auf seinem Eigentum ergriffen werden, preisgegeben, doch will ihnen niemand etwas tun. Die Gräfin von Mansfeld, Witwe von Solms, wird angesehen als der Juden Schützerin. Ich weiß nicht, ob's wahr sei. Aber ich hab mich heute lassen hören – wenn man's merken wollte, was meine Meinung sei –, grob genug, wenn's sonst helfen sollte. Betet, betet, betet und helft uns, daß wir's gut machen.«

Wie lieb er schreibt – zwar zankt er mich aus um meiner Sorgen willen. »Damit kannst du Dich trösten, daß ich Dich gern lieb hätte...« Sie drückt das Papier gegen ihre Wange – so weiche Worte! Und lustig ist er auch. Ich täusche mich, ich bin schon ganz durcheinander vor lauter Sorge – es ist ja alles in Ordnung! »Dein Liebchen«. Ja.

Sie packt den Brief in den Kasten zu den anderen und macht sich an ihre Arbeit. Nach drei Tagen kommt das nächste Schreiben:

»Der heiligen, besorgten Frau, Frau Katherin Lutherin, Doktorin, Zulsdorferin, zu Wittenberg, meiner gnädigen, lieben Hausfrau. Gnad und Friede in Christo! Allerheiligste Frau Doktorin! Wir danken Euch ganz freundlich für Eure große Sorge, vor der Ihr nicht schlafen könnt. Denn seit der Zeit, seit der Ihr für uns gesorgt habt, wollte uns das Feuer verzehrt haben in unserer Herberge, hart vor meiner Stubentür. Und gestern, ohne Zweifel aus Kraft Eurer Sorge, wäre uns schier ein Stein auf den Kopf gefallen und hätte uns zerquetscht wie in einer Mausefalle. Denn es rieselte in unserem heimlichen Gemache wohl zwei Tage über unserem Kopf Kalk und Lehm, bis wir Leute dazu nahmen, die den Stein anrührten mit zwei Fingern: Da fiel es herab, so groß wie ein langes Kissen und eine große Hand breit; der hatte im Sinn, Eurer heiligen Sorge zu danken, wenn die lieben Engel nicht gehütet hätten. Ich aber habe Sorge, wenn Du nicht aufhörst zu sorgen, es könnte uns zuletzt die Erde verschlingen und alle Elemente verfolgen. Lernst Du so den Katechismus und das Glaubensbekenntnis? Bete du und lasse Gott sorgen. Dir ist nicht befohlen, für mich oder Dich zu sorgen. Es heißt: ›Wirf dein Anliegen auf den Herrn, der sorget für dich‹, Ps. 55,23, und an vielen Stellen mehr.

Wir sind, Gott Lob, frisch und gesund, nur daß uns die Verhandlungen Unlust machen und daß Jonas wollte gern einen bösen Schenkel haben, daß er sich an einer Lade zufällig gestoßen hat. So gar groß ist der Neid in den Leuten, daß er mir nicht will gönnen, allein einen bösen Schenkel zu haben. Hiermit Gott befohlen. Wir wollten nun fortan gern los sein und heimfahren, wenn's Gott wollte, Amen.
Am Tag Scholasticae (10. Februar) 1546
Eurer Heiligkeit williger Diener Martinus Luther.«

Sie muß sich setzen, so sehr fährt ihr der Schrecken in die Glieder! Das war es also, was sie mit dunklen Vorahnungen und Ängsten bedrückt und umgetrieben hat! Wahrhaftig Grund zur Sorge genug! Feuersgefahr – vor ihren Augen ersteht jene Nacht in Nimbschen, sie hört die Flammen knistern, die Balken krachen. Ein Stein hätte ihn fast erschlagen – Gott hat ihn gerade eben noch bewahrt. Langsam beruhigt sich ihr Herzschlag. Es ist ja gutgegangen, redet sie sich selbst zu, Katharina, freu dich, es ist ja alles gutgegangen!

Hochwasser, Feuer, fallende Steine. Jetzt haben wir es überstanden und hinter uns gebracht. Und Melanchthon hat den Kurfürsten bewegen können, Luther heim zu berufen. Nur noch wenige Tage, und er wird zurück sein, ich kann ihn pflegen!

Sie macht sich auf in die Studierstube, eine solche Gelegenheit, hier gründlich sauber zu machen, kommt so bald nicht wieder! Luthers nächster Brief bestätigt sie in dieser Meinung.

>*Meiner freundlichen, lieben Hausfrau, Frau Katharin Lutherin von Bora zu Wittenberg zu Händen.*

Gnad und Friede im Herrn! Liebe Käthe! Wir hoffen, diese Woche wieder heimzukommen, so Gott will. Gott hat große Gnade hier erzeigt. Denn die Herren haben durch ihre Räte fast alles in Einklang gebracht bis auf zwei Artikel oder drei, unter welchen ist, daß die zwei Brüder, Graf Gebhard und Graf Albrecht, wiederum Brüder werden, was ich heute soll vornehmen . . . Zu Eisleben, am Sonntag Valentini (14. Februar) 1546

M. Luther D.<

In der Nacht vom 18. auf den 19. Februar 1546 schläft Käthe tief – die Erschöpfung ihres Körpers und die Erleichterung ihrer Seele haben das bewirkt. Sie erinnert sich beim Aufwachen eines süßen Gefühls der Einheit mit Luther – er war so ganz bei ihr und mit ihr in dieser Nacht, wie sie nicht glaubt, es vorher erlebt zu haben – wie mag es kommen, hat sie das geträumt?

In aller Frühe, sie ist noch ganz befangen in ihren Gedanken, pocht es an die Tür. Ihr setzt der Herzschlag aus, dann jubelt sie:

»Er ist zurück! Er ist gekommen!« und eilt selbst, um zu öffnen.

Melanchthon, Bugenhagen und Cruciger stehen auf der Schwelle, bleich, mit starren Gesichtsmuskeln. Artig bittet Käthe sie in die Stube – aber ihr wird so kalt in der Brust, so eisig kalt!

»Setzt Euch, Domina!« bittet Bugenhagen. Doch sie bleibt stehen und spricht es schon selbst aus: »Er – er ist tot?«

Die drei Männer nicken schweigend, Tränen rinnen ihnen aus den Augen.

Käthe greift nach der Tischkante. Die Kälte erfaßt langsam ihren ganzen Körper, preßt ihr die Kehle zusammen, drückt ihr den Atem ab. Eisiger Nebel steht vor ihrem Blick, die Schwaden drehen sich im Kreise, immer schneller und schneller.

Er ist fortgegangen – ich werde ihn nicht mehr sehen – ich bin allein ... Ehe diese Kreisel ihr die Besinnung rauben, durchfährt es sie wie ein Blitz: die Kinder!

»Wo sind meine Söhne? Wie halten sie es aus?« stammelt sie.

Bugenhagen faßt sie um die Schultern und drückt sie auf die Bank.

»Sie sind zu Eisleben. Doktor Jonas kümmert sich um sie. Unser lieber Freund war über Nacht in der Hauptkirche Sankt Andreas aufgebahrt, zehn Bürger hielten ihm die Ehrenwache, Doktor Jonas hat gepredigt ...«

Er hält inne, denn er sieht, daß sie ihm nicht zuhört. Alle schweigen ein Weilchen.

»Morgen wird der Sarg unter Glockengeläut im feierlichen Zug nach Halle geleitet werden«, sagt Cruciger. Käthe nickt.

Endlich gehen die drei Männer.

Sie sitzt auf der Bank, die Hände im Schoß gefaltet. Es ist so leer in ihr. Sieberger tritt ein.

»Sag nichts, Wolf, sag nichts!« schluchzt sie, steht auf und streicht über den treuen, gebeugten Rücken.

»Ich wünscht', ich wäre auch ...«, beginnt er.

»Schscht«, murmelt Käthe. »Gib dich zufrieden und sei stille! Komm, setz dich, so, so.«

Sie sitzen beieinander, sie streicht ihm über den Rücken, er schluchzt. Und dann hebt sie den Kopf.

»Wolf, sag den Schülern und Studenten, sie sollen sich ein ander Quartier suchen – ich hebe die Tischgemeinschaft auf.«

Sie nimmt ihr Tuch und verläßt das Zimmer, das Haus, eilt schnellen Schrittes zur Schloßkirche.

Ihre Augen folgen dem Schachbrettmuster der Fliesen – weiß, schwarz – hier ist eine Stelle abgewetzt, dort ein Eckchen abgebrochen, schwarz, weiß, schwarz, schwarz ... Tod, Tod, Tod.

Elftes Geheimnis: Einsamkeit

Abschied

Als sie endlich ins Schwarze Kloster zurückkehrt, liegt ein kurfürstliches Schreiben für sie auf dem Tisch, daneben sitzt Melanchthon.

»Domina, ich komme vom Kurfürsten«, beginnt er. »Seine Gnaden wollen das Leichenbegängnis ausrichten – Ihr selbst braucht nur für Eure Trauerkleidung zu sorgen.

Er wünscht, daß Luther in der Schloßkirche bestattet werde bei Fürsten und Fürstinnen.«

Das wird ihm wenig gefallen, möcht' lieber bei seinen Kindern liegen, denkt Käthe.

»In der Universität habe ich einen Anschlag gemacht, daß der christliche Elias von seinen Jüngern genommen worden ist. Der Rektor, Doktor August Schurf, hat in einem Programm allen Studenten befohlen, am Nachmittag, sobald das Zeichen mit der kleinen Glocke gegeben wird, sich auf dem Markte zu versammeln und daselbst den ehrwürdigen Pfarrherrn Doktor Pomer an der Kirche zu erwarten, ihm sofort zu folgen, mit ihm die Leiche zu empfangen und ehrenvoll zu geleiten, welche gewesen ist und sein wird eine Hütte des heiligen Geistes. Sonntagnachmittag sollen auf Verordnung des Kurfürsten Erasmus Spiegel, der Hauptmann von Wittenberg, Gangolf von Heiligen zu Düben und Dietrich von Taubenheim zu Brehne mit Gefolge ausreiten bis nach Bitterfeld an der Mansfeldischen Grenze, um unseren Martinus ehrenvoll zu empfangen und zu geleiten.«

Käthe nickt. Was hat er gesagt?

Klangvolle Namen waren an ihr Ohr gedrungen – ach, Geleit, ja.

»Gestattet, daß ich Euch verlasse. Ihr werdet zu tun haben, und ich muß meine Rede ausarbeiten. Meine Frau wird Euch mit den Kleidern helfen.«

Käthe nickt. Nun ist sie wieder allein. Sie öffnet den Brief, der auf dem Tisch liegt, und liest:

*»An Catharina, Doctori Martini seliger Gedächtnis verlassene
Witwe zu Wittenberg. Liebe Besondere!
. . . Denn wir sind gnädiglich geneigt, Euch und Eure Kinder um
Eures Herrn sel. willen, dem wir in sonderen Gnaden und Guten
geneigt gewest, in gnädigem Befehl zu haben und nicht zu verlas-
sen. Das wollen wir Euch gnädiger Meinung nicht verhalten.
Datum Torgau, Sonnabends nach Valentini 1546. Herzog Johann
Friedrich, Kurfürst.«*

»Jaja«, murmelt Käthe.
Melanchthons Frau läuft geschäftig ein und aus – worum geht es?
Die Trauerkleider, natürlich. Bald ist sie schon wieder fort, auch
das ist geregelt. Was will die gute Dorothea? Essen? Nein. Käthe
möchte nicht essen. Sie geht in die Studierstube, die so sauber, so
aufgeräumt ist, setzt sich in Luthers Stuhl. Sonntag, wenn die
kleine Glocke läutet . . .
Es ist Sonntag. Aber die kleine Glocke läutet nicht. Endlich sagt
man ihr, die Ankunft werde erst am anderen Morgen, gegen neun
Uhr sein. In jeder Stadt will man Luthers Leiche einholen und
zurückhalten, jetzt rastet der Zug in Kleinberg.
»Jaja«, sagt Käthe.
Am frühen Montagmorgen steht sie mit Maruschel und einigen
Frauen weinend am Elstertor. Rektor, Magistri und Doctores und
die ganze löbliche Universität sind versammelt, auch der ehrbare
Rat, die Geistlichen, die Schulen, die Bürger. Es ist kaltes, graues
Wetter. Wie würde Martin frieren! muß Käthe denken. Hier im
Stadttor hat er gestanden, als ich zum erstenmal in Wittenberg
einfuhr, und er trug gelbe Stiefel!
Da klappern Hufe. Käthe hebt den Blick. Geleitet von den kur-
fürstlichen Abgeordneten reiten die Mansfeldischen Grafen Hans
und Hoyer mit einer großen Reiterschar ein. Ach, da ist auch
Luthers Lieblingsbruder Jakob, nach ihm kommen Cyriak und
Jörg Kaufmann und – ihre Söhne Hans, Martin und Paul. Wie
schmal und bleich sie aussehen, ach, sie sind doch noch Kinder!
Käthe hebt den Kopf und drückt den Rücken durch. Ich muß mich
zusammennehmen, denkt sie. Jetzt haben sie nur noch mich! Sie
schließt die Jungen in ihre Arme.
Und da ist der Zinnsarg, mit schwarzem Samt umhüllt. Käthe
stürzt sich auf ihn – Hans hält sie zurück.

»Ihr könnt ihn nicht mehr sehen, Mutter, der Sarg ist verschlossen. Tröstet Euch, man hat seine Maske abgenommen. Der Künstler Lucas Furtenagel aus Halle hat ihn gemalt.«

Käthe läßt die Arme sinken.

»Jaja« sagt sie.

Der Zug wird geordnet:

Zuerst kommt die Geistlichkeit mit den Schulen – die Knaben singen so schön! Ihnen folgen fünfundsechzig Berittene. Der Leichenwagen wird von vier Pferden gezogen. Käthe nötigt man mit einigen Frauen in ein niedriges Wägelchen, das gleich hinter dem Sarg herfährt. Nun kommen die drei Söhne, der Bruder, die Neffen und andere Anverwandte und dann in vollem Ornat der Rector Magnificus der löblichen Universität mit etlichen jungen Fürsten, Grafen und Freiherren, so in der Universität Wittenberg studii halber sich aufhalten.

Jetzt schließen sich Kanzler Brück, Melanchthon, Jonas, Bugenhagen, Cruciger, Hieronymus Schurf und die übrigen Doktoren und Magister an, Lucas Cranach als Bürgermeister führt den Rat, dem folgt der ganz große Haufe und die herrliche Menge der Studenten, Bürger, Bürgerinnen, Jungfrauen, viel ehrliche Kinder, alle weinen und wehklagen.

Alle Glocken läuten. Die Gassen sind überfüllt, das Gedränge ist so groß, daß viele gestoßen und verwundet werden. Käthe kann das Ende des Zuges nicht sehen. So geht es dahin die ganze Länge der Stadt am Schwarzen Kloster vorbei hinab zur Schloßkirche.

Am Predigtstuhl wird der Sarg niedergesetzt. Für Käthe ist es wie eine Erlösung, als die Trauergesänge verstummen und Bugenhagen die Kanzel besteigt. Er spricht festlich und tröstlich, seine Stimme allein schon wirkt beruhigend auf Käthe. Sie achtet nicht auf seine Worte.

Danach hält Melanchthon aus sonderlichem Mitleiden, um die Kirche zu trösten, eine lateinische Gedächtnisrede. Da er leise spricht, versteht man wenig davon, weil so viele Menschen weinen und schluchzen. Ab und an dringen Satzfetzen und Gedanken in Käthes Bewußtsein:

Philippus stellt Luther gar in die Reihe der alttestamentlichen Lehrer und Propheten und neben die christlichen Kirchenväter, weil durch ihn die reine Lehre des Evangelii viel heller und reiner wieder angezündet und ans Licht gebracht ist.

Er hat die Irrtümer in der Mönche Lehre ausgeräumt und die Paulinische Rechtfertigungslehre erklärt. Wenn er etwas zu rauh und hart gewesen sei im Schreiben, so will Melanchthon darüber nicht disputieren: Gott steht es frei, welches Werkzeug er wählt. Wer Luther persönlich gekannt hat, der muß bezeugen, daß er ein sehr gütiger Mann gewesen ist, und, wo er unter Leuten war, mit allen Reden holdselig, freundlich und lieblich und gar nicht frech, stürmisch, eigensinnig oder zänkisch. Daher ist offenbar, daß die Härte, so er wider die Feinde der reinen Lehre in Schriften gebraucht, nicht Zeichen eines zänkischen, boshaftigen Gemüts, sondern eines großen Ernstes und Eifers zu der Wahrheit gewesen ist.

Jaja, denkt Käthe.

So groß der Kummer über den Verlust eines solchen Mannes auch sein müsse, sagt Melanchthon, sollte doch auch Freude herrschen, daß er nun aus diesem sterblichen Körper als aus einem Kerker ledig geworden und vor Augen anschauet und erkennet das hohe, unergründliche, ewige Wesen göttlicher Majestät.

Nein – nein! denkt Käthe, ich freue mich nicht darüber – und ist mit einem Male hellwach und bei der Sache.

»Wir sind wie arme Waisen, die einen vortrefflichen Mann zum Vater gehabt und ihn verloren haben.«

Magister heben den Sarg auf und senken ihn in die Gruft nicht fern vom Predigtstuhl an jener Stelle, wo Käthe in diesen Tagen immer wieder gekniet hat.

Requiescat in pace.

Das Testament

Als Käthe am Tag nach der Beisetzung mit ihren Kindern und Verwandten zu Tisch sitzt, hören sie draußen Geschrei und Geschimpfe. Wolf Sieberger tritt mit roten Ohren ein.

»Was gibt's?« fragt Käthe kurz.

»Der Fleischer, Domina. Er verlangt, daß die offenen Rechnungen auf der Stelle bezahlt werden. Er will uns nicht einen Tag länger Kredit geben.«

Käthe steht auf – und setzt sich wieder.

»Es ist gut, Wolf, du kannst gehen.«

So ist das also, denkt sie. So schnell schlägt der Wind um! Nun bin ich nicht mehr die Frau Doktor – nur eine arme Witwe, von vielen schon lange nicht gut gelitten!

»Laßt euch nicht stören!« sagt sie und steht auf, um den ersten Bittgang zu tun, der sie hart ankommt. Durch das Törchen im Gartenzaun läuft sie zu Melanchthon und leiht sich Geld, das drückt sie Wolf in die Hand.

»Jetzt geh auf der Stelle und zahle, was wir schuldig sind«, sagt sie.

Am nächsten Tag schon erhält sie ein kurfürstliches Schreiben mit der Versicherung seiner besonderen Gnade und Fürsorge. Der Kurfürst erbietet sich, ihren ältesten Sohn an den Hof und in die kurfürstliche Kanzlei zu nehmen.

Melanchthon kommt. Er trägt einen Hasen und einen Pelz.

»Nehmt hin, Katharina«, sagt er, »unser gnädiger Herr hat es mir gesandt, ich schenke es Euch! Und hundert Gulden habe ich auch erhalten, was ich Euch geliehen habe, ist erledigt. Hier habt Ihr den Rest.«

Er legt ein Lederbeutelchen auf den Tisch.

»Ach«, erzählt er, »es gibt schlechte Nachrichten. In Regensburg ist vergeblich über Einigung verhandelt worden. Gerüchte gehen um, daß Kaiser Karl zum Krieg rüste!

In Königsberg gar erzählt man sich eine bange Ahnung: Draußen im Reiche habe sich Kaiser Friedrich, der Hohenstaufer, der vor dreihundert Jahren ins Grab gesunken ist, an etlichen Orten sehen lassen.«

»Er hat es vorausgesagt«, murmelt Käthe.

»Wie bitte?« fragt Melanchthon.

»Luther hat prophezeit, daß es nach seinem Hinscheiden Krieg geben wird.«

»Ja, das ist wahr«, bestätigt er, »aber so schnell?«

»Nun, unser Problem ist zunächst einmal das Testament.«

»Herr Doktor Pomer, wie schön, daß Ihr kommt!« begrüßt Melanchthon den Eintretenden. »Ihr kennt Euch in juristischen Dingen sicher besser aus als ich – wir wollen über das Testament sprechen.«

»Schwierig«, stöhnt Bugenhagen und setzt sich. »Unser abgeschiedener Freund hat die Juristen übergangen, und das verzeihen sie nicht!

Laßt uns überlegen, worum es geht.

Luther wollte Katharina ein Leibgeding oder Weibgedink, wie man auch sagt, sichern, wie es Ehemänner zu tun pflegen, weil es für Beamten und Professorenfrauen kein Witwengehalt gibt und das sächsische Erbrecht für Frauen so ungünstig ist. Besonders schlimm ist die Lage für Pfarrerswitwen, darum besorgen die reformatorischen Pastoren ihren Frauen möglichst ein Erbdächlein und ein Herdlin.

Sachsenrecht ordnet an, daß man dem Weibe nach ihres Mannes Tod nur einen Stuhl und einen Rocken geben soll. Das erschien Martinus zu hart, und er legte es so aus: Stuhl, das ist Haus und Hof; Rocken, das ist Nahrung, dabei sie sich in ihrem Alter auch könne erhalten. Aber wer erkennt diese Deutung an?

Die Juristen bestimmt nicht, denn sie sind Luthern gram.

Er hat es mit seinem Testament also gemeint:

Als Leibgeding sind festgesetzt: erstens das Gütlein Zulsdorf, zum anderen Brisgers Häuschen als Wohnung, drittens die Becher und Kleinodien, deren Wert er auf ungefähr tausend Gulden berechnete. Dagegen soll Katharina Schulden, die er auf vierhundertfünfzig Gulden schätzt, auf sich nehmen.

Sein Wunsch war, daß seine Witwe nicht den Kindern, sondern die Kinder der Mutter in die Hände sehen, sie in Ehren halten und ihr unterworfen sein sollen.

Die Herren Melanchthon und Cruciger und ich selbst haben durch Unterschrift bezeugt, daß alles dies Luthers Handschrift und sein letzter Wille ist. Für einen Juristen ist das Testament nicht rechtskräftig. Erschreckt nicht, Katharina, der Kurfürst als Landesherr kann ihm Gültigkeit verleihen und wird das auch sicherlich tun. Aber er kann bei allem Wohlwollen für Euch doch das Recht nicht beugen, darum müssen Vormunde eingesetzt werden.«

»Ich will aber selbst Vormund meiner Kinder sein, wie mein seliger Martinus es geschrieben hat«, sagt Käthe fest.

Nun legt sich Cruciger ins Mittel: »Das ist nun einmal nicht möglich, Domina, es ist wider geltendes Recht, versteht Ihr? Und es bringt Euch nichts, auf Punkten zu bestehen, in denen Ihr dann doch nachgeben müßt, zumal der Kanzler Brück Euch nicht wohl gesinnt ist.«

»Wißt Ihr mir zu sagen, warum?« fragt Käthe geradeaus.

»Er hat Euch nie so recht leiden mögen, ich weiß nicht, warum, vielleicht seid Ihr ihm für eine Frau zu tüchtig. Im letzten Winter hat er sich sehr über Euch geärgert. Ihr erinnert Euch: Martinus hatte im Auftrag des Kurfürsten jene Schrift gegen Herzog Heinz von Wolfenbüttel verfaßt. Brück wollte, daß eine besonders heftige Aussage aus politischen Gründen gemildert oder besser noch weggelassen werde. Er sandte dessenthalben einen Beamten ins Schwarze Kloster. Ihr wart zugegen bei jener Verhandlung und sollt Euerm Mann zugerufen haben: ›Ei, lieber Herr, sie lesen zu Hofe nichts! Das macht's. Wissen sie doch Euer Weis wohl!‹ Und Luther wurde zornig und wunderlich und erklärte, er wollt' es kurzum nicht tun.

Der Kanzler hat dem Kurfürsten davon berichtet und hinzugefügt, Luther ließe sich auch in anderen Dingen wider den Hof bewegen; es möchte wohl wieder das Gütlein Wachsdorf dahinter stecken, und die Rippe – womit er Euch meinte – wäre es, die den guten frommen Herrn aufstachelt!«

»O nein!« Käthe schlägt die Hände vors Gesicht, »Das ist nicht wahr! Warum sollte ich wider den guten Kurfürsten sprechen, dem ich soviel verdanke. Und Ihr wißt alle genau, Martinus ließ sich von mir nicht beeinflussen, wenn es sein Amt und Lehre anging!«

»Wir wissen es«, beruhigt Melanchthon, auf Ausgleich bedacht, wie immer, »aber Brück will es nicht glauben. Regt Euch nicht auf, wartet getrost die Verhandlungen ab. Der Kurfürst will Euch wohl, und wir stehen Euch bei.« Er erhebt sich, die andern tun es ihm nach.

Leider ist Crucigers Verdacht nur zu berechtigt, Brück hat eine Abneigung gegen Käthe und möchte ihren Einfluß brechen. Dazu ist ihm jedes Mittel recht, eifrig nimmt er Gerüchte, bösartig üble Nachrede auf.

Er weiß so gut wie nichts von Käthes Plänen und deren Ausführungen in Zulsdorf, schon gar nichts über die Schwierigkeiten, mit denen sie zu kämpfen hat, aber er behauptet, sie habe Mißwirtschaft getrieben. Er beklagt vorwurfsvoll die große Haushaltung des Schwarzen Klosters als zu vertunlich. Er jammert über den armen, lahmen Wolf Sieberger, der nicht versorgt sei. Er behauptet, die Kinder würden falsch erzogen. Und bei allen Vorschlägen, die er dem Kurfürsten unterbreitet, bekümmert er sich mehr um die Kinder als um die Mutter.

Mitten in diese Schwierigkeiten hinein bieten die Münsterischen Erben Käthe das Gut Wachsdorf zum Kauf an.

Sie sieht darin eine Gnade des Himmels, eine Hilfe zur Sicherung ihrer Kinder. Sie ist kurzatmig vor Ungeduld. Sie erträgt die Ungewißheit nicht länger, kurzentschlossen setzt sie sich hin und schreibt ein Gesuch an den Kurfürsten: sie bittet ihn, ihr zu der Erwerbung des Gutes zu verhelfen und sie mit Vormunden zu bedenken – sie hat Crucigers Rat beherzigt –, und offen erklärt sie ihm, daß kein Vorrat an Geld oder Getreide da sei und sie mit den Kindern auf die Fürsorge und Unterstützung durch seine Gnade angewiesen sei.

Kanzler Brück bezeichnet ihr Schreiben als stumpf und kurz, als Melanchthon, Bugenhagen und Cruciger es ihm bringen. Er liest es selbst laut vor, und auch Bugenhagen ist überrascht: »Da hört man wohl, wer allweg nach dem Gute Wachsdorf trachtet!« soll er ausgerufen haben; so hinterbringt man es Käthe. »Vorhin hat man's auf den Doktor gelegt; aber itzt merkt man wohl, wes Getriebe es gewest.«

Für einen Augenblick schweifen ihre Gedanken ab von den Querelen des Alltags. Hieronymus – man hat ihn gefangen und gefoltert, sagen die Leute. Nun schmachtet er in einem finsteren Kerkerloch, oder ist er vielleicht schon tot? Hat sie nicht solches einstens in heißer Angst geträumt? Wo mag er sein? Wirklich tot wie Luther, ihr Wehr und Wappen gegen die Welt? Ja. Sicherlich hat sie die Wirtschaft besorgt, und doch stand er letztlich vor ihr, sie zu schützen, und nun ist sie preisgegeben!

Sie strafft die Schultern. Schluß mit den Erinnerungen, sie helfen ihr nicht weiter. Sie will aufschreiben, wen sie sich als Vormund wünscht: für sich selbst den Stadthauptmann Spiegel und ihren Bruder Hans von Bora, für ihre Kinder den Oheim Jakob Luther in Mansfeld, den Bürgermeister Ambrosius Reuter und Melanchthon. So. Das wird sie in die gehörige Form bringen und dem Kurfürsten unterbreiten lassen. Und nun will sie von alldem drei Tage lang nichts mehr hören.

Am 24. März 1546 hält sie die Bestätigung der Vormunde durch den Kurfürsten in Händen: Erasmus Spiegel und ihren Bruder für sich selbst, Doktor Ratzeberger, Jakob Luther und Ambrosius Reuter für die Kinder, dazu noch Melanchthon und Cruciger als Nebenvormunde.

Sie atmet tief durch. Gut. Sie ist es zufrieden.

Aber das war der leichtere Teil! Nun geht es um die Ordnung des Nachlasses. Der Kurfürst bestätigt Luthers Testament; der Nachlaß umfaßt:

Das Schwarze Kloster. Luther und Käthe hatten es auf 6000 Gulden geschätzt, viel zu hoch. (Es fand sich auch lange kein Käufer, erst 1564 übernahm die Universität das Grundstück von den Erben für 3700 Gulden.)

Die Gärten. Brück spricht nur von einem Garten samt zwei Hufen und schätzt sie auf nicht unter 400 Gulden. Es sind aber drei Gärten, und sie sind mehr als 1000 Gulden wert. Es handelt sich um den Garten am Eichenpfuhl mit zwei Hufen, den Garten am Saumarkt und an der Specke.

Bücher und Hausrat sollen, so lange Käthe lebt, ungeteilt bleiben. Der wirkliche Wert dieser drei Posten mag reichlich 3000 Gulden betragen. Hierzu kommt das Leibgedinge Käthes:

Das Gut Zulsdorf. (Der Kanzler und die drei Feunde schätzen es auf keine 600 Gulden, verkauft wurde es 1553 um 956 Gulden.)

Brisgers Häuschen. (Es wurde 1557 um 300 Taler verkauft, das sind nicht ganz 350 Gulden.)

Das verarbeitete Gold und Silber. Setzt man es Luthers Schätzung zufolge mit 1000 Gulden an, so hat das Leibgeding einen Wert von 2300 Gulden.

Der ganze Nachlaß ist also gegen 8000 Gulden wert.

Außerdem haben die Kinder jetzt die Auszahlung der 1000 Gulden zu erwarten, die der Kurfürst 1541 ihrem Vater für den Fall seines Todes ausgesetzt und seitdem jährlich mit fünf vom Hundert verzinst hatte. Die Verschreibung lautet, wie der Kanzler ausdrücklich hervorhebt, nur auf die Kinder.

Endlich steht den Erben noch ein Kapital von 2000 Gulden in Aussicht. Die Grafen von Mansfeld hatten unter dem erschütternden Druck von Luthers Tod versprochen, diese Summe der Witwe und den Kindern zu bewilligen.

»Da haben wir doch den Kaufpreis für Wachsdorf!« jubiliert Käthe.

Bugenhagen bedenkt sie mit einem Blick, als zweifele er an ihrem Verstand.

»Katharina! Ein wenig dürftet Ihr inzwischen wissen von Fürstenwort und Fürstengunst! Ich bin der Letzte, der am guten Willen der

Mansfelder zweifelt, aber ich kenne auch ihre finanziellen Verhältnisse ein wenig! Sicherlich werdet Ihr oder Eure Kinder das Geld irgendwann erhalten, aber heute und morgen gewiß nicht!

Ich weiß einen einfacheren Weg: trennt Euch vom Schwarzen Kloster! Es war Luthers Meinung nicht, daß Ihr das große Haus behalten solltet. Auch Kanzler Brück rechnet damit, daß Ihr es verkauft.«

Eigentlich hat Käthe auch mit diesem Gedanken gespielt, aber dem Kanzler mag sie auf keinen Fall zu Willen sein. Sie steht auf.

»Nein«, sagt sie fest. »Weder das Schwarze Kloster noch Zulsdorf werde ich verkaufen. Und die Boos behalte ich auch in Pacht. Meine Kinder sollen ein gesichertes Leben haben, darum werde ich um Wachsdorf kämpfen. Und dies, lieber Doktor Pomer, ist mein letztes Wort, komme, was da wolle.«

Bugenhagen stöhnt: »Ich weiß nicht, wie das gehen soll.«

Wieder sitzt Käthe allein auf Luthers Stuhl im Studierzimmer und preßt die Hände an die Schläfen.

Angriffe und Bedrängnis von allen Seiten. Dräuend über allem das Kriegsgespenst – die Querelen der Güter wegen, die Schwierigkeiten, die richtigen Vormunde auszuwählen und auch bestätigt zu bekommen – und das Allerschlimmste, der Kampf um ihre Kinder, die man ihr nehmen will!

Ruhig, redet sie sich selbst zu, ganz ruhig. Schimpfen und schreien bringt überhaupt nichts, außer daß die anderen auch schimpfen und schreien.

Ich muß genau wissen, was ich will, daran eisern festhalten und gleichzeitig sehen, wo ich nachgiebig und sanft und demütig sein kann, weil ich sowieso nicht durchkomme, denn sie sollen nicht sagen, ich sei halsstarrig und uneinsichtig.

Also: Ich will an Grund und Boden behalten, was ich habe, und Wachsdorf dazugewinnen. Die Vormundschaften sind geklärt. Und ich will meine Kinder bei mir behalten. Die Söhne sollen studieren, das hat auch Luther gewünscht. So, und nun laß es stürmen und toben, ich werde still sein und es aushalten, es geht vorbei, aber von meinen Vorsätzen gehe ich nicht ab.

Sie sieht Papier und Federn auf dem Tisch vor sich. Ich werde schreiben, denkt sie, das tut mir gewiß gut, – an meine Schwägerin Christina von Bora werde ich schreiben, – und beginnt:

»Freundliche liebe Schwester.
Daß Ihr ein herzlich Mitleiden mir mir und meinen armen Kindern
tragt, glaub' ich leichtlich. Denn wer wollt' nicht billig betrübt und
bekümmert sein um einen solchen teuren Mann, als mein lieber Herr
gewesen ist? Der nicht allein einer Stadt oder einem einigen Land,
sondern der ganzen Welt viel gedienet hat. Deshalben ich wahrlich
so sehr betrübt bin, daß ich mein großes Herzeleid keinem Menschen
sagen kann. Und weiß nicht, wie mir zu Sinn und zu Mut ist. Ich
kann weder essen noch trinken, auch dazu nicht schlafen. Und wenn
ich hätt' ein Fürstentum und Kaisertum gehabt, sollt' mir so leid
nimmermehr geschehen sein, so ich's verloren hätt', als nun unser
lieber Herrgott mir und nicht allein mir, sondern der ganzen Welt
diesen lieben und teuren Mann genommen hat. Wenn ich daran
gedenk', so kann ich vor Leid und Weinen (das Gott wohl weiß)
weder reden noch schreiben, wie Ihr leichtlich, liebe Schwester,
selbst zu ermessen habt. Damit Gott befohlen!
Katharina, des Herrn Doktor Martinus Luther
gelassene Witfrau.«

Käthe will also das Schwarze Kloster nicht verkaufen und doch
Wachsdorf erwerben. Der Kanzler ist dagegen. Aber er weiß auch,
der Kurfürst wird Luthers Witwe ihre Bitte nicht abschlagen. Also
denkt er sich etwas aus:
Er rät seinem Fürsten, zu den 1000 Gulden, die den Kindern
verschrieben sind, noch einmal 1000 Gulden für die Kinder allein
zu bewilligen. Dann würden auf jedes Kind 500 Gulden entfallen.
Den Anteil der Tochter sollte der Kurfürst zurückhalten, aber die
1500 Gulden der drei Söhne könnten auf Wachsdorf festgelegt
werden, falls die Vormunde den Ankauf des Gutes beschließen.
Die Münsterischen Erben verlangen 2000 Gulden. Wer soll die
letzten 500 Gulden zahlen? Brück meint: die Mansfelder.
Adam von Regensburg erzählt Käthe, der Kanzler glaube, sie
betriebe das alles nur, um genug zu tun, zu schaffen und zu gebieten zu haben; es wäre ihr Wille, die vornehme Dame zu bleiben.
Würde Wachsdorf nicht für sie, sondern für die Kinder gekauft, so
würde sie sich mit der Arbeit, die dieser Baukasten ihr bereiten
müßte, gar nicht belasten wollen, wenn es ihr selbst keinen Nutzen
brächte.
»Wieso mir Nutzen?« Käthe sieht ihn verständnislos an.

»Ich will und brauche keinen Nutzen und keine Güter! Ich möchte Sicherheit für meine Kinder, ich finde den Vorschlag des Kanzlers gut!«

Als Beamten ihn ihr am anderen Tage offiziell unterbreiten, erklärt sie sich sofort einverstanden.

Damit hatte Brück nicht gerechnet. Nun sagt er, Wachsdorf sei keine 2000 Gulden wert – bei einem solchen Kaufpreis würde es jährlich kaum fünf vom Hundert bringen, man müßte denn die großen Eichen in zwei, drei, vier Jahren hinweghauen; auch wäre es ein Einmannlehen und mit der Leistung eines halben Pferdes beschwert.

Melanchthon und Bugenhagen kommen mit diesen Argumenten ins Schwarze Kloster und versuchen, Käthe davon zu überzeugen, daß das Gut ihren Kindern nichts einbringen werde.

Sie läßt sich nicht überreden. Sie will Wachsdorf haben. Sie hofft, es ertragreich bewirtschaften zu können, und verspricht, keine großen Gebäude darauf zu errichten.

Inzwischen verlangen die Münsterischen Erben 2200 Gulden.

Was soll eigentlich all der Streit um Wachsdorf? Ist es denn wirklich so wichtig? Was würde Luther sagen?

»Laß Gott sorgen, Ketha.«

Ja, er hat gut reden! Wo er ist, mag Gott wohl sorgen...

»Ketha!« hört sie seine Stimme, mahnend, traurig.

»Verzeiht«, flüstert sie, »Er sorgt auch hier, ich weiß es. Aber er bedient sich meiner dazu, und ich muß das Meine tun! Nicht wahr?« Es ist ganz still – sie vernimmt Luthers Stimme nicht mehr.

Die Kinder

Erschöpft und bestrebt, zurückgezogen ein wenig Ruhe zu haben, muß Käthe feststellen, daß der wichtigste Kampf noch aussteht: Kanzler Brück versucht nach wie vor, ihr die Kinder zu nehmen.

Er ärgert sich über ihre Haushaltsführung und argumentiert so: Wäre ihr die Sorge für die Söhne abgenommen, so würde sie es nicht mehr nötig haben, für deren Erziehung junge Leute im Hause zu halten, jetzt habe ja jeder der drei Söhne seinen eigenen Präzeptor und Famulus! Auch das übrige Gesinde wäre dann überflüssig, denn für die junge Tochter würde ein kleines Mägdlein genügen.

Katharina ist entsetzt: jeder aus der Lutherfamilie ist durch die Trauer über den plötzlichen Tod des Vaters verunsichert und verstört, sie stützen und trösten einander – wie sollte eines von ihnen sich allein in der Welt behaupten? Hans weiß, wie es ist, bei fremden Leuten zu leben, er möchte nicht wieder von Mutter und Geschwistern getrennt werden. Sie wird nicht nachgeben, zweimal schon hat sie ihren Willen durchsetzen können – und diese Sache ist ihr die wichtigste von allen.

Melanchthon ist die schwere Aufgabe zugewiesen, die Mutter über die Absichten und Meinungen des Kanzlers zu informieren. Unruhig sitzt er am Tisch in der warmen Stube und dreht den Becher mit Wein zwischen den Fingern.

»Kanzler Brück wird dem Kurfürsten vorstellen, die Erziehung der Söhne liege bei Euch in – ehem – zu schwachen Händen...« beginnt er.

»Sagt ruhig: in schlechten Händen – wie er!« unterbricht Käthe kampflustig. »Er meint, Hans sei von sich aus schon geneigt, in die kurfürstliche Kanzlei einzutreten – aber Ihr sollt ihm weisgemacht haben, er sei ein zu einfacher Gesell, man werde ihn in der Kanzlei nur zum Narren haben.«

»Dumme Rederei«, schilt Käthe. »Ich brauche ihm nichts weiszumachen, die Sache liegt einfacher. Sein Vater wünschte, daß er ein Theolog wird. Er hat das Zeug dazu. Also wünsche ich sein Studium und nichts anderes!«

»Aber mir scheint doch auch, Domina«, wendet Melanchthon schüchtern ein, »er ist zum Studium nicht sonderlich geeignet. Ihm fehlen die Anfangsgründe.«

»Das sehe ich anders! Er hat seinen Baccalaureus! Und wenn Ihr recht haben solltet, so kann er die Anfangsgründe lernen, am besten bei Euch, der Ihr ein hochberühmter Lehrer seid!«

»Die beiden jüngeren Söhne«, weicht der Magister aus, »möchte Brück jeden für sich bei einem gelehrten Manne in Kost geben, vor dem sie Furcht und Scheu haben müßten.«

»Sie sollen nicht voneinander getrennt und in Angst leben, sie haben nichts Böses getan!« begehrt Käthe auf.

»Aber der Kanzler fürchtet, sie werden bei Euch nur zu Junkern und Laffen. Er meint auch, nun werde sich ein Gebeiß zwischen den Vormunden und Euch ergeben.«

»Was für ein Bild«, reagiert Käthe kühl. »Ich bin doch kein tollwütiger Hund.« Und sie ist bescheiden und demütig und freundlich. Am 14. April 1546 erhält sie Bescheid aus der kurfürstlichen Kanzlei.

Melanchthon und Cruciger werden beauftragt, die Erziehung der Kinder nach den Vorschlägen des Kanzlers Brück zu ordnen: Spiegel und Reuter sollen die Haushaltung im Schwarzen Kloster einschränken und das unnötige Gesinde entlassen. Einen ganzen Monat lang schweigt Käthe still, macht Ausflüchte, fühlt sich schwach und unfähig, die Sache mit den Männern zusammen in Angriff zu nehmen, aber heimlich überredet sie einen Vormund nach dem anderen.

So muß sie also warten und vertrauen auf Männer, die durchaus nicht eindeutig ihre Interessen vertreten und sich immer wieder Einwände und Vermahnungen anhören.

Sie, die Schlaflosigkeit nicht kannte, sondern, müde von des langen Tages rastlosem Mühen, mit ihrem Abendgebet nie zum Ende kam, weil ihr vorher die Augen zufielen, liegt nun wach, lauscht auf die Geräusche des großen Hauses, wälzt sich von einer Seite auf die andere, steht endlich auf und sucht im Mondlicht den Platz, an dem Luther zu beten pflegte. Sie kniet sich nieder.

»Ach, mein lieber Herr!« stöhnt sie. »So helft mir doch!«

Und lauscht in sich hinein.

»Wie soll ich denn ankommen gegen den Kanzler, der mir übel will, und die Vormunde, wie soll ich mich durchsetzen?«

»Gib dich zufrieden und sei stille.«

Käthe springt auf die Füße, am liebsten würde sie ihren Protest laut hinausschreien, wenn sie nicht fürchten müßte, das Haus aufzuwecken.

»Zufrieden geben? Stille sein? Und die Kinder werden mir abgenommen, Hans darf nicht mehr studieren – da soll ich schweigend zusehen? Nein, niemals.«

Rastlos geht sie auf und ab, auf und ab.

»So seid nicht einmal Ihr mir eine Hilfe, Martinus – Ihr solltet Euch schämen.«

Am 21. Mai 1546 endlich kommt ein Bescheid des Landesherrn. Er läßt es dabei bewenden, daß die Söhne bei der Mutter bleiben, doch sollen die Vormunde darauf achten, daß »gemeldete des Doctors seligen Söhne alle drei zu Zucht, Tugend und Lahr mit Fleiß gehalten und ihnen sämmtlich oder sonderlich nit viel versäumliches Spazieren vorstattet werd!«

Wo Käthe nun im Besitz des Schwarzen Klosters bleibt, kann sie es nicht leer stehen lassen. Selbst von weit her erhält sie Anfragen von Eltern und Studenten. Obwohl es ihr schwerfällt, sagt sie zu und bildet eine neue Tischgenossenschaft.

Am 21. Mai 1546 beginnt das Sommersemester an der Universität Wittenberg, im Schwarzen Kloster herrscht reges Leben wie eh und je – Käthe steht in der Tür und beobachtet die Speisenden. Ach, der Platz am Kopfende des Tisches ist falsch besetzt – und ihre Ohren warten so sehnsüchtig auf das »Nun, was gibt's Neues, ihr Herren, ihr Prälaten?«

Sie geht in die Küche, rührt gedankenverloren in der Suppe. Nichts wird je wieder sein wie früher.

Im schönsten Kämmerlein des Schwarzen Klosters wälzt sich ein Student unruhig auf seinem Bett. Käthe sucht seinen Puls – rasend schnell und ganz leicht klopft das Herz. Die Bettlaken sind schweißdurchtränkt. Der Junge wirft den Kopf mit geschlossenen Lidern immer hin und her, hin und her.

»Augustin!« ruft Käthe, legt ihm die Hand auf die heiße Stirn. Er fährt plötzlich hoch, reißt die Augen auf, sie quellen schier hervor, und ringt nach Luft.

Käthe erschrickt – das kennt sie doch! Die Buttichin in Nimbschen war ihr daran gestorben! Sie sendet nach Dr. Schurff. Aber er weiß auch kein Mittel. Am 30. Mai 1546 erstickt der junge österreichische Edelmann Augustin Römer von Waidhofen unter ihren Händen.

Sie ist verzweifelt. Das ist kein guter Anfang.

Pfingstmontag, der 14. Juni 1546 aber wird zum Freudentag für Käthe, der ihr Trost bringt: das Gut Wachsdorf geht an Luthers Erben über. Sie hat es geschafft!

Nun, da sie ihr Ziel erreicht hat, weiß sie nicht mehr so recht, ob es der Mühen wert ist. Zweifel bedrängen sie. Ist es wirklich soviel Geld wert? Wird sie es hochbringen können?

Jonas erzählt ihr in einem Brief, daß er den König Christian von Dänemark gebeten habe, der Witwe und den Kindern ein gnädiger Herr zu sein. Käthe bedankt sich pflichtschuldigst. Widerborstig kratzt die Feder übers Papier. Ach, wenn ich nur allein auf eigenen Füßen stehen könnte und niemandem mehr danken und niemanden mehr bitten müßte!

Ein Jahr, denkt sie, ein Jahr noch, dann will ich es geschafft haben! Mit der Burse und den Gütern und Gärten muß es mir gelingen, keine Schulden mehr zu haben. Ein Jahr, Käthe, das wirst du wohl durchstehen!

Krieg

Der 16. Juni 1546 ist ein wunderschöner Tag – kein Wölkchen trübt den lachenden Sommerhimmel. Alle freuen sich der warmen Sonne: die Handwerker sitzen auf den Gassen mit ihren Verrichtungen, Kinder spielen zwischen ihnen und laufen jedermann zwischen die Beine, die Vögel veranstalten ein geradezu übermütiges Konzert, überall sieht man Mädchen mit überquellenden Blumenkörben. Käthe bleibt lange im Garten, die frische Luft tut ihr wohl, vielleicht wird sie heute nacht gut schlafen können. Da erscheint Lucas Cranach zwischen den Bäumen. Freudig streckt sie ihm die Hand entgegen.

»Meister Lucas! Wie ich mich freue, Euch zu sehen!«

»Ach, Katharina, – leider ist es kein freudiger Anlaß, der mich zu Euch führt. Das, was unser Martin immer prophezeit hat, ist eingetreten: Kaiser Karl hat zu Regensburg den Protestanten den Krieg erklärt.«

»Nein«, stammelt Käthe erbleichend, »o nein – was wird mit uns geschehen ...«

»Seht nicht zu schwarz«, versucht Lucas sie zu beruhigen. »Wir sind stark, wir werden den Kaiser schlagen! Das Schmalkaldensche Bündnis steht fest und hat viele gute Streiter. Da sind Kurfürst Johann von Sachsen und Landgraf Philipp von Hessen, da sind die stolzen Reichsstädte Straßburg, Frankfurt, Ulm, Augsburg – die Württemberger, die Pfälzer werden mit uns sein, und der Kaiser ist schlecht gerüstet.«

»Ach ja?« fragt Käthe zweifelnd. Sie gehen ins Haus, dort treffen sie Melanchthon. Er sagt dasselbe wie Cranach, aber er wirkt still und bedrückt.

»Ihr sprecht Worte voller Siegesgewißheit und seht doch unsicher, ja ängstlich drein –«, Käthe hat es gut beobachtet. »Magister Philippus, was bedrückt Euch?«

Zögernd kommt seine Antwort: »Ich glaube an unseren Sieg. Wir sind stark und gut gerüstet! Aber ich habe die Sterne befragt, und da steht es anders geschrieben.«

Käthe geht noch einmal in den Garten. Die Luft ist noch angenehm warm, die Grillen zirpen, es duftet nach Sommer – ihr schwindelt, sie muß sich am Stamm eines Baumes halten.

Krieg –

Deutsche werden gegen Deutsche kämpfen, Christen gegen Christen, rot wird der Himmel sein, rot das Wasser der Flüsse – sie verbietet sich, die Bilder auszumalen. Was hatte sie sich vorgenommen? In einem Jahr wollte sie sicher ihr eigener Herr sein? Die Verzweiflung schnürt ihr die Kehle zu, eine grausame Verzweiflung ohne Worte.

Rastlos wandern ihre Augen über den Sternenhimmel. Sie kann, sie will nicht beten, nicht mit Luther sprechen.

»Alles nimmt überhand, es ist zuviel, es geht zu weit«, murmelt sie.

Und zunächst tut sich – gar nichts. In Wittenberg wird gelebt wie immer, vielleicht ein bißchen unruhiger als sonst, fieberhaft, aber um das zu sehen, muß man die Menschen gut kennen.

Käthe hat ihr Herz verhärtet und verschlossen. Sie führt die Wirtschaft, kocht und backt und braut und kämpft für den Besitz ihrer Kinder.

Sonntags sitzt sie in der Kirche und starrt auf die Stelle, wo Luthers Gebeine unter den Fliesen ruhen, aber sie addiert Zahlen, verplant Getreide und Saatgut, entwirft gute und doch preiswerte Speisezettel. Sie will nicht hören, was Bugenhagen predigt, sie will Luthers Lieder nicht singen.

Sie vernimmt die Worte des Kriegsgebetes, läßt sie aber nicht in sich eindringen: »Dieweil du siehst die große Not unserer Herrschaft, unser aller: Mann, Weib, Kinder, und daß unsre Feinde fürnehmlich suchen Vertilgung rechter Lehre und Aufrichtung und Bestätigung ihrer schändlichen Abgötterei: so bitten wir dich, du wollest um deiner Ehre willen unsre Herrschaft, unsere Kirchen, uns, unsere Kinder und Häuslein gnädiglich schützen und bewahren, wie du dein Volk Israel im Roten Meer erhalten und geschützet hast, und wollest der Feinde Macht zerstören und die mörderische fremde Nation ihre Unzucht und Grausamkeit nicht an unsern Weibern und Kindern üben lassen.«

Vor der Kirche trifft sie Adam von Regensburg. Er ist nun ein Mann geworden, groß, hager, dunkelhäutig.

»Es tut mir leid, Domina«, sagt er ernst.

»Was?« fragt sie streng.

»Euer Schicksal, all das, was Ihr nun zu erdulden habt.«

»Ach ja. Danke. Was wißt Ihr vom Krieg?«

Die schwarzen, klugen Augen sehen sie prüfend an, ehe er antwortet.

»Wenig. Noch findet er nicht statt. Die Unsern sind noch überlegen mit ihren deutschen Kriegsknechten – aber es fehlt ein Führer, der mutig ist und entschlossen! Da liegen sich die Heere gegenüber – die Unsern stark, aber unschlüssig, unfähig, die Entscheidung zu erzwingen. Der Kaiser mit seinen welschen Räten und Italienern, an Zahl wahrscheinlich unterlegen, doch fest entschlossen, jedem Angriff auszuweichen, bis er stark genug sein wird, selbst den entscheidenden Schlag zu führen; und die Unsern warten brav mit ihm.«

»Wie wird es ausgehen?« forscht Käthe.

Adam zieht die Schultern hoch.

»Noch droht uns keine Gefahr. Was später wird, dazu kann ich nichts sagen.«

Käthe nickt ihm zu und geht weiter. Er kann nicht – er will nicht! denkt sie. Ich habe kein gutes Gefühl.

Melanchthon gibt Luthers »Warnung an meine lieben Deutschen in Kriegsgefahr« neu heraus und bringt ihr ein Exemplar; sie legt es ungelesen auf den Tisch in der Studierstube.

Tag und Nacht ist Bewegung auf den Gassen, im Elstertor. Viele gute Kriegsknechte unter Hauptmann von Mila kommen in die Stadt, beziehen die Tore und Verschanzungen und patrouillieren mit wichtiger Miene über den Markt. Große Planwagen rumpeln am Schwarzen Kloster vorbei, bringen Proviant, Büchsen und Pulver.

Die Schüler und Käthes Söhne sind nicht im Hause zu halten. Sie bewundern Kleidung und Waffen der Kriegsknechte, laufen hinter den Bürgern her, die mit Spießen, Hellebarden und Arkebusen auf

Wache ziehen, bringen ihnen Bier und Brot und spähen durch die Schießscharten ins freie Land.

»Mutter, Mutter!« ruft Hans mit roten Wangen, »unser Drucker Hans Lufft mit seinen Gesellen hat den großen Berg bezogen, wo die Singerin steht – das ist eine gewaltige Kanone! Er hat gesagt, ich könne Fähnrich werden und in den Krieg ziehen!«

»Das verbiete ich dir«, sagt sie hart.

»Aber Frau Mutter!« jammert er. »Ich bin doch alt und stark genug! Warum seht Ihr mich so an? Ach, früher, da habt Ihr mich gar lieb gehabt.«

Käthe schießen plötzlich die Tränen aus den Augen. Sie nimmt das Gesicht ihres Sohnes in beide Hände.

»Hänsichen, verstehst du mich denn nicht? Eben weil ich dich so sehr lieb habe, sollst du nicht gehen! Ich will nicht, daß sie dich umbringen oder verstümmeln oder als Gefangenen mit sich schleppen. Du weißt ja nicht, wie sie uns hassen! Was würden sie wohl machen mit des Martin Luther Sohn? Sie sollen gedroht haben, Vaters Gebeine aus dem Grab zu reißen und ihn posthum als Ketzer zu verbrennen.«

Das Gesicht des Sohnes wird ernst und bleich.

»Aber gerade weil sie so böse sind, muß ich doch gegen sie kämpfen, Mutter, – bin ich es nicht meinem Vater schuldig?«

»Bleibe du bei uns und hilf mir, deine Brüder und deine Schwester zu retten.«

Hans schweigt. Seine Mutter hat ihn nicht überzeugen können.

Es scheint ihr, als wolle jeder dieser schönen Sommertage mit seinen tausend Pflichten und Ansprüchen nie ein Ende nehmen – dennoch fliegen die Monate nur so dahin. Sie fährt Heu und Korn ein, besorgt Obst und Gemüse, es gibt viel Möhren, große, schöne Früchte dieses Jahr! Sie läßt Holz schlagen, sieht die Winterkleidung durch.

Moritz von Sachsen tritt über auf die Seite des Kaisers und fällt in Kursachsen ein. Wer hat mir doch gesagt, daß auf ihn kein Verlaß sei, überlegt Käthe. Nun sind die Unseren den Kaiserlichen nicht mehr überlegen, die Gelegenheit zum Sieg ist vertan, jetzt geht es an!

Sie besieht sich ihren Planwagen in der Remise. Er ist in leidlich gutem Zustand. Die beiden Pferde sind gesund, sie hat sie bisher vor den Soldaten retten können. Ruhig überschlägt sie ihr Hab und Gut und läßt zusammenpacken, was ihr nötig und wichtig erscheint.

Pünktlich am 1. November beginnt es zu schneien. Käthe schmiegt sich an den warmen Ofen an der Ofenbank – ihr ist so kalt in diesem Jahr, sie kann sich gar nicht erinnern, je so gefroren zu haben – und ißt einen Apfel. Sie schließt die Augen, gibt sich ganz den Wohlgefühlen hin, der Wärme, dem frischen, süßen Geschmack des Fruchtfleisches – noch ist der Apfel saftig und fest. Sie wehrt sich mit aller Energie dagegen, zu denken.

Am 6. November 1546 stürmt ein Student atemlos in die Küche.

»Domina«, keucht er, »es ist Anordnung ergangen, die Universität aufzulösen. Ich packe meine Sachen und gehe! Herzog Moritz hat Zwickau umzingelt.«

Und er ist auf und davon. Käthe folgt ihm. Auf den Treppen und Fluren ein wildes Durcheinander. Die Jungen reißen ihre Sachen aus den Kästen.

»Gott befohlen, Domina, wir kommen wieder!« rufen einige, die die Treppen heruntertoben.

Zwischen all den ihr Anvertrauten und doch auch Fremden steht plötzlich ihr ältester Sohn vor ihr, in Uniform.

»Lebt wohl, Frau Mutter, ich zieh dahin!« ruft er, umarmt sie, küßt sie – ehe sie auch nur ein Wort sagen kann, hat er sich abgewandt, läuft den Flur entlang. Käthe rafft die Röcke, es gelingt ihr nicht, ihn einzuholen, jedermann versperrt ihr den Weg.

»Hans!« ruft sie, schreit sie, »Hans, bleib!«

Endlich erreicht sie die Treppe, die Haustür, den Hof, keine Spur mehr von Hans.

Es schneit. Der Wind treibt ihr die Flocken ins Gesicht. Auf der Straße rumpeln Wagen, sie hört Schreien, Fluchen. Die Haare wehen ihr in die Augen. Sie tastet sich zum Portal zurück – ihren suchenden Fingern hebt sich Luthers Wappen entgegen.

»Ach, mein lieber Herr«, stöhnt sie.

»Betet, auf daß ihr nicht in Versuchung fallet!« hört sie seine Stimme.

»Was soll mir gerade dieses Wort?« fährt sie auf.

Wie an allen Gliedern gelähmt sinkt sie ins Bett und fällt sofort in tiefen Schlaf.

Am Mittag des 9. November läuten alle Glocken, sie rufen die Männer auf die Wälle und Schanzen. Melanchthon eilt in die Stube.

»Ihr müßt die Stadt sofort verlassen«, keucht er. »Moritz hat Zwickau, sie haben sich ihm ergeben, nun marschiert er auf Wittenberg!

Packt eilends das Nötigste zusammen, in einer Stunde brechen wir auf! Bugenhagen bleibt.«

Melanchthon ist schon wieder fort. Käthe läßt Proviant auf den Wagen bringen, weist die Kinder an, sich warm anzuziehen, und eilt noch einmal hinauf in Luthers Studierstube. Sie setzt sich auf seinen Stuhl, schließt die Augen. Daß ich jetzt hier sterben könnte – da hört sie Maruschel weinen. Voller Sorge fällt sie fast die Treppe hinunter. Aber Maruschel, dick verpackt mit Pelzwerk, hascht nach den Schneeflocken – und lacht.

Der Wagen steht am Hoftor. Käthe hebt die Plane: rechts und links auf Bretterbänken sitzen sie, Martin, Paul, Maruschel, Fabian Kaufmann, die treue Köchin Dorothea – Wolf! Wolf Sieberger fehlt! Sie läuft zurück ins Schwarze Kloster – er steht im Portal.

»Steig ein, Wolf, schnell, wir müssen los!«

Er schüttelt den Kopf.

»Nein, Domina, ich bleibe und hüte des Doktors Haus – sagt nichts, ich lasse mich nicht umstimmen!« Er stottert nicht ein einziges Mal.

Käthe umarmt ihn.

»So bleibe denn, du treue Seele, und Gott schütze dich.«

Sie tritt in die Stube, nimmt ihr Tuch von der Wand und geht schnell hinaus. Nur nicht denken!

Sie hängt die Laterne vorn an den Wagen, steigt auf den Bock und ergreift die Zügel. Melanchthons Wagen taucht aus dem Dunkel auf.

»Wohin fahren wir?« ruft Käthe.

»Zuerst nach Dessau!« antwortet Melanchthon. Käthe zieht die Zügel an.

»Hüah!« Ohne zurückzusehen, lenkt sie zum Elstertor. Die ganze Stadt ist in Aufruhr. Vor jedem Hause wird ein Fahrzeug beladen, sei es noch so klein und jämmerlich. Die Bürger schleppen ihre Habe herbei, Kessel und Bettzeug zu guter Letzt obenauf, Kinder laufen weinend umher, die in der Dunkelheit und dem Durcheinander ihre Eltern verloren haben, Hunde bellen, alte Leute humpeln ächzend zu den Karren, wo sie zwischen den Kissen verstaut werden. Ein Wagen, der wohl zu hoch beladen war, ist umgekippt und versperrt die Straße. Käthe muß anhalten, schnell staut sich hinter ihr eine ganze Schlange mit schimpfenden, peitschenknallenden Kutschern. Die Glocken läuten Sturm – keiner weiß, warum, aber die allgemeine Angst steigert sich zur Panik. Wild zuckt der Feuerschein der Fackeln über die verzerrten Gesichter.

Endlich ist die Gasse frei, Käthe prescht vor, rumpelnd fährt ihr Wagen durchs Stadttor. Draußen kommt ein Reiter heran.

»Löscht die Lampe!« ruft er.

»Adam von Regensburg!« erkennt sie ihn. »Oh, dem Himmel sei Dank! Ihr werdet uns sicher geleiten.«

»Das will ich. Ich kenne Weg und Steg. Ihr dürft kein Licht brennen, das lockt nur die Soldaten an – und denen begegnet man besser nicht, ganz gleich, zu welcher Partei sie gehören! Ich nehme Euer Leitpferd an die Zügel, Ihr braucht nichts zu tun.«

»Sagt Ihr bitte Magister Melanchthon Bescheid?«

»Ist er im nächsten Wagen?«

»Ja!«

»Gut – aber das reicht dann auch! Mehr als zwei Wagen führe ich auf keinen Fall. Und sagt all Euern Fahrgästen, sie sollen sich ganz ruhig verhalten.« Schon ist er verschwunden.

Käthe löscht gehorsam die Laterne und ruft in den Wagen:

»Bitte, seid alle ganz still, damit uns die Soldaten nicht hören.«

Adam ist schon wieder zurück und übernimmt die Führung.

Es beginnt heftig zu schneien. Große Flocken treiben ihr ins Gesicht. Sie sieht nichts mehr. Wie kann Adam nur den Weg finden?

Die Geräusche der Stadt werden leiser und leiser und endlich ganz vom Schnee verschluckt. Käthes Augen haben sich an die Dunkelheit gewöhnt: sie unterscheidet den Himmel und die Silhouetten der Pferdeköpfe. Es ist still bis auf das Stapfen der Hufen, das Knirschen des Zaumzeugs, das Knarren der Räder. Angespannt lauscht sie. Da! – das sind andere Pferde – Metall schlägt gegen Metall, laute Männerstimmen, Fackeln . . .

Sie hält den Atem an. Adam lenkt den Wagen in einen Feldweg. Im Galopp, mit Hoi und Ho preschen Soldaten an ihnen vorbei, ja, sie stürmen weiter – sei es, daß sie die Wagen wirklich nicht gesehen haben, sei es, daß sie in Eile sind – bald schon hört und sieht Käthe nichts mehr von ihnen. Ihr Wagen fährt an und auf die Straße zurück.

Schwer von den Schneemassen legt sich ihr die eiskalte Plane auf die Schultern.

»Frau Mutter«, flüstert es ihr ins Ohr, »uns ist gar so kalt, die Plane drückt uns auf den Kopf.«

Käthe steigt auf den Bock, fegt den Schnee herunter, so weit ihre Arme reichen – das hilft auch nur den ersten im Wagen. Ihre Ärmel sind naß, der Stoff gefriert und steht hart wie Stein um ihre Handgelenke.

»Adam!« ruft sie leise und eindringlich in das Dunkel, »Adaaaam!« Tatsächlich, er hat es gehört, sein Kopf taucht neben ihr auf, Haare, Bart, Brauen, Wimpern weiß von Schnee.

»Adam, können wir nicht eine Rast einlegen? Die Kinder...«

Adam schüttelt den Kopf.

»Wartet noch ein wenig«, keucht er, »ich weiß ein Wirtshaus!«, und ist schon wieder verschwunden. Die Pferde ziehen an. Käthe schiebt die Hände mit den eisigen Zügeln, die sie ja nicht zu führen braucht, unter das Tuch.

Leises Weinen hinter ihr – die Magd Lena hat ihren Säugling mit, das Kind muß Milch bekommen – eine Schneewolke stiebt ihr ins Gesicht. Sie hustet und prustet und zieht den Schal über den Mund.

Wie lange sie wohl schon unterwegs sind? Sie hat jedes Zeitgefühl verloren. Da – die Pferde werden von der Straße heruntergeführt, der Wagen rumpelt auf einem unebenen Feldweg in einen Tunnel hinein – nun ist es ganz schwarz, Käthe sieht nichts mehr.

»Ihr könnt Licht schlagen!« hört sie Adams Stimme. »Oder besser, gebt mir die Laterne.«

Die kleine Flamme beleuchtet sein Gesicht und den Tunnel, es sind die dichten Zweige hoher Tannen.

»Steigt ab!« ruft Adam, reicht ihr die Hand. Sie kann sich kaum bewegen, ist starr vor Kälte. Jetzt erkennt sie ein kleines Haus mit dickem Strohdach, unter die Bäume geduckt. Adam hält die niedrige Türe auf, sie stolpert in eine kleine Stube, da ist ein Kachelofen, Wärme und Licht! Sie schiebt das Tuch zurück. Kann es im Paradies schöner sein?

Die Wirtsleute sind alt und unfreundlich ob der Störung – aber

Käthe ficht das nicht an. Sie hat ein Dach über dem Kopf, ihre Schutzbefohlenen können sich aufwärmen, der Säugling wird Milch haben.

»Maruschel, komm, setz dich auf die Ofenbank!«

Auch Melanchthon bringt seine Leute hinein. Es wird voll in der kleinen Stube. Käthe muß ans Schwarze Kloster denken, an Zulsdorf und Wachsdorf – was nutzt ihr jetzt all ihr Sorgen? Sie wischt sich über die Stirn.

»Können wir irgendwo ein wenig schlafen?« fragt sie Adam, der dunkel in der Tür steht.

»Ich werde mich kümmern«, verspricht er. Wenig später hat Käthe ein Kämmerlein mit einem breiten Bett für sich und ihre Kinder.

»Paul, Martin, ihr legt euch zuerst hin, rutscht an die Wand, macht euch nicht so breit! Nun du, Maruschel! Ich decke euch zu. Zieht eure Beine an, ich lege mich ans Fußende. So, jetzt lösche ich die Kerze. Schlaft gut.«

»Wollen wir nicht beten, Mutter?« fragt Maruschel.

»Doch«, sagt Käthe beschämt und ist dankbar für die Dunkelheit, so kann keiner sehen, wie sie errötet.

»Vater unser, der du bist im Himmel...«, beginnt sie. Das ist am einfachsten und am besten. Die Kinder sollen nicht wissen, was in ihrem Kopf vorgeht. Obwohl sie sehr unbequem in ihren Kleidern liegt, schläft sie sofort ein, sie weiß nicht, für wie lange.

Heftige Schläge gegen die Türe schrecken sie auf.

»Schnell, schnell, Domina, wir müssen weiter!«

Sie rüttelt die Kinder wach. Alles hastet zu den Wagen. Durch Schneeflocken und Tannengeäst leuchtet ein roter Schein!

»Es ist nicht geheuer«, flüstert Adam, »wir müssen fort!«

Käthe nickt und schluckt. »Lena!« ruft sie in den Wagen hinein, »Hast du Milch mitgenommen?«

»Sie haben keine«, klagt die junge Frau. »Aber der Kleine schläft.«

Es ist eisig kalt. Was soll aus den Windeln werden?

Käthe verspürt heftigen Hunger. Wann aßen sie zum letzten Male? Sind die Pferde gefüttert worden? Sie hat gar nicht daran gedacht in ihrer Erschöpfung.

»O Gott im Himmel«, flüstert sie, »erbarme dich.«

Will es niemals Tag werden? Es hat ja aufgehört zu schneien! Die Dämmerung lichtet die schwarzen Schleier der Nacht, Käthe setzt sich gerade. Um sie her eine weite, weiße Fläche, glänzend wie Glas, über dem Horizont, glutrot, der Sonnenball, eingerahmt von loderndem Orange und Goldgelb, die Farben fließen gleichsam über die blankgefrorene Schneedecke hin. Käthe hält den Atem an. Das müßte Meister Lucas malen! Staunend beobachtet sie dies gewaltige Schauspiel, vergißt für Minuten Krieg und Flucht, Hunger und Müdigkeit. »O Herr, wie wunderbar sind deine Werke!« betet sie.

Adam reitet heran. »Wir müssen hier schnell herüber«, knurrt er. »Keine Deckung weit und breit, das ist nicht gut! Die Pferde sind erschöpft, seht, ihre Knöchel sind blutig vom hartgefrorenen Schnee – trotzdem. Hüah!«

Käthe schwingt die Peitsche durch die Luft, tapfer setzen sich die Tiere in Trab. Jetzt sieht auch sie das Blut an den Fesseln. Ihre armen Pferde, wie hat sie immer auf sorgfältigster Pflege bestanden. Und nun weiß sie nicht, wo das Futter hernehmen, die Haferkiste wird schnell leer. Der Wagen rumpelt über den harschigen Schnee, die Sonne wärmt ihr Gesicht. Endlich tauchen sie in einen Hohlweg ein. Aber sie fühlt sich hier nicht sicher. Wenn sie nun Soldaten begegnen? Sie wendet sich nach hinten.

»Lena – was ist mit dem Kind?«

»Es schläft, Domina«, wird ihr zur Antwort.

Also weiter. Der Hohlweg liegt im Schatten. Die Kälte beißt. Sie hören Geschützdonner. Freund oder Feind? Käthe traut sich nicht, Adam deswegen anzurufen, wahrscheinlich weiß er es ja auch nicht.

Und dann erreichen sie Dessau. Vor dem Stadttor stauen sich Wagen, Menschen, Pferde – Stoßen, Schreien, die Stadtsoldaten fahren mit den Hellebarden dazwischen, bis sich die Flüchtlinge ordentlich zum Zug ordnen und jeder einzeln befragt werden kann. Käthe erstarrt vor Schreck – wird man sie zurückweisen?

Ein jämmerliches Weinen klingt an ihr Ohr – im Schnee hockt eine alte Frau, drei kleine Kinder an sich geschmiegt.

»Gnade«, fleht die Alte, »helft uns, liebe Leute, um Christi Blut willen!«

Die Kleinen strecken die Händchen aus, nackt, in der eisigen Kälte, und nun sieht Käthe es: die Händchen sind erfroren, die zarte Haut hängt in Streifen herab. Sie schließt die Augen. Wie könnte sie helfen?

Die Pferde ziehen an, sie rumpeln ins Stadttor. Adam von Regensburg redet mit den Soldaten.

»Luthers Witwe –«, hört sie, und: »Quartier beim Pfarrer der Schloßkirche.« Entspannt läßt sie sich zurücksinken. Was wäre sie ohne diesen Mann!

Melanchthon darf auch passieren. Nun stecken sie in den engen Gassen fest. Käthe steigt über den Bock in den Wagen. Ihre Kinder sitzen eng aneinandergekuschelt und sehen sie mit großen Augen an.

»Wir sind gleich da«, tröstete Käthe und weiß selbst nicht, was sie mit »da« meint. Ganz hinten hält Lena ihr Kind in den Armen.

»Gib es mir!« bittet Käthe. Sie schlägt das Tuch zurück. Der Kleine hat die Augen geschlossen, die langen, weichen Wimpern liegen schwarz auf der weißen Haut, dies winzige Näschen, der süße Mund, alles wirkt so seltsam – still. Käthe hebt entsetzt das Gesichtchen an ihr Ohr – sie vernimmt kein Atemgeräusch! Nun reibt sie die Wangen, öffnet die Tücher – ach, das Händchen fällt schlaff herab, das Kind ist tot. Erfroren.

Lena sieht sie ungläubig an. »Aber er schlief doch so schön!«

Ein großer, kräftiger Mann steigt auf den Bock und ruft in den Wagen: »Katharina Lutherin? Gnade und Friede mit Euch! Ich bin der Pastor von Sankt Marien. Ihr seid mir herzlich willkommen.«

Sie wendet sich ihm zu, am liebsten würde sie ihm um den Hals fallen. Als sie vor dem Pfarrhaus vom Wagen steigt, steht Adam von Regensburg vor ihr.

»Hier trennen sich unsere Wege, Domina.«

»Nein, nein –«, bittet Käthe, »wie soll ich ohne Euch…«

»Ihr seid hier bei Freunden! Die Wege nach Zerbst und weiter nach Magdeburg sind sicher, und Magister Melanchthon ist ja auch noch da, es kann Euch nichts mehr geschehen. Aber fahrt unbedingt weiter bis ins feste Magdeburg! Und nun, Gott befohlen.«

»Gott befohlen, Adam«, schluchzt Käthe. »Nehmt meinen Dank und – bis zum nächsten Wiedersehen.«

Adam sieht sie mit seinen schwarzen Augen traurig an.

»In diesem Leben sehen wir uns nicht wieder, Domina! Geht mit Gott!«

Er wendet sich, steigt aufs Pferd und reitet schnell davon, ohne sich noch einmal umzudrehen.

Käthe folgt dem Pfarrer ins Haus. In der großen, warmen, hellen Stube sitzt seine Familie zu Tisch – die Frau steht auf, umarmt sie schweigend, nötigt sie auf den besten Platz am Ofen, auch ihre Kinder sitzen schnell, warme Speisen häufen sich auf ihren Tellern.

Ehe sie den Löffel zum Munde führt, sitzt sie ein Weilchen ganz still. Düstere Bilder drängen sich vor ihrem inneren Auge: die Soldaten mit den Fackeln, der Feuerschein am Horizont, das versperrte Stadttor und Schnee, immer wieder Schnee – oh, lieber Vater im Himmel, wir sind davongekommen, wie geht es uns gut! betet sie. Die Pfarrersleute sind rührend um sie bemüht, richten ihr zwei warme Zimmer ein, versorgen die Pferde. Käthe streckt sich in ihrem warmen, sauberen Bett, Maruschel spielt mit den Pfarrerskindern »Belagerung« – aus Spielzeugkanonen schießen sie mit hölzernen Kugeln auf »Kaiserliche« – Käthe findet, dies sei kein gutes Spiel, aber sie sagt nichts, sie ist so müde, und sie darf es sein, sie fühlt sich in Sicherheit.

Schon am nächsten Morgen holt die Gefahr sie wieder ein. Am 16. November hat man um Wittenberg herum die Vorstädte samt allen Gärten und Lusthäusern weggebrannt, die Äcker verwüstet. Wohl eine Tonne Goldes soll der Schaden sein, der den armen Leuten dadurch entstand, allenthalben war deswegen großer Jammer. Und schon kam Moritz von Sachsen mit seinen Meißnern und mit König Ferdinands »Hussern«, sie streiften bis an die Mauern und schrien hinein, am 18. November berannten sie Wittenberg, wie es im Liede heißt:

> »Zu Wittenberg auf dem hohen Wall
> hört man die Büchsen krachen . . .«

Der Sturm wurde abgeschlagen, aber die »Hussern« plünderten und schändeten die Umgegend.

Es ist zu gefährlich in Dessau, Käthe packt den Wagen. Die Pfarrersleute stehen im Hof, als sie abfahren, und winken. Käthe weint. Eine kalte Sonne beleuchtet ihren Abschied.

Magdeburg

In Zerbst bleibt Melanchthon zurück, er will Schüler um sich sammeln und Studenten. Käthe erinnert sich an die Worte Adams von Regensburg – sie fährt weiter nach Magdeburg.

Ja, das ist eine feste Stadt, das sieht selbst sie. Wie soll sie hineinkommen ohne Adam? Martin schiebt sich vor.

»Laßt mich machen, Frau Mutter, das ist Männersache!« sagt er und drückt sein Rückgrat durch. Käthe sieht ihn erstaunt an – dieses Kind ein Mann? Aber sie läßt ihn. Fünfzehn ist er gerade geworden. Immerhin erreicht er, daß sie das Stadttor passieren dürfen. Die Soldaten spähen neugierig in den Wagen. Luthers Witwe und seine Kinder?

Sie fragen sich durch zu Amsdorfs Bischofssitz. Käthe ist so leicht und froh ums Herz – ihr alter Freund wird sie in Ehren aufnehmen und halten, er hat genug Macht und Geld! Aber die Tore stehen offen, die Räume sind ausgeplündert. Amsdorf wurde aus seinem Bistum vertrieben, so lautet der lakonische Bescheid, und da ist niemand, der ihnen genauere Auskunft gäbe.

Als Knabe hat Martinus bei Moßhauers gewohnt, erinnert sich Käthe.

Moßhauer? Man weist ihr das Haus. Es ist von fremden Leuten besetzt, die ihr bedeuten, daß an der Stadtmauer in jenem kleinen Hause dort noch ein alter Diener lebe, der sich an Luther zu erinnern pflege!

So pocht Käthe denn an diese bescheidene Türe. Ein altes Männlein öffnet, hager, mit gebeugtem Rücken, ein Sammetkäppchen auf dem kahlen Schädel. Es nimmt die Hand lauschend hinter das Ohr. Beim Namen Luther huscht ein Lächeln über die vielen Falten und Runzeln.

»Kommt herein, bitte!« Er tritt zurück mit einladender Geste.

»Ich bin der alte Remigius«, stellt er sich vor, »Schreiber bei Doktor Paul Moßhauer! Kommt, immer kommt, stoßt Euch nicht den Kopf, die Tür ist niedrig, mein Häuschen klein, aber ich nehme Euch gern auf! Ist das Euer Diener? Er soll die Pferde zum Schmied nebenan bringen, dort mögen sie Quartier finden und der Wagen auch. Und nun macht es Euch in meiner Stube bequem, ich bringe Euch gleich Mus – verzeiht, ich lebe schon lange allein, habe keine Magd zu Eurer Bedienung.«

Käthe bedankt sich und geht selbst mit in die Küche. Sie ist so froh, eine Bleibe und einen freundlichen Gastgeber gefunden zu haben.

Käthe sitzt oft mit Remigius auf der Ofenbank, den Rücken an die warmen Kacheln gepreßt. Wie sie die Wärme genießt! Ihr ist, als sei ihr im Innern irgendwo immer noch kalt, wie hat sie auf dem Wagen im eisigen Schneesturm gefroren. Nun kann sie Luther verstehen, der so sehr unter Kälte litt.
»Domina«, fragt der Alte, »Ihr wollt gewiß von Martin Luther hören! –
Ich erinnere mich genau, im Frühjahr 1497 kam er nach Magdeburg zu den Trillmönchen – den Troilusbrüdern. Sein Vater wollte hoch mit ihm hinaus, die Stadtschule zu Mansfeld genügte ihm nicht, und unsere Anstalt der Brüder vom gemeinsamen Leben hatte einen guten Leumund.«
»Brüder vom gemeinsamen Leben, das klingt so schön, was ist das für ein Orden?« fragt Käthe.
»Es ist eine Bruderschaft, in der Laien und Kleriker ohne Ordensgelübde in tätiger, wissenschaftlicher Gemeinschaft leben, sich vom Unterricht ernähren und gute, aufstrebende Lehrer sind«, erläutert Remigius.
»Euer Martin war ein schmales, blasses Bürschlein mit seinen vierzehn Jahren, wie er da zu uns kam. Doktor Paul Moßhauer war erzbischöflicher Offizial und führte ein gastfreies Haus. Alle mochten Martin gern. Er hatte ein freundliches, lustiges Wesen, einen hellen Kopf mit gutem Wissen für seine Jahre – und er sang so wunderschön. Wenn er als Kurrendesänger von Tür zu Tür zog, bekam seine Gruppe immer reiche Gaben!
Den Nikolaus Sturm lernte er hier kennen, Claus Storm nennt er sich auch, der war fünfundzwanzig Jahre später Ratsherr und schlug sich auf die Seite der Reformation. Und der Prior Andreas Proles des Klosters Himmelpforte bei Wernigerode unterhielt sich gern mit diesem Schüler. Er erzählte ihm, eine Kirchenreform sei unbedingt notwendig, die Papstkirche werde über kurz oder lang fallen, und der Held, den Gott zur Durchführung dieses Werkes mit Verstand und Mut begnadigt habe, sei schon geboren.«
»Und ist schon heimgegangen«, murmelt Käthe, »ohne daß der Papst gefallen ist.«

Der Alte achtet nicht auf ihre Worte.

»Aber am meisten beeindruckt war unser Martinchen vom Fürsten von Anhalt, jenem Bruder des Dompropstes Adolf zu Merseburg, der mit der Barfüßerkappe auf der breiten Straße um Brot bettelte. Er trug den schweren Bettelsack wie ein Esel, so daß er sich zur Erde krümmen mußte, sein Gesellbruder aber ging neben ihm ledig, so wollte es der Fürst, der wollte selbst das höchste Exempel der grauen, beschorenen Heiligkeit geben. Er tat alle Werke im Kloster wie jeder Bruder und hatte sich also zerfastet, zerwacht, zerkasteit, daß er aussah wie ein Totenbild, eitel Bein und Haut. Er starb auch bald, denn er vermochte solch strenges Leben nicht zu ertragen. Aber er war schon gewaltig in seiner großen Frömmigkeit! Wer ihn ansah, der schmatzte vor Andacht und mußte sich seines weltlichen Standes schämen – von ihm hat Martin immer wieder gesprochen. Der Martin blieb nicht lange bei uns – vielleicht kam das Ganze seinem Vater doch zu teuer zu stehen – im Jahr darauf mußte er nach Mansfeld zurück. Das tat mir herzlich leid, ich mochte ihn gern.

Zwanzig Jahre später sollte ich ihn erst wiedersehen, als er im Augustinerkloster weilte, nun selbst ein strenger Mönch, der ein Jahr später das Kloster gar visitierte!

Ach ja – ein alter Mann bin ich, habe selbst die überlebt, die ich schon als Knaben betreut habe.«

Ein trauriges Weihnachtsfest ist es für Käthe in dieser fremden, übervölkerten Stadt. Selbst dem Stadtrat ist die Masse der Schüler und Studenten unbequem, auch die Nachbarschaft ist gegen sie aufgebracht und bedroht sie sogar, die Professoren müssen sich andere Stellungen suchen, Major mit seiner großen Familie hat es besonders schwer, Melanchthon bleibt nach wie vor in Zerbst. Zum neuen Jahr besucht er Käthe.

»Unser Kurfürst ist mit seinen Truppen aus Süddeutschland herbeigeeilt und hat Moritz zurückgetrieben!« frohlockt er. »Ich werde wohl bald einmal nach Wittenberg reiten, um zu sehen, wie es dort steht. Nein, nein, Katharina! Ich sehe Eure Augen blitzen und weiß, was Ihr denkt, aber es geht nicht. Ihr müßt auf jeden Fall noch hierbleiben.«

»Ich habe kein Geld mehr, Philippus, ich weiß nicht, wie ich für unser Leben zahlen soll!«

Der Magister wird ernst. »Leider habe ich auch nichts«, sagt er langsam. Eine Weile ist es sehr still.

»Nun gut.« Käthe nimmt den Kopf in den Nacken. »Dann will ich versuchen, Luthers Becher zu versetzen«.

»Es wird schwer halten, und man wird Euch wenig geben. Allzu viele Flüchtlinge sind in der Stadt«, gibt Melanchthon zu bedenken.

»So ist es. Und die Magdeburger nützen uns nach Kräften aus, verlangen für schlechte Ware die höchsten Preise und geben einen Bettel für ein kostbares Pfand.«

Melanchthon sieht sie groß an.

»Ihr sagt das mit harten Worten«, staunt er.

»Ich sage es, wie es ist«, bestätigt Käthe. »Was soll ich da beschönigen? Schlimm genug, daß ich damit leben muß.«

Als er gegangen ist, sitzt sie eine Weile mit untätigen Händen. Wo sind all ihre Freunde geblieben? Zu Luthers Zeiten wußte sie für jedwedes Ding jemanden, an den sie sich wenden konnte, sie bat Luther zu schreiben – und es wurde ihr geholfen. Der kurfürstliche Hof und die Stadt Wittenberg unterstützten sie fast immer – und jetzt? Der Kurfürst ist im Krieg, die Stadt wird belagert, die Freunde sind in alle Welt zerstreut oder im Elend, und der Name Luther, bis jetzt viel gerühmt, schließt durchaus nicht mehr alle Türen auf. Käthe meint, zunehmend Ablehnung und gar Feindseligkeit zu spüren.

»Der Luther, der hat uns das doch alles eingebrockt –«, hat sie neulich beim Schmied gehört.

Sie seufzt und steht auf. Sie muß sich auf den harten Weg zum Goldschmied machen. Der Erlös ist jämmerlich und reicht gerade, um Futter und Stall für die Pferde zu bezahlen. Müde und mutlos schwankt sie die Jakobstraße entlang. Ihre Augen wandern über die Mauern der mächtigen dreischiffigen Basilika, die sich vor ihr erhebt – das muß die Marktkirche St. Johannes sein, in der Luther 1524 gepredigt hat. Remigius hat ihr davon erzählt. Der feste Doppelturm über der Westfassade erscheint ihr recht wie Zuflucht und sicherer Hort, zieht sie an; während sie hingeht und durch das schwere Portal die Kirche betritt, kommt ihr in den Sinn: Ein feste Burg ist unser Gott. Ein feste Burg – bei diesen Worten sieht sie die Bastionen und Mauern Magdeburgs, den Turm, in dessen Steinen sie nun geborgen ist, ein feste Burg, ja – aber jede feste Burg auf

dieser Welt kann doch genommen, jeder mächtige Turm zerschossen werden, und Gott? Er ist anders. Wie? Wie ist Gott?
Ewig ist er. Unzerstörbar, unangreifbar, unfaßbar, ohne Anfang, Ende oder Beeinträchtigung, immer derselbe, er ist Geist, jenseits aller wirklichen Dinge. Zeit zählt für ihn nicht, zeitlos ist Er. Zeitlos. Käthe murmelt dieses Wort vor sich hin. Während sie diesen Gedanken nachhängt, hat sich etwas in ihr verändert, ihr ist leicht geworden und auch irgendwie wohl, sie spürt nicht mehr ihre Knie auf den harten, kalten Fliesen, hat eher das Gefühl, ein ganz klein wenig zu schweben, als zöge sie eine linde Kraft behutsam nach oben.
Keine Zeit kennt Er – nimmt sie den Faden ihrer Gedanken wieder auf. Und wo ist Er? Bin ich Ihm je begegnet? Doch, ich bin. Wo? In der Kirche? Ja, auch da. Wo noch? Am Bach, auf der Wiese, im Wald, am Lager einer Gebärenden und eines Sterbenden, selbst auf dem Markt – Er scheint überall zu sein, Er ist überall, nicht an einen Ort gebunden, gleichzeitig hier und in Wittenberg, in Rom – ihr schwindelt, während sie versucht, das zu denken. Ich kann es nicht fassen, flüstert sie, es geht über mein Begreifen hinaus. Wie ist Er? Liebe – denkt sie. Er ist Liebe.
Du, der du warst, der du bist, der du sein wirst, du, über all meine Gedankenkraft hinaus Herrlicher, Erhabener, ich liebe dich.
Was hat sie gerade gesagt? Ihr ist so anders zumute. Leicht, sicher, gut. Sie ist hierher gekommen, um zu beten. Um Gott zu bestürmen mit ihren Sorgen und Wünschen, um Ihn zu überreden, ihr zu verschaffen, was sie zu brauchen glaubt. Aber sie hat ja gar nicht gebetet, sondern über Ihn nachgesonnen, sich nicht mit sich beschäftigt, sondern mit Ihm. Nun geht es ihr gut. Beschwingten Schrittes eilt sie in das kleine Häuschen an der Stadtmauer, mit einem Lied auf den Lippen kocht sie den mageren Hirsebrei, teilt das letzte Brot auf.
Du, der du warst, der du bist, der du sein wirst. Du, denkt sie.
Am 10. Januar 1547 kommt Melanchthon zu ihr mit roten Wangen und strahlendem Gesicht.
»Katharina«, ruft er schon auf der Schwelle, »ich bringe gute Nachricht!« Er legt ein Lederbeutelchen mit fünfzig Joachimstalern auf den Tisch. »Stellt Euch vor, der Dänenkönig hat das gewährte Geld gesandt! Durch Vermittlung von Müller in Hamburg gelangte es tatsächlich an Professor Veit Winsheimer, wel-

cher bei dem ehrbaren Herrn Emmeran Tucher hier zu Magdeburg wohnt. Ist es nicht ein Wunder des Herrn?«

»Ja, das ist es«, stammelt Käthe.

»Da ich Euch nun fürs erste wohl versorgt weiß, nehme ich getrost meinen Abschied – ich will gen Wittenberg, wie Ihr wißt! Sobald ich zurück bin, werde ich Euch Kunde geben«, verspricht Melanchthon. Käthe nickt. Sie ist sprachlos vor Freude. Der Dänenkönig hat sich ihrer erbarmt!

Sie schließt Margarete in die Arme.

»Nun sollst du einen neuen Pelz haben, mein Herz, der deine ist ja überall zu eng und zu kurz! Und Martin und Paul können sich Bücher kaufen! Wir wollen dem treuen Remigius ein Geschenk machen, er hat es wirklich um uns verdient.« Als sie gerade damit beschäftigt sind, Maruschel den neuen Pelz anzuziehen und ihn zu bewundern, stürmt Remigius in die Stube – so schnell haben sie ihn noch nicht laufen sehen. Er reicht Käthe einen Brief und ein Päckchen.

»Ein Bote hat dies gerade gebracht! Für Doktor Luthers Witwe!«

Käthe setzt sich, erbricht die Siegel und beginnt zu lesen:

> »Unsern gnädigsten Gruß zuvor.
> Ehrbare und viel tugendsame, liebe Besondere!
> Nachdem Wir berichtet, daß Ihr in jetzigen gefährlichen Zeiten neben anderen aus Wittenberg nach Magdeburg gewichen, haben Wir nicht unterlassen wollen, an Euch zu schreiben, Euch unseren gnädigsten Willen und Neigung zu vermelden. Und als Ihr dermaßen Eure Haushaltung und Euch an fremden Orten unterhalten müßt, worüber Wir ein besonderes Mitleid haben, schicken Wir Euch bei gegenwärtigem Boten, dem alten Schlesier, zu Eurer Haushaltung 50 Taler; die wollet zu Gefallen annehmen und Unsere gnädigste Neigung daraus vermerken. Wir wollen auch jederzeit Euer gnädiger Herr sein und Uns gegen Euch zu erzeigen wissen. Wollten Euch solches gnädigst nicht vorenthalten und sind Euch mit Gnaden und allem Guten geneigt.
> Christian von Dänemark.«

»O Mutter!« jubelt Maruschel und tanzt mit dem Päckchen in der Stube herum. »Ich weiß wohl, was darinnen ist! Taler sind es. Wir brauchen nimmer Not zu leiden! Gott hat sich unser erbarmt!«

Käthe sieht das strahlende Kind an.

»Gott hat sich unser erbarmt, du hast recht, und über die Maßen reichlich hat er uns gegeben«, bestätigt sie.

Dabei habe ich Ihm gar nicht in den Ohren gelegen mit meinen Klagen, überlegt sie.

Christian von Dänemark! Sie sucht Papier und Feder und schreibt einen Dankesbrief.

Heimkehr

Melanchthon kommt mit guten Nachrichten: Der Kurfürst ist um die Weihnachtszeit in Eilmärschen aus Süddeutschland herangezogen. Am 21. 12. war er in Fulda, am 24. 12. in Langensalza. Herzog Moritz zog seine Truppen von Wittenberg zurück – »Ihr könnt Euch vorstellen, wie sie jubiliert haben, als sie die Husaren abziehen sahen! Diese Kroaten, Wallonen und Polen sind wild und grausam wie einstens nur die Hunnen! Sein bestes Fußvolk legte Moritz nach Leipzig. Am ersten Januar stand unser Kurfürst vor Halle, wo er sein Heer einige Tage rasten ließ. Zum sechsten Januar erreichte er Leipzig und schloß den Ring um die Stadt. Doch am siebenundzwanzigsten Januar gab er die Belagerung auf, da die Stadt seinen Geschützen trotzte. Weit und breit bis ans Erzgebirge sind Land und Wege fest in der Hand der Kurfürstlichen. Außer Leipzig verbleiben dem Herzog nur noch Freiberg und Dresden. Ihr könnt, so Ihr wollt, nach Wittenberg zurückkehren.«

»Und ob ich will!« lacht Käthe.

Wie schnell hat sie ihre Habe aufgeladen. Herzlich umarmt sie den guten Remigius, dem Tränen in den Augen stehen.

Es regnet. Die Pferde waten im Morast und kommen nur langsam voran. Käthe hängt die nasse, schwere Plane im Nacken. Wo mag Adam von Regensburg sein und wo, ach, wo ihr Sohn Hans?

Am Wegesrand steht ein Invalide mit einem Holzbein, hält seine Bettelschale hoch zu ihr hinauf. Dieses Bild sah ich schon einmal, denkt sie, – auf meiner Fahrt mit dem Vater zum Kloster Brehna! Sie greift hinter sich und wirft ein Stück Brot in die Schüssel – mehr hat sie nicht zu geben.

Überall die Überreste des Krieges: verkohlte Ruinen, zerbrochene Wagen, deren Deichseln anklagend in den Himmel weisen, zertrümmerter Hausrat, Pferdeleichen mit aufgetriebenen Leibern, tote Menschen – Kinder, Frauen, Greise, Soldaten, oft nackt und verstümmelt, kein Baum, kein Strauch mehr, alles abgehackt, verbrannt – ein Land des Todes. Käthe konzentriert ihren Blick auf den Weg und die Köpfe der Pferde. Sie weigert sich zu sehen, sie will nichts wissen vom Zustand ihrer Gärten und Güter – nur erst einmal nach Hause! Es ist Abend, als sie durchs Elstertor fährt.

Wie eng die Gassen, wie klein die Häuser sind. Martin springt vom Wagen, um das Hoftor zu öffnen.

Dunkel liegt das Schwarze Kloster da – oder? Ist dort nicht doch Licht? Martin pocht ans Portal. Käthe hält den Atem an. Die Tür wird geöffnet, Hans mit einer Kerze in der Hand kommt ihnen entgegen!

»Oh, Hänsichen, Hänsichen!« jauchzt Käthe, schließt ihn so ungestüm in ihre Arme, daß die Kerze zu Boden fällt und verlischt.

»Ach, daß du da bist! Laß dich ansehen, bist du heil und gesund!«

»Das bin ich, Frau Mutter – aber sehen könnt Ihr wenig, Ihr habt ja das Licht gelöscht!« lacht er.

Wolf Sieberger erscheint mit Laterne auf der Schwelle.

»Die Dododomina!« stottert er glücklich. Er hat das Schwarze Kloster gut gehütet. Alles ist, wie Käthe es verlassen hat. Mit Seufzern der Erleichterung sinkt sie in ihr eigenes Bett. Ach, wie gut das tut!

Um vier Uhr in der Früh des anderen Tages ist sie auf den Beinen, geht zu den Ställen. Zuerst versorgt sie die treuen Pferde, die ihr so tapfer gedient haben. Im Kuhstall findet sie nur blanke Krippen, ein wenig verfaultes Stroh auf dem Boden, die Schweinekoben sind leer, eine verlassene Ziege steht in der Ecke und meckert jämmerlich. Käthe geht an die Futterkiste – leer. Drei zerrupfte Hühner sitzen ängstlich am äußersten Ende der Stange – ein ganzes Ei findet sie in den Nestern.

»Die Belagerung – natürlich ist alles aufgezehrt«, murmelt sie. Sie geht in ihren Garten an der Stadtmauer – ach, sie hätte es nicht tun sollen! In der trüben Dämmerung findet sie nur zertrampeltes Erdreich mit trüben Wasserlachen, einem abgerissenen Riemen, rostige Eisenstücke, Steinbrocken. Wenn es schon hier so schlimm ist, denkt Käthe, was mag dann mit meinen anderen Gärten, meinen Gütern sein? Alles dahin... Aber wir leben, sind heil und gesund. Ich will von vorn anfangen, es wird mir schon gelingen!

sagt sie zu sich selbst, nimmt das gefundene Ei in die andere Hand und geht ins Haus zurück.

Luthers Studierstube hat sich nicht verändert – Staub bedeckt zwar die Bücher und Papiere, aber das war ja auch oft zu seinen Lebzeiten so, weil er sie nicht aufräumen ließ. Sie setzt sich in seinen Stuhl.

»Erklärt es mir, Martin, ich fass' es nicht! Alles, alles, was wir in den Jahren unserer Ehe aufgebaut haben, ist dahin – von den Gütern und Geräten blieb nur die nackte Erde, und auch die noch zerwühlt und verdorben! Die Tiere weggeschleppt, totgeschlagen – Sicherheit wollte ich schaffen, Sicherheit für die Kinder – oh, ich Närrin, Steine habe ich nun in der Hand, das ist alles, alles ...«

»Mein Liebichen!« Wie ist seine Stimme so weich und lind. »Sorge dich doch nicht! Hart ist dein Los, doch ich weiß härtere. Du bist gesund an Leib und Seele, die Kinder sind es auch – du hast wieder dein vertrautes Haus, ihr werdet nicht Hunger leiden! Also gräme dich nicht.«

»Recht habt Ihr, wie immer«, hört sie sich sagen. »Zufrieden will ich sein und mich der Heimat freuen – es wird sich alles regeln lassen.«

Getröstet steht sie auf.

Verzweiflung

Käthe sitzt in der Fensternische und ändert ein Wams für Hans – er ist mächtig in die Breite gegangen im Feld –, als Bugenhagen eintritt.

»Gnade und Friede, mein lieber Doktor Pomer!« grüßt sie. »Ihr seht so traurig drein, habt Ihr schlechte Kunde?«

»Leider ja«, nickt er. »Kaiser Karl und sein Bruder Ferdinand samt ihren Italienern, Böhmen und Ungarn eilen Moritz zu Hilfe! Diese gottlose Soldateska raubt, mordet, plündert, schändet Frauen und Jungfrauen, sie vergreifen sich sogar an Kindern! Sie werfen Säuglinge auf den Gassen über die Zäune! Die Spanier und Italiener wüten mit besonderem Haß gegen evangelische Geistliche und ihre Familien. Dem Pfarrer in Altenburg entführten sie zwei Töchter, den von Kemberg ermordeten sie.«

Käthe ist bleich und sprachlos.

»So geht es wieder an«, flüstert sie endlich.

»Ja, es geht wieder an – aber unser Kurfürst wird sie zu Paaren treiben! Fürchtet nichts, Katharina – in den Mauern unserer festen Stadt Wittenberg sind wir sicher.«

Er verläßt sie. Es dämmert. Käthe zündet kein Licht an. Nichts rührt sich in ihr. Starr ist sie, starr und stumm vor Entsetzen. Sie schrickt heftig zusammen, als es an die Tür pocht.

»Dem Herrn sei Dank – Ihr seid es, Magister Melanchthon! Wartet, ich mache Licht.«

»Oh, Katharina –«, jammert er, »es ist nicht zu fassen, was sich im Lande tut! Die ungarischen Soldaten, vom Kaiser und seinem Bruder ins Land geführt, gemeiniglich Hussirer genannt, sind ein räuberisch und unbarmherzig Volk; bei Eger hieben sie den Kindern die Hände und Füße ab und steckten sie als Federbüsche auf ihre Hüte! Ihr Führer Lodran (Lateranus) sagte, er werde nach Eroberung unserer Stadt Luthers Leib ausgraben und den Hunden vorwerfen lassen; auch redete er namentlich davon, mich in Stücke zu hauen, oder man werde die Stadt schleifen, mich erwürgen und Dr. Pomer zerhacken, daß man sich mit den Stücken werfen möchte.«

»Schöne Aussichten«, sagt Käthe.

»Wie bitte?« schrickt der Magister auf, dieser Art von Sarkasmus nicht gewärtig. »Ach so. Ich fahre morgen mit den Meinen nach Magdeburg.«

»Dr. Pomer meint, Wittenberg sei sicher. Ich bleibe«, antwortet Käthe.

»Wie Ihr wollt –«, murmelt der Magister zerstreut und verläßt sie.

Aus der Küche schallt ihr entgegen: »Und dann haben die Hussern...«

»Nein!« ruft sie energisch, »still, nichts mehr davon, ich kann es nicht mehr hören. Wenn sie je hierher kommen sollten, ist es früh genug zum Lamentieren.«

In der Frühe des Karsamstags, 24. April 1547, stürmt ein aufgelöster Bugenhagen zu Käthe in die Küche.

»Es ist alles aus«, keucht er. »Ihr müßt fort! Sehr früh am Morgen kommt mein Weib ans Bett gelaufen und ruft: ›Ach, mein lieber

Herr, unser lieber Landesfürst ist gefangen.‹ Ich sagte: ›Das ist, will's Gott, nicht wahr.‹ Aber mein Protest half nicht, immer mehr Boten bestätigen es: Der Kurfürst ist auf der Lochauer Heide geschlagen und gefangengenommen worden. Das feindliche Heer wälzt sich gegen Wittenberg! Ihr müßt sofort fliehen.«

»Ja. Jaja«, sagt Käthe starren Blicks. »Wenigstens schneit es nicht.« In größter Eile wird der Wagen beladen, und auf geht's – Sieberger will auch diesmal bleiben.

Wie ein böser Traum ist diese wilde Fahrt durch das verwüstete Land, stetig begleitet von Kanonendonner und Feuerschein. Verzweifelt erreicht Käthe Magdeburg. Der alte Remigius ist tot, Fremde wohnen in seinem Häuschen und weisen ihr ärgerlich die Tür. Nirgendwo findet sie Quartier, zu viele Flüchtlinge sind in der Stadt.

Sie sucht jedes Haus auf, an das sie sich erinnert, schickt die Kinder, um das Herz der Menschen anzurühren, sitzt selbst auf dem Bock, die Zügel in der Hand, beobachtet, wie die Türe geöffnet wird, Hans sein Verslein betet, Kopfschütteln, Schulterzucken – die Türe schließt sich wieder, die Söhne kommen gebeugt zurück. »Nein.«

Es dämmert. Ein kalter Regen geht nieder. Die müden Pferde beginnen zu stolpern. Käthe ist verzweifelt.

»Ich weiß mir keinen Rat«, stöhnt sie.

»Mutter!« ruft Martin, »Seht dort, das ist doch Magister Philippus!«

»Ja! Du hast recht!« Sie drückt ihm die Zügel in die Hand, springt vom Wagen, faßt Melanchthon am Arm.

»Oh, lieber Freund«, schluchzt sie, und die Tränen laufen ihr übers Gesicht, »ich flehe Euch an um Christi Barmherzigkeit willen, sucht meinen armen Kindern ein Nest.«

Er legt den Arm um sie. »Nicht weinen, Katharina! Wie gut, daß Ihr heil angekommen seid. Jetzt wohnt Ihr erst einmal bei uns, wir rücken zusammen, dann ruht Ihr Euch aus.«

Käthe nickt. Er führt die Pferde. Bald sitzt sie am Tisch mit Melanchthons und Majors. Es gibt dampfenden Hirsebrei und Fisch und Wein. Langsam kommt Käthe wieder zu sich.

»Ich will nicht hierbleiben«, sagt sie entschlossen. »Hier ist es auch nicht sicher. Ich will nach Dänemark ziehen zu König Christian, er wird uns gnädig aufnehmen und schützen.«

»Schlaft erst einmal«, beruhigt Melanchthon.

Am nächsten Morgen ziehen Soldaten des geschlagenen kursächsischen Heeres durch Magdeburg – Käthe geht weg vom Fenster, sie kann es nicht mitansehen. Major zupft sie am Ärmel.

»Katharina, ich will Euch von Herzen Dank sagen. Zu Ostern erhielt ich von König Christian ein Geschenk mit den Worten: ›Auf der tugendsamen Frauen Katharina, des seligen Martini Luthers verlassenen Witfrauen, Vorschrift und Vorbitte 50 Taler bei dem Schlesiger gnädiglich überschickt...‹

Ich weiß es zu schätzen, daß Ihr in all Euerm Elend noch für mich bitten mochtet.«

»Es war mir eine Freude«, antwortet Käthe schlicht, »wo ich doch selber leider nicht helfen konnte.«

Jetzt tritt auch Melanchthon vom Fenster zurück.

»Ihr habt recht, Katharina«, ruft er, »wir müssen ziehen, hier sind wir nicht sicher.«

»Das beste ist«, meint Major, »wir fahren heute erst einmal bis Helmstädt und machen uns morgen auf den Weg nach Braunschweig.«

»So sei es«, bestätigt Melanchthon. In Eile werden die Wagen bepackt. Käthe ist die dritte im Zuge. Das ist ihr eine große Erleichterung – nun braucht sie nur hinterdrein zu fahren, kann auch wohl Hans die Zügel überlassen und ein wenig im Sitzen schlafen.

Am Stadttor von Helmstädt gibt es Aufenthalt und Verzögerung, die Stadtsoldaten laufen und holen Bescheid ein – Käthe sorgt sich, was soll das wohl bedeuten? Offensichtlich heißt man sie warten – die Wagen dürfen in die Stadt, werden aber zur Seite auf einen Platz an der Mauer verwiesen.

»Lauf, Martin, und frage Meister Melanchthon, was das zu bedeuten hat!« bittet sie ihren Sohn.

Achselzuckend kommt er zurück.

»Man weiß es nicht!« ruft er und geht zu den Majorschen Kindern. Irgendwoher haben sie Stecken und beginnen nun einen Zweikampf, fachmännisch tänzeln die Füße auf dem buckligen Kopfsteinpflaster, gefährlich pfeifen die Stöcke durch die Luft, die Kinder bilden Parteien, feuern »ihren« Helden an. Käthe wendet den Kopf.

»So sind Kinder, Frau Mutter«, sagt Hans. »Sie schaffen sich in jeder Lage ein wenig Raum für Spiel und Spaß.«

Käthe sieht ihn erstaunt an. Ist er wirklich kein Kind mehr?

Ein aufgeputzter Herold erscheint in der Gasse und geleitet die Wagen geradewegs zum Rathaus – im Ratssaal ist eine festliche Tafel gedeckt, der Bürgermeister in Ornat und Kette heißt sie willkommen – dankt für die Ehre ihres Besuches, lädt sie zur Tafel!

Käthe blickt verlegen an sich herab – ihre Kleidung ist arg mitgenommen. Da kommt der Bürgermeister schon auf sie zu, führt sie feierlich zum Ehrenplatz. Sie drückt den Rücken durch und nimmt den Kopf in den Nacken – ist denn Geistesadel und höfisches Benehmen von Äußerlichkeiten abhängig? Auch in Lumpen kann ich eine Königin sein!

Es ist ein Festmahl, die Flüchtlinge genießen es dankbar. Für die Nacht weist man ihnen gute Quartiere an – ohne Angst kuschelt Käthe sich allein in ein weiches Bett, glücklich in dem Wissen, daß ihre Kinder es auch so warm haben, und schläft tief und traumlos.

Traurig verläßt sie am nächsten Morgen diese gastfreundliche Stadt.

In Braunschweig will keiner den Namen Luther kennen. Melanchthon ist es hier, der von Tür zu Tür geht und ein Unterkommen sucht. Endlich findet er beim evangelischen Abt eines reformierten Klosters Platz für Majors Familie und die Lutherschen, er selbst aber muß weitersuchen.

Doch es erweist sich, daß der Ruhm seines Namens auch hier gilt: er ist ein begehrter Professor und wird von verschiedenen Fürsten eingeladen. Um Käthe kümmert sich niemand – sie ist in dieser Zeit der katholischen Reaktion eine Belastung. Man sieht ihr nicht mehr gerade in die Augen, wenn man mit ihr spricht, und verabschiedet sich möglichst schnell. Das tut weh. Sie drängt darauf, nach Dänemark zu reisen, und Melanchthon macht sich auch mit ihr auf. Aber nur einige Meilen nördlich von Braunschweig, in Gifhorn, geht es nicht mehr weiter. Ein ärgerlicher Offizier weist sie von der Straße, er habe Befehl, mit seiner Truppe in Eilmärschen voranzukommen – wie soll das, wenn elende Zivilisten die Straße versperren?

Eilig lenken die Flüchtlinge die Wagen ins Feld, dankbar, nur Schelte abzubekommen.

Das Land ist weich und matschig – die Hufe der Pferde bleiben im Morast stecken, ein Rad bricht an Melanchthons Wagen. Kalter Wind kommt auf, peitscht Regen über die verängstigten Menschen. Sie sind hungrig, die Kinder weinen. Während die Männer das Rad ausbessern, erscheint ein Bote Herzog Franz' von Lüneburg. Er rät den Flüchtlingen dringend, umzukehren, dieweil sein Herzogtum voll Soldaten sei und er keinerlei Sicherheit garantieren könne. Man entschließt sich für die Rückkehr nach Braunschweig. Der herzogliche Bote legt sich mit den marschierenden Truppen an und setzt durch, daß sie auf der Straße fahren können. So sind sie am Abend wieder in Braunschweig.

Käthe richtet sich mit ihren Kindern im Kloster ein. Melanchthon folgt der Einladung seines Freundes Meienburg, der Bürgermeister von Nordhausen ist, Major macht sich auf den Weg nach Nürnberg, seiner Vaterstadt.

Nun ist Käthe allein in der Fremde – einer feindlichen Fremde.

Nach Luthers Tod hat sie bald lernen müssen, eine Witfrau zu sein, die zwar noch einen berühmten Namen trägt, aber so ganz unwichtig geworden ist – hier zählt nun auch der Name nicht mehr, im Gegenteil. Das Leben ist teuer; bei bescheidensten Ansprüchen ist abzusehen, wann der letzte Taler ausgegeben, der letzte Becher verpfändet sein wird.

»Ich könnte feine Stickereien machen für die reichen Damen...«, sinniert sie gerade, als Hans ins Stübchen stürmt.

»Frau Mutter, so hört nur, Nachrichten aus Wittenberg! Am dreiundzwanzigsten Mai, Montag nach Pfingsten, hat das kaiserliche Heer die Stadt besetzt. Am Mittwoch ritten der Kaiser und König Ferdinand vor die Schloßkirche, ein Studiosus namens Johann Burges aus Quedlinburg zeigte ihnen Vaters Begräbnis...«

»Und? Was taten sie? Hans, sag es schnell!«

»Nichts, Frau Mutter, nichts – der Kaiser ließ es nicht zu, daß sie's entweihten.«

»Ihm sei Dank«, stöhnt Käthe. »Mag er auch ein Papist und unser ärgster Feind sein, so hat er doch dieses eine Mal Herz bewiesen.«

»Es geht weiter, Mutter. Am sechsten Juni mußte Wittenberg dem neuen Kurfürsten Moritz huldigen...«

»Wie gut, daß wir nicht da sind, nimmer könnt' ich den Verräter anerkennen...«, protestiert Käthe.

»Schscht, Mutter, nicht so laut!« mahnt er. »Er hat den Kurhut und das Kurland bekommen für das, was Ihr Verrat nennt! Aber ich denke, wir werden nun bald fahren können.«

Käthe antwortet nicht, sie weint. Ende Juni kommen Briefe von Bugenhagen und Bürgermeister Reuter: alles sei sicher, Haus und Hof unversehrt, Käthe könne heimkehren.

Und so packt sie denn auf und zieht mit ihren Kindern zurück nach Wittenberg.

Die arme Frau

Diesmal kommt Käthe durchs Coswiger Tor in die Stadt zurück, zieht die Schloßstraße und die Kollegiengasse hinauf zum Schwarzen Kloster. Niemand öffnet ihr.

Eine alte Frau humpelt über den Hof, hebt die Hand an die Augen.

»Ach, Ihr seid es wirklich, Frau Doktorin? Gut, daß ihr endlich kommt. Kennt Ihr mich nicht? Ich bin doch die Schmittin, hab' oft bei der Wäsche geholfen.«

»Aber ja«, nickt Käthe. »Gnade und Friede mit dir! Wo ist Sieberger?«

Sie bemüht sich, ihren Schrecken zu verbergen, sie hat die Schmittin als eine blühende, kräftige Frau in Erinnerung.

»Er hat das Haus gut gehütet, Ihr werdet sehen, alles ist unversehrt, mit seinem Leibe hat er die Tür gedeckt, hat auch die Deutschen nicht eingelassen! Ihr wißt es wohl nicht – bei der Übergabe der Stadt an den Kaiser haben wir darauf bestanden, daß nur die Deutschen hineindurften! Als die Spanier doch am Schloßtor eindringen wollten, haben wir sie in den Graben geworfen, daß sie naß wurden wie die Katzen – hei!«

Käthe wird ungeduldig.

»Bitte, sagt mir, wo ist Wolf?«

»Er ist heimgegangen, Domina, am vierzehnten Juni.«

»Gott sei seiner treuen Seele gnädig«, murmelt Käthe. »So laß uns nun ins Haus gehen.«

Die Schmittin wuselt eifrig um sie herum.

»Soll ich in der Küche Feuer machen?«

»Das wäre gut«, nickt Käthe.

»Habt Ihr was zu essen?«

Käthe sieht erstaunt in das verhärmte Gesicht.

»Gibt es denn nichts in Wittenberg?«

»O doch«, bestätigt die Arme mit hungrigen Augen, »es gibt wieder fast alles zu kaufen. Aber es ist so sehr teuer. Kann ich für Euch arbeiten?«

»Das kannst du! Gleich hinterm Bock steht ein Säckchen mit Hirse. Mach uns erst einmal einen Brei.«

Die Schmittin eilt zum Wagen und trägt den Hirsesack wie einen kostbaren Schatz in die Küche.

Während Käthe in die Stube geht, überschlägt sie im Hinterkopf: sie hat versilberte und vergoldete Kredenzbecher im Werte von sechshundert Gulden verpfänden müssen, nur wenige sind ihr verblieben – sie wird sie nicht aufs Bord setzen, es würde gar zu erbärmlich aussehen. Also teuer ist das Leben hier.

Sie öffnet die Schlafzimmertür. Abgestandene Luft schlägt ihr entgegen, sie reißt das Fenster auf – aber das Bett und der Kasten sind unberührt. Nun will sie erst einmal schlafen, schlafen...

Der Blick über die Stadtmauer hinaus ist trostlos: die Spanier haben das Land abgebrannt bis auf die Stoppeln. Käthes Gärten sind verwüstet, nirgendwo wächst etwas Eßbares, überhaupt irgend etwas. Ehe sie noch selbst hinausfahren kann, erfährt sie von Bugenhagen, daß auch Zulsdorf und Wachsdorf den Hussern zum Opfer gefallen sind: sie lagen mitten im Kriegsgebiet. Diesmal gibt es auch keine drei Hühner mehr! Sie hat kein Geld – ihre Freunde sprechen von ihr als der »armen Frau«.

Es wird wohl gut gemeint sein, aber sie mag es nicht hören. Arme Frau. Ich bin keine arme Frau, sagt sie zu sich selbst in Luthers Stube oben. Ich bin ich – Katharina Lutherin. Ich habe sechs Kinder geboren und vier davon großgezogen, ich habe meinem Mann das Haus geführt und drei Güter bewirtschaftet, ich kann kochen und backen und brauen, ich habe kennengelernt, was eine Frau im Leben erwarten kann – ich – ja, wer bin ich eigentlich in Wahrheit? Das ist ja gut und schön und läßt sich herzeigen, was ich da aufgezählt habe, doch das wirklich Wichtige ist es wohl noch nicht, denn ich bin nicht zufrieden damit. Es ist zu – äußerlich. Und bringt doch so viel Plage und Schmerzen – und Lust! begehrt sie gegen sich selbst auf. Richtig, alles richtig, aber ich bin mehr als die Summe meiner Kinder, Besitztümer, Fertigkeiten, ich bin – sie hält den Atem an.

Ich bin, wiederholt sie. Ein Gefühl der Ruhe, Weite, Leichtigkeit durchfließt sie. Ihr scheint, sie schwebe ein wenig, und der Alltag gleite unter ihr hinweg wie ein Nachen die Elbe hinab.

Ich bin. Ich bin – ewig.

Was habe ich da gedacht? erschrickt sie. Ist das nicht Gotteslästerung? Aber nein, hört sie Luthers Stimme, fühlt sein Lächeln – durch die Gnade unseres himmlischen Vaters und die Liebe seines Sohnes Jesu Christi wirst du den Tod nicht schmecken in Ewigkeit – wenn auch du das Kleid dieses irdischen Leibes einmal ablegen wirst.

Ich bin ewig. Ganz still sitzt Käthe. Ihre Seele ruht sich auf dieser Gewißheit aus.

Ich bin geliebt in Ewigkeit.

Wieder fährt sie hoch – was kommen mir da für Gedanken? Geliebt – ich? Ha! Die Nachbarn leihen mir keinen Scheffel Korn, die Beamten geben mir böse Worte, der von Kierietzsch, mein Nachbar in Zulsdorf, nimmt den Prozeß gegen mich wieder auf um irgendein rätselhaftes Servitut... Geliebt? Wer liebt mich?

»Gott liebt dich, das weißt du doch nun aber wirklich!« sagt Luther. Er liebt dich so sehr, daß er seinen eingeborenen Sohn für dich dahingab...

Ich bin, beginnt Käthe, um in diesem Zustand der Leichtigkeit zu bleiben, ich bin geliebt in Ewigkeit.

Vor ihr liegt auf dem Tisch Luthers Psalter. Sie schlägt ihn auf und findet den 139. Psalm:

> *»HERR, du erforschest mich und kennest mich.*
> *Ich sitze oder stehe auff, so weissestu es,*
> *Du verstehest meine Gedanken von ferne.*
> *Ich gehe oder liege, so bistu umb mich,*
> *Und sihest alle meine wege.*
> *Den sihe, es ist kein wort auff meiner zungen,*
> *Das du HERR nicht alles wissest.*
> *Du schaffest es, was ich vor oder hernach tue,*
> *Und heltest deine Hand über mir.*
> *Solchs erkenntnis ist mir zu wünderlich und zu hoch,*

Ich kans nicht begreiffen.
Wo sol ich hin gehen fur deinem Geist?
Und wo sol ich hin fliehen fur deinem Angesicht?
Füre ich gen Himel, so bistu da,
Betet ich mir in die Helle,
Siehe, so bistu auch da.
Neme ich flügel der Morgenröte
Und bliebe am eussersten Meer,
So würde mich doch deine Hand da selbs füren
Und deine Rechte mich halten.
Spreche ich, finsternis mügen mich decken,
So mus die nacht auch Liecht umb mich sein.
Denn auch Finsternis nicht finster ist bey dir,
Und die nacht leuchtet wie der tag,
Finsternis ist wie das Liecht . . .
Deine Augen sahen mich, da ich noch unbereitet war,
Und waren alle tage auff dein Buch geschrieben,
die noch werden sollten,
und derselben keiner da war . . .«

Ich bin geliebt in Ewigkeit von meinem Vater im Himmel, war es immer schon und werde es immer sein, immer, ewig ... Wer bin ich also? Sie braucht keine Antwort in menschlicher Sprache: sie fühlt sich umhegt, umfangen, geborgen.

Ein Freund

»Ich brauche Geld, ich brauche Geld!« Händeringend geht Käthe in der Küche auf und ab, auf und ab. »Ich könnte Lucas bitten!« Sie nimmt ihr Tuch von der Wand – es ist fadenscheinig geworden. Schon von weitem mutet sie das große Haus so eigenartig an. Zwar gehen Patienten in die Apotheke, und der Weinausschank scheint auch geöffnet zu sein, aber etwas fehlt! Die Tür knarrt in den Fugen, als Käthe sie öffnet. Es ist dunkel und still in der Halle, sie vermißt sofort das Lärmen der Werkstatt. Scheu geht sie weiter. Nichts regt sich.
»Meister Lucas?!« ruft sie endlich ängstlich an der Tür zur großen Stube mit dem Deckengemälde.

Schlurfende Schritte aus der Küche, alt und gebeugt nähert sich langsam die Schaffnerin, sie hebt die Kerze hoch über den Kopf und leuchtet Käthe ins Gesicht.

»Jungfer Katherin, mein Täubchen! Das ist aber eine Freude, Euch zu sehen.«

»Christina! Liebe Christina!« Käthe schließt sie in die Arme. »Du hast mich umhegt, als ich damals so krank war Hieronymus' wegen. Wie geht es dir?«

»Ach ja, wie soll es mir gehen, alt, gebrechlich, allein – fort sind sie alle, die ich geliebt und versorgt habe, nur das Haus halte ich noch instand...«

»Wo ist Meister Lucas?«

»Eine lange Geschichte...«, raunt Christina. »Setzt Euch, ich bringe vom guten, roten Wein, und laßt Euch erzählen:

Meister Lucas ist nicht geflohen aus der belagerten Stadt, sondern hat versucht, die Leiden der Menschen zu lindern und allen zu helfen – Ihr kennt ihn ja. Nach dem feierlichen Einzug der Sieger am sechsundzwanzigsten Mai 1547 kam ein Herold und lud unseren Meister ins Heerlager zu Pistritz vor den Kaiser!

Wir haben ihn angefleht, nicht zu gehen – er aber nahm seinen guten Rock mit dem Zobelpelz, ließ sein bestes Pferd satteln und folgte dem Herold stolz erhobenen Hauptes. Der Kaiser empfing ihn gar huldvoll – Meister Lucas aber fiel sofort vor ihm auf die Knie und bat mit weinenden Augen für seinen gefangenen Herrn, den guten Kurfürsten. –

Ihr müßt den Wein trinken, Kindchen, er ist gut fürs Blut!« ermuntert Christina. Käthe hebt gehorsam den Becher an den Mund.

»Erzählt weiter, bitte, was antwortete der Kaiser?«

»Er sprach sanftmütig: ›Du sollst erfahren, daß ich deinem gefangenen Herrn Gnade erzeigen will. Aber vorerst erzähle mir, wie du es gemacht hast, mich als Knaben soweit zu beruhigen, daß du mich malen konntest? Alle Welt versichert mir, ich sei ein sehr unruhiges Kind und von niemanden zu regieren gewesen.‹ Und er fragte nach Bildern und Kunstgegenständen, wovon ich nichts verstehe.

Endlich ließ er einen silbernen Teller voller ungarischer Dukaten bringen als Geschenk für unseren Meister. Der aber nahm nur so viel von dem Golde, als er mit zwei Fingerspitzen fassen konnte, um sich nicht durch gänzliche Verschmähung der Gabe die kaiserliche Ungnade zuzuziehen, und lehnte auch alle Anträge des Kaisers, ihm in die Niederlanden zu folgen, standhaft ab. Er fiel wieder auf die Knie und erbat sich als einzige Gnade vom Kaiser die Erlaubnis, seinem Kurfürsten ins Gefängnis folgen zu dürfen. Er kam noch einmal nach Hause zurück, regelte seine Angelegenheiten, packte seine Farben und Pinsel ein und folgte seinem Herrn in den Kerker, um alle Mühsal mit ihm zu teilen, mit ihm in der Bibel und in Luthers Schriften zu lesen und ihn durch seine Kunst zu unterhalten und aufzuheitern.«

»Das gibt es nicht –«, stammelt Käthe. »Wer begäbe sich von uns freiwillig in die Hände der Papisten? Man erzählt, der gute Kurfürst werde mit scharfer Haft gequält!«

Christina nickt sorgenvoll. »So ist es – gerade darum war unser Meister nicht zu halten. Je schlimmer es ist, um so mehr bedarf er des Trostes, waren seine Worte.«

»Das nenne ich einen treuen Freund, wie du wohl kaum auf der Welt einen zweiten findest!« sagt Käthe und wischt sich die Tränen aus den Augenwinkeln.

»Und was ist mit der Werkstatt?«

»Die führt nun Lucas der Sohn – er ist ja schon lange Meister und malt sehr gut! Er ist unterwegs mit den Gesellen – ein großer Auftrag – ich weiß es nicht so genau. Trinken müßt Ihr, Kindchen, damit ihr rote Wangen bekommt! Die Herren lieben bleiche Frauen nicht.«

»Mich kümmern die Herren nicht mehr, Christina.«

»Aber Doktor Luther – ach, verzeiht«, sie schlägt verlegen die Hände vor den Mund. »Fast hätte ich's vergessen – der gute Herr ist ja heimgegangen. Ich vergesse viel, seht Ihr, ich bin nun schon so alt und immer allein. Besucht mich doch einmal wieder.« Käthe legt den Arm um die mageren Schultern.

»Das will ich tun, liebe Christina.« verspricht sie.

Fuhrwerken und Wirtschaften

Also von Lucas Cranach kann ich mir kein Geld leihen, überlegt sie auf dem Heimweg. Ich muß welches aufnehmen – vielleicht weiß Philippus Rat, und vor allen Dingen muß ich die Burse öffnen – ich werde die Hörsäle an Professoren vermieten, ja, so werde ich unseren Lebensunterhalt bestreiten können. Ich brauche noch eine Magd, die Schmittin und Dorothea allein schaffen das nicht, es muß alles gründlich geputzt und gerichtet werden ...

Auf der Schwelle stolpert sie fast über einen jungen Mann, der artig sein Barett zieht.

»Gestattet, daß ich mich vorstelle, Frau Doktorin, ich bin Johann Stromer aus Auerbach und möchte gern bei Euch wohnen.«

»Das trifft sich gut!« Käthe reicht ihm die Hand »noch könnt Ihr Euch die beste Kammer aussuchen.«

Sie bittet ihn in die Stube, sie braucht ein Gespräch, und er gefällt ihr. »Erzählt mir ein wenig von Euch!« bittet sie. »Seid Ihr am Ende gar verwandt mit dem berühmten Doktor Auerbach, dem Arzt, des Geburtsname, mein ich, auch Stromer lautet?«

»Es ist mein Onkel!« freut sich Johann. »Woher kennt Ihr seinen Namen?«

Käthe schlägt bescheiden die Augen nieder.

»Seht Ihr, in einem Hause wie dem meinen hat man oft Kranke, auch war ich im Kloster einst Siechenmeisterin, so freue ich mich über jede neue Möglichkeit, zu helfen. Meine Hebamme hat mir von Euerm Onkel und seinen Heilverfahren berichtet.«

»Wie schön, da finde ich gleich ein Stückchen Heimat! Gewiß werdet Ihr mir Portulak in Rosenwasser einweichen, wenn ich eine entzündete Kehle bekomme in der Fremde.«

»Das werde ich«, nickt sie.

»In Auerbachs Hof in Leipzig bei meinem Onkel stand ich als Dreizehnjähriger vor Martinus Luther. Er sagte einige wenige Worte zu mir, die ich kaum wahrnahm, so beeindruckt war ich von ihm! Ich habe unter Herzog Moritz gedient, aber nun will ich Theologie studieren und Medizin, und es ist mir eine große Ehre und Freude, hier in Luthers Haus bei Euch wohnen zu dürfen.«

Käthe geht selbst mit ihm und hilft ihm, sein Zimmer zu finden. Dabei unterzieht sie alles einer genauen Kontrolle. Es ist staubig, Spinnweben hängen in den Ecken, die Scheiben der Fenster sind blind – aber Möbel und Bettzeug sind erhalten, mit Wasser und Seife läßt es sich richten. Sie bittet Johann Stromer, einen Aushang zu schreiben – die Burse ist wieder eröffnet.

Sie erzählt Melanchthon von ihrer finanziellen Notlage.

»Zulsdorf und die Boos haben Wiesenwirtschaft, aber wie soll ich solchige betreiben ohne Vieh? Die Hussern haben alles totgeschlagen und weggetrieben, ich muß neues kaufen, und dazu brauche ich schnell Geld.«

Melanchthon wiegt sein Haupt sorgenschwer.

»Unser guter Kurfürst, der Euch immer geholfen hat, ist außer Landes, und ob Herzog Moritz...«

Käthe fährt hoch. »An den wende ich mich nie und nimmer, lieber will ich betteln gehen, als den Judas um etwas bitten! Selbst die Spanier und Italiener rufen ›Schelm, Schelm‹ bei seinem Anblick.«

»Mäßigt Euch«, bittet der Magister, »er ist unsere Obrigkeit! Man sagt ihm nach, er habe für niemanden ein Herz.«

»Ich will meinen Kosttisch wieder einrichten.«

»Gut, lobenswert! Es wird Euch viel Beschwer schaffen, aber doch auch einige Einnahmen. In diesen wirren Zeiten ist es nicht einfach, eine gute Burse zu führen. Es gibt ja nun zwei Hochschulen, eine zu Wittenberg und eine zu Leipzig, und die Söhne unseres gefangenen Kurfürsten wollen auch noch zu Jena eine einrichten und die echten Lutheraner von Wittenberg abziehen.«

»Nein«, murmelt Käthe, »nein, ich mag das nicht hören, es macht mir nur unnötig das Herz schwer. Ich will auch die beiden Säle, in denen Luther gelesen hat, den Professoren zur Nutzung anbieten.«

»Richtig – ich werde es weitersagen!« lobt Melanchthon. »Und was den Kredit angeht, so werde ich mich mit Dr. Franz Kram ins Benehmen setzen.«

Er hat Erfolg, Käthe bekommt ein Anlehen von vierhundert Gulden auf ihr Gütlein Zulsdorf.

Und so macht sie sich an die Arbeit. Morgens um vier Uhr füttert sie die Hühner. Sie putzt und fegt, backt, kocht und braut, kümmert sich um Schüler und Studenten, fährt nach Wachsdorf und Zulsdorf, legt selbst Hand an in den Gärten und sitzt auch immer wieder an Luthers Tisch, um das Schreiben zu erledigen, was Luther ihr früher abgenommen hat.

Sie wendet sich an den König von Dänemark als den »einzigen König auf Erden, zu dem wir Christen Zuflucht nehmen mögen und von dem allein erwartet werden kann, daß er den armen christlichen Prädikaten und ihren Witwen und Waisen Gnad erzeigen würde.«

Er enttäuscht sie nicht, sendet ihr pünktlich das Jahrgeld von fünfzig Gulden. Am meisten Ärger schafft ihr der Prozeß mit ihrem Nachbarn in Zulsdorf. Melanchthon rät, wie immer, zum Vergleich, aber der Mann fordert eine maßlose Summe, und auch ihr Bruder spricht dagegen. So kommt es zur gerichtlichen Auseinandersetzung. Camerarius gewinnt den Anwalt Dr. Johann Stramburger in Leipzig für die Sache. Er ist tüchtig und zuverlässig, ihm vertraut sie. Damit kann sie diese häßliche Sache aus ihrem Arbeitsplan streichen, sie weiß sie in besten Händen.

Voller Tatkraft und Vertrauen sieht sie dem neuen Jahr entgegen. Mit ihren vier Kindern und einigen Verwandten sitzt sie am großen Tisch in der Stube, den Rücken am warmen Ofen, blickt auf die dampfenden Speisen, hebt den Becher mit Wein.

Sie denkt an Magdeburg und Braunschweig, an die langen Tage im Wagen, an all die Gefahren, die sie glücklich hinter sich gebracht hat, und ist zufrieden.

Hans

Hans studiert, aber nicht Theologie, wie sein Vater es wünschte, sondern Jurisprudenz. Er klagt viel über die Wittenbergische Universität und möchte wohl gern an einen anderen Ort.

Fabian Kaufmann, der sich nun »Mercator« nennt, verspricht, Hans dem Fürsten von Anhalt zu empfehlen, aber Hans möchte keine Hofstelle. Nach Ostern 1549 kommt Melanchthons Schwiegersohn Sabinus zu Besuch. Er ist Rektor der Universität zu Königsberg, Melanchthon sieht hier eine Möglichkeit, dem Luthersohn zum Studium in einem anderen Land zu verhelfen. Und weil ihr Sohn ihr keine Ruhe läßt, setzt Käthe sich wehen Herzens hin und schreibt an Herzog Albrecht. Sie bittet ihn um ein Stipendium für Hans in Königsberg.

Wie es mir zuwider ist, vor den Fürsten zu scharwenzeln und zu kriechen, mich in gedrechselten Worten zu winden, die mir sonst nicht über die Lippen gehen könnten, denkt Käthe.

Auch Melanchthon und Jonas schreiben Empfehlungsbriefe. Ende Mai 1549 macht sich Hänsichen auf die Reise nach Königsberg zusammen mit Dr. Sabinus, der Melanchthons Tochter mitnimmt, Jonas' Sohn und Johann Camerar.

Käthe weiß ihn in guter Gesellschaft.

Zwischen all ihrer vielen Arbeit horcht sie immer mit einem Ohr auf Pferdegetrappel und Türklopfen – sie wartet voller Sorge auf Post von Hans. Aber sie wartet vergeblich. Endlich kommt Magister Philippus und erzählt ihr von einem Brief, in dem Hans den ersten Teil der Reise beschrieben habe. Sie bedankt sich so knapp, daß es schon fast unhöflich ist, und eilt in ihr Schlafzimmer, wo sie sich ungestüm über ihr Bett wirft und heftig weint. An Fremde hat er geschrieben, und ihr, seiner Mutter, kein Wort! Sie ringt die Hände, preßt die Lippen zusammen, versucht sich zu beherrschen – sie kann es nicht.

Viel ist ihr widerfahren im Leben. Sie hat es ertragen, ja, sie hat es ertragen und den Mut nicht verloren, den Kampf nicht aufgegeben aus Liebe zu ihren Kindern. Alles, alles würde sie für sie tun. Nie hat sie daran gezweifelt, daß Hans sie zärtlich liebt – ach, sie hat sich getäuscht. Sie ist ihm nicht einmal eine Nachricht wert. Das trifft sie im Kern ihres Wesens und härter noch als Lenichens Scheiden, stößt sie tiefer noch in die Einsamkeit, in der sie seit Luthers Tod mehr und mehr zu versinken fürchtet.

Lange weint sie. Die Augen schwellen an, die Kehle schmerzt, das Herz jagt, endlich beruhigt die Erschöpfung die Heftigkeit des Schmerzes. Ihr Verstand wehrt sich nicht, als die Seele beginnt: Ich bin. Ich bin – unabhängig vom Verhalten der Menschen mir gegenüber! Warum kränke ich mich so? Alles währt doch nur eine kurze Weile. Ich bin ewig – keine Kränkung kann das ändern.

Jeder Mensch muß dies herausfinden. Auch Hans. Nun ist er so sehr mit sich selbst befaßt, daß er meiner darüber vergißt. Was ändert das an meiner Liebe für ihn? »Es darf nichts ändern, es darf nichts ändern...«, schluchzt sie und schlägt mit den Fäusten auf die Kissen.

»Ich bin ewig geliebt von Gott.«

Sie schließt die schmerzenden Augen, atmet langsam und tief, wiederholt: »Ich bin ewig geliebt von Gott.«

Ruhe und Leichtigkeit erfüllen sie. Sie sinkt in einen kurzen, tiefen Schlummer. Ihr ist, als habe sie etwas über die Maßen Schönes geträumt, aber sie kann sich nicht erinnern. Sie rückt ihre Haube zurecht, streicht die Röcke glatt und macht sich an die Arbeit.

Melanchthon fragt immer wieder, ob Käthe keine Nachricht von Hans habe, und ermahnt ihn schließlich, daß seine Mutter auf Post von ihm harre, zur Leipziger Weihnachtsmesse gäbe es schon Gelegenheit genug zur Briefbeförderung! Aber auch das hilft nichts. Sie hören nichts von ihm.

Das Interim des Kaisers, dem sich die Protestanten beugen sollten, führt zu Unruhe und Widerstand. Truppen ziehen durch die Lande, zu dieser oder jener oder noch keiner Partei gehörend.

Käthe kommt mit all ihrem Wirtschaften nicht voran. Die fünfundvierzig Rosenobel des Dänenkönigs sind ihr eine große Hilfe.

Ihre Kräfte lassen nach, sie wird müde und schwach, ihr Körper will nicht mehr aushalten, was sie unerbittlich von ihm verlangt.

Im Januar 1550 muß sie selbst vor dem Amtmann in Leipzig erscheinen wegen Zulsdorf. Sie reist allein. Melanchthon kann sie nicht begleiten, so sehr sie ihn auch bittet.

Camerarius, der im großen Garten der Universität wohnt, lädt sie in sein Haus ein und müht sich, ihr die Gastfreundschaft zu vergelten, die er im Schwarzen Kloster genossen hat.

Doktor Stramburger führt den Prozeß zu einem guten Ende. Zulsdorf bleibt ihr Eigentum. Sie bedankt sich. Aber ihr Herz schweigt – wo bleibt die überschwengliche Freude ihrer früheren Jahre?

Melanchthon erfährt durch seine Kinder wohl einiges über Hans, will aber nicht mit der Sprache heraus. Seine Studien gehen nicht so recht vorwärts. Er ist wohl auch in schlechte Gesellschaft geraten. Käthe zieht sich das Herz zusammen, sie muß an ihren Bruder denken.

Sie erinnert sich seiner Sehnsucht, fremde Länder zu sehen, berühmte Lehrer zu hören; sie faßt sich ein Herz, wendet sich direkt an den Herzog und bittet, er möge ihrem Sohne doch die für die Vollendung seiner Studien nötigen Mittel gewähren, um nach Frankreich oder Italien reisen zu können (o nein, denkt sie, wie werde ich mich sorgen, wenn er so weit fort ist!), damit er dem Herzog nützlicher dienen könne als ein Mann, der sich fremde Winde um die Nase habe blasen lassen. Zuvor möchte er aber dem Sohne erlauben, daß er für kurze Zeit zu ihr komme, damit sie in ihrer Schwachheit etliches mit ihm reden könne, ehe er wieder zum Studium sich wende.

Und nun wartet sie weniger auf einen Boten als auf Hans selbst. Aber bald schon hält sie ein herzögliches Schreiben in Händen. Sie vergißt tatsächlich, dem Boten ein Trinkgeld zu geben, so sehr erschrickt sie. Ihr Herzschlag wird ganz schnell, um kurz auszusetzen und ihr Atemnot zu bereiten, die Hände werden feucht. Mit zitternden Knien steigt sie ins Turmstübchen, setzt sich in Luthers Stuhl, legt den Brief vor sich hin auf den Tisch.

Es hilft nichts, ich muß es doch lesen. Sie überfliegt Anrede und Einleitung – da, jetzt geht es an:

>*Wir befinden, daß Unser gnädiger Wille bei ihm nicht dermaßen, wie Wir wohl gehofft, angewendet. Denn wie Wir berichtet sind, soll er seiner Studien zur Gebühr nit abwarten. So wissen Wir auch gewiß, daß er sich etlicher guter Händel, deren er wohl müßig gehen konnte, teilhaftig macht. Derwegen zu bedenken, daß Uns wahrlich etwas beschwerlich fällt, daß Unsere gnädige Gewogenheit so wenig bei ihm bedacht wird.*«*

Daher schlage es der Herzog ab, Hans reisen zu lassen; wolle er aber in Königsberg vor gut annehmen, so sei der Herzog geneigt, um seines Vaters willen ihn mit Unterhalt zu versorgen.

So. So ist das also. Käthe greift zur Feder. Er soll nach Hause kommen. Fünfundzwanzig ist er inzwischen! Nun ja, seufzt sie, er soll erst einmal nach Hause kommen.

Wirre Geschichten sind es, die Johann Stromer ihr erzählt. Braunschweig wurde belagert und genommen von den Kaiserlichen, weil die Stadt sich dem Interim nicht beugen wollte – Magdeburg, die Hochburg des evangelischen Glaubens, ist nun das Ziel der vereinigten katholischen Heere, auch Herzog Moritz zieht hin, um den Widerstand gegen den Kaiser brechen zu helfen. Wittenberg wird von Zwangseinquartierungen gequält, es sind zwar verbündete Truppen, die die Stadt überfluten, – aber eben Soldaten.

Nichts ist sicher, nichts hat seine Ordnung, was heute gilt, ist morgen vergessen – Herzog Moritz hat seinen Sinn geändert und zieht mit seinem Heer wider den Kaiser!

So habe er sich denn doch auf seinen guten, protestantischen Glauben besonnen, sagt Melanchthon. Johann Stromer aber lächelt dazu und meint, der Herzog habe sich als Papist nicht mehr halten können, seine eigenen Truppen hätten ihm den Gehorsam verweigert. Käthe hört zu und schüttelt den Kopf. Wer soll das noch verstehen?

Und Hans ist unterwegs, so lange nun schon – wie mag es ihm gehen?

Sie steht mühsam vom Tisch auf, sie will die Hühner einschließen. Über den dämmrigen Hof kommt ein Mensch, wenig vertrauenerweckend die äußere Gestalt: zerrissene, schmutzige Kleider, wüster Bart, eine kecke Mütze; langsam nähert er sich, streckt schüchtern die Hand aus:

»Gnad' und Friede, Frau Mutter.«

»Hänsichen!« schluchzt Käthe und schließt ihn in die Arme. »Daß du da bist, oh, daß du nur da bist!«

Zitternd streichen ihre Hände über seine Schultern, seine Arme, den Bart.

Am 8. Januar 1552 wendet sich Käthe wieder einmal an den einzigen Fürsten, dem sie noch vertraut: Christian von Dänemark. Sie schreibt:

»E. K. M. wissen sich gnädiglich zu entsinnen, wie daß E. K. M. meinem lieben Herrn seligen samt den Herrn Philipp und D. Pommerano jährlich ein Gnadengeld geschenkt, welches sie zu Unterhalt ihrer Haushaltung und Kinderlein haben sollten, welches den bishero gemeldeten Herren von E. K. M. überreichet worden. Dieweil aber mein seliger lieber Herr E. K. M. allzeit geliebet und für den christlichsten König gehalten, auch E. K. M. sich in solchen Gnaden gegen seligen meinen Herrn gehalten: so werde ich durch dringende Not bewogen, E. K. M. in meinem Elend unterthäniglich zu ersuchen, des Verhoffens, E. K. M. werden mir armen und itzt von jedermann verlassenen Witwen solch mein unwürdig Schreiben gnädiglich zu gute halten und mir aus Gnaden solch Geld folgen lassen. Denn E. K. M. sonder Zweifel bewußt, wie es nu nach dem Abgang meines sel. Mannes gestanden, wie man die Elenden gedrückt, Witwen und Waisen gemacht, also daß es zu erbarmen; ja auch mir mehr durch Freunde als durch Feinde Schaden zugefügt; welches alles E. K. M. zu erzählen zu lang wäre. Aus diesen und anderen Ursachen werde ich gedränget, E. K. M. unterthänig zu ersuchen, nachdem sich ein jeder so fremd gegen mir stellt und sich meiner niemand erbarmen will . . .«

Bugenhagen legt einen Brief bei, in dem er berichtet: »Die Witwe unseres Vaters Luther klaget hart, es ist am Tage, daß sie in ihren Gütern dieses Jahr großen Schaden erlitten hat samt ihren Nachbarn.«

Käthe liest es und nickt. Es gab immer neue Plagen! Hatte sie Ordnung geschaffen und Vieh und Saatkorn gekauft, auch die Gebäude wieder einigermaßen hergestellt, so wurden Kontributionen erhoben, immer noch einmal, immer noch höher. Gelang es ihr, diese zu bezahlen, zog eine Horde rohes Kriegsvolk durch und zerstörte in wenigen Stunden, was sie in einem Jahr geschaffen hatte – und schon wurden neue Kontributionen fällig.

Hans Löser, der Sohn des alten Erbmarschalls, der Paul Luthers Pate war, bedrängte sie und ihre Nachbarn so hart und ungerechtfertigt mit Kriegslasten, daß sie vor dem kurfürstlichen Gericht gegen ihn Klage erhoben.

Nein, das vergangene war kein gutes Jahr, murmelt Käthe. Gebe Gott, daß dieses besser werde.

Das letzte Geheimnis

Friede

In der schönen neuen Badestube mit den Sandsteinplatten aus Pirna gibt es auch ein Abflußrohr. Käthe beobachtet, wie das Wasser, durch die Neigung des Bodens angezogen, in Kreisen um das Loch einen Wirbel bildet. Zunächst ist die Bewegung eher ruhig, zur Mitte hin jedoch fließt es schneller und schneller, dreht sich hastig und – stürzt über den Rand.

Wie dieses Wasser erscheint mir mein Leben. Lang, so lang zog sich die Zeit im Kloster! Bewegt und lustig ging es dahin als Doctoris Lutheri Eheweib, und nun – nun huschen die Tage vorbei wie Stunden, schneller und schneller taumele ich um die Kreisläufe des Mondes, bald werde ich endlich fallen.

Wie lange ist es her, daß ich aus Braunschweig heimkehrte? 1547 war es, und nun schreiben wir 1552, seltsam.

Das Wasser ist abgelaufen, sie wischt die Steine trocken. So hat sich auch der Krieg endlich verlaufen, denkt sie. Moritz hat tatsächlich mit seinen Sachsen, Hessen und Brandenburgern den Kaiser in die Flucht geschlagen und beinahe sogar gefangen. Die gefangenen Fürsten sind freigegeben worden: Kurfürst Johann ist zurück und auch Landgraf Philipp von Hessen, Lucas, den Maler, konnte ich in meine Arme schließen.

Die Religion, unsere Religion wird erlaubt durch den Passauer Vertrag. Die Kriegsknechte sind davongezogen – wie das Wasser nach der Überschwemmung der Elbe haben sie Unrat und Verwüstung zurückgelassen, aber das ist ja das wenigste, das kann ich wegräumen und in Frieden säen und ernten.

Hans ist heil zurückgekehrt. Die Universität Königsberg hat ihm ein gutes Zeugnis ausgestellt trotz allem. Der gute Kurfürst Johann Friedrich gab ihm eine Stelle in der fürstlichen Kanzlei. Da arbeitet er nun brav und fleißig – sie hätte auf Kanzler Brück hören, sich und dem Kinde soviel Mühe und Sorgen ersparen können!

Nein. Sie legt den Kopf in den Nacken. Er sollte und wollte studieren und ich hab' ihm dazu verholfen. Das bereue ich nicht. Er hat sein Teil von der Welt gesehen, sich die Hörner in der Fremde abgestoßen – nun mag er Kanzleirat werden und um Doktor Crucigers Töchterlein freien. Auch er ist schon tot, der liebe Cruciger! Resquiescat in pace.

Und Maruschel ist eine erwachsene Jungfrau.

In Luthers großem Hörsaal liest Bartholomäus Lasan über Herodot. Alle ihre Zimmer und Kammern sind besetzt.

Johann Stromer hat gestern seinen Abeschied genommen. Fünf Jahre fast, hat er gesagt, sei er bei mir gewesen, Theologie, Medizin und Jura hat er studiert, nun zieht er nach Jena als Lehrer. War es nicht gestern, daß ich fast über ihn gestolpert wäre auf der Schwelle?

Sie zieht ihr Tuch fester um die Schultern. Ihr ist kalt. Immer ist ihr kalt.

Die Pest

Dieser Sommer 1552 drückt Käthe wie ein Alptraum. Schwül und trübe liegt der Dunst über den Elbauen, um die Türme der Stadt, die Luft bleibt feucht und modrig, selbst um vier Uhr in der Frühe, wenn sie zu den Hühnern geht, ist es mulmig warm – nie zeigt sich ein blauer, klarer Himmel, nie kann sie frei durchatmen. Ob die vielen Leichen schuld sind, die immer noch überall unbestattet, von Fliegen übersät, verwesend, gräßlich verstümmelt auf dem Flusse treiben? Wie gern sind Luther und seine Freunde in die Elbauen gewandert, war das immer ein lustig Leben!

Nun gleichen die düsteren Sumpfgebiete einer Wirklichkeit gewordenen Gespenstergeschichte – die Weiden sind zu verkohlten, schwarzen Gerippen geworden, an denen grausliche Fetzen hängen, die man besser nicht untersucht, all das hohe, dunkelgrüne Gras, die Binsen, die vielen Blumen – verschwunden – modrig schmutzige Pfützen glänzen krank im schwarzgrauen Schlamm – dort ein halb verrostetes Harnischstück, hier ein Arm, der seine braunen, dürren Finger anklagend gen Himmel reckt, ein zerlumpter Stiefel – nicht hinsehen, ob noch ein Bein in ihm steckt; mit fettem Blubb-Blubb zerplatzen Schlammblasen. Nein, es ist nicht geheuer in den Elbauen. Käthe wendet sich eilig der Stadt zu.

»Hilfe, zu Hilfe!« Ist das eine menschliche Stimme? Ruft sie die gequälte, geschändete Natur?

»Hilfe, zu Hilfe um Christi willen!«

Käthe folgt dem Klang. Mit dem Rücken an einen verkohlten Weidenbaum gelehnt sitzt dort ein Soldat, ein Bein in schmutzigen Lumpen ausgestreckt, den Stumpf des anderen in blutige Leinwand gewickelt.

»Wasser, Wasser!« stöhnt er.

Käthe beugt sich zu ihm nieder.

»Ich habe keines, guter Mann! Ihr müßt mit mir in die Stadt kommen. Laßt Euch helfen.«

Er verdreht die Augen, daß nur noch das Weiße zu sehen ist. Der Schweiß rinnt in kleinen Bächen über das fahlbleiche Gesicht.

»Ich – kann nicht –« röchelt er.

»Gott vergebe mir alle meine Sünden.«

Er reißt mit einer letzten Anstrengung die Arme hoch – Käthe sieht die dicke Beule in der Achselhöhle.

»Er wird dich aufnehmen in seine ewigen Wohnungen«, sagt sie.

Der Kopf des Mannes fällt auf die Brust – sie weiß nicht, ob er ihre Worte noch gehört hat.

Die Pest ist also wieder in Wittenberg. In der überfüllten Stadt hat sie leichtes Spiel mit den ausgehungerten, geschwächten Menschen.

Der Rat berät über eine Verlegung der Universität. Torgau bietet ihr eine Herberge an: das ehemalige Barfüßerkloster, aus welchem einst Leonhard Koppe in der Fastnachtszeit den Insassen zur Freiheit verholfen hatte – es steht nun leer.

Am 6. Juli verläßt die Hochschule Wittenberg und zieht in die engen, winkligen Räume des Klosters. Martin reist mit den Studenten. Hans arbeitet auf der Kanzlei bei Herzog Johann in Weimar. Käthe bleibt mit Margarethe und Paul. Wieder brennen überall im Hause die Feuer mit den Kräutern, stehen die Schüsseln mit Essigwasser zum Waschen bereit.

Wieder besucht Käthe die Kranken, versucht ihnen Trost und Linderung zu bringen, Paul begleitet sie – er ist stolzer Adept der Medizin und geht ihr zur Hand, besser eigentlich als weiland Luther, der vom Körper des Menschen wenig wußte.

Es fällt ihr schwer. Die schwüle Hitze macht ihr zu schaffen. Sie leidet unter Schwindelanfällen, das Herz stolpert, die Knie zittern, der Rücken schmerzt vom Bücken.

Müde und elend erreicht sie das Schwarze Kloster. Ich will mir ein

Bad richten, ja, das wird mir guttun, denkt sie, das Wasser wird alles ableiten, was mich bedrückt.

Sie öffnet die Tür zur Badestube und prallt entsetzt zurück: auf den Fliesen liegt die Schmittin, auf dem Rücken, die Arme ausgebreitet, den Besen noch in der Hand, sieht sie mit aufgerissenen Augen an, den Mund geöffnet wie zu einem Schrei – aber sie sagt nichts mehr. Sie ist tot.

Käthe wird von Entsetzen gepackt wie noch nie in ihrem Leben, kaum daß sie fähig ist, sich umzuwenden, ihre Glieder fliegen. »Hilfe!« schreit sie, »Hilfe!«

Der Sturz

Zitternd sitzt sie am Tisch in der Stube, die Zähne schlagen ihr gegen den Becherrand, sie verschüttet ein wenig Wein.

»Dorothea, pack ein, laß die Pferde anspannen, wir fahren nach Torgau, sofort. Wir müssen ganz schnell weg, ich kann es nicht verantworten, die Kinder noch länger hierzulassen!«

Wenig später schon lenkt sie den Wagen durchs Elstertor, über die Elbbrücke, ohne sich nur einmal umzusehen. September, denkt sie, wir haben ja schon September.

Was liegt dort hinten mitten auf dem Weg? Sie kneift die Lider zusammen – irgend etwas Buntes – aber es bewegt sich nicht, oder doch?

Nun macht sie die schwarzen Krähen aus, die auf ihre Beute einhacken. Tod, denkt sie, Tod und Verderben überall.

Die Vögel, durch das Geräusch des Wagens aufgeschreckt, fliegen auf, die Pferde scheuen und gehen durch. Eng aneinandergepreßt, rasen sie über Stock und Stein, unempfindlich gegen Zügel, Peitsche, Kommandorufe.

»Die Kinder, die Kinder – ich muß sie retten...« Käthe drückt Paul die Zügel in die Hand, er ruft: »Was wollt Ihr, Frau Mutter, laßt mich –«

Aber sie springt schon. »Ich muß die Pferde aufhalten.«

Und im Sprung weiß sie doch auch, daß Paul recht hat – er ist kein Kind mehr, sondern ein starker, junger Mann und wohl imstande, die Tiere zu überwältigen – aber es ist zu spät, sie hat es getan, was sie für ihre Pflicht hielt und was sie doch nicht zu tun vermag, denn ihr Körper ist alt und schwer und ungelenk, hart stürzt sie zu Boden, fällt in den Wassergraben am Wegesrand.

Ein scharfer Schmerz, von der rechten Hüfte ausgehend, durchfährt ihren ganzen Körper, beraubt sie für kurze Zeit des Bewußtseins.

Dann sieht sie über sich den bleiern grauen Himmel, hört das Krächzen der Krähen, die zu ihrer Beute zurückfliegen. Endlich schiebt sich Paul in ihr Gesichtsfeld.

»Mutter, Mutter, habt Ihr Euch etwas getan?«

»Paul, seid ihr heil und gesund? Hast du die Pferde gehalten? Ist der Wagen in Ordnung?«

»Ja, ja – natürlich, das ist doch unwichtig jetzt – Ihr, Ihr – wie fühlt Ihr Euch?«

»Es tut so weh – so schrecklich weh, in der Hüfte – irgend etwas ist gebrochen.«

Sie verliert wieder das Bewußtsein, als sie aus dem kalten Wasser gezogen wird. Durch die Bewegungen des Wagens werden ihre Schmerzen so unerträglich, daß sie lautes Stöhnen nicht unterdrücken kann. Maruschel hält ihre Hand und jammert:

»Mutter, Mutter, liebe Mutter!«

Ihr ist so kalt, so entsetzlich kalt.

Torgau

Paul lenkt den Wagen zum Barfüßerkloster, fährt nach einigem Warten weiter in die nächste Straße, die nach dem Schloß führt, und hält vor einem Eckhaus bei der Klosterkirche zur Herberge.

Die Wirtsleute nehmen sie freundlich auf, öffnen für Käthe eine große, helle Stube mit Kachelofen. So behutsam man sie auch ins Bett legt, sie zerbeißt sich die Lippen, um nicht laut zu schreien vor Schmerzen.

In den weichen Kissen verspürt sie Linderung, dankbar zieht sie das Federbett bis ans Kinn – jetzt wird ihr endlich warm werden.

»Margarete bereitet in der Küche wärmende Steine für Euch!« sagt Paul.

Käthe versucht ein Lächeln, sie muß an Luther denken.

»Frau Mutter, wollt Ihr bitte gestatten, daß ich Euch untersuche?«

»Nein, Herr Medicus. Danke, Paul, für deinen guten Willen, und glaube nicht, daß ich deine Fähigkeiten unterschätze, ich weiß, du bist ein guter Arzt, und ich bin stolz darauf. Aber es wäre vergebliche Mühe und brächte mir viele Schmerzen. Ich habe es schon ertastet, die Beckenschaufel ist gebrochen – nein, bitte rufe keinen berühmten Doktor! Wir beide wissen gut, was das bedeutet. Es ist eine Krankheit zum Tode. Erschrick doch nicht, mein lieber Sohn! Einmal ist es bei uns allen so weit, das ist nicht schlimm, glaube mir! Ich fürchte mich nicht. Weißt du noch, wie euer lieber Vater in seinen letzten Jahren immer wieder von einem seligen Sterbestündlein sprach und einem jeden auftrug, darum für ihn zu beten? Ich konnt's nicht verstehen und mochte es nicht hören, wünschte mir doch noch soviel vom Leben. Nun endlich bin ich mit ihm eins. Wollte wohl gern noch für euch sorgen«, – sie hebt die Hand und streicht ihm über die Wange – »aber Gott hat es anders mit mir vor.«

»Fürchtet Ihr Euch denn gar nimmer vor dem Sterben?« fragt Paul.

Käthe schüttelt den Kopf.

»Der Tod wird mich erlösen von allen meinen Schmerzen, und ich werde endlich wissen.«

Maruschel bringt die Steine. Langsam wird Käthe warm – aber auch die Schmerzen werden heftiger.

Paul bringt ihr einen Becher.

»Was ist es, Paul?«

Er legt den Finger auf den Mund.

»Pst, nicht fragen! Haltet die Nase zu, Mutter, und trinkt es, es wird Euch helfen.«

Und Käthe gehorcht.

Wie oft hat sie Kranke umhegt, nun endlich kann sie sich zurücksinken lassen und nichts mehr denken, nichts mehr sorgen. Liebe Hände schieben ihr die Kissen zurecht, decken sie zu. Die Medizin tut ihre Wirkung – sie schläft ein.

Am nächsten Morgen scheint die Sonne auf ihr Bett. Margarete greift nach ihrer Hand, kaum daß sie die Augen aufschlägt. Die Wirtin steht in der Türe und fragt, was sie zum Frühstück essen möchte. Im ersten Augenblick des Erwachens denkt sie nicht an ihre Krankheit, will sich aufrichten und sinkt mit einem Schmerzensschrei zurück.

»Ach ja –«, sagt sie. »Ich bin gefallen.«
Martin und Paul drängen sich um ihr Bett. Melanchthon kommt
zu Besuch. Ihm folgen Schüler, Studenten, Professoren. Ge-
schenke werden für sie abgegeben. Käthe lächelt mit Tränen in den
Augen.
»Ich wußte gar nicht, daß man mich so liebt!« murmelt sie.
Sie schläft viel, das ist die Wirkung der schmerzstillenden Mittel.
Wenn sie wacht, ist immer eines ihrer Kinder bei ihr. Hans kommt
aus Weimar – er hat beim Kurfürsten um Urlaub gebeten.
Manchmal kann sie es aushalten, von Kissen im Rücken gestützt,
ein wenig zu sitzen und aus dem Fenster auf die Kirchtürme und
den Himmel zu sehen. Und dabei wird es ihr klar:
Ich werde dieses Zimmer, dieses Bett nicht mehr verlassen. Ich
werde nicht mehr auf dem Bock sitzen und die Zügel in der Hand
halten, das Schwarze Kloster nicht mehr betreten, nicht mehr die
Hühner füttern, nicht mehr durch die Elbauen gehen, wenn sie
wieder grün sind, nicht mehr an Luthers Grab knien, nie mehr zur
Studierstube hinaufeilen – das Leben ist schon vorbei: wie schnell
es vergangen ist. Sie muß weinen. Es war doch schön! So vieles
war schön.
Was hat mich eigentlich an der armen Schmittin so erschreckt, daß
ich besinnungslos flüchten mußte? Wie oft habe ich Pestzeiten in
Wittenberg durchgestanden, wie viele Kranke gepflegt, wie vielen
Toten die Augen zugedrückt? Es war ein Irrsinn, loszustürmen wie
die Pferde wegen der auffliegenden Krähen. Wir sind immer in
Gottes Hand, hat Luther gesagt, – und wie recht er hat! An der Pest
wäre ich leichter und schneller gestorben!

Anna von Warbeck

»Frau Mutter, ich muß Euch etwas erzählen«, beginnt Maruschel,
die mit einer Stickerei an Käthes Bett sitzt. »Unser Paul geht auf
Freiersfüßen.«
»Der Kleine?« fragt Käthe und nimmt erschrocken die Hand vor
den Mund. »Gut, daß er's nicht gehört hat – ich bitte es ihm auch
ab. Den Jüngsten nennt man wohl klein sein Leben lang, mag er
auch graues Haar tragen. Er hätte ein Mädchen?«
»Ja«, nickt Maruschel, »Anna von Warbeck.«

»Warbeck – kennen wir den Namen?«

»Ich glaube nicht, Mutter. Ihr Vater war Herr Veit von Warbeck, weiland Domherr von Altenburg, kurfürstlicher Hofrat und Vizekanzler von Torgau, ein Edler aus Schwaben. Die Mutter, Anna von Hack, ist auch eine geborene Schwäbin und hat ihr Haus hier zu Torgau in der Fischergasse.«

»So, so – sieh an – du bist genau im Bilde. Und kennst du auch das Mädchen?«

»Ja. Ich mag sie. Sie ist so lustig und frisch und lebendig – ich freue mich, wenn ich sie sehe. Sie möchte Euch wohl gern einen Besuch abstatten.«

»So laß sie kommen. Aber kämm mir vorher die Haare und richte mir die Haube, damit sie sich nicht vor mir erschrickt.«

Die Tochter erhebt sich und holt den Kamm.

»Kommt sie schon so gleich?« fragt Käthe erstaunt.

»Sie wartet in meinem Stübchen auf Euern Bescheid.«

Wie eine frische Brise weht es mit diesem Mädchen in Käthes Krankenstube. Sie ist groß und schlank, braune Locken lösen sich eigensinnig aus den hochgesteckten Zöpfen und tanzen lustig um ihr ovales Gesicht mit frischer, bräunlich getönter Haut. Die Augen sind tiefschwarz, wie reife süße Kirschen. Sie hat kräftige Hände, die wohl zupacken können, und kommt strahlend und ohne Scheu auf Käthe zu.

»Liebe Domina, wie ich mich freue, Euch sehen zu dürfen.«

»Gott segne Euch, mein Kind«, antwortet Käthe vorsichtig.

»Ich habe mir schon lange gewünscht, Euch zu begegnen«, beginnt Anna. »Ihr seid eine großartige Frau! Was Ihr in Eurem Leben alles getan habt! Sagt mir bitte, habt Ihr Euch sehr gefürchtet auf der Flucht aus dem Kloster?«

»Ach – das ist schon so lange her«, antwortet Käthe. »Gefürchtet? Nein, eigentlich weniger. Ich war voller Neugierde und Anspannung, wie die Welt da draußen nun aussehen und wie sie uns empfangen werde. Es war alles so fremd und anders, wir wußten ja rein gar nichts, wir armen Klostermäuse.«

»Und wie habt Ihr es nur fertiggebracht, das große Haus zu versehen, all die vielen Menschen zu versorgen, die dort wohnten, die Gäste zu bewirten, nebenbei Eure eigenen Kinder großzuziehen und noch Güter und Gärten zu bewirtschaften?«

»Ihr kennt Euch wohl gut aus in meinem Leben?«
Anna errötet, das kleidet sie gut.
»Was man sich so erzählt ...«
»Das Fuhrwerken und Wirtschaften, müßt Ihr wissen, war meine Freude von klein auf, ich wußte mir nichts Schöneres, und so kam mir der große Haushalt gerade recht.
Und Ihr – erzählt mir von Euch, Anna!«
»Ach, was soll ich da berichten. Ich lebe mit der Mutter in schönen Verhältnissen und hätte keine Plage in der Welt, wenn ich nicht meinen eigenen Kopf bisweilen unbedingt durchsetzen müßte.«
»Und wo müßt Ihr das?« fragt Käthe interessiert.
»Auf dem letzten Ball im städtischen Tanzhaus habe ich einen Damastrock mit Samtschleppe getragen – ei, Ihr hättet sehen sollen, wie gut mich das kleidete!
Am nächsten Morgen wurde ich vor den Stadtrat gefordert und zu Strafe verurteilt, weil ich gegen die Torgauer Kleiderordnung verstoßen hätte.
Aber so lasse ich mich nicht behandeln. Wo leben wir denn? Darf eine Frau nicht anziehen, was sie will? Was meint Ihr?«
»Ich denke ganz wie Ihr«, lächelt Käthe. »Ich habe mir auch nicht von den Männern vorschreiben lassen, was ich tun sollte.«
»Ich habe mich gewehrt und an den Kurfürsten appelliert, so daß der ehrbare Stadtrat einen Boten mit Bericht über Anna Warbeckin Supplicien gen Dresden schicken mußte für Trinkgeld.«
»Gut so«, freut sich Käthe. »Und wie hat der Kurfürst entschieden?«
»Wartet –«, Anna kramt in ihrem Beutel, »ich muß den Bescheid bei mir haben. Hier, lest selbst!«
Käthe nimmt das Schreiben:

»Lieben Getreuen! Wir sind von der ehrbaren lieben besonderen Jungfrau Anna von Warbeck demütiglichen Klag berichtet worden, wie daß Ihr ihr den damastenen Rock mit samtenen Schweif zu tragen zu enthalten und noch dazu etliche Gulden zur Strafe entrichten sollt auferlegt haben. Wiewohl Wir uns zu erinnern wissen, was wir der Kleidung halber in der Polizei-Ordnung haben ausgehen lassen, so vermerken Wir doch, daß der gedachten Jungfrauen Vater einer von Adel und fürstl. Rat gewesen, auch die Damasten, davon der Rock gemacht, fürstliches Geschenk und die

Röcke vor obenerwähnt ausgegangener Ordnung gemacht. Derwe-
gen Wir denn geschehen lassen, daß sie solche Röcke zu Ehren
tragen möge. Und begehren demnach, Ihr wollet ihr solches verstat-
ten und sie mit geforderter Strafe verschonen, Euch auch sonst gegen
sie dermaßen verhalten und erzeigen, daß sie sich keiner Beschwe-
rung zu beklagen hab. Daran geschieht Unser gänzlich zuverläs-
sige Meinung...«

»Großartig!« sagt Käthe. »Ihr gefallt mir, Jungfrau Anna. Mit
Euch ist mein Paul wohl beraten, Ihr wißt Euch zu wehren im
Leben.«
»Oh, liebe Doktorin, Ihr werdet so bleich, ist Euch nicht wohl?«
erschrickt Anna.
»Nein, nicht ganz –«, flüstert Käthe, »die Schmerzen... Wenn Ihr
Maruschel bitten könntet, daß sie mir meine Medizin bringt. Lebt
wohl, liebes Kind, ich habe mich sehr gefreut, Gott segne
Euch...«

Der 139. Psalm

Man schreibt den 20. Dezember 1552. Drei Monate liegt Käthe nun
schon. Viele Stunden des Tages verbringt sie mit dem Lesen der
Bibel.
»Ich will an Christum kleben wie die Klette am Kleid«, sagt sie.
Und sie betet. Sie betet für ihre Kinder, ihre Freunde, die Kirche.
Aber nicht für sich selbst. Sie kann sich des Gefühls nicht erweh-
ren, daß es Gott langweilen müsse, immer wieder von ihren
Schmerzen zu hören, die sie noch obendrein einzig und allein ihrem
Eigensinn zuzuschreiben hat. Nein, das ist keine Sache für Gott.
»Du, der du ewig bist –« murmelt sie, und hält inne, wie ein Blitz
der Erkenntnis durchfährt es sie, und sie sagt es gleich noch einmal:
»Du, der du ewig bist.« Dieses Gefühl des leichten Schwebens, ihr
bekannt aus ihrer Meditation »Ich bin ewig«, durchflutet sie stärker als je zuvor. Endlich weiß ich es, zu Gott finde ich, wenn ich
mich selbst ganz vergesse und nur an Ihn denke – aber das ist doch
ganz einfach und klar! Das könnte jedes Kind wissen – nur ich, ich
habe ein ganzes Leben gebraucht, um es zu begreifen.

Du – unser Vater im Himmel. Ich liebe dich.

Sie tastet nach dem Psalter auf dem Tisch neben ihrem Bett und schlägt den 139. Psalm auf:

>*HERR, du erforschest mich und kennest mich.*
Ich sitze oder stehe auff (oder liege, fügt sie ein), *so weissestu es.*«

Ja. Das ist gut. Du kennest alle meine Gedanken, dir kann, dir brauche ich nichts vorzumachen. Du liebst mich, wie ich bin – wie schön und tröstlich, wie beglückend, ja, beglückend, ist es, nachzusinnen über dich.

>*Aber wie köstlich sind fur mir, Gott, deine gedancken!*
Wie ist ir so eine große Summa.
Solt ich sie zelen,
so würde ir mehr sein denn des Sands.
Wenn ich aufwache, bin ich noch bey dir.«

Ja, Herr, wenn ich nun bald aufwache ohne diesen kranken Leib, bin ich noch bei dir. Bei dir. Oh, Herr, ich sehne mich danach, nur noch bei dir zu sein. Die Schmerzen – sie versucht, durch Veränderung ihrer Lage im Bett Erleichterung zu finden, aber es gelingt ihr nicht. Stöhnend hält sie sich den Psalter vor die Augen:

>*Spreche ich, finsternis mügen mich decken,*
so mus die nacht auch Liecht umb mich sein.
Denn auch Finsternis nicht finster ist bey dir,
Und die Nacht leuchtet wie der tag,
Finsternis ist wie das Liecht.«

Finsternis, das sind die Schmerzen – und Licht, Licht ist jene Leichtigkeit, die sie nun empfindet, von der sie sich eingehüllt fühlt wie von einem warmen, goldgelben Schein.

>*Erforsche mich, Gott, und erfare mein Hertz.*
Prüfe mich und erfare, wie ichs meine.«

Ich weiß, du nimmst mich an trotz all meiner Unvollkommenheit, denn du liebst mich.

» Und siehe, ob ich auff bösem wege bin
und leite mich auff ewigem wege. «

Ach, Herr, so viele Straßen bin ich gezogen, soviel habe ich geliebt
– Hieronymus, Luther, die Kinder, meine Gärten und Güter, – und
habe meine Zeit vertan. Denn es blieb der Stachel der Sehnsucht:
mehr wollte ich und Besseres. Ich wußte, es gibt eine vollkom-
mene Liebe. Wie habe ich mich bemüht und gequält und fand sie
nicht.
Es ist so einfach: dich will ich lieben und deinen Geist in mir leben
lassen.
Wenn du in mir bist und ich die andern alle, alle in deinem Sinne
liebe, wie dein Sohn es uns geheißen hat, dann, ja dann endlich
liebe ich sie vollkommen.
Ich verlange nichts, ich erwarte nichts, ich erhoffe nichts mehr von
ihnen. Du gibst mir ja die Fülle und ich lasse davon durch meine
Finger weitergleiten. Laß mich ein leuchtender Pfeil sein, Herr, der
auf dich hinweist!

Mein Herz – mein Herz, es will nicht mehr schlagen. O Herr, ich
komme.

Chronik

Erstes Geheimnis

1480 Die Dominikaner und päpstlichen Inquisitoren Heinrich Krämer (Institoris) und Jakob Sprenger veröffentlichen den *Malleus Maleficarum* (»Hexenhammer«).

1483 Martin Luther am 10. November in Eisleben geboren

1498 Tod Savonarolas auf dem Scheiterhaufen
Vasco da Gama dringt in den Indischen Ozean vor und erreicht Indien.

1499 Katharina von Bora am 29. Januar in Lippendorf geboren

1500 Übernahme des Christentums im Kongo-Reich
Vergrößerung des Inkareiches in Peru unter Huayna Capac bis an die Grenzen Kolumbiens

1502 Gewaltsame Bekehrung der Mauren in Andalusien, Sieg der Inquisition
Kolumbus' vierte und letzte Fahrt nach Mittelamerika
Gründung der Universität Wittenberg durch Kurfürst Friedrich den Weisen
Bundschuh-Verschwörung der Bauern im Bistum Speyer
Größte Ausdehnung des Aztekenreiches in Mexiko unter Ahuitzotl und Moctezuma II.

Zweites Geheimnis

1504 Katharina kommt in die Klosterschule der Benediktinnerinnenabtei Brehna bei Bitterfeld.
Vertreibung Cesare Borgias aus Italien

1505 7. Januar 1505: Luther wird Magister Artium (Abschluß der philosophischen Ausbildung).
17. Juli 1505: Eintritt Luthers in das Kloster der Augustineremiten in Erfurt
Einsetzen der Sklaventransporte von Afrika nach Amerika
Beginn der portugiesischen Kolonialherrschaft (1505–1975) in Moçambique und in Ceylon

1506 Beginn des Neubaus der Peterskirche in Rom
Tod des Christoph Columbus

1507 2. Mai 1507: Primizmesse Luthers im Augustinerkloster zu Erfurt

1508 Lehrauftrag Luthers an der Universität zu Wittenberg (Herbst)
6. 2. 1508: Maximilian I. erklärt sich mit Zustimmung Papst Julius' II. in Trient zum erwählten Römischen Kaiser.

Drittes Geheimnis

1510   November 1510: Luther reist nach Rom.
Erfindung der Taschenuhr durch Peter Henlein in Nürnberg
1511   Eroberung Kubas durch die Spanier
Eroberung Malakkas (Indonesien) durch die Portugiesen
1513   Die venezianische Kristallschleiferei wird führend in ganz Europa.
1514   »Armer Konrad«: In Württemberg bilden sich Bauernbünde gegen die Landesregierung Herzog Ulrichs, am 9. 8. 1514 werden sie blutig niedergeschlagen.
Sieg der Osmanen über die Perser
1515   Geburt der Theresa von Avila
Kopernikus' heliozentrisches Weltbild
1516   Matthias Grünewald beendet die Arbeiten am *Isenheimer Altar* in Kolmar.
Franz von Taxis richtet öffentliche Poststrecken mit reitenden Boten ein.

Viertes Geheimnis

1517   Der Dominikaner Johann Tetzel wird Generalsubkommissar des Mainzer Erzbischofs Albrecht II. für die Ablaßpredigt.
Albrecht Dürer entwickelt ein Befestigungssystem gegen Angriffe mit Pulvergeschossen.
Hans von Gerstorff veröffentlicht sein *Feldbuch der Wundarzney*, ein Lehrbuch der Chirurgie.
31. 10. 1517: Martin Luther veröffentlicht 95 Thesen über die Kraft der Ablässe.
Eroberung Ägyptens durch die Osmanen
Sultan Selim I. wird Schutzherr von Mekka und Medina, die Osmanen erobern große Teile des Vorderen Orients.
Die Uhrfeder kommt in Gebrauch.
1518   26. 4. 1518: *Heidelberger Disputation,* Luther stellt sich in Heidelberg einer Diskussion.
Juli 1518: An Luther ergeht die Vorladung, in Rom zu erscheinen.
12. 10. 1518: Luther wird in Augsburg verhört.
Der Rechenmeister und Bergbeamte Adam Riese schreibt sein Lehrbuch *Rechnung auff der Linihen*.
Feuerlöschwagen kommen in Gebrauch.
Unterwerfung Algeriens unter osmanische Herrschaft
1519   1. 1. 1519: Kaiser Maximilian I. stirbt in Wels.

2. 5. 1519: Leonardo da Vinci stirbt in Château de Cloux.

28. 6. 1519: Karl I. von Spanien wird in Frankfurt am Main als Karl V. zum König gewählt.

1519–1521 Unterwerfung der Azteken durch Herman Cortez

1519 Gefangennahme Moctezumas durch Cortez

1519–1521 erste Weltumseglung durch Fernão Magalhães

1520   Martin Luther: *Von der Freiheit eines Christenmenschen, An den christlichen Adel deutscher Nation*

15. 6. 1520: Bannandrohungsbulle *Exsurge Domine* des Papstes Leo X. an Luther

10. 12. 1520: Luther verbrennt die Bannandrohungsbulle und andere Schriften vor dem Elstertor in Wittenberg.

Raffael stirbt.

1521   3. 1. 1521: Verhängung des Kirchenbanns (Exkommunikation) über Luther durch Papst Leo X. *(Decet Romanum Pontificem)*

3. 5. 1521–1. 3. 1522: Luther als Junker Jörg auf der Wartburg

26. 5. 1521: Der Reichstag zu Worms erläßt das Wormser Edikt, das Luther in die Acht erklärt.

29. 8. 1521: Eroberung Belgrads durch die Türken

Einfall der Krimtataren in das Großfürstentum Moskau

Fünftes Geheimnis

1522/23   Sickingsche Fehde: Ein Aufstand der südwestdeutschen Reichsritter unter Führung Franz von Sickingens wird blutig niedergeschlagen.

1522–1523 Papst Hadrian VI.

1523   Luther verfaßt die Schrift *Von weltlicher Obrigkeit*, in der er eine strenge Trennung von Staat und Kirche und von den Gläubigen Gehorsam gegenüber den Fürsten fordert.

Verbrennung der ersten Märtyrer der Reformation in Brüssel

1523–1534 Papst Klemens VII.

Geographische Arbeiten Mercators, Weltkarte

Ulrich von Hutten stirbt.

1524   13. 7. 1524: Thomas Müntzer hält in Allstedt die Fürstenpredigt.

Sechstes Geheimnis

1524/1525 Bauernunruhen in Süddeutschland führen zum Bauernkrieg.

1525   8. 4. 1525: Bei der Umwandlung der dem Deutschen Ordensstaat verbliebenen Gebiete in das westliche Herzogtum

Preußen wird Markgraf Albrecht von Brandenburg-Ansbach, der letzte Hochmeister, erster Herzog in Preußen.

5. 5. 1525: Kurfürst Friedrich der Weise stirbt.

15. 5. 1525: In der Schlacht von Frankenhausen werden die Bauern entscheidend geschlagen.

27. 5. 1525: Thomas Müntzer wird hingerichtet.

13. 6. 1525: Luther heiratet Katharina von Bora.

19. 7. 1525: Zahlreiche katholische Fürsten schließen sich im Dessauer Bund zusammen.

1526 27. 2. 1526: Landgraf Philipp I., der Großmütige, von Hessen und Kurfürst Johann der Beständige von Sachsen schließen das Gotha-Torgauer Bündnis, einen Beistandspakt für den Fall eines katholischen Angriffs.

25. 6.–27. 8. 1526: Reichstag zu Speyer

25. 6. 1526: Auf dem 1. Reichstag zu Speyer wird den Landesherren die persönliche Stellung zur Reformation überlassen. Kaiser Karl V. stellt sein Heer von adligen Lehnsmännern auf Landsknechte um, die ihm für begrenzte Zeit gegen guten Sold dienen.

1526–1530 Begründung der Moghul-Dynastie in Indien durch Babur

Siebtes Geheimnis

1527 6. 5. 1527: »Sacco di Roma« – Plünderung Roms durch die kaiserlichen Truppen

1528 Erlaß einer sächsischen Schulordnung nach Philipp Melanchthons humanistischen Vorstellungen

6. 4. 1528: Albrecht Dürer stirbt.

31. 8. 1528: Matthias Grünewald – eigentlich Mathis Gothart, genannt Nithart – stirbt.

1529 19. 4. 1529: Auf dem 2. Reichstag zu Speyer protestieren 19 evangelische Fürsten und Städte gegen den Beschluß, der das Wormser Edikt durchsetzen will; sie werden »Protestanten« genannt.

Belagerung Wiens durch die Türken

Achtes Geheimnis

1530 24. 2. 1530: Karl V. wird in Bologna von Papst Klemens VII. zum römischen Kaiser gekrönt.

25. 6. 1530: Philipp Melanchthon verfaßt für den Reichstag zu Augsburg die *Confessio Augustana*.

Der Bildschnitzer Johann Jürgens in Wattenbüttel bei Braunschweig stattet das bisher von Hand gedrehte Spinnrad mit einem Tretantrieb aus.

Tizian wird »Hofmaler« Kaiser Karls V.

1531   5. 1. 1531: Kaiser Karl V. läßt seinen Bruder Ferdinand I. zum römischen König wählen.

27. 2. 1531: Die evangelischen Reichsstände schließen sich im Schmalkaldischen Bund zusammen unter Führung von Kursachsen und Hessen.

7. 7. 1531: Tilman Riemenschneider stirbt.

11. 10. 1531: Zwingli stirbt (Schlacht bei Kappel).

1531–1533: Eroberung des Inkareiches durch Francisco Pizarro

1532   23. 7. 1532: Kaiser Karl V. schließt mit den evangelischen Reichsständen den Nürnberger Religionsfrieden.

27. 7. 1532: Der Reichstag zu Regensburg verabschiedet das erste allgemeine deutsche Strafgesetzbuch mit einer Strafprozeßordnung für das Reich.

1533   Jacques Cartier stößt bis Neufundland und Labrador vor.
Tod des Inkaherrschers Atahualpa

1534   15. 8. 1534: Gründung des Jesuitenordens durch Ignatius von Loyola

3. 11. 1534: Gesetz vom Supremat des englischen Königs Heinrich VIII.

Die erste Gesamtausgabe der Lutherbibel erscheint.

1534–1549   Papst Paul III.

1535   25. 6. 1535: Ende des Täuferreiches in Münster

6. 7. 1535: Enthauptung des englischen Lordkanzlers Thomas Morus

François Rabelais veröffentlicht seine Abenteuer von Gargantua und Pantagruel.

1534/35   Königreich Zion der Täufer in Münster

Heinrich VIII. von England läßt sich von Katharina von Aragonien scheiden. Beginn des anglikanischen Schismas

Expedition Karls V. nach dem Maghreb, Eroberung von Tunis

Neuntes Geheimnis

1536   12. 7. 1536: Desiderius Erasmus von Rotterdam stirbt in Basel.

Konstruktion des Schaufelrades

1537   9.–20. 2. 1537: Ablehnung eines Konzils durch den Bündniskonvent zu Schmalkalden

Zehntes Geheimnis

1540   27. 9. 1540: Bestätigung des Jesuitenordens durch die Bulle
Regimini militantes ecclesiae von Papst Paul III.

Menno Simons gründet die gemäßigte Wiedertäuferge-
meinde der Mennoniten.

Valerius Cordus erklärt die Entstehung der Braun- und
Steinkohle aus Pflanzen.

François de La Roque, Herr zu Robertval, wird Gouverneur
von Kanada.

1541   24. 9. 1541: Philippus Aureolus Paracelsus, eigentlich Theophrastus Bombastus von Hohenheim, stirbt in Salzburg.

24. 12. 1541: Andreas Karlstadt (Bodenstein) stirbt in Basel.

Eroberung großer Teile Äthiopiens durch die islamischen
Galla

Anfänge des Calvinismus in der Schweiz

1542   21. 7. 1542: Neuordnung der Inquisition in Rom durch Papst
Paul III.

1543   Hans Holbein der Jüngere stirbt in London.

24. 5. 1543: Nikolaus Kopernikus stirbt.

1544   Der Augustinermönch Michael Stifel führt die moderne systematische Zeichensprache in die Algebra ein und gibt neue
Rechenvorschriften. Er entwickelt die Idee der Logarithmen.

1544/45   Ablehnung des ausgeschriebenen Konzils durch die Protestanten.

1545   13. 12. 1545: Eröffnung des Konzils von Trient – verlegt nach
Bologna, Abschluß 1563

1546   18. 2. 1546: Marin Luther stirbt in Eisleben im Hause der
Familie Drachstedt neben der Andreaskirche.

1546/47   Schmalkaldenscher Krieg, Niederlage der Protestanten bei
Mühlberg

Elftes Geheimnis und zwölftes Geheimnis

1552   12.–27. 7. 1552: Passauer Vertrag zwischen Kaiser Karl V.
und Kurfürst Moritz von Sachsen

20. 12. 1552: Katharina Luther, geb. von Bora, stirbt in Torgau.

Glossar

Aquavitae – Lebenswasser

bene veneris – Willkommen

Bundschuh – ein Stück Leder, das, durch Riemen um die Knöchel befestigt, als Schuh von den Germanen und den deutschen Bauern bis ins 16. Jahrhundert getragen wurde. Wahrzeichen der aufständischen Bauern.

Chorfrauen bzw. Chorschwestern – gehören zum Kapitel einer Klostergemeinschaft und sind zum Chorgebet in lateinischer Sprache verpflichtet.

Demosthenes – griechischer Redner 384–322 v. Chr.

Diptam – Staude, zu den Rautengewächsen gehörend, deren Blätter reich an ätherischen Ölen und entzündbar sind.

do ut des – Gib, damit dir gegeben werde

Dormitorium – Schlafhaus im Kloster

eisenmadig – rostig

Elsbeeren – Crataegus torminalis Linn., zur Gattung des Weißdorns gehörende Staude, deren Früchte im September reif werden und im Geschmack den Mispeln ähneln.

Famulus – Diener

Gaffel – Zunft

Gaffer – Kampfer

Gemach, heimliches – Toilette

Habit – Ordenstracht

»Hallunken« – Truppe der Stadtsoldaten von Halle

Höllenheizerin – Ofenheizerin

Hussern – Husaren

Iskendertschausch, s. Tschausch

Kapitel – Versammlung der stimmberechtigten Mitglieder eines Klosters. Der im frühen Mittelalter entstandene Name bezieht sich wohl auf die Sitte, zu Beginn der Versammlungen ein Kapitel aus der Hl. Schrift und der Regel zu lesen.

Kataplasma – Breiumschlag

Klausur – »Einschließung«; sie ist durch gemeinrechtliche Strafandrohungen gesichert und verbietet in Frauenklöstern allen Klosterfremden den Zutritt und den Ordensfrauen das Verlassen des Klosters ohne päpstliche Erlaubnis, außer bei schwerer Gefahr. Der Zutritt zur Klausur ist erlaubt den kirchlichen Oberen, Kardinälen, Priestern zur Sakramentenspendung, amtierenden Staatsoberhäuptern mit Gattinnen und Gefolge, Ärzten, Handwerkern. Auch die abgetrennten Klosterteile heißen Klausur.

Kollation – gastliches Festessen

»Königreich« – ein bei Luther übliches Spiel, bei dem ein König gewählt wurde, der den Teilnehmern Fragen zu biblischen Texten und religiösen Liedern, auch aus Luthers Katechismus, stellte.

Konvent – Versammlungshaus des Klosters

Konventualin – Angehörige der Klostergemeinschaft

Konverse – Laienschwester

Kurrende – Schülerchor, der vor Häusern, bei Begräbnissen u. ä. gegen eine Entlohnung geistliche Lieder sang.

Laienschwester(-bruder) – Mitglied einer Klostergemeinschaft, das nur Profeß ablegt, aber keine Weihen empfängt, und Handarbeiten verrichtet. Bei den Zisterzienserinnen z. B. sind die Gebete der Laienschwestern deutsch.

Meid/Maid – Mädchen, Magd

»Mist« – ein Heiltrank aus Pferdeäpfeln und Knoblauch

Mutter, Ehrwürdige – Äbtissin

Postulantin – eine in der ersten Vorbereitungszeit befindliche Bewerberin um Aufnahme in eine Klostergemeinschaft

Preilin, Priorin – Stellvertreterin der Äbtissin

Profeß – Ablegung der Klostergelübde

Propst – lat. *praepositus*; Vorgesetzter, die erste Dignität eines Kapitels, hat die Leitung der äußeren Angelegenheiten.

pueri – Kostkinder

Refektorium – Speisehaus im Kloster

Rekreation – »Erholung«: alle Nonnen sind beisammen, es darf gesprochen werden.

Sanhedrin, evangelischer – Die große Revision der vollständigen Bibelübersetzung beider Teile von 1539 wurde von einem ganzen »Sanhedrin« von Mitarbeitern unter Luther als Präsidenten, mit genauer Führung eines Protokolls vorgenommen. Für die griechische und hebräische Sprache zeichneten Philipp Melanchthon und Matthäus Aurogallus (Goldhahn) verantwortlich, Georg Rörer (oder Röhrer) fungierte als Protokollführer und Korrektor der Bibeldrucke, auch Justus Jonas, Johann Bugenhagen, Caspar Cruciger, Bernhard Ziegler und D. Forstemius wurden zugezogen.

Schaube – Schleier, Haube

Schösser – Abgabenerheber

Scholar – Student, Schüler

Schwäbisch – besonders gutes Leinen

Servitut – dingliches Nutzungsrecht an fremdem Eigentum

Siechenmeisterin – zuständig für die Pflege der Alten und Kranken

Skapulier – lat. *scapulare*; Schulterkleid, Teil der Ordenstracht, zwei lange Tuchbahnen über dem Hauptgewand, die Brust und Rücken bedecken.

Spillinge – gelbe Pflaumen

Spiritual – Geistlicher

Splitterrichter – jemand, der den Splitter im Auge des Bruders, aber den Balken im eigenen Auge nicht sieht, vgl. Luk 6,41

Stübchen – Hohlmaß, ungefähr 1 Liter; 1 Stübchen = 4 Maß

Theriak (von pers. *teryāk* = Opium) – das wichtigste opiumhaltige Allheilmittel des Mittelalters

Todfall – beim Tod eines Leibeigenen fällt sein gesamter Besitz, auch Vieh und Hausrat, an seinen Herrn, Witwe und Kinder gehen leer aus.

Torger (torgisch) – Bürger von Torgau

Tschausch – türkischer Leibgardist; Unteroffizier

Vesper – lat. *hora vespera* – Abendstunde, die vorletzte der für die Tageseinteilung der Nonnen maßgeblichen kirchlichen Stunden. Sie fiel ursprünglich auf die Zeit eine Stunde vor Sonnenuntergang, später auf die Mitte des Nachmittags (Vesperbrot).

Visitator – Prüfer, Besichtiger

Vogt – ein als kirchlicher Sachwalter (Advocatus oder Defensor ecclesiae) amtierender Laie, der die weltlichen Angelegenheiten eines Klosters erledigte, es vor Gericht vertrat, seine Gerichtsbarkeit ausübte.

Weiler – *velum*, der sogenannte Schleier

Wiedertäufer – Anabaptisten, reformatorische Gruppen, die die Kindertaufe ablehnen, weil die Taufe nur an wahrhaft Gläubigen vollzogen werden soll.

Verzeichnis der historischen Personen

AGRICOLA, JOHANN (1494–1566), gen. EISLEBEN
war ein Schüler und Freund Luthers; 1525 Lehrer in Eisleben, 1536 in Wittenberg, ab 1540 Hofprediger in Berlin, Verfasser der ersten hochdeutschen Sprichwörtersammlung. Seine Frau Else war eine Freundin Katharinas.

ALBRECHT VON BRANDENBURG (1490–1545)
Erzbischof von Magdeburg und Bistumsadministrator von Halberstadt, Erzbischof von Mainz und als solcher ab 1514 Kurfürst, ab 1518 Kardinal.

ALBRECHT VON BRANDENBURG (1490–1568)
Hochmeister des Deutschen Ordens, Herzog von Preußen; nimmt den lutherischen Glauben an. Im Frieden von Krakau vom 8. 4. 1525 belehnt ihn der polnische König mit Preußen, das damit zum weltlichen Territorium umgewandelt wird.

AMSDORF, NIKOLAUS VON (1483–1565)
ein lieber Freund Luthers, Professor der Theologie in Wittenberg; wirkte bei der Übersetzung des Alten Testamentes mit. 1524 wurde er Superintendent in Magdeburg und führte dort die Reformation ein.

ANDREAS
historisch: Knabe der Äbtissin von Marienthron, Lebensdaten unauffindbar.

BALTHASAR, Abt des Klosters Pforta bei Kösen,
historische Person; seine Reden im Kloster Marienthron sind überliefert, Lebensdaten für d. Verf. nicht auffindbar.

BARNES, ROBERT (gest. 1541)
lebte als englischer Theologe in Wittenberg; 1531 erbat er von Luther ein Gutachten über die Ehe Heinrichs VIII. Im selben Jahr wird er Haus- und Tischgenosse Luthers und studiert bei ihm. Als Beauftragter Heinrichs VIII. erörtert er mit Melanchthon Religionsangelegenheiten. 1536 veröffentlicht er eine Papstgeschichte, zu der Luther das Vorwort schreibt. Am 30. Juli 1541 wird er in England als Ketzer hingerichtet.

BAUMGÄRTNER, HIERONYMUS (1498–?)
Sohn eines Nürnberger Patriziers, studierte bis 1521 in Wittenberg und war mit Luther und Lucas Cranach d. Ä. befreundet. Bei Leopold von Ranke wird er um 1524 als Mitglied des Rates der Stadt Nürnberg aufgeführt. Er verliebte sich in Katharina von Bora, verließ sie aber und heiratete nach dem Beschluß seiner Eltern am 23. Januar 1526 die fünfzehnjährige Sibylle Dichtel, Tochter des bayerischen Oberamtmannes Bernhard Dichtel von Tutzing.
1544 wird er in einer Fehde von dem Ritter von Rosenberg gefangen und über ein Jahr lang in harter Haft gehalten. Luther sendet der bekümmerten Frau seines Freundes einen Trostbrief.

BENEDIKT XII. (1285–1342)
Papst ab 1334, vordem Jacques Fournier, Zisterzienserabt und Kardinal. Er war hochgebildet und sittenstreng, reformierte die kirchliche Ämterbesetzung und Steuererhebung sowie den Klerus, vor allem die Benediktiner- und Zisterzienserorden. Er baute die Papstburg in Avignon.

BORA, CLEMENS VON
Bruder Katharinas. Um sein Glück zu machen, war er an den Hof des Herzogs von Preußen gezogen, verscherzte sich aber dessen Gunst durch sein übles Verhalten. Luther konnte nichts weiter für ihn tun, als den Herzog bitten, er möge ihn mit einem Pferd und der nötigen Wegzehrung heimsenden. 1549 wurde er mit dem Freigute zu Dohna belehnt.

BORA, HANS VON, auch JAN
Katharinas Vater, saß bei ihrer Geburt auf dem Gute zu Lippendorf. 1482 wird seine Belehnung mit dem Rittersitz zu der Saale bei Schkortleben erwähnt. Er verschreibt diesen seiner Ehefrau Katharina, Käthes Mutter. Am 15. Mai 1505 läßt er sich von Herzog Georg dem Bärtigen eine neue Leibgedingeverschreibung zugunsten seiner Frau Margarete bestätigen, er hat also wieder geheiratet.

BORA, HANS VON
Katharinas ältester Bruder, weilte zu Anfang der 30er Jahre in Memel. 1538 kam er nach Sachsen zurück, um das kleine Gut Zulsdorf zu übernehmen. Er konnte es jedoch nicht halten und verkaufte es 1540 um 610 Gulden an Luther. Der Kurfürst belehnte ihn später mit der Karthause, einem alten Klostergut bei Crimmitzschau.

BORA, KATHARINA VON, geb. HAUBITZ
Käthes Mutter; weitere Daten nicht bekannt.

BORA, MAGDALENE VON
»Muhme Lene«, wohl eine Schwester von Jan von Bora, die bei Käthes Geburt schon als Nonne im Kloster Marienthron lebte, wo sie Siechenmeisterin und Küsterin war. Später kam sie zu Katharina ins Schwarze Kloster, wo sie als guter Hausgeist von allen geliebt wurde.

BORA, ... VON
ein Bruder Katharinas, dessen Name nicht bekannt ist. Er hatte mit seiner Frau Christina einen Sohn Florian von Bora, der 1542 als Knabe in Luthers Haus erzogen wurde. Käthe sorgte auch nach Luthers Tod für Florian.

BRISGER, EBERHARD
Bruno Brauer, Luthers Prior in Wittenberg, der als letzter noch 1523 mit Luther im Schwarzen Kloster wohnte, nachdem alle anderen Mönche ausgezogen waren. Nach Luthers Hochzeit zog er in ein Gartenhäuschen beim Schwarzen Kloster. 1541 wurde er Pfarrer in Dobien bei Wittenberg und verkaufte Gärtchen und Bude an Luther.

BRÜCK, GREGOR HEINZ HENISCH (1485–1557)
Doktor der Rechte, täglicher Hofrat und Kanzler der sächsischen Kurfürsten.

BUCER, MARTIN (1491–1551)
zu deutsch: Kuhhorn; Dominikaner, später glühender Anhänger Luthers, bereiste Elsaß, Rheinland und Schweiz im Bemühen um Verständigung zwischen den verschiedenen protestantischen Richtungen. Um 1538 schlossen sich Basel, Bern und Luzern seiner Lehre an. Vor der Gegenreformation floh er nach England. Er wurde mit großen Ehren aufgenommen und erhielt einen theologischen Lehrstuhl in Cambridge. Er ließ ein großformatiges Gesangbuch für Schüler drucken.

BUGENHAGEN, JOHANNES (1485–1558)
»Dr. Pomer« oder »Pom(m)eranus«, wurde 1523 Prediger an der Wittenberger Stadtkirche, 1525 Professor der Universität, 1539 Generalsuperintendent des sächsischen Kurkreises. Er war der große Organisator der Reformation, der das Schul- und Kirchenwesen ordnete. Bugenhagen war Luthers enger und lieber Freund, sein Beichtvater, vertrat ihn auch oft. Er predigte auf der Begräbnisfeier Luthers. Seine Frau Walpurga war Käthes Freundin.

CALVIN, JOHANNES (1509–1564)
eigentlich Cauvin; Theologe. Sein Vater war Sekretär des Bischofs von Noyon, erklärte sich am 1. 11. 1535 zum Anhänger der Reformation und wurde verbannt. Er veröffentlichte 1536 die erste systematische Lehrschrift des Protestantismus, *Christianae religionis institutio*. Genf bot ihm einen Lehrstuhl für Theologie an. Er führte dort eine strenge Kirchenzucht ein, entwarf eine neue Verfassung, errichtete die Theokratie. Genf wurde zum Mittelpunkt der Reformation in Westeuropa. Calvin gründete Schulen und Kollegien. Nach 1560 wurde Genf eines der kulturellen Zentren Europas. Durch diese Ausstrahlungskraft verbreitete sich der Calvinismus besonders in Frankreich, den Niederlanden und auf den Britischen Inseln.

CANITZ, ELSE oder ELISABETH VON
Mitschwester Katharinas im Kloster Marienthron, die mit ihr floh.

CAPITO, WOLFGANG (1478–1541)
Doktor der Medizin und der Rechtswissenschaften, mit Erasmus von Rotterdam verbunden, gab den hebräischen Psalter heraus und trat in Briefwechsel mit Luther und Zwingli. Als Mainzer Kanzler wurde er vergeblich beauftragt, den Streit mit Luther beizulegen. 1523 ging er als Propst des Thomasstiftes nach Straßburg und wurde endgültig für die Reformation gewonnen.

CHRISTIAN II, KÖNIG VON DÄNEMARK (1481–1559)
eroberte nach seiner Thronbesteigung 1513 Schweden. Es kam zu blutigen Ausschreitungen. Gustav Wasa, auf Skiern dem Blutbad entronnen, vertrieb Christian, den seine eigenen Untertanen »den Schlechten« nannten, 1523. Auf der Flucht kam er nach Wittenberg.

CHRISTIAN III., KÖNIG VON DÄNEMARK (1503–1559)
Vetter Christians II., seit 1536 König, führte die Reformation ein. Luther
begrüßt in einem Brief vom 2. 12. 1536, daß er die Bischöfe ausgerottet habe,
und bittet ihn, mit einem Teil der Kirchengüter die Kirchen »wohl und
ziemlich zu versorgen.« Am 5. 1. 1545 überschreibt Christian III. Luther,
Melanchthon und Bugenhagen auf Lebenszeit ein jährliches Gnadengeld von
100 Gulden, da vorangegangene Sendungen von Butter und Heringen nicht
ordnungsgemäß angekommen waren. Luthers Witwe erhält die Summe bis
zu ihrem Tod.

CRANACH, LUCAS D. Ä. (1472–1553)
Kupferstecher, Zeichner für Holzschnitte, Maler. 1515 berief ihn Friedrich der
Weise an seinen Hof in Wittenberg. Als Anhänger der Reformation wurde er
zum Schöpfer einer protestantischen Kunst.
Er wurde Ratsherr (von 1519–1542), Kämmerer, dreimal hintereinander Bür-
germeister von Wittenberg. Er war ein lieber Freund Luthers und Katharinas,
Taufpate ihres Sohnes Johannes. 1547 folgte er seinem Kurfürsten freiwillig in
die harte, kaiserliche Gefangenschaft. Ein Symbol seines großen Reichtums
war sein Haus Ecke Schloßstraße und Elbstraße, es umfaßte 84 heizbare (!)
Stuben und 16 Küchen.

CRANACH, LUCAS D. J. (1515–1586)
Sohn, Schüler und Mitarbeiter Cranachs d. Ä., der die Werkstatt seines Vaters
weiterführte.

CRANACH, JOHANN (HANS) (gestorben in Bologna 1537)
Sohn Lucas Cranachs d. Ä., als Maler sehr begabt.

CRANACH, BARBARA
Frau von Lucas d. Ä., war eine Tochter des Gothaer Ratsherrn Jobst Breng-
bier. Ihr erster Verlobter starb. Sie wurde Katharina eine gute Freundin.

CRUCIGER, CASPAR (1504–1548)
Professor der Theologie in Wittenberg und Mitarbeiter Luthers bei der Bibelübersetzung. 1539 leitete er die Einführung der Reformation in Leipzig.

DIETRICH, VEIT (1506–1549)
wurde 1522 Student in Wittenberg und lebte von 1527 bis 1534 im Schwarzen
Kloster. 1529 promovierte er zum Magister, begleitete Luther nach Marburg,
1530 auf die Veste Coburg. Dort begann er mit seiner Sammlung von Tischreden, Briefen, Konzepten und Nachschriften von Vorlesungen und Predigten
Luthers. Im Dezember 1535 wurde er Prediger an St. Sebald in Nürnberg. Im
Schmalkaldenschen Krieg politisch verdächtigt, suspendierte man ihn 1547
vom Amt.

DÜRER, ALBRECHT (1471–1528)
Sohn eines Nürnberger Goldschmiedes, war Maler, Holzschneider, Kupferstecher und Architekt, Philosoph und Dichter – ein »homo universalis«. Er
reiste gern nach Italien und in die Niederlande, sein Mäzen war Kaiser
Maximilian I. Er nahm regen Anteil an den religiösen und sozialen Problemen

seiner Zeit. Er schickte z. B. Luther ein Geschenk zur Veröffentlichung der Ablaßthesen.

ECK, JOHANN (1486–1543)
eigentlich Mayr oder Mai(e)r aus Eck an der Günz in Schwaben, war der theologische Hauptgegner Luthers. Von 1510 bis zu seinem Tod hat er als theologischer Lehrer die Universität Ingolstadt beherrscht. Ecks Stärken waren seine Schlagfertigkeit und Dreistigkeit, sein erstaunlich gutes Gedächtnis und seine Belesenheit sowie seine Predigtgabe. Eine eigenständige theologische Konzeption hatte er nicht.

ELISABETH, KURFÜRSTIN VON BRANDENBURG
las gegen den Willen ihres Mannes Luthers Bücher, nahm insgeheim das Abendmahl unter beiderlei Gestalt und wurde von ihrer Tochter verraten. Der Kurfürst ließ sie in ihr Zimmer einschließen und soll gedroht haben, sie einmauern zu lassen. Sie floh als Bäuerin verkleidet und erreichte am 26. März 1528 Torgau. Kurfürst Johann nahm sie auf und überwies ihr das Schloß Lichtenburg, wo sie ihrer Überzeugung leben konnte.

ERASMUS DESIDERIUS VON ROTTERDAM (um 1469–1536)
Humanist, Wissenschaftler, Philosoph und Theologe, wurde als uneheliches Kind nach dem frühen Tode seines Vaters zu den Augustinern gegeben. Schon als Jugendlicher verdiente er sich seinen Unterhalt durch den Unterricht der Kinder wohlhabender Eltern. Er fand Förderer und Gönner, lebte in England und Italien. Fürsten rechneten es sich zur Ehre an, ihn in ihrer Umgebung zu haben. Seit 1521 wohnte er ständig in Basel, widmete sich ganz seiner literarischen Tätigkeit. Als vorsichtiger Mann, Feind jeglicher Verpflichtungen, die ihn in Abhängigkeit bringen konnten, stand er über den streitenden Parteien seiner Zeit.

FERDINAND I. (1503–1564)
Sohn Philipps des Schönen und Johannas der Wahnsinnigen, erhielt er in der Erbteilung von seinem Bruder Karl V. 1521 die österreichischen Erblande und wurde mit dessen Stellvertretung im Reich beauftragt, auch 1531 zum römischen König gewählt. Er bemühte sich aus politischen Gründen um einen Ausgleich mit den Protestanten in Deutschland und vermittelte den Passauer Vertrag 1552 und den Augsburger Religionsfrieden 1555. Nach der Abdankung Karls V. wurde er in Frankfurt zum Kaiser gewählt.

FLORENTINA VON OBERWEIMAR
geflohene Nonne, die ihr Schicksal aufzeichnete.

FRANZ I., König von Frankreich (1494–1547)
machte mit der Lebenseinstellung eines Epikuräers während seiner 33jährigen Regierungszeit aus Frankreich einen modernen Staat, der im Europa der Renaissance eine führende Rolle spielte.

FRIEDRICH III., der Weise (1463–1525), ab 1486 KURFÜRST VON SACHSEN
war der erste deutsche protestantische Herrscher, ein Förderer von Kunst und Wissenschaften und ein toleranter Fürst. Er gründete 1502 die Universität

Wittenberg. Luther schätzte er hoch, verteidigte ihn und verbarg ihn nach der Reichsacht im Mai 1521 auf der Wartburg in Thüringen.

GEORG DER BÄRTIGE (1471–1539), HERZOG VON SACHSEN ab 1500
war kirchlichen Reformen zugeneigt, trat aber nach der Leipziger Disputation 1519 gegen Luthers Anhänger mit großer Härte auf. 1525 war er entscheidend am Sieg über die Bauern beteiligt. Sein Bruder Heinrich war lutherisch gesinnt, darum versuchte Georg, dessen Nachfolge zu verhindern.

GEORG, MARKGRAF VON BRANDENBURG (1484–1543)
Seine Unterschrift findet sich unter der Speyerer Protestation vom 20. April 1529. Er drängte auf einer Zusammenkunft in Rottach auf ein einheitliches Glaubensbekenntnis als Grundlage für das evangelische Bündnis.

GLATZ, KASPAR (»GLACIUS«)
war eine Zeitlang Rektor der Universität Wittenberg, dann Pfarrer in Orlamünde, später wurde er in Schanden entlassen. Er warb um Katharina von Bora, sie lehnte ihn jedoch entschieden ab, weil er ein schlechter Mensch sei, womit sie recht hatte. Als Person historisch, Daten für Verf. unauffindbar.

GOLIS, LAMETE oder LANETA VON
Mitschwester Katharinas in Marienthron, floh mit ihr.

GREIFFENKLAU, RICHARD VON (1467–1531)
Am 27. August 1522 erklärte Franz von Sickingen ihm die Fehde und fiel in sein Gebiet ein. Bei der Verteidigung Triers, dessen Erzbischof er war, kämpfte Greiffenklau in den ersten Reihen, mit eigener Hand warf er eine Brandfackel in den Speicher eines Klosters, das nicht gehalten werden konnte. Am 7. Mai 1523 gehörte er zu den Siegern über Burg Landstuhl und Franz von Sickingen.

GROSSE, AVE oder ARE
Mitschwester Katharinas in Marienthron, floh mit ihr.

HADRIAN VI. (1459–1523)
Adrian Florisz, Papst ab 1522, war Schüler der Fraterherren in Zwolle, wissenschaftlich bedeutend als Lehrer und theologischer Schriftsteller in Löwen, seit 1507 Erzieher des späteren Kaisers Karl V., ab 1520 Statthalter in Spanien. Er war von asketischer Strenge und strebte eine gründliche Reform der Kirche an, um der Glaubenserneuerung in Deutschland entgegenzuarbeiten, starb aber, ehe er sich durchsetzen konnte.

HAUBITZ, MARGARETE VON
Äbtissin von Marienthron, als solche historisch. Lebensdaten für d. Verf. nicht auffindbar.

HEINRICH VIII. (1491–1547)
ab 1509 König von England – ein Mann von kräftiger Konstitution, der körperliche Anstrengungen liebte; besaß gesunden Menschenverstand, Realismus, Energie, einen ausgeprägten Sinn für nationale Interessen. Leider war er auch gewalttätig und despotisch. Er entwickelte das Konzept der »splendid

isolation«. Was Luther verhindern wollte, tat er um einer schönen Frau willen: weil der Papst ihm die Scheidung seiner Ehe mit Katharina von Aragonien verweigerte, führte er 1533 das königliche Supremat über die Kirche in England ein, beanspruchte päpstliche Würde und säkularisierte die Kirchengüter. Seine Gegner wurden verfolgt, viele hingerichtet.

Bekannt sind seine Frauen: Katharina von Aragonien, Anna Boleyn, Jane Seymor, Anna von Kleve, Katharina Howard und Katharina Parr, die ihn überlebte.

HUBMAIER, DR. BALTHASAR (?–1528)

Domprediger zu Regensburg, beriet er die Stadt »theologisch« bei der Durchführung eines Judenpogroms und förderte es energisch. In der Vakanz zwischen dem Tode Kaiser Maximilians und der Wahl seines Nachfolgers (während der die Juden des kaiserlichen Schutzes entbehrten) ließ der Rat der Reichsstadt Regensburg am 21. Februar 1519 die Juden aus der Stadt treiben, ihre Wohnviertel zerstören und nach dem Vorbild früherer Pogrome an der Stelle der abgebrochenen Synagoge eine Marienkapelle zur »Schönen Maria« errichten. Ein Steinmetzmeister stürzte beim Abbruch vom Dach der Synagoge, erschien aber am nächsten Tag dennoch zur Arbeit: das war das Wunder, das Massen von Pilgern anziehen sollte und auch anzog, um die prekäre Situation der verarmten und verschuldeten Stadt zu retten.

Hubmaier ergab sich den reformatorischen Gedanken, führte 1523/24 in Waldshut die Reformation ein, wurde zum prominenten Vertreter einer radikalen Richtung und endete 1528 als Wiedertäufer auf dem Scheiterhaufen.

JAN BOCKELSON VON LEIDEN (um 1500–1536)

er erlernte nach kurzer Schulzeit das Schmiedehandwerk, reiste als Kaufmann, lebte dann in Leiden als Wirt, Bänkelsänger und Schauspieler. Durch Jan Mathys wurde er Täufer, missionierte in Holland, folgte dem Propheten nach Münster und wurde nach dessen Tod König der belagerten Stadt. Er vervollkommnete die radikale, für ihn die Endzeit eröffnende Herrschaftsordnung der Wiedertäufer. Nach der Erstürmung der Stadt führte man ihn gefangen im Lande umher und richtete ihn 1536 grausam hin.

JOHANN DER BESTÄNDIGE (1468–1532)

Kurfürst von Sachsen ab 1525, regierte zunächst zusammen mit seinem Bruder Friedrich. Er setze auf dem 1. Reichstag zu Speyer 1526 den für die Reformation günstigen Beschluß durch und führte die lutherische Kirchenordnung in seinem Lande ein. Unter seiner Führung kam 1531 der Schmalkaldische Bund zustande.

JOHANN FRIEDRICH DER GROSSMÜTIGE (1503–1554)

Kurfürst von Sachsen ab 1532, Sohn Johannes des Beständigen, neben Philipp von Hessen Führer im Schmalkaldischen Bund, baute die lutherische Landeskirche aus und förderte die Universität Wittenberg.

1547 wurde er bei Mühlberg an der Elbe von den vereinigten kaiserlichen und herzoglich-sächsischen Truppen gefangengenommen. Bis 1552 hielt Kaiser Karl v. ihn in strenger Haft, er aber verweigerte jegliches Zugeständnis in Glaubensfragen. Er mußte auf die Kur von Sachsen verzichten, behielt aber seinen thüringischen Besitz und erhielt die Ämter Neustadt und Altenburg. Er stiftete die Universität Jena.

JONAS, JUSTUS (1493–1555)
wurde 1521 Propst und Professor in Wittenberg, von 1541–1546 Superintendent in Halle, 1550 Hofprediger in Coburg, 1553 Superintendent in Eisleben. Er leistete Bahnbrechendes für die Reformation als Übersetzer und Organisator. Er war ein treuer Freund der Lutherfamilie. Katharina liebte seine Frau sehr, die auch Katharina hieß.

KARL V. (1500–1558)
römisch-deutscher Kaiser 1519–1556. Seine Regierungszeit war geprägt von den Kriegen mit Frankreich, dem Abwehren der Türken und den Auseinandersetzungen mit der Reformation. Im Schmalkaldischen Krieg gelang es ihm, den Bund der protestantischen Fürsten zu besiegen. Doch nach dem Erfolg der Fürstenverschwörung unter Moritz von Sachsen 1552 mußte er 1555 den Augsburger Religionsfrieden schließen und Zugeständnisse machen. 1556 legte er die Kaiserkrone ab und zog sich resignierend in eine Villa beim Kloster San Geronimo de Yuste in Spanien zurück.

KARLSTADT, eigentlich ANDREAS BODENSTEIN (ca. 1480–1541)
nannte sich nach seinem Geburtsort in Unterfranken. Er war einer der ersten und eifrigsten Anhänger Luthers. 1522 verkündete er eigenmächtig die Aufhebung des Mönchtums, die Abschaffung des Zölibats und der Fastenzeiten und verbot Bilder in den Kirchen. Er wütete mit seinen Anhängern in Wittenbergs Gotteshäusern, zerstörte alles Bildwerk. Luther eilte von der Wartburg herbei, um Frieden zu stiften, und weigerte sich, diese Neuerungen zu unterstützen. Karlstadt mußte 1523 Wittenberg und Kursachsen verlassen. Von 1534 bis zu seinem Tode lehrte er an der Universität Basel.
Seine Frau Anna, geb. Mochau, war Käthes Freundin.

KATHARINA VON SIENA (1347–1380)
gehörte dem Orden des hl. Dominikus an und erlangte großes Ansehen durch ihre Visionen und ihre klugen Vermittlungen in der Kirchenpolitik. Sie bewog Papst Gregor XI. zur Rückkehr von Avignon nach Rom. Sie wurde 1461 heiliggesprochen.

KOPPE, LEONHARDT D. Ä.
im April 1523 59 Jahre alt, stammte aus altem torgischen Geschlecht, war allseits geachtet, ein gebildeter Mann und in mehreren Ämtern bewährt. Er hatte seit 1495 mehrere Jahre in Erfurt studiert, war von 1504–1509 Ratsherr in Torgau und seit 1510 lange Zeit Schösser. Mit Luther war er gut bekannt und Anhänger seiner Lehre. Er belieferte die Nonnen in Marienthron mit allem, was sie nicht selbst erwirtschafteten: Heringen, Stockfisch, Bier. Er entführte mit Hilfe seines Neffen Leonhardt Koppe am 5. April 1523 neun Nonnen aus dem Kloster, unter ihnen Katharina von Bora. Er soll auch bei der Befreiung von Nonnen aus anderen Klöstern beteiligt gewesen sein. Luther nannte ihn liebevoll »Vater Abt«.

Lauterbach, Anton (1502–1569)

schrieb ab 1531 Luthers Gespräche bei Tisch auf. Als Pfarrer in Pirna besorgte er viele Dinge für den Haushalt, die es in Wittenberg nicht gab. Am 25. 9. 1541 z. B. bestellte Luther bei ihm Sandsteinplatten für den Bau einer Badestube.

Leo X. (1475–1521)

Seine rasche kirchliche Karriere verdankte Giovanni de' Medici, Sohn Lorenzos des Prächtigen, vor allem der Macht und dem Einfluß seiner Familie. Der Papst Bramantes, Michelangelos, Raffaels war prunksüchtig und verschwenderisch. Er förderte den Ablaßhandel für die Vollendung und Ausgestaltung der Peterskirche. Auf Luthers Vorwürfe der jedes Maß überschreitenden Prunksucht der römischen Kirche und Verschwendung der eingesammelten Gelder antwortete er mit der Bannung Luthers und dem Befehl an die kaiserlichen Behörden, ihn gefangenzunehmen. Fern der Wirklichkeit in einem Kreis von Schmeichlern und Intriganten lebend, war er nicht in der Lage, die Krise der Kirche aufzuhalten.

Linck, Wenzeslaus (1483–1547)

war Augustinereremit in Waldheim, seit 1503 in Wittenberg, ab 1516 Luthers Prior. Er begleitete Staupitz. Er vermittelte den theologischen Austausch zwischen Luther und Eck, war 1518 mit Luther in Augsburg, 1520 Generalvikar der deutschen Augustiner, ab 1523 evangelischer Prediger.

Luther oder Luder, Hans (gest. 1530)

Luthers Vater; stammte aus einer seit Generationen im Dorf Möhra zwischen Salzungen und Eisenach ansässigen Bauernfamilie. Spätestens im Herbst 1483 zog er nach Eisleben und wurde Bergmann (Häuer). Die Häuerschichten dauerten damals gewöhnlich 7 Stunden, viele Bergleute erbrachten zwei Schichten pro Tag. Nach der Übersiedlung nach Mansfeld begann für Hans Luder der wirtschaftliche und soziale Aufstieg. Er betrieb bald selbst eine Kupferschmelzhütte und war Mitglied des Gremiums der Mansfelder »Vierherren«, die die Rechte der Bürgerschaft gegen den städtischen Magistrat vertraten. Er hatte mindestens 9 Kinder. Martin war der zweite Sohn und sollte Jurist werden. Sein Eintritt ins Kloster war für den Vater eine schwere Enttäuschung.

Luther, Margarete, geb. Ziegler (gest. 30. Juni 1531)

Luthers Mutter; war möglicherweise aus einer reicheren Bauernfamilie bei Möhra gebürtig. Sie war eine schwer arbeitende, strenge Frau. »Dich und mich hat keiner lieb« soll sie mit dem kleinen Martin gesungen haben.

Luther, Johannes (1526–1575)

Luther hatte Großes im Sinn mit seinem ältesten Sohn, aber dieser hatte so recht keinen Kopf zum Studium. Weil es in Wittenberg nach des Vaters Tod nicht so recht gelingen wollte, schickte Katharina ihn wehen Herzens nach Königsberg zum Studium der Rechte. Nach unerfreulichen Geschichten kehrte er zurück und beendete sein Studium in Wittenberg. Er lebte dann am Hof der sächsischen Herzöge und Kurfürsten und an dem des Kurfürsten von Brandenburg. Er heiratete 1550 die Tochter Caspar Crucigers.

LUTHER, ELISABETH (1527–1528)
war ein sanftes, liebes Kind. Die Eltern konnten ihren Tod lange nicht überwinden. Luther klagt, daß er selbst nicht verstehen kann, wie gar so sehr das Herz eines Vaters an seinem Kinde hängt.

LUTHER, MAGDALENE (1529–1542)
An seiner Tochter »Lenichen« hat Luther sehr gehangen – ihr Bild tröstete ihn in seiner Einsamkeit auf der Coburg. Ihre Liebenswürdigkeit wird von allen gelobt, die sie kannten. Luther schreibt dazu: Bei allem Dank für »einen so glücklichen Hingang und seliges Ende, durch das sie der Gewalt des Fleisches, der Welt, des Türken und des Teufels entgangen ist«, ist »die Macht der natürlichen Liebe doch so groß«, daß er diesen Schlag nicht ohne »Schluchzen und Seufzen des Herzens« hinnehmen kann.

LUTHER, MARTIN (1531–1564)
Sohn Luthers; studierte Theologie, war aber so schwach von Gesundheit, daß er seinen Beruf nicht ausüben konnte. Er lebte unverheiratet als Privatmann in Wittenberg.

LUTHER, PAUL (1533–1593)
trat in die Fußstapfen seiner Mutter und studierte Medizin, wurde Leibarzt bei Kurfürst Johann von Brandenburg, später bei Kurfürst August I. von Sachsen. Er hatte sechs Kinder.

LUTHER, MARGARETE (1534–1570)
Seine Tochter »Maruschel« schloß Luther ganz besonders ins Herz. Sie heiratete 1555 Georg von Kunheim, den sie bei Melanchthon kennenlernte, als er in Wittenberg studierte. Er stammte aus einem alten lothringischen Adelsgeschlecht. 1557 wurde er Landrat in Mühlhausen im Kreis Pr. Eylau südlich von Königsberg. Margarete lebte als Gutsherrin in Knauten. Sie hatte neun Kinder, aber drei Söhne und drei Töchter starben im Kindesalter. Für kranke Gutsleute hatte Margarete von Kunheim eine »feine Hausapotheke« wie einst ihre Mutter.

MARGARETA VON DER SALE
junge Hofdame, mit der Landgraf Philipp von Hessen nach langer unguter Ehe unter Zustimmung seiner Frau Christina eine Nebenehe eingeht. Luther und Melanchthon sehen keine Gründe, eine heimliche Dispens in diesem besonderen Falle zu verweigern. Natürlich läßt sie sich nicht geheimhalten; allen Beteiligten erwachsen aus dieser Angelegenheit große Schwierigkeiten.

DIE »MANSFELDER«
Albrecht, Graf von Mansfeld, Hans Georg, Graf von Mansfeld und Philipp, Graf von Mansfeld. Um in ihren »Händeln« zu vermitteln, reiste Luther am 23. 1. 1546 nach Mansfeld, obwohl er krank war, und kam dabei zu Tode. Alle drei Grafen gaben ihm zu Pferde das letzte Geleit.

MELANCHTHON (Schwarzerde), PHILIPP (1497–1560)
Der »Praeceptor Germaniae«, das »Männlein«, gehörte zu Luthers ersten Getreuen und engsten Vertrauten. Er war ausgeglichen, stets bereit zu vermit-

teln und dämpfte oft Luthers Ungestüm. Er arbeitete das Augsburger Bekenntnis aus, in dem die Grundlehren des Protestantismus festgelegt werden. Nach Luthers Tod 1546 wurde er der führende Kopf der deutschen Reformation. Er bemühte sich, die verschiedenen reformatorischen Richtungen in Europa miteinander zu vereinigen und den Dialog mit der katholischen Kirche fortzusetzen. Der Augsburger Religionsfrieden von 1555, in dem für das Gebiet des Reiches die Lutheraner rechtlich anerkannt wurden, war die Krönung seines Wirkens. Er war Katharina nach dem Tod Luthers ein hilfreicher Freund.

MINKWITZ, HANS VON
reicher sächsischer Adeliger, 1526 sächsischer Gesandter in der Reichsversammlung.

MORITZ, HERZOG VON SACHSEN (1521–1553), seit 1541 HERZOG VON SACHSEN
(albertinische Lande), seit 1547 KURFÜRST VON SACHSEN (ernestinische Lande) kämpfte, obgleich Protestant, im Schmalkaldischen Krieg auf seiten Karls V. gegen seinen Vetter Kurfürst Johann Friedrich und wurde nach dessen Niederlage und Gefangennahme 1547 Kurfürst über dessen Territorien. Gegen das Streben des Kaisers nach unumschränkter Herrschaft schloß er sich dann wieder den protestantischen Fürsten an.

MÜNSTERBERG, URSULA ZU, HERZOGIN
kam am 16. 10. 1528 zu Luther. Sie war mit zwei anderen Nonnen aus einem Freiberger Kloster entflohen und verfaßte eine Schrift: *Christliche Ursach des verlassen Klosters zu Freiberg;* Luther schrieb ein Nachwort dazu.

MÜNTZER oder MÜNZER, THOMAS (um 1489–1525)
aus Stolberg im Harz stammend, dem Kloster entflohen, wurde ein fanatischer Anhänger der Reformation, der tiefgreifende politische und soziale Reformen forderte. Er stellte sich bald gegen Luther, weil dieser die Obrigkeit als von Gott gegeben anerkannte.
1524 schloß Müntzer sich den aufständischen Bauern an und überfiel an ihrer Spitze Kirchen und Schlösser. In der Schlacht von Frankenhausen am 15. Mai 1525, in der die Bauern erbarmungslos niedergeschlagen wurden, wurde er gefangengenommen und nach grausamer Folter hingerichtet.

PACK, OTTO VON
versuchte sich durch Verbreitung eines Gerüchtes, nach welchem Erzherzog Ferdinand mit Hans Georg von Sachsen im März 1528 mit anderen katholischen Fürsten in Breslau ein Geheimbündnis gegen die evangelischen Fürsten geschlossen haben sollte, zu bereichern. Der Betrug wurde bald aufgedeckt.

PARACELSUS (1494–1541)
So nannte sich der Arzt und Philosoph Theophrastus Bombastus von Hohenheim. Er setzte in der Medizin anstelle der überlieferten Säftelehre eine chemische Biologie und Pathologie ein und betonte den Primat der Seele in Gesundheit und Krankheit. Er lehrte ein dreifaches Sein: das göttliche, geistige und körperliche oder vergängliche. Sie seien so aufeinander abgestimmt, daß der göttliche Kosmos und der Makrokosmos dem Mikrokosmos entsprächen.

Aufgabe des Menschen sei es, den Bereich, in den Gott ihn stellte, zur Vollendung zu führen. Er führte ein hartes Wanderleben, verkannt, angefeindet, immer wieder vertrieben.

Paul III. (1468–1549)
Alessandro Farnese wurde erst mit 45 Jahren Mönch. Er war von großem Glaubenseifer erfüllt. Nach seiner Wahl zum Papst am 13. Oktober 1534 leitete er scharfe Maßnahmen gegen die Protestanten ein. Er bemühte sich um eine Vermittlung zwischen den »Säulen der Christenheit«, Kaiser Karl v. und Franz i. von Frankreich. Ihn bedrängten große Schwierigkeiten: die Ausbreitung der Reformation und des Calvinismus, der Bruch Englands mit dem Heiligen Stuhl, die Bedrohung durch die Türken.
Er berief ein ökumenisches Konzil ein, das am 13. Dezember 1545 in Trient eröffnet wurde. Er bestätigte den Jesuitenorden und führte die Inquisition wieder ein.

Philipp von Hessen (1504–1567), seit 1518 Landgraf
schlug Franz von Sickingen, besiegte die Bauern in Hessen und Thüringen. Seit dem Reichstag von Worms der Reformation verbunden, machte er sich zu einem ihrer geistigen und politischen Führer.
Durch seine 1540 mit Margarete von der Sale geschlossene Nebenehe lebte er praktisch in Bigamie und mußte dem Kaiser Zugeständnisse machen, um nicht empfindlich bestraft zu werden.
Mit Johann Friedrich von Sachsen führte er den Oberbefehl der Evangelischen im Schmalkaldischen Krieg – nach der Niederlage sollte er sich in Halle dem Kaiser unterwerfen und wurde bei dieser Gelegenheit gefangengenommen. 1552 befreite ihn der Passauer Vertrag.

Ratzeberger, Matthäus (1501–1559)
Arzt, seit ca. 1525 Stadtphysikus in Brandenburg, Vertrauensmann der ev. Kurfürstin Elisabeth, der er auch bei ihrer Flucht behilflich gewesen sein soll, dann Leibarzt des Grafen Albrecht von Mansfeld und 1538–1546 des sächsischen Kurfürsten Johann Friedrich, den er auch in theologischen Fragen beriet. Er war ein unbedingter Anhänger Luthers, mit dem er weitläufig verschwägert war.

Reichenbach, Philipp (gest. 1543)
Magister, seit 1525 Stadtschreiber von Wittenberg, 1529 Lizenziat und 1530 Bürgermeister. Katharina wurde nach ihrer Flucht in seinem Hause in der Bürgermeistergasse gastfreundlich aufgenommen.

Rhaw oder Rhau, Georg (1488–1548)
Komponist, Theoretiker und Musikdrucker, wurde 1518 Thomaskantor und Universitätsdirektor in Leipzig. Als Anhänger Luthers gab er seine Ämter auf, eröffnete 1525 in Wittenberg eine Musikaliendruckerei und gab eine Sammlung *Newe deutsche geistliche Gesenge mit vier und fünf Stimmen* heraus. Er arbeitete mit Luther zusammen.

RÖRER oder RÖHRER, GEORG (1492–1557)
Seit 1525 Diakonus an der Stadtkirche zu Wittenberg. 1537 wurde er von
Kurfürst Johann Friedrich für Luthers Werk freigestellt. Seine Sammlungen
enthalten zahlreiche Manuskripte Luthers, in Schnellschrift aufgenommene
Nachschriften von Predigten, auch solcher von Melanchthon, Tischreden
usw. Er wirkte auch als Korrektor von Luthers Einzelschriften.

SACHS, HANS (1494–1576)
Schuhmachermeister zu Nürnberg, lernte durch den Weber Leonhard Nun-
nenbeck den Meistersang. Mit vier Prosadialogen und dem Gedicht *Die
Wittenbergisch Nachtigall* auf Martin Luther 1523 setzte er sich für die Reforma-
tion ein. Er ist der bekannteste Vertreter der bürgerlichen, nichtgelehrten
Literatur des 16. Jahrhunderts.

SAVONAROLA, GIROLAMO (1452–1498)
betrieb die Reform seines Klosters und der Kirche im Geist der alttestamentlichen Propheten, gestützt auf Visionen. Er errichtete in Florenz eine theokra-
tisch gefärbte Demokratie mit streng asketischen Grundsätzen. Er prangerte
kompromißlos den Sittenverfall am Hofe Papst Alexanders VI. an. Er wurde
von ihm verurteilt, gefangengenommen, gefoltert, als Häretiker und Schis-
matiker gehängt und verbrannt. Seine Rehabilitierung und Heiligsprechung
wird immer noch angestrebt.

SCHLAGINHAUFFEN, JOHANN
Schreiber von Luthers Tischreden ab Anfang 1531; Hausgast Luthers, Freund
der Familie.

SCHÖNFELD, AVE VON und MARGARETE VON
Mitschwestern Katharinas in Marienthron, die mit ihr flohen.

SCHURFF, AUGUSTIN
Arzt Luthers, als Mitglied der Universität Wittenberg, med. Fakultät, aufgeführt, Daten leider für Verf. nicht auffindbar.

SCHWARZENBERG, JOHANNES VON (1463–1528)
Hofmeister des Bischofs von Bamberg und Verfasser der Bamberger Halsgerichtsordnung.

SICKINGEN, FRANZ VON (1481–1523)
aus einem begüterten pfälzischen Ministerialengeschlecht stammend, diente
zunächst als Führer von Landsknechten und Söldnern erfolgreich Franz I. von
Frankreich und Karl V.; begeistert für die Ideen der Reformation, sagte er dem
Fürstbischof von Trier den Kampf an, wobei persönliche Gründe ausschlag-
gebend gewesen sein mögen. Er fühlte sich von Gott gesandt, zum Führer der
niedergehenden Ritterschaft und der aufstrebenden Bauern berufen. Aber
keine von beiden Gruppen unterstützte ihn, und so wurde er bei der erfolgrei-
chen Belagerung seiner Burg Landshut schwer verletzt und starb.

SIEBERGER, WOLFGANG (? – gest. 1547)
Famulus und Diener Luthers seit 1517 im Schwarzen Kloster. 1527 begann
Luther mit ihm zusammen zu drechseln. 1541 kaufte Luther ihm ein kleines
Gärtchen für 20 Gulden und Brisgers Häuschen für 430 Gulden. Er hing treu
und hingebungsvoll an allen Luthers. Er blieb bei Katharina auch in ihrer
Witwenschaft. Am 14. 6. 1547 starb er.

SPALATIN (BURCKHARDT) GEORG (1484–1545)
aus Spalt bei Nürnberg gebürtig, war während seines Studiums ein Anhänger
des Erfurter Humanistenkreises. Nach seiner Priesterweihe wurde er Erzieher
des kursächsischen Prinzen Johann Friedrich. 1512 übernahm er die Verwal-
tung der Wittenberger Universitätsbibliothek, 1514 lernte er Luther kennen.
Seit 1516 war er in der kurfürstlichen Kanzlei tätig und so berufen zum
Vermittler zwischen Luther und dem Kurfürsten.
Er war einer von Luthers besten Freunden.

STAUPITZ, JOHANNES VON (1469?–1524)
aus sächsischem Adel, studierte seit 1483 in Köln und Leipzig, trat ca. 1490 in
den Orden der Augustinereremiten ein. 1503 berief ihn Friedrich der Weise
zum Aufbau der Universität Wittenberg. Weil er 1503 Generalvikar der
deutschen Observantenkonkregation seines Ordens wurde, gab er 1512 seine
Bibelprofessur an Luther ab. Er war Luther ein verständnisvoller Freund und
Lehrer, versuchte ihn beim Streit mit Rom zu stützen. 1520 legte er sein
Ordensamt nieder, weil man ihn selber der Ketzerei verdächtigte. Er trat zu
den Benediktinern über und wurde 1522 Abt von St. Peter in Salzburg. Luther
verehrte ihn sehr; er sagte, eigentlich habe ihn Staupitz zur Erkenntnis des
Evangeliums geführt.

STIEFEL oder STIFEL, MICHAEL (1487–1567)
Augustinermönch in Eßlingen; trat 1522 mit einer Schrift für Luther ein. Er
war Prediger in Mansfeld, Tollet (Österreich) und seit 1528 in Lochau. Luther
besuchte ihn gern. Durch Vorhersage des Jüngsten Tages für den 19. 10. 1533
brachte er sich in große Schwierigkeiten.

STURM, KASPAR (ca. 1475–ca. 1548)
Reichsherold, Wächter über das freie Geleit Luthers nach Worms 1521. Er
wurde Anhänger der Reformation und schrieb Berichte über die Sickingen-
Fehde und die Reichstage sowie populäre Schriften über das Reich.

TRUCHSESS, ROSINA VON
eine Abenteuerin, die sich als entlaufene Nonne ausgab und von Luther in die
Familie aufgenommen wurde. Sie log und stahl, am 30. 8. 1541 warf Luther
sie aus dem Hause.

TETZEL, JOHANNES (um 1465–1519)
Der Dominikaner wurde von Papst Leo X. mit der Durchführung des Ablas-
ses für den Bau der Peterskirche 1517 beauftragt. Er versah sein Amt mit
großem Eifer und provozierte damit Luthers heftigen Widerstand. Bei der
Kontroverse verbrannten beide wechselseitig des anderen Schriften. Tetzels

Tragik lag darin, daß auch seine Oberen ihn verurteilten. Er zog sich verbittert nach Leipzig zurück. Luther schickte ihm einen Trostbrief.

VERGERIO, PIETRO PAOLO (1497/98–1565)
in den Jahren 1533 und 1535 päpstlicher Nuntius bei König Ferdinand I., traf Luther am 7. 11. 1535 in Wittenberg.

WALTHER, JOHANN (1496–1570)
gehörte von 1517–1525 der kursächsischen Hofkapelle an. 1526 übernahm er das Kantorat an der Lateinschule in Torgau. Berühmt ist sein Bericht über die gemeinsamen Vorarbeiten mit Luther zur *Deutschen Messe*. Er hat wesentlichen Anteil an der Formung der lutherischen Liedweisen und der Gestaltung des Gesangbuches.

ZESCHAU, MARGARETE und VERONIKA VON
Mitschwestern Katharinas in Marienthron, die mit ihr flohen.

ZWILLING, GABRIEL (DIDYMUS) (ca. 1487–1558)
studierte in Wittenberg und Erfurt, trat aus dem Augustinerorden aus und eiferte mit Karlstadt in Wittenberg gegen Messe und Bilder. Von Luther zur Ordnung gerufen, wurde er Prediger in Altenburg, in Torgau, wo er 1549 wegen seines Widerstandes gegen das Interim abgesetzt wurde. Er diente dann als Schloßprediger der Mutter des Kurfürsten Moritz.

ZWINGLI, ULRICH und HULDRYCH (1484–1531)
wurde in Wildhaus in Toggenburg geboren und studierte in Basel Latein und Theologie mit glänzendem Erfolg. Er trat ins Kloster ein, wurde 1506 Priester. 1518 kam er nach Zürich. Er bekannte sich zur Reformation, brach 1522 mit der katholischen Kirche, heiratete 1524. Mit Zustimmung des Rates von Zürich reformierte er den ganzen Kanton und weitere Gebiete der nordöstlichen Schweiz. Er verkündete soziale Gleichheit, forderte eine gerechte Verteilung der Güter und die Rückkehr zu den strengen Lehren der Urkirche. Durch sein großes politisches Geschick erreichte er im Vertrag von Kappel 1529 eine Garantie gegenseitiger Toleranz zwischen reformierten und katholischen Kantonen – für zwei Jahre. Im Oktober 1531 kam es dann zu militärischen Auseinandersetzungen. Zwingli fiel auf dem Schlachtfeld. Allen Bemühungen Melanchthons zum Trotz konnten die Meinungsverschiedenheiten zwischen Luther und Zwingli nicht beigelegt werden.

Bibliographie
(nicht vollständig, weil sonst zu umfangreich)

BAINTON, ROLAND: *Martin Luther*. München 1983.

BEUYS, BARBARA: *Familienleben in Deutschland*. Hamburg 1984.

BRENDLER, GERHARD, Hrsg.: *Die frühbürgerliche Revolution in Deutschland*. Berlin, 1. Aufl. 1961.

Buch der Reformation. Berlin, 1. Aufl. 1989.

DIEPGEN, PAUL: *Frau und Frauenheilkunde in der Kultur des Mittelalters*. Stuttgart 1963.

DIWALD, HELLMUT: *Luther*. Bergisch-Gladbach 1982.

DÜLMEN, ANDREA VAN: *Luther-Chronik*. München, 1. Aufl. 1983.

FRIEDENTHAL, RICHARD: *Luther*. München, 7. Aufl. 1967.

GURJEWITSCH, AARON J.: *Das Weltbild des mittelalterlichen Menschen*. München, 3. Aufl. 1986.

HAMMER, GERHARD/MÜHLEN, KARL HEINZ: *Lutheriana*. Köln-Wien 1984.

HARTFELDER, KARL: »Der Aberglaube Philipp Melanchthons«, in: *Historisches Taschenbuch* (1889), 6. Folge, S. 231–269.

HILPICH, STEPHANUS: *Aus frühmittelalterlichen Frauenklöstern*. Düsseldorf 1926.

HUCH, RICARDA: *Luther*. Köln, 2. Aufl. 1983.

HUCH, RICARDA: *Luthers Glaube*. Frankfurt a. M., o. J.

JUNGHANS, HELMAR Hrsg.: *Die Reformation in Augenzeugenberichten*. Düsseldorf 1967.

KLEPPER, JOCHEN: *Die Flucht der Katharina von Bora*. Stuttgart, 2. Aufl. 1983.

KÖNIG, B. EMIL: *Geschichte der Hexenprozesse*. Eltville/Rhein, 1. Aufl. 1989.

KROKER, ERNST: *Katharina von Bora*. Berlin, 15. Aufl. 1980.

LÄPPLE, ALFRED: *Martin Luther*. München-Zürich, 1. Aufl. 1982.

Luther und die Reformation in Deutschland. Katalog zur Ausstellung zum 500. Geburtstag Luthers, hrsg. vom Germanischen Nationalmuseum in Nürnberg, 1983.

LUTHER, MARTIN: *Biblia, Das ist Die gantze Heilige Schrifft/Deudsch/Auffs neiv zugericht*. Nachdruck. München 1974

LUTHER, MARTIN: *Werke, kritische Gesamtausgabe*. 1883 ff.

MEYEN, ELISABETH: *Nonnen und Heilige im deutschen Mittelalter*. Berlin 1927.

RANKE, LEOPOLD VON: *Deutsche Geschichte im Zeitalter der Reformation*. Neudruck der von Prof. Dr. Paul Joachimsen historisch-kritisch herausg. Ausgabe, Meersburg-Leipzig 1933.

RITTER, GERHARD: *Luther*. München, 4. Aufl. 1922.

SCHEIBLE, HEINZ: *Philipp Melanchthon, der bedeutendste Sohn der Stadt Bretten*. Sonderdruck aus: Alfons Schäfer: *Geschichte der Stadt Bretten von den Anfängen bis zur Zerstörung 1689*. Bretten 1977.

SCHUCHARDT, CHR.: *Lucas Cranach d. Ä., Leben und Werke*. Leipzig 1851–71.

SHAHAR, SHULAMITH: *Die Frau im Mittelalter*. Frankfurt a. M. 1983.

SMIRIN, M. M.: *Die Volksreformation des Thomas Müntzer und der große Bauernkrieg*. Berlin, 2. Aufl. 1956.

THOMA, ALBRECHT: *Katharina von Bora*. Berlin 1906.

Inhaltsverzeichnis

Fünftes Geheimnis: Die Liebe

Sechstes Geheimnis: Die Ehe

Siebtes Geheimnis: Kinder

Achtes Geheimnis: Freunde

Neuntes Geheimnis: Die Macht

Zehntes Geheimnis: Der Tod

Elftes Geheimnis: Die Einsamkeit

Das letzte Geheimnis